Ergänzende digitale Inhalte

 Dieses Symbol weist auf ergänzende
digitale Inhalte hin. Rufen Sie zur Nutzung
www.westermann.de/dorn bader-152392
auf oder verwenden Sie den QR-Code.
Geben Sie anschließend den Online-Schlüssel ein.

Online-Schlüssel
0ZEU-ZTK5-E6AY

westermann

DORN . BADER

Physik S II

Qualifikationsphase

DORN . BADER

Physik S II Qualifikationsphase

Herausgegeben von
Prof. Dr. Rainer Müller

Begründet von
Prof. Dr. Franz Bader †, Prof. Friedrich Dorn †

Bearbeitet von
Prof. Dr. Andreas Dölle, Prof. Dr. Rainer Müller, Dr. Henning Rode, Daniel Schallus

Mit Beiträgen von
Dr. Dirk Brockmann-Behnsen, Prof. Dr. Gunnar Friege

Vorbereiten. Organisieren. Durchführen.
BiBox ist das umfassende Digitalpaket zu diesem Lehrwerk mit zahlreichen Materialien und dem digitalen Schulbuch. Für Lehrkräfte und für Schülerinnen und Schüler sind verschiedene Lizenzen verfügbar. Nähere Informationen unter
www.bibox.schule

Zum Schulbuch erscheint:
Lösungsband, ISBN: 978-3-14-**152393**-5

© 2025 Westermann Bildungsmedien Verlag GmbH, Georg-Westermann-Allee 66, 38104 Braunschweig
www.westermann.de

Druck A[1] / Jahr 2025
Alle Drucke der Serie A sind im Unterricht parallel verwendbar.

Redaktion: Dr. Andreas Hagedorn
Druck und Bindung: Westermann Druck GmbH, Georg-Westermann-Allee 66, 38104 Braunschweig

ISBN 978-3-14-**152392**-8

Bildquellenverzeichnis

|akg-images GmbH, Berlin: 36.1; Keystone/STR 235.5; Science Photo Library 235.1. |Alamy Stock Photo, Abingdon/Oxfordshire: Apogeo, Luigi 93.3; imageBROKER.com GmbH & Co. KG/Schöfmann, Karl F. 4.1, 8.1; Pictorial Press Ltd 235.2; Renoldi, Simone 4.2, 6.2, 40.1. |Alamy Stock Photo (RMB), Abingdon/Oxfordshire: Archive PL 184.1; Aurora Photos/Wolinsky, Cary 118.1; Dieterich, Werner 126.3; Gainey, Tim 6.1, 124.1; GL Archive 235.4; imageBROKER/Kramer, Siegfried 126.1; Imo, Thomas 265.2; inga spence 5.1, 68.1; Lo Savio, Roberto 136.1; Love, John 126.2; Pictorial Press Ltd 181.1; Putnam, Chris 161.3; Science History Images 7.1, 7.2, 216.1, 244.1; Science History Images / Photo Researchers 278.1; Science History Images/Photo Researchers 170.1; Shotshop GmbH 192.1; Sullivan, Jack 5.2, 94.1; ZUMA Press, Inc./Grassie, George 61.2. |Berghahn, Matthias, Bielefeld: 205.2. |Brockmann-Behnsen, Dirk, Hannover: 119.3. |fotolia.com, New York: Ella 106.1. |Friege, Gunnar, Hannover: 26.2, 26.3, 26.4, 33.1, 35.1, 42.2, 42.3, 46.1, 47.2, 47.3, 50.1, 51.2, 55.1, 55.2, 55.3, 56.1, 56.2, 56.3, 56.4, 56.5, 62.2, 65.1, 129.1, 142.2. |Getty Images, München: Corbis/Bettmann 205.1. |GSI - Helmholtzzentrum für Schwerionenforschung GmbH, Darmstadt: G. Otto 63.1. |Haake, Frauke, Mechtersen: 247.2, 248.2, 252.1, 252.3, 260.2. |Hilbert, Dominik, Wasserburg: 84.3. |Imago Creative, Berlin: Image Source/xGregoryxS.xPaulsonx 161.4. |iStockphoto.com, Calgary: agsandrew 178.1; Jag_cz 91.2; JasonDoiy 91.1; proxyminder 218.3. |Keller, Reiner / Universität Ulm, Ulm: 36.2. |Kiecksee, Wulf, Lüneburg: 180.2, 182.1, 226.2, 226.4, 227.2. |Kilian, Ulrich - science & more redaktionsbüro, Frickingen: 116.1, 196.3, 199.1, 199.2, 199.3, 224.1, 242.2, 287.1, 287.2, 287.3, 287.4, 288.1, 288.2, 288.3, 288.4, 288.5, 288.6. |Koch, Christian, Bensheim: 255.2. |LASER COMPONENTS Germany GmbH, Olching: 189.1. |LIO Design GmbH, Braunschweig: 3.1. |mauritius images GmbH, Mittenwald: Massimo Dallaglio/Alamy/Alamy Stock Photos 283.2; Science Source/LOC 235.3; World Book Inc. 233.1. |Mettin, Markus, Offenbach: 44.1, 184.2. |Müller, Prof. Dr. Rainer, Braunschweig: 185.2, 185.3. |newVISION! GmbH, Pattensen: 63.2, 96.1, 96.2, 97.1, 97.2, 98.3, 99.1, 99.2, 100.2, 101.1, 101.2, 102.1, 102.2, 103.1, 103.2, 103.3, 104.1, 105.1, 106.2, 107.1, 108.1, 108.2, 109.1, 110.1, 110.2, 110.3, 110.4, 111.1, 111.2, 112.1, 113.1, 114.1, 115.1, 116.2, 117.1, 117.2, 117.3, 118.2, 118.3, 119.1, 119.2, 120.1, 120.2, 121.1, 121.2, 121.3, 121.4, 122.1, 122.2, 122.3, 123.1, 123.2, 126.4, 127.1, 127.2, 128.1, 128.2, 131.1, 133.1, 134.1, 134.2, 135.1, 137.1, 137.2, 138.3, 139.1, 139.2, 140.1, 140.2, 140.4, 141.4, 142.3, 142.4, 144.1, 145.3, 145.4, 145.5, 146.1, 147.1, 149.1, 149.2, 149.3, 149.4, 151.1, 151.2, 152.2, 155.1, 155.2, 155.3, 156.1, 156.2, 157.1, 157.2, 157.3, 158.1, 158.2, 160.3, 161.5, 163.3, 164.2, 165.1, 165.2, 166.1, 167.5, 167.6, 168.2, 170.2, 171.1, 172.1, 172.2, 172.3, 173.1, 173.2, 173.3, 173.4, 174.2, 175.1, 175.2, 175.3, 177.2, 193.1, 195.1, 291.1, 291.2, 291.3, 292.1, 292.2, 294.1, 295.1, 296.2, 296.3, 297.1, 297.2, 297.3, 298.1, 298.2, 298.3, 299.1, 299.2, 301.1, 305.1, 309.1. |PantherMedia GmbH (panthermedia.net), München: Gudella 142.1. |Physikalisch-Technische Bundesanstalt (PTB), Braunschweig: 286.1, 286.2. |Picture-Alliance GmbH, Frankfurt a.M.: dpa 62.1; dpa/Uwe Anspach 60.2. |QUEST Institut an der Physikalisch-Technischen Bundesanstalt, Braunschweig: Mehlstäubler, Prof. Dr. Tanja E. 36.3. |Rode, Henning, Helpsen: 44.2, 64.2, 98.1, 98.2, 100.1, 129.2, 129.3, 130.1, 130.2, 130.3, 130.4, 130.5, 133.2, 133.3, 133.4, 134.4, 134.5, 134.6, 136.2, 138.1, 138.2, 139.3, 140.3, 140.5, 140.6, 141.1, 141.2, 141.3, 143.1, 143.2, 145.2, 147.2, 147.3, 147.4, 148.1, 148.2, 148.3, 150.1, 150.2, 150.3, 150.4, 150.5, 150.6, 154.1, 154.2, 154.3, 154.4, 159.1, 159.2, 159.3, 159.4, 160.1, 160.2, 160.4, 160.5, 161.1, 161.2, 162.1, 162.2, 163.1, 163.2, 164.1, 164.3, 164.4, 165.3, 167.1, 167.2, 167.3, 167.4, 168.1, 169.1, 169.2, 171.2, 174.1, 176.1, 177.1, 210.2. |RWTH Aachen University, Aachen: 134.3, 135.2; Henning Rode 98.4. |Schmidt, Benjamin, Stuttgart: 12.1, 12.3, 13.2. |Science Photo Library, München: DAVID PARKER & JULIAN BAUM 61.3; LUNIG, CHRISTIAN 264.1; NASA/SPL 268.1. |Shutterstock.com, New York: Delbert, Christian 239.3; tanrun1970 89.1. |stock.adobe.com, Dublin: DP 212.2; Irina Titel. |Tegen, Hans, Hambühren: 42.1, 45.1, 220.1, 220.2, 220.3, 223.3, 223.4. |Thorlabs GmbH, Dachau/München: EDU-QE1 196.2. |Weiß, Rüdiger, Porta Westfalica: 109.2, 240.1, 240.3, 240.4. |Wildermuth, Werner, Würzburg: 10.1, 10.2, 11.1, 11.2, 11.3, 12.2, 12.4, 12.5, 12.6, 13.1, 13.3, 13.4, 14.1, 14.2, 15.1, 15.2, 15.3, 15.4, 16.1, 16.2, 16.3, 16.4, 17.1, 18.1, 18.2, 19.1, 20.1, 20.2, 21.1, 21.2, 21.3, 21.4, 22.1, 22.2, 23.1, 23.2, 24.1, 24.2, 25.1, 26.1, 27.1, 28.1, 28.2, 29.1, 30.1, 31.1, 32.1, 32.2, 34.1, 35.2, 35.3, 37.1, 37.2, 37.3, 38.1, 38.2, 39.1, 39.2, 42.4, 43.1, 43.2, 43.3, 44.3, 47.1, 47.4, 48.1, 48.2, 49.1, 49.2, 49.3, 50.2, 51.1, 51.3, 52.1, 53.1, 53.2, 54.1, 57.1, 58.1, 59.1, 60.1, 61.1, 62.3, 62.4, 63.3, 64.1, 64.3, 65.1, 66.1, 67.1, 67.2, 70.1, 70.2, 71.1, 71.2, 71.3, 72.1, 72.2, 73.1, 74.1, 74.2, 74.3, 75.1, 75.2, 76.1, 76.2, 77.1, 78.1, 78.2, 79.1, 79.2, 80.1, 81.1, 82.1, 82.2, 83.1, 84.1, 84.2, 84.4, 85.1, 85.2, 86.1, 86.2, 87.1, 87.2, 88.1, 88.2, 90.1, 90.2, 91.1, 92.2, 92.3, 93.1, 93.2, 132.1, 145.1, 146.2, 152.1, 152.3, 153.1, 153.2, 169.3, 180.1, 183.1, 183.2, 185.1, 186.1, 187.1, 188.1, 188.2, 189.2, 190.1, 191.1, 194.1, 194.2, 196.1, 196.4, 197.1, 200.1, 200.2, 202.1, 203.1, 203.2, 204.1, 204.2, 205.3, 206.1, 208.1, 208.2, 209.1, 210.1, 211.1, 212.1, 212.3, 213.1, 214.1, 215.1, 215.2, 215.3, 218.1, 218.2, 220.4, 220.5, 221.1, 221.2, 222.1, 223.1, 223.2, 225.1, 226.1, 226.3, 227.1, 228.1, 229.1, 229.2, 230.1, 231.1, 231.2, 231.3, 232.1, 234.1, 236.1, 236.2, 237.1, 238.1, 239.1, 239.2, 240.2, 241.1, 242.1, 242.3, 243.1, 243.2, 246.1, 247.1, 248.1, 249.1, 249.2, 250.1, 250.2, 251.1, 251.2, 252.2, 253.1, 253.2, 253.3, 254.1, 254.2, 255.1, 256.1, 256.2, 257.3, 258.1, 259.1, 260.1, 261.1, 262.1, 262.2, 263.1, 263.2, 264.2, 265.1, 266.1, 266.2, 268.2, 269.1, 270.1, 271.1, 272.1, 273.1, 274.1, 274.2, 275.1, 275.2, 276.1, 276.2, 277.1, 278.2, 280.1, 280.2, 281.1, 281.2, 282.1, 282.2, 283.1, 284.1, 284.2, 284.3, 284.4, 284.5, 284.6, 285.1, 296.1. |© LEYBOLD / LD DIDACTIC GmbH - https://www.ld-didactic.de, Hürth: 185.4.

Elektrisches Feld

Magnetisches Feld

Abschnitte, die ausschließlich Inhalte auf erhöhtem Anforderungsniveau beinhalten, sind blau gekennzeichnet.

3

Elektromagnetische Induktion

4

Schwingungen

5 Wellen

6 Quantenobjekte

Abschnitte, die ausschließlich Inhalte auf erhöhtem Anforderungsniveau beinhalten, sind blau gekennzeichnet.

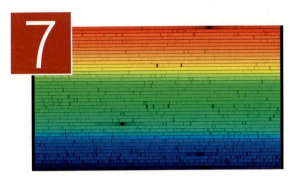

7 Atomphysik

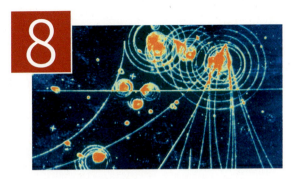

8 Kernphysik

Aufgabenniveaus: ➡ einfach, 🖊 mittel, ⬆ schwierig

Elektrisches Feld

Das elektrische Feld spielt eine zentrale Rolle in der Physik. Da, wo elektrische Kräfte wirken, existiert auch ein elektrisches Feld. Das elektrische Feld ist nicht nur eine Veranschaulichung dieser Kräfte, sondern eine „richtige" physikalische Größe, die man messen und quantifizieren kann. Elektrische Felder lassen sich vielfach nutzen, u. a. um geladene Teilchen „einzusperren".

Sehr gut lassen sich elektrische Felder am Plattenkondensator untersuchen. Er steht im Mittelpunkt dieses Kapitels.

1

**Das können Sie
in diesem Kapitel erreichen:**

- Sie ermitteln Richtung und Betrag der elektrischen Kraft auf geladene Teilchen in elektrischen Feldern.
- Sie lesen die transportierte Ladung aus Stromstärke-Zeit-Diagrammen ab.
- Sie berechnen die Ladung eines Plattenkondensators.
- Sie führen die Entladung eines Kondensators experimentell durch und beschreiben den Entladevorgang mathematisch.
- Sie beschreiben die Bewegung von elektrisch geladenen Teilchen in einem elektrischen Feld.

1.1 Elektrische Feldstärke und elektrische Kraft

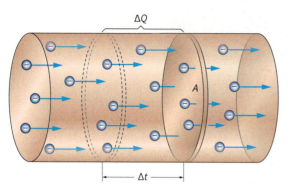

Leitungselektronen im Modell der elektrischen Leitung

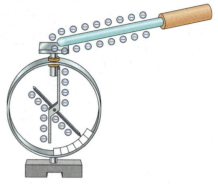

Elektroskop – Nachweisgerät für elektrische Ladungen

Elektrische Ladungen. Sämtliche Materie ist aus Atomen aufgebaut. Beispiele sind das Sauerstoffatom oder das Wasserstoffatom. In allen Körpern gibt es positive und negative elektrische Ladungen. **Elektronen** sind negative Ladungsträger; sie bilden die **Atomhülle**. Mit ihren Eigenschaften beschäftigt sich die **Atomphysik** (siehe **Kapitel 7**). Der **Atomkern** ist aufgebaut aus den positiv geladenen **Protonen** und den elektrisch neutralen **Neutronen.** Er ist Gegenstand der **Kernphysik** (siehe **Kapitel 9**). Elektronen sind in Metallen auch verantwortlich für die **elektrische Leitung.** In einem einfachen Modell unterscheidet man unbewegliche positiv geladene Atomrümpfe und bewegliche **Leitungselektronen** (Bild **B1**).

Elektroskope (Bild **B2**) sind Nachweisgeräte für elektrische Ladungen. Hier wird ausgenutzt, dass sich Ladungen mit gleichem Vorzeichen (positiv oder negativ) abstoßen und Ladungen mit verschiedenen Vorzeichen sich gegenseitig anziehen. Aufgrund dieser elektrischen Kräfte bewegt sich der drehbar gelagerte negative Metallstab von dem feststehenden ebenfalls negativ geladenen Stab fort und zeigt so einen Ausschlag an.

Ladungen und Stromstärke. Die Bewegung von elektrischen Ladungen in eine bestimmte Richtung in einem Leiter oder im Vakuum nennt man **elektrischen Strom.** Je mehr Ladungen in einer bestimmten Zeitspanne transportiert werden, desto größer ist die elektrische Stromstärke I. In einem stromdurchflossenen Leiter mit konstanter Stromstärke ist I definiert als Quotient aus der Ladung ΔQ, die durch einen Leiterquerschnitt A transportiert wird, und der dafür benötigten Zeitspanne Δt (Bild **B1**):

$$I = \frac{\Delta Q}{\Delta t}. \tag{1}$$

Auch bei nicht konstanter, also zeitlich veränderlicher Stromstärke gilt, dass die Stromstärke $I(t)$ die zeitliche Änderung der Ladung $Q(t)$ ist:

$$I(t) = \dot{Q}(t) = \frac{\mathrm{d}\,Q(t)}{\mathrm{d}\,t}. \tag{2}$$

Die Stromstärke $I(t)$ kann positiv oder negativ sein. Sie wird in der Einheit **Ampere** (A) gemessen. Sie ist wie die Sekunde oder das Kilogramm eine der **Basiseinheiten** in der Physik. Elektrische Ladungen werden in **Coulomb** (C) gemessen. Bei einer Stromstärke von einem Ampere fließt in einer Sekunde ein Coulomb; mit Gleichung (1) gilt also:

$$1\,\mathrm{C} = 1\,\mathrm{A} \cdot 1\,\mathrm{s} = 1\,\mathrm{As}.$$

> **! Merksatz**
>
> Die elektrische Stromstärke I gibt an, wie viel Ladung sich in einer bestimmten Zeitspanne in eine bevorzugte Richtung bewegt. Für konstantes I ist sie der Quotient aus bewegter Ladung ΔQ und der benötigten Zeitspanne Δt:
>
> $$I = \frac{\Delta Q}{\Delta t}.$$
>
> Die Einheit der elektrischen Stromstärke ist das Ampere (A), die der elektrischen Ladung das Coulomb (C):
>
> $$[I] = 1\,\mathrm{A}, \ [Q] = 1\,\mathrm{C} = 1\,\mathrm{As}.$$

Ladungsmessung. Das Elektroskop zeigt Ladungen an. Wird es mit einer kalibrierten Skala versehen, lassen sich damit Ladungsmengen quantitativ bestimmen. Einfacher und präziser lässt sich die Ladung durch eine Messung der elektrischen Stromstärke bestimmen.

Stromstärkemessungen mit Digitalmultimetern oder Drehspulinstrumenten kennen Sie bereits aus Experimenten mit elektrischen Schaltungen. Dabei ist die Stromstärke oft konstant. In einem $I(t)$-Diagramm entspricht die geflossene Ladung deshalb nach Gleichung (1) dem Flächeninhalt eines Rechtecks (Bild **B3a**). Sie berechnet sich daher nach der Formel $\Delta Q = I \cdot \Delta t$:

$$\Delta Q = I \cdot \Delta t = 2\,\text{A} \cdot 3\,\text{s} = 6\,\text{As} = 6\,\text{C}.$$

Ist die Stromstärke veränderlich, unterteilt man den Stromstärkeverlauf in Abschnitte Δt, in denen die Stromstärke näherungsweise als konstant angesehen werden kann (Bild **B3b**). Die Summe dieser Rechteckflächen gibt einen Näherungswert für die transportierte Ladung. Je kleiner die Abschnitte Δt sind, desto genauer ist die Näherung. In Bild **B3b** ist mit $\Delta t = 1\,\text{s}$:

$$\Delta Q = 1,4\,\text{A} \cdot 1\,\text{s} + 0,8\,\text{A} \cdot 1\,\text{s} + 0,4\,\text{A} \cdot 1\,\text{s}$$

$$= 2,6\,\text{A} \cdot 1\,\text{s} = 2,6\,\text{C}.$$

Ladungstransport im Kondensator. In Versuch **V1** pendelt ein Kügelchen mit leitender Oberfläche in einem Plattenkondensator. Die parallelen Platten sind mit einem Netzgerät verbunden und entgegengesetzt geladen. Wenn das Kügelchen an der rechten, negativ geladenen Platte mit Elektronen aufgeladen wurde, trägt es die Ladung $-q$ zur linken Platte. Von dort pendelt es ebenso schnell wieder nach rechts zurück, was durch das Aufprallgeräusch hörbar ist. Dabei trägt es die gleich große positive Ladung $+q$ als Elektronenmangel. Die linke Platte entzog ihm nämlich die Ladung $-2q$ in Form von Elektronen. Die rechte gibt ihm wieder $-2q$ zurück und ändert so seine Ladung von $+q$ in $-q$.

Mit einem Multimeter oder Drehspulinstrument kann man die kleinen Stromstärken in der Zuleitung nicht messen. Man verwendet dazu einen elektrischen Messverstärker. Damit können Ströme bis hinunter zu etwa $1\,\text{pA} = 1 \cdot 10^{-12}\,\text{A}$ gemessen werden.

Aus den gemessenen Stromstärken wird die transportierte Ladung berechnet. Während das Kügelchen pendelt, zeigt der Messverstärker mit einem konstanten Ausschlag die mittlere Stromstärke $12\,\text{nA}$ an. In $1\,\text{s}$ fließen also $Q = 12\,\text{nC}$ durch einen beliebigen Leitungsquerschnitt. Berührt das Kügelchen die rechte Platte 3-mal in $1\,\text{s}$, so nimmt es dort insgesamt die Ladung $3 \cdot 2q = 12\,\text{nC}$ auf und gibt sie links wieder ab. Die Ladung des Kügelchens ist also $q = 2\,\text{nC}$.

Wir können die Ladung q des Kügelchens in Versuch **V1** auch direkt messen: Das Kügelchen laden wir an der negativ geladenen Platte des Kondensators auf und holen es aus dem Kondensator. Dann wird die Kugel am elektronischen Messverstärker entladen, der im Modus *Ladungsmessung* direkt die Ladung anzeigt. In Übereinstimmung mit dem aus der Stromstärke berechnetem Wert findet man so $q \approx 2\,\text{nC}$.

V1 **Ladungstransport im Kondensator**

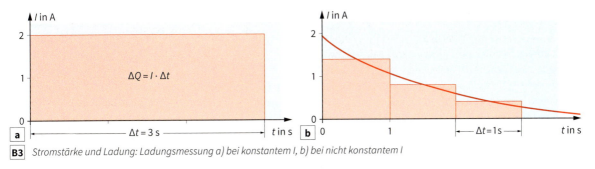

Zwischen den Platten eines Kondensators (Abstand $10\,\text{cm}$) liegt die Spannung $6\,\text{kV}$. Im Kondensator hängt eine kleine Kugel mit Metallbeschichtung an einem isolierenden Faden. Es schlägt pro Sekunde dreimal an die rechte Platte. Die gemessene mittlere Stromstärke beträgt $I = 12\,\text{nA}$; eine separate Messung der Kugelladung ergibt $q \approx 2\,\text{nC}$.

B3 *Stromstärke und Ladung: Ladungsmessung a) bei konstantem I, b) bei nicht konstantem I*

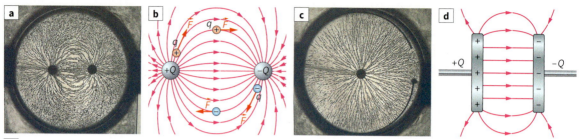

Elektrische Felder. Mit unseren Sinnen lässt sich nicht feststellen, ob sich im Raum um und zwischen elektrischen Ladungen etwas befindet. Versuch **V1** zeigt, dass in diesem Raum auf geladene Watteflocken Kräfte wirken und die Watteflocken sich auf gekrümmten Bahnen („Linien") bewegen. Ein Raumbereich, in dem elektrische Kräfte wirken, ist von einem **elektrischen Feld** erfüllt. Elektrische Felder sind dreidimensional, d. h., die Kräfte wirken im ganzen Raum.

Elektrische Felder werden wie Magnetfelder mit Feldlinien visualisiert. **Elektrische Feldlinien** zeigen in die Richtung der auf positive Probeladungen $+q$ wirkenden Kräfte. Auf negative Probeladungen $-q$ wirken die Kräfte genau entgegen der Feldlinienrichtung. In jedem Feldpunkt sind die Kräfte tangential zu den Feldlinien orientiert. Die Kräfte wirken überall, dargestellt werden jedoch nur ausgewählte Feldlinien. Je dichter die Feldlinien, desto größer sind die wirkenden Kräfte.

> ⚠ **Merksatz**
>
> Ladungen sind von elektrischen Feldern umgeben. In ihnen erfahren Probeladungen Kräfte, die tangential zu den elektrischen Feldlinien wirken. Positive Ladungen erfahren Kräfte in Richtung der Feldlinien, negative entgegen der Feldlinienrichtung.

Eine Veranschaulichung der Feldstruktur gelingt mit Grießkörnern und Rizinusöl (Versuch **V2**). Die Art (positiv/negativ) und die Verteilung der elektrischen Ladungen bestimmt die Struktur des elektrischen Feldes. Befinden sich ungleichnamige Ladungen auf kreisförmigen Leitern, so ergibt sich ein Feldlinienbild wie in Bild **B1a, b**. Beim radialen Feld (Bild **B1c**) gehen die Feldlinien von der positiv geladenen Scheibe sternförmig zum Ring mit negativen Ladungen. Auch eine einzelne Ladung besitzt ein radiales Feld.

V1 Watteflocken im elektrischen Feld

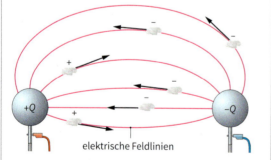

elektrische Feldlinien

Mit einem Hochspannungsnetzgerät werden zwei Kugeln entgegengesetzt aufgeladen. Im Umfeld ihrer Ladungen $\pm Q$ bewegen sich geladene Watteflocken auf gekrümmten Bahnen zwischen den Kugeln hin und her. Bei $+Q$ erhalten die Flocken kleine positive, bei $-Q$ kleine negative Probeladungen q.

V2 Feldlinienbilder mit Grießkörnern

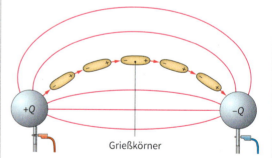

Grießkörner

In Grießkörnern werden durch ein elektrisches Feld Ladungen verschoben. Die Körner werden elektrische Dipole: Auf einer Seite eines Korns überwiegen die negativen Ladungen, auf der anderen Seite die positiven. In Rizinusöl schwimmende Körner drehen sich und ordnen sich entlang elektrischer Feldlinien an.

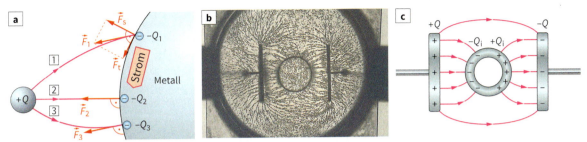

B2 a) Feldlinien und Kräfte auf einer Metalloberfläche.
b) Das Innere eines Metallrings ist feldfrei; c) zugehöriges Feldlinienbild

Eine andere, wichtige Feldlinienform entsteht, wenn sich zwei gleich große ungleichnamige Ladungen auf zwei parallelen, einander gegenüberstehenden Metallplatten eines Plattenkondensators befinden. Zwischen den Metallplatten verlaufen die Feldlinien parallel von der einen Platte zur anderen (Bild **B1d**). Da die Feldliniendichte zwischen den Platten überall gleich ist, ist das Feld überall gleich stark. Eine Probeladung erfährt an jedem Punkt Kräfte gleicher Richtung und vom gleichen Betrag. Ein solches Feld heißt **homogenes elektrisches Feld.** An den Rändern des Kondensators sind die Feldlinien gebogen und die Dichte der Feldlinien ist unterschiedlich groß; das Randfeld ist **inhomogen.**

> ⚠️ **Merksatz** _____
>
> In einem homogenen elektrischen Feld hängen Richtung und Betrag der Kraft nicht vom Ort ab.

Elektrische Abschirmung. Die Feldlinienbilder in Bild **B1** zeigen, dass Feldlinien auf Metalloberflächen stets senkrecht enden. Muss das immer so sein? In Bild **B2** ist eine Feldlinie ① schräg zur Leiteroberfläche gezeichnet. Die dort sitzende bewegliche Ladung erfährt die schräg liegende Kraft $\vec{F}_1$. Ihre Komponente $\vec{F}_t$ tangential zur Oberfläche verschiebt die Ladung. Solche Verschiebungen hören erst dann auf, wenn $\vec{F}_t$ null ist. Dann aber stehen alle Feldlinien senkrecht zur Oberfläche, so wie die Feldlinien ② und ③ in Bild **B2a**. Man nennt diesen Vorgang **Influenz.**

Im Innern eines Metallrings (Bild **B2b**) liegen die Grießkörner ohne Struktur. Feldkräfte haben negative Influenzladungen $-Q$ auf die linke Ringseite gezogen. An ihnen enden die von links kommenden Feldlinien senkrecht. Rechts auf dem Ring sitzen die zugehörigen positiven Influenzladungen $+Q$. Von ihnen laufen andere Feldlinien nach rechts. Das Innere des Rings ist

also feldfrei (Bild **B2c**). Allgemein gilt: Das Innere eines Leiters in einem elektrischen Feld ist feldfrei, solange kein Strom fließt. Auto und Flugzeughüllen aus Metall sind solche **Faraday-Käfige.** Sie schützen durch ihre feldfreien Räume die Insassen vor Blitzen.

Bild **B3** zeigt das berechnete Feldlinienbild eines Stromkreises aus Quelle und Widerstand. Die Linien verlaufen vom Plus- zum Minuspol, teils im Leiter, teils im umgebenden Raum. Die Feldlinien enden nun nicht mehr exakt senkrecht auf den Leiteroberflächen wie in Bild **B2**. Ihre Längskomponenten treiben den Strom im Leiter an. Die frei beweglichen Ladungen innerhalb des Leiters fließen entlang der Feldlinien, da sie entlang diesen eine antreibende Kraft erfahren.

> ⚠️ **Merksatz** _____
>
> In Leitern können Feldkräfte Ladungen trennen und so auf der Oberfläche Influenzladungen bilden. Die Ladungen werden so lange verschoben, bis die Feldlinien auf der Leiteroberfläche senkrecht enden. Im Innern stromführender Leiter besteht dagegen ein elektrisches Feld, das die Ladungen bewegt.

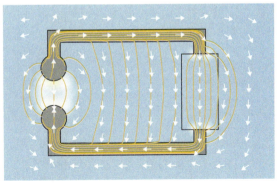

B3 Berechnetes Feldlinienbild eines Stromkreises aus Quelle und Widerstand

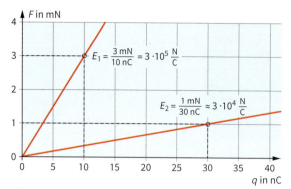

$$E_1 = \frac{3\,\text{mN}}{10\,\text{nC}} = 3 \cdot 10^5 \, \frac{\text{N}}{\text{C}}$$

$$E_2 = \frac{1\,\text{mN}}{30\,\text{nC}} \approx 3 \cdot 10^4 \, \frac{\text{N}}{\text{C}}$$

B1 *Proportionalität von Kraft F und Probeladung q in Feldern der Stärke E_1 bzw. E_2*

Elektrische Feldstärke. Den Zusammenhang zwischen der Stärke eines elektrischen Feldes und der elektrischen Kraft untersucht man mit einem Messaufbau wie in Versuch **V1** oder mit einem Aufbau wie im **Exkurs B** (Seite 15). In Versuch **V1** zeigt sich, dass diese Kraft F proportional zur Ladung q eines kleinen Probekörpers im elektrischen Feld einer geladenen Platte ist (Bild **B1**). Das leuchtet ein: Jede Ladung erfährt die gleiche elektrische Kraft. Eine Verdopplung (Verdreifachung usw.) der Ladung auf der Kugel führt zu einer doppelten (dreifachen usw.) Gesamtkraft auf die Kugel. Der Quotient $\frac{F}{q}$ bleibt somit stets konstant. Die Stärke des elektrischen Feldes, die **elektrische Feldstärke,** wird deshalb definiert als

$$E = \frac{F}{q} \quad \text{mit } [E] = 1 \, \frac{\text{N}}{\text{C}} . \tag{1}$$

Die Feldstärke hängt somit nicht von der Ladung q (der „Probeladung") ab, mit der das Feld untersucht wird. Sie beschreibt nur das von den Ladungen auf der Platte oder anderen Leiteranordnungen erzeugte elektrische Feld. Jedem Punkt eines Feldes wird eine Feldstärke auch dann zugeordnet, wenn sich in ihm keine Probeladung befindet. Die elektrische Feldstärke ist wie die elektrische Kraft $\vec{F} = q \cdot \vec{E}$ ein Vektor mit Richtung der Kraft auf eine positive Probeladung. Sie ist somit tangential zur Feldlinie gerichtet.

Mit systematischen Messreihen lassen sich elektrische Feldstärken und elektrische Kräfte im Raum genau untersuchen. So kann beispielsweise für verschiedene Orte im Raum zwischen den Platten und an den Rändern eines Kondensators die elektrische Feldstärke quantitativ bestimmten werden. Es handelt sich, wie schon aus den Feldlinienbildern qualitativ bekannt, um ein homogenes Feld im Inneren des Kondensators und um ein inhomogenes Feld an den Rändern.

> **❗ Merksatz**
>
> Ein elektrisches Feld ist durch die elektrische Feldstärke $\vec{E}$ gekennzeichnet. Die Richtung von $\vec{E}$ ist die Richtung der Kraft $\vec{F}$ auf eine positive Probeladung. Der Betrag E der Feldstärke in einem Feldpunkt ist der von der Probeladung q unabhängige Quotient:
>
> $$E = \frac{F}{q}.$$
>
> Die Einheit ist: $[E] = \frac{\text{Newton}}{\text{Coulomb}} = 1 \, \frac{\text{N}}{\text{C}}$.
>
> $\vec{E}$ zeigt in Richtung der Tangente an die Feldlinie. Die Feldkraft $\vec{F}$ auf eine Ladung q ist: $\vec{F} = q \cdot \vec{E}$.

V1 Elektronische Kraftmessung

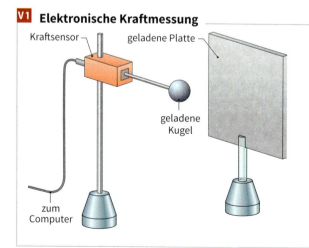

Die elektrische Kraft auf eine kleine geladene Kugel im Feld einer großen geladenen Platte wird mit einem elektronischen Kraftsensor bestimmt. Dazu wird sie mit einem isolierenden Stiel am Sensor befestigt. Die Kraft auf die Kugel ändert den Widerstand eines Dehnungsmessstreifens im Kraftsensor. So wird ein elektrisches Signal erzeugt und der Betrag der Kraft auf einem Computer angezeigt. Die Ladung der Kugel wird verändert und die Ladung der großen Platte konstant gehalten. Beide Ladungen werden beispielsweise mit einem Messverstärker bestimmt. Ähnliche Experimente lassen sich auch mit anderen Leiteranordnungen als Kugel und Platte durchführen.

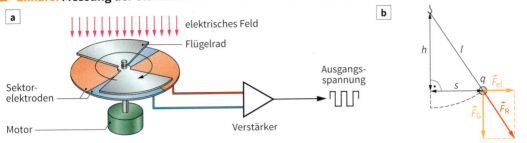

≡ Exkurs: Messung der elektrischen Feldstärke

a elektrisches Feld
Flügelrad

Sektor-
elektroden

Motor

Ausgangs-
spannung

Verstärker

b

B2 a) Elektrofeldmeter, b) mechanisches Messverfahren

Neben der elektronischen Kraftmessung (Versuch **V1**) gibt es weitere Verfahren zur Bestimmung der elektrischen Feldstärke.

A. Das Elektrofeldmeter
Bei dem Elektrofeldmeter rotiert ein geerdetes Flügelrad vor einer Metallplatte, die in voneinander elektrisch isolierte Sektoren (blau, rot) unterteilt ist. Das zu messende Feld influenziert Ladung auf der Platte hinter dem Flügelrad – aber nur, wenn das Flügelrad die Öffnung frei gibt, was periodisch geschieht.
Die Influenzladung fließt somit periodisch der Platte zu und wieder ab. Je stärker das elektrische Feld ist, desto größer ist die Stromstärke dieses Wechselstroms. Die Ladung auf den Messplatten variiert periodisch zwischen null und einem Maximalwert, der zur elektrischen Feldstärke E proportional ist.

B. Mechanisches Messverfahren
Ein Metallplättchen bekannter Ladung q wird an zwei langen isolierenden Fäden im Kondensator mit unbekannter Feldstärke vertikal aufgehängt. Im Kondensatorfeld erfährt es eine elektrische Kraft in horizontaler Richtung und wird um eine kleine Strecke s ausgelenkt. Die elektrische Kraft $\vec{F}_{el}$ und die vertikale Gewichtskraft $\vec{F}_G$ setzen sich vektoriell zu einer resultierenden Zugkraft $\vec{F}_R$ am Aufhängefaden zusammen. Der Faden stellt sich in Richtung der Resultierenden ein. Aus der Ähnlichkeit des „Kraftdreiecks" und des „Auslenkungsdreiecks" ergibt sich

$$\frac{F_{el}}{F_G} = \frac{s}{h} \quad \text{oder} \quad F_{el} = F_G \cdot \frac{s}{h}.$$

Da $s \ll l$ ist, gilt $h \approx l$. Also gilt:

$$E \approx \frac{F_G}{q} \cdot \frac{s}{l}.$$

Arbeitsaufträge

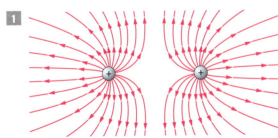

1 ⮕ Beschreiben Sie eine Möglichkeit, wie ein Feldlinienbild von zwei positiv geladenen runden Scheiben erzeugt werden kann. Finden Sie einen Punkt, an dem keine elektrische Kraft F wirkt, und formulieren Sie eine Erklärung.

2 ↗ a) Berechnen Sie die Kraft, die eine Ladung von 10 nC in einem Feld der Stärke 10 $\frac{kN}{C}$ erfährt.

b) Auf eine Ladung wirkt in diesem elektrischen Feld die Kraft 10 µN. Berechnen Sie die Größe der Ladung.

3 ⮕ Bestimmen Sie aus dem zeitlichen Verlauf der Stromstärke I die geflossene Ladung Q in den Zeiträumen 0 ms–5 ms, 7,5 ms–17,5 ms und 0 ms–20 ms.

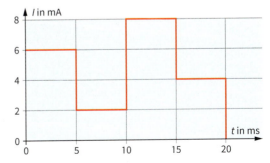

1.2 Das coulombsche Gesetz

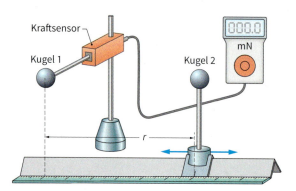

B1 Aufbau zur Bestimmung des coulombschen Gesetzes mit Kraftsensor und zwei geladenen Kugeln im Abstand r

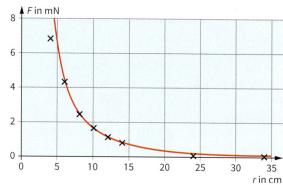

B3 Kraft F auf eine geladene Kugel in Abhängigkeit vom Abstand r zu einer zweiten geladenen Kugel

Das radiale Coulombfeld. Anhand der Feldlinienbilder ist bereits bekannt, dass das elektrische Feld einer geladenen Kugel (Ladung Q) radialsymmetrisch zu seinem Mittelpunkt ist. Die Kraft auf eine Probeladung q zeigt in Richtung des Mittelpunktes der Kugel oder von ihr weg, je nachdem ob q und Q ungleichnamige oder gleichnamige Ladungen sind. CHARLES COULOMB (1736–1806) hat die Größe der elektrischen Kraft auf eine Probeladung quantitativ untersucht.

Messung der Coulombkraft. Da die Kraft stets radial wirkt bzw. das Feld einer geladenen Kugel radialsymmetrisch ist, hängen F und E nur vom radialen Abstand r zum Kugelmittelpunkt ab. Im Experiment in Bild **B1** wird die Kraft auf eine geladene Kugel (Ladung q) im elektrischen Feld einer zweiten geladenen Kugel (Ladung Q) für unterschiedliche Abstände r der Kugelmitten bestimmt. Dabei ist r stets viel größer als die Summe der beiden Kugelradien.

Es zeigt sich, dass die Kraft quadratisch mit r abnimmt ($F \sim \frac{1}{r^2}$; Bild **B3**). Messreihen bei festem Abstand r und unterschiedlichen Ladungen q und Q zeigen zudem, dass die Kraft proportional zur Ladung Q ($F \sim Q$) und zur Ladung q ($F \sim q$) ist. Es gilt also insgesamt:

$$F \sim \frac{q \cdot Q}{r^2} \quad \text{bzw.} \quad F = k \cdot \frac{q \cdot Q}{r^2} \tag{1}$$

mit der Proportionalitätskonstanten $k \approx 9 \cdot 10^9$ N m² C⁻². Der Zusammenhang in Gleichung (1) wird **coulombsches Gesetz** oder Coulomb-Gesetz genannt.

Die Proportionalitätskonstante k lässt sich aus den Messdaten für unterschiedliche r und Messung von q und Q unter der Annahme von Gleichung (1) bestimmten. Sie wird üblicherweise dargestellt als

$$k = \frac{1}{4 \cdot \pi \cdot \varepsilon_0}$$

mit der Naturkonstanten $\varepsilon_0 = 8{,}85 \cdot 10^{-12}$ C² N⁻¹ m⁻², die als **elektrische Feldkonstante** bezeichnet wird.

In der Umgebung einer geladenen Kugel ist der Betrag der elektrischen Feldstärke $\vec{E}$ für Abstände, die größer sind als der Kugelradius, nach $E = \frac{F}{q}$ gegeben durch:

$$E = k \cdot \frac{Q}{r^2} \tag{2}$$

$\vec{E}$ ist radialsymmetrisch und zeigt für $Q < 0$ C in Richtung Mittelpunkt der Kugel (Bild **B2a**) und für $Q > 0$ C radial vom Mittelpunkt weg (Bild **B2b**).

> **! Merksatz**
>
> Der Betrag der Kraft zwischen zwei punkt- oder kugelförmigen Ladungen Q und q mit dem Abstand r der Kugelmitten ist
>
> $$F = k \cdot \frac{q \cdot Q}{r^2},$$
>
> wobei $k = \frac{1}{4 \cdot \pi \cdot \varepsilon_0} \approx 9 \cdot 10^9$ N m² C⁻² eine Konstante ist. Die Kraft zeigt entlang der Verbindungslinie der beiden Kugeln. Dieses Kraftgesetz wird als coulombsches Gesetz bezeichnet.

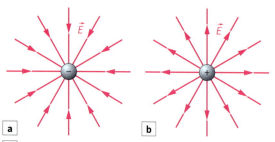

a   **b**

B2 Radialsymmetrisches elektrisches Feld

Punktförmige oder kugelförmige Ladungen. In den bisherigen Betrachtungen wurden metallische, geladene Kugeln mit Radien R_1 und R_2 betrachtet, die sehr klein waren gegenüber dem Mittelpunktsabstand r. Das coulombsche Gesetz hängt nicht von R_1 und R_2 ab und somit auch nicht die elektrische Feldstärke in der Umgebung einer Kugel. Häufig werden kleine Ladungsträger, wie z. B. atomare Bestandteile, daher in guter Näherung als punktförmig angenommen.

Superposition von Coulombfeldern. Bislang wurden sehr einfache Ladungsverteilungen betrachtet, also eine Probeladung q im Feld einer anderen Ladung Q. Oft sind es mehrere im Raum verteilte Ladungen oder aber eine Vielzahl von Ladungen, die sich auf Leiteroberflächen, z. B. Metallplatten oder -zylindern, verteilen.

Bild **B4** zeigt den Fall, dass eine positive und eine negative punkt- oder kugelförmige Ladung von gleichem Betrag Q auf eine Probeladung q Kräfte ausüben. Die resultierende Gesamtkraft $\vec{F}$ setzt sich aus den einzelnen Coulombkräften $\vec{F}_1$ und $\vec{F}_2$ zusammen. $\vec{F}_1$ und $\vec{F}_2$ werden dazu wie in der Mechanik vektoriell addiert: $\vec{F} = \vec{F}_1 + \vec{F}_2$.

Entsprechend ergibt sich die elektrische Feldstärke $\vec{E}$ am Ort der Probeladung q als vektorielle Addition der elektrischen Feldstärken der Coulombfelder beider Ladungen: $\vec{E} = \vec{E}_1 + \vec{E}_2$.

In der Physik bezeichnet man diese unabhängige Überlagerung von einzelnen Kräften oder Feldstärken zu einer resultierenden Kraft bzw. Feldstärke als **Superposition**.

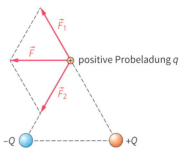

B4 *Vektorielle Addition von zwei elektrischen Kräften auf eine positive Probeladung q*

Sie findet sich in vielen Gebieten der Physik, so auch in der Mechanik beim waagerechten Wurf ohne Reibung als Überlagerung von zwei Bewegungen oder bei der Überlagerung von Wellen wieder.

Die Betrachtung von Coulombkräften und Feldstärken mit zwei Ladungen wie in Bild **B4** lässt sich auf mehrere punkt- oder kugelförmige Ladungen erweitern und resultierende Kräfte und elektrische Felder berechnen.

! Merksatz

Superpositionsprinzip: Die resultierende elektrische Kraft auf eine Probeladung q ist die Summe der elektrischen Kräfte aller im Raum verteilten punkt- oder kugelförmigen Ladungen. Die Kräfte werden dabei vektoriell addiert: $\vec{F} = \vec{F}_1 + \vec{F}_2 + \dots$ Entsprechend ist das elektrische Feld der Ladungsverteilung die Summe der elektrischen Feldvektoren $\vec{E} = \vec{E}_1 + \vec{E}_2 + \dots$

Arbeitsaufträge

1 ↗ Zwei gleiche Kügelchen (0,5 g) sind jeweils an einem 1,0 m langen, oben am selben Punkt befestigten Faden aufgehängt. Sie sind gleichnamig geladen.
a) Das rechte Kügelchen trägt doppelt so viel Ladung wie das linke. Erfahren beide Kugeln die gleiche Auslenkung? Begründen Sie.
b) Bestimmen Sie die Ladungen für den Mittenabstand 20 cm.

2 ↗ Berechnen Sie die Kraft auf eine Probeladung q in der Mitte eines Quadrates der Kantenlänge a, an dessen Eckpunkten sich die ortsfesten Ladungen $-q$, $-2q$, $-3q$ und $-4q$ befinden. Ermitteln Sie, in welche Richtung sich die anfangs ruhende Ladung q bewegt.

3 ↗ Das coulombsche Gesetz ähnelt dem newtonschen Gravitationsgesetz. Vergleichen Sie mit Hilfe einer Recherche die strukturellen Ähnlichkeiten und Unterschiede der beiden Gesetze.

4 ↑ Die Kraft zwischen zwei geladenen Kugeln ($q_1 = 10$ nC, $q_2 = 200$ nC) wurde für verschiedene Abstände r der Kugelmitten bestimmt. Bestimmen Sie aus den Messwerten die Konstante k im coulombschen Gesetz. Berechnen Sie dazu eine Hilfsgröße x, sodass der Graph $F(x)$ annähernd linear ist.

r in cm	8	12	16	20	24	28
F in mN	2,81	1,25	0,70	0,45	0,31	0,23

1.3   Elektrische Spannung und Energie

Spannung zwischen Kondensatorplatten

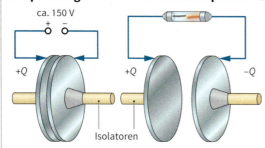

a) Zwei Kondensatorplatten stehen sich in kleinem Abstand gegenüber. Sie werden aufgeladen und dann von der Quelle abgetrennt. Über eine aufleuchtende Glimmlampe werden die Platten entladen. Die Glimmlampe leuchtet nur schwach.
b) Die Platten werden erneut aufgeladen und von der Quelle abgetrennt. Danach werden die Platten auseinander gezogen. Jetzt leuchtet die Glimmlampe beim Entladen sehr hell.

Spannung. Werden ungleichnamige Ladungen getrennt, so entsteht eine elektrische Spannung. Gemessen wird sie mit einem Voltmeter. Versuch **V1** zeigt einen Zusammenhang zwischen Spannung und Energie: Zieht man die Platten eines geladenen Kondensators entgegen den anziehenden elektrischen Feldkräften auseinander, so führt man dem System Energie zu. Die Glimmlampe leuchtet bei weit voneinander getrennten Platten heller auf als bei eng zusammengeschobenen. Die elektrische Ladung bleibt in diesem Versuch unverändert. Die Spannung hat sich mit dem Abstand der Platten vergrößert.

Energiebetrachtungen. Die energetischen Vorgänge im homogenen elektrischen Feld ähneln denen im Schwerefeld der Erde (Bild **B1a**): Auf einen Körper der Masse m wirkt die Gewichtskraft $F_G = m \cdot g$ in Richtung Erdoberfläche. Fällt der Körper vom Punkt P_2, wird potenzielle Energie E_{pot} in Bewegungsenergie E_{kin} umgewandelt. Umgekehrt muss dem ruhenden Körper die potenzielle Energie $E_{pot} = m \cdot g \cdot h$ zugeführt werden, um ihn von P_1 auf einen um h höher gelegenen Punkt P_2 anzuheben.

Wird in einem Kondensator eine positiven Ladung q von der unteren zur oberen Platte gegen die konstante Feldkraft $F = q \cdot E$ transportiert (Bild **B1b**), so muss entlang des Transportweges d der Ladung q die Energie W_{el} zugeführt werden. Um Verwechslungen mit der Feldstärke E zu vermeiden, wird die Energie hier mit W_{el} bezeichnet. Mit $F = q \cdot E$ gilt:

$$W_{el} = F \cdot d = q \cdot E \cdot d.$$

Umgekehrt wird bei der Bewegung der Ladung von der oberen zur unteren Platte die Energie W_{el} in Bewegungsenergie E_{kin} umgewandelt.

Da $W_{el} \sim q$, hängt der Quotient

$$U = \frac{W_{el}}{q} = \frac{q \cdot E \cdot d}{q} = E \cdot d \tag{1}$$

nicht mehr von der überführten Ladung q ab. Er wird **Spannung** U genannt. Die Einheit der Spannung ist

$$1 \text{ Volt } (1 \text{ V}) = 1 \frac{J}{C}.$$

Eine analoge Betrachtung lässt sich für eine negative Ladung, die von der positiven zur negativen Kondensatorplatte transportiert wird, anstellen.

> :heavy_exclamation_mark: **Merksatz**
>
> Durch Feldkräfte wird der Ladung q beim Transport von einer Platte eines geladenen Kondensators zur anderen Energie W_{el} zugeführt.
> Die elektrische Spannung U zwischen den Platten ist der von q unabhängige Quotient
>
> $$U = \frac{W_{el}}{q} = E \cdot d; \quad [U] = 1 \frac{J}{C} = 1 \text{ V (Volt)}.$$

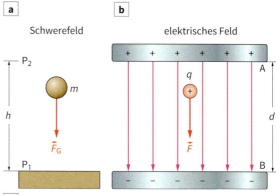

B1 Energiebetrachtungen im a) Schwerefeld der Erde und b) elektrischen Feld

Elektrische Feldstärke und Spannung. Die Bestimmung der elektrischen Feldstärke E nach ihrer Definition $E = \frac{F}{q}$ war mühsam, da Kraftmessungen oft schwierig sind und verschiedene Messunsicherheiten auftreten können. In einem homogen elektrischen Feld wie im Inneren eines Kondensators kann dagegen nach Gleichung (1) die elektrische Feldstärke durch eine vergleichsweise einfache Spannungsmessung und eine Messung des Abstandes d der Kondensatorplatten bestimmt werden:

$$E = \frac{U}{d}. \tag{2}$$

> **! Merksatz**
>
> Die elektrische Feldstärke E im homogenen Feld eines Kondensators mit Plattenabstand d und angelegter Spannung U ist
>
> $$E = \frac{U}{d}; \quad [E] = 1 \, \frac{V}{m} = 1 \, \frac{N}{C}.$$

Elektrisches Potenzial und Spannung. Im Gravitationsfeld der Erde ist für den Transport eines Körpers in eine beliebige Höhe h über dem Bezugspunkt Erdoberfläche Energie nötig. In der Höhe h hat der Körper eine potenzielle Energie, die proportional zu h ist. Analog dazu ist auch Energie nötig, um eine positive Ladung von der negativen Kondensatorplatte bis zur Mitte des Kondensators oder an eine beliebige andere Stelle innerhalb des Kondensators zu bringen. Kehrt diese Ladung zur negativen Platte zurück, so wird diese Energie beim Aufprall wieder frei. Jedem Punkt im elektrischen Feld lässt sich so eine Energie zuordnen, die nötig ist, um eine Ladung q von einem Bezugspunkt B (z. B. der negativen Platte) zu einem Punkt P im Feld zu bringen. Diese Energie ist proportional zur Ladung q. Der Quotient aus Energie und Ladung ist unabhängig von q. Man nennt diese Größe das **elektrische Potenzial** φ im Punkt P. Das elektrische Potenzial entspricht der Spannung zwischen dem Bezugspunkt B und dem Punkt P.

Die Spannung zwischen zwei Punkten P_1 und P_2 ist damit die Differenz der elektrischen Potenziale in den Punkten P_1 und P_2:

$$U = \varphi(P_1) - \varphi(P_2).$$

Diese Potenzialdifferenz ist insbesondere unabhängig vom Bezugspunkt B, der frei gewählt werden kann.

> **! Merksatz**
>
> Das Potenzial φ eines Punktes P ist die Spannung in P gegen einen Bezugspunkt B. Die Einheit des elektrischen Potenzials ist das Volt.
> Die Spannung U zwischen zwei Punkten P_1 und P_2 ist die Potenzialdifferenz $\varphi(P_1) - \varphi(P_2)$.

Im Kondensator wird als Bezugspunkt häufig die negativ geladene Platte gewählt und ihr das Potenzial $\varphi = 0$ V zugeordnet. Wird nun eine positive Ladung q von der positiven Platte (Punkt A) durch das Feld nach B überführt, so fällt unterwegs ihre potenzielle Energie gegen B genauso ab wie die Höhenenergie eines fallenden Steins. Man sagt auch: Das Potenzial gegen B fällt längs der Strecke AB (bis auf 0 V) ab. Der Bezugspunkt B wird in der Elektrik oft als „Erde" bezeichnet. Das elektrische Potenzial nimmt also mit wachsendem vertikalem Abstand vom Bezugspunkt zu. Es ist maximal auf der positiv geladenen Platte.

Energie und Spannung im Radialfeld. Viele der Überlegungen, die für das homogene Feld im Inneren eines Kondensators gelten, lassen sich prinzipiell auch auf das Radialfeld übertragen. Der entscheidende Unterschied ist allerdings, dass im Radialfeld die elektrische Feldstärke nicht konstant ist, sondern mit zunehmender Entfernung von der geladenen Kugel geringer wird (siehe Kapitel 1.2). Es wird also mit zunehmendem Abstand immer weniger Energie benötigt, um die positive Probeladung weiter von der negativ geladenen Kugel zu entfernen. Entsprechend sind auch die Spannungen U_1 und U_2 gleich groß, obwohl die Abstände der Punkte unterschiedlich sind (Bild **B2**).

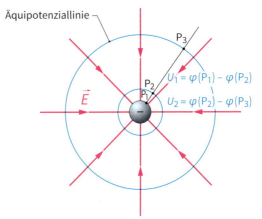

B2 *Potenziale im Radialfeld*

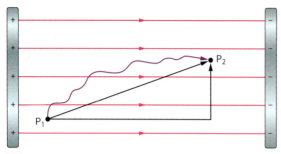

B1 *Energie und Transportwege im Kondensator*

Elektronenvolt. In der Atom und Kernphysik sind Energien in der Einheit Joule oft sehr klein. Sie werden daher nicht in Joule, sondern in der Einheit Elektronenvolt angegeben. Ein Elektronenvolt (1 eV) ist so groß wie die Bewegungsenergie, die ein Elektron beim Durchlaufen der Spannung 1 V im Vakuum erhält:

$$1 \text{ eV} = 1{,}6 \cdot 10^{-19} \text{ C} \cdot 1 \text{ V} = 1{,}6 \cdot 10^{-19} \text{ J}.$$

In der **Beispielaufgabe** besitzt das Elektron demnach die Bewegungsenergie $E_{kin} = 100$ eV.

Energie und Transportweg. Wird eine Probeladung senkrecht zu den Feldlinien bewegt, so ist die von den Feldkräften übertragene Energie null. Also ist zum Beispiel die Spannung zwischen zwei Punkten null, die sich auf der gleichen Kondensatorplatte befinden. Analog können wir auf einer horizontalen Tischplatte einen Körper reibungsfrei verschieben, ohne seine Energie zu ändern. Und analog zum Schwerefeld ist auch in elektrischen Feldern die übertragene Energie unabhängig davon, auf welchem Weg eine Probeladung von einem Punkt P_1 zu einem Punkt P_2 transportiert wird (Bild **B1**).

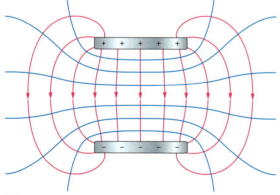

B2 *Schematischer Verlauf der Feldlinien und Äquipotenzialflächen im Kondensator mit horizontalen Platten (Schnittbild)*

Ein Elektron bewegt sich aus der Ruhe von der negativen zur positiven Platte im homogenen Feld eines Plattenkondensators (Spannung $U = 100$ V, Plattenabstand d). Berechnen Sie die Bewegungsenergie und die Geschwindigkeit eines Elektrons ($q = 1{,}6 \cdot 10^{-19}$ C, Masse $m = 9{,}1 \cdot 10^{-31}$ kg) beim Aufprall auf die positiven Platte.

Lösung:
Nach dem Energieerhaltungssatz wird die Differenz der potenziellen Energie zwischen negativer und positiver Platte in Bewegungsenergie umgewandelt. Es gilt also:

$$E_{kin} = \tfrac{1}{2} \, m \cdot v^2 = q \cdot (\varphi_+ - \varphi_-) = q \cdot U$$

$$= 1{,}6 \cdot 10^{-19} \text{ C} \cdot 100 \text{ V} = 1{,}6 \cdot 10^{-17} \text{ J},$$

$$v = \sqrt{\frac{2E_{kin}}{m}} = \sqrt{\frac{2 \cdot 1{,}6 \cdot 10^{-17} \text{ J}}{9{,}1 \cdot 10^{-31} \text{ kg}}} = 5{,}9 \cdot 10^{6} \, \tfrac{\text{m}}{\text{s}}.$$

Äquipotenzialflächen und -linien. Wird ein geladenes Teilchen im Inneren eines Plattenkondensators entlang der Plattenoberfläche verschoben, also senkrecht zu den Feldlinien, bleibt seine Energie konstant und damit sein Potenzial. Diese Punkte befinden sich auf einer **Äquipotenzialfläche.** Zwischen zwei Punkten auf dieser Fläche besteht keine Spannung. Das gilt für alle Flächen senkrecht zur Feldstärke $\vec{E}$. Innerhalb eines Kondensators sind Äquipotenzialflächen näherungsweise Ebenen parallel zu den Platten, außerhalb eines Kondensators, im Randfeld, sind die Äquipotenzialflächen gekrümmt (Bild **B2**).

In Versuch **V1** werden in einer Ebene Punkte mit gleichem elektrischen Potenzial gefunden und zu Linien miteinander verbunden, den **Äquipotenziallinien.** Auch hier ist die Analogie zum Gravitationsfeld gültig. Dort sind die Äquipotenziallinien die von der Landkarte vertrauten Höhenlinien.

❗ Merksatz _____

Alle Punkte auf Äquipotenziallinien und -flächen haben das gleiche elektrische Potenzial φ. Sie stehen senkrecht zu den elektrischen Feldlinien. Man braucht keine Energie, um Ladungen auf ihnen zu verschieben.

V1 Äquipotenziallinien bestimmen

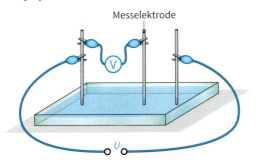

Messelektrode

Ein flaches mit Wasser gefülltes Becken steht auf einem Papier mit Koordinatensystem. Elektroden, z. B. dünne Zylinderstäbe oder Metallplatten, werden einander gegenüber in das Becken getaucht und eine Spannung U wird angelegt. Eine der Elektroden und eine frei bewegliche kleine Messelektrode verbindet man mit einem empfindlichen Spannungsmesser.

Die Messelektrode taucht an verschiedenen Punkten des elektrischen Feldes zwischen den Elektroden ein. Punkte mit gleichem Spannungswert werden zu Äquipotenziallinien miteinander verbunden.

V2 Potenzialverlauf in einem Draht

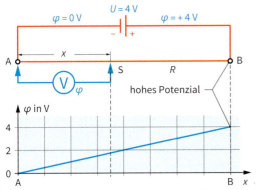

Ein gerader homogener Widerstandsdraht wird mit seinen Enden an eine Quelle (Spannung U) angeschlossen. Zwischen dem Minuspol der Quelle und verschiedenen Punkten S auf dem Draht wird die Spannung gemessen. Wird der Minuspol als Bezugspunkt mit elektrischen Potenzial $\varphi(A) = 0$ V gewählt, so zeigt der Spannungsmesser das elektrische Potenzial $\varphi(S)$ im Punkt S an. Der Verlauf des elektrischen Potenzials ist proportional zum Abstand x zwischen den Punkten S und A.

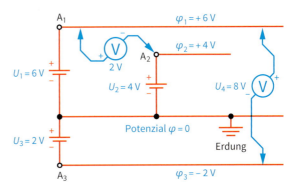

B3 *Komplexe Schaltung mit Potenzialangaben*

Potenzialangaben in elektrischen Schaltungen. In elektrischen Schaltungen verlaufen Feldlinien zwischen Plus und Minuspol einer angeschlossenen Quelle. Auch hier ist die Angabe elektrischer Potenziale vorteilhaft, da Spannungen zwischen zwei Punkten der Schaltung direkt abgelesen werden können (Bild **B3**).

Versuch **V2** zeigt eine Potenziometer- oder Spannungsteilerschaltung. Wird eine Lampe mit den Punkten A und S der Schaltung verbunden, so lässt sie sich je nach Punkt S mit beliebigen Bruchteilen der Spannung U betreiben. Der Potenzialverlauf innerhalb eines homogenen Leiters ist linear. Mit der Festlegung des elektrischen Potenzials im Punkt A auf $\varphi(A) = 0$ V gilt für die Spannung: $U = \varphi(S)$. Die Feldstärke des homogenen Feldes im Draht der Länge l ist $E = \frac{U}{l}$, die Spannung entlang des Leiters mit der Länge x ist also $U_x = \frac{x}{l} \cdot U$.

✳ Beispielaufgabe: Potenziale

Erläutern Sie, was geschieht, wenn man den Widerstand R an die Punkte C und D anschließt.

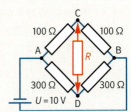

Lösung:
Es ist $\varphi_A = 0$ V und $\varphi_B = 10$ V bei widerstandslosen Kabeln. Ist der Widerstand R noch nicht angeschlossen, so handelt es sich um eine Parallelschaltung mit jeweils zwei identischen Widerständen in Reihe pro Zweig. Aus Symmetriegründen gilt für das elektrische Potenzial in den Punkten C und D daher: $\varphi_C = \varphi_D = 5$ V. Die Potenzialdifferenz zwischen C und D ist somit 0 V. Schließt man R an, so passiert also nichts ($I = 0$ A).

Elektrische Abschirmung. In Versuch **V1** wird untersucht, wie die Stärke eines Kondensatorfeldes von seiner Ursache, den felderzeugenden Ladungen $\pm Q$ auf den Platten, abhängt. Dazu werden in Versuch **V1a** mit einem kleinen Metallplättchen (einem „Ladungslöffel") Ladungen nacheinander an verschiedenen Stellen von der Kondensatorplatte aufgenommen und außerhalb des Kondensators bestimmt. Es zeigt sich, dass in einem homogenen elektrischen Feld die felderzeugende Ladung auf den Innenseiten der Kondensatorplatten überall gleich dicht sitzt. Der Quotient $\frac{Q'}{A'}$ aus Ladung Q' und Fläche A' ist konstant (Versuch **V1b**). Er gibt die **Flächenladungsdichte** σ der Ladung an.

> ❗ **Merksatz**
>
> Die Flächenladungsdichte σ einer über die Fläche mit dem Inhalt A gleichmäßig verteilten Ladung Q ist der Quotient
>
> $$\sigma = \frac{Q}{A}; \quad [\sigma] = 1\,\frac{\text{C}}{\text{m}^2}.$$

In Versuch **V1c** wird die Ladung auf den Kondensatorflächen und damit die Flächenladungsdichte σ systematisch durch Erhöhen der Spannung oder Verringern des Abstandes nach $E = \frac{U}{d}$ verändert. Stets sind die Flächenladungsdichte σ der felderzeugenden Ladung und die Feldstärke E zueinander proportional: $\sigma = \varepsilon_0 \cdot E$ mit dem Proportionalitätsfaktor ε_0. ε_0 heißt **elektrische Feldkonstante** und ist eine Naturkonstante. Sie gibt den Zusammenhang zwischen der Flächenladungsdichte σ und der von dieser erzeugten Feldstärke E an. Insbesondere gilt im Plattenkondensator mit $E = \frac{U}{d}$:

$$\sigma = \frac{Q}{A} = \varepsilon_0 \cdot E = \varepsilon_0 \cdot \frac{U}{d}.$$

Berühren sich zwei senkrecht zu den Feldlinien stehende Testplatten im Feld, so werden zwischen ihnen durch

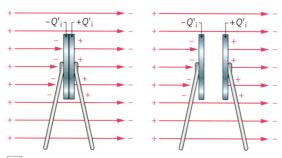

B1 *Ladungstrennung im elektrischen Feld*

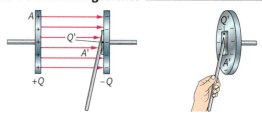

V1 Flächenladungsdichte

a) Mit einer kleinen metallischen Testplatte der Fläche A' werden an verschiedenen Stellen der negativ geladenen Innenseite des Kondensators Ladungen abgenommen und außerhalb des Kondensators mit einem Messverstärker bestimmt.
b) Zwei Testplatten nebeneinander heben mit der doppelten Fläche $2A'$ auch die doppelte Ladung $2Q'$ von der Kondensatorplatte ab. Der Quotient $\frac{Q'}{A'} = \frac{2Q'}{2A'}$ ist also konstant.
c) Die Feldstärke E wird durch Erhöhen der Spannung U zwischen den Kondensatorplatten oder Verringern des Plattenabstandes d vergrößert. Der Kondensator wird von der Quelle getrennt; aus der Ladung auf einer Kondensatorplatte und der Plattengröße kann die Flächenladungsdichte auf den Platten bestimmt werden.

Influenz Ladungen verschoben (Bild **B1**). Auf ihrer linken Oberfläche bildet sich die Influenzladung $-Q'_i$, auf der rechten die gleich große Ladung $+Q'_i$ (die Ladungssumme bleibt null). Trennt man die Testplatten im Feld und bestimmt außerhalb des Kondensators die Flächenladungsdichte der Testplatte und die einer Kondensatorplatte, so zeigt sich, dass beide Flächenladungsdichten vom Betrag gleich groß sind. Werden die Testplatten erst außerhalb des Kondensators getrennt, so ist $\sigma = 0\,\frac{\text{C}}{\text{m}^2}$ auf jeder Testplatte, da sich die getrennten Ladungen verschoben haben und jede Testplatte elektrisch neutral ist.

> ❗ **Merksatz**
>
> Die Feldstärke E eines homogenen Feldes ist proportional zur Flächenladungsdichte σ der sie erzeugenden Ladung. In Luft gilt:
>
> $$\sigma = \varepsilon_0 \cdot E$$
>
> mit der elektrischen Feldkonstanten
>
> $$\varepsilon_0 = 8{,}85 \cdot 10^{-12}\,\frac{\text{C}^2}{\text{N}\,\text{m}^2}.$$

Eine sehr kleine geladene Metallkugel (Masse $m = 0{,}25$ g) hängt an einem isolierenden Faden (Länge $l = 1{,}1$ m) in der Mitte eines Plattenkondensators. Der Abstand der vertikalen Platten beträgt $d = 10$ cm, die Spannung zwischen den Platten ist $U = 1{,}8$ kV. Die horizontale Auslenkung der Metallkugel aus der Ruhelage beträgt $s = 3{,}5$ cm. Nehmen Sie im Inneren des Kondensators ein homogenes Feld an und vernachlässigen Sie Influenzeffekte.

a) Fertigen Sie eine Skizze zur Aufgabe an. Berechnen Sie die elektrische Kraft F_{el} auf die Metallkugel und den Auslenkwinkel α aus der Vertikalen.

b) Berechnen Sie die elektrische Feldstärke E im Inneren des Kondensators und die Ladung q der Metallkugel.

c) Begründen Sie die Abnahme der Auslenkung s, wenn bei konstanter Spannung der Plattenabstand erhöht wird.

Lösung:

a) Aus den gegebenen Angaben zu s und l berechnet sich der Auslenkwinkel zu:

$$\sin(\alpha) = \frac{s}{l} \;\Rightarrow\; \alpha = \arcsin\!\left(\frac{s}{l}\right) = 1{,}8°.$$

Auf die Metallkugel wirken die elektrische Kraft F_{el} und die Gewichtskraft F_G sowie die Fadenspannung F_F entlang des Fadens entgegengesetzt zur resul-

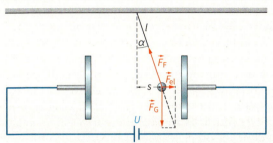

tierenden Kraft aus F_{el} und F_G. Daher gilt mit der Fallbeschleunigung $g = 9{,}81\,\frac{\mathrm{m}}{s^2}$:

$$\tan(\alpha) = \frac{F_{el}}{F_G} = \frac{F_{el}}{m \cdot g} \Leftrightarrow F_{el} = m \cdot g \cdot \tan(\alpha) = 78\ \mu N.$$

b) Im homogenen Feld des Plattenkondensators gilt:

$$E = \frac{U}{d} = 18\,000\,\frac{\mathrm{V}}{\mathrm{m}}.$$

Mit F_{el} und E folgt daraus für die Ladung q:

$$q = \frac{F_{el}}{E} = 4{,}3 \cdot 10^{-9}\ \mathrm{C}.$$

c) Aus $U = E \cdot d$ und $F_{el} = q \cdot E$ folgt:

$$F_{el} = q \cdot \frac{U}{d}, \text{ also insbesondere } F_{el} \sim \frac{1}{d}.$$

Eine Zunahme von d (bei gleicher Spannung) führt daher zu einer Abnahme der elektrischen Kraft und damit zur Abnahme der horizontalen Auslenkung s.

Arbeitsaufträge

1 ⇒ Zwischen zwei Kondensatorplatten mit 2,0 cm Abstand liegt die Spannung 1,0 kV. Berechnen Sie die Feldstärke sowie die Kraft auf eine Probeladung $q = 10$ nC. Bestimmen Sie die Energie, die die Feldkräfte beim Transport von der einen zur anderen Plattenseite übertragen. Prüfen Sie die Spannungsangabe mit $U = \frac{W}{q}$ nach.

2

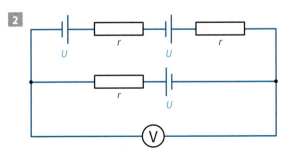

⬆ Bestimmen Sie die Anzeige des Voltmeters in der Schaltung aus drei Batterien (Spannung U, Innenwiderstand r) durch eine Betrachtung des elektrischen Potenzialverlaufs.

3 ↗ Zwischen zwei Kondensatorplatten (Abstand 5,0 cm) mit je 450 cm² Fläche liegt die Spannung 10 kV.
a) Berechnen Sie die Feldstärke E und die Flächenladungsdichte σ der das Feld erzeugenden Ladung. Bestimmen Sie die Ladung, die jede Platte trägt.
b) Erklären Sie, wie E und σ sich ändern, wenn man die Platten bei abgetrennter Spannungsquelle auseinander zieht.
c) Bestimmen Sie E und σ, wenn sich der Plattenabstand bei angeschlossener Spannungsquelle verdoppelt.

1.4 Kapazität von Kondensatoren

Ladung eines Kondensators. Kondensatoren sind in elektronischen Schaltungen wichtig, weil sie Ladungen und Energie speichern. In Versuch **V1a** wird untersucht, wie viel Ladung sich auf einer Platte eines Plattenkondensators befindet. Die gespeicherte Ladung hängt dabei von der Spannung zwischen den Platten ab. Tabelle **T1** zeigt, dass die Ladung zur Spannung proportional ist. Der Quotient C aus Ladung und Spannung ist also konstant. Er heißt **Kapazität** des Kondensators und wird angegeben in der Einheit

$$[C] = 1\,\frac{C}{V} = 1\,F \text{ (\textbf{Farad})}.$$

Mit der Flächenladungsdichte σ folgt für den Plattenkondensator:

$$\sigma = \frac{Q}{A} = \varepsilon_0 \cdot E = \varepsilon_0 \cdot \frac{U}{d}.$$

Die Ladung $Q = \sigma \cdot A = \varepsilon_0 \cdot A \cdot \frac{U}{d}$ ist also der Spannung U proportional. Deshalb ist der Quotient $C = \frac{Q}{U}$ von U unabhängig. Dies gilt auch für andere Kondensatorgeometrien wie z. B. aus Kugel und Platte (Versuch **V1b**).

> **! Merksatz**
>
> Die Ladung $+Q$ und $-Q$ auf den Platten eines Kondensators ist der Spannung U zwischen den Platten proportional. Unter der Kapazität C eines Kondensators versteht man den Quotienten aus Ladung Q und Spannung U:
>
> $$C = \frac{Q}{U} = \varepsilon_0 \cdot \frac{A}{d}; \quad \text{Einheit: } [C] = 1\,\frac{C}{V} = 1\,F \text{ (Farad)}.$$

Isolatoren im Kondensator. Bringt man einen Isolator wie Glas, Keramik oder Öl in einen Kondensator, so steigt seine Kapazität (Versuch **V2**). Diese Entdeckung machte MICHAEL FARADAY. Er schloss daraus, dass auch Isolatoren elektrische Eigenschaften haben und nannte sie **Dielektrika**. Der Faktor, mit der ein Dielektrikum die Kapazität im Vergleich zu einem leeren Kondensator vergrößert, heißt **relative Permittivität** ε_r:

$$C = \varepsilon_0 \cdot \varepsilon_r \cdot \frac{A}{d}.$$

Man bezieht ε_r bei genauen Versuchen auf das Vakuum und gibt ihm dort den Wert 1. Luft erhöht die Kapazität

Q in nC	10	20	30	40
U in V	50	100	150	200
$C = \frac{Q}{U}$ in nF	0,2	0,2	0,2	0,2

T1 *Berechnung des Quotienten $\frac{Q}{U}$ aus Versuch **V1***

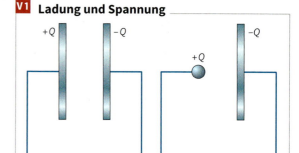

V1 Ladung und Spannung

a) An einen Plattenkondensator (Plattenabstand d, Fläche A) wird eine Spannung U angelegt. Mit einem elektronischen Messverstärker wird anschließend die Ladung Q einer Platte bestimmt. Dies wird für mehrere Spannungswerte wiederholt.
b) An einen Kondensator aus Metallkugel und Metallplatte wird eine Spannung U angelegt. Sie nehmen die Ladungen $\pm Q$ auf. Angelegte Spannung und Ladung werden gemessen.

gegenüber dem Vakuum kaum, dort ist $\varepsilon_r \approx 1$. Tabelle **T2** zeigt weitere Werte für die Permittivität. Dielektrika erhöhen die Kapazität, und damit bei konstanter Spannung die Ladung. Mit $Q = C \cdot U$ und $U = E \cdot d$ ergibt sich auch für die Flächenladungsdichte σ ein größerer Wert:

$$\sigma = \frac{Q}{A} = \varepsilon_0 \cdot \varepsilon_r \cdot E.$$

Ursache der Kapazitätserhöhung sind Verschiebungen der Ladungen im Feld des Kondensators, ohne dass Ladungen selbst abfließen können. Dies führt zu einem elektrischen Feld, das dem Kondensatorfeld entgegengerichtet ist. Die Feldstärke im Kondensator ist dadurch geringer als ohne Dielektrikum. Daher kann bei gleicher Spannung mehr Ladung auf den Platten gespeichert werden.

V2 Isolatoren im Kondensator

In einen Plattenkondensator bekannter Kapazität werden verschiedene Isolatoren eingebracht. Man beobachtet, dass die Kapazität des Kondensators im Vergleich zum luftgefüllten Kondensator größer ist.

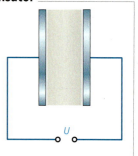

Die Permittivität ε_r gibt die Erhöhung der Kapazität durch ein Dielektrikum an. Im Vakuum ist $\varepsilon_r = 1$. Die Kapazität eines Plattenkondensators mit der Fläche A und dem Plattenabstand d ist bei homogenem Feld

$$C = \varepsilon_0 \cdot \varepsilon_r \cdot \frac{A}{d}.$$

Luft (1 bar = 10^5 Pa)	1,00058
Paraffin	2
Öl	2 bis 2,5
Glas	5 bis 16
Wasser	81
Keramik mit Ba, Sr	10^4

T2 *Relative Permittivitäten ε_r*

☰ Exkurs: Schaltungen von Kondensatoren

Kondensatoren werden oft miteinander kombiniert, um beispielsweise mit vorhandenen Kondensatoren eine bestimmte Kapazität zu erhalten (Versuch **V1**, Seite 26). Umgekehrt lassen sich mehrere Kondensatoren ohne Änderung der Schaltungseigenschaften oft durch einen einzigen Kondensator ersetzen. Man spricht von einer **Ersatzkapazität**, so wie bei Widerstandsschaltungen auch ein Ersatzwiderstand berechnet werden kann.

Bild **B1a** zeigt drei parallel geschaltete Kondensatoren mit den Kapazitäten C_1, C_2 und C_3, die an der gleichen Spannung U liegen. Die auf den Kondensatorflächen angesammelten Ladungen berechnen sich jeweils zu:

$$Q_1 = C_1 \cdot U, \quad Q_2 = C_2 \cdot U, \quad Q_3 = C_3 \cdot U;$$

in der Summe beträgt die Ladung:

$$Q = Q_1 + Q_2 + Q_3 = (C_1 + C_2 + C_3) \cdot U = C \cdot U.$$

Für die Parallelschaltung beträgt die Ersatzkapazität also $C = C_1 + C_2 + C_3$.

Bei drei in Reihe geschalteten Kondensatoren (Bild **B1b**) pumpt die Quelle mit der Spannung U Elektronen von der linken Platte des ersten auf die rechte Platte des dritten Kondensators. Diese äußeren Platten tragen dann die Ladung $+Q$ bzw. $-Q$. Durch Influenz werden die dazwischenliegenden Platten ebenfalls geladen. Die Teilspannungen über den einzelnen Kondensatoren sind:

$$U_1 = \frac{Q}{C_1}, \quad U_2 = \frac{Q}{C_2}, \quad U_3 = \frac{Q}{C_3}.$$

Sie addieren sich zur Gesamtspannung

$$U = U_1 + U_2 + U_3 = Q \cdot \left(\frac{1}{C_1} + \frac{1}{C_2} + \frac{1}{C_3} \right) = Q \cdot \frac{1}{C}.$$

Für die Reihenschaltung von Kondensatoren gilt also für die Ersatzkapazität:

$$\frac{1}{C} = \frac{1}{C_1} + \frac{1}{C_2} + \frac{1}{C_3}.$$

Merkregel:

Die Ersatzkapazität von parallel geschalteten Kondensatoren ist die Summe der Einzelkapazitäten: $C = C_1 + C_2 + \ldots$ Bei der Reihenschaltung addieren sich die Kehrwerte der Einzelkapazitäten zum Kehrwert der Ersatzkapazität: $\frac{1}{C} = \frac{1}{C_1} + \frac{1}{C_2} + \ldots$

Folgerungen aus diesen Kapazitätsberechnungen sind: Die Ersatzkapazität in einer Parallelschaltung ist stets größer als die größte Einzelkapazität und in einer Reihenschaltung stets kleiner als jede Einzelkapazität. Zwei Kondensatoren mit gleichen Kapazitäten $C_1 - C_2$ haben in einer Parallelschaltung die Ersatzkapazität $C = 2 \cdot C_1$ und in der Reihenschaltung $C = \frac{C_1}{2}$.

Die Formeln für die Schaltung von Kondensatoren ähneln den Formeln bei der Schaltung von ohmschen Widerständen (Bild **B1a, B1b**), allerdings sind jeweils die Rollen für die Berechnung vertauscht: Der Ersatzwiderstand R bei der Reihenschaltung ist $R = R_1 + R_2 + R_3$. Der Ersatzwiderstand R bei der Parallelschaltung berechnet sich nach: $\frac{1}{R} = \frac{1}{R_1} + \frac{1}{R_2} + \frac{1}{R_3}$.

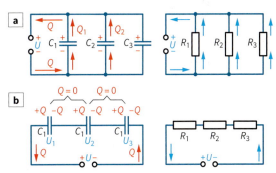

B1 *a) Parallelschaltung und b) Reihenschaltung von Kondensatoren und Widerständen*

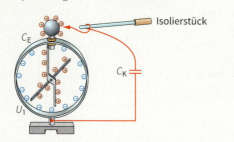

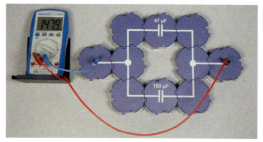

Ein Elektrometer zeigt die Spannung $U_E = 3{,}0$ kV an. Um seine Kapazität C_E zu bestimmen, schaltet man einen Plattenkondensator ohne Dielektrikum ($A = 100$ cm², $d = 1$ mm) parallel. Die Spannung sinkt dabei auf $U_1 = 1$ kV. Bestimmen Sie die Kapazität des Elektrometers C_E.

Lösung:
Die Kapazität des Kondensators ist

$$C_K = \varepsilon_0 \cdot \frac{A}{d} = 88{,}5 \text{ pF.}$$

Die Ladung des Elektrometers vor dem Anlegen des Kondensators ist $Q = C_E \cdot U_E$. Nach dem Anlegen verteilt sich dieselbe Ladung Q auf Elektrometer und Kondensator. Diese haben dann die gleiche Spannung U_1, sind also parallel geschaltet mit der Ersatzkapazität $C = C_E + C_K$:

$$C_E \cdot U_E = C \cdot U_1 = (C_E + C_K) \cdot U_1.$$

Damit erhält man:

$$C_E = C_K \cdot \frac{U_1}{U_E - U_1} = 44{,}3 \text{ pF.}$$

Kondensatoren mit bekannten Kapazitätsangaben werden in Reihe und parallel geschaltet. Zur Kapazitätsmessung wird ein Multimeter verwendet. Hierbei wird das Multimeter als Quelle und als Teil einer elektronischen Messbrücke verwendet. Beispielmessungen (**Tabelle unten**) zeigen eine sehr gute Übereinstimmung zwischen theoretischen und gemessenen Werten. Abweichungen erklären sich aus Toleranzen und unpräzisen Angaben auf den Kondensatoren sowie Messunsicherheiten.

Schaltung	C (theoret.)	C (experim.)
47 µF in Reihe mit 100 µF	32 µF	33 µF
47 nF in Reihe mit 100 µF	47 nF	48 nF
47 µF parallel zu 100 µF	147 µF	147 µF
47 nF parallel zu 10 nF	57 nF	58 nF

☰ **Exkurs: Technische Kondensatoren**

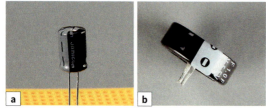

Kondensatoren gibt es in sehr unterschiedlichen Bauformen und für unterschiedliche Anwendungsgebiete. Bild **a** zeigt einen Elektrolytkondensator. Er besteht aus einer Aluminium- oder Tantalfolie als Plusplatte und einer saugfähigen, mit einem Elektrolyten getränkten Papierschicht als Minusplatte.

Als Dielektrikum wird eine dünne Oxidschicht verwendet. Bei kleinen Bauformen können Kapazitäten bis zu einigen Farad erreicht werden. Die zulässige Höchstspannung und die Polung sind zu beachten. Sonst kann der Kondensator explodieren.
Bild **b** zeigt einen Doppelschichtkondensator. Er besitzt einen komplexen Aufbau aus Membran, Elektrolyt und Kohlenstoffelektroden. Hohe Kapazitäten bis zu einige 1000 F können erreicht werden.

Vorsicht ist bei Hochspannungskondensatoren geboten, da beim Entladen große, gefährliche elektrische Ströme auftreten können!

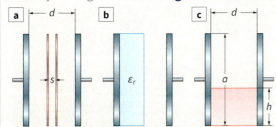

a) Geben Sie an, wie man die Parameter eines Plattenkondensators wählen muss, damit er eine möglichst große Kapazität hat.

b) In einen Plattenkondensator ohne Dielektrikum werden zwei weitere Metallpatten vernachlässigbarer Dicke platziert (Bild **a**). Beide Platten sind elektrisch leitend miteinander verbunden. Bestimmen Sie die Kapazität dieser Plattenkombination und geben Sie die Kapazität für den Fall an, dass der Abstand s zwischen den Platten 0 cm beträgt.

c) In einer Kombination dreier Metallplatten (Bild **b**) ist ein Zwischenraum mit einem Dielektrikum ($\varepsilon_r = 3{,}4$), der andere mit Luft gefüllt ($\varepsilon_r = 1{,}0$). Berechnen Sie die Kapazität dieser Plattenkombination.

d) In einen vertikalen Plattenkondensator (Plattenabstand $d = 5{,}0$ cm, Höhe $a = 60$ cm, Breite $b = 40$ cm) wird Öl ($\varepsilon_r = 2{,}2$) eingeführt (Bild **c**). Geben Sie den Zusammenhang zwischen Kapazität und Füllhöhe h an und berechnen Sie die Kapazität für $h = 30$ cm.

Lösung:

a) Da $C = \varepsilon_0 \cdot \varepsilon_r \cdot \frac{A}{d}$ ist, sollte der Plattenabstand d möglichst klein und die Plattenfläche A möglichst groß sein sowie ein Dielektrikum mit großem ε_r zwischen die Platten eingefüllt werden.

b) Es handelt sich um eine Reihenschaltung aus zwei Kondensatoren C_1 und C_2 mit jeweiligem Plattenabstand $\frac{d-s}{2}$. Also ist:

$$C_1 = C_2 = \varepsilon_0 \cdot \varepsilon_r \cdot \frac{A}{\frac{d-s}{2}} = 2\,\varepsilon_0 \cdot \varepsilon_r \cdot \frac{A}{d-s}. \tag{1}$$

Die Gesamtkapazität C_g ist somit:

$$C_g = \left(\frac{1}{C_1} + \frac{1}{C_2}\right)^{-1} = \left(\frac{2}{C_1}\right)^{-1} = \varepsilon_0 \cdot \varepsilon_r \cdot \frac{A}{d-s}. \tag{2}$$

Gleichung (2) entnimmt man, dass C_g für $s = 0$ cm der Kapazität ohne zusätzliche Platten entspricht.

c) Es handelt sich um eine Reihenschaltung von zwei Kondensatoren mit Kapazitäten:

$$C_1 = \varepsilon_0 \cdot \varepsilon_r \cdot \frac{A}{\frac{d}{2}} \quad \text{und} \quad C_2 = \varepsilon_0 \cdot \frac{A}{\frac{d}{2}} = \frac{C_1}{\varepsilon_r}.$$

Die Gesamtkapazität C_g ist somit:

$$C_g = \left(\frac{1}{C_1} + \frac{1}{C_2}\right)^{-1} = (1 + \varepsilon_r)^{-1} \cdot C_1 \approx 0{,}23 \cdot C_1.$$

d) Es handelt sich um eine Parallelschaltung von zwei Kondensatoren, der eine mit Luft und der andere mit Öl gefüllt. Mit den Angaben zur Geometrie des Kondensators und den Permittivitäten gilt:

$$C_1 = \frac{\varepsilon_0 \cdot \varepsilon_r \cdot h \cdot b}{d} \quad \text{und} \quad C_2 = \varepsilon_0 \cdot \frac{(a-h) \cdot b}{d}.$$

Die Gesamtkapazität C_g ist somit:

$$C_g(h) = C_1 + C_2 = \varepsilon_0 \cdot \frac{b}{d} \cdot (a + (\varepsilon_r - 1) \cdot h).$$

Für $h = 30$ cm, also $h = \frac{a}{2}$ gilt:

$$C_g(30\text{ cm}) = \varepsilon_0 \cdot \frac{a \cdot b}{d} \cdot \frac{\varepsilon_r + 1}{2}$$

$$= 8{,}854 \cdot 10^{-12}\,\frac{\text{V}}{\text{cm}} \cdot \frac{0{,}6\text{ m} \cdot 0{,}4\text{ m}}{0{,}05\text{ m}} \cdot \frac{2{,}2 + 1}{2} \approx 6{,}8 \cdot 10^{-11}\text{ F}.$$

Arbeitsaufträge

1 ✎ Ein Kondensator von 10 µF wird auf 200 V aufgeladen und zu einem auf 100 V geladenen Kondensator gleicher Kapazität parallel geschaltet, ohne dass Ladung verloren geht. Berechnen Sie die Spannung zwischen den Anschlüssen der Kondensatoren.

2 ✎ Bestimmen Sie die maximale und die minimale Ersatzkapazität, die mit einer 2er- oder 3er-Kombination von Kondensatoren der Kapazität 8 µF, 12 µF, 27 µF und 54 µF gebildet werden kann.

3 ✎ Kombination von Kondensatoren:
a) Bestimmen Sie die Kapazität, die man zu 10 µF parallel bzw. in Reihe schalten muss, damit 15 µF bzw. 5 µF entstehen.
b) Berechnen Sie die Ladung, die jeder Kondensator bei $U = 10$ V aufnimmt.

4 ✎ Drei Kondensatoren mit 5 µF, 10 µF und 20 µF liegen in Reihe an 100 V. Bestimmen Sie die Ladung von jedem Kondensator.

1.5 Auf- und Entladung von Kondensatoren ▶

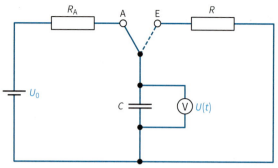

B1 Schaltung zur Messung der Auf- und Entladungskurven eines Kondensators

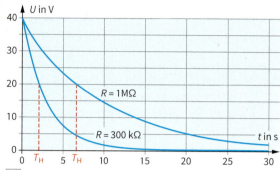

B2 Entladekurven eines Kondensators für unterschiedliche Widerstände R

Entladung eines Kondensators. Mit der Schaltung in Bild **B1** in der Schalterstellung A wird zunächst der Kondensator aufgeladen. Befindet sich der Schalter in Stellung E, ist der Kondensator nicht mehr mit der Quelle U_0 verbunden, sondern in Reihe mit einem Widerstand R. Der Kondensator entlädt sich, d. h. ein elektrischer Strom fließt durch den Widerstand und führt zu einem Ladungsausgleich zwischen den Platten. Mit einem hochohmigen Voltmeter registriert man den Spannungsverlauf $U(t)$ über dem Kondensator.

Bild **B2** zeigt Spannungsverläufe für zwei verschiedene Widerstände. Für den Widerstand $R = 1\,\text{M}\Omega$ ist die Spannung nach 7 s vom Anfangswert $U_0 = 40$ V auf die Hälfte (20 V) gesunken. Nach der doppelten Zeit (14 s) ist der Kondensator jedoch nicht vollständig entladen, sondern zeigt 10 V an. Nach weiteren 7 s ist die Spannung nochmals auf die Hälfte (5 V) gesunken. Dies setzt sich fort. Die Zeit, nach der sich die Ladung auf einer Platte bzw. die Spannung halbiert, heißt **Halbwertszeit** T_H. Sie ist aus der Kernphysik bekannt als die Zeitspanne, nach der die Hälfte eines radioaktiven Materials zerfallen ist. Für den Widerstand $R = 300\,\text{k}\Omega$ entnimmt man Bild **B2** eine deutlich kleinere Halbwertszeit von etwa 2 s.

Offensichtlich folgt die Abnahme der Spannung nicht einem linearen Verlauf mit der Zeit t, sondern einem nicht-linearen. Zu Beginn der Entladung ist die Spannung noch groß, also auch der Entladestrom. Dann nehmen die Ladung Q der positiven wie der negativen Platte und wegen $Q = C \cdot U$ auch die Spannung schnell ab. Hat die positiv geladene Platte nur noch wenig Ladung, so sind auch Spannung und Stromstärke klein. U und Q nähern sich (asymptotisch) dem Wert null. Wir können hier keine Entladezeit, wohl aber eine Halbwertszeit T_H angeben.

❗ Merksatz

Bei der Entladung eines Kondensators mit Kapazität C über einen Widerstand R sinkt die Spannung $U(t)$ nicht-linear mit der Zeit t.
Nach der Halbwertszeit T_H hat sich der Spannungswert halbiert.

Differenzialgleichung der Kondensatorentladung. Wird ein Kondensator über einen Widerstand wie in Bild **B1** entladen, so befinden sich beide in einem geschlossenen Stromkreis ohne Quelle. Die Summe der Teilspannungen $U(t) = \frac{Q(t)}{C}$ über dem Kondensator und $U_R(t) = R \cdot I(t)$ über dem Widerstand ist daher nach der Maschenregel null. Es gilt:

$$U(t) + U_R(t) = \frac{Q(t)}{C} + R \cdot I(t) = 0 \Leftrightarrow I(t) = -\frac{Q(t)}{C \cdot R}.$$

Mit $I(t) = \dot{Q}(t)$ gilt:

$$\dot{Q}(t) = -\frac{Q(t)}{C \cdot R}. \tag{1}$$

Gleichung (1) ist eine Differenzialgleichung. Sie verknüpft die Funktion $Q(t)$ zu jedem Zeitpunkt t mit ihrer ersten Ableitung nach der Zeit $\dot{Q}(t)$. Gesucht ist somit eine Funktion $Q(t)$, die proportional zu ihrer eigenen Ableitung ist.

In der Mathematik findet sich Analoges bei der Exponentialfunktion $y(x) = y_0 \cdot e^{c \cdot x}$ ($e = 2{,}718\ldots$ ist die eulersche Zahl). Die Ableitung nach x ist $y'(x) = c \cdot y_0 \cdot e^{c \cdot x} = c \cdot y(x)$. Ersetzt man x durch t und $y(x)$ durch $Q(t)$, y_0 durch eine Anfangsladung Q_0 und c durch $-\frac{1}{C \cdot R}$, so findet man als Lösung von Gleichung (1):

$$Q(t) = Q_0 \cdot e^{-\frac{t}{R \cdot C}}. \tag{2}$$

Daraus folgt mit $U(t) = \frac{Q(t)}{C}$:

$$U(t) = U_0 \cdot e^{-\frac{t}{R \cdot C}}. \tag{3}$$

U_0 und Q_0 sind dabei die Spannung bzw. Ladung zum Zeitpunkt $t = 0$ s. Die Halbwertszeit T_H ergibt sich aus: $U(T_H) = \frac{1}{2} U_0$ bzw. $Q(T_H) = \frac{1}{2} Q_0$. Mit Gleichung (2) folgt durch Logarithmieren für die Halbwertszeit die Beziehung:

$$T_H = R \cdot C \cdot \ln 2 \approx R \cdot C \cdot 0{,}693. \tag{4}$$

> **!** **Merksatz**
>
> Die Spannung $U(t)$ und die Ladung $Q(t)$ nehmen beim Entladen eines Kondensators mit Kapazität C über einen Widerstand R mit der Zeit t exponentiell ab:
>
> $$U(t) = U_0 \cdot e^{-\frac{t}{R \cdot C}} \quad \text{und} \quad Q(t) = Q_0 \cdot e^{-\frac{t}{R \cdot C}},$$
>
> mit $U(t = 0\,\text{s}) = U_0$ bzw. $Q(t = 0\,\text{s}) = Q_0$. Die Halbwertszeit beträgt
>
> $$T_H = R \cdot C \cdot \ln 2 \approx R \cdot C \cdot 0{,}693.$$

Aufladung eines Kondensators. So wie die Entladung nicht unmittelbar geschieht, benötigt auch die Aufladung eines Kondensators Zeit. Nach der Schaltung in Bild **B1** zur Bestimmung der Aufladekurven ist eine Quelle der Spannung U_0 mit einem Widerstand R_A und einem Kondensator in Reihe geschaltet.

Die Spannung $U(t)$ über dem Kondensator nähert sich dabei der Quellenspannung U_0 allmählich an. Die Abhängigkeit von der Zeit ist nicht-linear: Die Änderung von $U(t)$ nimmt mit steigendem $U(t)$ ab. Dies ist ver-

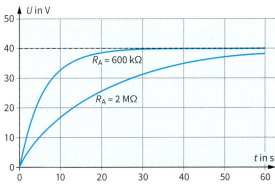

B3 *Aufladekurven eines Kondensators für unterschiedliche Widerstände R_a*

ständlich, da eine zunehmende Ladung $Q(t) = C \cdot U(t)$ auf den Kondensatorplatten der weiteren Ladungszunahme entgegenwirkt. Ein Vergleich der beiden Aufladekurven in Bild **B3** ergibt, dass die Aufladung umso schneller abläuft, je kleiner der Widerstand R_A ist. Eine genauere Betrachtung der Aufladung führt wie bei der Kondensatorentladung auf eine Differenzialgleichung. Sie hat ebenfalls als Lösung eine Exponentialfunktion:

$$U(t) = U_0 \cdot \left(1 - e^{-\frac{t}{R_A \cdot C}}\right). \tag{5}$$

Gleichung (5) entnimmt man, dass die Aufladung mit steigendem Widerstand R_A und mit steigender Kapazität C langsamer abläuft.

> **!** **Merksatz**
>
> Die Spannung $U(t)$ und die Ladung $Q(t)$ nehmen beim Aufladen eines Kondensators mit Kapazität C über einen Widerstand R_A mit der Zeit t nach dem folgenden Gesetz zu:
>
> $$U(t) = U_0 \cdot \left(1 - e^{-\frac{t}{R_A \cdot C}}\right) \quad \text{und} \quad Q(t) = Q_0 \cdot \left(1 - e^{-\frac{t}{R_A \cdot C}}\right).$$

> **✱** **Beispielaufgabe: Geschwindigkeit einer Entladung**
>
> Ein Kondensator mit Kapazität C und Halbwertszeit $T_H = 4$ s wird entladen. Berechnen Sie die Zeit, nach der die Spannung über dem Kondensator ein Viertel bzw. drei Viertel seiner Maximalspannung beträgt.
>
> **Lösung:**
>
> Es gilt für die Zeit $t_{1/4}$ bis zur Viertelentladung des Kondensators $U(t_{1/4}) = \frac{3}{4} U_0$:
>
> $$U(t_{1/4}) = \frac{3}{4} U_0 = U_0 \cdot e^{-\frac{t_{1/4}}{R \cdot C}}.$$
>
> Logarithmieren der Gleichung führt mit der Halb-
>
> wertszeit $T_H = R \cdot C \cdot \ln(2)$ auf:
>
> $$t_{1/4} = R \cdot C \cdot \ln\left(\tfrac{4}{3}\right) = T_H \cdot \frac{\ln\left(\tfrac{4}{3}\right)}{\ln(2)} \approx 0{,}415 \cdot T_H \approx 1{,}66\ \text{s}.$$
>
> Entsprechend berechnet sich die Zeit $t_{3/4}$ bis zur Dreiviertelentladung ($U(t_{3/4}) = \frac{1}{4} U_0$) zu:
>
> $$t_{3/4} = R \cdot C \cdot \ln(4) = T_H \cdot \frac{\ln(4)}{\ln(2)} = T_H = 8\ \text{s}.$$
>
> Die Zeiten für je ein Viertel Entladung des Kondensators verlängern sich, d. h. die Geschwindigkeit der Entladung nimmt ab.

Energie eines Kondensators. Kondensatoren sind Energiespeicher. Mit einem aufgeladenen Kondensator leuchten Fahrradlampen, auch wenn das Rad an einer Ampel steht. In Bussen werden sogenannte Ultracap-Kondensatoren als Energiespeicher eingesetzt. Sie laden sich über einen Generator beim Bremsen auf und treiben dann beim Anfahren einen Elektromotor an.

Wie viel Energie kann in einem Kondensator gespeichert werden? Wäre die Spannung $U(t)$ beim Aufladen eines Kondensators konstant, könnten man die zum Transport der Ladung Q nötige Energie mit $W_{el} = Q \cdot U$ berechnen. Ihr entspräche der Flächeninhalt des linken Rechtecks in Bild **B1a**. Beim Aufladen eines Kondensators steigt jedoch die Spannung am Kondensator proportional zur bereits aufgenommenen Ladung von null bis $U = \frac{Q}{C}$ an (Bild **B1b**). Das muss bei der Berechnung der Energie berücksichtigt werden.

Um auf einer geladenen Platte weitere Ladungen gleicher Polarität zu platzieren, ist fortlaufend Energie nötig. Eine kleine Ladung ΔQ wird auf einen bereits geladenen Kondensator mit Spannung U_i zwischen den Platten gebracht. Ist ΔQ so klein, dass U_i bei diesem Vorgang näherungsweise konstant bleibt, so ist die für diesen Vorgang notwendige Energie durch die Rechteckfläche $\Delta W_{el} = \Delta Q \cdot U_i$ in Bild **B1b** gegeben. An den mit zunehmender Ladung Q größer werdenden Rechteckflächen erkennt man, dass zunehmend mehr Energie nötig ist, um weitere Ladung auf die Kondensatorplatten zu laden.

Die Energie für die gesamte Aufladung entspricht der Addition solcher Rechteckflächen, die in der Summe näherungsweise gleich der Dreiecksfläche $\frac{1}{2} Q \cdot U$ im $U(Q)$-Diagramm ist. Je kleiner ΔQ ist, desto genauer wird die Näherung; mathematisch entspricht diese der Integration der Funktion $U(Q)$ im Bereich von 0 C bis zur Ladung Q. Die gesuchte Energie W_{el}, die man braucht, um einem Kondensator der Kapazität C die Ladung $Q = C \cdot U$ zuzuführen, beträgt demnach:

$$W_{el} = \frac{1}{2} Q \cdot U = \frac{1}{2} C \cdot U^2 = \frac{1}{2} \frac{Q^2}{C}.$$

> **!** **Merksatz**
>
> Die Energie eines geladenen Kondensators ist:
>
> $$W_{el} = \frac{1}{2} Q \cdot U = \frac{1}{2} C \cdot U^2 = \frac{1}{2} \frac{Q^2}{C}.$$
>
> Beim Entladen wird diese Energie frei.

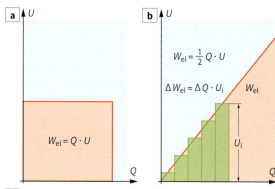

B1 Bestimmung der elektrischen Energie aus einem $U(Q)$-Diagramm: a) U = konstant, b) $U = \frac{Q}{C}$

Energie des elektrischen Feldes. Die Platten eines geladenen Kondensators, der nicht mit einer Quelle verbunden ist, ziehen sich an. Um die Platten auseinanderzuziehen, ist Energie ist nötig. Die Ladung auf den Platten hat sich dabei nicht geändert, sondern der felderfüllte Raum zwischen den Platten.

Mit $U = E \cdot d$, $C = \varepsilon_0 \cdot \varepsilon_r \cdot A \cdot \frac{1}{d}$ und $W_{el} = \frac{1}{2} C \cdot U^2$ sowie dem Volumen $V = A \cdot d$ des Kondensators beträgt die im Kondensator gespeicherte Energie:

$$W_{el} = \frac{1}{2} C \cdot U^2 = \frac{1}{2} \varepsilon_0 \cdot \varepsilon_r \cdot \frac{A}{d} \cdot E^2 \cdot d^2$$
$$= \frac{1}{2} \varepsilon_0 \cdot \varepsilon_r \cdot E^2 \cdot V.$$

Die Energie ist also zum felderfüllten Volumen V und zu E^2 proportional. Sie hängt somit nur von Feldgrößen ab, nicht von der Ladung. Dies wertet man als Indiz dafür, dass die Energie nach FARADAYS Feldvorstellung im elektrischen Feld sitzt. Die räumliche Dichte ρ_{el} der Energie im Feld ist:

$$\rho_{el} = \frac{W_{el}}{V} = \frac{1}{2} \varepsilon_0 \cdot \varepsilon_r \cdot E^2.$$

Zwei verschieden geladene Kondensatoren mit gleichem Volumen V zwischen den Platten und gleicher elektrischer Feldstärke E speichern gleich viel elektrische Energie. Es vervierfacht sich die gespeicherte Energie eines Kondensators, wenn das Volumen V konstant gehalten und die Feldstärke E verdoppelt wird.

> **!** **Merksatz**
>
> Die Energie W_{el} in einem homogenen elektrischen Feld ist proportional zum Quadrat der elektrischen Feldstärke E und proportional zum Volumen V des elektrischen Feldes.

Vorbereitung auf das Abitur: Stromstärke und Energie

Ein Kondensator mit Kapazität $C = 0{,}3$ F wird auf eine Spannung $U_0 = 5$ V aufgeladen, zum Zeitpunkt $t = 0$ s von der Quelle getrennt und über einen Widerstand $R = 50\ \Omega$ entladen. Die Stromstärke wird mit einem Amperemeter mit sehr kleinem Innenwiderstand gemessen.

a) Zeichnen Sie eine geeignete Schaltskizze.

b) Zeigen Sie, dass $|I(t=0\text{ s})| = \frac{U_0}{R}$ und bestimmen Sie $|I(t)|$ zum Zeitpunkt $t = 0$ s.

c) Bestimmen Sie die Halbwertszeit des Entladevorgangs.

d) Berechnen Sie die im Kondensator kurz vor der Entladung gespeicherte Energie.

Lösung:

a) Schaltskizze mit in Reihe geschaltetem Amperemeter und Wechselschalter (Auf- und Entladung):

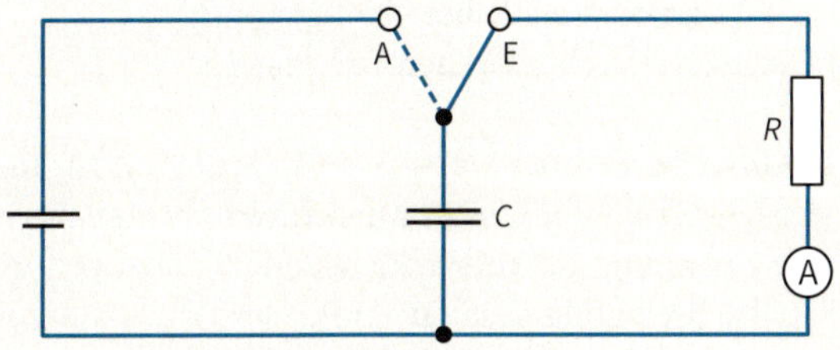

b) Für den Entladevorgang gilt: $Q(t) = Q_0 \cdot e^{-\frac{t}{R \cdot C}}$. Der Betrag der Stromstärke ist daher gegeben durch:

$$|I(t)| = |\dot{Q}(t)| = \frac{Q_0 \cdot e^{-\frac{t}{R \cdot C}}}{R \cdot C} \qquad (1).$$

Mit $Q_0 = Q(t = 0\text{ s})$, $C = \frac{Q}{U}$, $U_0 = U(t = 0\text{ s}) = 5$ V und $C = 0{,}3$ F sowie der Beziehung $e^0 = 1$ ergibt sich:

$$|I(t = 0\text{ s})| = \frac{Q_0}{R \cdot C} = \frac{C \cdot U_0}{R \cdot C} = \frac{U_0}{R} = \frac{5\text{ V}}{50\ \Omega} \approx 0{,}1\text{ A}.$$

c) Die Halbwertszeit kann (näherungsweise) aus einer grafischen Darstellung der Funktion oder Wertetabelle unter Verwendung von Gleichung (1) bestimmt werden. Zudem kann sie berechnet werden zu:

$$T_H = R \cdot C \cdot \ln 2 \approx R \cdot C \cdot 0{,}693$$
$$= 50\ \Omega \cdot 0{,}3\text{ F} \cdot 0{,}693 \approx 10\text{ s}.$$

d) Die im Kondensator anfänglich gespeicherte Energie ist:

$$W_{el} = \frac{1}{2}\, C \cdot U_0^2 = 0{,}15\text{ F} \cdot (5\text{ V})^2 \approx 4\text{ J}.$$

Arbeitsaufträge

1 Ein Kondensator der Kapazität 100 μF wird über ein Spannungsmessgerät mit dem Innenwiderstand 300 kΩ entladen. Berechnen Sie die Halbwertszeit T_H von $U(t)$.

2 a) Ein Liter Benzin beinhaltet eine Energie von etwa $46 \cdot 10^6$ J. Vergleichen Sie diese Energie mit der eines Kondensators der Kapazität 100 μF bei einer Spannung von $U = 1$ kV.
b) Beim Fotografieren wird die im elektrischen Feld des Kondensators gespeicherte Energie in 1 ms in Form eines Lichtblitzes abgegeben. Berechnen Sie die Leistung dieses Blitzlichts.

3 a) Schätzen Sie aus den folgenden Messwerten einer Kondensatorentladung möglichst präzise die Halbwertszeit T_H ab. Ermitteln Sie dazu T_H aus einem Graphen und aus einer an die Daten angefitteten Funktion.

t in s	0	10	20	30	40	50
U in V	2,94	2,23	1,71	1,32	1,01	0,78
t in s	60	70	80	90	100	110
U in V	0,59	0,46	0,36	0,27	0,21	0,16

b) Berechnen Sie aus T_H die Kapazität des Kondensators unter der Annahme eines Widerstandes $R = 33$ kΩ.

4 Berechnen Sie die Kapazität eines Kondensators, dessen Spannung sich alle 2 s halbiert, wenn er über einen Widerstand von 750 Ω entladen wird.

5 a) Berechnen Sie die Energie, die in einem Ultracap-Kondensator mit der Kapazität 100 F bei einer Spannung von 50 V gespeichert ist.
b) Ermitteln Sie die Geschwindigkeit, auf die sich damit ein Kleinwagen (500 kg) bringen ließe (Energieverluste bei der Umwandlung sind zu vernachlässigen).

1.6 Bewegung von Ladungsträgern in elektrischen Feldern

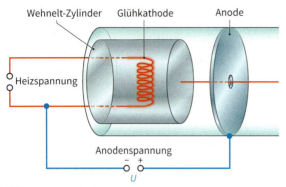

B1 *Aufbau einer Elektronenkanone*

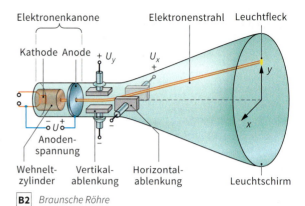

B2 *Braunsche Röhre*

Elektrische Felder und geladene Teilchen. In der Physik finden sich viele Beispiele, bei denen die Bewegung von Ladungsträgern durch Felder gezielt beeinflusst wird: bei der Erzeugung von Elektronenstrahlen (Elektronenkanone), in Messinstrumenten (Oszilloskopen) oder in Experimenten zur Bestimmung physikalischer Größen (Millikan-Versuch).

Elektronenkanone. Elektronenkanonen sind Geräte, aus denen Elektronen mit einstellbaren Geschwindigkeiten in schmalen Bündeln austreten. Sie werden in vielen Geräten und Experimenten der Physik verwendet. Bild **B1** zeigt die wesentlichen Komponenten: Glühkathode, Wehnelt-Zylinder und Anode. Zur Erzeugung des Elektronenstrahls nutzt man aus, dass Elektronen bei genügend hoher Temperatur (einige hundert °C) die Glühkathode verlassen können. Dieser Effekt wird **glühelektrischer Effekt** genannt. Die Anzahl der austretenden Elektronen hängt von der Temperatur und der Oberflächenbeschaffenheit des Materials ab. Legt man eine Beschleunigungsspannung U (auch Anodenspannung genannt) zwischen der Glühkathode und der **Anode** an, werden die Elektronen beschleunigt. Sie treten durch eine kleine Bohrung in der Anode. Der gegenüber der Glühkathode negativ geladene **Wehnelt-Zylinder** dient der Bündelung der Elektronen zu einem feinen Strahl. Treten die anfangs nahezu ruhenden Elektronen durch die Anode, so entspricht deren kinetische Energie der im elektrischen Feld zwischen Kathode und Anode aufgenommenen Energie:

$$E_{kin} = \tfrac{1}{2}\, m \cdot v^2 = e \cdot U \quad (e: \text{Ladung der Elektronen}).$$

Die Geschwindigkeit der Elektronen ist daher:

$$v = \sqrt{\frac{2 \cdot e \cdot U}{m}}. \tag{1}$$

Braunsche Röhre. Schnell veränderliche Vorgänge werden oft durch Sensoren in elektrische zeitabhängige Spannungsabläufe umgewandelt. Dazu gehören Schallschwingungen in der Luft oder Druckänderungen in einem Motor. Damit sie unser Auge verfolgen kann, benutzt man Oszilloskope. Das zentrale Teil eines Röhren-Oszilloskops ist die braunsche Röhre (Bild **B2**).

In einer luftleeren Röhre befindet sich eine Elektronenkanone, die mit einer Beschleunigungsspannung U betrieben wird. Sie erzeugt einen schmalen Elektronenstrahl, der sich in horizontaler Richtung durch die Röhre ausbreitet. Die Elektronen bewegen sich durch zwei hintereinander angeordnete homogene elektrische Kondensatorfelder und treffen auf einen Leuchtschirm. Die beiden Kondensatoren sind um 90° gegeneinander verdreht. Kondensator 1 (Spannung U_y) lenkt die Elektronen in der Vertikalen ab, Kondensator 2 (Spannung U_x) in der Horizontalen.

Versuch **V1** zeigt, dass in einer braunschen Röhre mit nur einem vertikalen Kondensator die vertikale Ablenkung y proportional zur Spannung U_y am Kondensator ist: $y \sim U_y$. Aus der auf dem Leuchtschirm gemessenen Ablenkung y lässt sich somit die Kondensatorspannung U_y bestimmen, die in der Regel proportional zu einer unbekannten, zu messenden Spannung ist.

Die Ablenkung ist zudem proportional zum Kehrwert $\frac{1}{U}$ der Beschleunigungsspannung. Die Ablenkung in x-Richtung im horizontalen Kondensator der braunschen Röhre ist ebenso proportional zur Spannung U_x. Beide Ablenkungen lassen sich zur Darstellung zeitabhängiger Spannungen nutzen (siehe Seite 34).

> **❗ Merksatz**
>
> Die Ablenkung y eines Elektronenstrahls in einer braunschen Röhre ist proportional zur Ablenkspannung U_y und zum Kehrwert $\frac{1}{U}$ der Beschleunigungsspannung.

Bahngleichung. In Versuch **V1** werden die Elektronen auf die Geschwindigkeit v_x beschleunigt. Dann treten sie in das vertikale elektrische Feld des Kondensators ein. Da in x-Richtung keine Kräfte wirken, bleibt v_x konstant. Aufgrund der an den Kondensatorplatten anliegenden Spannung U_y ist die elektrische Feldstärke im Kondensator mit Plattenabstand d gegeben durch:

$$E_y = \frac{U_y}{d}.$$

Gegen die Richtung des elektrischen Kondensatorfeldes werden die Elektronen beschleunigt mit:

$$a_y = \frac{F_y}{m} = \frac{e \cdot E_y}{m} \quad \text{(Schwerkraft vernachlässigt)}.$$

Sie bewegen sich somit gleichförmig in x-Richtung und gleichmäßig beschleunigt in y-Richtung. Die Bewegungsgleichungen sind also:

$$y(t) = \frac{1}{2} \cdot a_y \cdot t^2 \quad \text{und} \quad x = v_x \cdot t.$$

Eliminieren von t ergibt die Bahngleichung der Elektronen:

$$y = \frac{1}{2} \cdot a_y \cdot \frac{x^2}{v_x^2}. \tag{2}$$

Es handelt sich in Übereinstimmung mit den Beobachtungen in Versuch **V1** um eine Parabelgleichung. Nach Gleichung (2) werden die Elektronen nach Durchlaufen eines Kondensators der Länge l abgelenkt um y_1 mit

$$y_1 = \frac{1}{2} \cdot e \cdot U_y \cdot \frac{l^2}{m \cdot d \cdot v_x^2}. \tag{3}$$

Die Ablenkung ist also umso stärker, je größer die Kondensatorspannung ist. Verdoppelt man die Länge, so vervierfacht sich die Ablenkung. Die Proportionalität zu $\frac{1}{d}$ bedeutet, dass die Ablenkung stärker ist, wenn die Platten näher zusammenstehen. Da nach Gleichung (1) $v_x^2 \sim U$ ist, kann man Gleichung (3) auch die Proportionalität der Ablenkung y_1 zu $\frac{1}{U}$ entnehmen.

V1 Elektronenablenkung im Kondensator

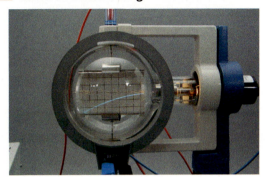

Elektronen aus einer Elektronenkanone mit Beschleunigungsspannung U treten in ein homogenes, vertikales elektrisches Feld eines Plattenkondensators (Plattenabstand d, Länge l, Spannung U_y) ein. Auf einem schräg im Kondensator platzierten Leuchtschirm wird die Bahn der Elektronen sichtbar und kann vermessen werden.
Die Ablenkung in y-Richtung wird in Messreihen bestimmt, bei denen
- U konstant ist und U_y variiert wird und
- U variiert wird und U_y konstant ist.

✳ Beispielaufgabe: Elektronenkanone

a) Berechnen Sie die Geschwindigkeit von Elektronen, die mit $U = 100$ V beschleunigt wurden.
b) Ermitteln Sie die Spannung, nach der die Elektronen rechnerisch die Lichtgeschwindigkeit $c = 3{,}0 \cdot 10^8\ \frac{\text{m}}{\text{s}}$ erreichen.

Lösung:
a) Mit der Elektronenmasse $m = 9{,}1 \cdot 10^{-31}$ kg ergibt sich aus Gleichung (1) für $U = 100$ V die Geschwindigkeit

$$v = \sqrt{\frac{2 \cdot e \cdot U}{m}} = \sqrt{\frac{2 \cdot 1{,}6 \cdot 10^{-19}\,\text{C} \cdot 100\,\text{V}}{9{,}1 \cdot 10^{-31}\,\text{kg}}} \approx 6{,}0 \cdot 10^6\ \frac{\text{m}}{\text{s}}.$$

b) Umformen von Gleichung (1) und Einsetzen der Lichtgeschwindigkeit c führt rein rechnerisch auf eine Spannung von 260 kV. Experimente zeigen jedoch im Einklang mit der Speziellen Relativitätstheorie von A. EINSTEIN, dass die Lichtgeschwindigkeit nicht erreicht wird. Der Energieaufwand zum Beschleunigen nimmt immer weiter zu. Gleichung (1) kann also bei hohen Teilchengeschwindigkeiten nicht verwendet werden.

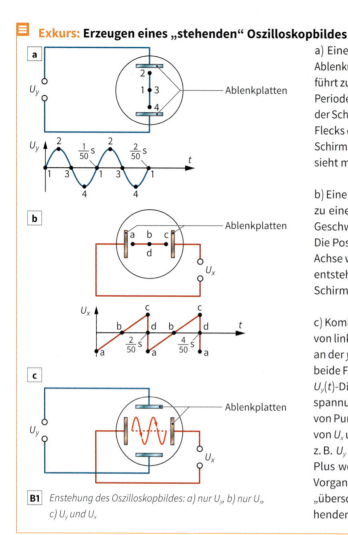

B1 *Enstehung des Oszilloskopbildes: a) nur U_y, b) nur U_x, c) U_y und U_x*

a) Eine Sinusspannung $U_y = U_{y,0} \cdot \sin(2\pi \cdot f \cdot t)$ an der y-Ablenkung eines Röhren-Oszilloskops (braunsche Röhre) führt zu einem Leuchtfleck, der auf dem Schirm in einer Periode die Punkte 1-2-3-4-1-... durchläuft (Bild **B1a**). Da der Schirm nachleuchtet, rufen schnelle Bewegungen des Flecks den Eindruck eines senkrechten Strichs auf dem Schirm hervor. Den zeitlichen Verlauf der Spannung $U_y(t)$ sieht man nicht.

b) Eine Sägezahnspannung U_x an der x-Ablenkung führt zu einem stets von links nach rechts mit konstanter Geschwindigkeit über den Schirm wandernden Fleck. Die Position des Flecks ist somit eine Zeitmarke, die x-Achse wird zur Zeitachse. Ist die Frequenz hoch genug, entsteht wieder der Eindruck eines Striches auf dem Schirm (Bild **B1b**).

c) Kombination von U_x mit U_y: Während der Leuchtfleck von links nach rechts läuft, wird er gleichzeitig durch U_y an der y-Ablenkung nach oben und unten bewegt. Sind beide Frequenzen groß genug, wird auf dem Schirm das $U_y(t)$-Diagramm sichtbar (Bild **B1c**). Da die Sägezahnspannung nach einer Periode in horizontaler Richtung von Punkt c zu Punkt a springt, müssen die Frequenzen von U_x und U_y so aufeinander abgestimmt werden, dass z. B. U_y gerade immer das Vorzeichen von Minus nach Plus wechselt, wenn U_x minimal ist (Punkt a). Dieser Vorgang wiederholt sich periodisch. Da das Bild stets „überschrieben" wird, entsteht der Eindruck eines „stehenden" Bildes.

Elektron im elektrischen und Gravitationsfeld.

ROBERT MILLIKAN zeigte 1909, dass elektrische Ladungen nur als ganzzahlige Vielfache einer kleinsten Ladung auftreten, der **Elementarladung** *e*. Insbesondere trägt das Elektron die negative Elementarladung −*e*. Versuch **V1** ist eine Variante des Millikan-Versuchs. Die Idee besteht darin, dass man die Bewegung eines geladenen Öltröpfchens im elektrischen Feld eines Kondensators mit horizontalen Platten beobachtet. Auf das Öltröpfchen wirken neben elektrischen Kräften auch die Schwerkraft sowie Reibungskräfte, da es sich durch Luft mit Atmosphärendruck bewegt.

Messungen an vielen Öltröpfchen zeigen, dass immer nur ganzzahlige Vielfache der Elementarladung $e = 1{,}602176487 \cdot 10^{-19}$ C auftreten.

Abgesehen von Messunsicherheiten werden Ladungen $e, 2e, 3e, 4e, ...$, aber keine Ladungen wie $0{,}7\,e$ oder $3{,}5\,e$ gemessen. Man sagt, die elektrische Ladung ist quantisiert. Die Ladung eines negativ geladenen Öltröpfchens geht auf einen Überschuss von Elektronen zurück. Die Ladung eines Elektrons beträgt daher:

$$q_{\text{Elektron}} = -e \approx -1{,}602 \cdot 10^{-19} \text{ C}.$$

Experimente mit Protonen zeigen übrigens, dass sie genau eine positive Elementarladung tragen: $q_{\text{Proton}} = +e$.

❗ Merksatz

Positive wie negative Ladungen treten nur als ganzzahlige Vielfache einer kleinsten Ladung auf, der Elementarladung $e \approx 1{,}602 \cdot 10^{-19}$ C.

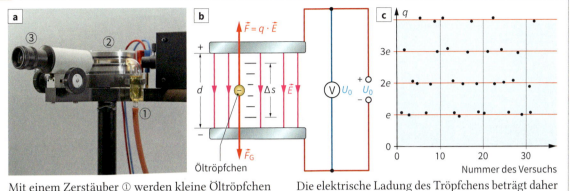

Öltröpfchen

Mit einem Zerstäuber ① werden kleine Öltröpfchen zwischen die horizontalen Platten des Kondensators ② gebracht. Viele Tröpfchen werden dabei elektrisch geladen. Mit dem Mikroskop ③ beobachtet man den Raum zwischen den beiden Kondensatorplatten und misst die Bewegung einzelner Tröpfchen. Liegt am Kondensator keine Spannung an, sieht man Tröpfchen, die aufgrund der Schwerkraft sinken. Wird über das Steuerungsgerät an den Kondensator eine Spannung angelegt (obere Platte positiv), steigen die negativ geladenen Tröpfchen zur oberen Platte auf.

Bei der **Schwebemethode** wird ein einzelnes Öltröpfchen im Kondensator zunächst durch Einstellung der Kondensatorspannung U mit dem Steuergerät zum Schweben gebracht. Die auf das Tröpfchen wirkende elektrische Kraft $F_{el} = q \cdot \frac{U}{d}$ (q: Ladung des Tröpfchens, d: Plattenabstand und U: Spannung) und die Gewichtskraft F_G sind dann im Kräftegleichgewicht, sofern Auftrieb vernachlässigt wird:

$$F_{el} = F_G.$$

Die elektrische Ladung des Tröpfchens beträgt daher

$$q = F_G \cdot \frac{d}{U} \tag{1}$$

Die Spannung U lässt sich sehr genau messen und der Plattenabstand d ist präzise bekannt. Die Tröpfchen sind jedoch so klein, dass ihr Radius nicht direkt gemessen und F_G nicht aus der Dichte des Öls, dem Radius r und dem Ortsfaktor g berechnet werden kann. Es ist eine zweite Messung am selben Tröpfchen nötig: Die Kondensatorspannung wird dazu auf 0 V geregelt; auf das Tröpfchen wirkt nun keine elektrische Kraft. Es sinkt im Gravitationsfeld der Erde zur unteren Kondensatorplatte. Aufgrund der Luftreibung stellt sich nach kurzer Zeit eine konstante Fallgeschwindigkeit v ein, die durch eine Längen- und Zeitmessung bestimmt wird. Die Analyse der Reibungsgesetze zeigt, dass Gewichtskraft F_G und Geschwindigkeit v nach $F_G = k \cdot v^{\frac{3}{2}}$ zusammenhängen, wobei k eine Konstante ist, in die u. a. Eigenschaften des Öls eingehen. F_G ist damit bestimmt und die Ladung kann mit Gleichung (1) berechnet werden. Bild **c** zeigt Messwerte in einer grafischen Darstellung.

Arbeitsaufträge

1 ➡ Berechnen Sie, um welchen Faktor die Geschwindigkeit von Elektronen in einer Elektronenkanone zunimmt, wenn die Beschleunigungsspannung verdoppelt, verdreifacht und vierfacht wird.

2 ✒ Eine braunsche Röhre wird mit der Beschleunigungsspannung $U = 250$ V betrieben. Bei $U_y = 45$ V beträgt die Ablenkung $y = 1,5$ cm.
a) Berechnen Sie die Kondensatorspannung U_y für $y = 5$ cm.

b) U wird auf 200 V reduziert. Berechnen Sie die Ablenkung y für $U_y = 45$ V und die zu $y = 5$ cm gehörende Spannung U_y.

3 ⬆ Bei einem Versuch zur Bestimmung der Elementarladung e ergeben sich Häufungen der Messwerte bei folgenden Ladungen der Öltröpfchen:
$6,4 \cdot 10^{-19}$ C; $9,6 \cdot 10^{-19}$ C; $16,0 \cdot 10^{-19}$ C.
Begründen Sie, auf welchen größtmöglichen Wert für e aufgrund dieser Messergebnisse geschlossen werden kann.

1.7 Elektrische Felder in Natur, Forschung und Technik

B1 *Künstlerische Darstellung von B. FRANKLINS Experimenten*

B2 *Bärlappsporen in einer Paul-Falle*

Blitze. Sind Blitze wie andere Funken auch elektrischer Natur? Diese Frage wurde um 1750 mit Hilfe einer vertikalen Metallstange, in die ein Blitz einschlug, positiv beantwortet. Mit einem Blitz wird elektrische Ladung aus der Atmosphäre zum Erdboden transportiert.

BENJAMIN FRANKLIN und auch europäische Physiker führten damals – lebensgefährliche! – Experimente zur Elektrizität von Blitzen durch. FRANKLIN ließ Drachen steigen und stellte fest, dass auch bei schönem Wetter in der gesamten Erdatmosphäre ein elektrisches Feld von etwa 100 $\frac{V}{m}$ existiert, das meist zur Erdoberfläche gerichtet ist. Dadurch entsteht ein ständiger Ionenstrom zwischen Erdoberfläche und Atmosphäre. Stoßen nun warme auf kalte Luftmassen, kommt es zu Ladungstrennungen, die das elektrische Feld der Erde beeinflussen.

Auch heute noch sterben Menschen, nachdem sie von einem Blitz getroffen wurden. Häuser und Scheunen brennen ab, weil der Einschlag eines Blitzes leicht brennbare Substanzen erwärmen kann. Bereits kurz nach dem Nachweis der elektrischen Natur der Blitze wurde der Blitzableiter erfunden. Er besteht im Wesentlichen aus einer Metallspitze auf dem Hausdach und einer leitenden Verbindung dieser Spitze mit der Erdoberfläche. Die elektrischen Feldlinien sind an der Spitze besonders dicht, sodass ein Blitz bevorzugt dort „einschlägt" und die Energie von dort zur Erde geleitet wird. Der Blitzableiter war in der Öffentlichkeit zunächst umstritten, setzte sich jedoch schnell durch. Schließlich trug er wesentlich dazu bei, dass Brände in Folge von Blitzeinschlägen vermieden wurden – ein großes Problem war relativ einfach gelöst.

Paul-Falle. Mit elektrischen Feldern lassen sich Ionenwolken und sogar einzelne Ionen „fangen", also auf einem kleinen Raum festhalten. Eine in der Forschung zu Licht-Materie-Wechselwirkungen häufige Methode nutzt Vierpol-Hochfrequenzfallen oder kurz **Paul-Fallen,** benannt nach dem Nobelpreisträger WOLFGANG PAUL (1913–1993). Mit ihnen gelang vor etwa 40 Jahren die erste Speicherung einzelner Barium-Ionen. Eine Paul-Falle besteht aus einer Ring- und zwei Endkappenelektroden ober- und unterhalb des Rings (Bild **B2**). Eine sinusförmige Spannung mit einer Frequenz im Megahertzbereich zwischen Ringelektrode und den beiden Endkappenelektroden sorgt dafür, dass auf Ionen eine Kraft wirkt, die im zeitlichen Mittel zum Fallenzentrum gerichtet ist und deren Betrag mit dem Abstand zum Fallenmittelpunkt zunimmt. Ionen werden somit aus jeder Richtung durch das elektrische Feld der Falle stets zum Fallenmittelpunkt zurückgetrieben.

Eine Erweiterung der Paul-Falle für einzelne Ionen und Ionenwolken ist die **lineare Paul-Falle.** Darin lassen sich Ionen derart speichern, dass sie sich entlang der Fallenachse anordnen (Bild **B3**). Mit in die Falle eingestrahltem gebündeltem Laserlicht werden Ionen einzeln angeregt. Eine Anwendung dieser Fallentechnik besteht in der Konstruktion eines Quantencomputers.

B3 *Atomare Yb⁺-Ionen, die in einer linearen Struktur in der Paul-Falle kristallisieren.*

Kondensatoren in Sensoren. Kondensatoren werden oft als kapazitive Sensoren eingesetzt. Dabei wird ausgenutzt, dass die Kapazität vom Abstand der Kondensatorplatten abhängt. Ist eine Platte beweglich und führt die zu messende Größe zu einer Verschiebung dieser Platte, so kann über die Änderung der Kapazität der Wert dieser Größe bestimmt werden (Bild **B4**). So kann man z. B. den Luftdruck kapazitiv messen. Ändert er sich bezogen auf einen Referenzdruck, wird eine dünne Membran verbogen. Stellt diese Membran zugleich eine Platte des Kondensators dar, wird die Kapazität des Kondensators je nach Verbiegung relativ zur unbeweglichen Platte vergrößert oder verkleinert.

Auch Beschleunigungen lassen sich über Kapazitätsänderung messen. Im kapazitiven Beschleunigungssensor teilen sich zwei Kondensatoren eine Kondensatorplatte, die beweglich ist. Es entstehen so zwei Kondensatoren, deren Kapazitäten C_1 und C_2 von der Position der Platte abhängen (Bild **B5**). Beschleunigungen führen zu einer Verschiebung der beweglichen Platte; Federsysteme stellen die Platte in den Ausgangszustand zurück. Elektronisch können die zum Teil sehr kleinen Kapazitätsänderungen während sehr kurzen Beschleunigungsphasen zuverlässig gemessen werden. Solche Sensoren werden u. a. verwendet, um Airbags rechtzeitig auszulösen.

Xerografie. Die im Alltag und Beruf häufig genutzten Kopiergeräte und Laserdrucker verwenden ein technisches Trockendruckverfahren zum Vervielfältigen einer Vorlage aus Papier oder in elektronischer Form auf Papierseiten. Dieses Verfahren, die Xerografie (von *xeros* „trocken“, *graphie* „schreiben“), nutzt elektrische Felder für einen präzisen und sauberen Druck.

Bild **B6** zeigt den prinzipiellen Aufbau des zentralen Teils eines Laserdruckers: Die Beleuchtungseinheit aus Laser und Abbildungsoptik, die Druckertrommel, die Tonerkassette und die Papier„straße“ mit Aufladungs- und Fixiereinheit. Eine Vielzahl von technischen Details zu beispielsweise der Beleuchtungseinheit, dem Aufbau einer Tonerkassette oder zum Papiertransport im Gerät sind dabei nicht sichtbar.

Das zentrale Bauteil des Laserdruckers, die Druckertrommel ①, ist mit einem Halbleitermaterial beschichtet und wird zunächst vollständig negativ aufgeladen ②. Mit Hilfe eines schmales Laserlichtbündels werden

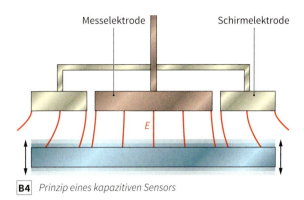

B4 *Prinzip eines kapazitiven Sensors*

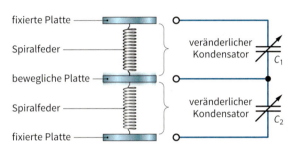

B5 *Prinzip eines kapazitiven Beschleunigungssensors*

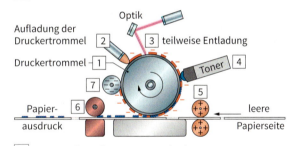

B6 *Prinzipieller Aufbau eines Laserdruckers*

die Bereiche der Trommel entladen, die entsprechend der Vorlage auf dem Papier geschwärzt sein sollen ③. Dazu wird das Licht mit einer Abbildungsoptik über die Trommel geführt; zudem kann der Laser sehr schnell ein- und ausgeschaltet werden. Das negativ aufgeladene Tonerpulver lagert sich nun an diesen entladenen Stellen an, während die Druckertrommel sich an der Tonerkassette vorbeidreht ④. Auf der Druckertrommel befindet sich danach eine Kopie der Vorlage aus Tonerpulver. Das unbeschriebene Papier wird positiv aufgeladen und an der Druckertrommel vorbeigeführt ⑤, sodass sich das Tonerpulver auf dem Papier anlagert. Durch Druck und Erhitzen wird das Pulver auf dem Papier fixiert ⑥. Der Laserausdruck der Vorlage ist fertig. Zuletzt wird die Druckertrommel entladen und gesäubert ⑦. Der nächste Druckvorgang kann beginnen.

Zusammenfassung

1. Elektrische Feldstärke

Der Vektor $\vec{E}$ der elektrischen Feldstärke kennzeichnet die Stärke und die Richtung eines elektrischen Feldes. Er zeigt in Richtung der elektrischen Feldlinien.

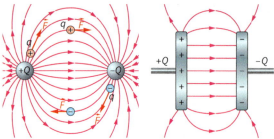

Die Feldstärke $\vec{E}$ ist der Quotient

$$\vec{E} = \frac{\vec{F}}{q} \quad \text{mit der Einheit} \quad [E] = 1\,\frac{\text{N}}{\text{C}} = 1\,\frac{\text{V}}{\text{m}},$$

wobei $\vec{F} = q \cdot \vec{E}$ die im elektrischen Feld auf eine kleine Ladung (Probeladung) wirkende Kraft ist.

Im **homogenen Feld** ist die elektrische Feldstärke $\vec{E}$ in allen Punkten des Feldes gleich. Der Betrag E der elektrischen Feldstärke im homogenen Feld eines Plattenkondensators (Plattenabstand d, Spannung U) ist

$$E = \frac{U}{d}.$$

2. Coulombsches Gesetz

Der Betrag der Kraft zwischen zwei punkt- oder kugelförmigen Ladungen Q und q im Abstand r der Kugelmitten ist:

$$F = k \cdot \frac{q \cdot Q}{r^2}.$$

Die Kraft wirkt entlang der Verbindungslinie zwischen den Ladungen. Sie ist abstoßend im Falle gleichnamiger und anziehend in Fall ungleichnamiger Ladungen.

3. Ladung und Stromkreis

Elektrische Ladungen sind Vielfache der **Elementarladung** $e = 1{,}602 \cdot 10^{-19}$ C. Das Elektron trägt die Ladung $-e$, das Proton die Ladung $+e$. **Elektrischer Strom** ist bewegte Ladung in eine Vorzugsrichtung. Die **elektrische Stromstärke** I in einem Leiter kennzeichnet, wie viel elektrische Ladung in einer bestimmten Zeitspanne Δt durch einen Querschnitt des Leiters transportiert wird. Im Fall konstanter Stromstärke ist

$$I = \frac{\Delta Q}{\Delta t},$$

wobei ΔQ die während Δt transportierte Ladungsmenge angibt. Ist I nicht konstant, gilt

$$I(t) = \dot{Q}(t) = \frac{\mathrm{d}Q}{\mathrm{d}t}.$$

4. Spannung und Energie

Die elektrische Spannung U zwischen zwei Punkten in einem Feld ist der Quotient

$$U = \frac{W_{\mathrm{el}}}{q} \quad \text{mit} \quad [U] = 1\,\frac{\text{J}}{\text{C}} = 1\,\text{V (Volt)}.$$

W_{el} ist dabei die Energie, die der Probeladung q beim Transport zwischen den Punkten von den Feldkräften zugeführt wird. Wenn ein Teilchen mit der Ladung $1\,e$ im Vakuum die Spannung 1 V durchläuft, ändert sich seine Bewegungsenergie um 1 eV (Elektronenvolt).

5. Kondensator und Kapazität

Beim Kondensator sind Ladung Q und Spannung U zueinander proportional. Der Quotient aus Q und U ist die Kapazität C des Kondensators:

$$Q = C \cdot U \quad \text{bzw.} \quad C = \frac{Q}{U} \quad \text{mit} \quad [C] = \frac{\text{C}}{\text{V}} = 1\,\text{F (Farad)}.$$

Ein Plattenkondensator der Fläche A und mit Plattenabstand d hat die Kapazität

$$C = \varepsilon_0 \cdot \varepsilon_{\mathrm{r}} \cdot \frac{A}{d},$$

mit der **elektrischen Feldkonstante** ε_0 und der relativen Permittivität ε_{r}.

Die Energie eines geladenen Kondensators ist

$$W_{\mathrm{el}} = \frac{1}{2}\,Q \cdot U = \frac{1}{2}\,C \cdot U^2.$$

6. Entladung eines Plattenkondensators

Ein geladener Kondensator mit Kapazität C entlädt sich über einen Widerstand mit Wert R gemäß:

$$U(t) = U_0 \cdot e^{-\frac{t}{R \cdot C}}.$$

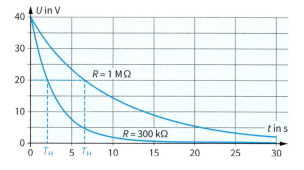

Die **Halbwertszeit** T_{H} ist die Zeit, zu der sich die Spannung U an den Kondensatorplatten halbiert. Für die Halbwertszeit gilt:

$$T_{\mathrm{H}} = R \cdot C \cdot \ln(2).$$

1 Ein Wattestück hat die Masse 0,01 g und die Ladung –0,1 nC. Berechnen Sie die Stärke eines elektrischen Feldes, in dem das Wattestück schwebt. Geben Sie die Richtung des Feldes an.

2 Berechnen Sie unter Verwendung des Coulomb-Gesetzes und unter der Annahme punktförmiger Elektronen und Protonen den Betrag folgender Kräfte:
a) Die elektrische Kraft zwischen einem Elektron und einem Proton in einem Abstand von $5 \cdot 10^{-10}$ m.
b) Die Abstoßungskraft zwischen Protonen in einem Atomkern im mittleren Abstand von $3 \cdot 10^{-15}$ m.
Erläutern Sie Folgerungen aus dem Ergebnis.

3 Der Elektronenstrahl einer braunschen Röhre, die mit $U = 1000$ V betrieben wird, durchläuft einen Kondensator mit $U_y = 100$ V und horizontalen Platten. Der Plattenabstand beträgt $d = 1$ cm, die Länge $l = 4$ cm. Randeffekte sind zu vernachlässigen.
a) Berechnen Sie die Kraft F auf ein Elektron, seine Beschleunigung a und seine Eintrittsgeschwindigkeit v_x in den Kondensator.
b) Ermitteln Sie die Zeit t, die das Elektron zum Durchlaufen des Kondensators braucht.
c) Berechnen Sie die Ablenkung y_1, die das Elektron im Kondensator erfährt, und die Gesamtablenkung y auf dem $s = 20$ cm entfernten Leuchtschirm.

4

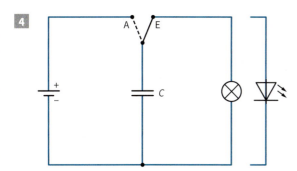

Ein Kondensator mit der Kapazität 1 F wird auf 4 V aufgeladen.
a) Schätzen Sie ab, wie lange er ein Lämpchen mit der Aufschrift 3,8 V und 70 mA zum Leuchten bringen kann.
b) Die Leuchtdauer ändert sich, wenn das Lämpchen durch eine Leuchtdiode ersetzt wird. Die mittlere Leistung der Leuchtdiode beträgt 20 mW. Die Leuchtdiode leuchtet, wenn die Spannung zwischen 4 V und 2 V beträgt.
Bestimmen Sie die Leuchtdauer der Leuchtdiode.

5 Ein Elektron hat die Anfangsgeschwindigkeit $1,0 \cdot 10^7 \frac{m}{s}$ und durchläuft eine Spannung von 100 V. Berechnen Sie die Endgeschwindigkeit und die Energie des Elektrons. Verwenden Sie als Elektronenmasse den Wert $m = 9,1 \cdot 10^{-31}$ kg.

6 Elektronen werden in einer Elektronenkanone mit $U = 100$ V beschleunigt. Dann fliegen sie im Vakuum durch eine Öffnung in einen Plattenkondensator. Die Feldlinien im Kondensator zeigen entlang der Flugrichtung der Elektronen. Der Plattenabstand ist $d = 0,1$ m.
a) Die Kondensatorspannung beträgt $U_1 = 70$ V. Berechnen Sie die Bremsbeschleunigung a der Elektronen. Bestimmen Sie die Zeit t, in der sie den Kondensator durchfliegen.
b) Am Kondensator liegen jetzt $U_2 = 400$ V an. Ermitteln Sie, welche Strecke die Elektronen im Kondensator zurücklegen können, bevor sie umkehren.

7 Ein Pendelschalter lädt 20-mal pro Sekunde einen Kondensator auf 40 V auf und entlädt ihn wieder vollständig. Die mittlere Stromstärke beträgt 2,0 mA. Berechnen Sie die Kapazität des Kondensators.

8

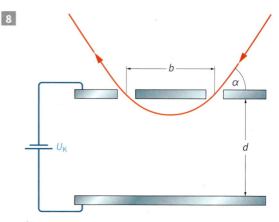

Langsame Elektronen treten unter einem Winkel α und mit einer Geschwindigkeit vom Betrag v durch eine Öffnung in das homogene horizontale Feld eines Plattenkondensators (Plattenabstand d, Spannung U_K). Durch eine zweite Öffnung können sie den Kondensator wieder verlassen. Der Abstand zwischen den Öffnungen ist b. Ablenkungen der Elektronen durch die Erdanziehungskraft sind zu vernachlässigen. Berechnen Sie die Spannung U, bei der Elektronen mit Bewegungsenergie E_{kin} genau die zweite Öffnung treffen.

Magnetisches Feld

Magnete sind heute allgegenwärtig. Die kostengünstige Herstellung sehr „starker" Magnete in den letzten Jahrzehnten hat dazu beigetragen. In der Medizin beispielsweise gehören Untersuchungen im Magnetresonanztomografen längst zur Routine.

In Magnetfeldern werden elektrische Ladungen abgelenkt. So entstehen u. a. die Polarlichter im Erdmagnetfeld. In der Forschung sind Magnetfelder Werkzeuge für Präzisionsmessungen, z. B. am Elektron.

2

**Das können Sie
in diesem Kapitel erreichen:**

- Sie ermitteln die Richtung der Kraft auf einen stromdurchflossenen Leiter und auf geladene Teilchen in einem Magnetfeld.
- Sie beschreiben das Funktionsprinzip einer Hallsonde.
- Sie bestimmen experimentell die magnetische Flussdichte.
- Sie beschreiben die Bewegung von elektrisch geladenen Teilchen in magnetischen und elektrischen Feldern.
- Sie bestimmen das Verhältnis von elektrischer Ladung zur Masse von geladenen Teilchen in einem Magnetfeld.
- Sie lernen Anwendungen von Magnetfeldern in Natur, Forschung und Technik kennen.
- Sie lernen Teilchenbeschleuniger wie das Zyklotron und deren Anwendungen kennen.

2.1 Magnetische Flussdichte und Lorentzkraft

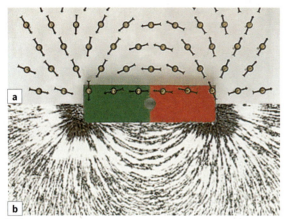

B1 Ein Stabmagnet liegt a) auf einem Plastikbrett mit Kompassnadeln, b) auf einer mit Eisenfeilspänen bestreuten Glasplatte

B2 Dreidimensionale Veranschaulichung des magnetischen Feldes a) eines Stabmagneten und b) eines Hufeisenmagneten

Magnetisches Feld. Magnete ziehen magnetisierbare Stoffe wie Eisen an. Auf nicht magnetisierbare Stoffe üben Magnete keine Kräfte aus, sie haben keine Wirkung. Magnete wirken auch über große Entfernungen hinweg.

Ein Permanentmagnet hat **Pole.** Das sind die Stellen, an denen magnetisierbare Stoffe am stärksten angezogen werden. Sie tragen die Namen **Nord-** und **Südpol.** Hängt man wie in Versuch **V1** einen Stabmagneten drehbar auf, so stellt er sich in Nord-Süd-Richtung ein. Der nach Norden zeigende Pol heißt Nordpol (oft rot gekennzeichnet), der nach Süden weisende Pol heißt Südpol (häufig grün).

Verschiedenartige Pole ziehen sich an, gleichartige Pole stoßen sich ab. Nord- oder Südpole treten nie einzeln auf, anders als positive oder elektrische Ladungen. Es gibt nur magnetische Dipole mit Nord- und Südpol. Teilt man einen Stabmagneten in zwei Teile, so erhält man wieder zwei Dipole.

Magnetische Kräfte wirken sogar durch den luftleeren Raum. Diese Wirkung wird auf das vom Magneten erzeugte **magnetische Feld** (oder **Magnetfeld**) zurückgeführt: Ein Magnet erzeugt ein Magnetfeld, das den umgebenden Raum erfüllt; ein Eisenkörper im Magnetfeld erfährt eine Kraft. Das Magnetfeld wird – wie das elektrische Feld – mit **Feldlinien** veranschaulicht. Magnetische Feldlinien zeigen stets in die Richtung, in die der Nordpol einer Kompassnadel oder eines kleinen Stabmagneten zeigt. Die Gesamtheit der Feldlinien in einem Magnetfeld bezeichnet man als **Feldlinienbild.**

V1 Drehbarer Magnet

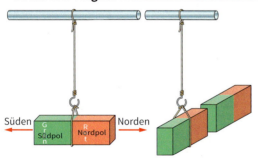

Süden ← | Südpol / Nordpol | → Norden

a) Ein drehbar aufgehängter Magnet richtet sich im Magnetfeld der Erde in Nord-Süd-Richtung aus.
b) Ein anderer Magnet kann ihn auslenken.

> **! Merksatz**
>
> Ein Magnet erzeugt ein Magnetfeld. Es lässt sich mit Feldlinien veranschaulichen. Die Feldlinien zeigen stets in die Richtung, in die sich der Nordpol einer Kompassnadel ausrichtet.

Das Feldlinienbild eines Magneten lässt sich mit kleinen Kompassnadeln oder magnetisierbaren Stoffen wie Eisenfeilspänen (kleine Eisennadeln) sichtbar machen (Bild **B1**, **B2**). Dort, wo Feldlinien geradlinig und parallel laufen, bezeichnet man das Feld als **homogen.** Ein homogenes Feld liegt in guter Näherung zwischen den entgegengesetzten Polen eines Hufeisenmagneten vor (Bild **B2b**).

Magnetfelder stromdurchflossener Leiter. Nicht nur Permanentmagnete, sondern auch stromdurchflossene Leiter haben ein magnetisches Feld. Ein stromdurchflossener gerader Draht erzeugt ein Magnetfeld, dessen Feldlinien geschlossene Kreise um den Draht bilden (Bild **B3**).

Die Richtung dieses Magnetfeldes bestimmt man nach der **Linke-Faust-Regel:** Man umfasst den Leiter so mit der linken Faust, dass der abgespreizte Daumen in Richtung des Stromes der Elektronen zeigt (von – nach +). Die gekrümmten Finger geben die Richtung der Magnetfeldlinien an (Bild **B3**).

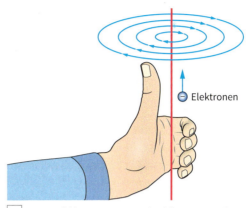

 Elektronen

B3 *Magnetfeld um einen stromdurchflossenen Draht*

In stromdurchflossenen Spulen überlagern sich die Magnetfelder der einzelnen Leiterschleifen (Windungen). Für kleine, näherungsweise gerade Leiterteilstücke lässt sich auch hier die Linke-Faust-Regel verwenden. Die Feldlinien sind geschlossen (Bild **B4**). Im Innern einer langen Spule ist das Feld homogen. Außerhalb der Spule ähnelt das Feldlinienbild dem eines Stabmagneten mit Nord- und Südpol.

> **! Merksatz**
>
> Stromdurchflossene Leiter erzeugen magnetische Felder mit geschlossenen Feldlinien.

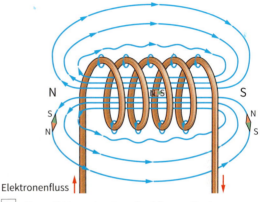

Elektronenfluss

B4 *Magnetfeld um eine stromdurchflossene Spule*

Exkurs: Das Magnetfeld der Erde

Eine Kompassnadel richtet sich in Nord-Süd-Richtung aus – die Erde hat also ein Magnetfeld. Der Nordpol der Nadel weist nach Norden. Folglich liegt der *magnetische* Südpol in der Nähe des *geografischen* Nordpols. Die genaue Position ändert sich ständig, denn die Magnetpole wandern im Laufe der Jahre geringfügig. Das Magnetfeld der Erde sieht vereinfacht aus wie das eines Stabmagneten, dessen Pole im Erdinneren liegen. Da die Magnetpole nicht mit den geografischen Polen übereinstimmen, zeigt eine Kompassnadel nicht genau nach Norden. Die Abweichung von der Nordrichtung heißt Missweisung oder **Deklination.** Sie beträgt in Deutschland nur wenige Grad nach Westen.

Die Feldlinien des Erdmagnetfeldes schneiden die Erdoberfläche unter dem Inklinationswinkel δ. Dieser ist in Äquatornähe 0°, an den Magnetpolen 90° groß. In Deutschland nimmt er von Süden nach Norden zu, von 63° bis 70°.

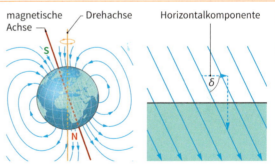

magnetische Achse — Drehachse — Horizontalkomponente

Die Feldlinien des Erdmagnetfeldes stehen schräg zur Erdoberfläche. Man unterscheidet beim Erdmagneten zwischen einer Vertikalkomponente senkrecht zur Erdoberfläche und einer Horizontalkomponente parallel zur Erdoberfläche. Eine übliche Kompassnadel reagiert nur auf die Horizontalkomponente, da sie sich nur in der Horizontalebene drehen kann. Das Erdmagnetfeld ist recht schwach. Dennoch kann es bei Präzisionsexperimenten stören.

Magnetische Kraft auf bewegte Ladungen. Versuch **V1** zeigt, dass auf einen stromdurchflossenen Leiter in einem äußeren Magnetfeld eine Kraft wirkt, sofern der Leiter nicht parallel zu den Feldlinien dieses Feldes orientiert ist. Die Kraft ist maximal, wenn der Leiter senkrecht zu den Feldlinien steht. Die Richtung der Kraft lässt sich mit der **Drei-Finger-Regel der linken Hand** feststellen: Der Daumen der linken Hand zeigt in Richtung des Elektronenflusses im Leiter (von – nach +), der Zeigefinger zeigt in Richtung der Feldlinien des äußeren Magnetfeldes. Der Mittelfinger wird nun senkrecht zu Daumen und Zeigefinger gestellt. Er weist in die Richtung der wirkenden Kraft. Sie steht also stets senkrecht zu Stromrichtung und Feldlinien.

Mit Versuch **V2** lässt sich ein Maß für die Stärke eines Magnetfeldes festlegen, ähnlich wie beim elektrischen Feld. Dazu wird eine Leiterschleife von einem Strom der Stärke I durchflossen und in ein homogenes Magnetfeld gehängt, das in die Zeichenebene zeigt (gekennzeichnet durch: $\otimes$; aus der Zeichenebene heraus: $\odot$). Die Kraft F ist proportional zur Stromstärke I ($F \sim I$) und zur wirksamen Leiterlänge l_w ($F \sim l_\mathrm{w}$). Dies wird auch in **Abschnitt 2.2** in den Stromwaageversuchen untersucht.

Die Beziehung $F \sim l_\mathrm{w}$ drückt aus, dass der Betrag der Kraft davon abhängt, wie die Leiterschleife im Magnetfeld ausgerichtet ist. l_w ist die Projektion von l senkrecht zur Feldlinienrichtung, also ist stets $l \geq l_\mathrm{w}$. Für die Kraft gilt somit $F \sim I \cdot l_\mathrm{w}$. Die Quotienten

$$B = \frac{F}{I \cdot l_\mathrm{w}} \tag{1}$$

sind konstant und unabhängig von speziellen Werten der Stromstärke I und der wirksamen Leiterlänge l_w, jedoch für unterschiedliche Magnetfelder unterschiedlich groß. Es wird dasjenige Feld als das stärkere angesehen, das auf den Rahmen bei gleichen I und l_w die größere Kraft ausübt. Nach Gleichung (1) ist somit auch B größer. B ist also eine Größe, die zur Kennzeichnung der Stärke von Magnetfeldern geeignet ist.

Als Maß für die Stärke von Magnetfeldern führt man daher den Vektor $\vec{B}$ ein. Sein Betrag ist durch Gleichung (1) definiert, seine Richtung ist gleich der Richtung der Magnetfeldlinien. $\vec{B}$ bezeichnet man aus historischen Gründen als **magnetische Flussdichte**. Sie wird heute auch magnetische Feldstärke genannt. Ihre Einheit ist $1 \frac{\mathrm{N}}{\mathrm{Am}}$, auch 1 **Tesla** genannt. Statt von „Magnetfeld" spricht man oft auch kurz vom „B-Feld".

V1 **Leiterschaukelversuch** ▶

Eine Leiterschaukel besteht aus einem stromdurchflossenen geraden Leiter, der an seinen Stromzuführungen beweglich aufgehängt ist und schaukeln kann.
Der Leiter wird in das magnetische Feld eines Hufeisenmagneten gebracht. Fließt kein elektrischer Strom, so bewegt sich der Leiter nicht. Im anderen Fall bewegt sich die Leiterschleife aus dem Hufeisenmagneten heraus oder in ihn hinein. Die Richtung der Kraft auf den Leiter lässt sich stets mit der Drei-Finger-Regel der linken Hand bestimmen.

V2 **Drahtrahmen im homogenen Magnetfeld**

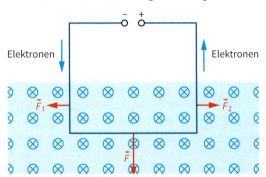

Eine rechteckförmige, stromdurchflossene Leiterschleife wird in ein homogenes Magnetfeld eingebracht. Die drei Seitenteile erfahren unterschiedliche Kräfte $\vec{F_1}$, $\vec{F_2}$ und $\vec{F}$. Nach der Drei-Finger-Regel der linken Hand sind $\vec{F_1}$ und $\vec{F_2}$ entgegengesetzt gerichtet. Sie sind gleich groß und heben sich auf, so dass auf die Leiterschleife keine resultierende Kraft in horizontaler Richtung wirkt, sondern nur die Kraft $\vec{F}$ vertikal nach unten. Der Betrag von $\vec{F}$ ist am größten, wenn das untere Seitenteil des Rahmens senkrecht zu den Magnetfeldlinien steht. $\vec{F}$ ist null, wenn es parallel zu den Feldlinien steht.

V3 Ablenkung freier Elektronen im Magnetfeld

In einer evakuierten Röhre werden mit einer Elektronenkanone (vgl. Seite 32) Elektronen der Geschwindigkeit v erzeugt, die sich in horizontaler Richtung bewegen. Sie treten in das annähend homogene Magnetfeld eines Hufeisenmagneten ein, werden dort abgelenkt und treffen auf einen Leuchtschirm auf der Röhrenwand. Diese Anordnung führt zu einer Ablenkung der Elektronen nach unten. Wird der Magnet um 180° vertikal gedreht, werden die Elektronen nach oben abgelenkt.

❗ Merksatz

Ist I die Stromstärke in einem Leiter, l_w die wirksame Leiterlänge und $\vec{F}$ die darauf wirkende Kraft in einem Magnetfeld, dann heißt der Vektor $\vec{B}$ mit Betrag

$$B = \frac{F}{I \cdot l_w} \text{ und der Einheit } [B] = 1\,\frac{N}{Am} = 1\,T \text{ (Tesla)}$$

magnetische Flussdichte (auch: magnetische Feldstärke). Seine Richtung ist gleich der Richtung der magnetischen Feldlinien.

Versuch **V3** zeigt, dass auch auf freie, bewegliche Elektronen in einem Magnetfeld eine Kraft wirkt: Elektronen mit einer Geschwindigkeit v werden in einem Magnetfeld abgelenkt, wobei die Ablenkung am größten ist, wenn $\vec{v}$ und $\vec{B}$ senkrecht zueinander stehen. Die Richtung der Kraft $\vec{F}$ kann mit der Drei-Finger-Regel der linken Hand bestimmt werden. Auf ruhende elektrische Ladungen wirkt keine Kraft. Ebenso wirkt keine Kraft, wenn sich die Ladungen parallel zu den magnetischen Feldlinien bewegen. Die magnetische Kraft auf bewegte Ladungen heißt **Lorentzkraft.**

Nimmt man vereinfacht einen Elektronenfluss aus N Elektronen (Ladung e) mit konstanter Geschwindigkeit v senkrecht zum Magnetfeld der Flussdichte B an, dann ist die Stromstärke gegeben durch

$$I = \frac{Q}{t} = \frac{N \cdot e}{t}.$$

Während der Zeit t legen die Elektronen eine Strecke $l = v \cdot t$ zurück. Damit gilt also:

$$I = \frac{N \cdot e \cdot v}{l}.$$

Gemäß der Definition der magnetischen Flussdichte B wirkt auf diesen Elektronstrom die Kraft

$$F = B \cdot I \cdot l = B \cdot N \cdot e \cdot v.$$

Auf ein einzelnes Elektron wirkt daher die Kraft:

$$F_L = e \cdot v \cdot B.$$

❗ Merksatz

Elektronen, die sich mit der Geschwindigkeit v senkrecht zu einem Magnetfeld mit magnetischer Flussdichte B bewegen, erfahren die Lorentzkraft mit dem Betrag

$$F_L = e \cdot v \cdot B.$$

Die Richtung der Lorentzkraft bestimmt man mit der Drei-Finger-Regel der linken Hand.

Arbeitsaufträge

1 🖊 Ein Eisenstück wurde magnetisiert. Erläutern Sie Ihr Vorgehen zur Bestimmung der Pole, wenn
a) ein zweiter Magnet mit bekannten Polen,
b) kein zweiter Magnet vorhanden ist.

2 ➡ Ein Leiter von 4 cm Länge führt einen Strom von 10 A. Er erfährt die Kraft 20 cN, wenn er senkrecht zu den Feldlinien eines Magnetfeldes steht. Berechnen Sie die magnetische Flussdichte.

3 ➡ In Versuch **V2** habe B den Wert 0,4 T, die wirksame Leiterlänge sei $l_w = 5$ cm, die Stromstärke im Rahmen sei $I = 5$ A. Berechnen Sie den Betrag der Kraft, mit der der Rahmen nach unten gezogen wird.

2.2 Stromwaagenversuche

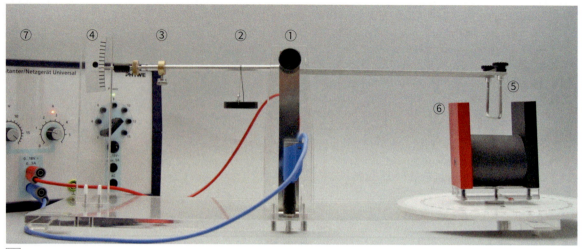

B1 *Stromwaage als Balkenwaagenkonstruktion*

Lorentzkraft quantitativ. Die quantitative Untersuchung der Lorentzkraft gelingt in Stromwaagenversuchen. Dabei wird ein stromdurchflossener Drahtrahmen in ein homogenes Magnetfeld gebracht und die Kraft auf den Rahmen gemessen.

Bild **B1** zeigt eine Stromwaage mit mittiger Drehachse ①, einem linken Hebelarm mit Träger für unterschiedliche Massestücke ② und zwei verschiebbaren Ausgleichsgewichten ③ zur präzisen Einstellung der Waage in der horizontalen Ebene, sichtbar an der Anzeige ④. Am Ende des rechten Hebelarms befindet sich eine stromdurchflossene Leiterschleife ⑤. Diese taucht in das homogene Magnetfeld eines Permanentmagneten ⑥ bekannter magnetischer Flussdichte B ein. $\vec{B}$ ist senkrecht zur Leiterschleife orientiert.

Auf der mit Ausgleichsgewichten ausbalancierten Balkenwaage wird ein Massestück auf dem Träger platziert. Damit wird auf die Leiterschleife über die Hebelkonstruktion eine Kraft vertikal nach oben ausgeübt. Die Leiterschleife wird an ein Netzgerät ⑦ angeschlossen, sodass sie von einem Strom der Stärke I durchflossen wird. I wird so eingestellt, dass aufgrund der im Magnetfeld wirkenden, vertikal nach unten orientierten Lorentzkraft $\vec{F}_L$ die Balkenwaage wieder in die horizontale Ausgangslage gebracht wird.

Der Betrag von $\vec{F}_L$ wird über das Hebelgesetz $a \cdot F_G = b \cdot F_L$ bestimmt, wobei F_G die Gewichtskraft des Massestücks und a bzw. b die Längen der Hebelarme (Abstand Drehachse ↔ Träger bzw. Drehachse ↔ Lei-

terschleife) sind. Es zeigt sich, dass die Lorentzkraft proportional zur Stromstärke I ist, also:

$$F_L \sim I, \text{ wenn Länge } l \text{ und } B \text{ konstant sind.}$$

In einer Variante dieses Stromwaagenversuchs wird die Länge l der Leiterschleife bei konstanter Stromstärke I variiert. Statt hier $\vec{F}_G$ mit Massestücken zu verändern, wirkt eine feiner einstellbare Kraft über einen Kraftmesser auf den linken Hebelarm. Es zeigt sich, dass die Lorentzkraft proportional zur Länge l der Leiterschleife ist, also:

$$F_L \sim l, \text{ wenn die Stromstärke } I \text{ und } B \text{ konstant sind.}$$

In beiden Versuchen ist die magnetische Flussdichte konstant. Versuch **V1** ist eine vereinfachte Variante des Stromwaagenversuchs in Bild **B1**. Auch hier lässt sich die Proportionalität von F_L zur Stromstärke I und zur Länge l des Leiterstücks, das senkrecht zum Magnetfeld steht, zeigen. Das Magnetfeld, in das die Leiterschleife eintaucht, wird von einer Spule erzeugt, deren magnetische Flussdichte B proportional zur Stromstärke I ist. Deshalb kann die Abhängigkeit der Lorenzkraft F_L von der Flussdichte B untersucht werden.

Bild **B2** zeigt das Ergebnis einer Messreihe, bei der die Stromstärke I zur Erzeugung des Magnetfeldes variiert und die Lorentzkraft F_L auf die Leiterschleife gemessen wurde. F_L ist proportional zu I und damit proportional zur Flussdichte B im Inneren der Spule:

$$F_L \sim B, \text{ wenn die Stromstärke } I \text{ und die Länge } l \text{ konstant sind.}$$

Fasst man diese drei Proportionalitäten zusammen, so gilt insgesamt:

$$F_L \sim I \cdot l \cdot B.$$

Der Proportionalitätsfaktor ist durch die Festlegung von B definiert. Er hat den Wert 1 (siehe Abschnitt 2.1) und somit gilt $F_L = I \cdot l \cdot B$.

> **! Merksatz**
>
> Der Betrag F der Kraft auf einen Leiterschleifenrahmen der Länge l in einem homogenen Magnetfeld ist
>
> $$F_L = I \cdot l \cdot B.$$
>
> Dabei ist I die Stromstärke durch die Leiterschleife. Das Magnetfeld ist senkrecht zur Leiterschleife orientiert.

Der Permanentmagnet im Stromwaagenversuch (Bild **B1**) lässt sich drehen. Damit steht die magnetische Flussdichte $\vec{B}$ nicht mehr senkrecht zum Leiterschleifenrahmen. Die Lorentzkraft verringert sich, sie ist null, wenn $\vec{B}$ parallel zum Rahmen ist.

V1 Stromwaage im Schülerversuch

Eine rechteckförmige Plastikscheibe ist mittig drehbar gelagert und kann durch ein Massestück (verschiebbare Mutter) ausbalanciert werden. Auf der einer Hälfte ist sie am Rand mit einer Leiterschleife bedruckt, die in das Innere einer langen Spule geschoben wird. Mit Zusatzmassen (n Metalldrähte, Masse m) an einem Hebelarm wird die Leiterschleife am anderen Hebelarm ausgelenkt (Kraft $\vec{F_Z}$). Die Einstellung der Gleichgewichtslage (Kräftegleichgewicht zwischen Lorentzkraft $\vec{F_L}$ und $\vec{F_Z}$) wird durch Veränderung der
a) Stromstärke I_{Spule} in der Spule und damit der magnetischen Flussdichte oder der
b) Stromstärke I durch die Leiterschleife erreicht.

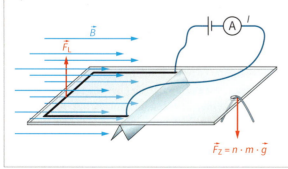

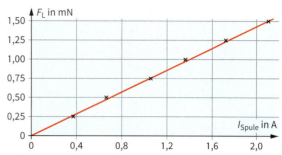

B2 $F_L(I_{Spule})$-Diagramm: Man erkennt: $F_L \sim I_{Spule}$, also auch $F_L \sim B$.

Arbeitsaufträge

1 ↗ Der Permanentmagnet in Bild **B1** wird um einen Winkel φ in der horizontalen Ebene gedreht. Die Stromwaage wird durch Änderung der Stromstärke I wieder in die waagerechte Position gebracht. Leiten Sie die Abhängigkeit $I(\varphi)$ her und beurteilen Sie die Übereinstimmung mit den Tabellenwerten:

φ in °	30	45	60	75	90
I in A	2,91	2,23	1,76	1,55	1,50

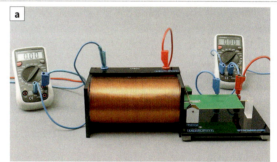

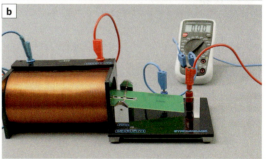

B3 a) Experimenteller Aufbau aus Spule und Leiterschleife in einer Waagenkonstruktion; b) Balkenwaage im Ungleichgewicht

2.3 Halleffekt und Messung magnetischer Flussdichten

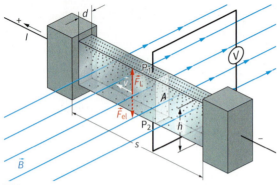

B1 Halleffekt an einem Leiterplättchen

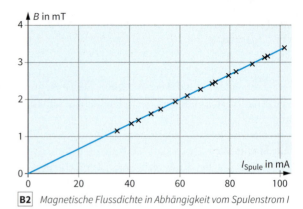

B2 Magnetische Flussdichte in Abhängigkeit vom Spulenstrom I

Halleffekt. Statt aus einer aufwendigen Kraftmessung lässt sich die Flussdichte B auch aus einer Spannungsmessung gewinnen. Die Elektronen im Leiterplättchen (Höhe h, Dicke d) in Bild **B1** werden im homogenen Magnetfeld $\vec{B}$ durch die Lorentzkraft abgelenkt und sammeln sich oben im Plättchen, während unten ein Überschuss an positiver Ladung entsteht. Dieser Vorgang dauert aber nur so lange an, bis das durch diese Ladungstrennung erzeugte elektrische Feld der Feldstärke $\vec{E}$ so groß ist, dass die nach unten gerichtete elektrische Kraft vom Betrag F_{el} auf die Elektronen genauso groß ist wie der Betrag der Lorentzkraft F_L. Es gilt also: $F_{el} = F_L$. Zwischen zwei gegenüberliegenden Punkten P_1 und P_2 am oberen und unteren Rand des Plättchens lässt sich jetzt die **Hallspannung** $U_H = E \cdot h$ messen, benannt nach E. HALL (1855–1938). Für die Kraft im elektrischen Feld gilt:

$$F_{el} = e \cdot E = e \cdot \frac{U_H}{h}.$$

Wegen $F_{el} = F_L$ und $F_L = e \cdot v \cdot B$ erhält man somit

$$e \cdot \frac{U_H}{h} = e \cdot v \cdot B \quad \Leftrightarrow \quad U_H = B \cdot v \cdot h. \qquad (1)$$

Im einfachsten Modell der elektrischen Leitung wird angenommen, dass sich die frei beweglichen Elektronen im Material aufgrund der Stöße an den festen Atomrümpfen mit einer konstanten **Driftgeschwindigkeit** v bewegen. Der elektrische Strom hängt von der Anzahl der freien Elektronen N pro Volumenelement V des Plättchenmaterials ab, d. h. von der Elektronendichte n. U_H ergibt sich dann zu (Herleitung s. S. 53):

$$U_H = R_H \cdot I \cdot \frac{B}{d},$$

mit der nur vom Material des Plättchens abhängigen **Hallkonstante**

$$R_H = \frac{1}{n \cdot e}.$$

> **⚠ Merksatz**
>
> Die Hallspannung U_H ist proportional zur Stromstärke I, zur magnetischen Flussdichte B und zum Kehrwert der Dicke d des Leiters:
>
> $$U_H = R_H \cdot I \cdot \frac{B}{d}.$$
>
> R_H ist die materialabhängige Hallkonstante.

Hallsonden. Geräte zur präzisen Messung von Magnetfeldern auf Basis des Halleffekts heißen Hallsonden. Sie bestehen aus Materialien mit einer großen Hallkonstante, damit eine gut messbare Hallspannung entsteht. Um aus der Proportionalität $B \sim U_H$ auf den Betrag von B (in Tesla) schließen zu können, muss man die Hallsonde in einem bekannten Magnetfeld kalibrieren.

Wird eine Hallsonde in einem Magnetfeld $\vec{B}$ gedreht, so ändert sich die Anzeige. Sie misst nur Komponenten von $\vec{B}$ senkrecht zum Plättchen. Aufgrund von Störfeldern und anderen Einflüssen zeigen Hallsonden eine **Offset-Spannung** an, auch wenn sie weit von dem zu messenden Magnetfeld entfernt sind. Messwerte für U_H müssen um diese Offset-Spannung korrigiert werden.

Magnetische Flussdichte und Stromstärke. Eine Hallsonde wird in der Umgebung einer stromdurchflossenen Spule, zum Beispiel im Mittelpunkt, platziert. Spule und Hallsonde sind ortsfest. Die Stärke I_{Spule} des Spulenstroms wird verändert. Aus den korrigierten Hallspannungswerten wird mit dem Kalibrierungsfaktor der Sonde der Betrag der magnetischen Flussdichte B in Abhängigkeit von I_{Spule} bestimmt. Bild **B2** zeigt den proportionalen Zusammenhang zwischen B und I_{Spule}. Es gilt also: $B \sim I_{Spule}$.

Magnetfeld einer Leiterschleife. Versuch **V1** zeigt, wie die magnetische Flussdichte von Leiterschleifen oder Spulen räumlich mit einer Hallsonde untersucht wird. Das Magnetfeld kann entlang der Symmetrieachse oder in dazu parallelen Achsen im Inneren und außerhalb der Spulen untersucht werden.

Stromdurchflossene Leiterschleifen und gerade Spulen, die im Vergleich zu ihrem Durchmesser eine geringe Länge haben (**kurze Spulen**), erzeugen ein inhomogenes Magnetfeld. Bild **B3** zeigt die magnetische Flussdichte entlang der Symmetrieachse einer stromdurchflossenen kurzen Spule. Die Richtung des magnetischen Feldes zeigt an jeder Position auf der Symmetrieachse in Richtung der Achse. Der Betrag von B ist maximal im Mittelpunkt der Spule und nimmt nichtlinear mit dem Abstand zum Mittelpunkt auf 0 T ab.

Magnetfeld im Inneren einer langen Spule.
Mit einer Hallsonde werden wie in Versuch **V1** magnetische Flussdichten in geraden, sehr langgestreckten Spulen (kurz: **lange Spulen**) untersucht. Das Magnetfeld im Inneren langer Spulen ist homogen, d. h. in Richtung und Betrag konstant (Bild **B4**). Es ist parallel zu Spulenachse orientiert. Außerhalb der Spule fällt B auf 0 T ab. In verschiedenen Messreihen zeigt sich, dass der Betrag von $\vec{B}$ proportional zur Stromstärke I durch die Spule, zur Windungszahl N und umgekehrt proportional zur Länge l der Spule ist, wenn die jeweils anderen Parameter konstant bleiben. B hängt jedoch nicht von der Größe der Querschnittsfläche der Spule ab. Es ist also $B \sim N \cdot \frac{I}{l}$ bzw. als Gleichung:

$$B = \mu_0 \cdot \frac{N}{l} \cdot I.$$

Die Proportionalitätskonstante μ_0 heißt **magnetische Feldkonstante.** Sie ist eine Naturkonstante:

$$\mu_0 = 1{,}257 \cdot 10^{-6} \, \frac{\text{Vs}}{\text{Am}}.$$

> **! Merksatz**
>
> Für den Betrag der magnetischen Flussdichte $\vec{B}$ im Inneren einer langen Spule gilt:
>
> $$B = \mu_0 \cdot \frac{N}{l} \cdot I.$$
>
> Dabei ist N die Anzahl der Windungen, l die Länge der Spule, I die Stromstärke in einer Windung. μ_0 ist die magnetische Feldkonstante:
>
> $$\mu_0 = 1{,}257 \cdot 10^{-6} \, \frac{\text{Vs}}{\text{Am}}.$$

V1 **Messung der magnetischen Flussdichte**

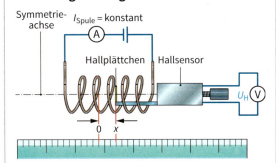

Zur Messung der magnetischen Flussdichte B entlang der Symmetrieachse einer stromdurchflossenen, raumfesten Spule wird eine kalibrierte Hallsonde entlang der Achse verschoben. Die Hallspannungswerte werden an Positionen x gemessen.

Nach der Korrektur um die Offset-Spannung werden aus den Messwerten die Werte für die magnetische Flussdichte an den Positionen x mit Hilfe des Kalibrierungsfaktors der Sonde berechnet.

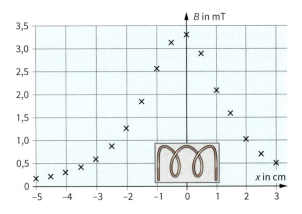

B3 *Magnetische Flussdichte in einer kurzen Spule entlang der Symmetrieachse*

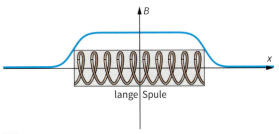

B4 *Magnetische Flussdichte in einer langen Spule entlang der Symmetrieachse*

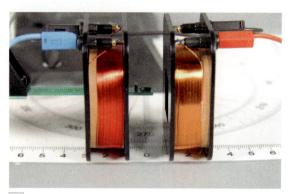

B1 Messung der magnetischen Flussdichte in einer Spulenkombination aus zwei identischen kurzen Spulen

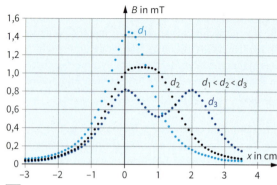

B2 Magnetische Flussdichten in Abhängigkeit vom Abstand d der Spule und der Position x entlang der Symmetrieachse

Überlagerte Magnetfelder. Häufig hat man es im Experiment mit Magnetfeldern verschiedener stromdurchflossener Leiter, von Permanentmagneten oder dem Erdmagnetfeld zu tun. Sie überlagern sich „additiv" zum gesamten Magnetfeld. Magnetfelder mit einer bestimmten räumlichen Struktur und magnetischer Flussdichte werden oft benötigt oder aber einige Magnetfelder sind störend und es wird versucht, deren Einfluss möglichst gering zu halten.

Eine Anordnung aus zwei parallel angeordneten, kurzen, stromdurchflossenen Spulen mit gleicher Windungszahl in einem Abstand d findet man oft in experimentellen Aufbauten (Bild **B1**). Mit einer Hallsonde kann das Magnetfeld dieser Anordnung wie in Versuch **V1** (S. 49) untersucht werden.

Bild **B2** zeigt Messergebnisse für drei unterschiedliche Spulenabstände d in einer derartigen Anordnung entlang der Symmetrieachse der Spulen. Die Spulen werden dabei gleichsinnig von einem elektrischen Strom der Stärke I durchflossen. Die magnetische Flussdichte $\vec{B}$ zeigt in Richtung der Symmetrieachse.

Die Messergebnisse zeigen, dass die magnetische Flussdichte empfindlich vom gewählten Abstand d zwischen den beiden Spulen abhängt (Bild **B2**): Je nach Abstand d kann die magnetische Flussdichte im Raum zwischen den Spulen ein lokales Maximum besitzen ($d \approx d_1$), annähernd konstant sein ($d \approx d_2$) oder ein lokales Minimum ($d \approx d_3$) annehmen. Für sehr große Abstände d hat das Magnetfeld lokale Maxima nahe den Mittelpunkten der einzelnen Spulen und eine geringe magnetische Flussdichte zwischen den beiden Spulen.

Helmholtzspulenpaar. In vielen Experimenten wird ein homogenes Magnetfeld benötigt (siehe **Kap. 2.4 Fadenstrahlrohr**). Als Helmholtzanordnung oder **Helmholtzspulenpaar** bezeichnet man die in Bild **B1** gezeigte Anordnung aus zwei Spulen in einem bestimmten Abstand d, sodass zwischen den Spulen ein annähernd homogenes Magnetfeld erzeugt wird; nach Bild **B2** ist dies für $d \approx d_2$ der Fall.

Für den Spezialfall von zwei kurzen kreisförmigen Spulen (Wicklungszahl N, Radius R), die gleichsinnig von einem Strom der Stärke I durchflossen werden, ist der Abstand d der Helmholtzanordnung gerade genauso groß wie der Radius der Spulen ($d = R$).

> **! Merksatz**
>
> Helmholtzspulenpaar heißt eine Anordnung von zwei kurzen, parallel angeordneten und von einem elektrischen Strom gleichsinnig durchflossenen Spulen, deren Abstand d so gewählt wurde, dass zwischen den Spulen ein annähernd homogenes Magnetfeld besteht.

Wandelt man eine Helmholtzanordnung lediglich so ab, dass die beiden Spulen nicht gleichsinnig, sondern gegensinnig von einem elektrischen Strom durchflossen werden, so misst man in der Mitte der beiden Spulen $B = 0$ T (für $x = 0$ cm) und in der Umgebung dieses Punktes einen annähernd linearen Verlauf der magnetischen Flussdichte (Bild **B3**). Auch in dieser Anordnung überlagern sich die magnetischen Flussdichten der beiden einzelnen Spulen, die aber aufgrund der unterschiedlichen Stromrichtung unterschiedlich orientiert sind. Diese Anordnung heißt Anti-Helmholzanordnung.

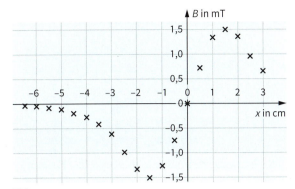

B3 Magnetische Flussdichte zwischen zwei Spulen in einer Anti-Helmholtzanordnung

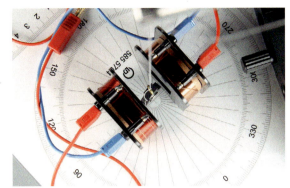

B4 Frei drehbar aufgehängter Magnet im Raum zwischen zwei Spulen in Helmholtzanordnung

Messung des Erdmagnetfelds. Die horizontale Komponente des Erdmagnetfelds liegt in Deutschland in der Größenordnung von etwa $B_H \approx 20\,\mu$T. Dieses schwache Magnetfeld lässt sich mit zwei kurzen Spulen in einer Helmholtzanordnung und einem Magneten bestimmen.

Die beiden Spulen werden so ausgerichtet, dass die gemeinsame Symmetrieachse in Ost-West-Richtung zeigt. Einen in der Vertikalen an einem Faden hängenden kleinen Magneten platziert man mittig zwischen die beiden Spulen. Der Magnet orientiert sich im Erdmagnetfeld in Nord-Süd-Richtung (Bild **B4**), solange die Spulen nicht von einem elektrischen Strom durchflossen werden.

Sind die Spulen stromdurchflossen, dann orientiert sich der Magnet in dem gesamten Magnetfeld aus Erdmagnetfeld und Magnetfeld B_S der Spulen. Die Stromstärke I wird so eingestellt, dass sich der Magnet um 45° aus der Nord-Süd-Richtung herausdreht. Es gilt dann:

$$\tan(45°) = \frac{B_H}{B_S} \quad \Leftrightarrow \quad B_H = B_S \cdot \tan(45°) = B_S.$$

Da B_S sehr klein und schwierig direkt zu messen ist, wird eine größere magnetische Flussdichte B_M mit einer Hallsonde am Ort des Magneten bei einer höheren Stromstärke I_M gemessen. Zur Berechnung von B_S wird die Proportionalität von magnetischer Flussdichte und Stromstärke ausgenutzt:

$$B_S = B_M \cdot \frac{I}{I_M}.$$

☰ **Exkurs: Flussdichte in der Umgebung eines stromdurchflossenen unendlich langen Leiters**

Das Magnetfeld in der Umgebung einer Kante einer großen rechteckförmigen stromdurchflossenen Leiterschleife ist wie bei einem unendlich langen stromdurchflossenen Leiter näherungsweise ringförmig. Die Kante steht senkrecht zu dieser Ringstruktur und verläuft durch den Mittelpunkt der Ringe.

Die Näherung der Kante als unendlich langer, gerader Leiter ist umso besser, je größer die Kantenlänge a und je kleiner die Stromstärke I ist. Dabei wird das Magnetfeld in der Mitte der Kante betrachtet. Die Magnetfelder der übrigen Kanten und Randeffekte sind dann oft vernachlässigbar klein.

Die mit einer Hallsonde bestimmte magnetische Flussdichte B um die Kante nimmt mit dem Abstand r zur Kante ab. Es gilt $B \sim \frac{1}{r}$.

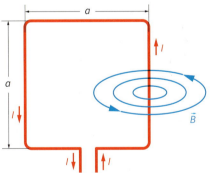

Die magnetische Flussdichte ist zudem proportional zur Stromstärke I. Allgemein gilt für den Betrag der magnetischen Flussdichte eines stromdurchflossenen unendlich langen, geraden Leiters

$$B = \frac{\mu_0 \cdot I}{2 \cdot \pi \cdot r}.$$

Einfluss des Materials. Spulen zur Erzeugung von Magnetfeldern sind häufig mit Material gefüllt, um die magnetischen Felder zu vergrößern. Der Elektromagnet ist dafür ein Beispiel. In Versuch **V1** wird untersucht, welche Materialien den gewünschten Effekt haben.

Es gibt kaum einen Unterschied zwischen mit Luft gefüllten Spule und Spulen im Vakuum. Dagegen führen mit Eisen gefüllte Spulen zu deutlich größeren Magnetfeldern. Das Verhältnis der Flussdichten mit Materie (B_m) und ohne (B_0) wird **Permeabilitätszahl** genannt:

$$\mu_r = \frac{B_m}{B_0}.$$

Sie ist eine nicht immer konstante Materialeigenschaft ohne Dimension (Tabelle **T1**). Sie variiert über viele Größenordnungen. Für Materialien wie beispielsweise reines Eisen hängt sie von der anfänglichen Magnetisierung ab.

> **❗ Merksatz**
>
> Die magnetische Flussdichte B_m in einer mit Materie gefüllten langen Spule ist
>
> $$B_m = \mu_r \cdot B_0.$$
>
> Dabei ist B_0 die magnetische Flussdichte der mit Luft gefüllten Spule und μ_r die Permeabilitätszahl des Materials.

V1 Magnetfelder materiegefüllter Spulen

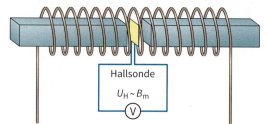

Hallsonde
$U_H \sim B_m$

Bei konstanter Stromstärke wird mit einer Hallsonde die Flussdichte B_m innerhalb einer mit unterschiedlichen Stoffen gefüllten langen Spule gemessen.

Die magnetische Flussdichte B_m ist im Vergleich zur Flussdichte B_0 einer mit Luft gefüllten Spule in der Regel deutlich erhöht. Die Permeabilitätszahl

$$\mu_r = \frac{B_m}{B_0}$$

variiert sehr stark (Tabelle **T1**).

Material	Permeabilitätszahl μ_r
Luft	≈ 1
Gold, Silber, Kupfer	≈ 1
Eisen	≈ 500 bis 15 000
µ-Metall	≈ 12 000 bis 45 000

T1 *Permeabilitätszahlen: typische Werte und Wertebereiche*

Arbeitsaufträge

1 ⟹ Durch eine Silberfolie ($h = 1$ cm, $d = 0,1$ mm) fließt ein Strom der Stärke $I = 1,9$ A. Sie wird von einem Magnetfeld der Flussdichte $B = 0,3$ T durchsetzt. Man misst die Hallspannung $U_H = 0,51$ µV. Berechnen Sie die Dichte n der freien Elektronen und deren Driftgeschwindigkeit v.

2 ⟋ Die Länge einer Spule mit 40 Windungen kann man wie bei einer Ziehharmonika ändern.
a) Berechnen Sie die Stromstärke, die im Inneren der Spule bei einer Länge von 30 cm eine magnetische Feldstärke $B = 0,02$ mT erzeugt.
b) Die Spule wird nun auf 20 cm zusammengedrückt. Berechnen Sie den neuen Wert für B.

3 ⬆ Begründen Sie, warum an den Enden einer langen Spule die magnetische Flussdichte genau halb so groß ist wie in ihrer Mitte.

4 ⟋ Die magnetische Flussdichte einer stromdurchflossenen Leiterschleife (Radius r) ist entlang der Symmetrieachse (x-Achse) gegeben durch:
$B(x) = (k \cdot r^2) / [(r^2 + x^2)^{\frac{3}{2}}]$ mit k = konstant und $x = 0$ m: Mittelpunkt der Spule.
Berechnen Sie den Abstand z vom Mittelpunkt, bei dem $B(x)$ auf
a) 50 %, b) 1 % des Maximalwertes abgefallen ist.

5 ⟋ Die Messung zur Bestimmung der horizontalen Komponente des Erdmagnetfeldes (vgl. S. 51) ergibt: Bei einer Stromstärke von $I = 1,1$ mA durch die beiden Spulen dreht sich der Magnet um 45°. Wenn die Stromstärke 50 mA beträgt, misst man mit der Hallsonde am Ort des Magneten eine Flussdichte von $B = 1250$ µT.
Berechnen Sie die horizontale Komponente des Erdmagnetfeldes.

Mit einer nicht kalibrierten Hallsonde werden magnetische Flussdichten untersucht. Dazu wird sie zunächst in ein homogenes Magnetfeld der Flussdichte $B = 0{,}05$ T gebracht und die Hallspannung U_H in Abhängigkeit von der Stromstärke I durch die Hallsonde gemessen. Das B-Feld steht dabei senkrecht zur Oberfläche der Hallsonde.

I in mA	6	12	18	24	30	36	42
U_H in mV	0,5	1,0	1,4	2,1	2,6	2,9	3,6

Die Werte für $U_H(I)$ in der Tabelle wurden bereits um eine kleine Offset-Spannung von 0,05 mV korrigiert.

a) Stellen Sie den Zusammenhang $U_H(I)$ grafisch dar. Ermitteln Sie daraus eine Funktionsgleichung für $U_H(I)$.

b) Leiten Sie den Zusammenhang

$$U_H = R_H \cdot I \cdot \frac{B}{d}$$

zwischen Hallspannung U_H, Ladungsträgerdichte n, Elementarladung e, Dicke d der Hallsonde, magnetischer Flussdichte B und Hallkonstante $R_H = \frac{1}{n \cdot e}$ begründet her. Nutzen Sie dabei den bekannten Zusammenhang $U_H = B \cdot v \cdot h$ mit Driftgeschwindigkeit v und Höhe h des Hallsonden-Plättchens. Bestimmen Sie n für den Fall $d = 0{,}75$ mm.

c) Erläutern Sie, worauf beim Einsatz der Hallsonde zur Bestimmung der magnetischen Flussdichte einer Spule geachtet werden muss, damit das Erdmagnetfeld die Messungen nicht stört.

Lösung:
a) Graph $U_H(I)$:

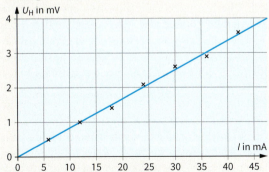

Die Bestimmung der Gleichung der Geraden durch den Ursprung führt auf die Funktionsgleichung

$$U_H = 0{,}084 \, \tfrac{V}{A} \cdot I. \tag{1}$$

b) Skizze:

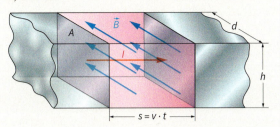

In einem einfachen Modell der elektrischen Leitung bewegen sich die frei beweglichen Elektronen im Material aufgrund von Stößen an den festen Atomrümpfen mit einer konstanten Driftgeschwindigkeit v. Für die Stärke des Stromes I durch eine Querschnittsfläche $A = h \cdot d$ des Hallsonden-Plättchens gilt:

$$I = \frac{Q}{t}. \tag{2}$$

Dabei bezeichnet Q die während der Zeit t durch die Fläche A strömende Ladung. Die Ladung wird von N Elektronen transportiert: $Q = N \cdot e$. Mit der Elektronendichte $n = \frac{N}{V}$ ergibt sich:

$$Q = n \cdot V \cdot e. \tag{3}$$

Sämtliche Elektronen, die durch A geströmt sind, befinden sich nach der Zeit t in einem Volumen

$$V = h \cdot d \cdot s. \tag{4}$$

Die Elektronen haben sich mit der Driftgeschwindigkeit v während der Zeit t um eine Strecke s bewegt. Fasst man die Gleichungen (2) bis (4) zusammen, so erhält man mit $v = \frac{s}{t}$:

$$I = \frac{Q}{t} = \frac{n \cdot h \cdot d \cdot s \cdot e}{t} = n \cdot h \cdot d \cdot v \cdot e. \tag{5}$$

Auflösen von Gleichung (5) nach v und Einsetzen in die gegebene Funktionsgleichung für U_H führt auf:

$$U_H = B \cdot v \cdot h = \frac{B}{n \cdot e \cdot d} \cdot I = R_H \cdot I \cdot \frac{B}{d}. \tag{6}$$

b) Die Ladungsträgerdichte ergibt sich aus Gleichung (6) und den Angaben zu B und der Dicke d zu:

$$n = \frac{0{,}05 \text{ T}}{0{,}084 \, \tfrac{V}{A} \cdot 1{,}6 \cdot 10^{-19} \text{C} \cdot 0{,}75 \cdot 10^{-3} \text{m}} = 5{,}0 \cdot 10^{21} \text{m}^{-3}.$$

c) Die Hallsonde misst nur Komponenten des B-Feldes senkrecht zur Oberfläche des Plättchens. Da das Erdmagnetfeld in Nord-Süd-Richtung verläuft, wird eine Messung der magnetischen Flussdichte nur dann nicht gestört, wenn die Spulenachse senkrecht dazu, also in Ost-West-Richtung, orientiert wird.

2.4 Elektrische Ladungen in magnetischen Feldern

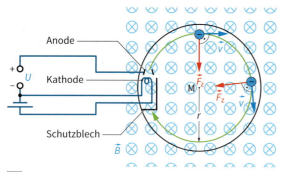

B1 *Elektronen in einem homogenen Magnetfeld*

Elektrische Ladungen werden abgelenkt. Auf bewegte Elektronen und andere Ladungsträger wirkt im Magnetfeld die Lorentzkraft, wenn die Geschwindigkeit der Teilchen nicht parallel zu den magnetischen Feldlinien orientiert ist. Steht die Geschwindigkeit der Ladungsträger wie in Bild **B1** senkrecht zum Magnetfeld, so werden die Ladungsträger durch die Lorentzkraft auf eine Kreisbahn gezwungen.

Kreisbahnen. Elektronen (Ladung e, Masse m) werden in einer Elektronenkanone (vgl. Seite 32) erzeugt. Sie haben nach Durchlaufen der Beschleunigungsspannung U eine Geschwindigkeit vom Betrag

$$v = \sqrt{\frac{2 \cdot e \cdot U}{m}} \,. \tag{1}$$

Treten diese Elektronen in ein homogenes Magnetfeld der Flussdichte B ein und steht die Geschwindigkeit der Elektronen senkrecht zur Richtung der magnetischen Feldlinien, so wirkt zu jedem Zeitpunkt auf die Elektronen die Lorentzkraft F_L vom Betrag

$$F_L = e \cdot v \cdot B \,. \tag{2}$$

Sie ist senkrecht zu den magnetischen Feldlinien und senkrecht zur Geschwindigkeit gerichtet. Der Betrag der Geschwindigkeit der Elektronen ändert sich also nicht, sondern nur die Richtung der Geschwindigkeit. Innerhalb des Magnetfeldes bewegen sich die Elektronen daher auf Kreisbahnen vom Radius r (Bild **B1**). Die Lorentzkraft F_L liefert die dafür notwendige Zentripetalkraft F_Z ($F_L = F_Z$). Für deren Betrag gilt immer:

$$F_Z = m \cdot \frac{v^2}{r} \,. \tag{3}$$

Setzt man die Gleichungen (2) und (3) gleich und v aus Gleichung (1) ein, ergibt sich:

$$\frac{e}{m} = \frac{2 \cdot U}{B^2 \cdot r^2} \,. \tag{4}$$

Die Größen U, B und r in Gleichung (4) können experimentell bestimmt werden. Der Term $\frac{e}{m}$ wird als **spezifische Ladung** des Elektrons bezeichnet.

Messungen ergeben für die spezifische Ladung des Elektrons

$$\frac{e}{m} \approx 1{,}76 \cdot 10^{11}\, \frac{C}{kg}.$$

Mit der aus dem *Millikan-Versuch* bekannten Elementarladung e ergibt sich die Elektronmasse zu

$$m \approx 9{,}11 \cdot 10^{-31}\, kg.$$

Das Proton trägt im Gegensatz zum Elektron eine positive Elementarladung und hat die fast 2000-mal so große Masse $m_P \approx 1{,}67 \cdot 10^{-27}\, kg.$

> **! Merksatz**
>
> Elektronen (Ladung e, Masse m), die mit einer Spannung U beschleunigt werden und in ein Magnetfeld der Flussdichte B senkrecht zu den magnetischen Feldlinien eintreten, bewegen sich auf Kreisbahnen mit Radius r. Damit lässt sich die spezifische Ladung $\frac{e}{m}$ bestimmen:
>
> $$\frac{e}{m} = \frac{2U}{B^2 \cdot r^2}.$$

Mit Versuch **V1**, dem **Fadenstrahlrohr-Experiment,** lässt sich die spezifische Ladung bestimmen. Die Flussdichte B des Magnetfeldes wird dabei durch eine genaue Messung der Stromstärke bestimmt, der Radius r durch bekannte Abstände von Messstegen, die beim Auftreffen von Elektronen fluoreszieren (Bild **B2**).

Die Überlegungen zu Elektronen im homogenen Magnetfeld können auf andere elektrisch geladene Teilchen (Ladung q und Masse m_T) wie Protonen oder Ionen übertragen werden. Zu beachten ist, dass die Richtung der Lorentzkraft bei positiven Ladungen im Vergleich zu negativen Ladungen entgegengesetzt ist.

Ist die Geschwindigkeit $\vec{v}$ nicht senkrecht zu den magnetischen Feldlinien orientiert, bewegen sich elektrische Ladungsträger nicht auf Kreisbahnen. Aufgrund der Geschwindigkeitskomponenten senkrecht und parallel zu den magnetischen Feldlinien wirkt im ersten Fall eine Lorentzkraft und im letzten Fall nicht.

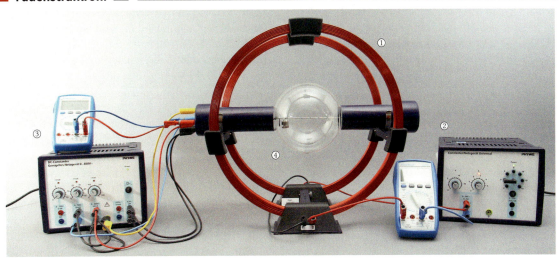

B2 ① Helmholtzspulenpaar, ② Betriebsgerät für den Spulenstrom I und Amperemeter ③ Betriebsgerät für die Elektronenkanone und Multimeter zur Messung der Beschleunigungsspannung, ④ Fadenstrahlröhre mit Messstegen zur Bestimmung des Radius r

In einer mit Neongas gefüllten Röhre befindet sich eine Elektronenkanone, die einen fein gebündelten Strahl von Elektronen liefert. Die Geschwindigkeit v der Elektronen ist über die Beschleunigungsspannung U der Elektronenkanone einstellbar. Durch ein Helmholtzspulenpaar wird ein homogenes Magnetfeld der Flussdichte B im Inneren des Rohrs erzeugt. Die Geschwindigkeitsrichtung der Elektronen wird so eingestellt, dass sie senkrecht auf den Feldlinien des Magnetfeldes steht.

a) Ohne Magnetfeld erkennt man in der Röhre einen leuchtenden, geraden und dünnen Strahl (Faden), der die Bahn der Elektronen kennzeichnet. Die Bewegung der Elektronen wird sichtbar, da die Elektronen durch Stöße das Gas im Rohr zum Leuchten anregen.
b) Mit einem Magnetfeld der Flussdichte B werden die Elektronen auf Kreisbahnen gelenkt (Bild **B3**).

Gemessen werden der Radius r der Kreisbahn und die Beschleunigungsspannung U der Elektronen. Die Flussdichte des Magnetfeldes ergibt sich aus der gemessenen Stärke I_{Spule} des elektrischen Stroms durch das Helmholtzspulenpaar und den Eigenschaften dieser Spulen (z. B. Windungszahl, Radius). Aus diesen Größen berechnet sich das Verhältnis von Elektronenladung e zu Elektronenmasse m zu

$$\frac{e}{m} = \frac{2U}{B^2 \cdot r^2}.$$

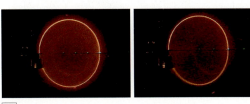

B3 Sichtbare Fäden auf Kreisbahnen mit Radius r

Arbeitsaufträge

1 ➡ Elektronen, die durch eine Spannung von 150 V beschleunigt worden sind, beschreiben in einem homogenen Magnetfeld mit $B = 0,85$ mT einen Kreis. Berechnen Sie die Geschwindigkeit der Elektronen und ihre Umlaufzeit.

2 ➡ In Versuch **V1** wurden für $U = 223$ V folgende Radien der Kreisbahnen und magnetische Flussdichten gemessen. Bestimmen Sie daraus $\frac{e}{m}$.

r in cm	2	3	4	5
B in mT	2,55	1,70	1,23	0,98

2.5 Der Wien-Filter ▶

Wien-Filter = Geschwindigkeitsfilter. In Physik und Chemie werden oft geladene Teilchen (Elementarteilchen, Ionen, Molekülionen) untersucht. Teilchen mit Ladung q (die Elementarladung $\pm e$ oder Vielfache von $\pm e$ sind möglich) werden in Ionenquellen erzeugt. Die Geschwindigkeiten der Ionen haben jedoch unterschiedliche Beträge und Richtungen. Um Ionen einheitlicher Geschwindigkeit zu erhalten, schickt man sie zunächst durch einen nach dem Physiker W. WIEN (1864–1928) benannten **Wien-Filter** (auch **wienscher Geschwindigkeitsfilter** genannt). Nur geladene Teilchen einer bestimmten Geschwindigkeit passieren diesen Filter, die anderen werden zurückgehalten.

Versuch **V1** zeigt die Funktionsweise des wienschen Geschwindigkeitsfilters: Elektronen mit der Ladung $q = -e$) treten mit einer Geschwindigkeit $\vec{v}$ senkrecht in ein gekreuztes elektrisches und magnetisches Feld ein. Die Vektoren $\vec{v}$, $\vec{E}$ und $\vec{B}$ stehen somit jeweils senkrecht zueinander. Im elektrischen Feld wirkt vertikal die Kraft $F_{el} = q \cdot E$. Aufgrund des magnetischen Feldes wirkt ebenfalls in der Vertikalen die Lorentzkraft $F_L = q \cdot v \cdot B$. Die Felder werden so eingestellt, dass $\vec{F}_{el}$ und $\vec{F}_L$ entgegengesetzt gerichtet sind. In Versuch **V1** zeigt $\vec{F}_{el}$ nach oben und $\vec{F}_L$ nach unten.

Sind die Elektronen „langsam", so überwiegt die elektrische Kraft. Daher weichen sie von ihrer horizontalen Flugrichtung nach oben ab. Sind sie „zu schnell", so überwiegt die Lorentzkraft; folglich werden die Elektronen nach unten abgelenkt. Nur wenn die Beträge beider Kräfte gleich groß sind ($F_L = F_{el}$), fliegen die Elektronen geradlinig und ohne Ablenkung durch die beiden gekreuzten Felder. Es gilt in diesem Fall somit

$$q \cdot v \cdot B = q \cdot E$$

bzw.

$$v = \frac{E}{B}. \tag{1}$$

Diese Gleichung (1) ist unabhängig von der Ladung q und wegen der gleichförmigen Bewegung auch unabhängig von der Masse m der Teilchen in einem wienschen Geschwindigkeitsfilter. Die Gleichung (1) gilt daher auch für andere geladene Teilchen als Elektronen.

Mit einer Lochblende hinter dem $\vec{E}$- und $\vec{B}$-Feld würden alle Elektronen bzw. Teilchen, die von der Horizontalen abgelenkt werden, herausgefiltert.

V1 **Wienscher Geschwindigkeitsfilter** _____

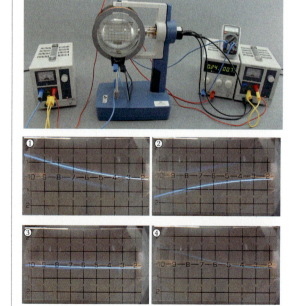

Elektronen werden in einer Elektronenkanone mit der Spannung U_B beschleunigt und treten mit horizontaler Geschwindigkeit $\vec{v}$ in den Kolben einer evakuierten Röhre ein. Ein Kondensator (Spannung U_K) erzeugt ein näherungsweise homogenes vertikales elektrisches Feld der Stärke E. Ein Helmholtzspulenpaar außerhalb des Kolbens (Spulenstrom I_{Spule}) sorgt für ein annähernd homogenes magnetisches Feld der Flussdichte B im Innern des Kolbens. Beim Eintritt in die gekreuzten $\vec{E}$- und $\vec{B}$-Felder ist $\vec{v}$ senkrecht sowohl zu $\vec{E}$ als auch zu $\vec{B}$.

① zeigt die Ablenkung der Elektronen im Falle eines rein elektrischen Feldes ($I_{Spule} = 0$ A). ② zeigt die Ablenkung für den Fall, dass nur ein magnetisches Feld vorhanden ist ($U_K = 0$ V). In ③ sind $\vec{B}$- bzw. $\vec{E}$-Feld so aufeinander abgestimmt, dass die Elektronen die beiden Felder ohne Ablenkung passieren. Im Vergleich zu ③ ist in ④ nur die Geschwindigkeit v der Elektronen durch die Verringerung von U_B kleiner, sodass die Elektronen nach oben abgelenkt werden.

Geladene Teilchen mit Geschwindigkeitsbetrag v werden im wienschen Geschwindigkeitsfilter nicht abgelenkt, wenn für das Verhältnis der elektrischen Feldstärke E zur magnetischen Flussdichte B gilt:

$$v = \frac{E}{B}.$$

$\vec{v}$, $\vec{E}$ und $\vec{B}$ stehen dabei jeweils senkrecht aufeinander.

Massenspektrometer. Spezifische Ladungen $\frac{q}{m}$ und Massen m lassen sich sehr genau mit einem Massenspektrometer nach Bild **B1** bestimmen: Die in einer Ionenquelle erzeugten Ionen fliegen mit unterschiedlichen Geschwindigkeitsbeträgen zunächst durch eine Lochblende und anschließend in einen wienschen Geschwindigkeitsfilter mit Feldstärken $\vec{E}$ und $\vec{B}_1$. Nur Ionen mit der Geschwindigkeit vom Betrag $v = \frac{E}{B_1}$ gelangen durch die zweite Blende in einen zweites, homogenes magnetisches Feld der Flussdichte B_2. Darin werden sie auf eine Kreisbahn abgelenkt und treffen auf eine Fotoplatte. Im Feld $\vec{B}_2$ wirkt die Lorentzkraft als Zentripetalkraft. Aus $F_L = F_Z$ bzw. $q \cdot v \cdot B_2 = m \cdot \frac{v^2}{r}$ folgt:

$$r = \frac{m \cdot v}{q \cdot B_2}. \tag{2}$$

Den Radius r und die magnetische Flussdichte B_2 kann man messen. v ist konstant und berechnet sich aus E und B_1, die Ionenladung q wird anderweitig ermittelt. Gleichung (2) zeigt wegen $m \sim r$ insbesondere, dass man aus dem Bahnradius r die Masse m der Ionen ableiten kann. Die Detektorplatte zeigt ein Spektrum der Ionenmassen m bzw. unterschiedlicher spezifischer Ladungen $\frac{q}{m}$ im Falle verschiedener Ladungen.

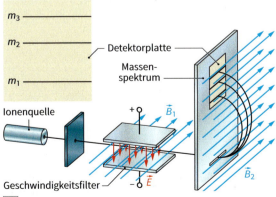

B1 *Prinzip eines Massenspektrometers*

In einem Massenspektrometer wie in Bild **B1** durchfliegen einfach positiv geladene Chlorionen unterschiedlicher Massen einen Wien-Filter mit einem elektrischen Feld mit $E = 30\,\frac{\text{kV}}{\text{m}}$ und einem magnetischen Feld mit $B_1 = 0,30\,\text{T}$. Anschließend gelangen alle in horizontaler Richtung austretenden Ionen in ein weiteres magnetisches Feld mit $B_2 = 0,20\,\text{T}$, wobei die Geschwindigkeit $\vec{v}$ der Ionen und $\vec{B}_2$ senkrecht zueinander stehen. Am Detektor registriert man Ionen bei $r_1 = 18,10$ cm und $r_2 = 19,04$ cm. Bestimmen Sie die Massen der Ionen.

Lösung:

Durch den Wien-Filter fliegen nur Ionen mit

$$v = \frac{E}{B_1} = 10^5\,\frac{\text{m}}{\text{s}}.$$

Die Angabe „einfach positiv geladen" bedeutet, dass alle Ionen die Ladung $q = +e$ besitzen. Für $r_1 = 18,10$ cm ergibt sich die Ionenmasse

$$m_1 = \frac{q \cdot B_2 \cdot r}{v} = 5,8 \cdot 10^{-26}\,\text{kg}$$

und für $r_2 = 19,04$ cm entsprechend

$$m_2 = 6,1 \cdot 10^{-26}\,\text{kg}.$$

Lösen Sie selbst

1 ⟹ Elektronen werden mit $U = 3$ kV beschleunigt, treten in einen Wien-Filter ein und unabgelenkt wieder aus. An den Platten des Kondensators (Plattenabstand $d = 9$ cm) liegt die Spannung $U_P = 3$ kV an. Berechnen Sie die Flussdichte B des Magnetfelds im Geschwindigkeitsfilter.

2 ↗ Kleine negativ geladene Teilchen mit $q = -3e$ durchlaufen ein Massenspektrometer wie in Bild **B1**. Sie durchlaufen die überlagerten $\vec{E}$- und $\vec{B}_1$-Felder unabgelenkt und treten dann in das $\vec{B}_2$-Feld ein. Die elektrische Feldstärke beträgt $E = 46,6\,\frac{\text{kV}}{\text{m}}$ und die Flussdichten der beiden Magnetfelder sind $B_1 = B_2 = 0,311$ T.
a) Berechnen Sie die Geschwindigkeit der Teilchen.
b) Berechnen Sie die Abstände der Auftreffpunkte auf der Detektorplatte von der Blende hinter dem Geschwindigkeitsfilter für den Fall, dass die Teilchen die Massen $2,66 \cdot 10^{-26}$ kg, $2,86 \cdot 10^{-26}$ kg und $2,99 \cdot 10^{-26}$ kg haben.

2.6 Teilchenbeschleuniger

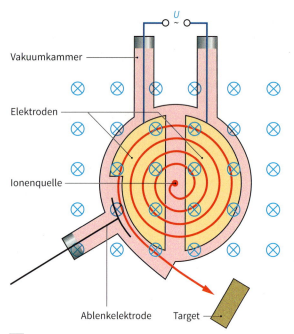

Vakuumkammer

Elektroden

Ionenquelle

Ablenkelektrode   Target

B1 *Funktionsprinzip eines Zyklotrons*

Das Zyklotron. In verschiedenen Gebieten der Forschung und Medizin benötigt man hochenergetische Ionen. In Teilchenbeschleunigern werden für derartige Zwecke Ionen mit genügend hoher Energie zur Verfügung gestellt. Aufgrund von Isolationsproblemen kann man geladene Teilchen kaum höhere Spannungen als 10 MV durchlaufen lassen. Stattdessen sorgt man dafür, dass die Ionen Beschleunigungsstrecken mehrfach durchlaufen und so immer mehr Energie gewinnen. Ein einfaches Beispiel für einen solchen Beschleuniger ist das **Zyklotron**.

In der Mitte des Zyklotrons (Bild **B1**) befindet sich eine Quelle für positive Ionen, z.B. Protonen. Durch ein elektrisches Feld zwischen zwei Elektroden in Form D-förmiger Dosen werden sie beschleunigt. Die Elektroden sind hohle Metallhalbzylinder, die senkrecht von einem starken Magnetfeld durchsetzt werden. In ihrem Inneren befinden sich die Ionen in einem Faraday-Käfig, also einem elektrisch feldfreien Raum ($E = 0$): Die Ionen gewinnen dort keine Energie. Die Lorentzkraft zwingt sie auf eine Halbkreisbahn.

Während sich die Ionen innerhalb einer Dose befinden, wird die Spannung zwischen den Dosen umgepolt. Die Ionen werden daher beim Austritt aus einer Dose erneut beschleunigt. In der nächsten Dose bewegen sie

sich aufgrund der höheren Geschwindigkeit wieder auf einem Halbkreis mit größerem Radius. Dies setzt sich für mehrere Umläufe im Zyklotron fort. Schließlich führt eine Ablenkeinrichtung die Ionen mit großer Geschwindigkeit auf das Ziel (Target).

Die Frequenz f, mit der das elektrische Feld zwischen den Dosen umgepolt werden muss, berechnet sich folgendermaßen: Innerhalb einer Dose wirkt die Lorentzkraft als Zentripetalkraft, also gilt

$$m \cdot \frac{v^2}{r} = q \cdot v \cdot B \quad \text{oder} \quad \frac{v}{r} = \frac{q \cdot B}{m}.$$

In der Umlaufzeit $\frac{T}{2}$ legen die Ionen die Strecke $\pi \cdot r$ zurück; also ist

$$v = \frac{2\pi \cdot r}{T}.$$

Damit folgt

$$\frac{2\pi}{T} = \frac{q \cdot B}{m}.$$

Daraus ergibt sich die Frequenz:

$$f = \frac{1}{T} = \frac{1}{2\pi} \cdot \frac{q \cdot B}{m},$$

unabhängig vom Bahnradius, der Geschwindigkeit und der Energie. Man kann also eine Wechselspannung konstant hoher Frequenz an die Dosen anlegen.

Die Energie, die Teilchen im Zyklotron erreichen können, ist begrenzt. Der Grund ist, dass die Masse von Objekten merklich zunimmt, wenn sie sich relativ zum Beobachter mit einer Geschwindigkeit nahe der Lichtgeschwindigkeit bewegen. Dadurch ist das Zyklotron mit seiner konstanten Frequenz nicht mehr geeignet, um die Teilchen weiter zu beschleunigen. Die Massenzunahme lässt sich mit Hilfe der speziellen Relativitätstheorie begründen. Die sogenannte **relativistische Masse** m_{rel} kann in Abhängigkeit der Geschwindigkeit aus der **Ruhemasse** m_0 berechnet werden zu:

$$m_{\text{rel}} = m_0 \cdot \frac{1}{\sqrt{1 - \left(\frac{v}{c}\right)^2}}.$$

> **! Merksatz**
>
> Bewegt sich ein Körper mit der Ruhemasse m_0 relativ zu einem Beobachter mit der Geschwindigkeit v, so misst der Beobachter die Masse m_{rel} mit:
>
> $$m_{\text{rel}} = m_0 \cdot \frac{1}{\sqrt{1 - \left(\frac{v}{c}\right)^2}}.$$

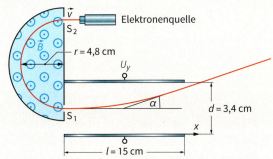

Elektronenquelle
S_2
$r = 4{,}8$ cm
$\vec{B}$
U_y
α
$d = 3{,}4$ cm
S_1
x
$l = 15$ cm

Die Anordnung in der Skizze befindet sich im Vakuum. Die Elektronen (Ladung e, Masse m) treten mit unterschiedlichen Geschwindigkeiten aus der Quelle aus und bewegen sich durch die Blende S_2 in ein homogenes Magnetfeld mit $B = 1{,}8$ mT senkrecht zu den Feldlinien. Sie verlassen das Feld nach Durchlaufen einer Halbkreisbahn mit Radius r durch die Blende S_1. Die Elektronen treten nun senkrecht in das elektrische Feld eines Plattenkondensators mit $U_y = 153$ V ein. Sie verlassen ihn unter dem Winkel $\alpha = 27°$.

a) Zeigen Sie, dass nur Elektronen mit einer bestimmten Geschwindigkeit v aus der Blende S_1 austreten.

b) Weisen Sie nach, dass für den Ablenkwinkel α der Elektronen im Kondensator gilt:

$$\tan(\alpha) = \frac{e \cdot U_y \cdot l}{m \cdot d \cdot v^2}.$$

c) Ermitteln Sie $\frac{e}{m}$.

Lösung:

a) Die Blende S_2 sorgt dafür, dass die Elektronen am gleichen Punkt in das Magnetfeld $\vec{B}$ eintreten und ihre Geschwindigkeiten senkrecht zu $\vec{B}$ orientiert sind. Im Magnetfeld wirkt auf die Elektronen die Lorentzkraft $\vec{F}_L$, die sie auf eine Kreisbahn zwingt. Sie stellt die für die Kreisbewegung notwendige Zentripetalkraft $\vec{F}_Z$ vom Betrag $F_Z = \frac{m \cdot v^2}{r}$ dar. Aus $F_L = F_Z$ folgt

$$r = \frac{v \cdot m}{e \cdot B} \quad \text{bzw.} \quad v = \frac{e}{m} \cdot B \cdot r. \tag{1}$$

Durch die Blende S_1 treten nur Elektronen auf einer Kreisbahn mit dem Radius $r = 4{,}8$ cm. Da alle Elektronen die gleiche Masse und die gleiche Ladung haben, und B für alle Elektronen gleich ist, haben sie die Geschwindigkeit

$$v = 1{,}76 \cdot 10^{-11} \frac{C}{kg} \cdot 0{,}0018 \text{ T} \cdot 0{,}048 \text{ m}$$
$$= 1{,}52 \cdot 10^{7} \frac{m}{s}.$$

Die übrigen Elektronen werden von S_1 blockiert.

b) Da die Elektronen nach Gleichung (1) mit einer Geschwindigkeit vom Betrag v in x-Richtung in den Kondensator eintreten und dort nur Kräfte in y-Richtung wirken, bewegen sie sich gleichförmig in x-Richtung und gleichmäßig beschleunigt in y-Richtung. Mit den Anfangsbedingungen $x(t = 0 \text{ s}) = 0$ m, $y(t = 0 \text{ s}) = 0$ m, $v_x(t) = v$, $v_y(t = 0 \text{ s}) = 0 \frac{m}{s}$ lauten die **Bewegungsgleichungen** im Kondensator:

$$x(t) = v \cdot t, \qquad v_x(t) = v = \text{konstant}, \tag{2a}$$
$$y(t) = \tfrac{1}{2} a \cdot t^2, \qquad v_y(t) = a \cdot t. \tag{2b}$$

Die Beschleunigung a berechnet sich aus der elektrischen Kraft zu $a = \frac{F_{el}}{m}$. Die elektrische Kraft im Inneren des Plattenkondensators ist $F_{el} = e \cdot E = \frac{e \cdot U_y}{d}$. Daher gilt:

$$a = \frac{e \cdot U_y}{d \cdot m}. \tag{3}$$

Elektronen, die den Kondensator der Länge l in x-Richtung passiert haben, benötigen nach Gleichung (2a) dafür die Zeit $t_P = \frac{l}{v}$. Die Geschwindigkeit in y-Richtung ist mit Gleichung (2b), (3) und t_P:

$$v_y(t_P) = a \cdot t_P = \frac{e \cdot U_y \cdot l}{d \cdot m \cdot v}. \tag{4}$$

Die Geschwindigkeit der Elektronen beim Verlassen des Kondensators ist durch die Geschwindigkeitskomponenten in x- und y-Richtung bestimmt. Der Austrittswinkel α ist gegeben durch

$$\tan(\alpha) = \frac{v_y(t_P)}{v_x(t_P)} = \frac{v_y(t_P)}{v} = \frac{e \cdot U_y \cdot l}{m \cdot d \cdot v^2}. \tag{5}$$

Alternativ wird Gleichung (2a) nach t aufgelöst und in Gleichung (2b) mit a aus Gleichung (3) eingesetzt. Man erhält die **Bahngleichung** der Elektronen im Kondensator:

$$y(x) = \frac{e \cdot U_y}{2 \cdot m \cdot d \cdot v^2} \cdot x^2. \tag{6}$$

Ableiten von $y(x)$ nach x führt an der Stelle $x = l$ zum gesuchten Austrittswinkel:

$$y'(l) = \frac{dy}{dl} = \tan(\alpha) = \frac{e \cdot U_y \cdot l}{m \cdot d \cdot v^2}.$$

c) Wird aus Gleichung (1) der Ausdruck für v in die die Gleichung (5) eingesetzt und nach der spezifischen Ladung $\frac{e}{m}$ der Elektronen aufgelöst, ergibt sich:

$$\frac{e}{m} = \frac{U_y \cdot l}{\tan(\alpha) \cdot B^2 \cdot d \cdot r^2} \approx 1{,}77 \cdot 10^{11} \frac{C}{kg}.$$

Das Synchrotron. Bei größeren Energien muss man das Zyklotron der zunehmenden Masse der Teilchen anpassen. Beim sogenannten **Synchro-Zyklotron**, kurz **Synchrotron**, senkt man dazu im richtigen Takt die Frequenz. Im Gegensatz zum Zyklotron bewegen sich die Teilchen nicht spiralförmig, sondern auf immer derselben Bahn innerhalb einer evakuierten Röhre. Die Beschleunigung findet durch elektrische Felder statt. An anderen Stellen sind Ablenkmagnete angebracht, die die Teilchen auf einen Kreisbogen zwingen. Da alle Teilchen die gleiche Ladung haben, streben sie auseinander. Zusätzliche Fokussierungsmagnete drücken sie wieder in die Bahnmitte. Mit zunehmender Geschwindigkeit und Masse der Teilchen wird die magnetische Flussdichte der Ablenkmagnete erhöht. Die Energiezufuhr auf den Beschleunigungsstrecken wird mit der Umlaufdauer synchronisiert. Daher stammt der Name Synchrotron für diese Art von Beschleunigern. Nahe der Lichtgeschwindigkeit nimmt die Geschwindigkeit der Teilchen kaum noch zu, wohl aber deren Masse.

Medizinische Anwendungen. Die Ionenstrahlung findet auch Anwendung in der Medizin. So werden im Heidelberger Ionenstrahl-Therapiezentrum (HIT) hochenergetische Protonen oder Schwerionen verwendet, um gezielt Tumore zu beschießen (Bild **B1**). Die Teilchen werden vorher in einem Synchrotron auf nahezu Lichtgeschwindigkeit beschleunigt. Anders als elektromagnetische Strahlung kann Teilchenstrahlung tief in das Gewebe eindringen und dort die Energie sehr gezielt an bestimmte Bereiche abgeben. Diese erhöhte Präzision führt auch dazu, dass die Bestrahlungsintensität erhöht werden kann, um die Heilungschancen zu erhöhen.

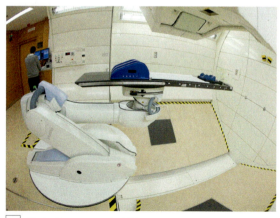

B1 *Bestrahlungsraum des HIT*

✳ Beispielaufgabe: Relativistische Masse

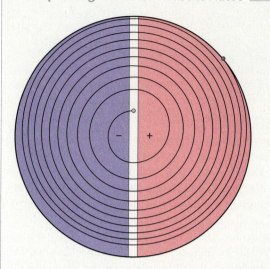

Im Bild wurde die Beschleunigung eines Protons bei einer Beschleunigungsspannung von 2000 V und einer magnetischen Flussdichte von 0,15 T simuliert. Das Zyklotron hat einen Radius von 0,2 m.

Berechnen Sie die Geschwindigkeit des Protons beim Verlassen des Zyklotrons und begründen Sie, dass die relativistische Massenzunahme in diesem Fall vernachlässigt werden kann.

Lösung:
Innerhalb der Dose wirkt die Lorentzkraft als Zentripetalkraft. Es gilt daher:

$$F_Z = F_L, \text{ also}$$

$$m \cdot \frac{v^2}{r} = e \cdot v \cdot B.$$

Für die Geschwindigkeit des Protons beim Verlassen des Zyklotrons ergibt sich durch Auflösen nach v:

$$v = \frac{e \cdot r \cdot B}{m} \approx 2{,}87 \cdot 10^6 \, \frac{m}{s}.$$

Daraus ergibt sich für das Verhältnis von relativistischer Masse zur Ruhemasse:

$$\frac{m_{rel}}{m_0} = \frac{1}{\sqrt{1 - \left(\frac{v}{c}\right)^2}} \approx 1{,}00,$$

sodass die relativistische Masse kaum von der Ruhemasse abweicht.

CERN. Eine noch sehr viel größere Beschleunigeranlage befindet sich in Genf am CERN (*Conseil Européen pour la Recherche Nucléaire*). Am CERN sind 23 Mitgliedsstaaten beteiligt und arbeiten mehr als 3000 Menschen (Stand 2023). Dort erstreckt sich über einen Umfang von 27 km der LHC-Beschleuniger (*Large Hadron Collider*) (Bild **B4**). Dieser Ringbeschleuniger kann Protonen auf Energien von je 7 TeV = $7 \cdot 10^{12}$ eV (T für Tera) beschleunigen. Der LHC ist damit zurzeit der leistungsfähigste Beschleuniger der Welt. Die Anlage dient der Grundlagenforschung. Ihr größter Erfolg war der Nachweis des sogenannten Higgs-Teilchens (Higgs-Boson), einem wichtigen – von PETER HIGGS (Nobelpreis 2013) vorhergesagtem – Baustein des Standardmodells.

Auch das World Wide Web nahm seinen Anfang am CERN. Der britische Physiker und Informatiker TIM BERNERS-LEE arbeitete in den 1980er Jahren am CERN und entwickelte 1989 das Konzept des World Wide Web. Er entwarf den ersten Web-Browser und die erste Server-Software und verfasste die erste Version des HTTP-Protokolls (*Hypertext Transfer Protocol*). Seine Idee war es, ein System zu schaffen, das es Forschenden weltweit ermöglichte, wissenschaftliche Informationen miteinander zu teilen und zu verknüpfen.

Kollision von Teilchen. Im LHC werden Protonen auf maximal 7000 GeV = 7 TeV und eine Höchstgeschwindigkeit von 99,999 999 1 % der Lichtgeschwindigkeit gebracht. Im Beschleuniger gibt es zwei Röhren, in denen Protonen getrennt voneinander auf gegenläufigen Bahnen umlaufen. An mehreren Stellen kann man die Protonenbündel sich kreuzen lassen. Dort kommt es zur Kollision von Protonen (daher der Name Collider).

B2 Blick in den Tunnel des LHC-Beschleunigers

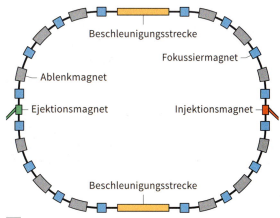

B3 Prinzipieller Aufbau eines Ringbeschleunigers

B4 Satellitenansicht des Bereichs, über den sich der LHC erstreckt

Der Vorteil einer Kollision im Vergleich zum Aufprall auf ein ruhendes Teilchen ist die große Kollisionsenergie von $2 \cdot 7$ TeV = 14 TeV. Der bei einer solchen Kollision entstehende Teilchenschauer wird in riesigen, komplizierten Detektormaschinen registriert. Aus dem immensen Datenmaterial lässt sich in monatelangen Analysen ein bisher unbekanntes Teilchen finden – z. B. das lange gesuchte Higgs-Teilchen.

Arbeitsaufträge

1. ⇒ Berechnen Sie die relativistische Masse der Protonen, die sich im LHC mit 0,999 999 991 c bewegen, in Vielfachen der Ruhemasse.

2. ⬈ Derzeit wird darüber diskutiert, den LHC durch einen 20 Milliarden teuren, 100 km langen Beschleuniger abzulösen. Bewerten Sie den Bau eines solchen neuen Beschleunigers.

3. ⬈ Erklären Sie, wie sich die Bahn eines Teilchens im Zyklotron ändert, wenn man die magnetische Flussdichte erhöht. Vergleichen Sie mit einer Simulation.

2.7 Magnetfelder in Natur, Forschung und Technik

B1 *Polarlicht: Geladene Teilchen treffen auf Luftmoleküle und regen diese zum Leuchten an.*

Polarlicht und Strahlungsgürtel. Von der Sonne strömen ständig Protonen und Elektronen mit einer Geschwindigkeit von etwa 400 $\frac{km}{s}$ ins All. Dieser sogenannte **Sonnenwind** erreicht in wenigen Tagen das Erdmagnetfeld. Er deformiert es, kann aber kaum eindringen, denn seine Teilchen umkreisen die Feldlinien des Erdmagnetfeldes. In der oberen Atmosphäre treibt seine Energie eine Art Dynamo an, der dort vorhandene freie Elektronen durch elektrische Felder beschleunigt. Diese Elektronen können bei den Magnetpolen der Erde auf etwa 100 km Höhe in die oberen Luftschichten geringer Dichte hinabsteigen. Wie Elektronen in Glimmlampen regen sie Atome der Luftschicht zum Leuchten an und erzeugen so das **Polarlicht** (Bild **B1**). Es ist bei Sonnenfleckenaktivität wegen verstärkter Energiezufuhr aus dem Sonnenwind besonders intensiv.

Für Raumfahrer können die von VAN ALLEN entdeckten Strahlungsgürtel in 700 km bis 60 000 km Höhe gefährlich werden (Bild **B2**). Ihre Protonen und Elektronen wirken wie ionisierende Strahlung. Sie umkreisen die magnetischen Feldlinien und pendeln einige Minuten zwischen Nord- und Südpol der Erde hin und her, tragen aber nicht zum Polarlicht bei.

Die magnetische Linse. In der Schattenkreuzröhre (Bild **B3**) werden Elektronen mit 4 kV beschleunigt und fliegen auf ein Aluminiumkreuz zu. Am Schatten auf dem Leuchtschirm erkennt man, dass sich Elektronen wie Licht geradlinig ausbreiten. Licht kann man durch Linsen bündeln. Gibt es auch für Elektronen Linsen?

Ein Helmholtzspulenpaar wird so über die Schattenkreuzröhre gestellt, dass ihr Magnetfeld etwa in Ausbreitungsrichtung der Elektronen weist. Das Kreuz auf dem Schirm wird scharf, aber verdreht und verkleinert abgebildet. Das Magnetfeld der Helmholtzspulen übt eine fokussierende Wirkung auf die Elektronen aus, ähnlich wie eine Sammellinse auf Licht wirkt. Ein solches Magnetfeld kann also eine Abbildung von einem Gegenstand erzeugen.

Homogene Magnetfelder liefern keine vergrößerten Bilder. Dies gelingt sehr gut mit rotationssymmetrischen, inhomogenen Feldern. Sie werden von Spulen geringer Größe erzeugt, die von einem Eisenpanzer umhüllt sind. So wird das Magnetfeld auf einen kleinen Raum nahe der Achse konzentriert. Solche Magnetfelder bezeichnet man als **magnetische Linsen** (Bild **B4**). ▶

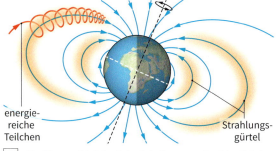

B2 *Strahlungsgürtel der Erde: Geladene energiereiche Teilchen werden im Feld der Erde gefangen.*

energie-reiche Teilchen

Strahlungs-gürtel

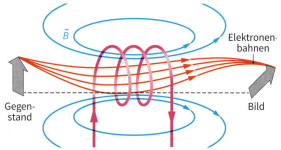

B4 *Ablenkung von Elektronen in inhomogenen Magnetfeldern (magnetische Linse)*

$\vec{B}$

Elektronen-bahnen

Gegen-stand

Bild

Penning-Falle. Kann man ein einziges Teilchen wie zum Beispiel ein Elektron einfangen und auf einem kleinen Raumgebiet festhalten? In der physikalischen Forschung wird dies in vielen Forschungsgruppen routiniert gemacht, um Teilchen nahezu ungestört untersuchen zu können.

Man verwendet dazu verschiedene Methoden, z. B. die **Penning-Falle** für geladene Teilchen (Bild **B5**). Hier nutzt man ein homogenes, zeitlich konstantes Magnetfeld und ein inhomogenes, ebenfalls zeitlich konstantes elektrisches Feld, um die Teilchen in einem kleinen Raumgebiet, dem Falleninneren, zu konzentrieren. Das Magnetfeld zwingt die geladenen Teilchen auf gekrümmte Bahnen, sodass sie die Falle seitlich nicht verlassen können. Das elektrische Feld verhindert, dass die Teilchen die Falle in vertikaler Richtung verlassen.

Technisch ist es sehr anspruchsvoll, ein einzelnes Teilchen zu speichern. Einer der Pioniere dieser Technik, HANS DEHMELT, erhielt 1989 den Physik-Nobelpreis für seine Präzisionsexperimente von Elektronen und Positronen in einer Penning-Falle. In diesen Experimenten mussten die Teilchen gekühlt werden und über lange Zeiträume in der Falle bleiben. In Penning-Fallen lassen sich auch Ionen und Antiprotonen speichern.

In einem aktuellen Forschungsprojekt der Universität Heidelberg wurde mit Hilfe einer Penning-Falle und eines hochionisierten Kohlenstoffions die Masse des Elektrons mit einer 13-mal größeren Genauigkeit als bislang bestimmt.

Elektromagnete. Sie bestehen aus einer stromdurchflossenen Spule mit vielen Windungen, die mit einem Material mit hoher Permeabilität gefüllt ist. Ferromagnetische Materialien wie Eisen werden aufgrund der großen magnetischen Flussdichte an den Enden der Spule angezogen. Die bekanntesten Elektromagnete sind große Hubmagnete, mit denen viele Tonnen auf einmal und ohne besondere Vorrichtungen oberflächenschonend transportiert werden können. Elektromagnete eignen sich auch zur Materialtrennung, da zum Beispiel nichtmagnetisierbarer Bauschrott wie Holz nicht angezogen und somit abgetrennt wird.

Der Elektromagnet findet sich auch in kleinen Bauformen überall und oft versteckt in alltäglichen Anwendungen. So kann er in Lautsprechern, Relais oder Klingeln

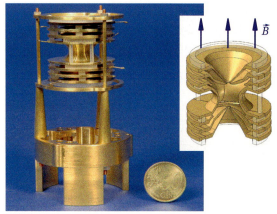

B5 *Penning-Falle: Das Magnetfeld zwingt geladene Teilchen auf gekrümmte Bahnen.*

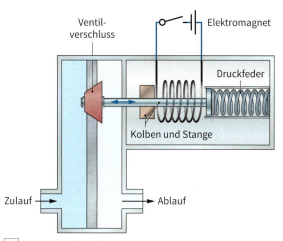

B6 *Magnetventil: technische Anwendung zur Steuerung von Flüssigkeits- und Gasströmungen*

verbaut sein. Mit Elektromagneten in Magnetventilen wie in Bild **B6** werden Flüssigkeits- oder Gasströme u. a. in Waschmaschinen, Kaffeemaschinen oder Heizungsanlagen geregelt. Dabei wird beispielsweise das über einen Federmechanismus geschlossene Ventil geöffnet, wenn der Elektromagnet eingeschaltet wird und den Kolben mit Stange und Ventilverschluss anzieht.

Technisch genutzte Elektromagnete werden oft auch mit Permanentmagneten zu Elektro-Haft-Magneten kombiniert. Der Permanentmagnet hält ein Objekt, beispielsweise eine Tür oder ein Werkstück, fest. Wird der Elektromagnet zusätzlich eingeschaltet, so wird das Magnetfeld des Permanentmagneten kompensiert, sodass das Objekt freigegeben (Tür, Werkstück) wird.

Zusammenfassung

1. Magnetische Flussdichte

Der Vektor $\vec{B}$ kennzeichnet ein magnetisches Feld und heißt **magnetische Flussdichte** oder auch magnetische Feldstärke. Er zeigt in Richtung der magnetischen Feldlinien. Sein Betrag B kennzeichnet die Stärke eines Magnetfeldes. Für einen Leiter mit Länge l und Stromstärke I, der senkrecht zu $\vec{B}$ steht und auf den die magnetische Kraft $\vec{F}$ wirkt, gilt:

$$B = \frac{F}{I \cdot l}$$

mit der Einheit

$$[B] = 1 \, \frac{\text{N}}{\text{Am}} = 1 \, \text{T (Tesla)}.$$

2. Lorentzkraft

Geladene Teilchen mit der Ladung q, die sich in einem homogenen Magnetfeld mit der Geschwindigkeit $\vec{v}$ nicht parallel zu den Feldlinien bewegen, erfahren die **Lorentzkraft** $\vec{F}_\text{L}$. Für ihren Betrag gilt:

$$F_\text{L} = q \cdot v \cdot B.$$

Dabei ist v der Betrag der Geschwindigkeitskomponente senkrecht zu $\vec{B}$. Die Lorentzkraft wirkt senkrecht zur Geschwindigkeit $\vec{v}$, so dass sich die Richtung, aber nicht der Betrag v_s ändert. $\vec{F}_\text{L}$ steht ebenfalls senkrecht auf $\vec{B}$. Die Richtung von $\vec{F}_\text{L}$ wird bei negativer Ladung nach der **Drei-Finger-Regel der linken Hand** ermittelt.

3. Halleffekt

Wird ein Leiter senkrecht zur Richtung des Stromes von einem Magnetfeld durchsetzt, entsteht zwischen zwei einander gegenüber liegenden Punkten P_1 und P_2 (Abstand h) des Leiters die **Hallspannung** U_H mit:

$$U_\text{H} = B \cdot v \cdot h.$$

Dabei ist v der Betrag der **Driftgeschwindigkeit** der Elektronen im Leiter. Sie hängt von den Materialeigenschaften des Leiters ab. Die Hallspannung U_H ist auch gegeben durch

$$U_\text{H} = R_\text{H} \cdot I \cdot \frac{B}{d},$$

mit der Dicke d des Leiters und der Hallkonstanten R_H. Für Messungen der magnetischen Flussdichte nutzt man in **Hallsonden** $U_\text{H} \sim B$ aus.

4. Magnetische Flussdichte in Spulen

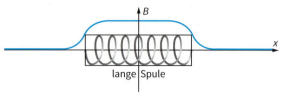

lange Spule

Ein Strom der Stärke I erzeugt im Innern einer **langen, dünnen Spule** (N Windungen, Länge l, Durchmesser d, $l \gg d$) ein homogenes Magnetfeld mit der Flussdichte $\vec{B}$ parallel zur Spulenachse und dem Betrag

$$B = \mu_0 \cdot \frac{N \cdot I}{l}.$$

$\mu_0 = 1,257 \cdot 10^{-6} \, \frac{\text{Vs}}{\text{Am}}$ heißt **magnetische Feldkonstante**.

Ein **Helmholtzspulenpaar** ist eine Anordnung aus zwei parallel angeordneten, gleichsinnig stromdurchflossenen Spulen, deren Abstand d so gewählt wird, dass zwischen den Spulen ein annähernd homogenes Magnetfeld besteht.

5. Geladene Teilchen in Magnetfeldern

Durch die Lorentzkraft werden Elektronen (Ladung e, Masse m), die in einem homogenen Magnetfeld $\vec{B}$ senkrecht zu den Feldlinien eintreten, auf eine Kreisbahn vom Radius r gelenkt. Die Zentripetalkraft

$$F_\text{Z} = \frac{m \cdot v^2}{r}$$

ist durch die Lorentzkraft gegeben, so dass gilt:

$$\frac{e}{m} = \frac{2U}{B^2 \cdot r^2}.$$

Im **Fadenstrahlrohr**-Experiment wird durch Messung von U, B und r die **spezifische Ladung** $\frac{e}{m}$ bestimmt.

6. Wien-Filter

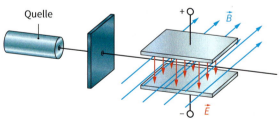

Quelle

Eine Anordnung von gekreuzten E- und B-Feldern, in die geladene Teilchen senkrecht zu $\vec{E}$ und $\vec{B}$ hineingeschossen werden, heißt **Wien-Filter** (wienscher Geschwindigkeitsfilter). Nur Teilchen mit Geschwindigkeit vom Betrag $v = \frac{E}{B}$ durchfliegen ihn geradlinig, d. h. unabgelenkt.

1 ✎ Ein Germaniumplättchen mit der Hallkonstanten $R_H = -0{,}014 \frac{m^3}{C}$ und der Dicke $d = 1$ mm wird von einem Strom der Stärke $I = 25$ mA durchflossen. Die Hallspannung ist $U_H = 7{,}1$ mV. Berechnen Sie die Flussdichte des Magnetfeldes $\vec{B}$, das das Germaniumplättchen senkrecht durchsetzt.

2 ↑ Der Betrag der magnetischen Flussdichte im homogenen Feld eines Helmholtzspulenpaares ist:

$$B_H \sim N \cdot \frac{I}{R} \quad \text{bzw.} \quad B_H = a \cdot N \cdot \frac{I}{R}$$

mit a: Proportionalitätskonstante, N: Windungszahl einer Spule, R: Radius der Spulen, I: Stromstärke.
a) Bestimmen Sie die Einheit von a.
b) Berechnen Sie den Quotienten $\frac{B_H}{a}$ für $N = 154$, $R = 20$ cm und $I = 3{,}28$ A. Mit einer Hallsonde wird $B_H = 2{,}38$ mT gemessen. Ermitteln Sie den Wert von a.
d) Das Magnetfeld einer kurzen Spule (Radius R, Windungszahl N, Stromstärke I) entlang der Symmetrieachse ist gegeben durch:

$$B(x) = \frac{k \cdot r^2}{(r^2 + x^2)^{\frac{3}{2}}} \quad \text{mit } k = \text{konstant}$$

und $x = 0$ Mittelpunkt der Spule. Berechnen Sie mit einem Tabellenkalkulationsprogramm die magnetische Flussdichte einer Helmholtzspulenanordnung aus zwei dieser Spulen entlang der Symmetrieachse. Führen Sie ähnliche Rechnungen durch für die Fälle doppelter bzw. halber Spulenabstand.

3

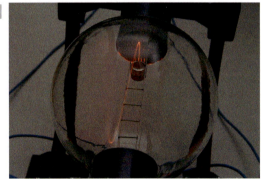

✎ Werden Elektronen schräg in ein homogenes Magnetfeld geschossen, beobachtet man eine Schraubenbahn mit konstantem Radius und Ganghöhe h (Abstand zweier Punkte bei einer vollständigen Umdrehung). Dies lässt sich verstehen, indem man den Geschwindigkeitsvektor der Elektronen beim Eintritt in das Magnetfeld in eine Komponente parallel und in eine Komponente senkrecht zu den Feldlinien des Magnetfeldes zerlegt.

Erklären Sie qualitativ das Zustandekommen der Schraubenbahn. Fertigen Sie eine Skizze an.

4 ⇒ In einem Fadenstrahlrohrexperiment werden Teilchen (Masse m, Ladung q) auf eine Kreisbahn vom Radius $r = 4$ cm gebracht. Die Beschleunigungsspannung beträgt 100 V und die Flussdichte $B = 0{,}051$ T.
a) Berechnen Sie die spezifische Ladung $\frac{q}{m}$ der Teilchen.
b) Recherchieren Sie, um welche Teilchen es sich handeln könnte.

5 ✎ Eine Spule mit $n = 100$ Windungen und der Länge $l = 0{,}5$ m ist in Ost-West-Richtung ausgerichtet. Führt sie Strom mit $I = 130$ mA, wird eine Magnetnadel in ihrem Innern um $\alpha = 60°$ aus der Nordrichtung gedreht. $B_{Erde,h}$ sei der Betrag der Horizontalkomponente des Erdmagnetfeldes. Berechnen Sie $B_{Erde,h}$.

6

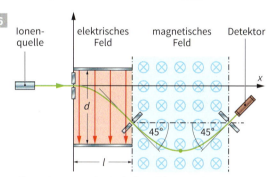

✎ In einen Geschwindigkeitsfilter werden Protonen eingeschossen. Nur solche mit der gekennzeichneten Bahn gelangen zum Detektor. Die Länge des Kondensators ist $l = 0{,}1$ m, der Plattenabstand $d = 0{,}2$ m. Nehmen Sie an, dass alle Felder homogen sind.
a) Der Betrag des B-Feldes ist 40 mT, der Radius der Kreisbahn beträgt $r = 0{,}5$ m. Berechnen Sie die Eintrittsgeschwindigkeit der Protonen in das Magnetfeld.
b) Ermitteln Sie die Einschussgeschwindigkeit der Protonen in den Kondensator und die Spannung, mit der sie beschleunigt wurden.
c) Berechnen Sie die Zeit, die die Protonen zum Durchfliegen des Kondensators benötigen, und ihre Beschleunigung senkrecht zu ihrer ursprünglichen Flugrichtung sowie die dazu erforderliche Kondensatorspannung U_y.
d) Durch das Blendensystem sollen Ionen mit der Ladung q fliegen. Zeigen Sie, dass nur solche hindurchkommen, die eingeschossen werden mit:

$$v_x = \sqrt{\frac{q \cdot U_y \cdot l}{m \cdot d}}.$$

2.8 Felder im Vergleich

	Elektrische Felder
Feldgrößen und Kräfte Felder werden durch Feldgrößen beschrieben, die von den zur Untersuchung verwendeten Objekten (Probekörper, Probeladung) unabhängig sind. In Feldern wirken Kräfte auf Körper mit Masse m oder elektrische Ladungen q. Je nach Feld können diese Kräfte anziehend oder abstoßend sein.	Es gibt positive und negative Ladungen. Gleichnamige Ladungen stoßen sich ab, ungleichnamige ziehen sich an. Alle elektrischen Ladungen sind ganzzahlige Vielfache der Elementarladung $e = 1{,}602\,176 \cdot 10^{-19}$ C. Feldgröße: elektrische Feldstärke $\vec{E}$ Die in einem elektrischen Feld $\vec{E}$ auf eine Probeladung q wirkende elektrische Kraft $\vec{F}_{el}$ ist: $\vec{F}_{el} = q \cdot \vec{E}$. Positive Ladung q: $\vec{F}_{el}$ wirkt in Richtung von $\vec{E}$. Negative Ladung q: $\vec{F}_{el}$ wirkt entgegengesetzt zu $\vec{E}$. Für die Kraftwirkung einer Ladung Q auf einen Probekörper der Ladung q im Abstand r gilt das coulombsche Gesetz: $$F = \frac{1}{4\,\pi \cdot \varepsilon_0} \cdot \frac{q \cdot Q}{r^2}$$
Spezielle Felder und quantitative Zusammenhänge Unter der Vielzahl von unterschiedlichen Feldern gibt es eine Reihe spezieller Felder, die besonders wichtig sind und beispielsweise in Forschungsexperimenten gezielt erzeugt werden. Ein Beispiel sind homogene Felder, also Felder, deren Feldgröße in Betrag und Richtung an jedem Raumpunkt gleich ist. Oft handelt es sich nur um näherungsweise homogene Felder oder um homogene Felder in einem eingegrenzten räumlichen Bereich, das an ein inhomogenes Feld angrenzt.	Punkt- oder kugelförmige Ladungsverteilungen erzeugen ein radialsymmetrisches Feld. Kraft und elektrische Feldstärke nehmen quadratisch mit dem Abstand zum Mittelpunkt der Ladungsverteilung ab. Homogene elektrische Felder findet man z. B. im Zwischenraum der Platten eines Plattenkondensators (angelegte Spannung U, Plattenabstand d). An den Rändern des Plattenkondensators ist das Feld inhomogen. 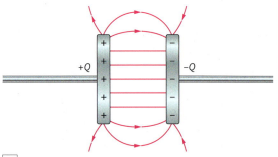 **B1** *Homogenes elektrisches Feld im Inneren eines Kondensators, inhomogenes elektrisches Feld in den Randbereichen*
Messmethoden Felder werden mit verschiedenen Methoden qualitativ und quantitativ untersucht. Dabei kommen unterschiedliche und für unterschiedliche Felder spezifische Geräte zum Einsatz.	Die räumliche Struktur elektrischer Felder lässt sich mit Grießkörnern in Öl veranschaulichen.Zur quantitativen Messung der elektrischen Feldstärke setzt man beispielsweise eine elektronische Kraftmessung, ein Elektrofeldmeter oder mechanische Verfahren ein. Ladungen können mit einem Messverstärker bestimmt werden.

Magnetische Felder	Gravitationsfelder
Magnete haben zwei unterschiedliche Pole: den Nord- und den Südpol. Gleichnamige Pole stoßen sich ab, ungleichnamige Pole ziehen sich an. Permanentmagnete und stromdurchflossene Leiter sind von einem Magnetfeld umgeben.	Alle Körper mit Masse erzeugen Gravitationsfelder und ziehen sich gegenseitig an. Abstoßende Gravitationskräfte gibt es nach heutigem Wissen nicht.
Feldgröße: magnetische Flussdichte (bzw. Feldstärke) $\vec{B}$	Feldgröße: Gravitationsfeldstärke $\vec{a}_{Gr}$
Auf eine Ladung q, die sich mit einer Geschwindigkeit $\vec{v}$ senkrecht zu einem Magnetfeld der Stärke $\vec{B}$ bewegt, wirkt die Lorentzkraft vom Betrag $$F_L = q \cdot v \cdot B.$$ Die Richtung der Kraft steht senkrecht zur Richtung von $\vec{v}$ und senkrecht zur Richtung von $\vec{B}$.	Die in einem Gravitationsfeld $\vec{a}_{Gr}$ auf eine Probemasse m wirkende Gravitationskraft $\vec{F}_G$ beträgt: $$\vec{F}_G = m \cdot \vec{a}_{Gr}(r).$$ Für die Kraftwirkung einer Masse M auf einen Probekörper der Masse m gilt das Gravitationsgesetz: $$F_G = G \cdot \frac{m \cdot M}{r^2}.$$
Das von einem Stabmagneten erzeugte magnetische Feld ist inhomogen. Sein Betrag ist an den Polen am größten.	Massen erzeugen großräumig ein radialsymmetrisches Feld. Kraft und Gravitationsfeldstärke nehmen quadratisch mit dem Abstand zum Mittelpunkt der Masse ab.
Eine lange, stromdurchflossene Spule (Länge l, Windungszahl N, Stromstärke I) hat im Inneren ein annähernd homogenes magnetisches Feld vom Betrag $$B = \mu_0 \cdot \frac{N \cdot I}{l}.$$ An den Spulenenden und außerhalb der Spule ist das Feld inhomogen.	In kleinen Raumbereichen nahe der Erdoberfläche (Klassenraum) kann das Gravitationsfeld als homogen angenommen werden. Mit einer für diesen Bereich gemittelten Schwerebeschleunigung gilt: $$F_G = m \cdot g; \quad a_{Gr}(r) = \frac{F_G}{m} = g.$$
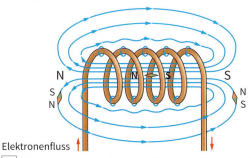 Elektronenfluss **B2** *Homogenes magnetisches Feld im Inneren einer stromdurchflossenen Spule; inhomogenes Feld außen*	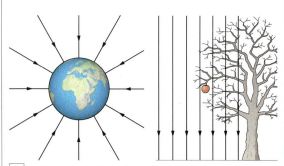 **B3** *a) Symbolische Darstellung des Radialfeldes um die Erde, b) annähernd homogenes Gravitationsfeld in Erdnähe*
Die räumliche Struktur eines magnetischen Feldes lässt sich mit Eisenfeilspänen oder Anordnungen kleiner Kompassnadeln veranschaulichen. Zur quantitativen Messung der magnetischen Flussdichte werden Kraftmessungen mit einer Stromwaage oder die Hallsonde verwendet.	Da die Gravitationskräfte von Alltagsgegenständen sehr klein sind, gibt es für sie praktisch keine Messgeräte. Ausnahme ist die Cavendish-Gravitationswaage. Die Gravitationsfelder von Planeten können mit Hilfe genauer Analysen von Satellitenbahnen vermessen werden.

Elektromagnetische Induktion

Elektrizität umgibt uns heute überall. Sie erleichtert unseren Alltag, ermöglicht Kommunikation um die ganze Welt und dient zunehmend als Antrieb für Fortbewegungsmittel. Eine Welt ohne elektrische Energie ist heute unvorstellbar.

Waren es früher überwiegend Kern-, Gas- und Kohlekraftwerke, die uns mit elektrischer Energie versorgten, so sind es heute zunehmend auch Windkraftanlagen. Alle diese Kraftwerke beruhen auf dem Prinzip der elektromagnetischen Induktion, die MICHAEL FARADAY bereits vor fast 200 Jahren entdeckte.

3

**Das können Sie
in diesem Kapitel erreichen:**

- Sie führen qualitative Experimente durch, um eine Induktionsspannung zu erzeugen.
- Sie können die Gesetze der elektromagnetischen Induktion anwenden.
- Sie erklären die Funktionsweise eines Generators.
- Sie bestimmen die Energie des Magnetfeldes einer Spule.
- Sie erklären die Funktionsweise eines Induktionsherdes und einer Rekuperationsbremse.
- Sie erklären, wie bei Freilandleitungen elektrische Energie möglichst verlustfrei übertragen wird.

3.1 Magnetischer Fluss und induzierte Spannung

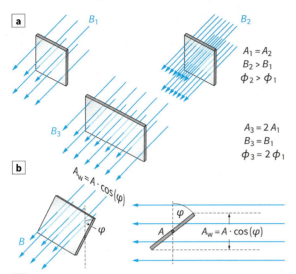

B1 *Anschauliche Vorstellung des magnetischen Flusses*

Magnetischer Fluss. Mit einem Fahrrad-Dynamo lässt sich mechanische Energie in elektrische Energie umwandeln. Wie das Prinzip funktioniert, zeigt Versuch **V1**. In diesem Versuch erkennt man, dass eine sich ändernde Spannung gemessen wird, wenn man die Leiterschleife durch das inhomogene Magnetfeld auf und ab bewegt. Im Feldlinienmodell kann man sich vorstellen, dass sich die Anzahl der Feldlinien durch die Leiterschleife erhöht, wenn die Schleife dem Magneten genähert wird. Angelehnt an diese Modellvorstellung wird der Begriff des magnetischen Flusses Φ eingeführt. Für ein homogenes Magnetfeld wird er als das Produkt aus magnetischer Flussdichte B und durchdrungener Fläche A definiert:

$$\Phi = B \cdot A.$$

Im Feldlinienmodell kann man sich den magnetischen Fluss damit durch die Anzahl der Feldlinien veranschaulichen, die durch die Fläche verlaufen. Bleibt man in diesem Modell, so ist offensichtlich, dass der magnetische Fluss proportional zum Flächeninhalt der Fläche A ist, da bei doppelt so großer Fläche auch doppelt so viele Feldlinien die Fläche durchsetzen. Ebenso ist klar, dass der magnetische Fluss proportional zur magnetischen Flussdichte B ist, da sich die Anzahl der Feldlinien durch die Fläche verdoppelt, wenn sich die Dichte der Feldlinien verdoppelt (Bild **B1a**).

Die genannte Definition gilt allerdings nur für den Fall, dass das Magnetfeld und die Fläche senkrecht zueinanderstehen. Wenn man die Fläche dreht, nimmt der Anteil des Magnetfeldes ab, der die Fläche durchsetzt. In diesem Fall ist nur der Anteil der Fläche relevant, der senkrecht zu den Feldlinien steht. Man nennt diesen Anteil die **wirksame Fläche** A_w (Bild **B1b**).

> ❗ **Merksatz**
>
> Der magnetische Fluss Φ durch eine Fläche A ist das Produkt aus magnetischer Flussdichte B und wirksamer Fläche A_w:
>
> $$\Phi = B \cdot A_w \quad \text{mit} \quad [\Phi] = 1 \text{ Vs}.$$

Leiterschleife im inhomogenen Magnetfeld. In Versuch **V1** stellt sich heraus, dass man nur dann eine Spannung misst, wenn die Leiterschleife dem Magneten genähert oder von ihm entfernt wird – also nur, wenn sich der magnetische Fluss ändert. Während die Leiterschleife in der Nähe des Magneten festgehalten wird, misst man keine Spannung, obwohl der magnetische Fluss durch die Leiterschleife hier maximal ist. Demnach ist für das Entstehen einer Spannung die *Änderung* des magnetischen Flusses durch die Leiterschleife relevant und nicht der magnetische Fluss an sich. Darüber hinaus ist das Vorzeichen der Spannung davon abhängig, ob der magnetische Fluss zunimmt oder abnimmt.

V1 Induzierte Spannung durch Bewegung

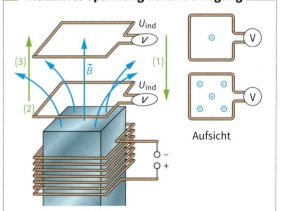

Durch einen Elektromagneten wird ein inhomogenes Magnetfeld erzeugt. Eine Leiterschleife mit angeschlossenem Spannungsmessgerät wird dem starken Magneten genähert (1), wird in der Nähe des Magneten kurz festgehalten (2) und dann wieder vom Magneten entfernt (3). Dabei wird die Leiterschleife einmal schnell und einmal langsam bewegt.

V2 Induzierte Spannung durch Feldspule

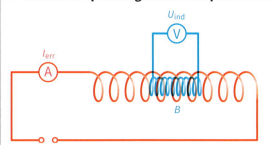

Im Inneren einer langen Feldspule befindet sich eine kleinere Induktionsspule. Zunächst wird die Stromstärke I_{err} durch die Feldspule gleichmäßig erhöht (1). Anschließend bleibt die Stromstärke kurzzeitig konstant (2), bevor sie abschließend wieder gleichmäßig auf 0 A reduziert wird (3). In den Fällen (1) und (3) misst man eine Spannung an der Induktionsspule, die sich im Vorzeichen unterscheidet. Im Fall (2) misst man keine Spannung. Je schneller die Stromstärke ansteigt oder reduziert wird, desto größer ist die gemessene Spannung. Verändert man die Anzahl der Windungen der Induktionsspule, so stellt man fest, dass die gemessene Spannung umso größer ist, je mehr Windungen die Induktionsspule hat.

Erhöht man die Geschwindigkeit, mit der die Schleife dem Magneten genähert bzw. von diesem entfernt wird, so erhöht sich auch die gemessene Spannung. Dies verstärkt die Vermutung, dass die Änderung des magnetischen Flusses die Ursache für die gemessene Spannung ist. Offenbar ist die gemessene Spannung umso größer, je schneller sich der magnetische Fluss ändert, je größer also die zeitliche Änderung des magnetischen Flusses durch die Leiterschleife ist. Eine solche Spannung, die als Ursache einer Änderung des magnetischen Flusses an den Enden einer Spule bzw. Leiterschleife entsteht, nennt man **Induktionsspannung.**

Induktionsspule in Feldspule. Versuch **V2** bestätigt diese Vermutung. Durch die zunehmende Stromstärke in der Feldspule nimmt auch die magnetische Flussdichte durch die Induktionsspule zu (vgl. **Kapitel 2**) und damit auch der magnetische Fluss durch sie. Genau wie in Versuch **V1** misst man in der Induktionsspule nur dann eine Spannung, wenn sich der magnetische Fluss durch sie ändert. Auch hier misst man keine Spannung in Situation (2), obwohl der magnetische Fluss maximal ist. Ebenso hängt das Vorzeichen der gemessenen Induktionsspannung davon ab, ob der magnetische Fluss abnimmt oder zunimmt. Darüber hinaus lässt sich in beiden Versuchen feststellen, dass die gemessene Spannung umso größer ist, je mehr Windungen die Spule hat, an deren Enden eine Spannung gemessen wird. Zusammenfassend lässt sich demnach festhalten:

! Merksatz

Ändert sich der magnetische Fluss Φ durch eine Spule, so wird an den Enden der Spule eine Induktionsspannung U_{ind} gemessen.
Je größer die zeitliche Änderung des magnetischen Flusses ist und je größer die Windungszahl der Spule ist, desto größer ist die induzierte Spannung.

Arbeitsaufträge

1

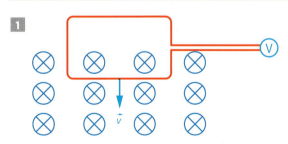

✎ Eine Leiterschleife wird durch ein homogenes Magnetfeld bewegt. Erläutern Sie, wann eine Spannung in der Leiterschleife induziert wird und was man über das Vorzeichen der induzierten Spannung sagen kann.

2

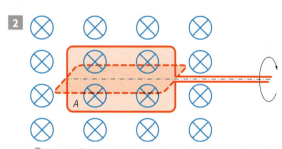

✎ Die einfachste Variante eines Generators besteht aus einer Leiterschleife bzw. einer Spule, die sich in einem homogenen Magnetfeld dreht. Begründen Sie, dass eine Spannung in der Leiterschleife induziert wird.

3.2 Das Induktionsgesetz

Proportionalitäten der Induktionsspannung. Im vorherigen Kapitel wurde festgestellt, dass die induzierte Spannung mit der Anzahl N der Windungen der Induktionsspule sowie der Änderung des magnetischen Flusses wächst. Im Folgenden wird aus diesen qualitativen Aussagen ein physikalisches Gesetz formuliert. Hierzu wird die zeitliche Änderung des magnetischen Flusses mathematisch als die zeitliche Ableitung des magnetischen Flusses $\dot{\Phi}$ interpretiert. Geht man nun von einem möglichst einfachen Zusammenhang zwischen den genannten Größen aus, so lassen sich anhand der bisherigen Beobachtungen zwei Vermutungen aufstellen:

$$U_{ind} \sim \dot{\Phi} \quad \text{und} \quad U_{ind} \sim N.$$

Diese sollen nun experimentell untersucht werden.

Änderung der magnetischen Flussdichte. In Versuch **V1** ändert sich der magnetische Fluss zeitlich, da sich die magnetische Flussdichte durch die Induktionsspule zeitlich ändert. Die wirksame Fläche der Spule ist hingegen konstant. Für die Änderung des magnetischen Flusses gilt demnach:

$$\dot{\Phi}(t) = A_w \cdot \dot{B}(t).$$

Da in dem Versuch die magnetische Flussdichte linear ansteigt, lässt sich der Zusammenhang vereinfachen zu:

$$\dot{\Phi}(t) = A_w \cdot \frac{\Delta B}{\Delta t}.$$

Wie zu erwarten, misst man in Versuch **V1** eine konstante Spannung. Die Quotientengleichheit von $\frac{U_{ind}}{\dot{B}}$ bestätigt auch die vermutete Proportionalität zwischen U_{ind} und $\dot{\Phi}$.

Änderung der wirksamen Fläche. In Versuch **V2** wird die Fläche der Leiterschleife in ein homogenes Magnetfeld eingeführt. Es ändert sich die wirksame Fläche, die magnetische Flussdichte bleibt gleich. Somit lässt sich die induzierte Spannung berechnen durch

$$\dot{\Phi}(t) = \dot{A}_w(t) \cdot B.$$

Für die wirksame Fläche gilt $A_w(t) = d \cdot \Delta s(t) = d \cdot v \cdot t$. Da sich der Rahmen gleichförmig bewegt, ist v unabhängig von der Zeit. Um die Änderung der wirksamen Fläche zu ermitteln, muss $A_w(t)$ abgeleitet werden:

$$\dot{A}_w(t) = d \cdot v.$$

Insgesamt ergibt sich so für die Änderung des Flusses:

$$\dot{\Phi}(t) = d \cdot v \cdot B.$$

V1 Zeitliche Änderung der Flussdichte

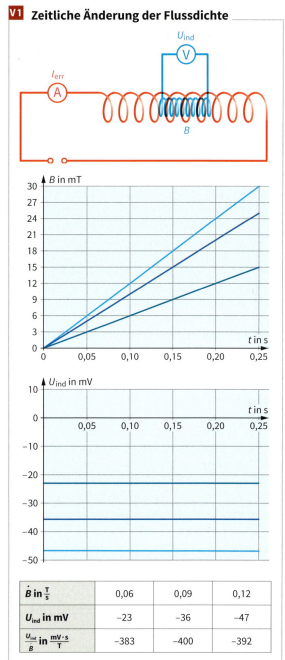

$\dot{B}$ in $\frac{T}{s}$	0,06	0,09	0,12
U_{ind} in mV	−23	−36	−47
$\frac{U_{ind}}{\dot{B}}$ in $\frac{mV \cdot s}{T}$	−383	−400	−392

Eine Induktionsspule ($N = 300$ Windungen, $A = 13\ cm^2$) befindet sich im Inneren einer Feldspule. In drei Messreihen wird die Stromstärke in der Feldspule linear erhöht, wodurch sich auch die Flussdichte im Inneren der Spule linear erhöht. An den Enden der Induktionsspule wird jeweils eine konstante Induktionsspannung gemessen.

Während des Eintauchens der Schleife in das Magnetfeld müsste man entsprechend also eine konstante Spannung messen. Der Versuch **V2** bestätigt dies. Zudem bestätigt die Quotientengleichheit von U_{ind} und v auch hier die vermutete Proportionalität zwischen induzierter Spannung U_{ind} und zeitlicher Änderung des magnetischen Flusses $\dot{\Phi}$.

Änderung der Windungszahl der Spule. In Versuch **V3** wird der Zusammenhang zwischen der induzierten Spannung und der Windungszahl untersucht. Hier bestätigt sich die Vermutung, dass die induzierte Spannung proportional zur Windungszahl ist, da der Quotient aus induzierter Spannung und Windungszahl der verwendeten Spule konstant ist.

Das Induktionsgesetz. Fasst man die beiden Proportionalitäten zusammen, so ergibt sich der Zusammenhang:

$$U_{ind} \sim N \cdot \dot{\Phi}(t).$$

Die Proportionalitätskonstante ergibt sich zu −1. Auf die Bedeutung des negativen Vorzeichens wird in Kapitel 3.4 noch eingegangen werden. Insgesamt erhält man so das **Induktionsgesetz:**

$$U_{ind} = -N \cdot \dot{\Phi}(t).$$

Denkbar ist auch eine Situation, in der sich sowohl die wirksame Fläche als auch die magnetische Flussdichte durch die Spule ändern. Dies wäre beispielsweise der Fall, wenn eine Leiterschleife in ein zeitlich veränderliches Magnetfeld eingeführt wird. In diesem Fall gilt:

$$\Phi(t) = A_w(t) \cdot B(t).$$

Bei der Bestimmung der Änderung des magnetischen Flusses muss die Produktregel der Differenzialrechnung angewendet werden. Es ergibt sich:

$$\dot{\Phi}(t) = \dot{A}_w(t) \cdot B(t) + A_w(t) \cdot \dot{B}(t).$$

! **Merksatz**

Induktionsgesetz: Die induzierte Spannung U_{ind} in einer Spule mit Windungszahl N ist durch die negative zeitliche Änderung des magnetischen Flusses $\Phi = B \cdot A_w$ gegeben:

$$U_{ind} = -N \cdot \dot{\Phi}(t).$$

V2 **Zeitliche Änderung der Fläche**

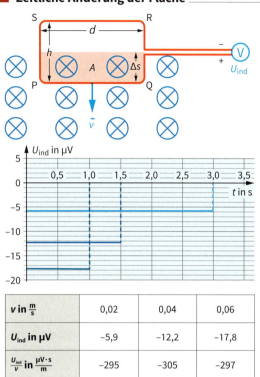

v in $\frac{m}{s}$	0,02	0,04	0,06
U_{ind} in µV	−5,9	−12,2	−17,8
$\frac{U_{ind}}{v}$ in $\frac{\mu V \cdot s}{m}$	−295	−305	−297

Eine Leiterschleife ($N = 1$, $d = 10$ cm, $h = 6$ cm) bewegt sich mit unterschiedlichen Geschwindigkeiten gleichförmig in ein homogenes Magnetfeld ($B = 3$ mT). Sobald die untere Kante des Rahmens in das Feld eingeführt wird, wird eine konstante Spannung gemessen. Ist die Leiterschleife ganz eingetaucht, wird keine Spannung mehr gemessen.

V3 **Änderung der Windungszahl**

Im Aufbau von Versuch **V1** wählt man einen konstanten Anstieg der Stromstärke, wodurch sich in der Induktionsspule ein linearer Anstieg der Flussdichte ($\dot{B} = 0,06 \frac{T}{s}$) ergibt. Bei unterschiedlichen Windungszahlen und gleicher Querschnittsfläche der Induktionsspule misst man die induzierte Spannung.

N	300	500	1000
U_{ind} in mV	−38	−65	−128
$\frac{U_{ind}}{N}$ in mV	−0,13	−0,13	−0,13

Genau wie in Versuch **V1** befindet sich im Inneren einer langen Feldspule ($l = 50$ cm, $N_F = 100$) eine Induktionsspule ($N_I = 150$, $A = 49$ cm²). Durch die Feldspule fließt ein „Sägezahn-Strom" wie in der Abbildung gezeichnet. Zeichnen Sie ein $U_{ind}(t)$-Diagramm für die ersten zwölf Sekunden.

Lösung:

Es ändert sich ausschließlich die magnetische Flussdichte im Inneren der Feldspule. Also gilt

$$U_{ind}(t) = -N_I \cdot \dot{\Phi}(t) = -N_I \cdot A_w \cdot \dot{B}(t).$$

Für die Flussdichte im Inneren der Spule gilt

$$B(t) = \mu_0 \cdot \frac{N_F}{l} \cdot I(t).$$

Die Stromstärke steigt linear an und damit auch die magnetische Flussdichte. Es gilt demnach:

$$\dot{B}(t) = \frac{\Delta B}{\Delta t} = \mu_0 \cdot \frac{N_F}{l} \cdot \frac{\Delta I}{\Delta t}.$$

Setzt man die konkreten Werte ein, so ergibt sich für den ersten Zeitabschnitt von 0 bis 2 s:

$$\dot{B}(t) = 1{,}257 \cdot 10^{-6} \, \frac{Vs}{Am} \cdot \frac{100}{0{,}5 \, m} \cdot \frac{3 \, A}{2 \, s} = 3{,}77 \cdot 10^{-4} \, \frac{T}{s}.$$

Für die induzierte Spannung im Zeitabschnitt $0 \, s < t < 2 \, s$ ergibt sich damit:

$$U_{ind}(t) = -N_I \cdot A \cdot \dot{B}(t) = -2{,}77 \cdot 10^{-4} \, V.$$

Entsprechend ergibt sich für den zweiten Zeitabschnitt ($2 \, s < t < 6 \, s$)

$$\dot{B}(t) = 1{,}257 \cdot 10^{-6} \, \frac{Vs}{Am} \cdot \frac{100}{0{,}5 \, m} \cdot \frac{-3 \, A}{4 \, s} = -1{,}89 \cdot 10^{-4} \, \frac{T}{s}$$

und für die induzierte Spannung in diesem Zeitabschnitt

$$U_{ind}(t) = -N_I \cdot A_w \cdot \dot{B}(t) = 1{,}39 \cdot 10^{-4} \, V.$$

Das $U_{ind}(t)$-Diagramm sieht daher wie folgt aus:

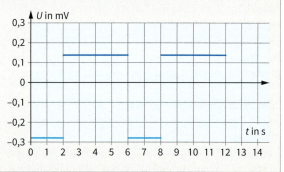

Arbeitsaufträge

1

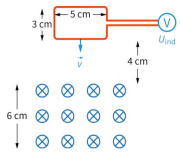

✎ a) Eine Leiterschleife bewegt sich mit einer Geschwindigkeit von $1 \, \frac{cm}{s}$ auf ein homogenes Magnetfeld mit $B = 2{,}1$ mT zu. Zeichnen Sie ein $U_{ind}(t)$-Diagramm für die ersten 15 s.
b) Skizzieren Sie qualitativ ein Diagramm für den Fall, dass sich der Rahmen schneller bewegt.
c) Zeigen Sie, dass für eine Leiterschleife der Breite d beim Verlassen des Magnetfeldes $U_{ind} = v \cdot B \cdot d$ gilt.

2 ⟹ Bestätigen Sie rechnerisch anhand von Versuch **V1**, dass der Proportionalitätsfaktor im Induktionsgesetz etwa –1 beträgt.

3 ⬆ Die Leiterschleife aus Aufgabe 1 befindet sich mit der unteren Kante unmittelbar am Rand des homogenen Magnetfeldes und wird fallengelassen.
a) Begründen Sie, dass während des Eintauchens keine konstante Induktionsspannung gemessen wird.
b) Zeigen Sie, dass für die induzierte Spannung während des Eintauchens der Zusammenhang

$$U_{ind} = -2 \cdot d \cdot B \cdot g \cdot t$$

gilt. Dabei ist g die Fallbeschleunigung und d die Breite der Leiterschleife.
c) Zeichnen Sie ein $U_{ind}(t)$-Diagramm der Situation für die ersten 100 ms des Falls.

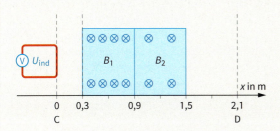

- Linker Spulenrand erreicht Feld 1: $t_2 = 3$ s.
- Rechter Rand erreicht Feld 2: $t_3 = 4{,}5$ s.
- Linker Rand erreicht Feld 2: $t_4 = 6$ s.
- Rechter Rand verlässt Feld 2: $t_5 = 7{,}5$ s.
- Linker Rand verlässt Feld 2: $t_6 = 9$ s.
- Rechter Rand erreicht 2,1 m: $t_7 = 10{,}5$ s.

In der Versuchsanordnung befinden sich nebeneinander zwei räumlich begrenzte Magnetfelder mit unterschiedlichen magnetischen Flussdichten $B_1 = 0{,}60$ T und $B_2 = 0{,}30$ T. Eine quadratische Spule mit der Seitenlänge 0,30 m und 100 Windungen wird mit der konstanten Geschwindigkeit $0{,}2\,\frac{m}{s}$ von C nach D durch die Versuchsanordnung bewegt. Der rechte Teil der Spule startet bei C zum Zeitpunkt $t = 0$ s. Die Anschlüsse der Spule sind mit einem Spannungsmesser verbunden.

a) Erklären Sie, warum einige Zeit nach dem Start eine Spannung angezeigt wird.
b) Zeichnen und erläutern Sie das zugehörige $U_{ind}(t)$-Diagramm (für die Bewegung der Spule von C nach D).

Lösung:
a) Die Spule mit dem Flächeninhalt $A = (0{,}30\text{ m})^2 = 0{,}09\text{ m}^2$ steht senkrecht zu den Magnetfeldlinien. Nach dem Induktionsgesetz $U_{ind} = -N \cdot \dot{\Phi}(t)$ wird immer dann eine Spannung induziert, wenn sich der magnetische Fluss durch die Spule ändert, also
- die Spule in das Feld 1 eintritt, aber noch nicht vollständig dort enthalten ist,
- die Spule von Feld 1 in das Feld 2 wechselt oder
- die Spule nur noch teilweise im Feld 2 ist.

b) Das $U_{ind}(t)$-Diagramm kann gezeichnet werden, wenn die Zeitpunkte bekannt sind, zu denen die Spule in die magnetischen Felder eintritt und sie wieder verlässt. Die Geschwindigkeit hat stets den Betrag $v = 0{,}2\,\frac{m}{s}$, die Startposition und die Stärke der magnetischen Felder können der Skizze in der Aufgabenstellung entnommen werden. Mit $t = \frac{x}{v}$ können somit die relevanten Zeitpunkte berechnet werden.
Der rechte Rand der Spule erreicht Feld 1 zum Zeitpunkt $t_1 = \frac{0{,}3\text{ m}}{0{,}2\text{ m/s}} = 1{,}5$ s. Entsprechend lassen sich die anderen relevanten Zeitpunkte berechnen:

Da sich die Spule mit konstanter Geschwindigkeit bewegt, sind die Änderungen der wirksamen Fläche jeweils linear, d. h. $\dot{A}(t) = \frac{\Delta A}{\Delta t}$, und damit auch die Flussänderungen $\dot{\Phi}(t) = B \cdot \frac{\Delta A}{\Delta t}$. Es ergeben sich damit die folgenden induzierten Spannungen:

$0 < t < t_1$: $U_{ind} = 0$ V.

$t_1 < t < t_2$:
$$U_{ind} = -N \cdot B \cdot \frac{\Delta A}{\Delta t} = -100 \cdot 0{,}6\text{ T} \cdot \frac{0{,}09\text{ m}^2 - 0\text{ m}^2}{3\text{ s} - 1{,}5\text{ s}}$$
$$= -3{,}6 \text{ V.}$$

$t_2 < t < t_3$: $U_{ind} = 0$ V.

$t_3 < t < t_4$:
$$U_{ind} = -N \cdot A \cdot \frac{\Delta B}{\Delta t} = -100 \cdot 0{,}09\text{ m}^2 \cdot \frac{0{,}3\text{ T} - 0{,}6\text{ T}}{6\text{ s} - 4{,}5\text{ s}}$$
$$= 1{,}8 \text{ V.}$$

$t_4 < t < t_5$: $U_{ind} = 0$ V.

$t_5 < t < t_6$:
$$U_{ind} = -N \cdot B \cdot \frac{\Delta A}{\Delta t} = -100 \cdot 0{,}3\text{ T} \cdot \frac{0\text{ m}^2 - 0{,}09\text{ m}^2}{9\text{ s} - 7{,}5\text{ s}}$$
$$= 1{,}8 \text{ V.}$$

$t_6 < t < t_7$: $U_{ind} = 0$ V.

U_{ind} ist somit stückweise konstant:

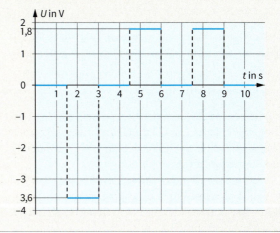

3.3 Erzeugung von Wechselspannung

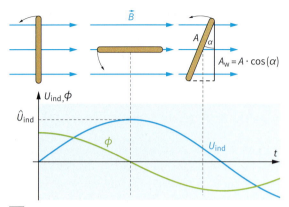

B1 *Magnetischer Fluss und induzierte Spannung je nach Position einer drehenden Leiterschleife*

Der Generator. In Windkraftanlagen werden die Rotoren durch den Wind in Bewegung gesetzt. Diese Rotoren treiben dann ihrerseits einen Generator an, der Strom erzeugt. Versuch **V1** zeigt das Prinzip eines solchen Generators. Durch das Drehen einer Leiterschleife oder einer Spule im homogenen Magnetfeld des Hufeisenmagneten ändert sich die wirksame Fläche und damit der magnetische Fluss durch die Spule. Laut Induktionsgesetz entsteht somit eine Induktionsspannung an den Enden der Spule. Mit Hilfe des Induktionsgesetzes lässt sich diese Spannung auch berechnen. Da sich die Spule in einem homogenen Magnetfeld dreht, ist die magnetische Flussdichte zeitunabhängig. Im Gegensatz dazu ändert sich die wirksame Fläche mit der Zeit. Für die induzierte Spannung ergibt sich also:

$$U_{\mathrm{ind}}(t) = -N \cdot \dot{\Phi}(t) = -N \cdot \dot{A}_{\mathrm{w}}(t) \cdot B. \qquad (1)$$

Die wirksame Fläche lässt sich, wie in Bild **B1** zu erkennen, beschreiben durch

$$A_{\mathrm{w}}(t) = A \cdot \cos(\alpha(t)).$$

Dabei ist α im Bogenmaß angegeben. Wird der Rahmen mit konstanter Winkelgeschwindigkeit ω gedreht, so ergibt sich:

$$A_{\mathrm{w}}(t) = A \cdot \cos(\omega \cdot t).$$

Zur Berechnung der induzierten Spannung muss nun die zeitliche Änderung, also die Ableitung der wirksamen Fläche betrachtet werden. Dies führt nach Anwendung der Kettenregel zu:

$$\dot{A}_{\mathrm{w}}(t) = -A \cdot \omega \cdot \sin(\omega \cdot t).$$

Wird dieser Zusammenhang in Gleichung (1) eingesetzt, erhält man die Formel für die induzierte Spannung an

den Enden der Spule:

$$U_{\mathrm{ind}}(t) = N \cdot B \cdot A \cdot \omega \cdot \sin(\omega \cdot t).$$

Offensichtlich ändert sich die induzierte Spannung sinusförmig mit der Zeit. Man spricht daher davon, dass der Generator eine **sinusförmige Wechselspannung** erzeugt (Versuch **V1**). Die maximale Spannung $\hat{U}$, die erreicht werden kann, beträgt

$$\hat{U} = N \cdot B \cdot A \cdot \omega,$$

da $\sin(\omega \cdot t)$ maximal den Wert 1 annehmen kann. Diese maximale Spannung wird auch **Scheitelspannung** $\hat{U}$ genannt. Dieser Wert wird erreicht, wenn die Spule parallel zu den Feldlinien steht.

! **Merksatz**

Rotiert eine Spule mit N Windungen und der Querschnittsfläche A in einem homogenen Magnetfeld der Flussdichte B, so entsteht eine sinusförmige Wechselspannung, die sich bei geeigneter Startposition und Drehrichtung durch

$$U_{\mathrm{ind}}(t) = \hat{U} \cdot \sin(\omega \cdot t)$$

berechnen lässt. Dabei ist $\omega = \frac{2\pi}{T}$ die Winkelgeschwindigkeit und $\hat{U} = N \cdot B \cdot A \cdot \omega$ die Scheitelspannung.

V1 **Zeitliche Änderung der Fläche**

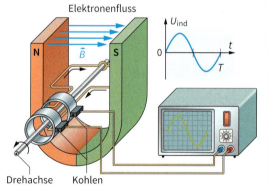

Eine Leiterschleife rotiert gleichförmig um ihre Achse, die senkrecht zu den Feldlinien eines Hufeisenmagneten steht. Die dabei induzierte Spannung U_{ind} wird mit einem Oszilloskop gemessen. Dieses ist über zwei mitrotierende Schleifringe und zwei Grafitstäbe („Kohlen" genannt) mit den Enden der Leiterschleife verbunden.

Wechselstrom. Wird an eine Schaltung aus ohmschen Widerständen eine Wechselspannung $U(t)$ niedriger Frequenz angelegt (Bild **B2a**), so ändert sich der Ausschlag empfindlicher Drehspulinstrumente für Spannungs- und Stromstärkemessung stets in zeitlich gleicher Weise. Man sagt: I und U sind in Phase. In diesem Fall sind Stromstärke und Spannung zu jedem Zeitpunkt proportional zueinander, wobei man analog zu $\hat{U}$ die maximale Stromstärke $\hat{I}$ als Scheitelwert der Stromstärke bezeichnet.

Genau wie bei Gleichstromkreisen wird der Proportionalitätsfaktor zwischen Spannung und Stromstärke als Widerstand R bezeichnet. Genauer hat man R als den Quotienten aus Scheitelstrom und Scheitelspannung definiert

$$R = \frac{\hat{U}}{\hat{I}}.$$

Für die Stromstärke ergibt sich damit:

$$I(t) = \frac{U(t)}{R} = \frac{\hat{U}}{R} \cdot \sin(\omega \cdot t) = \hat{I} \cdot \sin(\omega \cdot t)$$

Die Stromstärken $I(t)$ von Wechselströmen lassen sich daher mit einem ohmschen Widerstand durch eine Spannungsmessung mit einem Oszilloskop einfach ermitteln (Bild **B2b** und Bild **B2c**).

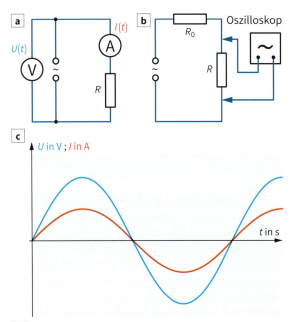

B2 Wechselstrom und Wechselspannung im Wechselstromkreis mit ohmschem Widerstand

---

Arbeitsaufträge

1 ➡ Geben Sie an, wie sich die Scheitelspannung in einem Generator ändert, wenn
a) die Flussdichte verdoppelt wird,
b) die Winkelgeschwindigkeit halbiert wird,
c) gleichzeitig B verdoppelt und ω halbiert wird.

2 🔧 Eine Leiterschleife mit 100 Windungen und einer Fläche von 0,03 m² wird mit einer Frequenz von 50 Hz in einem Magnetfeld der Flussdichte 200 mT gedreht. Dabei stehe die Leiterschleife zu Beginn senkrecht zu den Feldlinien.
a) Berechnen Sie die Scheitelspannung.
b) Skizzieren Sie ein $U(t)$-Diagramm für die ersten 30 ms.
c) Erläutern Sie, welche Stellung die Leiterschleife bzw. die Spule in den Nullstellen und Extrema der Spannung jeweils hat.

3 🔧 Zum Zeitpunkt $t = 0$ s verläuft die Spannung $U(t)$ mit dem Scheitelwert $\hat{U} = 10$ V von negativen zu positiven Werten durch null.
a) Berechnen Sie die Spannung U bei einer Frequenz von $f = 50$ Hz nach $\frac{1}{600}$ s, $\frac{1}{200}$ s, $\frac{1}{4}$ s und nach 2 s.
b) Berechnen Sie die ersten beiden Zeitpunkte, in denen die Spannung U die Werte + 8 V bzw. – 8 V hat.

3.4 Das lenzsche Gesetz

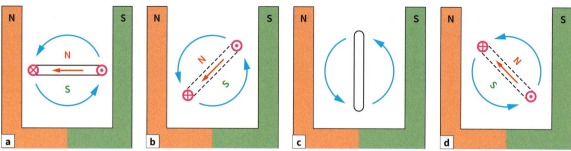

B1 *Prinzip eines einfachen Generators: Durch den hervorgerufenen Induktionsstrom wird ein Magnetfeld erzeugt, das die Drehung hemmt.*

Induktionsspannung und Energieerhaltung. In Versuch **V1** wird beobachtet, dass der Generator bei geschlossenem Schalter deutlich schwerer zu betätigen ist als bei offenem Schalter. Im Hinblick auf den Energieerhaltungssatz ist dies wenig verwunderlich: Die verwendete Lampe hat eine Leistung von 30 W. Bei geschlossenem Schalter muss diese Leistung durch Kurbeln am Generator erbracht werden. Es bleibt jedoch die Frage offen, wodurch genau das Drehen des Generators im zweiten Fall so stark gehemmt wird. Der wesentliche Unterschied in den beiden Situationen ist der, dass bei geschlossenem Schalter ein Induktionsstrom fließt. Demnach muss also die Bewegung der Spule im Generator durch den hervorgerufenen Induktionsstrom gehemmt werden. In Bild **B1a–d** ist die Ursache hierfür zu erkennen: Dadurch, dass ein Strom durch die Leiterschleife fließt, wird in ihr ein Magnetfeld erzeugt. In den Bildern **B1a** und **B1b** erkennt man, dass das entstehende Magnetfeld so gerichtet ist, dass sich die Leiterschleife und der Hufeisenmagnet abstoßen. In Bild **B1c** fließt kurzzeitig kein Strom. In Bild **B1d** ist das Magnetfeld erneut so gerichtet, dass das Drehen erschwert wird. Dieser Vorgang wiederholt sich periodisch. Auf diese Weise lässt sich erklären, dass die Drehung durch das Magnetfeld der Leiterschleife kontinuierlich gehemmt wird, und zwar umso stärker, je stärker der Strom ist, der durch die Leiterschleife fließt.

Die Induktionsspannung kann bei gleicher Drehung nicht umgekehrt gepolt sein. Wäre dies der Fall, so müssten sich auch die Stromrichtung in der Leiterschleife und damit die Polung des Magnetfeldes innerhalb der Leiterschleife ändern. Infolgedessen wäre beispielsweise in den Bildern **B1a–b** das Magnetfeld der Leiterschleife umgekehrt gepolt – Leiterschleife und Hufeisenmagnet würden sich anziehen. Dadurch würde die Drehung noch verstärkt. Dies widerspricht aber dem Prinzip der Energieerhaltung. Offenbar diktiert also die Energieerhaltung die Polung der Induktionsspannung bzw. die Richtung des Induktionsstroms.

Dieses Phänomen ist eine Anwendung des **lenzschen Gesetzes,** dessen Ursache die Energieerhaltung ist.

> **! Merksatz**
>
> Lenzsches Gesetz: Die Induktionsspannung ist so gepolt, dass ein durch sie hervorgerufener Strom der Ursache der Induktion entgegenwirkt.

Die Änderung der wirksamen Fläche $\dot{A}_w(t)$, also die Drehung der Spule, ist die Ursache für die induzierte Spannung. Die Induktionsspannung ist so gepolt, dass der Induktionsstrom der Drehung entgegenwirkt.

V1 Betrieb von Lampen mit Handgenerator

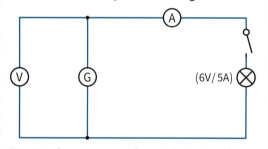

Ein Handgenerator wird zunächst mit offenem Schalter betrieben. Anschließend wird der Schalter geschlossen. Der Handgenerator wird in beiden Fällen so schnell gedreht, dass man eine Spannung von 6 V erreicht. Der Handgenerator lässt sich problemlos drehen, wenn der Schalter geöffnet ist und kein Strom fließt. Ist der Schalter geschlossen, fließt ein Strom. Es fällt nun wesentlich schwerer, den Generator zu betreiben. Die Drehung der Kurbel wird gehemmt.

Thomsonscher Ringversuch. Das lenzsche Gesetz findet auch beim thomsonschen Ringversuch Anwendung (Versuch **V2**). Durch die Änderung des magnetischen Flusses durch den Ring wird ein **Wirbelstrom** (siehe Kapitel 3.6) in dem Ring induziert. Dieser Strom erzeugt seinerseits ein Magnetfeld. Da die Ursache für den Induktionsstrom das Ansteigen der magnetischen Flussdichte im Inneren des Rings ist, muss der Induktionsstrom so gerichtet sein, dass das entstehende Magnetfeld des Rings seiner Ursache entgegenwirkt. Das Magnetfeld, das durch den Strom im Ring hervorgerufen wird, wirkt also dem Magnetfeld, das der Eisenkern erzeugt, entgegen. Als Folge stößt sich der Ring kurz von dem Eisenkern ab.

Polarität und Induktionsgesetz. Häufig wird in einem Stromkreis eine Spannung U_{ind} induziert, in dem bereits eine andere Spannung U_1 anliegt. In diesen Situationen ist eine exakte Betrachtung der Polarität der Spannung besonders wichtig. In Versuch **V3a** steigt der magnetische Fluss im Inneren der Spule durch Einführen eines Eisenkerns. Entfernt man den Eisenkern wieder, dann sinkt der magnetische Fluss (Versuch **V3b**). Aufgrund des lenzschen Gesetzes muss die Spannung im ersten Fall der anliegenden Spannung entgegenwirken, um ein Ansteigen des magnetischen Flusses zu hemmen. Entsprechend muss die Spannung im zweiten Fall in Richtung der anliegenden Spannung wirken, um das Absinken des magnetischen Flusses zu hemmen. Da sich die Gesamtspannung in der Reihenschaltung als Summe von Batteriespannung U_1 und induzierter Spannung U_{ind} zu $U = U_1 + U_{ind}$ ergibt, lässt sich daraus folgern, dass die

V2 Thomsonscher Ringversuch

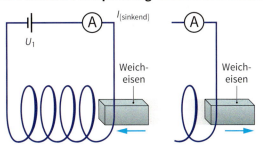

In einen aufgehängten Eisenring ragt ein Eisenkern, der in einer Spule steckt. Schließt man den Spulenstromkreis, so wird der Ring kurzzeitig abgestoßen.

V3 Polarität von Spannung

Eine Reihenschaltung besteht aus einer Batterie mit konstanter Spannung U_1, einer Spule und einem Amperemeter.
a) Ein Eisenkern wird in die Spule geschoben. Die Stromstärke I sinkt kurzzeitig ab.
b) Der Eisenkern wird aus der Spule herausgezogen. Die Stromstärke I steigt kurzzeitig an.

induzierte Spannung im ersten Fall negatives Vorzeichen und im zweiten Fall positives Vorzeichen haben muss. Dies bestätigt auch das Abfallen der Stromstärke im ersten und das Ansteigen der Stromstärke im zweiten Fall, was im Versuch beobachtet werden kann. Zusammenfassend lässt sich somit feststellen, dass die Änderung des magnetischen Flusses und die induzierte Spannung immer entgegengesetzte Vorzeichen haben. In Versuch **V3a**: $\dot{\Phi}(t) > 0$, $U_{ind} < 0$ und in Versuch **V3b**: $\dot{\Phi}(t) < 0$, $U_{ind} > 0$. Ursache hierfür ist das lenzsche Gesetz. Es begründet demnach das negative Vorzeichen des Induktionsgesetzes, das zu Beginn noch nicht erklärt werden konnte.

! Merksatz

Das Minuszeichen im Induktionsgesetz berücksichtigt das lenzsche Gesetz bezüglich einer im Stromkreis schon vorhandenen Spannung.

Arbeitsaufträge

1 Der Nordpol eines Stabmagneten wird einem aufgehängten Aluminiumring genähert.
a) Geben Sie die Richtung an, in die sich die Elektronen im Ring bewegen.
b) Erläutern Sie, ob der Ring abgestoßen oder angezogen wird.
c) Begründen Sie, dass es wichtig ist, dass das Magnetfeld inhomogen ist.

3.5 Selbstinduktion und Energie des Magnetfelds

Selbstinduktion. In Versuch **V1** beobachtet man, dass durch die Spule der Anstieg der Stromstärke im Stromkreis verzögert wird. Ein eingeschobener Eisenkern verstärkt diesen Effekt noch. Ursache für diesen verzögerten Anstieg ist die **Selbstinduktionsspannung** in der Spule. Sie entsteht, weil beim Einschalten der elektrische Strom durch die Spule und damit auch der magnetische Fluss in der Spule ansteigen. Dadurch wird eine Induktionsspannung in der Spule hervorgerufen, die – nach dem lenzschen Gesetz – so gepolt ist, dass sie ihrer Ursache, also dem Anstieg der Stromstärke, entgegenwirkt. Wenn die Stromstärke ihr Maximum erreicht hat, ändert sich der magnetische Fluss in der Spule nicht mehr und es wird auch keine Spannung mehr induziert.

V1 **Selbstinduktion beim Einschalten**

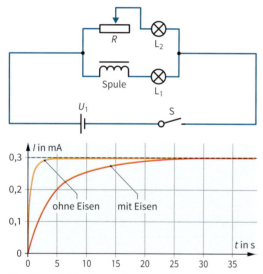

Zwei baugleiche Lämpchen L_1 und L_2 mit den Kenndaten (4 V; 0,1 A) werden an die Gleichspannung U_1 angeschlossen. In Reihe mit L_1 ist eine Spule (Widerstand R_{Sp}) mit Eisenkern und in Reihe mit L_2 ist ein ohmscher Widerstand R geschaltet. R wird so gewählt wird, dass beide Lämpchen gleich hell leuchten.
Beim Einschalten leuchten Lämpchen L_2 sofort und Lämpchen L_1 zeitlich verzögert auf. Das $I(t)$-Diagramm zeigt zwei Messreihen, einmal mit und einmal ohne Eisenkern. Die Stromstärke I steigt in beiden Fällen kontinuierlich an und nähert sich dem Grenzwert $I_g = 0,3$ mA. Mit Eisenkern steigt die Stromstärke deutlich langsamer an als ohne.

Induktivität einer Spule. Um eine Gleichung für die Selbstinduktionsspannung herzuleiten, wird der Spezialfall einer langen Spule mit der Querschnittsfläche A betrachtet. Der zeitlich veränderliche Strom der Stärke $I(t)$ erzeugt den magnetischen Fluss

$$\Phi(t) = B(t) \cdot A = \frac{\mu_0 \cdot \mu_r \cdot N \cdot A}{l} \cdot I(t).$$

Anhand des Induktionsgesetzes lässt sich daraus die Selbstinduktionsspannung berechnen:

$$U_{ind}(t) = -N \cdot \dot{\Phi}(t) = -\mu_0 \cdot \mu_r \cdot \frac{N^2 \cdot A}{l} \cdot \dot{I}(t).$$

Die konstanten Daten der Spule (Windungszahl N, Länge l, Querschnittsfläche A, Permeabilitätszahl μ_r) werden zur Spulengröße **Induktivität** L mit der Einheit $[L] = 1\ V \cdot s \cdot A^{-1} = 1\ H$ **(Henry)** zusammengefasst. Für eine lange Spule ist also

$$L = \mu_0 \cdot \mu_r \cdot \frac{N^2 \cdot A}{l}.$$

Für die Selbstinduktionsspannung ergibt sich damit:

$$U_{ind}(t) = -L \cdot \dot{I}(t). \qquad (1)$$

Diese Gleichung gilt auch für andere Leiterformen, etwa für kurze Spulen. Dort kann die Induktivität L nicht mehr einfach berechnet werden. Sie wird experimentell bestimmt.

> **! Merksatz**
>
> Ändert sich in einer Spule die Stromstärke I, so wird dort eine Selbstinduktionsspannung U_{ind} induziert, die zur Änderungsrate $\dot{I}(t)$ der Stromstärke proportional ist:
>
> $$U_{ind}(t) = -L \cdot \dot{I}(t).$$
>
> Die Proportionalitätskonstante L heißt Induktivität der Spule. Ihre Einheit ist:
>
> $$[L] = 1\ \frac{V \cdot s}{A} = 1\ H\ (\text{kurz für 1 Henry}).$$

Die Induktivität L kennzeichnet eine Spule, so wie die Kapazität C einen Kondensator. Im Gegensatz zu idealen Spulen haben reale Spulen neben einer Induktivität L auch noch einen ohmschen Widerstand R.

Die Stromstärke beim Einschalten. Wird eine Spule mit einem Widerstand R in Reihe an eine Batteriespannung U_1 angeschlossen, so lässt sich die induzierte Spannung $U_{ind}(t)$ an der Spule berechnen. Die Spannung $U_R(t)$, die am Widerstand anliegt, ergibt sich als Summe von induzierter Spannung $U_{ind}(t)$ und Batteriespannung zu $U_R(t) = U_1 + U_{ind}(t)$. Wendet man das ohmsche Gesetz an, führt dies auf $I(t) \cdot R = U_1 + U_{ind}(t)$. Verwendet man die oben hergeleitete Gleichung (1), so ergibt sich die Differenzialgleichung:

$$I(t) \cdot R = U_1 - L \cdot \dot{I}(t).$$

Eine Lösung dieser Differenzialgleichung lautet:

$$I(t) = \frac{U_1}{R} \cdot \left(1 - e^{-\frac{R}{L} \cdot t}\right).$$

Durch Differenzieren kann dies bestätigt werden. Die induzierte Spannung in der Spule lässt sich über die Formel $U_{ind}(t) = -L \cdot \dot{I}(t)$ berechnen. Es ergibt sich:

$$U_{ind}(t) = -U_1 \cdot e^{-\frac{R}{L} \cdot t}.$$

Selbstinduktion beim Ausschalten. Beim Einschaltvorgang verzögert die Selbstinduktionsspannung den Anstieg der Stromstärke. In Versuch **V2** wird nun umgekehrt die Spule durch Öffnen eines Schalters von der Spannung abgetrennt. Durch den Abfall der Stromstärke verringert sich der magnetische Fluss durch die Spule, wodurch eine Spannung induziert wird. Nach dem lenzschen Gesetz wirkt diese Spannung ihrer Ursache, also der Abnahme der Stromstärke, entgegen. Die Stromstärke sinkt nur langsam ab.

Auch in diesem Fall lässt sich eine exakte Formel für die induzierte Spannung und die Stromstärke in der Spule ermitteln. Wird der Schalter geöffnet, so entspricht die angelegte Gesamtspannung $U(t)$ der induzierten Spannung. Es gilt also: $U(t) = U_{ind}(t)$. Wieder lässt sich die linke Seite der Gleichung mithilfe des ohmschen Gesetzes und die rechte Seite mit Hilfe der Gleichung (1) umschreiben. Es ergibt sich die Differenzialgleichung

$$R_{ges} \cdot I(t) = -L \cdot \dot{I}(t).$$

Dabei beschreibt $R_{ges} = R_1 + R_2$ den Gesamtwiderstand von Spule und Überbrückungswiderstand. Berücksichtigt man, dass die Stromstärke durch die Spule zum Zeitpunkt des Öffnens des Schalters ($t = 0$) durch $I_1 = \frac{U_1}{R_1}$ gegeben ist, so erhält man als Lösung der

Differenzialgleichung

$$I(t) = \frac{U_1}{R_1} \cdot e^{-\frac{R_{ges}}{L} \cdot t}. \qquad (2)$$

Auch dies lässt sich durch Differenzieren nachrechnen. Für die induzierte Spannung ergibt sich:

$$U_{ind}(t) = U_1 \cdot \frac{R_{ges}}{R_1} \cdot e^{-\frac{R_{ges}}{L} \cdot t}.$$

Man erkennt, dass die induzierte Spannung sowohl von dem Widerstand der Spule als auch dem Überbrückungswiderstand abhängt.

> **! Merksatz**
>
> Die Selbstinduktionsspannung $U_{ind}(t) = -L \cdot \dot{I}(t)$ verzögert sowohl den Anstieg der Stromstärke bei Einschaltvorgängen als auch seine Abnahme bei Ausschaltvorgängen, und zwar umso stärker, je größer die Induktivität L der Spule ist.

V2 Selbstinduktion beim Ausschalten

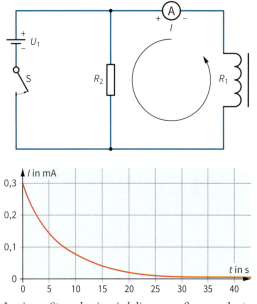

In einem Stromkreis wird die von außen angelegte Spannung U_1 von der Spule ($N = 1000$, Widerstand R_1) durch Öffnen des Schalters S abgetrennt. Nun bildet allein die Spule mit dem Überbrückungswiderstand R_2 einen Stromkreis. Mit einem Amperemeter und einem Zeitmesser wird das $I(t)$-Diagramm aufgenommen.

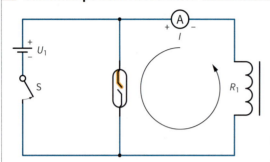

V1 **Glimmlampe beim Ausschalten**

In einem Stromkreis wird eine Spule mit hoher Induktivität zu einer Glimmlampe parallelgeschaltet. Bei geschlossenem Schalter leuchtet die Glimmlampe nicht. Erst beim Öffnen des Schalters leuchtet die Lampe kurz auf.

Hohe Induktionsspannungen beim Ausschalten.

In Versuch **V1** stellt man fest, dass die Glimmlampe erst beim Öffnen des Schalters leuchtet. Ursache für das Leuchten kann nur die Induktionsspannung der Spule sein. Diese Induktionsspannung muss zudem größer sein als die Quellenspannung U_1, da die Glimmlampe sonst auch bei geschlossenem Schalter leuchten müsste. Wir haben auf der vorherigen Seite den Wert für die induzierte Spannung beim Öffnen des Schalters hergeleitet. Es gilt:

$$U_{ind}(t) = U_1 \cdot \frac{R_{ges}}{R_1} \cdot e^{-\frac{R_{ges}}{L} \cdot t}.$$

Dabei ist R_{ges} der Gesamtwiderstand von Spule und Glimmlampe. Unmittelbar nach dem Öffnen des Schalters ($t = 0$ s) entsteht demnach eine induzierte Spannung U_{ind} mit:

$$U_{ind}(0\text{ s}) = U_1 \cdot \frac{R_{ges}}{R_1} \cdot e^{-\frac{R_{ges}}{L} \cdot 0\text{ s}} = U_1 \cdot \frac{R_{ges}}{R_1}.$$

Da der Gesamtwiderstand R_{ges} größer ist als der Widerstand der Spule R_1 alleine, folgt damit aber auch unmittelbar, dass die induzierte Spannung U_{ind} zu Beginn größer ist als die Quellenspannung U_1. Da die Glimmlampe im Versuch einen sehr großen Widerstand hat, ist auch die induzierte Spannung entsprechend hoch. Sie ist hoch genug, um die Lampe zum Leuchten zu bringen. Durch Selbstinduktion können also kurzzeitig sehr hohe Spannungen erreicht werden. Jedoch noch unbeantwortet ist die Frage, woher die Energie stammt, die benötigt wird, um die Glimmlampe zum Leuchten zu bringen.

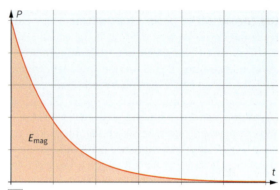

B1 *Leistung an einem Widerstand beim Öffnen des Stromkreises*

Die Energie des Magnetfeldes. Die Energie, die in der Glimmlampe in Versuch **V1** umgewandelt wird, wird nicht von außen zugeführt, sondern sie muss in der Spule gespeichert sein, genauer gesagt im Magnetfeld der Spule. Um den Betrag der gespeicherten Energie zu bestimmen, ersetzt man die Glimmlampe durch einen ohmschen Widerstand und misst sowohl die Stromstärke durch als auch die Spannung an diesem Widerstand. So ermittelt man die erbrachte Leistung am Widerstand. In Bild **B1** ist der Graph der Funktion $P(t)$ abgebildet. Die gesamte Energie, die am Widerstand umgewandelt wird und damit auch die gesamte Energie, die im Magnetfeld der Spule steckt, entspricht dem Flächeninhalt unter dem Graphen. Um diesen Flächeninhalt zu ermitteln, kann man die Leistung

$$P(t) = U_{ind}(t) \cdot I(t)$$

anhand der zuvor ermittelten Beziehungen für induzierte Spannung und Stromstärke schreiben als

$$P(t) = R_{ges} \cdot \frac{U_1^2}{R_1^2} \cdot e^{-\frac{2 \cdot R_{ges}}{L} \cdot t}.$$

Dabei ist R_1 der Widerstand der Spule und R_{ges} der Gesamtwiderstand von Spule und ohmschem Widerstand. Wenn man die Stromstärke durch die Spule zum Zeitpunkt des Öffnens ($t = 0$ s) mit I_1 bezeichnet, lässt sich der Ausdruck umschreiben zu

$$P(t) = R_{ges} \cdot I_1^2 \cdot e^{-\frac{2 \cdot R_{ges}}{L} \cdot t}.$$

Um nun die gesamte Energie zu berechnen, die am Widerstand umgewandelt wird, und die damit im Magnetfeld der Spule steckt, muss auch der gesamte Flächeninhalt unter dem Graphen der Funktion $P(t)$ ermittelt werden.

Es ergibt sich:

$$E_{\text{mag}} = \frac{1}{2} \cdot L \cdot I^2.$$

Die hier für einen Spezialfall hergeleitete Formel für die Energie im Magnetfeld gilt sogar allgemein.

> **! Merksatz**
>
> Führt eine Spule der Induktivität L einen Strom der Stärke I, dann hat ihr Magnetfeld die Energie
>
> $$E_{\text{mag}} = \frac{1}{2} \cdot L \cdot I^2.$$

> **☰ Methode: Integrale lösen mit einem CAS**
>
> Zur Berechnung der Energie des Magnetfeldes muss der Flächeninhalt unter dem Graphen der Funktion $P(t)$ mithilfe der Integralrechnung ermittelt werden:
>
> $$E_{\text{mag}} = \int_0^\infty P(t)\,\mathrm{d}t$$
>
> $$= \int_0^\infty R_{\text{ges}} \cdot I_1^2 \cdot e^{-\frac{2 \cdot R_{\text{ges}}}{L} \cdot t}\,\mathrm{d}t$$
>
> In der Physik stößt man häufig auf komplizierte Integrale. Hier können Computeralgebrasysteme (CAS) beim Lösen helfen. Je nach Komplexität der Gleichung und nach Leistungsfähigkeit des Programms liefert das CAS unmittelbar die Lösung oder auch Teile der Lösung. Durch Eingabe in ein CAS erhält man folgende Lösung:
>
> ```
> integrate a e^(-bx) from x=0 to infi-
> nity
>
> ∫₀^∞ a e^-bx dx = a/b
> ```
>
> Wählt man nun
>
> $$a = R_{\text{ges}} \cdot I_1^2 \text{ und } b = \frac{2 \cdot R_{\text{ges}}}{L},$$
>
> so kann man aus der Lösung, die das CAS liefert, die Lösung des gesuchten Integrals ermitteln. Die Lösung ist dann:
>
> $$E_{\text{mag}} = \frac{a}{b} = \frac{R_{\text{ges}} \cdot I_1^2}{2 \cdot R_{\text{ges}}} \cdot L$$
>
> $$= \frac{1}{2} \cdot I_1^2 \cdot L.$$

1 ➡ Durch eine Spule fließt ein Strom der Stärke I. Geben Sie an, wie sich die Induktivität L einer langen Spule und die im Magnetfeld der Spule gespeicherte Energie E ändern, wenn man
a) die Windungszahl der Spule verdoppelt,
b) ihre Querschnittsfläche verdoppelt,
c) ihre Länge verdoppelt.

2 ➡ An eine Gleichspannung $U = 10$ V werden eine Spule mit $R_1 = 10\ \Omega$ und ein Widerstand mit $R_2 = 60\ \Omega$ in Reihe geschaltet. Der Stromkreis ist zunächst durch einen Schalter unterbrochen.
a) Der Schalter wird geschlossen. Bestimmen Sie die maximale Stromstärke durch die Spule und skizzieren Sie schematisch ein $I(t)$-Diagramm.
b) Skizzieren Sie in die Koordinatensysteme von Aufgabenteil a) schematisch ein $I(t)$-Diagramm für den Fall, dass die Spule eine geringere Induktivität hat.

3 ↗ a) Eine luftgefüllte Spule ($N = 1000$ Windungen, $A = 50$ cm², $l = 1,0$ m) führt einen Strom der Stärke 10 A. Berechnen Sie die magnetische Energie, die in ihr gespeichert ist.
b) Mit dieser Energie lädt sich ein Kondensator mit der Kapazität 0,1 μF auf. Berechnen Sie die Spannung am Kondensator.

4

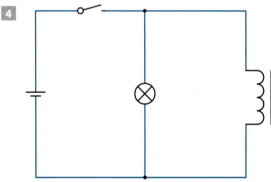

⬆ Eine Lampe und eine lange Spule werden wie oben abgebildet zusammengeschaltet. Der Schalter ist zunächst geschlossen und die Lampe leuchtet. Beim Öffnen des Schalters stellt man fest, dass die Lampe kurz aufleuchtet und dann durchbrennt.
a) Erklären Sie diese Beobachtung.
b) Erklären Sie, was man bei der Wahl der Spule und der Lampe beachten muss, damit die Lampe durchbrennt.

3.6 Wirbelfelder

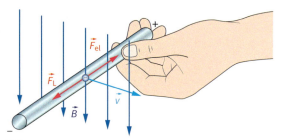

B1 *Erklärung der induzierten Spannung durch Lorentzkräfte*

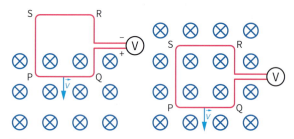

B2 *Ein Leiterrahmen wird durch ein homogenes Magnetfeld geführt.*

Lorentzkraft als Ursache. Einige Situationen, in denen eine Induktionsspannung auftritt, lassen sich mit Hilfe der Lorentzkraft auf bewegliche Ladungsträger erklären. Bewegt man einen Metallstab der Länge d durch ein homogenes Magnetfeld (Bild **B1**), so wirkt auf die Elektronen, die sich mit dem Metallstab bewegen, die Lorentzkraft. Dadurch sammeln sich auf der einen Seite des Stabes Elektronen an, auf der anderen Seite entsteht ein Elektronenmangel. Das dadurch entstehende elektrische Feld zwischen den Stabenden führt zu einer elektrischen Kraft auf die Elektronen, die entgegengesetzt zur Lorentzkraft gerichtet ist. Die Verschiebung der Elektronen endet, wenn die elektrische Kraft und die Lorentzkraft gleich groß sind. Aus dem Kräftegleichgewicht lässt sich die Stärke des elektrischen Feldes ermitteln. Es gilt:

$$F_{el} = F_L \qquad \text{bzw.}$$
$$e \cdot E = B \cdot e \cdot v \qquad \text{bzw.}$$
$$E = B \cdot v$$

Zwischen den beiden Enden des Stabes stellt sich somit eine Spannung $U = E \cdot d = v \cdot B \cdot d$ ein. Diese Spannung entspricht der Induktionsspannung.

Dies lässt sich auch auf einen Leiterrahmen übertragen, der nach und nach in ein homogenes Magnetfeld eintaucht (Bild **B2**). Während das untere Leiterstück in das Magnetfeld eingeführt wird, werden die Elektronen in diesem Leiterstück durch die Lorentzkraft in Richtung des Punktes P getrieben. Es wird eine Induktionsspannung $U_{ind} = v \cdot B \cdot d$ gemessen. Diese Induktionsspannung verschwindet, sobald auch das obere Leiterstück in das Feld eintaucht. Da nun auch hier die Lorentzkraft auf die Elektronen wirkt, werden die Elektronen im oberen Leiterstück in Richtung des Punktes S getrieben. Insgesamt herrscht also bei R und Q der gleiche Elektronenmangel, sodass zwischen diesen beiden Punkten keine Spannung gemessen wird.

Wirbelströme. Die Lorentzkraft kann jedoch die Entstehung der Induktionsspannung nicht in allen Fällen erklären. So lässt sich die Entstehung einer Induktionsspannung durch ein veränderliches Magnetfeld nicht mit der Lorentzkraft erklären. Offensichtlich muss es eine andere Ursache für die Entstehung der Induktionsspannungen geben. In Bild **B3** erkennt man einen leuchtenden Ring in einer Glaskugel, der dadurch entsteht, dass sich Elektronen im Kreis bewegen. Ähnlich wie beim Fadenstrahlrohr wird die Bewegung der Elektronen sichtbar, da sie durch Stöße das Gas im Rohr zum Leuchten bringen. Die Elektronen werden durch ein elektrisches Feld angetrieben. Das Besondere an diesem **Wirbelfeld** ist, dass es in sich geschlossen ist: Die elektrischen Feldlinien umgeben ringförmig das sich ändernde Magnetfeld. Solche Wirbelfelder treten immer um ein sich änderndes Magnetfeld auf – auch im Vakuum.

> **! Merksatz**
>
> Um ein sich zeitlich änderndes Magnetfeld entsteht ein elektrisches Wirbelfeld. In einer offenen Leiterschleife kann das Wirbelfeld als Induktionsspannung nachgewiesen werden. In geschlossenen Leiterschleifen entsteht ein elektrischer Strom, ein sogenannter Wirbelstrom.

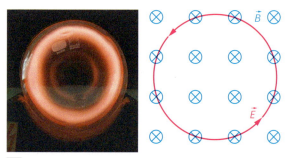

B3 *Wechselnde Magnetfelder erzeugen im Inneren einer mit Gas gefüllten Glaskugel ein Wirbelfeld.*

☰ **Exkurs: Induktion hilft Energie zu sparen**

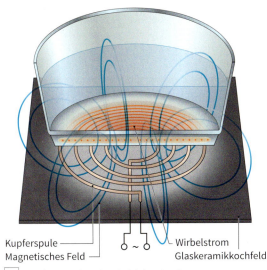

Kupferspule
Magnetisches Feld
Wirbelstrom
Glaskeramikkochfeld

B4 *Funktionsweise eines Induktionsherdes*

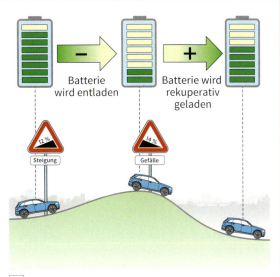

Batterie wird entladen

Batterie wird rekuperativ geladen

Steigung

Gefälle

B5 *Entladen und Laden einer Batterie durch eine Rekuperationsbremse*

Eine **Induktionskochplatte** nutzt das physikalische Phänomen der Induktion. Genauer gesagt wird die Tatsache ausgenutzt, dass um ein magnetisches Wechselfeld ein elektrisches Wirbelfeld entsteht. Unter der Kochzone befindet sich eine flache Kupferdrahtspule ohne Eisenkern, durch die ein hochfrequenter Wechselstrom fließt. Durch das hochfrequente magnetische Wechselfeld (Frequenzen von 25 kHz bis 50 kHz) werden im ferromagnetischen Topfboden Wirbelströme erzeugt, die zusammen mit dem Wechsel der Magnetisierung die Temperatur erhöhen.

Für Induktionskochplatten dürfen nur extra dafür vorgesehene Töpfe und Pfannen verwendet werden. Man benutzt ferromagnetische Topf- und Pfannenböden, um das Magnetfeld der Induktionsspule im Topfboden zu bündeln.

Induktionsplatten haben gegenüber gewöhnlichen Herdplatten, die mit Heizelementen arbeiten, viele Vorteile. So steigt die Temperatur der Glaskeramik des Kochfeldes nur durch die Energieabgabe des Topfbodens. Insbesondere beim Abschalten entsteht somit kaum Nachwärme, wie es bei klassischen Kochplatten der Fall ist. Dies verringert zum einen die Verbrennungsgefahr und sorgt zum anderen dafür, dass weniger Energie benötigt wird. Außerdem führt es dazu, dass das Essen deutlich schneller erhitzt wird.

Auch **Rekuperationsbremsen** (von *recuperatio*, lateinisch: Wiedererlangung, Wiedererwerbung), die in Elektrofahrzeugen eingesetzt werden, nutzen das Prinzip der Induktion. Hierbei wird durch die Bremse die Bewegungsenergie genutzt, um die Batterie des Autos zu laden. Bei gewöhnlichen Bremsen drücken Bremsklötze auf die mit dem Rad rotierende Bremsscheibe. Die Reibung zwischen den Klötzen und der Bremsscheibe verlangsamt das Auto. Die Bewegungsenergie wird in innere Energie umgewandelt, die nicht mehr nutzbar ist. Beim rekuperativen Bremsen treiben die Räder einen Generator an. Dadurch wird das Auto gemäß des lenzschen Gesetzes gebremst (siehe **Kapitel 3.4**). Die Bewegungsenergie wird in elektrische Energie umgewandelt. Dies gelingt, da ein Elektromotor im Prinzip umgekehrt wie ein Generator funktioniert.

Konkret greift die Rekuperationsbremse im Auto, sobald man vom Gaspedal geht. Somit wird insbesondere beim Bergabfahren der Akku geladen. Neben der Rekuperationsbremse besitzen die Fahrzeuge immer noch eine gewöhnliche Bremse, um im Notfall schnell zum Stehen zu kommen. Durch den Einsatz von Rekuperationsbremsen kann Energie eingespart werden und die Reichweite der Elektrofahrzeuge erhöht sich. Außerdem wird durch den fehlenden Abrieb das Entstehen von Bremsstaub verhindert.

3.7   Leistung im Wechselstromkreis

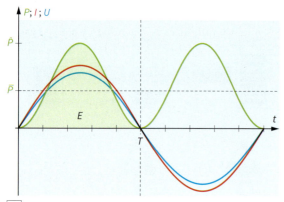

B1 *Leistung, Spannung und Stromstärke beim ohmschem Widerstand*

Effektivwerte. In Versuch **V1** schließt man zwei identische Lampen einmal an eine Wechselspannung und einmal an eine Gleichspannung an. Man erkennt, dass der Scheitelwert der Wechselspannung deutlich höher liegen muss als der Betrag der Gleichspannung, um eine gleiche Helligkeit zu erzeugen. Betrachtet man die Formel für die Leistung an einem ohmschen Widerstand bei angelegter Wechselspannung,

$$P(t) = \frac{\hat{U}^2}{R} \cdot \sin^2(\omega \cdot t) = \hat{P} \cdot \sin^2(\omega \cdot t),$$

so erkennt man schnell die Ursache: Die erbrachte Leistung schwankt mit der angelegten Spannung und der Stromstärke und liegt im Mittel deutlich unter der maximalen Leistung $\hat{P}$. Exakt lässt sich die mittlere Leistung $\overline{P}$ berechnen, indem man den Quotienten aus der innerhalb einer Periodendauer umgewandelten Energie E_T und der dafür benötigten Zeit T berechnet:

$$\overline{P} = \frac{E_T}{T}.$$

Die umgewandelte Energie entspricht dem Flächeninhalt unter dem Graphen in Bild **B1** zwischen $t = 0$ s und $t = T$. Dieser ergibt sich aufgrund der Symmetrie des Graphen zu:

$$E_T = \frac{1}{2}\hat{P} \cdot T = \frac{1}{2}\frac{\hat{U}^2}{R} \cdot T.$$

Man erhält demnach für die mittlere Leistung:

$$\overline{P} = \frac{1}{2}\frac{\hat{U}^2}{R}.$$

Damit die beiden Lampen in Versuch **V1** gleich hell leuchten, muss die Spannung U an der Gleichspan-

nungsquelle so eingestellt werden, dass die konstante Leistung an Lampe 1 der mittleren Leistung an Lampe 2 entspricht. Es muss demnach gelten:

$$\frac{U^2}{R} = \frac{1}{2}\frac{\hat{U}^2}{R} \quad \text{bzw.} \quad U = \frac{\hat{U}}{\sqrt{2}}.$$

Man nennt diese Spannung U auch **Effektivwert** U_{eff} einer Wechselspannung. Gerundet unterscheiden sich Scheitelspannung und Effektivspannung um den Faktor $\sqrt{2} \approx 1{,}4$, was sich mit den Beobachtungen aus Versuch **V1** deckt. Für den Effektivwert der Stromstärke erhält man entsprechend:

$$I_{\text{eff}} = \frac{\hat{I}}{\sqrt{2}}.$$

! Merksatz _____

Der Effektivwert U_{eff} einer Wechselspannung gibt die konstante Spannung an, die man an den Widerstand anlegen müsste, damit die erbrachte Leistung der mittleren Leistung der Wechselspannung entspräche. Es gilt:

$$U_{\text{eff}} = \frac{\hat{U}}{\sqrt{2}} \quad \text{und} \quad I_{\text{eff}} = \frac{\hat{I}}{\sqrt{2}}.$$

V1 Leistung bei Gleich- und Wechselstrom _____

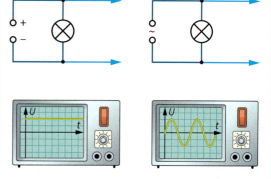

Zwei identische Lampen, Lampe 1 und Lampe 2, werden einmal an eine Gleichspannung und einmal an eine Wechselspannung angeschlossen. Ein Oszilloskop zeichnet die gemessene Spannung auf. Man beobachtet, dass die Scheitelspannung deutlich (etwa 1,4-mal) größer sein muss als die angelegte Gleichspannung, damit beide Lampen gleich hell leuchten.

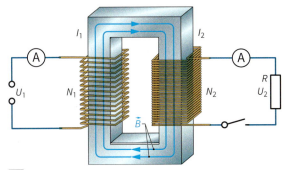

B2 *Aufbau und Funktionsweise eines Transformators*

Der Transformator. Auf dem Weg vom Kraftwerk zu den Verbrauchern zu Hause wird die elektrische Energie über Hochspannungsleitungen übertragen. Wie der Name bereits sagt, liegen an diesen Leitungen weit höhere Spannung (über 10 kV) als an unserem Haushaltsnetz an. Durch die hohen Spannungen können die Leistungsverluste entlang der Hochspannungsleitungen verringert werden. In Umspannwerken kann die Spannung mit Hilfe sogenannter **Transformatoren** erhöht oder verringert werden.

In Bild **B2** ist der Aufbau eines Transformators schematisch dargestellt. Zwei Spulen mit unterschiedlicher Windungszahl sind durch einen Eisenkern miteinander verbunden. Legt man an die linke Spule **(Primärspule)** eine Wechselspannung an, so entsteht ein sich ständig änderndes Magnetfeld im Eisenkern und damit auch in der zweiten Spule **(Sekundärspule).** Dort wird somit eine Spannung induziert. Diese Spannung ist ebenfalls eine Wechselspannung mit gleicher Frequenz. Wenn man idealisiert annimmt, dass das in Spule 1 erzeugte Magnetfeld vollständig die zweite Spule durchsetzt, dann ist auch der magnetische Fluss durch beide Spulen betragsmäßig gleich und entsprechend auch dessen Änderung. Man spricht in diesem Fall von einem **idealen unbelasteten Transformator.** Für diesen Fall kann man das Verhältnis der beiden Spannungen berechnen. Mit $\dot{\Phi}_1 = \dot{\Phi}_2$ gilt für die Beträge:

$$\frac{U_2}{U_1} = \frac{N_2 \cdot \dot{\Phi}_2}{N_1 \cdot \dot{\Phi}_1} = \frac{N_2 \cdot \dot{\Phi}_1}{N_1 \cdot \dot{\Phi}_1} = \frac{N_2}{N_1}. \tag{1}$$

Abhängig von den gewählten Windungszahlen in Primär- und Sekundärspule kann man die Spannung demnach beliebig hoch- oder heruntertransformieren. Die Spannung im Sekundärkreis ist bei gleichem Wicklungssinn der Spulen immer entgegengesetzt der

Spannung im Primärkreis gepolt. Fließt nun auf der Sekundärseite des Transformators ein Strom, so spricht man von einem **belasteten Transformator.** In diesem Fall wird Energie von der Primärspule zur Sekundärspule übertragen. Geht man idealisiert davon aus, dass während des Energieübertrags keine Verluste auftreten, so gilt betragsmäßig der Zusammenhang:

$$U_1 \cdot I_1 = U_2 \cdot I_2 \quad \text{bzw.} \quad \frac{I_1}{I_2} = \frac{U_2}{U_1} = \frac{N_2}{N_1}. \tag{2}$$

Diese Gleichung (2) gilt auch, wenn man die Effektivwerte von Spannung und Stromstärke betrachtet.

> **! Merksatz**
>
> Haben die Primärspule N_1 und die Sekundärspule N_2 Windungen, dann gilt beim idealen Transformator (keine Energieverluste beim Übertrag) zwischen Stromstärke I_1 und Spannung U_1 im Primärstromkreis und Stromstärke I_2 und Spannung U_2 auf der Sekundärseite betragsmäßig die Beziehung
>
> $$\frac{I_1}{I_2} = \frac{U_2}{U_1} = \frac{N_2}{N_1}.$$

Arbeitsaufträge

1 ⇒ In den USA beträgt der Scheitelwert der Spannung etwa 150 V. Berechnen Sie den Effektivwert der Spannung.

2

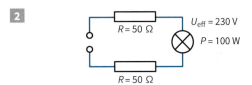

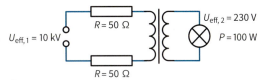

⬆ Im Bild sind zwei Varianten der Energieübertragung dargestellt. Im ersten Fall wird die Lampe (230 V/100 W) ohne Transformator mit Energie versorgt, im zweiten Fall wird die Hochspannung (10 kV) durch den Transformator heruntergeregelt. Berechnen Sie jeweils die Verlustleistung an den Widerständen. Gehen Sie von einem idealen Trafo aus.

3.8 Freilandleitungen

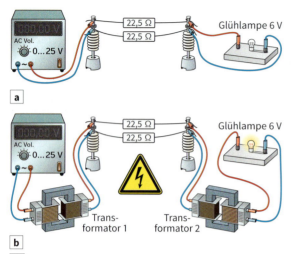

a

b

B1 a) Energieübertragung über eine modellhafte „Fernleitung"
b) mit Hochspannung

Vom Kraftwerk zum Verbraucher. Der Standort eines Kraftwerks ist nicht nur durch den Bedarf, sondern auch durch Rohstoffvorkommen, verkehrsgünstige Lage oder durch das Angebot an Kühlwasser (Flussnähe) bestimmt. Damit in Deutschland (und Europa) flächendeckend eine Energieversorgung nach Bedarf sichergestellt werden kann, speisen die einzelnen Kraftwerke ihre elektrische Energie in ein Verbundnetz ein.

Beim Transport der elektrischen Energie über weite Strecken treten aufgrund des elektrischen Widerstands der Stromleitungen Verluste bei der elektrischen Energieübertragung auf. Je größer dabei der Abstand zwischen Kraftwerk und Verbraucher ist, desto größer ist der Leitungswiderstand, da dieser proportional zur

Länge des Leiters ist. Wie der Verlust an elektrischer Energie beim Transport durch die Leitungen dennoch möglichst klein gehalten werden kann, zeigt folgender Lehrerversuch (Bild **B1a**): Eine Wechselspannung wird über eine „Fernleitung" an eine Lampe mit der Nennspannung $U_N = 6$ V und der Nennstromstärke $I_N = 1$ A gelegt. Die beiden Widerstände $R_1 = R_2 = 22,5$ Ω stellen dabei die kilometerlange Zuleitung dar. Die Lampe leuchtet nicht.

Damit die Lampe leuchtet, bauen wir zwei Transformatoren ein (Bild **B1b**). Mit dem ersten erhöhen wir die Wechselspannung auf das 10-Fache. Auf der anderen Seite der Fernleitung verringern wir mit dem zweiten Transformator die Spannung wieder. Nun leuchtet die Lampe. Wie ist das möglich, wo doch kein Transformator völlig verlustfrei elektrische Energie überträgt?

Entscheidend für den Verlust in der Fernleitung ist die Stromstärke I_L in ihr. Am Widerstand $R_L = R_1 + R_2$ der Fernleitung fällt die Spannung $U_L = I_L \cdot R_L$ ab. Damit lässt sich berechnen, mit welcher Leistung elektrische Energie in innere Energie umgewandelt und an die Umgebung abgegeben wird:

$$P_L = U_L \cdot I_L = R_L \cdot I_L^2 .$$

In unserem Versuch wird durch das Windungszahlverhältnis die Stromstärke auf etwa ein Zehntel verkleinert. Der gesamte Leistungsverlust ist damit wegen $P_L = R_L \cdot I_L^2$ sogar auf ein Hundertstel gesunken. Durch den Einsatz von Transformatoren werden also die Energieverluste in den Fernleitungen deutlich verringert (Bild **B2**).

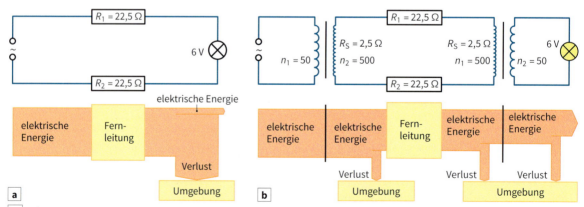

a

b

B2 a) Die modellhafte Fernleitung, dargestellt durch die beiden Widerstände R_1 und R_2 wandelt den größten Teil der elektrischen Energie in innere Energie in den Widerständen um. Die Lampe leuchtet nicht. b) Wird die Spannung vor der Fernleitung hoch und vor der Lampe wieder herunter transformiert, dann reduziert sich die elektrische Verlustleistung und die Lampe leuchtet hell auf

Berechnen Sie den Wirkungsgrad der Energieübertragung in dem Fernleitungsmodell für den Fall, dass die Transformatoren verwendet werden (Bild **B2b**). Die Lampe setzt eine Leistung von 6 W um. Gehen Sie von einem idealen Transformator aus. Die Spule mit 500 Windungen hat einen Widerstand von $R_S = 2{,}5\ \Omega$. Der Widerstand der Spule mit $n = 50$ kann vernachlässigt werden.

Lösung:

An der Lampe wird eine Leistung von 6 W umgesetzt. Da von einem idealen Transformator ausgegangen wird, wird diese Leistung auch an der rechten Spule des mittleren Stromkreises umgesetzt. Da das Verhältnis der Windungszahlen 10 beträgt, verringert sich die Stromstärke in der Fernleitung auf $I_L = 0{,}1\ A$.

An den Widerständen und der Spule geht die Leistung

$$P_R = (R_1 + R_2 + 2 \cdot R_S) \cdot I_L^2$$

$$= (22{,}5\ \Omega + 22{,}5\ \Omega + 2 \cdot 2{,}5\ \Omega) \cdot (0{,}1\ A)^2 = 0{,}5\ W$$

„verloren". Folglich muss die linke Spule des mittleren Stromkreises eine Leistung von 6,5 W liefern. Da auch zwischen dem mittleren und dem linken Stromkreis von einem idealen Transformator ausgegangen wird, muss die Spannungsquelle eine Leistung von 6,5 W liefern.

Damit also 6 W an der Lampe ankommen, muss die Spannungsquelle demnach 6,5 W liefern. Für den Wirkungsgrad ergibt sich somit

$$\eta = \frac{6\ W}{6{,}5\ W} \approx 0{,}92.$$

Der Wirkungsgrad beträgt 0,92 oder 92 %.

Arbeitsaufträge

1 ↗ Berechnen Sie den Wirkungsgrad der Energieübertragung in Bild **B2a** für den Fall, dass die Lampe eine Leistung von 6 W umsetzt und die Energie ohne Transformator übertragen wird.
b) Berechnen Sie den Wirkungsgrad der beiden Varianten der Energieübertragung für den Fall, dass als Verbraucher 5 Lampen (6 V/1 A) parallel geschaltet werden.

2 ↗ Recherchieren Sie, wodurch Energieverluste beim realen Transformator entstehen können.

3 ↗ Eine Windenergieanlage liefert insgesamt 530 kW. Die elektrische Energie soll über eine Fernleitung mit dem Widerstand 100 Ω bei 110 kV übertragen werden. An den Enden der Leitung befindet sich jeweils ein Transformator mit einem Wirkungsgrad von 95 %.
a) Zeichnen Sie eine Schaltskizze mit allen bekannten Angaben.
b) Berechnen Sie die Leistung, die der zweite Transformator abgibt.

4 ↗ Über eine bereits bestehende Fernleitung soll demnächst die doppelte Leistung bei gleicher Spannung übertragen werden. Erläutern Sie, wie sich dabei die Verlustleistung ändert.

5

↗ Bei Freilandleitungen werden in der Regel Aluminium-Stahl-Leiter verwendet. Beurteilen Sie, ob es sinnvoll wäre, in Zukunft Kupferleitungen zu verwenden, anstatt die Spannung zu transformieren.

6 → Über lange Strecken kann Energie noch effizienter übertragen werden, wenn man Hochspannungs-Gleichstrom anstelle von Hochspannungs-Wechselstrom verwendet.
a) Begründen Sie, weshalb ein Transformator nur mit Wechselspannung funktioniert.
b) Recherchieren Sie, wie eine Energieübertragung mit Hochspannungs-Gleichstrom trotzdem gelingt.
c) Erstellen Sie anhand Ihrer Rechercheergebnisse ein Erklärvideo.

3.9 Elektrische Energie und CO_2-Emissionen

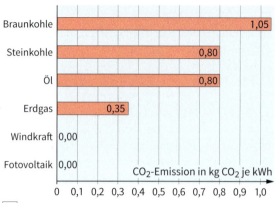

CO_2-Emission (in kg) verschiedener Energieträger bei der Erzeugung von 1 kWh elektrischer Energie (Quelle: DPG)

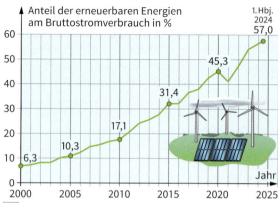

Anteil erneuerbarer Energien an der Stromerzeugung (Quelle: Arbeitsgruppe Erneuerbare-Energien-Statistik; Juli 2024)

Arten der Energieumwandlung. Eine Welt ohne Elektrizität ist heute unvorstellbar. In allen Bereichen sind Menschen auf elektrische Energie angewiesen. Dass elektrische Energie eine so große Bedeutung hat, liegt daran, dass sich elektrische Energie verlustarm in viele andere Energieformen umwandeln lässt. Außerdem kann elektrische Energie einfach über weite Strecken transportiert werden. Zur Bereitstellung großer Mengen elektrischer Energie dienten jahrzehntelang fast ausschließlich fossile Energieträger. In Öl-, Kohle- und Erdgaskraftwerken werden die fossilen Energieträger verbrannt. Durch die entstehende Wärme wird Wasserdampf erzeugt. Er strömt durch eine Turbine, die einen Generator antreibt. Das Vorgehen in Kernkraftwerken unterscheidet sich nur dadurch, dass die hohen Temperaturen zum Verdampfen des Wassers nicht durch Verbrennen des Urans, sondern durch Kernspaltung (siehe Kapitel 8.5) entstehen.

Den fossilen Energieträgern stehen die erneuerbaren Energieträger gegenüber. In Biogasanlagen entsteht u. a. Methan durch die Vergärung organischer Materials wie Mais oder landwirtschaftlicher Abfälle. Das so entstehende Gas kann auf konventionellem Weg verbrannt und zur Stromerzeugung verwendet werden. Alternativ wird bei Wind- und Wasserkraftwerken der Generator über strömende Luft bzw. fließendes Wasser angetrieben. All den genannten Kraftwerkstypen ist gemein, dass der Generator als Herzstück der Anlage Bewegungsenergie in elektrische Energie umwandelt. Eine Ausnahme bilden hier lediglich Fotovoltaikanlagen. Eine Solarzelle wandelt Strahlungsenergie direkt in elektrische Energie um. Ein Generator wird hier nicht benötigt.

CO_2-Ausstoß. Die verschiedenen Energieträger emittieren bei der Umwandlung in elektrische Energie unterschiedliche Mengen an Kohlenstoffdioxid (CO_2) (Bild **B1**). Erneuerbare Energien sind CO_2-neutral, da bei ihrer Umwandlung kein zusätzliches Kohlenstoffdioxid freigesetzt wird. Im Gegensatz dazu treten bei der Verbrennung fossiler Energieträger erhebliche Mengen des Treibhausgases in die Atmosphäre. Da gerade die Verbrennung von Braun- und Steinkohle hohe Mengen an CO_2 emittiert, wurde der Ausstieg aus der Kohleverstromung bis spätestens 2038 beschlossen. Bis 2045 soll die Stromerzeugung dann vollständig CO_2-neutral sein, um den Klimawandel abzumildern. Bereits im Jahre 2023 betrug der Anteil der erneuerbaren Energien bei der Stromerzeugung schon mehr als 50 % (Bild **B2**). Den größten Anteil der Energieerzeugung haben Fotovoltaik- und Windkraftanlagen. Biogas und Wasserkraft tragen nur zu einem geringeren Teil dazu bei.

Emission pro Kilowattstunde. Anhand der Zahlen von Bild **B1** lässt sich ein grober Durchschnittswert für die emittierte Menge an CO_2 berechnen, die erzeugt wird, wenn elektrische Energie aus fossilen Energieträgern umgewandelt wird. Dabei muss auch der Wirkungsgrad der Kraftwerke berücksichtigt werden: Nur etwa 40 % der vom Brennstoff abgegebenen Energie lässt sich in elektrische Energie umwandeln. Daraus lässt sich die folgende Faustregel ableiten.

> ⚠️ **Merksatz**
>
> Faustregel: Bei der Produktion von 1 kWh Strom aus fossilen Energieträgern werden ungefähr 800 g Kohlenstoffdioxid (CO_2) freigesetzt.

Ermitteln von CO_2-Emissionen. Man kann diese Faustformel verwenden, um CO_2-Emissionen bei Vorgängen in Alltag und Technik zu ermitteln. „Ermitteln" bedeutet dabei nicht unbedingt „direkt messen", denn das ist in den meisten Fällen nicht möglich. Stattdessen geht es um das Abschätzen mit Hilfe von physikalischen Gesetzmäßigkeiten und Erfahrungswerten. Bei komplexeren Problemen ist dies oft die einzige Möglichkeit, überhaupt ein Ergebnis zu erhalten.

CO_2-Emission beim Autofahren. Elektroautos gelten als CO_2-neutrale Alternative zu Autos mit Verbrennungsmotoren. Anhand der Faustformel lässt sich die CO_2-Emission vergleichen: Ein Auto mit Verbrennungsmotor verbrennt auf 100 km etwa 5 l Treibstoff. Entsprechenden Tabellen kann man entnehmen, dass pro verbranntem Liter Benzin eine Menge von 2,3 kg CO_2 ausgestoßen werden. Insgesamt ergibt sich somit für dieses Auto eine Emission von $5 \cdot 2,3$ kg = 11,5 kg. Vergleicht man diese Menge mit dem Ausstoß eines Elektroautos, so muss man beachten, dass ein Elektroauto nur CO_2-neutral ist, wenn die bereitgestellte Energie ausschließlich aus erneuerbaren Energien gewonnen wurde. Anhand von Bild **B2** erkennt man, dass bereits im Jahre 2023 mehr als 50 % der elektrischen Energie aus erneuerbaren Energien umgewandelt wurde. Geht man nun beispielhaft von einem Elektroauto aus, das auf 100 km eine Energie von 14 kWh umwandelt, so beträgt die emittierte Menge an CO_2 für 100 km laut der Faustregel $0,5 \cdot 14 \cdot 0,8$ kg = 5,6 kg, wenn die Hälfte der Energie aus fossilen Energieträgern gewonnen wurde. Man erkennt also, dass bereits heute bei Elektroautos die emittierte Menge an CO_2 deutlich geringer ist als bei Verbrennern. Mit zunehmendem Anteil an erneuerbaren Energien am Strommix wird dieser Unterschied noch wachsen.

CO_2-Emission von Flugreisen. Fernreisen gelten als besonders schädlich für die CO_2-Bilanz. Dies liegt allein schon an der zurückgelegten Strecke. Im Durchschnitt fahren Pkw pro Jahr etwa 15000 km. Dies ist weniger als z.B. die summierte Strecke eines Hin- und Rückflugs nach Thailand. Im Internet lässt sich anhand verschiedener Portale die ausgestoßene CO_2-Menge für einen Flug ermitteln. Der Ausstoß hängt von verschiedenen Faktoren ab und kann variieren. Für einen Hin- und Rückflug in der Economy-Class nach Thailand befindet er sich in einer Größenordnung von 4 t CO_2 pro Person.

Zum Vergleich kann man die ausgestoßene CO_2-Menge für den Stromverbrauch einer Person über ein gesamtes Jahr heranziehen. Für den Betrieb elektrischer Geräte wird im Jahr pro Person etwa eine Energie von 2000 kWh benötigt. Berücksichtigt man die Tatsache, dass nur etwa 50 % dieser Menge durch fossile Energieträger erzeugt werden, ergibt sich pro Jahr ein CO_2-Ausstoß von $0,5 \cdot 2000 \cdot 0,8$ kg = 800 kg. Dies ist lediglich ein Fünftel der CO_2-Emission, die bei einer einzelnen Fernreise pro Person entsteht.

Arbeitsaufträge

1. ⟶ Ein Wäschetrockner hat einen Energieumsatz von ca. 2 kWh pro Trockengang. Schätzen Sie ab, wie viel CO_2 pro Jahr ein Haushalt einsparen könnte, wenn die Wäsche auf der Wäscheleine trocknen würde.

2. ⬈ Als zukunftsfähige Energieträger werden immer wieder sogenannte E-Fuels diskutiert.
   a) Recherchieren Sie, was man unter E-Fuels versteht.
   b) Beurteilen Sie, inwieweit der Einsatz solcher Treibstoffe praktikabel und sinnvoll ist.

B3 *Elektroauto beim Laden*

B4 *Flugreisen verursachen einen hohen CO_2-Ausstoß.*

Zusammenfassung

1. Magnetischer Fluss und Induktionsgesetz

Der magnetische Fluss Φ durch eine Spule in einem homogenen Magnetfeld ist als das Produkt aus wirksamer Fläche A_{w} (dem Anteil der Fläche, der senkrecht zu den Feldlinien steht) und magnetischer Flussdichte B definiert:

$$\Phi = A_{\mathrm{w}} \cdot B.$$

Ändert sich der magnetische Fluss in einer Spule mit N Windungen, wird in der Spule eine Spannung induziert. Sie lässt sich nach dem Induktionsgesetz berechnen:

$$U_{\mathrm{ind}}(t) = -N \cdot \dot{\Phi}(t).$$

Ursache hierfür kann somit eine Änderung der wirksamen Fläche $A_{\mathrm{w}}(t) \neq 0$ oder eine Änderung der Flussdichte $\dot{B}(t) \neq 0$ durch die Spule sein.

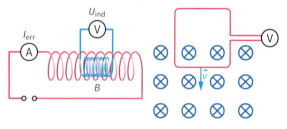

2. Lenzsches Gesetz

Die Polung der induzierten Spannung beschreibt das lenzsche Gesetz: Die Induktionsspannung ist so gepolt, dass ein durch sie hervorgerufener Strom der Ursache der Induktion entgegenwirkt. Daher rührt das negative Vorzeichen im Induktionsgesetz. Die Ursache des lenzschen Gesetzes liegt in der Energieerhaltung.

3. Selbstinduktion und Energie im Magnetfeld

Ändert sich in einer Spule die Stromstärke $I(t)$, so wird in ihr eine **Selbstinduktionsspannung** $U_{\mathrm{ind}}(t)$ induziert. Sie wirkt ihrer Ursache, der Änderung der Stromstärke $\dot{I}(t)$, entgegen. $U_{\mathrm{ind}}(t)$ lässt sich wie folgt berechnen:

$$U_{\mathrm{ind}}(t) = -L \cdot \dot{I}(t).$$

Den Proportionalitätsfaktor L nennt man **Induktivität**. Sie trägt die Einheit **Henry** (1 H).

Die im Magnetfeld der Spule gespeicherte Energie ist proportional zur Induktivität L der Spule und dem Quadrat der Stromstärke I. Es gilt:

$$E = \tfrac{1}{2} \cdot L \cdot I^2.$$

4. Wirbelfelder

Um ein sich zeitlich änderndes Magnetfeld entsteht ein elektrisches Wirbelfeld. In einer offenen Leiterschleife kann das Wirbelfeld als Induktionsspannung nachgewiesen werden. In geschlossenen Leiterschleifen entsteht in der Leiterschleife ein elektrischer Strom, ein sogenannter **Wirbelstrom.**

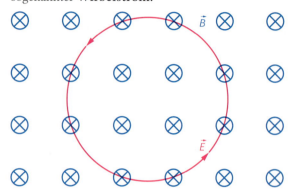

5. Transformator und Fernleitung

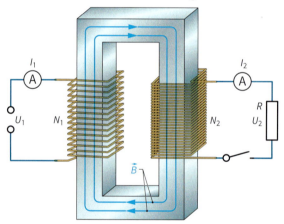

In einem Transformator wird eine **Primärspule** (N_1 Windungen) von einem Wechselstrom durchflossen, der ein Magnetfeld bewirkt, das in der **Sekundärspule** (N_2 Windungen) eine Wechselspannung bzw. einen Wechselstrom erzeugt. Beim idealen Transformator – ohne Energieverlust – gilt für die Stromstärke I_1 und die Spannung U_1 im Primärstromkreis sowie die Stromstärke I_2 und die Spannung U_2 im Sekundärstromkreis betragsmäßig die Beziehung:

$$\frac{I_1}{I_2} = \frac{U_2}{U_1} = \frac{N_2}{N_1}.$$

Mit Hilfe von Transformatoren wird die Spannung an Freileitungskabeln hochtransformiert, um Energieverluste zu verringern.

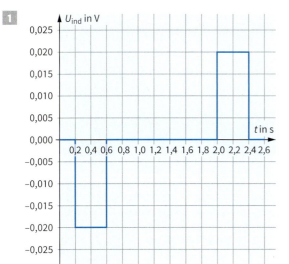

1

➡ Eine Spule mit 50 Windungen bewegt sich mit einer konstanten Geschwindigkeit von 10 $\frac{cm}{s}$ von außen durch ein homogenes Magnetfeld. Die magnetische Flussdichte beträgt $B = 100$ mT. Während der Bewegung durch das Magnetfeld wird die Spannung an den Enden des Leiterrahmens gemessen.
a) Erläutern Sie den Verlauf des Diagramms.
b) Berechnen Sie die Seitenmaße des Spulenquerschnitts.

2 ⬆ Durch eine 50 cm lange Feldspule mit 10 000 Windungen fließt eine Stromstärke von 2 A. Im Inneren der Spule rotiert ein quadratischer Rahmen mit 1000 Windungen und einer Seitenlänge von 10 cm genau 20-mal in 1 s um eine Flächenachse.
a) Stellen Sie die Gleichung $U_{ind}(t)$ der induzierten Spannung auf.
b) Der Rahmen ruht senkrecht zum Magnetfeld. Die Stromstärke durch die Feldspule steigt gleichmäßig um 0,1 A pro Sekunde an.
Stellen Sie für diesen Fall eine Gleichung von $U_{ind}(t)$ auf.
c) Sobald die Stromstärke einen Wert von 2 A erreicht hat, wird sie nicht weiter erhöht. Der Drahtrahmen setzt sich mit der zeitabhängigen Frequenz $f(t) = 0,1\ s^{-2} \cdot t$ aus der Ruhe in Bewegung.
Stellen Sie eine Gleichung für $U_{ind}(t)$ auf.

3 ➹ An eine Gleichspannung wird eine lange Spule (5000 Windungen) mit einer Querschnittsfläche von 20 cm² und einer Länge von 30 cm angeschlossen. Außerdem befindet sich im Inneren der Spule ein Eisenkern ($\mu_r = 1200$).

a) Skizzieren Sie schematisch (keine exakten Werte) ein $I(t)$-Diagramm und erklären Sie den Verlauf.
b) Berechnen Sie anhand der gegebenen Werte die Induktivität der Spule.
c) Durch die Spule fließt ein Strom von 0,5 A. Berechnen Sie die im Magnetfeld der Spule gespeicherte Energie.
d) Erklären Sie, wie sich die gespeicherte Energie verändert, wenn man bei unveränderter Stromstärke die Spule durch weitere Windungen verlängern würde.

4 ➹ Durch ein Kupferrohr und ein sonst identisches Kunststoffrohr wird jeweils ein starker Stabmagnet fallengelassen. Man kann beobachten, dass der Magnet das Ende des Kunststoffrohres sehr viel schneller erreicht als das Ende des Kupferrohres. Erklären Sie diese Beobachtung.

5

➹ In Kraftwerken verwendet man Transformatoren mit einer Übertragungsleistung von 350 MW. Die Energieübertragung soll über eine Entfernung von 200 km mit einer Aluminiumleitung mit einem Querschnitt von $A = 3$ cm² erfolgen. Der spezifische Widerstand von Aluminium ist $\rho = 2,8 \cdot 10^{-8}\ \frac{\Omega \cdot m^2}{m}$.
a) Berechnen Sie den relativen Leitungsverlust der Fernleitung, wenn die Übertragungsspannung $U = 85$ kV, 110 kV, 230 kV bzw. 380 kV beträgt.
b) Erläutern Sie, welchen Vorteil Hochspannungsleitungen haben.

Schwingungen

Beim Schaukeln erlebt man einen physikalischen Prozess hautnah. Ein ständiger Wechsel zwischen Höhe und Geschwindigkeit; Energiezufuhr, wenn man auf der Schaukel angeschubst wird. Solche Schwingungsprozesse lassen sich im Experiment untersuchen und mathematisch beschreiben. Das Verhalten eines schwingfähigen Systems lässt sich damit vorhersagen.

Eine besondere Form eines schwingfähigen Systems stellt der elektrische Schwingkreis dar. In zahlreichen technischen Anwendungen ist er aus dem Alltag nicht wegzudenken.

4

**Das können Sie
in diesem Kapitel erreichen:**

- Sie lernen Schwingungen zu beschreiben und charakteristische Größen zu bestimmen.
- Sie erfassen Schwingungsprozesse und stellen diese dar.
- Sie untersuchen Vorgänge an verschiedenen Pendeltypen.
- Sie lernen die Periodendauer kennen und betrachten verschiedene Einflussgrößen auf diese.
- Sie lernen den Zeigerformalismus zur Beschreibung von Schwingungen kennen und wenden ihn an.
- Sie führen Kräfte- und Energiebetrachtungen für verschiedene Schwingungsprozesse durch.
- Sie beschreiben Schwingungen mit Hilfe von Differenzialgleichungen.
- Sie verstehen den Aufbau und das charakteristische Schwingungsverhalten eines elektrischen Schwingkreises.
- Sie untersuchen die Abhängigkeit der Periodendauer des Schwingkreises von elektrischen Größen.
- Sie vergleichen elektrische und mechanische Schwingungsprozesse.

4.1 Mechanische Schwingungen beschreiben

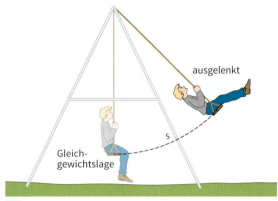

B1 *Schaukeln – ein Beispiel für eine alltägliche Schwingung*

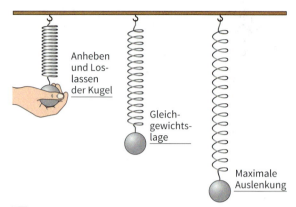

B2 *Ruhelage und maximale Auslenkung des Feder-Masse-Pendels*

Schwingungen im Alltag. Schwingungen begegnen uns im Alltag, beispielsweise beim Schaukeln oder dem Uhrenpendel (Bild **B1**). Alle Schwingungen haben gemeinsame Merkmale: Ein Körper bewegt sich aus einer stabilen Ausgangs- bzw. **Ruhelage** heraus in eine bestimmte Richtung und wird dann durch eine rücktreibende Kraft abgebremst. Die andauernde rücktreibende Kraft beschleunigt ihn in die entgegengesetzte Richtung, sodass er die Ruhelage wieder erreicht. Aufgrund der Trägheit bewegt sich der Körper über die Ruhelage hinaus und alles beginnt von vorne. Dieses Wechselspiel zwischen rücktreibender Kraft und Trägheit kennzeichnet den Bewegungsablauf von mechanischen Schwingungen.

Zur Beschreibung einer Schwingung sind verschiedene Begriffe notwendig, die anhand eines Beispiels verdeutlicht werden sollen. Betrachtet man die Schwingung einer Schaukel von der Seite (Bild **B1**), so lässt sich die Gleichgewichtslage, auch Ruhelage, direkt erkennen. Von einer **Auslenkung** oder **Elongation** s der Schaukel spricht man, wenn sich das Kind auf der Schaukel aus der Gleichgewichtslage heraus bewegt. Die Auslenkung kennzeichnet also den Abstand zur Gleichgewichtslage, den die Schaukel zu einem bestimmten Zeitpunkt hat. Die maximale Auslenkung der Schaukelbewegung aus der Gleichgewichtslage wird **Amplitude** A der Schwingung genannt.

Beim Schaukeln verändert sich also – ausgehend von der Ruhelage – die Auslenkung der Schaukel mit der Zeit. Mit zunehmender Zeit wird die Auslenkung zunächst größer, bis die Amplitude erreicht ist. Dann wird sie bis zur Ruhelage wieder kleiner, um anschließend negative Werte anzunehmen.

Ist das Kind schließlich wieder in der Gleichgewichtslage angekommen, dann ist eine Schwingungsperiode abgeschlossen und die Schwingung beginnt erneut. Die Zeitdauer, die das Kind benötigt, um eine komplette Schwingung zu durchlaufen, wird **Periodendauer** T genannt. Die Anzahl der Perioden pro Sekunde nennt man die **Frequenz** f der Schwingung. Die Einheit der Frequenz ist $\frac{1}{s}$ und wird in **Hertz** (Hz) angegeben (nach dem Physiker HEINRICH HERTZ). Eine Schwingung pro Sekunde entspricht einer Frequenz von einem Hertz (1 Hz). Wird für den kompletten Durchlauf einer Schwingungsperiode z. B. eine halbe Sekunde benötigt, entspricht die Frequenz 2 Perioden pro Sekunde, also 2 Hz. Für die Frequenz f gilt dementsprechend:

$$f = \frac{1}{T} \text{ mit } [f] = \frac{1}{s} = 1 \text{ Hz (Hertz)}.$$

Schwingungen können auch andere Schwingungsrichtungen aufweisen als das in Bild **B1** dargestellte Beispiel. Bei einem Feder-Masse-Pendel findet die Schwingung z. B. in vertikaler Richtung statt (Bild **B2**). Das Massestück wird aus der Gleichgewichtslage angehoben und losgelassen. Beim erneuten Erreichen der Gleichgewichtslage hat es die größte Geschwindigkeit. Im tiefsten Punkt kommt es kurz zum Stillstand, um sich dann wieder in entgegengesetzte Richtung zu bewegen.

> **❗ Merksatz**
>
> Schwingungen lassen sich durch Amplitude A, Frequenz f und Periodendauer T beschreiben. Für die Frequenz f und die Periodendauer T gilt:
>
> $$f = \frac{1}{T}.$$
>
> Die Periodendauer wird in Sekunden gemessen, die Frequenz hat die Einheit 1 Hz (Hertz).

Darstellung von Schwingungsvorgängen. In Bild **B3** ist die Schaukelbewegung mit einem einfachen Aufbau nachgestellt. Dazu wird ein kleiner Plastiktrichter mit sehr dünnem Auslass an zwei Fäden befestigt. Der Trichter wird mit Sand gefüllt, der während der Schwingung herausrieselt. Zieht man einen langen Papierstreifen gleichmäßig unter dem schwingenden Trichter entlang, wird der zeitliche Verlauf der Schwingung sichtbar. So werden die einzelnen Phasen der Schwingung deutlich, die sich fortlaufend wiederholen: das Auslenken, die Bewegung in Richtung der Ruhelage und darüber hinaus bis zur erneuten Richtungsumkehr usw. Auf diese Weise lässt sich ein einfacher Schwingungsschreiber anfertigen. Die Schwingungsbewegung hält so lange an, bis sie durch Reibungskräfte allmählich zum Stillstand kommt.

Die Zinken einer Stimmgabel zeigen ebenfalls eine gleichmäßige Schwingungsbewegung, die z. B. auf einer (etwa mit einem Campinggasbrenner) berußten Glasplatte dargestellt werden kann. Mit fortschreitender Zeit nimmt die Auslenkung auch hier ab. Die anfangs zugeführte Energie wird durch Reibung und Abgabe von Schall abgeführt. Sowohl die Schwingung des Trichters als auch die Schwingung der Stimmgabel sind gedämpft. Je schneller sie abklingen, desto stärker ist die **Dämpfung**. Ohne Energieabgabe würde die Schwingung ewig andauern. Diesen (nie ganz zu verwirklichenden) Idealfall nennt man eine freie oder **ungedämpfte Schwingung**.

Mit einem Lautsprecher lässt sich im Gegensatz zur Stimmgabel ein anhaltender Ton erzeugen. Dazu schließt man den Lautsprecher an einen Funktionsgenerator an, der die Lautsprechermembran zu einer gleichmäßig andauernden Schwingung zwingt (erzwungene Schwingung). Der Lautsprechermembran wird während der Schwingung, anders als bei der Stimmgabel, kontinuierlich Energie zugeführt. Betrachtet man den zeitlichen Verlauf der Bewegung einer solchen Lautsprechermembran, sieht man eine Sinuskurve, da die Schwingungsamplitude nicht abnimmt. Schwingungen, die im $s(t)$-Diagramm eine Sinuskurve ergeben, werden als **harmonische Schwingungen** bezeichnet (Bild **B4**). Die andauernde harmonische Schwingung der Lautsprechermembran erzeugt Schallwellen, die unser Gehör als anhaltenden „Sinus"-Ton wahrnimmt.

Charakteristische Größen. Aus einem $s(t)$-Diagramm einer Schwingung können **Auslenkung, Amplitude** und **Periodendauer** der Schwingung direkt abgelesen werden. Diese Größen verwendet man auch zur Beschreibung von nicht harmonischen Schwingungen.

Die Periodendauer muss nicht zwingend zu dem Zeitpunkt abgelesen werden, in dem die Auslenkung null beträgt. Bei der Verwendung von elektronischen Messwerterfassungssystemen greift man oft auf die Betrachtung der Orte maximaler Auslenkung zurück (Bild **B4**). Zur Steigerung der Messgenauigkeit betrachtet man zudem nicht nur einen Schwingungsvorgang, sondern mehrere.

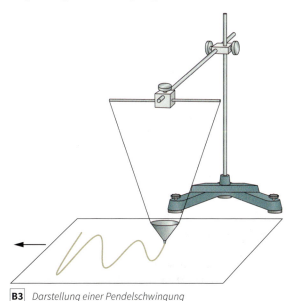

B3 *Darstellung einer Pendelschwingung*

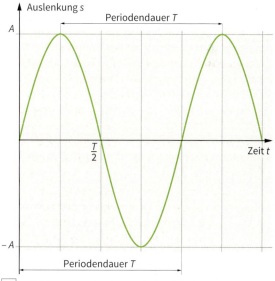

B4 *$s(t)$-Diagramm einer harmonischen Schwingung*

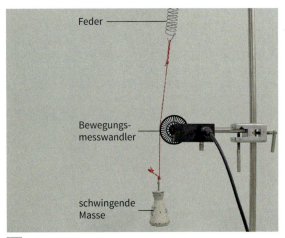

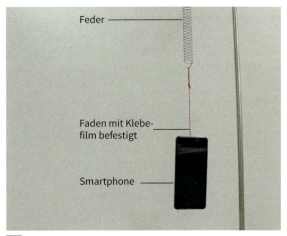

Erfassen von periodischen Prozessen. Die quantitative Beschreibung von Schwingungen setzt eine Datenerfassung voraus, die auf vielfältige Art und Weise erfolgen kann. Während mit Lineal und Stoppuhr zumindest bei einigen Schwingungen Frequenz und Amplitude bestimmt werden können, erfordert eine präzisere Beschreibung den Einsatz elektronischer Messwerterfassung. Hier werden durch den Einsatz von Sensoren Auslenkung, Beschleunigung oder wirkende Kraft gemessen.

Um die Zeitabhängigkeit der Auslenkung zu untersuchen, kann statt einer Videoanalyse auch ein Bewegungsmesswandler eingesetzt werden. In Bild **B1** ist ein Massestück als Pendelkörper durch eine Schnur mit der Feder verbunden. Die Schnur wird über ein kleines Rad des Bewegungsmesswandlers geführt. Die Bewegung des Rades wird an einen Computer übermittelt. Zum Zeitpunkt $t = 1$ s wurde das Pendel nach unten ausgelenkt und bei $t = 2$ s losgelassen. Während die Amplitude stark abnimmt, bleibt die Periodendauer erhalten.

Durch die Verwendung der elektronischen Messwerterfassung lässt sich zu jedem Zeitpunkt die Auslenkung erfassen (Bild **B2**). Die Periodendauer lässt sich am besten über mehrere Schwingungen hinweg bestimmen. Von $t = 2,5$ s bis $t = 8$ s werden insgesamt acht vollständige Schwingungen durchlaufen. Die Periodendauer T beträgt also $T = \frac{1}{8} \cdot (8\ \text{s} - 2,5\ \text{s}) \approx 0,7$ s. Gerade bei schnell ablaufenden Prozessen, z. B. im elektrischen Schwingkreis, sind Periodendauer und Frequenz ohne technische Hilfe kaum messbar.

Datenerhebung mit dem Smartphone. Während beim Einsatz des Bewegungsmesswandlers die Reibung zwischen Schnur und Messwandler die Schwingung stark dämpft, können die eingebauten Sensoren im Smartphone Schwingungen direkt aufzeichnen. Die vorhandenen Beschleunigungssensoren stellen die erforderlichen Daten bereit (Bild **B4**). Während die Auslenkung nicht direkt ablesbar ist, kann aus dem Graphen die Periodendauer ermittelt werden. Sie beträgt hier $T = \frac{1}{12} \cdot (12{,}730\ \text{s} - 0{,}178\ \text{s}) = 1{,}046$ s.

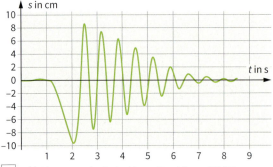

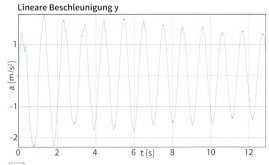

Variation von Frequenz und Amplitude. Die Schwingungsfrequenz einer Stimmgabel ist kaum veränderbar. Dagegen lässt sich mit Hilfe eines Tongenerators ein Lautsprecher mit veränderlicher Frequenz betreiben. Bild **B5** zeigt die Sinuskurven von Schwingungen mit unterschiedlicher Frequenz und Amplitude. Die blaue Kurve stellt eine Schwingung mit einer Frequenz von 1 Hz dar. An der grünen bzw. roten Kurve kann man aus der Periodendauer eine Frequenz von 0,5 Hz ablesen. Die Amplitude der durch die grüne Kurve dargestellten Schwingung ist zudem doppelt so groß wie die Amplitude der Schwingung, die zur roten Kurve gehört.

> ⚠️ **Merksatz**
>
> Schwingungen im Alltag sind oft gedämpft, d. h., ihre Amplitude nimmt im Laufe der Zeit ab.
> Bei erzwungenen Schwingungen wird dem Schwingungssystem Energie zugeführt.
> Zeigt das $s(t)$-Diagramm eine Sinuskurve, spricht man von einer harmonischen Schwingung.
> Aus dem $s(t)$-Diagramm lassen sich Amplitude und Periodendauer direkt ablesen. Aus der Periodendauer kann die Frequenz ermittelt werden.

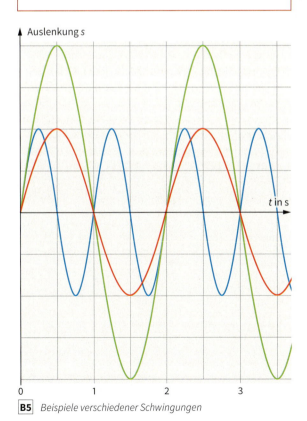

B5 *Beispiele verschiedener Schwingungen*

Arbeitsaufträge

1 ➡️ Nennen Sie weitere Beispiele für Schwingungsvorgänge, die im Alltag vorkommen, und gehen Sie dabei auch auf die Dämpfung der Bewegung ein.

2 ➡️ Eine Schaukel auf einem Jahrmarkt benötigt für fünf volle Schwingungen 16 Sekunden. Berechnen Sie die Periodendauer und die Frequenz.

3 ↗ Ermitteln Sie für die folgenden $s(t)$-Diagramme jeweils die charakteristischen Größen der Schwingung.

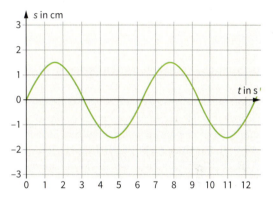

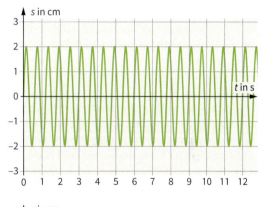

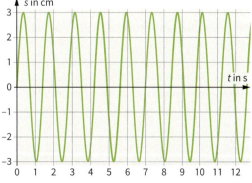

4.2 Das Feder-Masse-Pendel

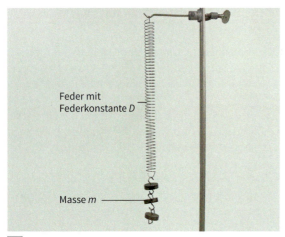

B1 *Aufbau zum Feder-Masse-Pendel*

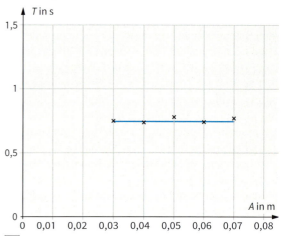

B2 *T(A)-Diagramm des Feder-Masse-Pendels*

Untersuchung der Periodendauer. In diesem Abschnitt werden die Gesetzmäßigkeiten einer Schwingung genauer untersucht. Als eine charakteristische Größe einer Schwingung bereits wurde im vorigen Abschnitt die Periodendauer T thematisiert. Sie beschreibt, wie viel Zeit ein schwingungsfähiges System für eine vollständige Schwingung benötigt. Von welchen Faktoren die Schwingungsdauer abhängt, wurde allerdings noch nicht betrachtet. Als erstes Schwingungssystem wird in Versuch **V1** ein Feder-Masse-Pendel verwendet. Es wird untersucht, welche Größen eine Auswirkung auf die Periodendauer des Pendels haben.

In der Durchführung des Versuchs können drei Größen variiert werden. Die Veränderung der Amplitude A des Pendels bei Auslenkung, die „Federhärte" – dargestellt durch die Federkonstante D – sowie die angehängte Masse m könnten Einfluss auf den Schwingungsprozess und somit auf die Periodendauer T aufweisen. Bei der systematischen Untersuchung ist es zentral, dass die beiden anderen Größen über das Experiment hinweg konstant gehalten werden.

Einfluss der Amplitude auf die Periodendauer. Werden verschiedene Startauslenkungen in Versuch **V1** gewählt, so zeigt sich keine systematische Veränderung der Periodendauer (Bild **B2**). Die Schwankungen sind durch Messungenauigkeiten zu begründen. Für die weiteren Untersuchungen ist die Berücksichtigung der maximalen Auslenkung, also der Amplitude, nicht weiter erforderlich. Sie wird daher in der Auswertung der Daten (Tabellen **T2** und **T3** in Versuch **V1**) nicht berücksichtigt.

V1 Abhängigkeiten der Periodendauer

Zur quantitativen Untersuchung der Abhängigkeit der Periodendauer T von der Amplitude A, der Masse m und der Federkonstanten D werden mehrere Messreihen aufgenommen. Dazu werden verschiedene Federn und Massestücke benötigt. Die Amplitude wird anhand der Auslenkung mit einem Lineal bestimmt.

Um die Periodendauer möglichst genau anzugeben, wird jeweils die Zeit für 10 Perioden mit einer Stoppuhr gemessen und die Periodendauer berechnet. Die folgenden Tabellen zeigen die Daten der drei Messreihen.

A in m	0,03	0,04	0,05	0,06	0,07
T in s	0,75	0,73	0,77	0,73	0,76

T1 *Variation der Amplitude A unter Verwendung von $m = 0,15$ kg und $D = 9,0 \frac{N}{m}$*

m in kg	0,050	0,100	0,150	0,200	0,250
T in s	0,52	0,72	0,88	1,00	1,12

T2 *Variation der Masse m unter Verwendung von $D = 9,0 \frac{N}{m}$*

D in $\frac{N}{m}$	5,0	9,0	16,0	25,0
T in s	1,22	0,88	0,63	0,57

T3 *Variation der Federkonstante D unter Verwendung von $m = 0,15$ kg*

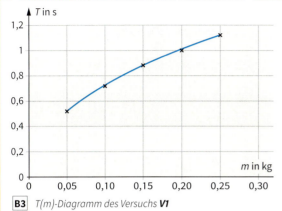

B3 T(m)-Diagramm des Versuchs **V1**

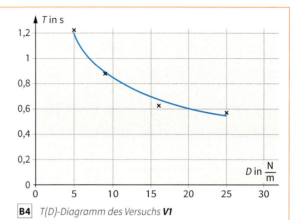

B4 T(D)-Diagramm des Versuchs **V1**

Abhängigkeit der Periodendauer von der angehängten Pendelmasse m. Die grafische Darstellung der Messdaten in Bild **B3** zeigt deutlich, dass es sich weder um einen linearen noch um einen proportionalen Zusammenhang zwischen beiden Größen handelt. Um ein mögliches mathematisches Modell zu erhalten, wird zunächst eine Potenzregression durchgeführt. Mit der Masse m auf der x-Achse sowie der Schwingungsdauer T auf der y-Achse liefert z. B. ein Taschenrechner als mögliche Regression

$$y = 2{,}2 \cdot x^{0{,}48}.$$

Das Ergebnis deutet darauf hin, dass die Periodendauer T proportional zur Quadratwurzel der Masse m ist. Dieser Schluss kann auch über die Betrachtung der Quotienten $\frac{T}{\sqrt{m}}$ erfolgen, die nahezu konstant sind. Unter Berücksichtigung der Einheiten gilt hier:

$$T = 2{,}2 \, \frac{\text{s}}{\sqrt{\text{kg}}} \cdot \sqrt{m}.$$

Abhängigkeit der Periodendauer von der Federkonstanten D. Zur Auswertung von Tabelle **T3** wird eine ähnliche Strategie verwendet wie zuvor (Bild **B4**). Eine entsprechende Potenzregression mit der Federkonstanten D auf der x-Achse und der Periodendauer T auf der y-Achse führt zur Gleichung:

$$y = 2{,}6 \cdot x^{-0{,}49}.$$

Sie liegt die Vermutung nahe, dass die Periodendauer T antiproportional zur Quadratwurzel der Federkonstanten D ist. Unter Berücksichtigung der Einheiten folgt somit:

$$T = 2{,}6 \, \text{s} \cdot \sqrt{\frac{\text{m}}{\text{N}}} \cdot \frac{1}{\sqrt{D}}.$$

Zusammenführung der Proportionalitäten. Da die Periodendauer T nach Versuch **V1** sowohl von der angehängten Masse m als auch von der Federkonstanten D abhängig ist, werden beide Proportionalitäten zusammengeführt.

$$T \sim \sqrt{m} \quad \text{und} \quad T \sim \frac{1}{\sqrt{D}}.$$

Es folgt somit:

$$T \sim \sqrt{\frac{m}{D}}.$$

Zu Ermittlung des Proportionalitätsfaktors kann entweder eine grafische Auswertung erfolgen oder es können die Quotienten berechnet werden. Unter Verwendung von Tabelle **T2** und **T3** erhält man:

m in kg	0,050	0,100	0,150	0,200	0,250
T in s	0,52	0,72	0,88	1,00	1,12
$\sqrt{\frac{m}{D}}$	0,07	0,11	0,13	0,15	0,17
$\frac{T}{\sqrt{\frac{m}{D}}}$	6,98	6,83	6,82	6,71	6,72

Der Mittelwert der Quotienten in der 4. Zeile ist 6,81. Der Proportionalitätsfaktor ist einheitenlos, da die Einheiten sich herauskürzen:

$$\left[\frac{T}{\sqrt{\frac{m}{D}}} \right] = \frac{\text{s}}{\sqrt{\frac{\text{kg} \cdot \text{m}}{\text{N}}}} = \frac{\text{s}}{\sqrt{\text{s}^2}}.$$

Als im Experiment gewonnener Zusammenhang folgt also:

$$T = 6{,}8 \cdot \sqrt{\frac{m}{D}}.$$

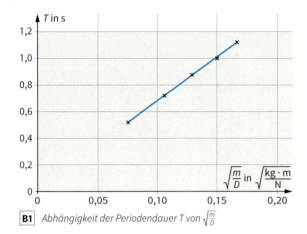

B1 Abhängigkeit der Periodendauer T von $\sqrt{\frac{m}{D}}$

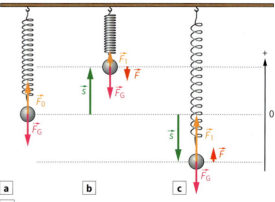

B2 Kräfte bei Auslenkungen eines Feder-Masse-Pendels

Periodendauer T des Feder-Masse-Pendels. ▶

Die Auswertung der Quotienten auf der vorherigen Methodenseite zeigt die Proportionalität zwischen der Periodendauer und der Wurzel aus den Pendeleigenschaften. Neben der Betrachtung der Quotienten kann auch eine grafische Auswertung der Messwerte erfolgen. Dazu werden die zuvor betrachteten Proportionalitäten grafisch dargestellt (Bild **B1**).

Die aufbereiteten Messpunkte liegen – wie erwartet – auf einer Ursprungsgeraden. Mittels Potenzregression erhält man näherungsweise den funktionalen Zusammenhang:

$$y = 6{,}03 \cdot x^{0{,}95}.$$

Physikalisch interpretiert folgt entsprechend:

$$T \approx 6{,}0 \cdot \sqrt{\frac{m}{D}}.$$

Dabei wird deutlich, dass Quotientenbildung und Regression den Proportionalitätsfaktor lediglich annähern können. Der exakte Proportionalitätsfaktor beträgt 2π und kann beispielsweise durch eine Auswertung einer Kräftebetrachtung bestätigt werden.

⚠ Merksatz

> Die Periodendauer eines Feder-Masse-Pendels ist proportional zur Quadratwurzel der Masse m des Pendels und antiproportional zur Quadratwurzel der Federkonstanten D.
>
> $$T = 2\pi \cdot \sqrt{\frac{m}{D}}.$$

Kräftebetrachtung beim Feder-Masse-Pendel.

Ausgehend von den Momentaufnahmen der Schwingung eines Feder-Masse-Pendels in Bild **B2** lassen sich folgende physikalische Sachverhalte festhalten. Dabei genügt es, die Beträge mit Vorzeichen zu betrachten:

a) Beim Durchgang durch die Gleichgewichtslage hebt die nach oben gerichtete (positive) Zugkraft F_0 der Feder die nach unten gerichtete (negative) Gewichtskraft F_G gerade auf: $F_G = -F_0$ (Bild **B2a**). Also gilt für die Gesamtkraft F:

$$F = F_G + F_0 = 0.$$

b) Bei einer Auslenkung des Körpers um $s > 0$ nach oben verringert sich die jetzt nach oben wirkende Zugkraft der Feder auf $F_1 = F_0 - D \cdot s$, also um genau den Anteil, um den die Feder nun weniger gedehnt ist. Jetzt überwiegt die Gewichtskraft und es ergibt sich eine nach unten gerichtete resultierende Kraft (Bild **B2b**):

$$F = F_G + F_1$$
$$= F_G + F_0 - D \cdot s$$
$$= 0 - D \cdot s = -D \cdot s < 0.$$

c) Bei einer Auslenkung des Körpers um $s < 0$ nach unten vergrößert sich die nach oben wirkende Zugkraft der Feder auf $F_1 = F_0 - D \cdot s$. Die Auslenkung s ist hier negativ, sodass $-D \cdot s$ positiv ist. Es überwiegt jetzt die Federkraft und die resultierende Kraft nach oben ist (Bild **B2c**):

$$F = F_G + F_1$$
$$= F_G + F_0 - D \cdot s$$
$$= 0 - D \cdot s = -D \cdot s > 0.$$

Es lässt sich also festhalten, dass die Rückstellkraft F proportional zur Auslenkung s ist. Es gilt das Auslenkungs-Kraft-Gesetz $F = -D \cdot s$ mit der Federkonstanten D. Das Minuszeichen zeigt dabei an, dass die Rückstellkraft F immer entgegengesetzt zur momentanen Auslenkung s ist, also immer zur Ruhelage hin, zeigt.

Eine Rückstellkraft F, die proportional zur Auslenkung s ist, gibt es auch bei anderen schwingenden Systemen, z.B. dem Fadenpendel. Deshalb nennt man den Proportionalitätsfaktor D zwischen der Rückstellkraft F und der Auslenkung s allgemein **Richtgröße** des Systems.

* **Beispielaufgabe: Schwingendes Handy**

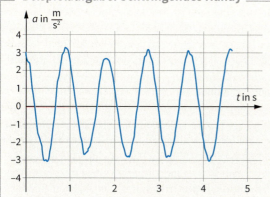

Das $a(t)$-Diagramm zeigt die periodische Bewegung eines an einer Feder befestigten Mobiltelefons ($m = 224$ g).
Ermitteln Sie unter Verwendung des Diagramms die Federkonstante D der Feder.

Lösung:
Durch Auswertung des $a(t)$-Diagramms über mehrere Perioden wird $T = \frac{1}{5} \cdot 4{,}62$ s $= 0{,}92$ s bestimmt. Gesucht ist die Federkonstante D, die anhand der Periodendauer T berechnet werden kann

$$T = 2\pi \cdot \sqrt{\frac{m}{D}}.$$

Um den Term nach der Federkonstanten D aufzulösen, werden zunächst beide Seiten der Gleichung quadriert, ehe nach D umgeformt wird:

$$T^2 = 4\pi^2 \cdot \frac{m}{D}$$

$$D = 4\pi^2 \cdot \frac{m}{T^2} = 4\pi^2 \cdot \frac{0{,}224 \text{ kg}}{(0{,}92 \text{ s})^2} = 10{,}4 \, \frac{\text{N}}{\text{m}}.$$

⊟ **Exkurs: Deduktives und induktives Vorgehen**

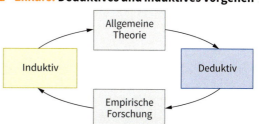

Die Formel zur Berechnung der Periodendauer des Feder-Masse-Pendels wurde aus Messwerten abgeleitet. Dieses Verfahren wird als induktiv charakterisiert: Ausgehend von empirisch erhaltenen Daten wird der Zusammenhang $T \sim \sqrt{\frac{m}{D}}$ formuliert.
Beim deduktiven Vorgehen wird ausgehend von theoretischen Überlegungen das Verhalten des Feder-Masse-Pendels vorhergesagt. Im Folgenden kann durch Messungen überprüft werden, ob die deduzierte Aussage zutrifft. Dieses Verfahren wird auf S. 105 durch die Betrachtung der Differenzialgleichung angewandt.

Arbeitsaufträge

1 ↗ Zeigen Sie anhand eines $s(t)$-Diagramms, dass Bild **B2b** bzw. Bild **B2c** verschiedene Momente einer Schwingung darstellen könnte, für die gilt:
a) s ist die maximale Auslenkung,
b) s ist kleiner als diese,
c) die Kugel bewegt sich nach oben,
d) die Kugel bewegt sich nach unten.

2

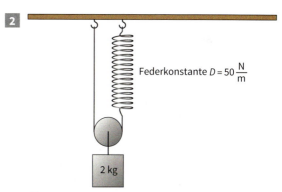

Federkonstante $D = 50 \, \frac{\text{N}}{\text{m}}$

2 kg

↗ Ein Massestück wird ausgelenkt und beschreibt eine Schwingung. Die Abbildung zeigt den Aufbau des Versuchs sowie die Kenngrößen des Feder-Masse-Pendels. Berechnen Sie die Periodendauer T und die Frequenz f der Schwingung. Reibung sowie Massen von Feder und Rolle können vernachlässigt werden.

4.3 Zeigerformalismus

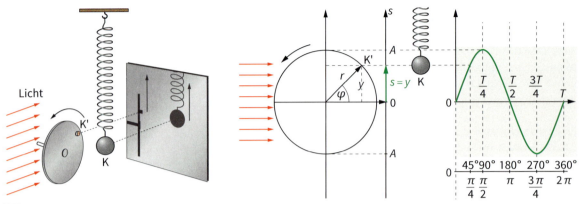

B1 a) Der Schatten des auf einem Kreis umlaufenden Körpers K′ hat die gleiche Höhe wie der des Körpers K des Federpendels.
b) Die Projektion der Kreisbewegung und der Schwingung des Pendels lassen sich als Sinuskurve darstellen.

Schwingung und Kreisbewegung. Bild **B1a** zeigt einen Korken K′ an einem rotierenden Plattenteller. Die Rotation wird dabei so eingestellt, dass die Umlaufdauer des Korkens genau der Periodendauer des Pendels entspricht. Betrachtet man die Projektion des Korkens in seitlich einfallendem Licht, erkennt man einen vertikalen Schatten, der sich bei der Rotation der Scheibe auf und ab bewegt.

Die Kugel K des Federpendels befindet sich in ihrer Ruhelage in Höhe der Drehachse. Sie wird nach unten um die Strecke ausgelenkt, die dem Radius des Kreises entspricht, der vom Korken durchlaufen wird. Wird die Kugel K in dem Moment freigegeben, in dem der Korken K′ den tiefsten Punkt erreicht, so stimmen die Schattenbewegungen von Korken und Kugel eine Zeit lang überein, sie befinden sich immer in gleicher Höhe.

Aus der Projektion der Kreisbewegung lässt sich eine Sinuskurve gewinnen. Dies kann man an den Schattenbewegungen erkennen (Bild **B1b**). Während sich der Korken K′ auf einer Kreisbahn mit dem Radius r bewegt, pendelt die Kugel K auf der s-Achse um ihre Gleichgewichtslage ($s = 0$). Die y-Koordinate von K′ stimmt dabei in jedem Moment mit der Auslenkung s von K überein. Also ist

$$s = y = r \cdot \sin(\varphi) \text{ mit der Amplitude } A = r.$$

Hierbei ist $s = s(t)$ die Auslenkung zum Zeitpunkt t. $\varphi = \varphi(t)$ gibt den Winkel φ zu diesem Zeitpunkt an. Man nennt $\varphi(t)$ den **Phasenwinkel** oder (kurz) die **Phase** der Schwingung zur Zeit t. φ wird üblicherweise im Bogenmaß angegeben. Diese Größen werden durch die Stellung des **Zeigers** in Bild **B1b** erfasst. ▶

Startet man eine Uhr in dem Augenblick, in dem sich die Kugel und der Korken in Phase durch die Ruhelage nach oben bewegen, also zum Zeitpunkt $t = 0$, dann ist die Phase $\varphi(0) = 0$ und $\varphi(t) \sim t$. In gleichen Zeitintervallen nimmt der Phasenwinkel φ also immer um den gleichen Betrag zu.

Die Zunahme des Winkels mit der Zeit ist durch die **Winkelgeschwindigkeit** $\omega = \frac{\varphi}{t}$ gekennzeichnet, mit der der Zeiger rotiert. Für den Phasenwinkel gilt also $\varphi = \omega \cdot t$. Setzt man dies in die vorherige Gleichung ein, erhält man für die Federschwingung den Zusammenhang:

$$s(t) = A \cdot \sin(\varphi) = A \cdot \sin(\omega \cdot t).$$

Zur Messung von ω nutzt man die Periodendauer T, die die Zeitdauer einer vollständigen Schwingungsperiode, also einer ganzen Zeigerumdrehung, angibt. In dieser Zeit T überstreicht der Zeiger den Winkel $\varphi = 2\pi$ (Bogenmaß). Der Zeiger hat sich somit einmal gedreht. Daraus erhält man die Winkelgeschwindigkeit $\omega = \frac{\varphi}{t} = \frac{2\pi}{T}$. Mit der Frequenz $f = \frac{1}{T}$ folgt:

$$\omega = \frac{\varphi}{t} = \frac{2\pi}{T} = 2\pi \cdot f.$$

❗ Merksatz

Beim Feder-Masse-Pendel kann die Schwingung

$$s(t) = A \cdot \sin(\omega \cdot t)$$

des Pendelkörpers durch einen rotierenden Zeiger beschrieben werden (Zeigerdarstellung).
$\omega = \frac{2\pi}{T} = 2\pi \cdot f$ ist die Winkelgeschwindigkeit des Zeigers, A dessen Länge und $\varphi(t) = \omega \cdot t$ sein Phasenwinkel zum Zeitpunkt t.

Die Differenzialgleichung einer Schwingung. Für den Bewegungsablauf eines Feder-Masse-Pendels gilt das lineare Kraftgesetz $F = -D \cdot s(t)$. Zudem ist das newtonsche Gesetz $F = m \cdot a(t)$ bei einer Federschwingung gültig. Gleichsetzen der beiden Formeln ergibt

$$m \cdot a(t) = -D \cdot s(t). \qquad (1)$$

Aus der Mechanik ist bekannt, dass $a(t)$ eine Beschleunigung darstellt, in diesem Fall die des Pendels. Sie kann beschrieben werden durch:

$$a(t) = \lim_{\Delta t \to 0} \frac{\Delta v}{\Delta t} = v'(t) = \frac{dv}{dt} = \dot{v}(t).$$

$v(t)$ ist die Geschwindigkeit v des Pendels:

$$v(t) = \lim_{\Delta t \to 0} \frac{\Delta s}{\Delta t} = s'(t) = \frac{ds}{dt} = \dot{s}(t).$$

$a(t)$ stellt also die zeitliche Änderung der Geschwindigkeitsfunktion $v(t)$ dar und $v(t)$ die zeitliche Änderung der Ortsfunktion $s(t)$, und zwar zu jedem Zeitpunkt t. Mit $a(t) = \dot{v}(t) = \ddot{s}(t)$ ergibt sich dann aus Gleichung (1):

$$m \cdot \ddot{s}(t) = -D \cdot s(t). \qquad (2)$$

Gleichung (2) ist eine sogenannte **Differenzialgleichung**. Sie verknüpft die Funktion $s(t)$ mit ihrer zweiten Ableitung $\ddot{s}(t)$. Bisher sind im Unterricht nur Gleichungen mit Zahlen als Lösungen thematisiert worden. Bei Differenzialgleichungen werden dagegen *Funktionen* als Lösung gesucht. Hier ist es eine Funktion $s(t)$, die proportional zu ihrer zweiten Ableitung $\ddot{s}(t)$ ist.

Die Funktion $s(t) = A \cdot \sin(\omega \cdot t)$ erfüllt Gleichung (2). Um dies zu prüfen, bildet man die Ableitungen von $s(t)$:

$$s(t) = A \cdot \sin(\omega \cdot t),$$
$$\dot{s}(t) = \omega \cdot A \cdot \cos(\omega \cdot t),$$
$$\ddot{s}(t) = -\omega^2 \cdot A \cdot \sin(\omega \cdot t) = -\omega^2 \cdot s(t),$$

und setzt $s(t)$ und $\ddot{s}(t)$ in Gleichung (2) ein

$$-m \cdot \omega^2 \cdot s(t) = -D \cdot s(t)$$
$$m \cdot \omega^2 = D. \qquad (3)$$

Beide Seiten von Gleichung (3) stimmen genau dann zu jedem Zeitpunkt überein, wenn die Faktoren $m \cdot \omega^2$ und D gleich sind. Für die Winkelgeschwindigkeit ω gilt der bekannte Zusammenhang:

$$\omega = 2\pi \cdot f = \frac{2\pi}{T}.$$

Setzt man diesen Zusammenhang in Gleichung (3) ein, ergibt sich für die Periodendauerdauer T:

$$T = 2\pi \cdot \sqrt{\frac{m}{D}}.$$

Der Faktor 2π wurde in **Abschnitt 4.2** auch experimentell ermittelt ($T \approx 6 \cdot \sqrt{\frac{m}{D}}$).

> **! Merksatz**
>
> Die Differenzialgleichung
>
> $$m \cdot a(t) = m \cdot \ddot{s}(t) = -D \cdot s(t)$$
>
> wird durch die Schwingungsgleichung
>
> $$s(t) = A \cdot \sin(\omega \cdot t) \text{ erfüllt.}$$
>
> Dabei ist die Winkelgeschwindigkeit gegeben durch $\omega = 2\pi \cdot f = \frac{2\pi}{T}$ und die Periodendauer durch $T = 2\pi \cdot \sqrt{\frac{m}{D}}$.

Arbeitsaufträge

1 ⇒ Schwingungen können unterschiedliche Amplituden und Periodendauern bzw. Frequenzen haben. Dies lässt sich an der Sinuskurve oder der Zeigerrotation bzw. -länge ablesen.

Folgende Gleichung ist eine mathematische Beschreibung für eine Schwingung mit der Amplitude 2 cm und der Periodendauer 5 s:

$$s(t) = 2 \text{ cm} \cdot \sin\left(\frac{2\pi}{5 \text{ s}} \cdot t\right).$$

Skizzieren Sie jeweils ein $s(t)$-Diagramm der folgenden Schwingungen. Geben Sie auch die Amplitude und die Periodendauer an.

$$s_1(t) = 5 \text{ cm} \cdot \sin\left(\frac{2\pi}{0,5 \text{ s}} \cdot t\right), \quad s_2(t) = 0,5 \text{ cm} \cdot \sin\left(\frac{2\pi}{1 \text{ s}} \cdot t\right)$$

2 ↗ Zwei identische Feder-Masse Pendel wurden kurz nacheinander ausgelenkt. Die Schwingung wird aufgezeichnet und ist für jede Feder einzeln und im Bild unten für beide Pendel zusammen dargestellt.

a) Erklären Sie mit Hilfe der Abbildung, was unter der Phase einer Schwingung und der Phasendifferenz zweier Schwingungen zu verstehen ist.

b) Erläutern Sie die Vorteile der Zeigerdarstellung in diesem Zusammenhang.

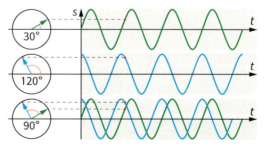

4.4 Fadenpendel und Energiebetrachtung

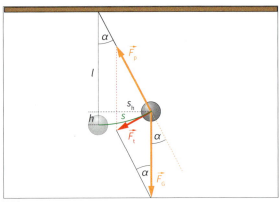

Das Fadenpendel. In seinem Roman „Das Foucault'sche Pendel" beschreibt UMBERTO ECO die erste Begegnung des Protagonisten mit dem riesigen Fadenpendel im Pariser Panthéon (Bild **B1**). Ein massereicher Körper ist an einem sehr langen Draht befestigt und bewegt sich mit konstanter Periodendauer T. Dabei lässt Eco den Protagonisten bereits die Fadenlänge l als eine relevante Größe der Schwingungsdauer benennen.

Kräfte am Fadenpendel. Neben der Untersuchung im Experiment kann die Bestimmung der Periodendauer T auch durch eine Kräftebetrachtung erfolgen. In der Gleichgewichtslage sind die Gewichtskraft $\vec{F}_G$ und die den Faden spannende Kraft $\vec{F}_p$ gleich groß. Die Summe beider Kräfte ist null, es herrscht Kräftegleichgewicht. Es wirkt also auch keine Rückstellkraft.

Wird das Fadenpendel aus der Gleichgewichtslage ausgelenkt, bewegt sich der Pendelkörper längs eines Kreisbogens s mit dem Radius l (Bild **B2**). Die Gewichtskraft $\vec{F}_G = m \cdot \vec{g}$ und die Kraft $\vec{F}_p$ wirken nach wie vor auf das Pendel. Ihre Summe ist jetzt jedoch ungleich null. Die resultierende Rückstellkraft $\vec{F}_t$ auf das Pendel wirkt zur Ruhelage hin.

Die Rückstellkraft $\vec{F}_t$, die tangential zum Kreisbogen wirkt, ist der maßgebliche Anteil für die Bewegung des Pendels. $\vec{F}_t$ wirkt als Rückstellkraft des Schwingungssystems immer zur Gleichgewichtslage hin und zeigt demnach in oder entgegen der Bewegungsrichtung des Pendelkörpers. Da $\vec{F}_t$ während der Pendelbewegung die Richtung ändert, wird im Folgenden nur ihr Betrag F_t betrachtet.

Aus Bild **B2** lässt sich der folgende Zusammenhang ablesen:

$$F_t = F_G \cdot \sin(\alpha) \approx m \cdot g \cdot \frac{s_h}{l}.$$

Die Seite s_h des rechtwinkligen Dreiecks entspricht zwar nicht exakt der Strecke des Kreisbogens s; für kleine Auslenkungen, also kleine Winkel α des Pendels, nähert sich s_h aber immer mehr s an, sodass $s_h \approx s$ angenommen werden kann. Somit gilt näherungsweise:

$$F_t = m \cdot g \cdot \frac{s}{l}$$
$$= D \cdot s \quad \text{mit} \quad D = m \cdot \frac{g}{l}.$$

Diese Aussage ist jedoch nur für kleine Winkel gültig. Als Faustregel wird zumeist $\alpha < 10°$ angenommen. Analog zum Feder-Masse-Pendel ist die Rückstellkraft F_t proportional zur Auslenkung s. Es kann also nur für kleine Winkel davon ausgegangen werden, dass eine harmonische Schwingung vorliegt. Diese Einschränkung ist auch für die Richtgröße D des Systems zu beachten. Dann ergibt sich für die Periodendauer T des Fadenpendels:

$$T = 2\pi \cdot \sqrt{\frac{m}{D}} = 2\pi \cdot \sqrt{\frac{m \cdot l}{m \cdot g}} = 2\pi \cdot \sqrt{\frac{l}{g}}.$$

> **! Merksatz**
>
> Für kleine Auslenkungen schwingt das Fadenpendel harmonisch mit der Periodendauer
>
> $$T = 2\pi \cdot \sqrt{\frac{l}{g}}.$$

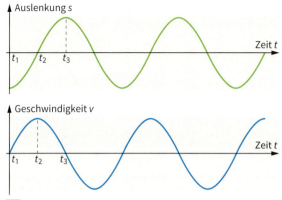

Auslenkung s

Zeit t

t_1 t_2 t_3

Geschwindigkeit v

Zeit t

t_1 t_2 t_3

B3 *a) s(t)-Diagramm und b) v(t)-Diagramm eines harmonisch schwingenden Pendels*

Energieerhaltung bei harmonischen Schwingungen. Die gesamte Energie E eines harmonisch schwingenden Pendels ist konstant, wenn die Reibung vernachlässigt wird. Die Energie teilt sich auf in Bewegungsenergie (kinetische Energie) E_{kin} und potenzielle Energie E_{pot}. Die potenzielle Energie kann dabei in Form von Spannenergie vorliegen wie beim Feder-Masse-Pendel oder in Form von Lageenergie wie beim Fadenpendel. Beide Energieformen ändern sich im zeitlichen Verlauf, da zwischen E_{kin} und E_{pot} ein periodischer Wechsel stattfindet. Ihre Summe, die Gesamtenergie E, bleibt aber konstant. Es gilt: ▶

$$E = E_{kin} + E_{pot} = \text{konstant},$$

mit $E_{kin} = \frac{1}{2}m \cdot v^2$ und $E_{pot} = m \cdot g \cdot h$ beim Fadenpendel bzw. $E_{pot} = \frac{1}{2}D \cdot s^2$ beim Federpendel.

Anhand von $s(t)$- bzw. $v(t)$-Diagrammen lässt sich die Energieumwandlung verdeutlichen. Bild **B3** zeigt beide Diagramme für eine harmonische Schwingung.

Energiebilanz beim Fadenpendel. Im $s(t)$-Diagramm (grüne Kurve) lässt sich erkennen, dass zu Beginn der Schwingung (Zeitpunkt t_1) das Fadenpendel ausgelenkt wurde. Die potenzielle Energie des Pendels ist hier maximal, da die Auslenkung zu Beginn der Schwingung auch die maximale Höhe darstellt ($E_{pot} = m \cdot g \cdot h$).

Im Anschluss bewegt sich der Pendelkörper erst zur Gleichgewichtslage hin (Zeitpunkt t_2) und schließlich über die Gleichgewichtslage hinaus bis zur erneuten maximalen Auslenkung (Zeitpunkt t_3). Hier ist die potenzielle Energie erneut maximal. Die Gleichge-

wichtslage stellt den tiefsten Punkt der Pendelbewegung des Fadenpendels dar und die potenzielle Energie ist minimal.

Im $v(t)$-Diagramm ist zum Zeitpunkt t_1 die Geschwindigkeit des Pendelkörpers null. Der Pendelkörper hat demnach keine kinetische Energie. Beim Durchlaufen der Gleichgewichtslage (Zeitpunkt t_2) ist die Geschwindigkeit maximal. Zu diesem Zeitpunkt ist die potenzielle Energie vollständig in kinetische Energie umgewandelt. Bis zur erneuten maximalen Auslenkung des Pendels zum Zeitpunkt t_3 sinkt die kinetische Energie wieder auf null ab. Die Geschwindigkeit des Pendels wird kleiner und das Pendel kommt bei maximaler Auslenkung für einen kurzen Moment zum Stillstand.

❗ Merksatz

Die Gesamtenergie E einer harmonischen Schwingung ist bei Vernachlässigung von Reibungskräften konstant. Sie setzt sich aus potenzieller und kinetischer Energie des Schwingungssystems zusammen:

$$E = E_{kin} + E_{pot}$$

$$= \frac{1}{2}m \cdot v^2 + m \cdot g \cdot h \ (\text{Fadenpendel}) \quad \text{oder}$$

$$= \frac{1}{2}m \cdot v^2 + \frac{1}{2}D \cdot s^2 \ (\text{Federpendel}).$$

Arbeitsaufträge

1 ➡ Berechnen Sie die Periodendauer und die Frequenz des Pendels im Pariser Panthéon (Länge $l = 67$ m, Masse $m = 28$ kg).

2 ➡ Bei einem „Sekundenpendel" dauert die Bewegung von der Gleichgewichtslage zur maximalen Auslenkung und wieder zurück 1 s. Die Periodendauer T beträgt also 2 s.
Berechnen Sie, welche Fadenlänge ein solches „Sekundenpendel" hat.

3 ⬆ Eine Riesenschaukel auf dem Jahrmarkt hat eine Länge von 5 m. Berechnen Sie die Geschwindigkeit, mit der die Schaukel den tiefsten Punkt durchlaufen muss, damit sie gerade einen Überschlag schafft.

4.5 Resonanz

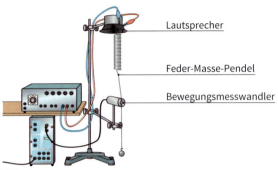

B1 Resonanz bei einem Feder-Masse-Pendel

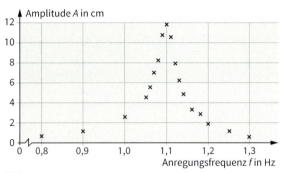

B2 Amplitude A als Funktion der Anregungsfrequenz

Erzwungene Schwingungen und Resonanz. In den vorangegangenen Betrachtungen wurde angenommen, dass das schwingende Objekt sich selbst überlassen bleibt – es führt freie Schwingungen mit seiner Eigenfrequenz f_0 aus. Es wird keine Energie von außen zugeführt. Mit fortlaufender Zeit nimmt dabei die Amplitude ab. Die Schwingung ist gedämpft. Damit die Amplitude konstant gehalten wird, muss man Energie zuführen. Man spricht von einer **erzwungenen Schwingung.**

Ein Feder-Masse-Pendel wird in erzwungene Schwingungen versetzt. Die Anregung erfolgt im Experiment (Bild **B1**) mit Hilfe eines Lautsprechers, auf den ein Haken geklebt wurde. Das Feder-Masse-Pendel wird hieran befestigt. Anschließend wird die **Anregungsfrequenz** f des Lautsprechers mit einem Funktionsgenerator verändert. Die Amplitude des Oszillators wird digital erfasst, dabei dauert es eine gewisse Zeit, bis sich eine nahezu konstante Amplitude einstellt.

Im Verlauf des Experiments ist zu beobachten, dass das Feder-Masse-Pendel nicht mit der Eigenfrequenz f_0, sondern mit der Erregerfrequenz f mitschwingt und eine bestimmte konstante Amplitude A annimmt. Nähert sich die Anregungsfrequenz f der Eigenfrequenz f_0 des Systems (Feder-Masse-Pendel), so steigt die Amplitude der Schwingung stark an. Es ist **Resonanz** zu beobachten. Liegt die Anregungsfrequenz nahezu bei der Eigenfrequenz, dann schwingen die Objekte besonders stark (Bild **B2**).

> ⚠ **Merksatz**
>
> Wird eine Schwingung von außen angeregt, bezeichnet man sie als erzwungene Schwingung. Nähert sich die Anregungsfrequenz der Eigenfrequenz des Systems, kommt es zur Resonanz.

Entstehung von Resonanz. Ein angeregtes System schwingt mit der Frequenz f der externen Anregung. Die Eigenfrequenz f_0 hat nach dem Einschwingvorgang lediglich einen Einfluss auf die Amplitude der Schwingung, aber nicht mehr auf deren Frequenz. Die Amplitude der Schwingung hängt stark vom Verhältnis der Anregungsfrequenz f zur Eigenfrequenz f_0 des Systems ab. Bild **B2** zeigt die Amplitude als Funktion der Anregungsfrequenz f im Experiment nach Bild **B1**.

Im Aufbau in Bild **B1** werden eine Feder mit der Federkonstanten $D = 3{,}1 \frac{\text{N}}{\text{m}}$ sowie die Masse $m = 66$ g verwendet. Das Feder-Masse-Pendel hat somit die Periodendauer:

$$T = 2\pi \cdot \sqrt{\frac{m}{D}} = 2\pi \cdot \sqrt{\frac{0{,}066 \text{ kg}}{3{,}1 \frac{\text{N}}{\text{m}}}} \approx 0{,}92 \text{ s}.$$

Die Eigenfrequenz f_0 des Feder-Masse-Pendels beträgt dann:

$$f_0 = \frac{1}{T} = \frac{1}{0{,}92 \text{ s}} \approx 1{,}10 \text{ Hz}.$$

In Bild **B2** hat die Amplitude ein Maximum in dem Bereich, in dem die externe Anregungsfrequenz und die Eigenfrequenz übereinstimmen. In diesem Frequenzbereich liegt somit Resonanz vor. Wenn sich die Anregungsfrequenz von der Eigenfrequenz zu höheren oder niedrigeren Werten entfernt, dann wird die Schwingungsamplitude immer kleiner.

Phasenverschiebung und Resonanz. Die Ursache für die verschieden großen Schwingungsamplituden bei der erzwungenen Schwingung ist die Phasenverschiebung zwischen der anregenden Kraft und der Schwingung. Die Schwingung geht im Allgemeinen nicht zu dem Zeitpunkt durch ihr Maximum, in dem die anregende Kraft maximal ist.

Es lassen sich mehrere Frequenzbereiche unterscheiden:

■ Für Anregungsfrequenzen weit unterhalb der Eigenfrequenz ist diese Phasenverschiebung gering, d. h., die Schwingung folgt der langsamen Anregung nahezu ohne Verzögerung.

■ Ist die Anregungsfrequenz schließlich viel größer als die Eigenfrequenz, ist der Oszillator viel zu träge, um der Erregung zu folgen. Man beobachtet nur noch ein leichtes Zittern des Oszillators, die Bewegung ist stets gegenphasig zur Erregung.

■ Stimmen Anregungs- und Eigenfrequenz überein, so sind die erregende Kraft und die Geschwindigkeit des Pendels in Phase. Dann erfolgt maximale Energieübertragung und es tritt Resonanz ein. Der Oszillator schwingt mit großer Amplitude.

> **❗ Merksatz**
>
> Die Amplitude einer erzwungenen Schwingung hat ein Maximum, wenn externe Anregungsfrequenz und Eigenfrequenz übereinstimmen. Dann sind erregende Kraft und Geschwindigkeit des Pendels in Phase. Die Energieübertragung ist maximal, es tritt Resonanz auf.

Resonanzkatastrophe. In Bild **B3** ist die Schwingungsamplitude als Funktion der Anregungsfrequenz für verschieden starke Dämpfungen dargestellt. Bei fehlender Dämpfung geht die Amplitude der Schwingung an der Stelle $f = f_0$ sogar gegen unendlich – ein Fall, der in der Natur allerdings nicht vorkommt, da letztendlich jedes schwingungsfähige System gedämpft ist. Aber auch bei recht schwacher Dämpfung kann die Schwingungsamplitude große Werte erreichen. In diesem Fall wird viel Energie von der Anregung auf das System übertragen. Die Amplitude kann so weit ansteigen, dass das System zerstört wird. Man spricht dann von einer **Resonanzkatastrophe.**

Durch kontinuierliche und regelmäßige Energiezufuhr, zum Beispiel durch Fußgänger oder Wind, können Brücken in Resonanz versetzt werden. Die im Jahr 2000 eröffnete Londoner Millennium Bridge, eine Fußgängerbrücke über die Themse, wurde bereits drei Tage nach der Übergabe wieder geschlossen. Während des Eröffnungstages versetzten Tausende Fußgänger die Brücke in ungewollte Schwingungen. Erst nachdem zusätzliche Schwingungsdämpfer angebracht wurden, konnte die Brücke im Jahr 2002 wieder freigegeben werden.

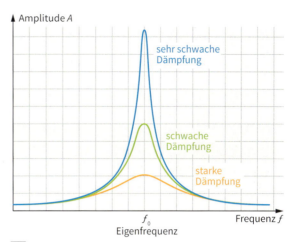

B3 A(f)-Diagramm für verschieden stark gedämpfte Schwingungen

1 ⇒ Erläutern Sie, unter welchen Bedingungen Resonanz auftritt.

2

🖊 In einem Experiment soll die Eigenfrequenz f_0 einer Blattfeder aus Eisen bestimmt werden. Das Bild zeigt einen Aufbau. Der Strom in der Spule kann über den Funktionsgenerator verändert werden. Die Frequenz des Wechselstroms lässt sich auf dem Display ablesen. In der Spule befindet sich ein Eisenkern.
a) Erläutern Sie ein mögliches Verfahren unter ausschließlicher Verwendung des genannten Aufbaus zur Bestimmung der Eigenfrequenz.
b) Beurteilen Sie, ob das Verfahren für Blattfedern mit $f_0 < 200$ Hz geeignet ist.

3 ⬆ Das in Bild **B1** dargestellte Experiment wird mit einer anderen Feder ($D = 2 \frac{N}{cm}$) sowie der angehängten Masse ($m = 50$ g) wiederholt.
Skizzieren Sie qualitativ einen möglichen Verlauf der Amplitude in Abhängigkeit von der Anregungsfrequenz.

4.6 Elektrischer Schwingkreis

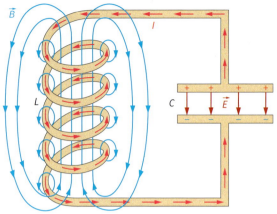

B1 Verschaltung von Kondensator und Spule

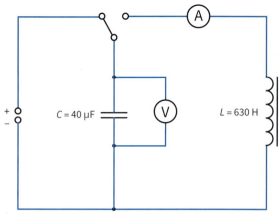

B3 Schaltbild eines elektrischen Schwingkreises

Elektrische Schwingkreise. Zwei wichtige elektronische Bauteile in elektrischen Schaltungen sind der Kondensator und die Spule. Die wichtigste Kenngröße des Kondensators ist seine Kapazität C. Sie wurde in Kapitel 1 als Quotient aus gespeicherter Ladung und angelegter Spannung definiert. Die entscheidende Kenngröße der Spule ist ihre Induktivität L, die in Kapitel 3 eingeführt wurde. Die Induktivität hängt von der Anzahl der Spulenwindungen, dem in der Spule eingeschlossenen Material und den Abmessungen der Spule ab. Im Folgenden werden Spannung und Stromstärke bei einer Reihenschaltung aus Spule und Kondensator untersucht (Bild **B1**).

Der experimentelle Aufbau besteht genau genommen aus zwei Schaltkreisen (Bild **B3**). Über einen Schalter kann ein Kondensator mit der Kapazität C zunächst mit Hilfe einer externen Spannungsquelle aufgeladen werden. Diesen ersten Schaltkreis nennt man Ladekreis. Durch Umlegen des Schalters trennt man den Kondensator von der Spannungsquelle und schließt stattdessen einen zweiten Schaltkreis. Dieser Schaltkreis wird **elektrischer Schwingkreis** genannt.

In ihm ist der Kondensator mit einer Spule der Induktivität L verschaltet.

Ein Voltmeter, das man zusätzlich parallel zum Kondensator in den Schwingkreis einbaut, zeigt die Spannung U an, die am Kondensator abfällt. Ein Amperemeter in Reihe mit Kondensator und Spule zeigt die Stromstärke I im elektrischen Schwingkreis an. Nach Umlegen des Schalters beobachtet man nun, dass die Messzeiger für U und I um 90° phasenverschobene Schwingungen ausführen (Bild **B2**). Daher rührt der Name „Schwingkreis". Im Idealfall, d. h. in einem verlustfreien Schwingkreis, führen die Spannung am Kondensator und die Stromstärke harmonische Schwingungen aus (Bild **B4**).

> **❗ Merksatz**
>
> Ein Stromkreis aus Kondensator und Spule wird elektrischer Schwingkreis genannt. In ihm kommt es zu Schwingungen der am Kondensator anliegenden Spannung und der Stromstärke in diesem Kreis. Beide Schwingungen sind um 90° gegeneinander phsenverschoben.

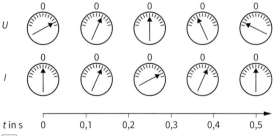

B2 Messgeräteanzeige im elektrischen Schwingkreis

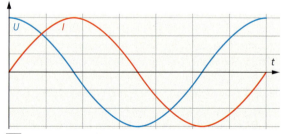

B4 Spannungs- und Stromverlauf beim Schwingkreis; beide Schwingungen sind um 90° gegeneinander versetzt.

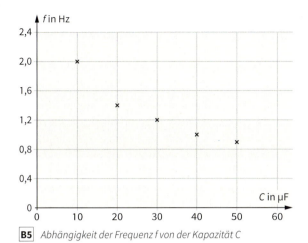

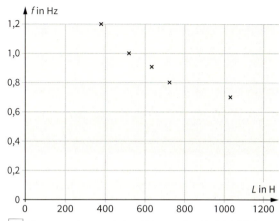

B5 *Abhängigkeit der Frequenz f von der Kapazität C*

B6 *Zusammenhang zwischen Frequenz f und Induktivität L*

Experimentelle Untersuchung. In Versuch **V1** wird der Einfluss der Größen von Kondensator und Spule auf die Eigenfrequenz des Schwingkreises untersucht. Dazu werden die Kapazität C des Kondensators und die Induktivität L der Spule systematisch variiert und die Eigenfrequenz f des Schwingkreises gemessen.

In Bild **B5** sind die Messwerte aus Versuch **V1a** grafisch dargestellt. Der Verlauf deutet auf einen antiproportionalen Zusammenhang hin. Jedoch führt eine Produktbildung $C \cdot f$ zu keinem konstanten Wert. In Anlehnung an die bekannte Formel zur Frequenz harmonischer Schwingungen wird die Produktbildung mit $\sqrt{C}$ vorgenommen (Tabelle **T1**). Sie erfolgt unter Berücksichtigung von zwei signifikanten Stellen. Das Produkt $\sqrt{C} \cdot f$ ist näherungsweise konstant. Es folgt somit: $f \sim \frac{1}{\sqrt{C}}$.

In der Auswertung von Versuch **V1b** wird die gleiche Strategie verwendet. Eine grafische Darstellung der

Messwerte deutet ebenfalls auf einen antiproportionalen Zusammenhang hin. Allerdings zeigt auch hier die Betrachtung von $L \cdot f$ kein näherungsweise konstantes Produkt. Daher wird wieder die Produktbildung mit $\sqrt{L}$ vorgenommen (Tabelle **T2**).

Die Produktbildung in Tabelle **T2** zeigt, dass näherungsweise ein konstanter Wert für das Produkt $\sqrt{L} \cdot f$ vorliegt. Dabei wird das Produkt lediglich mit zwei signifikanten Stellen angegeben, da die Frequenz ebenfalls lediglich zwei signifikante Stellen aufweist. Auch die grafische Darstellung in Bild **B6** legt einen antiproportionalen Zusammenhang nahe: $f \sim \frac{1}{\sqrt{L}}$.

Beide Proportionalitäten lassen sich somit in einem funktionalen Zusammenhang zusammenfassen, wobei der Proportionalitätsfaktor k noch zu bestimmen ist:

$$f = k \cdot \frac{1}{\sqrt{L \cdot C}} \, .$$

V1 **Abhängigkeit der Frequenz von Kapazität und Induktivität** _____

Ein digitales Messwerterfassungssystem wird im Schwingkreis so eingesetzt, dass die Frequenz direkt abgelesen werden kann. Dabei wird die Frequenz mit zwei signifikanten Stellen angegeben.

a) *Einfluss der Kapazität:* In einem Schwingkreis mit konstanter Induktivität $L = 630$ H der Spule wird die Kapazität C der Kondensatoren variiert:

b) *Einfluss der Induktivität:* In einem Schwingkreis mit konstanter Kapazität $C = 50$ µF des Kondensators wird die Induktivität der Spule variiert:

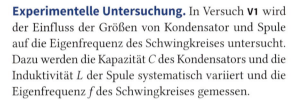

C in µF	10	20	30	40	50
f in s^{-1}	2,0	1,4	1,2	1,0	0,9
$\sqrt{C} \cdot f$ in $\sqrt{µF} \cdot Hz$	6,3	6,3	6,6	6,3	6,4

L in H	380	520	630	720	1050
f in Hz	1,2	1,0	0,9	0,8	0,7
$\sqrt{L} \cdot f$ in $\sqrt{H} \cdot Hz$	23	23	23	22	23

T1 *Variation der Kondensatorkapazität*

T2 *Variation der Spuleninduktivität*

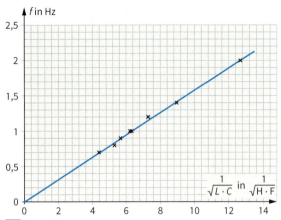

B1 Zusammenhang zwischen Kapazität C, Induktivität L und Frequenz f.

Bestimmung der Proportionalitätskonstante.
Um den Proportionalitätsfaktor zu ermitteln werden die Messreihen aus Versuch **V1** der vorherigen Seite kombiniert und in einem gemeinsamen Diagramm zur Auswertung dargestellt. In Bild **B1** wird deutlich, dass die Kombination beider Messreihen ebenfalls die vermutete Proportionalität

$$f = k \cdot \frac{1}{\sqrt{L \cdot C}}$$

hat. Die Konstante k lässt sich aus der Steigung der Geraden ermitteln. Dieses kann entweder unter Verwendung von Bild **B1** oder einer Regression erfolgen. Mit Hilfe einer linearen Regression durch den Koordinatenursprung erhält man beispielsweise $k = 0,16$ als Zahlenwert. Notwendige Einheiten sind dabei noch zu betrachten.

$$\left[\sqrt{L \cdot C} \right] = \sqrt{\mathrm{H} \cdot \mathrm{F}} = \sqrt{\frac{\mathrm{Vs}}{\mathrm{A}} \cdot \frac{\mathrm{As}}{\mathrm{V}}} = \mathrm{s}.$$

Somit ist k einheitenlos und es gilt $k = 0,16$, was näherungsweise $\frac{1}{2\pi}$ entspricht.

Beschreibung mittels Differenzialgleichung.
Die Spannung am Kondensator entspricht der Spannung an der Spule. Diese hat jedoch ein entgegengesetztes Vorzeichen. Es gilt hier somit:

$$U_C = -U_L \quad \text{bzw.} \quad U_C + U_L = 0. \tag{1}$$

Für die Spannungen U_C am Kondensator und U_L an der Spule gelten die Gleichungen:

$$C = \frac{Q(t)}{U_C} \quad \text{sowie} \quad U_L = L \cdot \dot{I}(t).$$

Einsetzen der beiden Gleichungen in Gleichung (1) führt zu:

$$\frac{Q(t)}{C} + L \cdot \dot{I}(t) = 0.$$

Um die Gleichung mit nur noch einer Funktion darstellen zu können, wird ausgenutzt, dass die Stromstärke $I(t)$ der zeitlichen Änderung der Ladung $Q(t)$ entspricht. Durch Ableiten der Gleichung folgt die Differenzialgleichung für den ungedämpften Schwingkreis.

$$\frac{I(t)}{C} + L \cdot \ddot{I}(t) = 0 \tag{2}$$

Lösung der Differenzialgleichung.
Die Struktur der Differenzialgleichung ähnelt der des Feder-Masse-Pendels (Kap. 4.3). Analog wird eine Sinusfunktion als Ansatz gewählt.

$$I(t) = I_0 \cdot \sin(\omega \cdot t),$$

$$\ddot{I}(t) = -\omega^2 \cdot I_0 \cdot \sin(\omega \cdot t) = -\omega^2 \cdot I(t).$$

Einsetzen in Gleichung (2) liefert:

$$\frac{I(t)}{C} + L \cdot \ddot{I}(t) = 0,$$

$$\frac{I(t)}{C} + L \cdot (-\omega^2) \cdot I(t) = 0,$$

$$I(t) \cdot \left(\frac{1}{C} - L \cdot \omega^2 \right) = 0.$$

Die Gleichung ist stets erfüllt, wenn die Klammer den Wert null annimmt, unabhängig vom zeitlichen Verlauf der Stromstärke $I(t)$. Um eine Aussage bezüglich der Frequenz f der Schwingung treffen zu können, wird der Term zunächst nach ω aufgelöst:

$$\frac{1}{L \cdot C} = \omega^2 \quad \text{bzw.} \quad \frac{1}{\sqrt{L \cdot C}} = \omega.$$

Für die Eigenfrequenz f der Schwingung gilt somit:

$$f = \frac{1}{2\pi} \cdot \omega = \frac{1}{2\pi} \cdot \frac{1}{\sqrt{L \cdot C}}.$$

Diese Gleichung wird als **thomsonsche Schwingungsgleichung** bezeichnet.

> **! Merksatz**
>
> Bei einem ungedämpften elektrischen Schwingkreis mit der Kapazität C und der Induktivität L gilt für die Frequenz f bzw. die Periodendauer T:
>
> $$f = \frac{1}{2\pi} \cdot \frac{1}{\sqrt{L \cdot C}}. \quad \text{bzw.} \quad T = 2\pi \cdot \sqrt{L \cdot C}.$$

Beispielaufgabe: Schwingkreis

Bestimmen Sie für einen Schwingkreis (Spule mit $L = 630$ H, Kondensator mit $C = 30{,}0$ mF) die Frequenz und die Schwingungsdauer. Vergleichen Sie Ihr (theoretisches) Ergebnis mit dem entsprechenden Messwert von $f = 1{,}20$ Hz.

Lösung:

Gemäß der thomsonschen Formel ergibt sich:

$$f = \frac{1}{2\pi} \cdot \frac{1}{\sqrt{L \cdot C}} = \frac{1}{2\pi} \cdot \frac{1}{\sqrt{630\ \mathrm{H} \cdot 30 \cdot 10^{-6}\ \mathrm{F}}} \approx 1{,}16\ \mathrm{Hz}.$$

Der Messwert von 1,20 Hz weicht um etwa 3,4 % vom theoretischen Wert ab. Für die Schwingungsdauer folgt:

$$T = \frac{1}{f} \approx 0{,}862\ \mathrm{s}.$$

Arbeitsaufträge

1 Ein Kondensator der Kapazität $C = 0{,}038$ mF und eine Spule der Induktivität $L = 380$ H sind zu einem elektrischen Schwingkreis verschaltet. Berechnen Sie die Frequenz f und die Periodendauer T des Schwingkreises.

2 Es soll ein elektrischer Schwingkreis aufgebaut werden, der mit einer Frequenz von 3,2 kHz schwingt. Es steht ein Kondensator mit der Kapazität $C = 275$ nF zur Verfügung. Berechnen Sie die erforderliche Induktivität L der zu verwendenden Spule.

3 Ermitteln Sie die erforderliche Kapazität C eines Kondensators, der bei Verschaltung mit einer Spule der Induktivität $L = 0{,}25$ kH einen Schwingkreis mit der Frequenz $f = 53\ \mathrm{s}^{-1}$ bildet.

4 Ein elektrischer Schwingkreis besteht aus einer Spule mit folgenden Kenndaten: $l = 24$ cm, $A = 25{,}3\ \mathrm{cm}^2$, $N = 35\,500$. Sie wird mit einem Kondensator der Kapazität $C = 35\ \mu$F zu einem elektrischen Schwingkreis zusammengeschaltet.

a) Berechnen Sie die Frequenz dieses Schwingkreises.

b) Die Spule enthält nun einen Eisenkern ($\mu_r = 320$). Ermitteln Sie die Frequenz für diesen Schwingkreis.

5

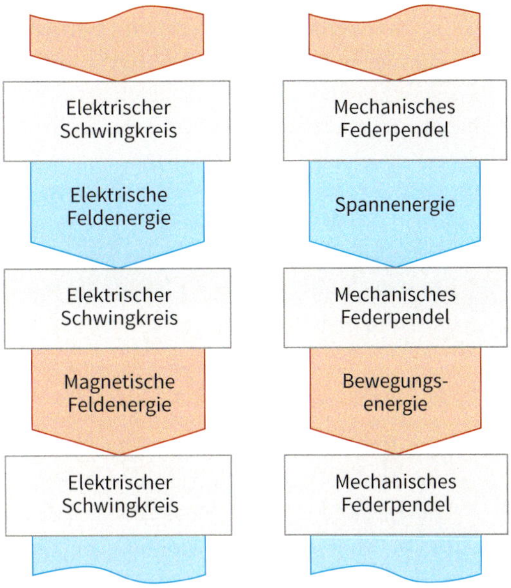

Auf der folgenden Methoden-Seite werden die Vorgänge bei einer ungedämpften elektrischen Schwingung mit jenen bei einem ungedämpften mechanischen Pendel verglichen. Die Energieumwandlungen können durch Energieflussdiagramme dargestellt werden. Die reibungsbedingte Dämpfung soll mit einbezogen werden. Beschreiben Sie, wie sich die Energieflusssdiagramme ändern.

6 Im Fall der ungedämpften elektrischen Schwingung findet eine reibungsfreie wechselseitige Umwandlung von elektrischer und magnetischer Energie statt. Die Energie des magnetischen Feldes einer stromdurchflossenen Spule bzw. des elektrischen Feldes eines Kondensators werden gegeben durch:

$$E_{mag} = \frac{1}{2} L \cdot I^2 \quad \text{bzw.} \quad E_{el} = \frac{1}{2} C \cdot U^2.$$

Der Gesamtbetrag beider Energieformen im schwingenden System ist zu jedem Zeitpunkt konstant:

$$\frac{1}{2} C \cdot U^2 + \frac{1}{2} L \cdot I^2 = \text{const.}$$

Leiten Sie aus diesem Energieerhaltungssatz die der thomsonschen Formel zugrunde liegende Differenzialgleichung her:

$$\frac{I(t)}{C} + L \cdot \ddot{I}(t) = 0.$$

Gehen Sie dabei wie folgt vor: Leiten Sie den Energieerhaltungssatz zunächst unter Beachtung der Kettenregel nach der Zeit ab. Berücksichtigen Sie dann den Zusammenhang zwischen Ladung und Spannung am Kondensator.

Methode: Analogiebetrachtung beim elektrischen Schwingkreis

Die genauen physikalischen Vorgänge bei den Schwingungen eines ungedämpften elektrischen Schwingkreises lassen sich im Rahmen einer Analogiebetrachtung mit den Vorgängen bei der Schwingung eines ungedämpften mechanischen Federpendels vergleichen.

① Da durch die Spule kein Strom fließt, ist die magnetische Feldenergie gleich null. Die gesamte Energie des Systems steckt daher im elektrischen Feld des Kondensators. Er ist auf die maximale Spannung aufgeladen:

 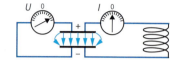

$$E_{ges} = E_{el} = \tfrac{1}{2}\, C \cdot U_0^2 \,.$$

② Der Kondensator entlädt sich. Dabei baut sich sein Feld ab. Die im Feld gespeicherte elektrische Energie nimmt ab. Durch die wachsende Stromstärke baut sich in der Spule ein magnetisches Feld mit entsprechend wachsender Feldenergie auf. Die Gesamtenergie im System bleibt konstant:

 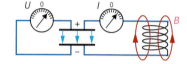

$$E_{ges} = E_{el} + E_{mag} = \tfrac{1}{2}\, C \cdot \big(U(t)\big)^2 + \tfrac{1}{2} L \cdot \big(I(t)\big)^2 \,.$$

③ In dem Moment, in dem sich der Kondensator vollständig entladen hat, nimmt der Entladestrom seine größte Stärke an. Das magnetische Feld der Spule wird folglich maximal. In ihm steckt nunmehr die gesamte Energie des Systems:

 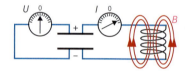

$$E_{ges} = E_{mag} = \tfrac{1}{2}\, L \cdot \big(I(t)\big)^2 \,.$$

④ Infolge der Induktivität der Spule fließt der Strom im Kreis weiter, obwohl der Kondensator bereits entladen ist, und lädt diesen in der Folge entgegengesetzt auf. Die Gesamtenergie des Systems wird daher zunehmend vom Beitrag der elektrischen Energie des sich erneut aufladenden Kondensators bestimmt.

 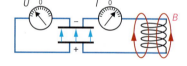

⑤ Schließlich ist der Kondensator in entgegengesetzter Richtung auf die maximale Spannung aufgeladen. Die gesamte Energie des Systems steckt erneut ausschließlich in dessen Feld.

 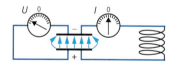

Der ungedämpfte elektrische Schwingkreis wandelt regelmäßig elektrische Feldenergie in magnetische Feldenergie um.

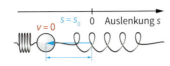

① Die Kugel ruht für den Moment ihrer maximalen Auslenkung. Ihre Bewegungsenergie ist gleich null. Die gesamte Energie des Systems steckt folglich in der Spannenergie der maximal ausgelenkten Feder:

$$E_{ges} = E_{Sp} = \tfrac{1}{2} D \cdot s_0^2.$$

② Die Auslenkung der Kugel nimmt ab, sie wird in Richtung der Gleichgewichtslage beschleunigt. Mit wachsender Geschwindigkeit wird der Anteil der Bewegungsenergie an der Gesamtenergie größer, der Anteil der Spannenergie nimmt ab. Die Gesamtenergie im System bleibt konstant:

$$E_{ges} = E_{Sp} + E_{kin} = \tfrac{1}{2} D \cdot \left(s(t)\right)^2 + \tfrac{1}{2} m \cdot \left(v(t)\right)^2.$$

③ In dem Moment, in dem die Kugel die Gleichgewichtslage erreicht, ist ihre Geschwindigkeit und damit ihre Bewegungsenergie maximal. Da die Feder in diesem Moment entspannt ist, trägt nur die Bewegungsenergie zur Gesamtenergie bei:

$$E_{ges} = E_{kin} = \tfrac{1}{2} m \cdot \left(v(t)\right)^2.$$

④ Infolge der Trägheit der Kugel bewegt sich diese über die Gleichgewichtslage hinaus und spannt die Feder in der entgegengesetzten Richtung, wobei sie abgebremst wird. Die Gesamtenergie des Systems wird daher zunehmend vom Betrag der Spannenergie und weniger von der Bewegungsenergie der Kugel bestimmt.

⑤ Schließlich spannt die Kugel die Feder bei größtmöglicher Auslenkung maximal. Die gesamte Energie des Systems steckt nun erneut ausschließlich in der Energie der gespannten Feder.

Der ungedämpfte mechanische Oszillator wandelt regelmäßig Spannenergie in Bewegungsenergie um.

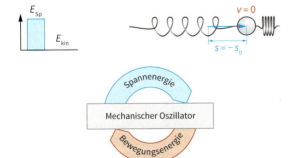

4.7   Angeregte Schwingkreise

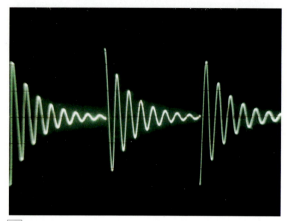

B1 *Oszilloskopbild einer angeregten, gedämpften Schwingung*

V1 **Gedämpfter Schwingkreis**

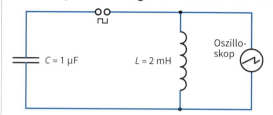

In einen Schwingkreis, bestehend aus einer Spule der Induktivität $L = 2$ mH und einem Kondensator der Kapazität $C = 1$ μF, wird ein Rechteckgenerator geschaltet. Die Spannung an der Spule wird mithilfe eines Oszilloskops gemessen.

Dämpfung. Bei einem schwingenden mechanischen Oszillator nimmt die Amplitude infolge der Reibungsverluste im Laufe der Zeit ab, sofern er nicht von außen angeregt wird. Analog dazu nimmt auch beim elektrischen Schwingkreis die Amplitude im Laufe der Zeit infolge des ohmschen Eigenwiderstandes der Schaltung ab.

In Versuch **V1** wird eine solche **gedämpfte Schwingung** mit Hilfe eines Oszilloskops sichtbar gemacht. Das Oszilloskopbild (Bild **B1**) zeigt eine sich regelmäßig wiederholende gedämpfte Schwingung. Man sieht, dass dem Schwingkreis bei jedem Spannungssprung in der Rechteckspannung Energie zugeführt wird; in der darauf folgenden Halbperiode schwingt der Schwingkreis vom Rechteckgenerator dann unbeeinflusst.

📄 **Exkurs: Mathematische Darstellung der gedämpften Schwingung**

Spule, Widerstand und Kondensator sind in Reihe geschaltet. Ist zu Beginn der Kondensator geladen, so liegt an Widerstand und Spule die gleiche, aber umgekehrt gepolte Spannung an:

$$U_C = - (U_R + U_L).$$

Für die Spannungen gelten folgende Gleichungen:

$$U_C = \frac{1}{C} \cdot Q,$$

$$U_R = R \cdot I = R \cdot \dot{Q},$$

$$U_L = L \cdot \dot{I} = L \cdot \ddot{Q}.$$

Damit ergibt sich folgende Differenzialgleichung:

$$\frac{1}{C} \cdot Q + R \cdot \dot{Q} + L \cdot \ddot{Q} = 0. \tag{1}$$

Die analytische Bestimmung einer Lösungsgleichung ist hier ohne größeren mathematischen Aufwand nicht möglich. Die folgende Gleichung stellt eine solche Lösung dar:

$$Q(t) = Q_0 \cdot e^{-\delta \cdot t} \cdot \cos(\omega \cdot t).$$

Dies kann durch Einsetzen der Funktion und ihrer ersten beiden Ableitungen in Gleichung (1) gezeigt

werden. Für die **Dämpfungskonstante** δ sowie die Kreisfrequenz ω bzw. Frequenz f ergibt sich dann:

$$\delta = \frac{R}{2 \cdot L},$$

$$\omega = \sqrt{\omega_0^2 - \delta^2} = \sqrt{\frac{1}{L \cdot C} - \frac{R^2}{4L^2}},$$

$$f = \frac{\omega}{2\pi} = \frac{1}{2\pi} \sqrt{\frac{1}{L \cdot C} - \frac{R^2}{4L^2}}. \tag{2}$$

Gleichung (2) entspricht der thomsonschen Gleichung unter Berücksichtigung der Dämpfung. Sie zeigt, dass die Frequenz im gedämpften Fall geringer ist als im ungedämpften.
Für den Fall $\omega_0 = \delta$ wird der Radikand und damit auch die Kreisfrequenz selbst null. Statt zu einer Schwingung kommt es zu einem exponentiellen Abfall der Ladungsfunktion. Man spricht vom „aperiodischen Grenzfall".
Wird die Dämpfung über den ohmschen Widerstand noch weiter vergrößert, wird der Radikand kleiner als null. Für diesen Fall („Kriechfall") müssen andere Lösungen der Differenzialgleichung gefunden werden.

Energiezufuhr von außen. Wie verhält sich ein elektrischer Schwingkreis, wenn ihm von außen Energie zugeführt wird? Zur Klärung wird in Versuch **V2** ein regelbarer Sinusgenerator in den Schwingkreis geschaltet, zudem wird die Dämpfung variiert. Man beobachtet, dass sich im Schwingkreis nach einer kurzen Einschwingzeit eine sinusförmige, ungedämpfte Schwingung ergibt, deren Frequenz mit der Frequenz des Sinusgenerators übereinstimmt. Trägt man die Stromstärke über der Frequenz auf (Bild **B2**), ergibt sich eine Kurve, die bei einer bestimmten Frequenz ein Maximum hat. Dies ist umso ausgeprägter, je niedriger der dämpfende ohmsche Widerstand ist. Die Frequenz, bei der das Maximum auftritt, entspricht der durch die thomsonsche Formel bestimmbaren Eigenfrequenz des Schwingkreises.

Dieses Phänomen ist uns schon von den mechanischen Schwingungen vertraut; man spricht von der **Resonanz** des schwingfähigen Systems (mechanischer Oszillator dort, elektrischer Schwingkreis hier) auf eine von außen angelegte Schwingung in der Eigenfrequenz des Systems. Die Schwingung im System hinkt der von außen angelegten Schwingung im Resonanzfall um eine Viertel-Periode hinterher (Bild **B3**).

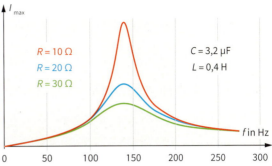

B2 Maximale Stromstärke im Schwingkreis in Abhängigkeit von der Frequenz der anregenden Schwingung

$R = 10\ \Omega$
$R = 20\ \Omega$
$R = 30\ \Omega$
$C = 3{,}2\ \mu F$
$L = 0{,}4\ H$

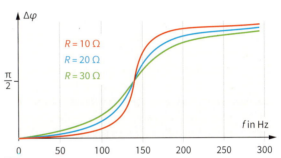

B3 Phasendifferenz zwischen anregender Wechselspannung und Spannung an der Spule

$R = 10\ \Omega$
$R = 20\ \Omega$
$R = 30\ \Omega$

V2 **Angeregter Schwingkreis**

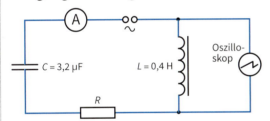

$C = 3{,}2\ \mu F$ $L = 0{,}4\ H$ Oszilloskop R

Der grundsätzliche Aufbau von Versuch **V1** wird beibehalten. Statt des Rechteckgenerators wird nun ein regelbarer Sinusgenerator in den Schwingkreis geschaltet. Zur Variation der Dämpfung werden nacheinander verschiedene ohmsche Widerstände zu Spule und Kondensator in Reihe geschaltet, ebenso ein Amperemeter zur Messung der Stromstärke im Kreis. Mit dem Sinusgenerator wird eine Wechselspannung variabler Frequenz, aber konstanter Amplitude erzeugt.
Gemessen wird die Stromstärke im Kreis in Abhängigkeit von der Frequenz der von außen angelegten Wechselspannung sowie – mit dem Oszilloskop – die Frequenz der Wechselspannung an der Spule.

Arbeitsaufträge

1 ⟶ Ermitteln Sie mit Hilfe der thomsonschen Gleichung die Eigenfrequenz des Schwingkreises aus Versuch **V2** im ungedämpften und gedämpften ($R = 30\ \Omega$) Fall sowie die prozentuale Änderung der Frequenz infolge der Dämpfung.

2 ↗ Ein Schwingkreis wird mit einem Sinusgenerator angeregt. Bei einer Frequenz von $f = 0{,}67$ MHz zeigt ein angeschlossenes Oszilloskop ein Spannungsmaximum. Die Kapazität des Kondensators beträgt $C = 1{,}4$ nF.
Ermitteln Sie die Induktivität der Spule.

3 ⬆ Im Versuchsaufbau **V2** wird die dortige Spule gegen eine andere ersetzt. Die neue Spule hat die folgenden Maße: $l = 32$ mm, $r = 2{,}3$ cm, 250 Windungen.
a) Ermitteln Sie die zu erwartende Resonanzfrequenz.
b) Begründen Sie, warum diese theoretisch bestimmte Frequenz von einem realen Messwert etwas abweichen wird.

4.8 Elektrische Schwingkreise in technischer Anwendung

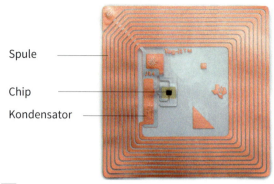

Spule
Chip
Kondensator

B1 *Aufbau eines RFID-Transponders*

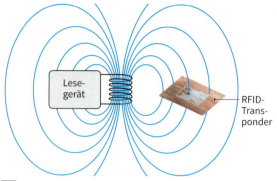

Lese-
gerät

RFID-
Trans-
ponder

B3 *Zusammenwirken von Lesegerät und RFID-Transponder*

Transponder und Lesegerät. **RFID**-Datenübertragungssysteme (*Radio Frequency Identification*) bestehen aus zwei Hardware-Komponenten: Einem Lesegerät und einem Transponder (Kunstwort aus *Transmitter* und *Responder*: Sender und Antwortgeber). Das **Lesegerät** baut ein elektromagnetisches Wechselfeld auf, dem der **Transponder** ausgesetzt wird. Der Transponder besteht im Kern aus einem elektrischen Schwingkreis (Bild **B1**), auf dessen Eigenfrequenz das Wechselfeld des Lesegerätes abgestimmt ist. Auf diese Weise regt das Lesegerät den Transponder in Resonanz induktiv zu Schwingungen an. Dabei entnimmt der Transponder dem Wechselfeld des Lesegerätes Energie, die er unter anderem für seine eigene Stromversorgung benötigt.

Die energetische Schwächung seines Wechselfeldes wird vom Lesegerät registriert. Auf diese Weise lässt sich bereits ein **Warensicherungssystem** konstruieren:

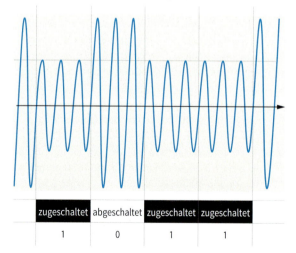

zugeschaltet	abgeschaltet	zugeschaltet	zugeschaltet
1	0	1	1

B2 *Prinzip der Amplitudenmodulierung bei der Übertragung der Zahl 11 in digitaler Schreibweise (1011$_2$)*

Am Ausgang eines Geschäftes ist das Lesegerät installiert. Die Ware ist mit RFID-Transpondern versehen, die beim regulären Kauf entfernt werden. Wenn ein Dieb die Ware nun zu stehlen versucht, muss er beim Verlassen des Ladens am Lesegerät vorbeigehen. Dabei wird der RFID-Transponder zu Eigenschwingung angeregt und schwächt das elektromagnetische Wechselfeld des Lesegerätes. Das Lesegerät registriert die Schwächung seines Feldes und löst den Alarm aus.

Daten übertragen. Das Lesegerät soll aber nicht nur die Anwesenheit des Transponders erkennen. Man möchte darüberhinaus dem Transponder mit dem Lesegerät Informationen entnehmen können, die er in der Datenbank eines eingebauten Chips gespeichert hat. Die Tatsache, dass diese Informationsentnahme berührungsfrei verläuft, ermöglicht vielfältige technische Anwendungen. Das Spektrum reicht von der automatischen Skipasserkennung über elektronische Wegfahrsperren, Mautsysteme und automatische Türschlösser bis hin zur Tierkennzeichnung in der Zoologie.

Im Wechselfeld des Lesegerätes schwingt der Schwingkreis des RFID-Transponders in Resonanz (Bild **B3**). Durch den Einbau eines regelbaren Lastwiderstandes in den Schwingkreis gelingt es, dessen Energieaufnahme aus dem Wechselfeld zu variieren. Bei Zuschaltung des Lastwiderstandes wird die Schwingung gedämpft, die Energieaufnahme entsprechend gedrosselt. Das Lesegerät detektiert also ein amplitudenmoduliertes Signal, in dem zwei Amplituden auftreten: die der ungedämpften und die der gedämpften Schwingung. Auf diese Weise ist es möglich, dem Transponder Informationen zu entnehmen, ohne dass dieser aktiv sendet. Bild **B2** zeigt exemplarisch die Übermittlung der Zahl 11 in digitaler Schreibweise.

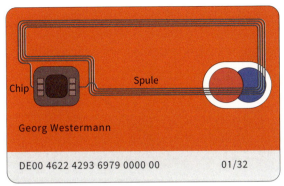

B4 *Bankkarte mit NFC-Element (innenliegend)*

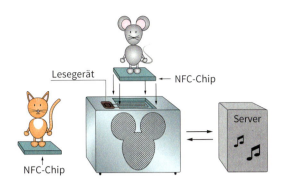

B5 *Audioabspielgerät für Kinder*

Resonanzfrequenz. Bei der Konstruktion von RFID-Transpondern, kommt es darauf an, bautechnisch eine festgelegte Resonanzfrequenz zu realisieren. Eine Möglichkeit besteht darin, die Kapazität des verwendeten Kondensators der gewünschten Resonanzfrequenz anzupassen. In Versuch **V1** wird deshalb der Zusammenhang zwischen der Kapazität des in den elektrischen Schwingkreis eingebauten Kondensators und der beobachteten Resonanzfrequenz untersucht. Die Variation der Kapazität erlaubt es, entsprechende Resonanzfrequenzen zu realisieren. Die Anpassung der Kapazität genügt also, um die erforderliche Resonanzfrequenz technisch umzusetzen.

Near Field Communication (NFC). Datenübertragung mittels NFC-Standard ist allgegenwärtig. Sie basiert auf der RFID-Technologie. Die Frequenz, die mittels Schwingkreis realisiert werden kann, beträgt hierbei 13,56 MHz, die Datenübertragung erfolgt mit maximal 424 $\frac{kbit}{s}$ und ist etwas langsamer als bei Bluetooth. Der Datenaustausch erfolgt hier nur auf kurze Distanzen, zumeist unter 10 cm.

NFC-Technologie ist nicht nur bei Handys verbaut, sondern findet sich auch bei Bankkarten (Bild **B4**) und Kinderspielzeug (Bild **B5**). Die Daten, die über kurze Distanz übertragen werden, erlauben das kontaktlose Bezahlen mit Bankkarte oder Mobiltelefon. Bei Audioabspielgeräten wird NFC genutzt, um spezifische Audiodateien abzuspielen: Durch das Aufstellen einer mit NFC-Chip präparierten Figur ruft das Audioabspielgerät das gewünschte Stück vom Server des Anbieters ab und stellt es zum Anhören bereit. Wird die Figur gewechselt, so wird auch ein anderer NFC-Chip mit einer anderen Kennnummer ausgewählt und das nun passende Stück gespielt.

V1 **Veränderung der Resonanzfrequenz**

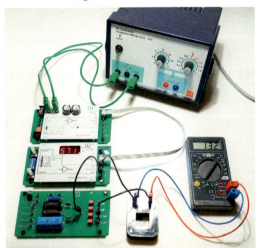

Ein Schwingkreis wird mit einem sinusförmigen Signal unterschiedlicher Frequenz angeregt und die Resonanzfrequenz in Abhängigkeit von der Kapazität des Kondensators ermittelt. Dazu wird die maximale Spannung an der Spule ($L = 35$ mH) als Hinweis auf den Resonanzfall verwendet.

C in µF	0,5	1,0	2,2	3,2	4,4	5,4	6,4
f in Hz	1269	868	571	490	429	370	351

Arbeitsaufträge

1 ⇒ In einem RFID-Chip ist eine Spule mit acht Windungen und einer Induktivität von $L = 25$ µH verbaut. Für den Chip soll sich eine Resonanzfrequenz von $f = 13,56$ MHz ergeben.
Berechnen Sie die Kapazität des zugehörigen Kondensators.

Im Experiment wird die Abhängigkeit der Periodendauer T von der Länge l eines Fadenpendels untersucht. Die angehängte Masse beträgt 50 g. Die folgende Messreihe zeigt die erhobenen Daten:

l in cm	10	15	25	40	60
10 T in s	6,32	7,77	10,10	12,70	15,54

a) Es wird angenommen, dass $T = k \cdot \sqrt{l}$ gilt. Stellen Sie die Daten im $T(\sqrt{l})$-Diagramm dar. Ermitteln Sie unter ausschließlicher Verwendung des Diagramms den Proportionalitätsfaktor k.

b) Für den Proportionalitätsfaktor gilt

$$k = 2\pi \cdot \frac{1}{\sqrt{g}}.$$

Berechnen Sie einen Wert für die Erdbeschleunigung g aus den Messdaten.

c) Ermitteln Sie die Richtgröße D des Fadenpendels für $l = 40$ cm anhand der Ergebnisse aus a) und b).

Lösung:

a) Zunächst werden die Messdaten aufbereitet. Dazu werden die Basisgrößen verwendet sowie die Periodendauer von 10 T auf 1 T umgerechnet. Anschließend wird $\sqrt{l}$ ermittelt.

$\sqrt{l}$ in $\sqrt{m}$	0,316	0,387	0,500	0,632	0,775
T in s	0,632	0,777	1,010	1,270	1,554

Das $T(\sqrt{l})$-Diagramm sieht wie folgt aus:

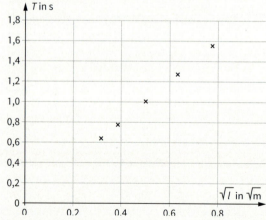

Der Proportionalitätsfaktor k wird im Diagramm durch die Steigung des Graphen repräsentiert. Dazu wird aufgrund der angenommenen Proportionalität

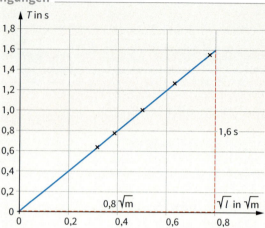

eine Ausgleichsgerade durch den Koordinatenursprung ergänzt und die Steigung abgelesen. Der Wert der Steigung beträgt 2,0. Ihre Einheit wird anhand des Quotienten ergänzt. Es folgt

$$k = \frac{1,6 \text{ s}}{0,8 \sqrt{m}} = \frac{2,0 \text{ s}}{\sqrt{m}}.$$

b) Durch Einsetzen von k in den gegebenen Term erhält man eine Gleichung, die nach g aufgelöst wird.

$$g = \frac{4\pi^2}{k^2}$$

$$g = \frac{4\pi^2}{4,0 \frac{s^2}{m}} = 9,87 \frac{m}{s^2}.$$

Die Erdbeschleunigung beträgt also $g = 9,87 \frac{m}{s^2}$.

c) Die Gleichung der Periodendauer des Fadenpendels wird mit der allgemeinen Gleichung der Periodendauer gleichgesetzt, um die Richtgröße D zu bestimmen.

$$2\pi \cdot \sqrt{\frac{m}{D}} = 2\pi \cdot \sqrt{\frac{l}{g}}.$$

Division durch 2π und Quadrieren ergibt:

$$\frac{m}{D} = \frac{l}{g}.$$

$$D = \frac{m \cdot g}{l} = \frac{0,05 \text{ kg} \cdot 9,87 \frac{m}{s^2}}{0,4 \text{ m}} = 1,23 \frac{N}{m}.$$

Die Richtgröße D des Systems beträgt somit $D = 1,23 \frac{N}{m}$.

a) Zeichnen Sie je eine Schaltskizze für einen Serienschwingkreis aus Spannungsquelle mit variabler Frequenz, idealem Kondensator und i) idealer und ii) realer Spule.

b) In einem Serienschwingkreis werden die Kapazität C verändert und die jeweiligen Resonanzfrequenzen gemessen.

C in µF	1,0	2,2	3,2	4,2	5,4
f_0 in Hz	850	580	470	410	355

Die übrigen Bauelemente (L, R) bleiben gleich. Nehmen Sie den idealen Zusammenhang

$$f_0 = k \cdot \frac{1}{\sqrt{C}}$$

an und ermitteln Sie aus einer graphischen Darstellung der Messwerte den Faktor k.

c) Der Graph zeigt für zwei Serienschwingkreise die Spannung U über einem kleinen Widerstand R in Abhängigkeit von der Frequenz f der am Schwingkreis anliegenden Spannung. Im Schwingkreis I befindet sich die Induktivität L, in Schwingkreis II sind zwei Induktivitäten L verbaut; die Kapazität des Kondensators beträgt jeweils $C = 1\,µF$.

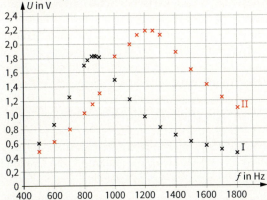

Ermitteln Sie die Resonanzfrequenzen und berechnen Sie die Induktivitäten der Schwingkreise. Nehmen Sie an, dass in guter Näherung die thomsonsche Gleichung $f_0 = \frac{1}{2\pi} \cdot \frac{1}{\sqrt{L \cdot C}}$ verwendet werden darf.

Beurteilen Sie nachvollziehbar, ob die Induktivitäten in Schwingkreis II in Reihe oder parallel zueinander geschaltet sind. Beide Induktivitäten sind ansonsten nicht miteinander gekoppelt.

Lösung:

a) Schaltskizze:

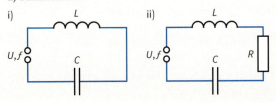

b) Ermitteln des $f_0\left(\frac{1}{\sqrt{C}}\right)$-Graphen aus den Messwerten:

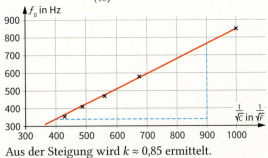

Aus der Steigung wird $k \approx 0{,}85$ ermittelt.

c) Aus dem Graphen liest man die Werte für f_0 ab:

$$f_{0,\mathrm{I}} \approx 870\ \mathrm{Hz} \quad \text{und} \quad f_{0,\mathrm{II}} \approx 1225\ \mathrm{Hz}.$$

Aus der thomsonschen Gleichung ergeben sich mit $C = 1\,µF$ die Induktivitäten der Schwingkreise:

$$L_{\mathrm{I}} = \frac{1}{4\pi^2 \cdot f_{0,\mathrm{I}}^2 \cdot C} \approx 33\ \mathrm{mH}, \quad L_{\mathrm{II}} \approx 17\ \mathrm{mH}.$$

Ist L_R die Gesamtinduktivität, so gilt für Reihen- und Parallelschaltung von zwei Induktivitäten L:

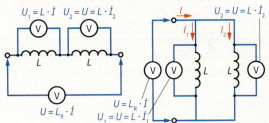

In einer Reihenschaltung gilt somit:

$$U = L_\mathrm{R} \cdot \dot{I} = U_1 + U_2 = 2\,U_1 = 2\,L \cdot \dot{I}; \; L_\mathrm{R} = 2L.$$

In einer Parallelschaltung gilt:.

$$U = L_\mathrm{R} \cdot \dot{I} = L_\mathrm{R} \cdot \frac{\mathrm{d}(I_1 + I_2)}{\mathrm{d}t} = L_\mathrm{R} \cdot \left(\frac{U_1}{L} + \frac{U_2}{L}\right); \; L_\mathrm{R} = \frac{L}{2}.$$

Da $L_{\mathrm{II}} \approx \frac{1}{2}L_{\mathrm{I}}$ gilt, sind die beiden Induktivitäten in Schwingkreis II parallel zueinander angeordnet.

Zusammenfassung

1. Beschreibung von Schwingungen

Charakteristische Größen einer mechanischen Schwingung sind: **Auslenkung s**, **Amplitude A**, **Periodendauer T**, **Phase φ** und **Frequenz f**.

2. Harmonische Schwingungen

Eine Schwingung ist **harmonisch,** wenn die Rückstellkraft F proportional zur Auslenkung s ist und somit das lineare Kraftgesetz gilt:

$$F = -D \cdot s.$$

Das $s(t)$-Diagramm weist dann einen sinusförmigen Verlauf auf.

3. Zeigerdarstellung

Die Schwingung eines Pendelkörpers kann durch einen rotierenden Zeiger beschrieben werden. Für den zeitlichen Verlauf der Auslenkung gilt:

$$s(t) = A \cdot \sin(\omega \cdot t) \quad \text{mit} \quad \omega = \frac{2\pi}{T} = 2\pi \cdot f.$$

ω ist die Winkelgeschwindigkeit. Die Amplitude A entspricht der Länge des Zeigers, $\varphi(t) = \omega \cdot t$ ist sein Phasenwinkel zum Zeitpunkt t.

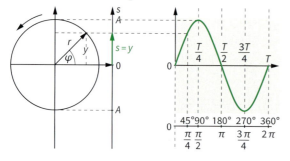

4. Mechanische Pendel

Beim Feder-Masse-Pendel hängt die Periodendauer T der Schwingung von der Federkonstanten D und der angehängten Masse m ab. Die Größe D wird auch **Richtgröße** des Systems genannt. Sie kann auch für andere Pendel angegeben werden.

$$T = 2\pi \cdot \sqrt{\frac{m}{D}}.$$

Beim Fadenpendel hängt die Periodendauer T von der Länge l des Pendels und der Erdbeschleunigung g ab. Das Fadenpendel schwingt nur für kleine Winkel näherungsweise harmonisch.

$$T = 2\pi \cdot \sqrt{\frac{l}{g}}.$$

5. Erzwungene Schwingungen und Resonanz

Wenn ein System durch eine äußere harmonische Kraft angeregt wird, dann führt es Schwingungen mit der Frequenz der anregenden Kraft aus und hat eine Amplitude, die von der anregenden Frequenz f abhängt.

Wenn sich die **Anregungsfrequenz** f der **Eigenfrequenz** f_0 (Resonanzfrequenz) des Oszillators nähert, kann die Amplitude der Schwingung sehr groß werden. Dies nennt man **Resonanz**.

6. Elektrischer Schwingkreis

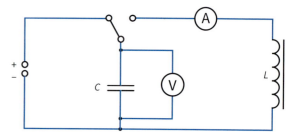

Schließt man einen Kreis aus einem geladenen Kondensator und einer Spule, kommt es zu Schwingungen der am Kondensator anliegenden Spannung und der Stromstärke in diesem Kreis. Beide Schwingungen sind um 90° gegeneinander versetzt. Ein Kreis aus Kondensator und Spule wird **elektrischer Schwingkreis** genannt.

Für die Eigenfrequenz in einem elektrischen Schwingkreis, bestehend aus einer Spule der Induktivität L und einem Kondensator der Kapazität C, gilt die **thomsonsche Gleichung**:

$$f = \frac{1}{2\pi} \cdot \frac{1}{\sqrt{L \cdot C}}.$$

Wird dem Schwingkreis von außen keine Energie zugeführt, so ist die Schwingung **gedämpft**, die Amplitude nimmt im Verlauf immer weiter ab.

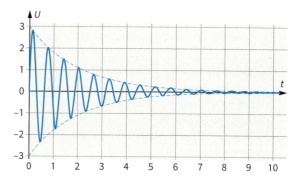

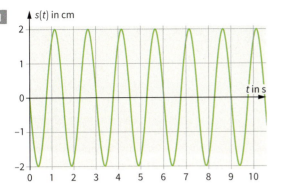

s(t) in cm

↗ Das abgebildete s(t)-Diagramm zeigt die Schwingung eines Feder-Masse-Pendels. Die Masse des Pendelkörpers beträgt $m = 150\,g$.
a) Ermitteln Sie die Periodendauer T und die Frequenz f der Schwingung.
b) Berechnen Sie die erforderliche Federkonstante, die zu den Messwerten passt.
c) In einer Variation des Versuchs wird die Federkonstante verdoppelt, die Masse jedoch halbiert. Die Auslenkung zu Beginn bleibt unverändert.
Erläutern Sie, welche Veränderungen im s(t)-Diagramm zu erwarten sind.

2 ↗ Ein harmonischer Oszillator weist eine Periodendauer von $T = 4\,s$ auf. Zu Beginn der Schwingung liegt eine maximale Auslenkung von $A = 5\,cm$ vor.
a) Skizzieren Sie für $0\,s \leq t \leq 10\,s$ ein s(t)-Diagramm.
b) Ermitteln Sie für $t_1 = 1\,s$ und $t_2 = 5,5\,s$ jeweils den Phasenwinkel und erstellen Sie geeignete Zeigerdiagramme.
c) Untersuchen Sie, für welche Zeitpunkte die Auslenkung 2,5 cm beträgt.

3 ⇒ Das Schaukeln einer Person kann durch die Schwingung eines Fadenpendels angenähert werden.
a) Ermitteln Sie die erforderliche Schaukellänge, damit eine Frequenz von 0,3 Hz vorliegt.
b) Erläutern Sie, unter welchen Bedingungen in diesem Fall von einer harmonischen Schwingung ausgegangen werden kann.

4 ↗ Ein Pendel schwingt mit einer Amplitude von 6,0 cm und einer Frequenz von 10 Hz. Die Funktion $s(t) = 6,0\,cm \cdot \sin(2\,\pi \cdot 10\,Hz \cdot t)$ beschreibt die Auslenkung des Pendels.
a) Berechnen Sie die Auslenkung des Pendels zum Zeitpunkt $t = 0\,s$ ($t = 0,12\,s$).
b) Begründen Sie, dass die Geschwindigkeit des

Pendels zum Zeitpunkt $t = 1\,s$ durch den Term $v(1\,s) = 6,0\,cm \cdot 2\,\pi \cdot 10\,Hz \cdot \cos(20\,\pi)$ beschrieben wird.
c) Ermitteln Sie die maximale Geschwindigkeit.
d) Die Geschwindigkeit eines anderen Pendels wird durch $v(t) = 0,8\,\frac{m}{s} \cdot \cos\left(12\frac{1}{s} \cdot t\right)$ beschrieben.
Ermitteln Sie die Periodendauer und die maximale Auslenkung des Pendels.

5

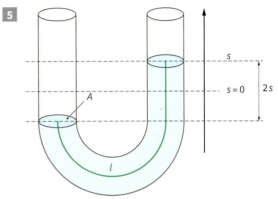

⬆ In einem geöffneten U-Rohr befindet sich eine Wassersäule, die zum Schwingen angeregt werden kann. Die mittlere Länge der Wassersäule wird mit l bezeichnet, $s = 0$ ist der Ort der Gleichgewichtslage. Die Abbildung zeigt einen vereinfachten Aufbau.
Begründen Sie, dass die Periodendauer T der Säule durch $T = 2\,\pi \cdot \sqrt{\frac{l}{2g}}$ berechnet werden kann.
Hinweis: Ermitteln Sie die Rückstellkraft $F = -D \cdot s$ für die dargestellte Situation.

6 ⇒ In vielen Physiksammlungen findet man einen Schwingkreis, der eine Eigenfrequenz von 1 Hz hat.
a) Ermitteln Sie eine geeignete Kombination aus Spule und Kondensator, sodass diese Eigenfrequenz vorliegt.
b) Skizzieren Sie den Schaltplan. Berücksichtigen Sie dabei den erforderlichen Aufladevorgang.

7 ↗ Um die Eigenfrequenz f_0 eines Schwingkreises zu ermitteln, wird dieser mit Hilfe einer Quelle mit variabler Frequenz f angeregt. Zur Ermittlung der Eigenfrequenz wird die Spannung am Kondensator gemessen.
a) Fertigen Sie eine beschriftete Skizze des Versuchsaufbaus an.
b) Erläutern Sie den Begriff „Resonanz" an diesem Beispiel.
c) Skizzieren Sie qualitativ ein mögliches U(f)-Diagramm.

Wellen

Wellen umgeben uns. Als Schallwellen übertragen sie Sprache und Musik, als elektromagnetische Wellen die Informationen im WLAN, als Lichtwellen die Energie von der Sonne auf unseren Planeten. Wellen können aber auch bedrohlich sein, etwa als Erdbeben oder Tsunami, der auf eine Küste zurollt.

Interferenzphänomene zu erklären, kleinste Größen aus beobachtbaren Phänomenen abzuleiten – in der Physikgeschichte der vergangenen zwei Jahrhunderte nahm dies eine besondere Rolle ein.

5

**Das können Sie
in diesem Kapitel erreichen:**

- Sie lernen Wellen zu beschreiben und charakteristische Größen zu bestimmen.
- Sie lernen die Polarisation von Wellen anhand ausgewählter Alltagsbeispiele kennen.
- Sie betrachten Vorgänge am Einzel-, Doppel- und Mehrfachspalt.
- Sie setzen das optische Gitter als Hilfsmittel zur Untersuchung von Spektren ein.
- Sie erklären optische Phänomene, z. B. an einer CD-ROM.
- Sie lernen technische Anwendungen wie z. B. das Michelson-Interferometer kennen.
- Sie bestimmen Eigenschaften von Wellen in ausgewählten Experimenten.
- Sie untersuchen den Einfluss von elektrischen Eigenschaften auf das Schwingungsverhalten.
- Sie untersuchen Strukturen, die erst mit Hilfe von Wellen zugänglich werden.

5.1 Wellen – ein Naturereignis

B1 *a) Wellen auf einem See, b) Wellen in einer Pfütze, c) La Ola im Fußballstadion*

Wellen umgeben uns. Die Erscheinungsformen von Wellen sind sehr verschieden. Wellen sind auf einem See zu beobachten (Bild **B1a**) oder Kreiswellen in einer Pfütze, auf die Regen prasselt (Bild **B1b**). Zahlreiche Wellen können wir mit unseren Sinnen nicht wahrnehmen, sondern nur mit Hilfsmitteln identifizieren: Erdbeben-, Schall- und Lichtwellen sind Beispiele dafür. Trotz der oberflächlichen Unterschiede lassen sich Gemeinsamkeiten und grundlegende Abläufe erkennen.

Die La-Ola-Welle, die besonders bei Sportveranstaltungen beliebt ist (Bild **B1c**), läuft meist ähnlich ab: Irgendwo im Rund eines Stadions reißen Zuschauer die Arme hoch und stehen dabei auf. Ihre Nachbarn lassen sich von der Begeisterung anstecken und führen daraufhin die gleiche Bewegung aus, deren Nachbarn ebenso und so weiter. Innerhalb weniger Sekunden läuft diese Welle einmal um das ganze Stadion. Jeder Zuschauer hat dabei an seinem Platz die „Begeisterungsschwingung" mitgemacht. Notwendig waren der Blickkontakt mit den Nachbarn und das selbstständige Nachahmen.

Das Objekt, das die Bewegung ausführt, bleibt also im Wesentlichen an seinem Ort. Bei Wasserwellen lässt sich das gut beobachten: Der Schwimmer an einer Angelschnur verändert kaum seine Position, wenn er von den Wellen eines vorbeifahrenden Schiffes erfasst wird. Diese laufen weiter, der Schwimmer bleibt nahezu ortsfest und bewegt sich lediglich auf und ab. Es wird Energie bzw. Impuls transportiert, aber keine Materie.

> **! Merksatz**
>
> Wellen transportieren Energie, Impuls und Information. Die Träger der Welle werden dabei kaum transportiert, sondern bleiben in der Regel an ihrem Ort.

Menschen können Wellen erzeugen. Versuch **V1** stellt mögliche „Menschenwellen" im Kleinen nach. Dabei wird deutlich, dass bei gleicher Ausbreitungsrichtung der Welle verschiedene Bewegungsrichtungen der einzelnen Menschen (**Oszillatoren**) möglich sind: Die Bewegung eines Einzelnen kann entweder in Ausbreitungsrichtung der Störung erfolgen (Schunkeln) oder senkrecht dazu (La Ola). Man kann auch die Stärke der Kopplung zweier benachbarter Personen variieren.

V1 „Menschenwellen"

Ausbreitungsrichtung

Ausbreitungsrichtung

Oszillator

Eine Gruppe von Menschen steht nebeneinander. Die erste Person legt die Art der Störung fest und überträgt die Störung auf den folgenden Menschen (Oszillator). Dabei sind unterschiedliche Varianten der Störung denkbar.

Zur Veränderung der Kopplung der einzelnen Oszillatoren kann z. B. statt eines direkten Handkontakts auch ein Stück Schnur eingesetzt werden, das zwei benachbarte Personen halten.

Schwingungsrichtung und Wellentypen. Die Bewegungsrichtung der Personen in Versuch **V1** lässt sich charakterisieren: Bei La Ola gehen die Menschen (Oszillatoren) hoch und runter, bewegen sich also senkrecht zur Ausbreitungsrichtung der Welle. La Ola ist also eine **transversale Welle** (Bild **B2a**). ▶

Beim Schunkeln bewegen sich die einzelnen Personen mit der Ausbreitungsrichtung. Die Schunkel-Welle ist deshalb eine **longitudinale Welle** (Bild **B2b**). Die Bewegung der einzelnen Oszillatoren erfolgt in Richtung der Ausbreitung. ▶

> **! Merksatz**
>
> Oszillatoren sind die Träger der Welle an einem Ort. Durch Kopplung untereinander übertragen sie die Energie. Bewegen sich die Oszillatoren in Ausbreitungsrichtung der Welle, so handelt es sich um eine Longitudinalwelle. Bei Transversalwellen schwingen die Oszillatoren senkrecht zur Ausbreitungsrichtung.

Für alle mechanischen Wellen muss ein für die Ausbreitung der Welle geeignetes Medium vorliegen. Longitudinale Schallwellen benötigen zum Beispiel Luft oder Wasser, um sich auszubreiten. Das Medium beeinflusst die Kopplung der einzelnen Oszillatoren. Je stärker diese Kopplung ist, desto schneller kann sich die Störung im Medium ausbreiten. So breitet sich z. B. Schall in einem Festkörper erheblich schneller aus als in Luft.

Zwei Geschwindigkeiten – eine Welle. Die Geschwindigkeit v der Oszillatoren und die Ausbreitungsgeschwindigkeit c der Welle sind in der Regel verschieden. Während c in einem homogenen, hindernisfreien Medium als konstant angenommen werden kann, ändern sich Bewegungsrichtung und Geschwindigkeit v der einzelnen Oszillatoren fortlaufend (Bild **B3**). Diese Geschwindigkeit v wird als **Schnelle** bezeichnet. Die Zeitabhängigkeit der Schnelle ist bereits bei Schwingungen betrachtet worden.

In der grafischen Darstellung einer Welle zu einem bestimmten Zeitpunkt (Bild **B3**) sind Wellenberg und Wellental zu erkennen. Die Schnelle ist auf der Vorderseite des Wellenberges nach oben gerichtet und auf der Rückseite nach unten. Das ergibt sich aus der Bewegungsrichtung der Welle.

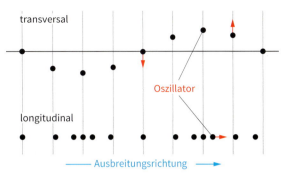

B2 Darstellung der Ausbreitung a) einer Transversalwelle und b) einer Longitudinalwelle

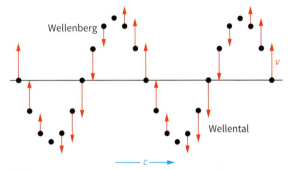

B3 Schnelle bei Wellenberg und Wellental. Die Länge der Pfeile ist ein Maß für die Schnelle v. Die Ausbreitungsrichtung und die Ausbreitungsgeschwindigkeit werden durch c dargestellt.

Die Ausbreitungsgeschwindigkeit c einer Welle wird manchmal auch als **Phasengeschwindigkeit** bezeichnet.

Veränderlichkeit der Schallgeschwindigkeit. Der Einfluss der Kopplung der Oszillatoren auf die Ausbreitungsgeschwindigkeit einer Welle lässt sich als Erklärung für die Schallgeschwindigkeit in verschiedenen Stoffen heranziehen. Festkörper und Flüssigkeiten weisen hier eine höhere Schallgeschwindigkeit als Luft auf (Tabelle **T1**).

Stoff	c in $\frac{m}{s}$
Aluminium	ca. 5100
Kupfer	ca. 4660
Wasser	ca. 1540
Blut	ca. 1570
Luft	ca. 340

T1 Schallgeschwindigkeit in verschiedenen Stoffen

Reflexion von Wellen. Wellen breiten sich oft in einem endlichen Trägermedium aus. Schallwellen erreichen das Ohr, eine Wasserwelle trifft auf eine Hafenmauer. Am Ende des Mediums sind verschiedene Situationen zu beobachten, die von den Eigenschaften des letzten Oszillators im Ausbreitungsmedium abhängen. Die Versuche **V1** und **V2** illustrieren die Reflexion von transversalen und longitudinalen Wellen.

Reflexion von Transversalwellen. Treffen Wasserwellen auf eine Spundwand, so laufen sie von der Spundwand zurück. Dabei können sie Richtung und Auslenkung verändern.

In Versuch **V1** wird eine Störung auf einer gespannten Schraubenfeder erzeugt, dabei erfolgt die erste Auslenkung nach oben. Die Störung läuft als Wellenberg die Schraubenfeder entlang, bis sie ans Ende gelangt und reflektiert wird. Es lässt sich beobachten, dass eine mögliche Befestigung der Feder am Ende Einfluss auf die Reflexion der Welle hat. Dazu wird modellhaft der letzte Oszillator betrachtet. Sein Einfluss wird in Versuch **V1** deutlich: Ist das Ende der Feder fixiert und kann sich nicht frei bewegen, so verhält sich die Welle anders als bei einem frei beweglichen Ende. Diese Beobachtung trifft nicht nur auf transversale Wellen zu, sondern auch auf longitudinale Wellen wie in Versuch **V2**.

V1 **Reflexion von Federwellen**

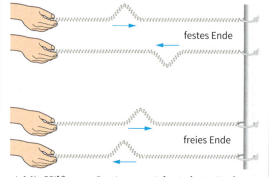

a) Mit Hilfe von Stativmaterial wird ein Ende einer Schraubenfeder fixiert, sodass es ortsfest ist. Anschließend wird eine Störung auf der Feder ausgelöst, die als Berg auf das Ende zuläuft und reflektiert wird. Man beobachtet, dass der Wellenberg als Wellental zurückläuft.
b) Bei Wiederholung des Versuchs mit einem freien Ende läuft der Berg jedoch als Berg zurück.

V2 **Reflexion von Longitudinalwellen**

Mehrere Wagen auf einer Schiene werden mit identischen Federn gekoppelt. Der rechte Wagen wird festgehalten, sodass die Wagenkette ein festes Ende aufweist. Der erste Wagen wird in Richtung des Pfeils angestoßen.

Reflexion von Longitudinalwellen. Die Reflexion von Longitudinalwellen wird in Versuch **V2** mit gekoppelten Wagen näher untersucht. Wird der erste Wagen kurz nach rechts ausgelenkt und wieder losgelassen, so wandert die Störung bis zum vorletzten Wagen (a). Dieser drückt die letzte Feder zusammen und wird dann zurückgeworfen (b). Es entsteht eine nach links gerichtete Auslenkung, die wieder zurückläuft (c, d). Die Änderung der Auslenkung von „rechts" nach „links" wird als **Phasensprung** bezeichnet.

Die Reflexion am losen Ende, die man bei Transversalwellen in Versuch **V1** beobachtet hat, ist auch hier erkennbar. Ist eine Rechtsauslenkung am Ende der Kette angekommen, so schießt jetzt der letzte Wagen wegen seiner Trägheit über seine Gleichgewichtslage hinaus. Er reißt dabei den vorletzten Wagen mit, dieser den vorvorletzten usw. Die nach rechts gerichtete Auslenkung wandert als eine nach rechts gerichtete Auslenkung wieder zurück. Es findet kein Phasensprung statt.

! **Merksatz**

Am Ende des Trägermediums wird eine Störung reflektiert. Bei einem losen Ende werden Schnelle und Auslenkung ohne Phasensprung reflektiert. Bei einem festen Ende erfolgt ein Phasensprung: Ein Berg wird als Tal reflektiert und umgekehrt.

Ausbreitung von Wellen auf Flächen. Bisher wurde zunächst davon ausgegangen, dass für die Ausbreitung der Welle nur eine Richtung möglich ist. Die Federwelle in Versuch **V1** ist durch die Feder selbst beschränkt, die „Schunkelwelle" durch die Anordnung der schunkelnden Menschen. Bei Wasserwellen auf dem Meer oder einem Fluss wird jedoch schnell deutlich, dass das Trägermedium der Welle nicht auf eine Dimension beschränkt ist.

In der **Wellenwanne** von Versuch **V3** wird die Wellenausbreitung auf einer Wasserfläche betrachtet. Ein Motor erzeugt eine regelmäßige Störung. Dabei können ein, zwei oder mehrere Erreger gleichzeitig in die Flüssigkeit der Wanne eintauchen. Wird ein fast punktförmiger Erreger kontinuierlich eingetaucht, so entstehen scheinbar fortlaufende Kreise. Die Störung breitet sich in alle Richtungen aus. Man spricht von einer Kreiswelle (Versuch **V3a, b**). Wird ein langer, ausgedehnter Erreger verwendet, so beobachtet man eine nahezu ebene Welle (Versuch **V3c**).

Die charakteristischen Linien in den Wellenbildern werden als **Wellenfronten** bezeichnet. Eine Wellenfront ist dadurch gekennzeichnet, dass sich auf ihr alle einzelnen Oszillatoren im gleichen Schwingungszustand befinden. Man spricht auch von identischer Phasenlage. Wird der gerade, ausgedehnte Erreger durch eine Vielzahl von einzelnen, punktförmigen Erregern ersetzt, so ändert sich das Wellenbild kaum. Es wirkt, als würden zahlreiche gleich schwingende Erreger ebenfalls eine gerade Wellenfront erzeugen.

V3 Erreger in der Wellenwanne

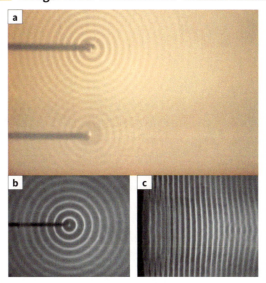

a) Mit Hilfe eines Motors wird ein Erreger kontinuierlich in eine Wellenwanne getaucht.
Ein Stroboskop sorgt bei geeigneter Einstellung dafür, dass der Beobachter die Welle als „stehend" wahrnimmt und das Wellenmuster beobachtet, wenn …
b) … ein einzelner Stift als Erreger verwendet wird,
c) … eine Schiene als Erreger verwendet wird. Es befinden sich keine Hindernisse in der Wanne. Die Abbildungen b) und c) zeigen die beobachteten Muster.

Arbeitsaufträge

1 ➡ Erklären Sie mit Hilfe der Kopplung von Oszillatoren die unterschiedliche Schallgeschwindigkeit in Gasen, Flüssigkeiten und Feststoffen.

2 ➡ Nennen Sie mehrere Alltagsbeispiele, in denen Ihnen Wellen begegnen, und charakterisieren Sie, ob es sich um Longitudinal- oder Transversalwellen handelt.

3 ➶ Planen Sie ein Experiment zum Nachweis, dass es sich bei Schall um Longitudinalwellen handelt.
Hinweis: Zur Verfügung stehen ein Lautsprecher, ein Funktionsgenerator und Kerzen.

4 ➶ Beurteilen Sie, ob die folgenden Aussagen richtig sind.
a) Liegt an einem Ort ein Wellenberg vor, so ist die Schnelle des entsprechenden Oszillators nach oben gerichtet.
b) Alle Oszillatoren einer Wellenfront befinden sich in der gleichen Phase.
c) Alle Oszillatoren gleicher Phase bilden eine gemeinsame Wellenfront.
d) Die Ausbreitungsgeschwindigkeit einer Welle entspricht der größten Geschwindigkeit der beteiligten Oszillatoren.

5.2 Beschreibung von Wellen

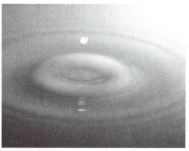

B1 Erzeugung und Ausbreitung einer Störung auf Wasser

Störungen kann man analytisch beschreiben.
Manche Wellen haben einen regelmäßigen Verlauf, z. B. die Wellen, die durch einen Tropfen auf einer Wasseroberfläche erzeugt werden (Bild **B1**). Erdbebenwellen hingegen sind sehr unregelmäßig. Die regelmäßigen Wellen lassen sich gut beschreiben, wenn man bestimmte Vereinfachungen festlegt. So setzt man bei **harmonischen Wellen** voraus, dass die einzelnen Oszillatoren harmonische Schwingungen ausführen, die sich durch eine Sinus- oder Cosinusfunktion darstellen lassen. Zusätzlich nimmt man an, dass Amplitude und Frequenz der Schwingung konstant sind.

> **!** **Merksatz**
>
> Die harmonische Welle ist ein Modell zur Beschreibung realer Wellen. Jeder Oszillator vollführt dabei eine harmonische Schwingung. Amplitude und Frequenz der Welle sind konstant.

Beobachtungen an Wellen. Wellen kann man auf zweierlei Weisen beschreiben:

- Zu einem bestimmten Zeitpunkt, z. B. durch ein Foto der Welle in einem ausgedehnten Raumbereich. Diese Perspektive erlaubt Rückschlüsse über den räumlichen Verlauf der Welle, beispielsweise auf Lage und Abstände der charakteristischen Punkte wie Wellenberge.
- In einem bestimmten Raumpunkt, indem man die Schwingung eines einzelnen Oszillators verfolgt. Das liefert Informationen zum zeitlichen Verlauf und damit zur Dauer eines vollständigen Durchlaufs der Welle.

Die Unterscheidung beider Perspektiven ist für die Beschreibung von Wellen von zentraler Bedeutung. Anhand geeigneter Zeit-Auslenkung- oder Ort-Auslenkung-Diagramme können sowohl die Dauer eines vollständigen Durchlaufs als auch die räumliche Ausbreitung untersucht werden. Versuch **V1** zeigt, wie man den zeitlichen Verlauf mit einem Oszilloskop erfasst. Wird der Abstand der Mikrofone verändert, so verändert sich auch die Verschiebung der beiden Schwingungen. Erfolgt eine weitere Verschiebung, so kann erneut Wellenberg auf Wellenberg liegen.

V1 **Untersuchung des zeitlichen Verlaufs**

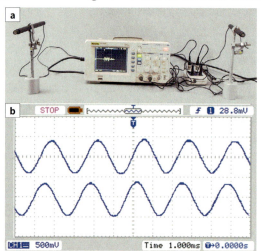

Der zeitliche Verlauf einer Schallwelle wird von einem Oszilloskop erfasst (a). Es zeichnet die Schwingung eines einzelnen Oszillators am Ort des Mikrofons auf. Ein Schallsender erzeugt eine longitudinale Welle. An zwei verschiedenen Stellen werden Mikrofone platziert und an das Oszilloskop angeschlossen, um den zeitlichen Verlauf der Schwingung am jeweiligen Ort sichtbar zu machen. Die Darstellung am Oszilloskop liefert verschiedene Informationen. Beide Oszillatoren benötigen für eine vollständige Schwingung die gleiche Zeit. Die Schwingungen sind jedoch gegeneinander verschoben (b).

Ausbreitung der harmonischen Welle. Eine Welle mit der Periodendauer T breitet sich nach rechts auf einem Medium aus (Bild **B2**). Dabei werden ausgewählte Oszillatoren mit regelmäßigem Abstand betrachtet. Zu Beginn der Messung ($t = 0$) beginnt der erste Oszillator bei $x = 0$ mit der Bewegung. Der Pfeil beschreibt die Lage eines Oszillators, seine Stellung gibt dessen Phase an. In der Ruhelage entspricht sie $\varphi = 0$. Die Drehrichtung verläuft gegen den Uhrzeigersinn. Am Ende einer vollständigen Schwingung entspricht die Phase jener zu Beginn; die Zeit T ist vergangen.

Räumliche Perspektive. In Bild **B2** wird deutlich, dass sich die Störung mit zunehmender Zeit weiter nach rechts ausbreitet. Es entsteht so nach und nach ein Bild der Welle, das die Phasen der verschiedenen Oszillatoren zum gleichen Zeitpunkt zeigt. Dabei ist der Pfeil, der die Phase darstellt, zwischen benachbarten Oszillatoren immer um den gleichen Winkel weitergedreht. Die Phasendifferenz benachbarter Oszillatoren ist also konstant.

Zum Zeitpunkt $t = \frac{6}{8} T$ hat sich die Störung bereits vier Oszillatoren nach rechts ausgebreitet. Zum Zeitpunkt $t = T$ erreicht sie den fünften Oszillator. Dieser weist nun die gleiche Phase wie der erste Oszillator auf. Anhand der räumlichen Perspektive lässt sich der Abstand bestimmen, den zwei gleichphasige Oszillatoren aufweisen. Dieser Abstand wird als **Wellenlänge** λ bezeichnet.

Zeitliche Perspektive. Die Bewegung bzw. Phase eines einzelnen Oszillators (beispielsweise des zweiten) kann aus der zeitlichen Perspektive beschrieben werden. Es dauert bis $t = \frac{2}{8} T$, bis die Welle ihn erreicht. Erst zu diesem Zeitpunkt beginnt seine Bewegung. Seine Anfangsposition erreicht er wieder bei $t = \frac{10}{8} T$. Aus der zeitlichen Perspektive kann man die Zeit ermitteln, die ein Oszillator für eine vollständige Schwingung benötigt.

Räumlich-zeitliche Perspektive. Die kombinierte räumlich-zeitliche Perspektive zeigt, wie die Schwingungsphase zeitlich und räumlich verläuft. In Bild **B2** ist sie durch eine grüne diagonale Linie dargestellt. Diese Linie beschreibt die Bewegung der Phase über Ort und Zeit und ermöglicht es damit, die Ausbreitungsgeschwindigkeit zu bestimmen. Zur Abgrenzung von anderen möglichen Geschwindigkeiten spricht man auch von der Phasengeschwindigkeit c einer Welle. Der Begriff betont, dass die Welle nicht Materie, sondern lediglich Information (wie die Phase) und Energie transportiert. Nach Ablauf der Periodendauer T hat sich die Welle so weit auf dem Medium ausgebreitet, dass alle möglichen Phasen von $\varphi = 0$ bis $\varphi = 2\pi$ nebeneinander liegen. Dieser Abstand entspricht der Wellenlänge λ.

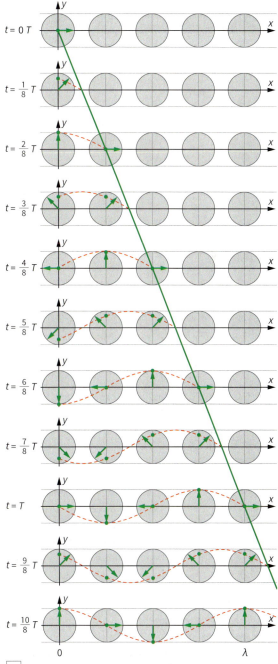

B2 *Zeitlicher und räumlicher Blick auf eine harmonische Welle*

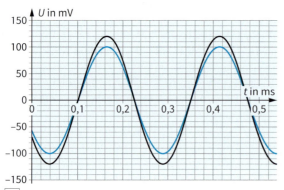

B1 Zeitliche Darstellung der Spannung an Sender (schwarz) und Empfänger (blau)

Wellenlänge und Periodendauer. Die zeitliche und räumliche Perspektive erlauben es, die Periodendauer und die Wellenlänge zu bestimmen. Um die Periodendauer T zu ermitteln, ist die zeitliche Perspektive auf einen Oszillator erforderlich. Dazu wird an einer Position die Schwingungsdauer eines Oszillators bestimmt, indem beispielsweise mit einem Mikrofon die Schwingung einer Schallwelle erfasst wird. An der Beispielmessung in Bild **B1** ist $T = 0{,}25$ ms ablesbar.

Die Bestimmung der Wellenlänge setzt eine vergleichende Messung voraus, bei der die Phasenlage an verschiedenen Orten betrachtet wird. Zum Vergleich kann sowohl der Sender als auch ein ortsfester Empfänger verwendet werden. Für die räumliche Perspektive wird der Abstand zwischen Sender und Empfänger so lange erhöht, bis die Kurve aus Bild **B1** erneut zu beobachten ist. Sender und Empfänger liegen phasengleich, ihr räumlicher Abstand entspricht genau einer Wellenlänge λ.

Mathematische Beschreibung der Welle. Der Ort, an dem sich ein Oszillator zu einem bestimmten Zeitpunkt t gerade befindet, wird durch die Koordinate x der Gleichgewichtslage und die Auslenkung s aus dieser Gleichgewichtslage gekennzeichnet. Der erste Oszillator beginnt eine harmonische Schwingung nach dem bekannten $s(t)$-Gesetz für die harmonische Schwingung:

$$s(t) = A \cdot \sin\left(\varphi(t)\right) = A \cdot \sin\left(\omega \cdot t\right) = A \cdot \sin\left(\frac{2\pi}{T} \cdot t\right).$$

Für ein anderes Teilchen in einer bestimmten Entfernung vom Erregerteilchen muss eine Phasenverschiebung hinzugefügt werden. Sie hängt vom Ort x des Teilchens ab: Je größer x ist, desto größer muss auch die

Phasenverschiebung bei einer bestimmten Wellenlänge λ sein. Berücksichtigt man diese Phasenverschiebung, so erhält man die **Wellengleichung** einer fortschreitenden Welle:

$$s(x, t) = A \cdot \sin\left[2\pi \cdot \left(\frac{t}{T} - \frac{x}{\lambda}\right)\right].$$

Diese Gleichung enthält in mathematischer Kurzform alle Informationen, die mit der zeitlichen und räumlichen Darstellung einer Welle verknüpft sind.

> **❗ Merksatz**
>
> Die Wellengleichung einer harmonischen Welle ist abhängig von Ort x und Zeit t. Die Wellenlänge λ, die Periodendauer T und die Amplitude A charakterisieren die Welle. Für die Auslenkung s eines Oszillators an der Stelle x zum Zeitpunkt t gilt:
>
> $$s(x, t) = A \cdot \sin\left[2\pi \cdot \left(\frac{t}{T} - \frac{x}{\lambda}\right)\right].$$

Darstellung mit Zeigern und Sinuskurven. Die Beschreibung einer Welle kann anhand verschiedener Modelle erfolgen. Das Oszilloskop stellt die Welle in Form einer Sinuskurve dar. Die Zeigerdarstellung hat ihre Stärke in der Beschreibung von Phasenbeziehungen hinsichtlich verschiedener Orte oder Zeiten.

Beide Darstellungen – Sinuskurve oder Zeiger – lassen Rückschlüsse über die Phasenverschiebung zu. Ändert sich der Abstand zwischen Sender und Empfänger in Versuch **V1** auf Seite 130, so verschiebt sich die Sinuskurve des Empfängers. Ebenso nimmt der Phasenunterschied in der Zeigerdarstellung zu.

Die Darstellung der Auslenkungen eines Oszillators, der von der Welle zur Bewegung angeregt wird, wird zur Bestimmung verschiedener Eigenschaften von Wellen ausgenutzt. Durch den (optischen) Vergleich der Phasenlage zweier Oszillatoren in einem bestimmten Abstand kann die Wellenlänge z. B. einer Ultraschallwelle bestimmt werden (Versuch **V1** auf Seite 134).

Die Bestimmung der Orte gleicher Phase im Raum erlaubt Rückschlüsse über die Ausbreitung der Welle zum Beispiel an Hindernissen. So lassen sich mit Hilfe von Phasenbetrachtungen und Phasenvergleichen Wellenfronten identifizieren.

Methode: Darstellung von Wellen mit Zeigern und Sinuskurven

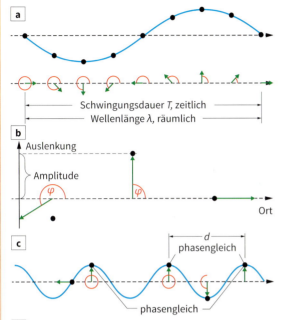

a

Schwingungsdauer *T*, zeitlich
Wellenlänge λ, räumlich

b

Auslenkung

Amplitude

φ   φ

Ort

c

d
phasengleich

phasengleich

B2 *Darstellung mit Zeigern*

Wellen und Zeiger. Der Zeigerformalismus für Wellen kann vom Formalismus für Schwingungen übertragen werden. Während bei einer Schwingung jedoch nur ein Pfeil für einen Oszillator benötigt wird, erfordert die Beschreibung einer Welle einen Pfeil für jeden Oszillator (Bild **B2a**). Die Amplitude der Schwingung entspricht der Länge des Zeigers. Der Winkel gegenüber der Startposition gibt die Phase gegenüber dieser Position an. Die Periodendauer *T* entspricht einer vollständigen Drehung des Zeigers. Die Projektion des Zeigers ergibt die Schwingungsauslenkung an einem Ort. Die zugehörige Phasenlage ergibt sich aus dem mit der Achse eingeschlossenen Winkel φ (Bild **B2b**).

Zwei Oszillatoren werden in der Zeigerdarstellung anhand ihrer Phasenlagen verglichen. Liegt ein Abstand *d* vor, so hängt der vom Sender weiter entfernte Zeiger genau um die Phasendifferenz zurück, die durch den Wegunterschied hervorgerufen wird. Entspricht der Abstand *d* genau einem Vielfachen der Wellenlänge λ, so liegen beide Zeiger in Phase (Bild **B2c**).

Zwei Wellen werden addiert, indem man die Zeiger grafisch addiert. Der resultierende Pfeil hat sowohl eine bestimmte Länge (Amplitude) als auch eine bestimmte Phasenlage.

Wellen und Sinuskurven. Das Oszilloskop stellt Wellen durch Sinuskurven dar (Bild **B3a**). Amplitude und Frequenz lassen sich aus dem Graphen ablesen. Der Abstand Maximum-Minimum gibt die doppelte Amplitude 2 *A* an. Die Frequenz *f* entspricht dem Kehrwert der ablesbaren Periodendauer *T*.

Der Vergleich zweier Oszillatoren in einem bestimmten Abstand *d* wird auf die Bestimmung der Phasenverschiebung zurückgeführt. Das Verhältnis des Zeitunterschieds Δ*t* zur Periodendauer *T* gibt den Anteil der Phasenverschiebung an. Im Beispiel beträgt sie mindestens $\frac{0,4\,\text{ms}}{2,4\,\text{ms}} \cdot 2\pi = \frac{1}{3}\pi$. Sie ist jedoch von einer Verschiebung um $2\pi + \frac{\pi}{3}$ nicht unterscheidbar. In der Zeigerdarstellung beschreibt $\frac{0,4}{2,4}$ den Anteil an einer vollständigen Rotation des Zeigers (Bild **B3b**). Um zwei Wellen an einem Ort zu addieren, werden die Auslenkungen der beiden einzelnen Wellen (rot, grün) addiert (Bild **B3c**). Die Summe entspricht erneut einem sinusförmigen Verlauf (violett)

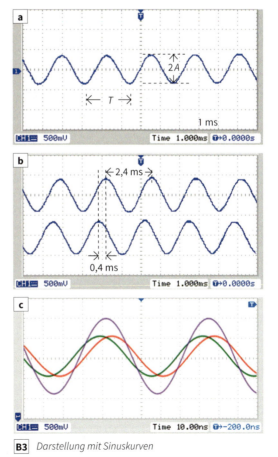

a

2 *A*

← *T* →

1 ms

CH1 500mV   Time 1.000ms ⊤→0.0000s

b

← 2,4 ms →

→ ← 0,4 ms

CH1 500mV   Time 1.000ms ⊤→0.0000s

c

CH1 500mV   Time 10.00ns ⊤→−200.0ns

B3 *Darstellung mit Sinuskurven*

V1 Bestimmung der Schallgeschwindigkeit

a

0,763 ←—— d ——→ 0,751

Person 1   phyphox   Person 2

a) Bestimmung der Schallgeschwindigkeit per Laufzeitmessung: Die Laufzeitmessung nutzt die App *Phyphox*. Zwei Personen stehen im Abstand d zueinander und starten auf ihrem Handy jeweils die akustische Stoppuhr. Sie ermittelt zeitliche Abstände zwischen zwei Signalen. Die Personen klatschen nacheinander in die Hände, Person 1 beginnt. Es werden zwei verschiedene Laufzeiten gemessen. Beispiel: Für einen Abstand von $d = 2$ m misst Person 1 $t_1 = 0{,}763$ s und Person 2 $t_2 = 0{,}751$ s. Die Differenz der Laufzeiten entspricht der Zeitspanne, die der Schall benötigt, um den doppelten Abstand $2\,d$ zurückzulegen.

b) Bestimmung der Schallgeschwindigkeit durch Messen von Wellenlänge und Frequenz: Ultraschallsender und -empfänger werden auf einem Blatt Millimeterpapier platziert und die Signale auf einem Oszilloskop dargestellt. Als Abstand zwischen Sender und Empfänger wird ein Punkt gewählt, an dem beide in Phase schwingen. Der Abstand wird erhöht, bis Sender und Empfänger erneut in Phase schwingen.

Die Wegdifferenz entspricht einem Vielfachen der Wellenlänge λ, hier gilt $10\lambda = 8{,}6$ cm. Die Schwingungsdauer T wird am Oszilloskop abgelesen zu $T = 25$ μs.

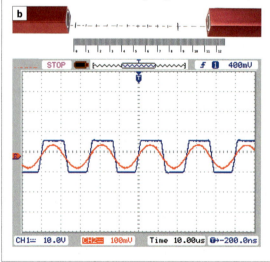

b

CH1 10.0V   CH2 100mV   Time 10.00µs   T↦−200.0ns

V2 Bestimmung der Lichtgeschwindigkeit

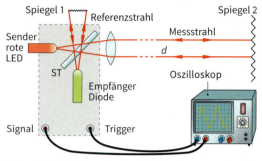

Spiegel 1   Referenzstrahl   Spiegel 2
Sender rote LED   Messstrahl   d
ST   Empfänger Diode   Oszilloskop
Signal   Trigger

Wie die Schallgeschwindigkeit kann auch die Lichtgeschwindigkeit mit Hilfe der Laufzeit gemessen werden. Problematisch ist dabei, dass die Lichtgeschwindigkeit viel größer als die Schallgeschwindigkeit ist. Daher ist nicht nur eine große Messtrecke s, sondern auch eine Kurzzeitmessung von Bruchteilen einer Sekunde erforderlich. Die Kurzzeitmessung kann mittels Lichtpuls und Digitaloszilloskop oder Computermesssystem erfolgen. Die dargestellte Anordnung enthält einen halbdurchlässigen Spiegel (ST). Über ihn gelangt ein Lichtsignal auf die Empfängerdiode. Dieser Referenzstrahl liegt auf dem Triggereingang des Oszilloskops und startet die Messung. Der andere Teil des Lichts läuft in die Messtrecke und wird vom Tripelspiegel zurückgeworfen. Der halbdurchlässige Spiegel lenkt einen Teil auf die Empfängerdiode. Das Oszilloskop zeigt den zeitlichen Verlauf des Signals. Zur Auswertung wird die Zeitdifferenz zwischen entsprechenden Zeitpunkten des Signals ermittelt.

Laufzeiten t für verschiedene Abstände d:

d in m	4	5	6	7	8
t in ns	27	33	41	54	68

STOP   Time 10.00ns   T↦−200.0ns

Ausbreitungsgeschwindigkeit von Wellen. Die Ausbreitungsgeschwindigkeit von Wellen kann auf verschiedene Weise bestimmt werden. Die Laufzeitmessung in Versuch **V1a** erfordert eine Zeitmessung Δt für eine bekannte Strecke Δs. In Versuch **V1b** werden hingegen Phasenbeziehungen genutzt, um die Phasengeschwindigkeit zu ermitteln. In beiden Fällen führt der Quotient $\frac{\Delta s}{\Delta t}$ zur gesuchten Geschwindigkeit. In Versuch **V1a** wird mit Hilfe der akustischen Stoppuhr die Differenz der Zeiten ermittelt zu $t_1 - t_2 = 0{,}012$ s, mit der zugehörigen Laufstrecke $\Delta s = 2\,d = 4{,}00$ m. Daraus folgt für c:

$$c = \frac{\Delta s}{\Delta t} = \frac{4{,}00 \text{ m}}{0{,}012 \text{ s}} \approx 333 \, \tfrac{\text{m}}{\text{s}}.$$

In Versuch **V1b** wird als Abstand zwischen zwei Orten gleicher Phase $s = 8{,}6$ mm ermittelt. Dieser räumliche Abstand entspricht einer Wellenlänge λ. Am Oszilloskop wird als zugehöriger zeitlicher Abstand die Periodendauer $T = 25$ µs abgelesen. Somit gilt für die Ausbreitungsgeschwindigkeit der Phase:

$$c = \frac{s}{t} = \frac{\lambda}{T} = \lambda \cdot f = 8{,}6 \text{ mm} \cdot 40 \text{ kHz} = 344 \, \tfrac{\text{m}}{\text{s}}.$$

Wiederholt man den Versuch mit anderen Wellenlängen, lässt sich die Qualität der Messung noch verbessern.

> **!** **Merksatz**
>
> Die Phase der Welle breitet sich mit der Geschwindigkeit c längs des Trägers aus. Innerhalb einer Periodendauer T legt sie dabei eine Wellenlänge λ zurück. Für die Geschwindigkeit der Welle gilt:
>
> $$c = \lambda \cdot f.$$

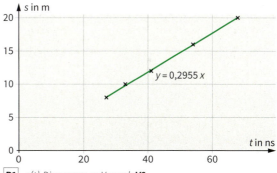

B1 $s(t)$-Diagramm zu Versuch **V2**

Messung der Lichtgeschwindigkeit. Die Lichtgeschwindigkeit ist eine Grundgröße des physikalischen Einheitensystems. Im Folgenden soll sie bestätigt werden. Mit Hilfe digitaler Messwerterfassung lassen sich kurze Laufzeiten wie in Versuch **V2** bestimmen. Der Abstand d zwischen den Spiegeln wird vom Licht in der angegebenen Zeit zweimal durchlaufen. Zur Auswertung der Mehrfachmessung werden die Daten in einem $s(t)$-Diagramm dargestellt und eine Ausgleichsgerade zur Bestimmung der Geschwindigkeit ermittelt (Bild **B1**). Die Steigung der Geraden entspricht der Lichtgeschwindigkeit. Sie beträgt hier:

$$c = 0{,}2955 \, \tfrac{\text{m}}{\text{ns}} = 0{,}2955 \, \tfrac{\text{m}}{10^{-9}\,\text{s}} = 2{,}955 \cdot 10^8 \, \tfrac{\text{m}}{\text{s}}.$$

> **!** **Merksatz**
>
> Die Lichtgeschwindigkeit im Vakuum beträgt
>
> $$c = 2{,}99792458 \cdot 10^8 \, \tfrac{\text{m}}{\text{s}}.$$
>
> In Luft und anderen Medien ist die Lichtgeschwindigkeit kleiner. Als Näherungswert wird $c = 3 \cdot 10^8 \, \tfrac{\text{m}}{\text{s}}$ verwendet.

Arbeitsaufträge

1 ➡ Eine Schallwelle ($f = 2500$ Hz) breitet sich unter Normalbedingungen im Raum aus.
a) Skizzieren Sie einen Aufbau, um die Wellenlänge λ zu bestimmen. Beschreiben Sie die Durchführung.
b) Berechnen Sie die Wellenlänge λ.

2 ➡ **phyphox** Bestimmen Sie mit der akustischen Stoppuhr der App *Phyphox* die Schallgeschwindigkeit. Nehmen Sie Stellung zum Einfluss des Abstands auf die Qualität der Messung.

3 ✎ Auf einer ausgedehnten Wellenmaschine wird eine mechanische Welle erzeugt. In 2 s wandert die Phase 5 m weiter. Dabei führt jeder Oszillator 12 Schwingungen aus. Die erste Auslenkung erfolgt nach oben.
a) Berechnen Sie Frequenz, Wellenlänge und Ausbreitungsgeschwindigkeit der Welle.
b) Zeichnen Sie das $s(t)$-Diagramm des ersten Oszillators für die erste Sekunde.
c) Bestimmen Sie die Phasenlage eines Oszillators in 1 m Abstand verglichen mit dem ersten.

5.3   Huygensprinzip und Brechung

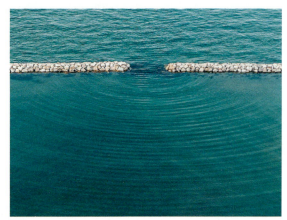

B1 *Ausbreitung einer Wellenfront hinter einer Öffnung*

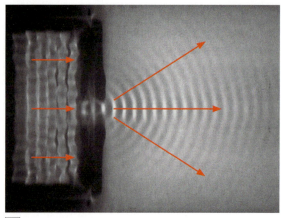

B2 *Beugung einer ebenen Welle an einem Hindernis*

Beobachtung von Wellen an Hindernissen. Wellen können auf vielfältige Weise erzeugt werden und sich in Form und Verlauf stark unterscheiden. Für Wasserwellen sind Wellenfronten typisch: Benachbarte Oszillatoren, die senkrecht zur Ausbreitungsrichtung liegen, haben die gleiche Phase und schreiten als „Wellenberg" fort (Bild **B1**). Trifft eine solche Wellenfront auf ein Hindernis, so können verschiedene Änderungen in der Wellenfront beobachtet werden. In Bild **B1** wirkt es so, als würde sich von der Öffnung zwischen den Steinaufschüttungen eine neue, kreisförmige Welle ausbreiten.

Dieses Verhalten kann in einer Wellenwanne nachgebildet werden (Bild **B2**), indem ein Hindernis ergänzt wird. Vor dem Hindernis sind weiterhin ebene Wellenfronten zu erkennen. Hinter dem Hindernis laufen die Fronten jedoch radial auseinander. Die Ausbreitungsrichtung der Welle ändert sich also. Dieses Verhalten wird als **Beugung** bezeichnet. Die Wellen werden an der Blendenöffnung gebeugt. Es wirkt, als würde in der Öffnung eine neue, kreisförmige Welle beginnen.

Wie die Kreiswelle entsteht, kann man sich so vorstellen: In der Blendenöffnung schwingt das Wasser, das von der ankommenden Welle erfasst wird, genauso auf und ab wie ein periodisch eintauchender Stift in der Wellenwanne. Die Öffnung wird dadurch zum Zentrum einer Kreiswelle. Die von der schmalen Öffnung ausgehende Kreiswelle wird modellhaft als **Elementarwelle** bezeichnet.

Die Bildung von Elementarwellen an schmalen Öffnungen lässt sich bei allen Wellenarten beobachten.

Der niederländische Physiker CHRISTIAAN HUYGENS (1629–1695) hat diese im Experiment beobachtete Eigenschaft von Wellen gedanklich weiterentwickelt: Er abstrahierte von der Blendenöffnung und dachte sich alle Punkte einer Wellenfront als mögliche Ausgangspunkte von Elementarwellen. Dieses **Huygensprinzip** ist ein Erklärungsmodell für verschiedene Situationen.

> **!** **Merksatz**
>
> Für alle Wellenarten gilt das Huygensprinzip: Jede Stelle einer Wellenfront kann als Ausgangspunkt einer Elementarwelle aufgefasst werden.

Anwendung des Huygensprinzips. Die geometrischen Überlegungen zur Ausbreitung und Entstehung von Wellen mit Hilfe des Huygensprinzips sind in Bild **B3** dargestellt: Es wird ein einzelner schwingender Erreger im Punkt P angenommen. Dieser Oszillator überträgt Energie an die Oszillatoren um den Punkt P herum. Diese beginnen auch zu schwingen und liegen aufgrund der identischen Anregung und Kopplung in Phase. Auch sie können modellhaft als Zentrum jeweils einer neuer Elementarwelle angenommen werden. Die Einhüllende der Wellenfronten bildet die neue Kreiswelle (Bild **B3a**).

Bei einer ebenen Wellenfront liegen die Oszillatoren phasengleich und auf einer Geraden. Die nun entstehenden Elementarwellen überlagern sich mit einer Einhüllenden als Wellenfront (Bild **B3b**). Die Oszillatoren dieser Einhüllenden liegen erneut auf einer Geraden und phasengleich. Der Vorgang beginnt erneut, eine ebene Welle breitet sich aus.

Brechung an Grenzflächen. Trifft eine Welle schräg auf einen Übergang zwischen zwei Medien mit unterschiedlicher Ausbreitungsgeschwindigkeit, so ändert sich die Ausbreitungsrichtung der Wellenfront. Dieses Phänomen lässt sich beispielsweise bei der Brechung von Licht an einem Glasprisma beobachten. Zur Erklärung der Beobachtung wird das Huygensprinzip angewendet.

In Bild **B4** trifft eine ebene Wellenfront unter einem Winkel α auf den Übergang zwischen zwei Medien. Es wird dabei angenommen, dass die Ausbreitungsgeschwindigkeit c_1 größer ist als c_2. Zwischen zwei Wellenfronten liegt zunächst der Abstand $c_1 \cdot t$. An der Grenze zwischen beiden Medien erzeugt die Wellenfront neue Elementarwellen.

Der Übergang zwischen den beiden Medien erfolgt zuerst im Punkt A. Hier werden neue Elementarwellen ausgelöst. Aufgrund der geringen Geschwindigkeit c_2 weist die um A gezeichnete Kreiswelle einen kleineren Radius auf. Im Punkt C trifft die ebene Wellenfront erst später auf das neue Medium. Auch hier wird angenommen, dass in Punkt C eine neue Elementarwelle mit der Ausbreitungsgeschwindigkeit c_2 entsteht. Die Einhüllende der Wellenfronten im Medium mit der Ausbreitungsgeschwindigkeit c_2 ist somit nicht mehr parallel zur ursprünglichen Wellenfront. Es findet Brechung statt.

Aufgrund der geringeren Ausbreitungsgeschwindigkeit im zweiten Medium erfolgt eine Brechung zum Lot hin. Der Winkel β der Wellenfront ist kleiner als der Winkel α gegenüber dem Lot.

Brechungsgesetz. In Bild **B4** sind zwei rechtwinklige Dreiecke BAC und ADC erkennbar, die beide die Strecke AC als Grundseite haben. Die Winkel α und β gegenüber dem Lot sind auch in den Dreiecken zu identifizieren:

$$\frac{\sin(\alpha)}{\overline{BC}} = \frac{\sin(\beta)}{\overline{AD}}.$$

Mit $\overline{BC} = 2 \cdot c_1 \cdot t$ und $\overline{AD} = 2 \cdot c_2 \cdot t$ lässt sich der Term auf das Verhältnis der Ausbreitungsgeschwindigkeiten zurückführen:

$$\frac{\sin(\alpha)}{\sin(\beta)} = \frac{2 \cdot c_1 \cdot t}{2 \cdot c_2 \cdot t} = \frac{c_1}{c_2}.$$

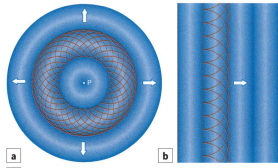

B3 *Elementarwellen und Wellenfront: a) Kreiswelle, b) ebene Welle*

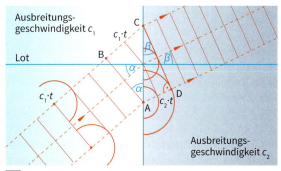

B4 *Brechung einer Wellenfront*

! Merksatz

Erfolgt der Übergang einer Welle von einem Medium mit der Ausbreitungsgeschwindigkeit c_1 in ein Medium mit der Ausbreitungsgeschwindigkeit c_2, so findet Brechung statt. Es gilt:

$$\frac{\sin(\alpha)}{\sin(\beta)} = \frac{c_1}{c_2}.$$

Arbeitsaufträge

1 ↗ Weisen Sie durch eine geeignete geometrische Konstruktion mit Elementarwellen nach, dass bei der Reflexion an einem Medium der Einfalls- und der Reflexionswinkel identisch sind.
Hinweis: Orientieren Sie sich an Bild **B4**.

2 ↑ Eine Welle mit $c_1 = 1\,\frac{cm}{s}$ trifft unter einem Winkel von 30° auf den Übergang zum zweiten Medium mit $c_2 = 0{,}5\,\frac{cm}{s}$.
a) Berechnen Sie den Brechungswinkel.
b) Bestätigen Sie den Winkel anhand einer Skizze analog zu Bild **B4**.

5.4   Polarisation von Wellen

B1 Der Königssee in Bayern, aufgenommen a) ohne Polarisationsfilter, b) mit Polarisationsfilter

Polarisation in der Fotografie. Fotos enthalten oft Spiegelungen, z. B. in dem See in Bild **B1a**. In der Fotografie werden daher spezielle Filter verwendet, um solche Spiegelungen zu reduzieren. Diese Filter nutzen eine bestimmte Eigenschaft von Transversalwellen: die **Polarisation.** Diese beschreibt die Schwingungsrichtung. Es gibt polarisierte Transversalwellen, die nur in einer Ebene schwingen, aber auch solche, deren Schwingungsebene sich ständig dreht. Unpolarisierte Wellen besitzen keine ausgezeichnete Schwingungsrichtung. **Polarisationsfilter** (kurz: Polfilter) sind in der Lage, bestimmte Polarisationen aus einer Welle zu filtern. Ihre grundsätzliche Funktionsweise wird am Beispiel mechanischer Wellen dargestellt.

Polarisation mechanischer Wellen. Eine transversale Seilwelle, die senkrecht zur Ausbreitungsrichtung schwingt (Bild **B2a**), läuft auf zwei parallel zur Schwingungsrichtung ausgerichtete Stangen („Polarisationsfilter") zu, die in kleinem Abstand zueinander befestigt sind. Die Welle läuft ungehindert hindurch. Werden die

Stangen um 90° senkrecht zur Ausbreitungsrichtung gedreht (Bild **B2b**), ist hinter den Stangen keine Auslenkung mehr zu erkennen. Bild **B2c** zeigt eine ankommende Welle mit mehreren Schwingungsebenen, die auf eine Kombination zweier Stangenpaare trifft. Durch das erste Paar, also den ersten Polarisationsfilter, passt nur derjenige Anteil, der parallel zum Polarisationsfilter liegt. Dieser Anteil trifft nun auf den zweiten Polarisationsfilter. Ist dieser wie in Bild **B2c** um 90° gegenüber dem ersten verdreht, so beträgt die Amplitude hinter dem zweiten Polfilter null. Die Transversalwelle gelangt nicht durch die gekreuzten Filter hindurch.

Wird anstatt des Seils eine Schraubenfeder verwendet, die longitudinal in Ausbreitungsrichtung schwingt, so gelangt sie stets durch die Polarisationsfilter hindurch. Longitudinale Wellen sind nicht polarisiert.

> **! Merksatz**
>
> Polarisation ist eine Eigenschaft transversaler Wellen. Sie gibt ihre Schwingungsrichtung an. Longitudinale Wellen können nicht polarisiert werden. Polarisationsfilter beeinflussen nur die Eigenschaften einer Transversalwelle.

Wird Licht gespiegelt wie vom See in Bild **B1a**, ist es anschließend zum Teil polarisiert. Das Polarisationsfilter wird nun so lange gedreht, bis es die Schwingungsebene des reflektierten Lichts „sperrt". Ergebnis: Das Foto mit Polarisationsfilter zeigt in bestimmten Bereichen keine störenden Lichtreflexe mehr (Bild **B1b**).

In Versuch **V1** wird das Zusammenspiel zweier Polarisationsfilter beim Licht untersucht.

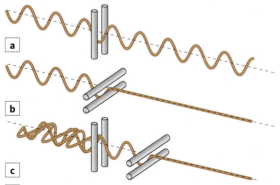

B2 Eine transversale Seilwelle trifft auf ein Stangenpaar, das als Polarisationsfilter wirkt.

Modellierung eines funktionalen Zusammenhangs.

Die in Versuch **V1** erhobenen Daten werden in einem $U(\varphi)$-Diagramm dargestellt (Bild **B3**). Der Verlauf des Graphen deutet darauf hin, dass der Zusammenhang zwischen Winkel und Intensität nicht durch einen linearen oder quadratischen Zusammenhang beschrieben werden kann.

Mit der Vermutung, dass bei 0° ein Hoch- und bei 90° ein Tiefpunkt vorliegt, können eine Sinus- oder Kosinusfunktion als geeignetes Modell in Frage kommen. Auch die in Bild **B3** angedeutete Periodizität unterstützt dieses Herangehen. Die Annahme einer periodischen Funktion ist grundlegend aufgrund der geometrischen Überlegungen bezüglich des Drehwinkels φ.

Mit der Sinus- bzw. Kosinusfunktion sind zwei mögliche Beschreibungen bekannt. Aufgrund der Lage der Maxima bei 0° und 180° sowie der Beschränkung auf nicht-negative Intensitäten wird als Ansatz eine quadratische Kosinusfunktion gewählt. Eine Linearisierung zeigt die Proportionalität $I \sim \cos^2(\varphi)$ (Bild **B4**). Es folgt somit

$$I(\varphi) = I_0 \cdot \cos^2(\varphi).$$

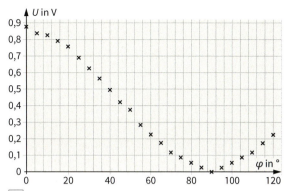

B3 Spannung U in Abhängigkeit des Winkels φ

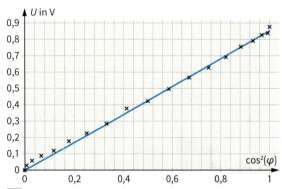

B4 Linearisierung der Daten zur Kombination zweier Polfilter

V1 Kombination zweier Polarisationsfilter

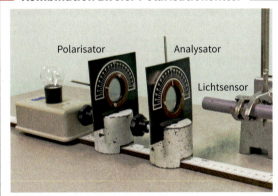

Vor einer Lichtquelle befinden sich zwei Polarisationsfilter, die um einen Winkel φ gegeneinander verdreht werden können. Der erste Polarisationsfilter hinter der Lichtquelle wird als **Polarisator** bezeichnet, der zweite Polarisationsfilter als **Analysator.**
Das Licht, das durch die Polfilteranordnung gelangt, wird von einem Lichtsensor registriert. Dieser gibt eine Spannung aus, die proportional zur Lichtintensität ist.

Beginnend mit parallel ausgerichteten Polarisationsfiltern ($\varphi = 0°$) wird die Spannung am Lichtsensor als Maß für die Intensität verwendet. Der zweite Polfilter wird in 5°-Schritten gedreht und die am Lichtsensor jeweils anliegende Spannung notiert. Die folgende Tabelle zeigt einen Ausschnitt der Daten in 10°-Schritten.

φ in °	0	10	20	30	40	50
U in V	1,13	1,08	1,01	0,88	0,75	0,63
φ in °	60	70	80	90	100	110
U in V	0,48	0,37	0,31	0,26	0,31	0,37

Bei $\varphi = 90°$ wird eine Spannung von 0,26 V gemessen, obwohl um 90° verdrehte Polfilter eigentlich kein Licht durchlassen sollten. Der Messwert ist durch die Wellenlängenabhängigkeit der Polarisationsfilter und durch störendes Umgebungslicht erklärbar. Daher wird die gemessene Spannung um 0,26 V nach unten korrigiert. Die Auswertung erfolgt mit den korrigierten Werten. Für $\varphi > 90°$ wiederholen sich die Messdaten periodisch (Bild **B3**).

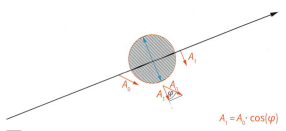

$$A_1 = A_0 \cdot \cos(\varphi)$$

B1 *Winkelbeziehung bei Betrachtung der Amplitude*

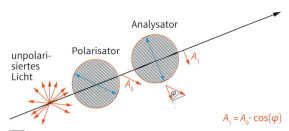

Analysator

unpolari-
siertes
Licht

Polarisator

$$A_1 = A_0 \cdot \cos(\varphi)$$

B2 *Drehung der Polarisationsrichtung um den Winkel φ*

B3 *Versuchsaufbau zur Drehung der Polarisationsebene*

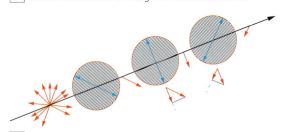

B4 *Drehung der Polarisationsrichtung an drei Polfiltern*

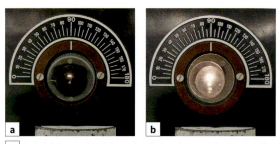

a   b

B5 *Beobachtung der Lichtquelle a) ohne dritten Polarisationsfilter
b) mit drittem Polfilter*

Zeigermodell zur Polarisation. Die Abläufe bei der Polarisation von Licht lassen sich mit dem Zeigermodell darstellen. Die geometrische Überlegung mit dem Zeigermodell bestätigt die Erkenntnis: Die Amplitude entspricht der Länge des Zeigers. Das Licht wird durch einen Zeiger mit der Amplitude A_0 beschrieben (Bild **B1**). Vor dem Polfilter beträgt die Intensität $I = A_0^2$. Unterscheiden sich die Orientierung des Polfilters und die Schwingungsrichtung der Welle um den Winkel φ, so nimmt die Amplitude auf A_1 ab und die Polarisation erfolgt um den Winkel φ gedreht (Bild **B1**).

Die Berechnung der Intensität I nach dem Analysator, der gegen den Polarisator um den Winkel φ gedreht ist, nutzt aus, dass die Intensität einer Welle das Quadrat der Amplitude ist. Nur die Komponente des Zeigers parallel zur Richtung des Analysators kann diesen passieren, die senkrechte Komponente nicht. Das Licht erhält eine neue Polarisationsrichtung, die Amplitude beträgt $A = A_0 \cdot \cos(\varphi)$ (Bild **B2**). Die Intensität I_0 geht zurück auf (Gesetz von MALUS):

$$I = A^2 = (A_0 \cdot \cos(\varphi))^2 = A_0^2 \cdot \cos^2(\varphi) = I_0 \cdot \cos^2(\varphi).$$

❗ Merksatz

Gelangt Licht der Intensität I_0 durch einen im Winkel φ verdrehten Analysator, so wird die Intensität auf $I = I_0 \cdot \cos^2(\varphi)$ abgeschwächt. Die Welle ist anschließend in Richtung des Analysators polarisiert.

Licht gelangt durch gekreuzte Polfilter. Das Gesetz von MALUS legt nahe, dass durch zwei gekreuzte Polfilter kein Licht gelangt. Damit dieses dennoch möglich ist, muss die Polarisationsrichtung des Lichts zwischen beiden Polfiltern manipuliert werden. Hierzu wird zwischen zwei Polfilter, die um 90° verdreht sind, ein dritter ergänzt. Dadurch erfolgen mehrfache Drehungen der Polarisationsebene sowie Änderungen der Amplitude im Zeigermodell (Bild **B4**).

Bild **B3** zeigt den Aufbau mit drei Polfiltern im Realexperiment. Bild **B5** zeigt die Beobachtung. Licht gelangt durch gekreuzte Polfilter. Die Drehung der Polarisationsebene kann mit Hilfe unterschiedlicher Objekte erfolgen. Neben Polarisationsfiltern weisen verschiedene Stoffe ebenfalls die Eigenschaft auf, die Polarisationsebene zu drehen. Als Beispiele sind Zuckermoleküle oder auch Flüssigkristalle zu nennen, die in LC-Displays eingesetzt werden.

Polarisation in LC-Displays. Das Display eines Flach-
bildmonitors wird durch einen Polarisationsfilter betrachtet (Bild **B6**). Zunächst scheint kein Einfluss auf
das Bild erkennbar. Wird der Polfilter jedoch gedreht, so
nimmt die Helligkeit ab. Bei einem bestimmten Winkel
scheint er vollkommen dunkel. Das vom Display aus-
gesendete Licht ist also linear polarisiert.

LC-Zellen regeln die Lichtmenge. Flachbildschirme
sind aus LC-Zellen aufgebaut, in denen sich zwischen
zwei Elektroden Flüssigkristalle befinden (Liquid Crys-
tal). Diese Moleküle sind innerhalb einer Flüssigkeit,
deren Schichtdicke wenige Mikrometer beträgt, frei
beweglich. Geeignete Flüssigkristalle weisen Dipol-
charakter auf. Ein angelegtes elektrisches Feld kann
ihre Lage verändern. Ohne äußere Einflüsse ordnen
sie sich daher häufig parallel an. Ebenso wie Polarisationsfilter sind sie nur für Licht durchlässig, dessen
Schwingungsebene in ihrer Richtung liegt. Diese Ebene
lässt sich verändern.

Es gibt verschiedene technische Umsetzungen von
LC-Displays. Bild **B7** zeigt einen vereinfachten Aufbau.
Durch die Orientierung der Flüssigkristalle kann die
Lichtdurchlässigkeit einer LC-Zelle geregelt werden.
Vorne im Bild (geöffneter Schalter) ist die Durchlassein-
stellung zu sehen: Die Polarisationsfilter der LC-Zelle
sind um 90° gegeneinander verdreht. Die Moleküle des
Flüssigkristalls richten sich ohne anliegende Spannung
wendeltreppenförmig aus und verdrehen so auch die
Schwingungsebene des einfallenden polarisierten Lichts.
Die Zelle wird durchlässig.

In Bild **B7** wird hinten an die lichtdurchlässigen Elektroden eine Spannung gelegt (Schalter geschlossen).

B6 *Ein Display wird durch unterschiedlich gedrehte Polfilter betrachtet.*

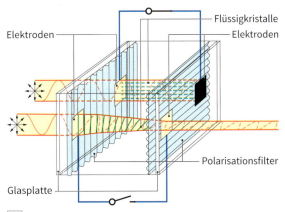

B7 *Lichtdurchlässige LC-Zelle (vorn), lichtundurchlässige LC-Zelle
(hinten)*

Das elektrische Feld zwischen den Elektroden ändert
die Orientierung der Flüssigkristalle und sorgt dafür,
dass sie parallel liegen. Die Schwingungsebene des
polarisierten Lichts wird nicht mehr verdreht, die Zelle
wird undurchlässig. Indem die Stärke des elektrischen
Feldes variiert wird, kann auch nur eine Teilausrichtung
der Kristalle erfolgen und somit eine Teildurchlässigkeit
der Zelle erreicht werden.

Arbeitsaufträge

1 ➡ Beurteilen Sie, ob die folgenden Aussagen zutreffen.
a) Schallwellen lassen sich polarisieren.
b) Licht kann durch gekreuzte Polfilter gelangen.

2 🖋 Zwischen zwei um 90° verdrehten Polarisations-
folien wird unter dem Winkel α gegenüber der ersten
Folie eine dritte Polarisationsfolie gebracht. Geben
Sie die Intensität der Strahlung hinter den Folien in
Abhängigkeit von α an.

3 🖋 Ein Mikrowellensender sendet eine elektromagnetische Welle aus. Eine Empfangsdiode misst die Stärke
des Signals. Bei senkrechter Ausrichtung beträgt die
Spannung 2,4 V. Anschließend wird der Empfänger um
den Winkel α senkrecht zur Ausbreitungsrichtung der
Welle nach rechts gedreht und die Spannung notiert:

α in °	0	30	60	90
U in V	2,4	1,8	0,6	0,0

Beurteilen Sie mit den gegebenen Daten, ob die elektromagnetische Welle polarisiert sein kann.

5.5 Interferenzphänomene

B1 *Regentropfen treffen auf eine Pfütze.*

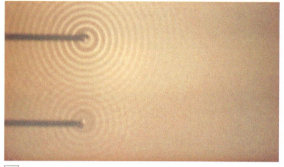

B3 *Interferenz zweier Kreiswellen in der Wellenwanne*

Überlagerung zweier Kreiswellen. Trifft ein Regentropfen auf eine Pfütze, so erzeugt er eine Störung, die sich in alle Richtungen ausbreitet (Bild **B1**). Eine Kreiswelle bildet sich. Treffen mehrere Tropfen nebeneinander auf die Wasseroberfläche, so erzeugt jeder seine eigene Welle. Diese laufen ungehindert durch die jeweils andere hindurch. Gleiches ist auch bei zwei Erregern in der Wellenwanne zu beobachten. Man spricht auch von **Superposition** der beiden Wellen (Bild **B3**).

Die Wellenberge und -täler bewegen sich kontinuierlich nach außen. Währenddessen fallen bei Überlagerung der beiden Kreiswellen feste Orte auf, an denen sich Berge und Täler nicht abwechseln. Hier löschen sich die Wellen gerade gegenseitig aus bzw. verstärken sich. Man sagt, sie überlagern sich destruktiv oder konstruktiv und spricht von **Interferenz.**

> **!** **Merksatz**
>
> Mechanische Wellen breiten sich aus, ohne einander zu beeinflussen. Es gibt aber Orte, an denen sich die Wellen auslöschen oder verstärken. Man spricht von destruktiver oder konstruktiver Interferenz.

Schall kann sich auslöschen. Ähnlich wie die zwei Erreger in der Wellenwanne lassen sich auch zwei Lautsprecher als Ausgangspunkte für Wellenfronten verwenden (Bild **B2**). Durchläuft man den Raum vor den beiden Lautsprechern, so gibt es Orte, an denen der Ton nahezu nicht wahrnehmbar ist, und Orte, an denen die Lautstärke größer ist als andernorts. Wird einer der Lautsprecher ausgeschaltet, so ändert sich die wahrnehmbare Lautstärke kaum von Ort zu Ort.

Im Rahmen einer Modellierung können Orte minimaler Lautstärke in einer Skizze dargestellt werden (Bild **B4**). Orte maximaler Lautstärke sind schwarz markiert, Orte minimaler Lautstärke rot. Die Punkte A und B geben die Position der Lautsprecher an. Es zeigt sich, dass es nicht nur eine Symmetrieachse gibt, die mittig zwischen beiden Lautsprechern verläuft, sondern **Knotenlinien**, auf denen diese besonderen Punkte liegen.

In der Beispielaufgabe auf der nächsten Seite erfolgt eine quantitative Auswertung mit Hilfe von Ultraschall. Dabei wird untersucht, ob eine Vorhersage der Orte mit maximaler bzw. minimaler Lautstärke anhand bekannter Größen wie der Wellenlänge und der Abstände der Sender möglich ist.

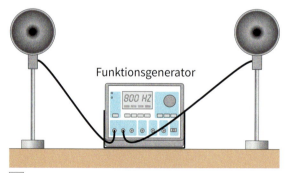

B2 *Ein Funktionsgenerator betreibt zwei Lautsprecher.*

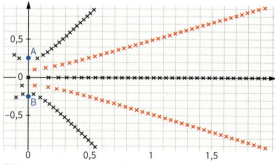

B4 *Modellierung der Knotenlinien*

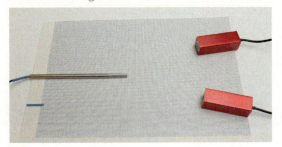

B5 *Untersuchung des Schallfeldes zweier Ultraschallsender*

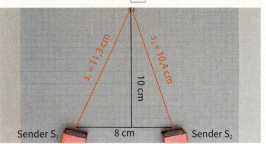

B6 *Relevante Größen zur Wellenlängenbestimmung*

Zwei Ultraschallsender ($\lambda = 8,5$ mm) erzeugen ein Schallfeld, das mit Hilfe eines Mikrofons untersucht wird. Die Amplitude stellt ein Maß für die Lautstärke dar und wird durch ein Messgerät – z. B. ein Oszilloskop – ermittelt. Das Auffinden markanter Punkte – wie Minima und Maxima – erlaubt Rückschlüsse über quantitative Zusammenhänge in Zwei-Sender-Situationen.

a) Ermitteln Sie zu den Abständen 10 cm, 15 cm und 20 cm die Orte, an denen die Lautstärke der Sender maximal bzw. minimal ist.

b) Berechnen Sie anschließend die Wegdifferenzen und vergleichen Sie mit der Wellenlänge der Sender.

Lösung:
a) Als Versuchsaufbau werden auf einem Blatt Papier mit Orientierungslinien (z. B. Karopapier) zwei Ultraschallsender im Abstand von ca. 8 cm platziert und leicht zur Mitte geneigt. Mit Hilfe einer geeigneten Quelle werden sie so betrieben, dass sie angemessen laut und phasengleich senden. Ein Mikrofon erfasst die Lautstärke und gibt mit Hilfe geeigneter Messwerterfassung (z. B. Oszilloskop) die Spannung als Maß für die Lautstärke aus.

Nach Einzeichnen von Symmetrieachse und Hilfslinien im Abstand von 10 cm, 15 cm und 20 cm zu den Sendermitten wird das Mikrofon für jeden der drei Abstände von der Symmetrieachse nach außen geführt. Dabei werden die Orte minimaler und maximaler Lautstärke markiert. Dieses erfolgt auf beiden Seiten. Die Nummerierung der Maxima und Minima erfolgt ab der Symmetrieachse. Das der Symmetrieachse nächste Maximum ist das erste Maximum, Minima entsprechend. Die Sendermitten haben einen

Abstand von 7,8 cm. In der Tabelle angegeben sind die Abstände s_1 zum Sender S_1 und s_2 zum Sender S_2 sowie deren Wegunterschied Δs in cm.

	Maximum	1	2	3
20 cm	s_1 in cm	21,1	21,9	23,1
	s_2 in cm	20,2	20,2	20,5
	Δs in cm	0,9	1,7	2,6
15 cm	s_1 in cm	16,1	16,9	17,8
	s_2 in cm	15,2	15,3	15,3
	Δs in cm	0,9	1,6	2,5
10 cm	s_1 in cm	11,3	11,9	12,7
	s_2 in cm	10,4	10,2	10,1
	Δs in cm	0,9	1,7	2,6

b) Die folgende Auswertung beschränkt sich auf die Maxima. Dazu werden für die drei ermittelten Maxima die Abstände jeweils zum ersten und zweiten Sender ausgemessen und der Wegunterschied Δs bestimmt.

Die Wegunterschiede sind für jedes Maximum nahezu konstant. Vergleicht man sie mit der Wellenlänge der Sender, fällt auf, dass bei dem ersten Maximum genau eine Wellenlänge Wegunterschied besteht. Für weitere Maxima gilt Entsprechendes. So ergibt sich z. B. für das dritte Maximum aus der Tabelle:

$$\Delta s = \frac{2,6 \text{ cm} + 2,5 \text{ cm} + 2,6 \text{ cm}}{3} \approx 2,6 \text{ cm}.$$

Es folgt mit $3\lambda = \Delta s \approx 26$ mm:

$$\lambda \approx 8,7 \text{ mm}.$$

Zeiger beschreiben das Schallfeld der Sender. Die Experimente in der Wellenwanne und im Schallfeld der Ultraschallsender haben gezeigt, dass sich zwei Wellen überlagern können, ohne sich gegenseitig zu beeinflussen, und sich an festen Orten verstärken oder auslöschen können. Dieses Verhalten wird als Interferenz bezeichnet.

Die Beispielaufgabe auf der vorherigen Seite hat zudem gezeigt, dass bei einem Wegunterschied von einem ganzzahligen Vielfachen der Wellenlänge ein Maximum vorliegt. Umgekehrt ist ein Minimum zu finden, wenn der Wegunterschied ein ungerades Vielfaches der halben Wellenlänge beträgt. Diese Zusammenhänge lassen sich mit dem Zeigermodell erklären. Dabei geht man davon aus, dass beide Sender phasengleich senden. Somit weisen die Zeiger zu Beginn am Ort der Sender keinen Phasenunterschied auf. Für jeden Ort innerhalb des Schallfeldes kann nun die Phasenlage durch die Addition der beiden Einzelzeiger bestimmt werden.

Im Allgemeinen erreichen die beiden Wellen einen bestimmten Zielpunkt (Empfänger) mit unterschiedlichen Phasen. Auf der Achse zwischen den Quellen zeigen die beiden Einzelzeiger aber immer in dieselbe Richtung (Bild **B1a**). Beide Wellen sind in Phase, da sie die gleiche Weglänge zurückgelegt haben und zu Beginn phasengleich waren. Dieses Verhalten bleibt bei fortlaufender Zeit bestehen. Die Summe der beiden Pfeile weist maximale Amplitude auf. Auf der Mittelachse zwischen beiden Sendern liegt das 0. Maximum vor (Bild **B1a**).

Beim 1. Minimum, dem ersten Ort minimaler Lautstärke neben der Mittelachse, müssen sich beide Zeiger so addieren, dass ihre Summe stets null ergibt (Bild **B1b**). Die beiden Einzelzeiger zeigen also immer in entgegengesetzte Richtung.

Die Wegdifferenz zwischen beiden Wegen beträgt für das 1. Minimum eine halbe Wellenlänge. Das sorgt dafür, dass der Zeiger von S_1 entgegengesetzt zum Zeiger des Senders S_2 steht. Weitere Minima sind für den Wegunterschied $\Delta s = \frac{1}{2}\lambda, \frac{3}{2}\lambda, \frac{5}{2}\lambda, \ldots$ zu erwarten.

Die Argumentation für das 1. Maximum erfolgt analog. Da beide Zeiger in Phase liegen, muss der Wegunterschied ein Vielfaches der Wellenlänge betragen. Nur dann liegen beim Empfänger beide Zeiger phasengleich (Bild **B1c**). Für jede Position des Empfängers kann mit Hilfe des Zeigermodells anhand geometrischer Überlegungen die Amplitude vorhergesagt werden. Es wird lediglich die Information benötigt, in welchem Verhältnis die Wellenlänge λ zum Wegunterschied Δs steht.

Der Wegunterschied, die Phasendifferenz der Einzelzeiger und die Länge des resultierenden Zeigers sind Merkmale der Punkte im Wellenfeld zweier Sender. Die ortsfeste Verteilung der Amplituden erzeugt ein ortsfestes Muster – das **Interferenzfeld**.

> **❗ Merksatz**
>
> Die Wellen zweier Sender überlagern sich zu maximaler Amplitude, wenn der Wegunterschied Δs ein Vielfaches der Wellenlänge λ beträgt.
>
> Destruktive Interferenz liegt vor, wenn der Wegunterschied ein ungerades Vielfaches von $\frac{\lambda}{2}$ beträgt.

B1 *Zeigermodell für a) 0. Maximum, b) 1. Minimum, c) 1. Maximum. Der Punkt E gibt den Ort des Empfängers an.*

⊟ Exkurs: Interferenzphänomene erläutern und auswerten

1. Quinckesches Rohr. Vor einem quinckeschen Rohr befindet sich ein Lautsprecher. An der unteren Öffnung des Rohres ist ein Mikrofon platziert, das an ein Messwerterfassungssystem angeschlossen ist. Der rechte Bogen des Rohres wird schrittweise nach außen gezogen und die Amplitude der Spannung am Mikrofon gemessen (Bild **B2**).

2. Lloydscher Spiegel. Ultraschallsender und Mikrofon sind auf einer Achse gegenüberliegend angeordnet. Zusätzlich wird im Schallfeld des Senders ein Metallspiegel als Reflektor platziert. Das Mikrofon wird entlang der markierten Linie vom Sender entfernt und die Spannung als Maß für die Amplitude erfasst (Bild **B3a**). Die erhobenen Messpunkte sind in Bild **B3b** dargestellt.

3. Interferenzfeld zweier Ultraschallwellen. Zwei Ultraschallsender befinden sich 65 mm voneinander entfernt. Im Abstand von 21 cm dazu wird der Empfänger auf einer Schiene durch das Schallfeld gefahren. Der Ort x des Empfängers wird durch den Einsatz eines Bewegungsmesswandlers (BMW) direkt erfasst (Bild **B4a**). Das $U(x)$-Diagramm enthält die Spannung als Maß für die Amplitude der Welle abhängig vom Ort x des Empfängers. Die Mitte zwischen beiden Sendern ist $x = 0{,}00$ m (Bild **B4b**).

Arbeitsaufträge

1 ↗ Quinckesches Rohr: Erläutern Sie das Vorliegen von Interferenz in diesem Zusammenhang und ermitteln Sie anhand der folgenden Messdaten die Wellenlänge und die Frequenz des Schalls.

d in cm	0,0	0,5	1,0	1,5	2,0
U in V	0,22	2,61	2,17	0,03	1,64
d in cm	2,5	3,0	3,5	4,0	4,5
U in V	2,90	0,60	0,60	2,90	1,64

2 ↗ Lloydscher Spiegel: Untersuchen Sie, ob hier Interferenzphänomene zu beobachten sind.

3 ⇒ Ultraschallfeld: Erläutern Sie den groben Verlauf des $U(x)$-Diagramms (Bild **B4b**). Ermitteln Sie anhand der Daten – falls möglich – die Wellenlänge der Sender.

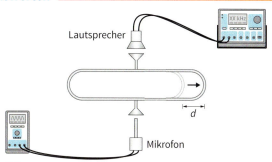

B2 Aufbau zum quinckeschen Rohr

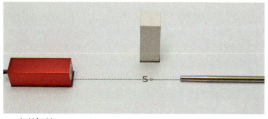

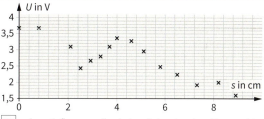

B3 oben: Aufbau zum lloydschen Spiegel, unten: Messpunkte

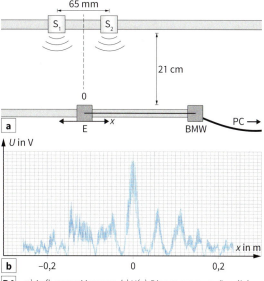

B4 a) Aufbau zur Messung, b) $U(x)$-Diagramm zum räumlichen Verlauf der Amplitude der Ultraschallwelle

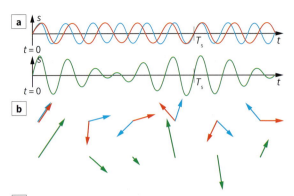

B1 a) Überlagerung zweier Schwingungen unterschiedlicher Frequenz, b) zeitlicher Verlauf der Phasenlage eines Oszillators

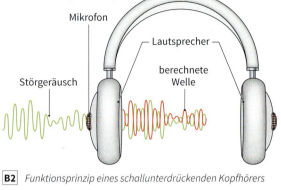

B2 Funktionsprinzip eines schallunterdrückenden Kopfhörers

Interferenz zweier Sender mit unterschiedlicher Frequenz.

▶ Man stimmt eine Gitarre, indem man auf zwei Saiten denselben Ton anzupft. Ist eine Saite nicht richtig gestimmt, hört man ein „Wimmern", der Ton schwillt an und wieder ab. Aus dieser Überlagerung zweier Sinusschwingungen mit leicht unterschiedlicher Frequenz resultiert keine harmonische Schwingung, sondern eine mit wechselnder Amplitude. Man nimmt die Schwingung mit sich ändernder Lautstärke wahr. Dieses „Wimmern" wird **Schwebung** genannt. In Versuch **V1** wird eine Schwebung von zwei Stimmgabeln erzeugt. Bei der Aufzeichnung mit einem Oszilloskop zeigt sich eine zeitlich veränderliche Amplitude.

Zwei Wege zur Beschreibung.

Bild **B1a** zeigt symbolhaft den zeitlichen Verlauf zweier Schwingungen. Oben sind die einzelnen Schwingungen dargestellt, unten deren Summe: Zu jedem Zeitpunkt werden die beiden Auslenkungen addiert. Die zeitabhängige Amplitude erklärt den Höreindruck. Aber auch die Überlagerung der beiden Schwingungen weist eine Periodizität auf. Der zeitliche Abstand zwischen zwei phasengleichen Zuständen gleicher Amplitude ist die Periodendauer T_s der Schwebung. Für die Frequenz der Schwebung f_s gilt, dass sie dem Betrag der Differenz der Frequenzen f_1 und f_2 der beiden erzeugenden Wellen entspricht:

$$f_s = |f_1 - f_2|.$$

Der Zeiger der blauen Schwingung in Bild **B1a** weist eine höhere Frequenz auf, er ist dem Zeiger der roten Schwingung stets voraus (Bild **B1b**). Die Phasendifferenz nimmt zu, bis beide Zeiger wieder in Phase schwingen. Dieser Zeitraum entspricht ebenfalls der Periodendauer der Schwebung. Die Lautstärke ändert sich – die Summe beider Zeiger variiert (grün).

Interferenz zur Reduzierung von Störgeräuschen.

Bei der Schwebung wird das Grundprinzip der Superposition deutlich: Beide Wellen breiten sich aus, ohne sich gegenseitig zu stören. An einem Ort zeigt die Messung die Summe der Wellen. Bei der Schwebung variiert dabei die Amplitude sogar so stark, dass sich beide Wellen auslöschen. In ANC-Kopfhörern (*Active Noise Cancelling*) wird die destruktive Überlagerung von zwei Wellen technisch ausgenutzt, um störenden Schall aus der Umwelt zu unterdrücken (Bild **B2**). Dieses ist beispielsweise in Flugzeugcockpits oder an anderen Arbeitsstellen mit hoher Schallbelastung hilfreich, um die Träger der Kopfhörer zu entlasten.

Außen an den Kopfhörern befindet sich jeweils ein Mikrofon, das in sehr kurzen Messintervallen die störenden Geräusche aufzeichnet. Dieses Signal wird verarbeitet und in der Messelektronik wird die zur Auslöschung benötigte Wellenform berechnet. Vereinfacht kann angenommen werden, dass die Amplitude der einlaufenden, gemessenen Welle (grün) dabei umgekehrt wird (rot). Der Lautsprecher wird nun so angeregt, dass das Störgeräusch und die berechnete, auslöschende Welle zeitgleich am Ohr ankommen. Es trifft nun ständig Wellenberg auf Wellental und umgekehrt. Im Ohr gelingt die Überlagerung der beiden Wellen am Empfänger so, dass die Summe beider Amplituden nahezu null ergibt. Das störende Geräusch ist nicht mehr wahrnehmbar.

Um beispielsweise im Flugzeugcockpit den Sprechfunk klar hören zu können, werden die Störung und die zur Störung berechnete Welle sowie die Welle, die den Funkspruch darstellt, gleichzeitig von dem Kopfhörer ausgegeben. Im Ohr addieren sich alle drei Wellen so, dass nahezu nur der Funkspruch wahrgenommen wird.

Ein Mikrofon zeichnet die Schallwelle von zwei auf Klangkörpern befestigten Stimmgabeln ähnlicher Frequenz auf. Dafür wird auf die zweite Stimmgabel (rechts) eine Hemmung aufgeschraubt. Diese ändert die Frequenz der Stimmgabel leicht.

Zunächst werden die Frequenzen der einzelnen Stimmgabeln bestimmt. Die folgenden Bilder zeigen den zeitlichen Verlauf, oben: Stimmgabel ohne Hemmung, unten: mit Hemmung. Die Frequenzbestimmung erfolgt anhand der Graphen.

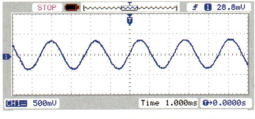

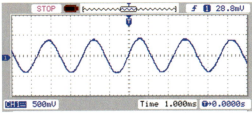

Anschließend werden beide Stimmgabeln angeschlagen und die Überlagerung der Schallwellen erfasst. Die Frequenz der Schwebung wird analog ermittelt. Auf der Rechtsachse entspricht 1 Kästchen 20 ms.

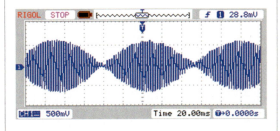

1 ✎ Auf dem Tisch stehen im Abstand von 40 cm zwei Lautsprecher, die an einen Sinusgenerator angeschlossen sind. Dieser sendet eine Schallwelle mit $f = 440$ Hz aus.
a) Beschreiben Sie die Phasenlage beider Sender.
b) Untersuchen Sie anhand einer Skizze oder mit einer Simulation das Schallfeld der beiden Sender.
c) Eine Person geht im Abstand von 2 m parallel zum Tisch durch das Schallfeld. Ermitteln Sie vier verschiedene Positionen, an denen kaum ein Ton zu hören sein wird.

2 ✎ Zwei Ultraschallsender ($f = 25$ kHz) stehen im Abstand von 3 cm. Ausgehend von der Mitte zwischen den Sendern wird ein Kreisbogen mit $r = 20$ cm geschlagen. Entlang des Bogens wird ein Mikrofon bewegt, um die Lage von Maxima und Minima zu bestimmen.
Untersuchen Sie, unter welchen Winkeln Minima bzw. Maxima zu erwarten sind

3 → Im Experiment zum quinckeschen Rohr wird eine Frequenz von 400 Hz eingestellt.
a) Berechnen Sie die bei Raumtemperatur zu erwartende Wellenlänge der Wellen.
b) Erläutern Sie, aus welchen Gründen in dem Versuch Interferenz zu beobachten ist.

4 ✎ Aufgrund einer hohen Belastung durch Straßenlärm werden Maßnahmen zur Entlastung der Anwohner diskutiert. Dabei werden ANC-Kopfhörer und Schallschutzwände als mögliche Optionen genannt.
a) Recherchieren Sie die Funktionsweise von Schallschutzwänden.
b) Beurteilen Sie, welche der Möglichkeiten für Anwohner eher geeignet ist. Berücksichtigen Sie auch die Qualität der Störgeräuschreduzierung sowie erforderliche Zeiten für die Umsetzung der Maßnahme.

5 ✎ Zwei Stimmgabeln ($f_1 = 440$ Hz, $f_2 = 445$ Hz) werden parallel angeschlagen und die Überlagerung der beiden mit Hilfe eines Oszilloskops aufgezeichnet.
a) Berechnen Sie die Frequenz und die Periodendauer der Schwebung.
b) Skizzieren Sie den zeitlichen Verlauf der Schwingungen und der Schwebung für die erste Sekunde analog zu Bild **B1a**.

5.6 Stehende Wellen ▶

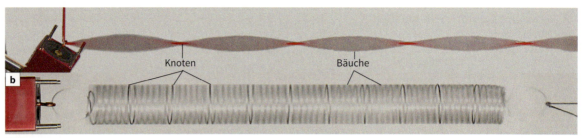

B1 *Mechanische stehende Wellen a) in einem Seil und b) in einer Schraubenfeder*

Wellen in begrenzten Medien. Das Medium, auf dem sich eine Welle ausbreitet, ist meist räumlich begrenzt – z. B. eine Gitarrensaite. Bisher wurde dieser Aspekt nicht betrachtet, sondern von Medien unbegrenzter Länge ausgegangen. Bild **B1** zeigt zwei Beispiele, in denen sich eine Störung auf einem begrenzten Medium ausbreitet. Wird eine geeignete Frequenz für die Anregung des begrenzten Mediums gewählt, so zeigt sich sowohl bei transversalen Wellen, wie in einem Gummiseil (Bild **B1a**), als auch bei longitudinalen Wellen, wie in einer Schraubenfeder (Bild **B1b**) ein charakteristisches Bild.

Bei bestimmten Frequenzen sind Bereiche des schwingenden Gummiseils erkennbar, in deinen keine Schwingungen zu sehen sind. Diese Stellen werden **Knoten** genannt (Bild **B1a**). Mit zunehmender Frequenz nimmt ihre Zahl zu (Versuch **V1**). Gleiches gilt für die Bereiche, in denen die Schwingung maximal ist. Diese Stellen werden als **Bäuche** bezeichnet. Auch in der Schraubenfeder sind solche Orte zu beobachten (Bild **B1b**).

Die ungestörte Überlagerung zweier Teilwellen ist für den Effekt verantwortlich. Die Störung, die über das Seil läuft, wird am anderen Ende reflektiert und läuft in Richtung Motor zurück. Die zwei entgegenlaufenden Wellen überlagern sich ungestört (**Superposition**) und bilden unter bestimmten Voraussetzungen eine stehende Welle. Sie kann durch Reflexion oder auch durch zwei gegenüberstehende Sender hervorgerufen werden, wenn diese Wellen gleicher Frequenz und Amplitude erzeugen. Im Gegensatz zu den bisher betrachteten Wellen wird bei stehenden Wellen keine Energie transportiert.

> **❗ Merksatz**
>
> Überlagern sich zwei entgegenlaufende Wellen, so bildet sich unter bestimmten Voraussetzungen eine stehende Welle. Sie weist Knoten und Bäuche auf.

Vermessung von stehenden Wellen. In Versuch **V1** wird die Frequenz der Anregung systematisch verändert und beobachtet, ob stehende Wellen entstehen. Es fällt auf, dass mit zunehmender Frequenz die Anzahl der beobachtbaren Bäuche zunimmt, ebenso wie die Anzahl der Knoten.

Bei der ersten stehenden Welle sind genau zwei Knoten zu beobachten, die beim Kraftsensor und beim Exzentermotor vorliegen. In der Mitte zwischen ihnen befindet sich ein Bauch. Der Abstand beider Knoten beträgt 41 cm. Wird die Frequenz erhöht, so bildet sich in der Mitte des Seils ein weiterer Knoten. Der Abstand der Knoten beträgt bei drei Knoten $\frac{41}{2}$ cm, bei vier Knoten sind es $\frac{41}{3}$ cm.

V1 **Ausbildung stehender Wellen**

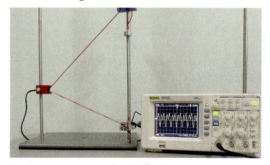

Ein Motor mit unrunder Welle (Exzentermotor) setzt ein gespanntes Gummiseil in Schwingungen. Diese werden von einem dynamischen Kraftsensor erfasst. Die Anregung wird vom Kraftsensor registriert. Die Frequenz, bei der sich stehende Wellen ausbilden, wird mit einem Oszilloskop ermittelt. Die Tabelle zeigt Messwerte für eine Seillänge von l = 41 cm zwischen anregendem Motor und Kraftsensor.

Anzahl Knoten	2	3	4	5
Frequenz f in Hz	27,0	53,2	84,7	111,1

Zeiger erklären Knoten und Bäuche. Damit es zur Ausbildung eines Knotens kommt, müssen ein Wellenberg der hinlaufenden und ein Wellental der reflektierten Welle aufeinandertreffen. Die Zeiger beider Wellen müssen also eine Phasendifferenz von π haben. Am Reflektor liegt immer ein Knoten vor, da sich der letzte Oszillator nicht bewegen kann – eine Reflexion am festen Ende bewirkt einen Phasensprung um π. Beträgt der Abstand zwischen Sender und Reflektor $\frac{\lambda}{2}$, bildet sich deshalb eine stehende Welle mit zwei Knoten. Zwischen den Knoten entsteht ein Wellenbauch (Bild **B2**).

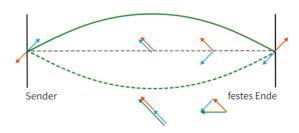

B2 *Stehende Welle für $l = \frac{\lambda}{2}$ mit Zeigermodell. Blaue Pfeile markieren die hinlaufende, rote die reflektierte Welle.*

Bei der doppelten Frequenz bildet sich erneut eine stehende Welle. Sie weist nun drei Knoten auf, zwischen denen zwei Bäuche liegen (Bild **B3**). Wie vorher beträgt der Abstand zweier Knoten eine halbe Wellenlänge, ebenso der Abstand zweier Bäuche. Das Medium hat jetzt also eine Länge von $\frac{3}{2}\lambda$. Die Phasenwinkel der Einzelzeiger ändern sich zwar kontinuierlich, die Phasendifferenz bleibt an jedem Ort aber zeitlich konstant. Für den Oszillator an der Position des Bauches beträgt sie gerade null – der Oszillator führt eine Schwingung maximaler Amplitude aus.

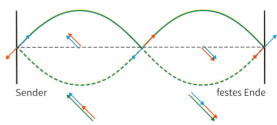

B3 *Stehende Welle mit drei Knoten und zwei Bäuchen*

> ❗ **Merksatz**
>
> Bei Reflexion am festen Ende bilden sich stehende Wellen aus, wenn die Länge l des Mediums ein Vielfaches der halben Wellenlänge beträgt: $l = n \cdot \frac{\lambda}{2}$. Der Abstand zweier Knoten beträgt stets $\frac{\lambda}{2}$.

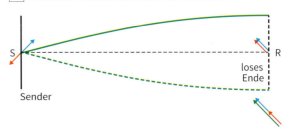

B4 *Stehende Welle beim losen Ende*

Reflexion am losen Ende. Bei einer Reflexion am losen Ende gibt es keinen Phasensprung. Deshalb liegt hier stets ein Bauch vor. Die erste stehende Welle für die Reflexion am losen Ende lässt sich somit bei einem Abstand von $l = \frac{\lambda}{4}$ beobachten (Bild **B4**). Die Phasenbeziehungen zwischen ursprünglicher und reflektierter Welle bleiben auch hier bestehen. Am Sender bildet sich immer ein Knoten aus; bei Erhöhung der Frequenz ist deshalb die nächste stehende Welle mit zwei Knoten zu beobachten, wenn der Abstand $l = \frac{3}{4}\lambda$ ist (Bild **B5**).

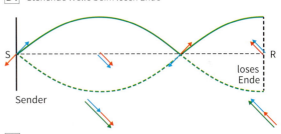

B5 *Stehende Welle mit zwei Knoten bei Reflexion am losen Ende*

> ❗ **Merksatz**
>
> Bei Reflexion am losen Ende bilden sich stehende Wellen aus, wenn die Länge l des Mediums ein ungerades Vielfaches einer Viertel Wellenlänge aufweist: $l = (2n + 1) \cdot \frac{\lambda}{4}$. Der Abstand zweier Knoten entspricht $\frac{\lambda}{2}$.

Stehende Wellen als Werkzeug zur Messung. Die Eigenschaften stehender Wellen kann man nutzen, um die Wellenlänge eines Senders oder die Ausbreitungsgeschwindigkeit einer Welle zu bestimmen. Unabhängig davon, ob eine Reflexion am festen oder losen Ende vorliegt, beträgt der Abstand zwischen zwei Knoten stets $\frac{\lambda}{2}$. Die Wellenlänge λ ist somit zugänglich. Die Messung der Ausbreitungsgeschwindigkeit c setzt voraus, dass Frequenz und Wellenlänge bestimmbar sind.

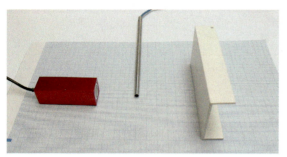

B1 Aufbau zur Wellenlängenbestimmung eines Ultraschallsenders

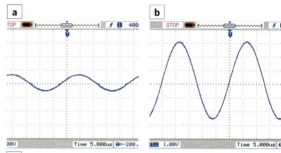

B2 a) Mikrofon im Knoten, b) Mikrofon im Bauch

Wellenlängenbestimmung. Die Wellenlänge eines Ultraschallsenders wird in Versuch **V1** ermittelt, indem eine stehende Welle im Experiment erzeugt und der Abstand zweier Knoten ausgemessen wird.

Um Messungenauigkeiten gering zu halten, wird über mehrere Knoten hinweg gemessen. In Versuch **V1** beträgt der Abstand vom ersten zum elften Knoten 4,3 cm bei einer Unsicherheit von 0,1 cm. Für die Wellenlänge des Senders gilt also:

$$4,3 \text{ cm} \pm 0,1 \text{ cm} = 10 \cdot \frac{\lambda}{2},$$

$$\lambda = \frac{2 \cdot (4,3 \text{ cm} \pm 0,1 \text{ cm})}{10} = 0,86 \text{ cm} \pm 0,02 \text{ cm}.$$

Berechnung der Schallgeschwindigkeit. Neben der Amplitude zur Ermittlung der Knoten und Bäuche lässt sich am Oszilloskop (Bild **B2**) auch die Periodendauer T ablesen. Über zwei Perioden erhält man mit einer Unsicherheit von 1 μs für die Periodendauer: $T = 25 \text{ μs} \pm 0,5 \text{ μs}$. Die relativen Unsicherheiten der Wellenlänge und der Periodendauer werden addiert, um die Gesamtunsicherheit zu ermitteln:

$$\frac{0,02 \text{ cm}}{0,86 \text{ cm}} + \frac{0,5 \text{ μs}}{25 \text{ μs}} = 0,023 + 0,020 = 0,043.$$

Die Schallgeschwindigkeit c ergibt sich dann zu:

$$c = \frac{\lambda}{T} = 344 \, \tfrac{\text{m}}{\text{s}} \pm 0,043 \cdot 344 \, \tfrac{\text{m}}{\text{s}} = 344 \, \tfrac{\text{m}}{\text{s}} \pm 14,8 \, \tfrac{\text{m}}{\text{s}}$$

V1 Wellenlänge eines Ultraschallsenders

Ultraschallsender und Reflektor werden gegenüber positioniert. Ein Mikrofon registriert die Lautstärke und wird entlang der Verbindungslinie zwischen Sender und Empfänger verschoben (Bild **B1**). Ein Oszilloskop registriert den zeitlichen Verlauf der Spannung als Maß für die Lautstärke (Bild **B2**).
Vor Beginn der Messung wird die Position des Reflektors leicht verändert, sodass am Ort des Mikrofons maximale Lautstärke registriert wird. Dieses ermöglicht eine eindeutige Trennung zwischen Knoten und Bäuchen. Anschließend wird das Mikrofon verschoben und die Position mehrerer Knoten markiert.

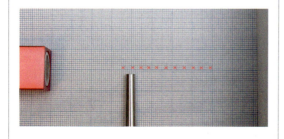

V2 Ausbreitungsgeschwindigkeit in der Feder

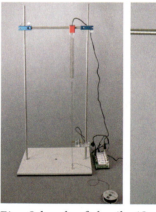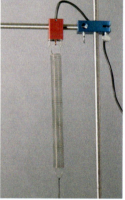

Eine Schraubenfeder ($l = 13$ cm) wird an einem dynamischen Kraftsensor befestigt und mit einem Exzentermotor zu Schwingungen angeregt. Dabei wird die Frequenz variiert bis eine stehende Welle zu erkennen ist.

Anzahl Knoten	3	4	5	8	10
Frequenz f in Hz	16,5	25,6	30,0	58,2	80,0

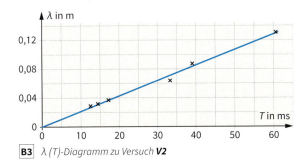

B3 $\lambda(T)$-Diagramm zu Versuch **V2**

Ausbreitungsgeschwindigkeit in der Feder.
Mit dem zuvor angewendeten Verfahren lässt sich nicht nur die Schallgeschwindigkeit sondern wie in Versuch **V2** auch die Ausbreitungsgeschwindigkeit einer Welle auf einer Schraubenfeder berechnen. Dazu müssen auch hier Wellenlänge und Periodendauer ermittelt werden.

Die Anzahl der Knoten sowie die halbe Wellenlänge $\frac{\lambda}{2}$ können in Versuch **V2** direkt an der Schraubenfeder abgelesen werden. Die Periodendauer T wird anschließend aus der Frequenz ermittelt, mit der die Schraubenfeder angeregt wurde. Die Tabelle **T1** zeigt die berechneten Größen.

Neben der Quotientenbildung – wie in der Auswertung von Versuch **V1** – ist hier auch eine grafische Auswertung möglich. Dazu werden Wellenlänge und Periodendauer grafisch dargestellt (Bild **B3**). Im $\lambda(T)$-Diagramm entspricht die Steigung der Ausgleichsgeraden der Ausbreitungsgeschwindigkeit c. Die Ausgleichgerade kann entweder per Hand oder durch eine Regression (Bild **B3**) ermittelt werden.

Die mathematische Darstellung $y = 0,0021\,x$ wird dazu in die physikalische Darstellung überführt, Symbole und Einheiten werden ergänzt:

$$\lambda = 0,0021\,\tfrac{\text{m}}{\text{ms}} \cdot T = 2,1\,\tfrac{\text{m}}{\text{s}} \cdot T.$$

Die Ausbreitungsgeschwindigkeit c auf der Schraubenfeder beträgt somit $c = 2,1\,\tfrac{\text{m}}{\text{s}}$.

Anzahl Knoten	3	4	5	8	9	10
f in Hz	16,5	25,6	30,0	58,2	69,4	80,0
T in ms	60,6	39,1	33,3	17,2	14,4	12,5
λ in m	0,13	0,09	0,07	0,04	0,03	0,03

T1 *Aus den Messwerten von Versuch **V2** berechnete Werte*

☰ Exkurs: Das kundtsche Rohr

Die Ausbildung von stehenden Wellen zeigt sich auch im kundtschen Rohr. Ein Lautsprecher sendet eine Schallwelle konstanter Frequenz und Amplitude aus. In einer Glasröhre befindet sich Korkmehl, das durch den Schall in Bewegung versetzt wird. Die passenden Bedingungen für eine stehende Welle werden durch Veränderung der Frequenz oder durch Verschieben des Stempels erreicht. Dieser stellt ein festes Ende dar. Während in den bisherigen Versuchen Knoten und Bäuche auf die Schwingung („Schnelle") bezogen waren, sind im kundtschen Rohr Druckänderungen zu berücksichtigen. Der Lautsprecher erzeugt regelmäßige Druckschwankungen, die zur Bewegung des Korkmehls führen. Dabei ist bei minimalem Druck die Ausbreitung des Korkmehls am größten. In den Schnellebäuchen liegen Druckknoten vor und umgekehrt.

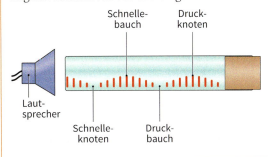

Arbeitsaufträge

1 ➡ Auf einem Gummiseil der Länge 20 cm entsteht bei einer Anregung mit $f = 20$ Hz eine stehende Welle mit drei Knoten.
a) Fertigen Sie eine Skizze des Aufbaus an, um diese Messdaten zu erhalten, sowie eine Skizze der stehenden Welle.
b) Erläutern Sie das Zustandekommen der stehenden Welle mit Hilfe des Zeigerformalismus. Fertigen Sie dazu unterstützende Skizzen an.
c) Bestimmen Sie die Wellenlänge λ und die Ausbreitungsgeschwindigkeit c der Welle.

2 ✎ Die in Versuch **V2** eingesetzte Feder wird weiter gespannt, sodass ihre Länge l zunimmt.
a) Formulieren Sie eine begründete Hypothese zur Änderung der Ausbreitungsgeschwindigkeit.
b) Führen Sie das Experiment durch, um Ihre Hypothese zu überprüfen.

5.7   Erzeugung elektromagnetischer Wellen

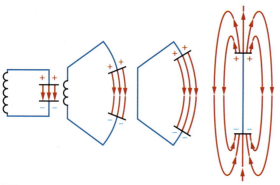

B1 *Der Abstand der Kondensatorplatten im Schwingkreis wird vergrößert.*

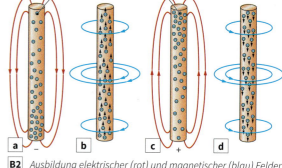

B2 *Ausbildung elektrischer (rot) und magnetischer (blau) Felder durch Ladungsbewegung*

Vom Schwingkreis zum Dipol. Ein elektrischer Schwingkreis besteht aus einer Spule der Induktivität L und einem Kondensator der Kapazität C. Angeregt, z.B. mittels induktiver Kopplung, ist das System in der Lage zu schwingen. Seine Resonanzfrequenz f_0 hängt dabei von der Kapazität und der Induktivität ab.

Nun wird der Abstand der Kondensatorplatten vergrößert (Bild **B1a** und **B1b**) und die Anzahl der Windungen der Spule reduziert. Der Raum, der vom elektrischen Feld durchsetzt wird, nimmt immer weiter zu (Bild **B1c**). Kapazität und Induktivität des Schwingkreises nehmen dabei immer weiter ab. Am Ende der Transformation liegt der Schwingkreis als „Stab" vor (Bild **B1d**). Dieser wird als **hertzscher Dipol** bezeichnet. Bei Anregung sind auch hier Schwingungen nachweisbar, deren Frequenz aufgrund der Abnahme von Kapazität und Induktivität zunimmt.

Ladungsbewegung und Feldentstehung. In Versuch **V1** wird die Ladungsbewegung im Empfangsdipol mit einer Glühlampe nachgewiesen. Dabei wird deutlich, dass die Ladungsbewegung im Dipol nicht an allen Stellen gleich ist. Man erkennt das beim Vergleich der Helligkeit der Glühlampen an den Rändern des Dipols mit jener in der Mitte.

Durch die Anregung von außen bewegen sich die Elektronen im Dipol. Die Ladungsverschiebung führt zu einem elektrischen Feld (Bild **B2a**). Im weiteren Verlauf bewegen sich die Elektronen mit einer Geschwindigkeit v nach oben (Bild **B2b**). Dabei wird in der Mitte des Dipols mehr Ladung bewegt als an den Rändern. Die Stromstärke ist somit in der Mitte des Dipols größer.

Aufgrund der bewegten Ladung entsteht ein magnetisches Feld, dessen Orientierung mit Hilfe der Linke-Hand-Regel ermittelt werden kann. Verschiebt sich der Ladungsüberschuss nach oben, so entsteht erneut ein elektrisches Feld, das die entgegengesetzte Richtung im Vergleich zum Beginn aufweist (Bild **B2c**). Es folgt die zu Bild **B2b** entgegengesetzte Ladungsbewegung, die erneut zu einem magnetischen Feld führt, dessen Orientierung zu Bild **B2b** entgegengesetzt ist (Bild **B2d**). Der Prozess setzt sich periodisch fort. Der Nachweis des Stromflusses im Empfangsdipol wird im Versuch **V1** deutlich.

V1 **Ladungsbewegung im Dipol**

Sendedipol   Empfangsdipol mit 3 Glühlampen

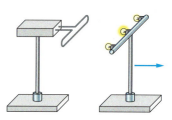

Vor einem Sendedipol wird ein Empfangsdipol platziert. Dieser enthält drei Glühlampen. Der Sendedipol wird in Betrieb genommen.
Die mittlere Glühlampe leuchtet im Vergleich zu den äußeren sehr hell. Die Stromstärke im Dipol ist hier am größten.
Anschließend wird der Empfangsdipol langsam vom Sender entfernt. Das Leuchten der im Empfangsdipol integrierten Glühlampen nimmt mit zunehmender Entfernung ab.

Dipolstrahlung. Versuch **V1** deutet darauf hin, dass bei Betrieb eines Sendedipols Energie an andere, geeignete Empfangsdipole übertragen werden kann. Die Übertragung erfolgt durch elektromagnetische Felder. Der Dipol sendet **elektromagnetische Wellen** aus. Die elektrischen und magnetischen Felder lösen sich hierbei vom Dipol und bilden geschlossene Ringe, die sich im Raum ausbreiten.

Treffen die von einem Sender ausgehenden Wellen auf einen Empfangsdipol, so werden dessen Elektronen zu Schwingungen angeregt. Diese Schwingung erfolgt in Resonanz zur Frequenz des Senders. Über das elektromagnetische Feld wird die Energie auf den Empfänger übertragen: In Versuch **V1** leuchten die Glühlampen.

Folgerungen für die elektromagnetische Welle.
Während bei einem Leiter bereits ein magnetisches Feld entsteht, wenn er von bewegter Ladung durchflossen wird, benötigt es hier beschleunigte Ladungen im Dipol, die ein sich stets änderndes magnetisches Feld erzeugen. Das Wechselspiel zwischen elektrischem Feld und magnetischem Feld wird in Bild **B2** veranschaulicht.

Einige Eigenschaften elektromagnetischer Wellen werden im Versuch **V2** deutlich. Die Abnahme des Leuchtens der Glühlampe bei Drehung des Empfangsdipols in Versuch **V2a** zeigt, dass es sich bei den elektromagnetischen Wellen um Transversalwellen handelt.

Zur Bestimmung der Ausbreitungsgeschwindigkeit c wird in Versuch **V2b** auf Eigenschaften stehender Wellen zurückgegriffen. Der Abstand zwischen zwei Orten maximaler Lampenhelligkeit beträgt $d = \frac{\lambda}{2}$. Mit der Senderfrequenz f ergibt sich als Ausbreitungsgeschwindigkeit die Lichtgeschwindigkeit c:

$$c = \lambda \cdot f = 2\,d \cdot f$$

$$= 2 \cdot 0{,}35 \text{ m} \cdot 433{,}92 \cdot 10^6 \text{ Hz} \approx 3 \cdot 10^8 \tfrac{\text{m}}{\text{s}}.$$

! Merksatz

Elektromagnetische Wellen werden durch beschleunigte Ladung erzeugt. Sie sind Transversalwellen und breiten sich mit Lichtgeschwindigkeit c aus.

V2 Eigenschaften elektromagnetischer Wellen

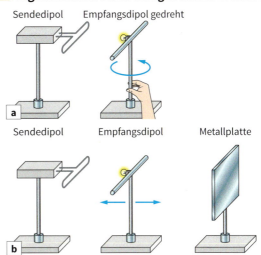

Sendedipol — Empfangsdipol gedreht

a

Sendedipol — Empfangsdipol — Metallplatte

b

a) Drehung des Empfangsdipols:
Versuch **V1** wird wiederholt, dabei wird jedoch der Empfangsdipol gedreht. Mit beginnender Drehung nimmt das Leuchten der Glühlampe ab, bis bei einer Ausrichtung von 90° kein Leuchten mehr zu erkennen ist.

b) Wellenlängenbestimmung:
Im Abstand von wenigen Metern wird ein Sender vor einem Metallspiegel platziert. Dieser reflektiert die elektromagnetischen Wellen. Im Raum zwischen Sender und Spiegel wird ein Empfangsdipol in paralleler Ausrichtung zu Sender und Spiegel bewegt. Dieser trägt eine Glühlampe als Nachweis.

Wird der Empfangsdipol im Bereich zwischen Sender und Spiegel bewegt, so leuchtet die Lampe an bestimmten Orten regelmäßig auf. Die Abstände zwischen den Orten sind dabei konstant. Mit einer Frequenz von $f = 433{,}92$ MHz ergibt sich ein Abstand von $d = 35$ cm.

Arbeitsaufträge

1 ⇒ Begründen Sie unter Verwendung der Formel zur Resonanzfrequenz f_0 des Schwingkreises, dass mit abnehmender Kapazität C und Induktivität L des Schwingkreises die Resonanzfrequenz f_0 zunimmt. Stellen Sie einen Bezug zu elektromagnetischen Wellen her.

5.8 Interferenz am Doppelspalt

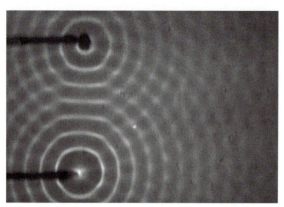

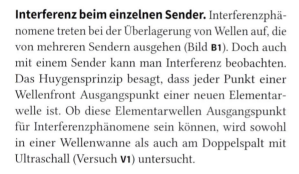

B1 Zwei Erreger erzeugen Kreiswellen, die miteinander interferieren. Ein typisches Muster mit Knotenlinien entsteht.

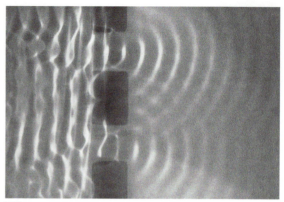

B2 Eine Welle läuft vom Erreger auf einen Doppelspalt zu. Von den beiden Spaltöffnungen gehen Kreiswellen aus.

Interferenz beim einzelnen Sender. Interferenzphänomene treten bei der Überlagerung von Wellen auf, die von mehreren Sendern ausgehen (Bild **B1**). Doch auch mit einem Sender kann man Interferenz beobachten. Das Huygensprinzip besagt, dass jeder Punkt einer Wellenfront Ausgangspunkt einer neuen Elementarwelle ist. Ob diese Elementarwellen Ausgangspunkt für Interferenzphänomene sein können, wird sowohl in einer Wellenwanne als auch am Doppelspalt mit Ultraschall (Versuch **V1**) untersucht.

Wasserwellen am Doppelspalt. Trifft eine Wasserwelle auf Spalte, so geht nach dem Huygensprinzip von jedem Spalt eine neue Kreiswelle aus, und zwar unabhängig davon, ob die Spalte von einer geradlinigen Wellenfront oder von Kreiswellen getroffen werden. Dieses Verhalten lässt sich in einer Wellenwanne systematisch untersuchen: Eine ebene Wellenfront läuft auf einen Doppelspalt zu. Die beiden Elementarwellen, die in der Spaltmitte starten, interferieren hinter dem Doppelspalt (Bild **B2**). Sind die Spalte schmal genug, kann man annehmen, dass in jedem Spalt ein Erreger einer Elementarwelle vorliegt. Beide Erreger schwingen phasengleich. Das Bild erinnert stark an die Interferenz zweier Sender. In Bild **B2** sind auch die Knotenlinien wieder erkennbar.

> **!** **Merksatz**
>
> Beim Doppelspaltexperiment kann man annehmen, dass in der Mitte des Spalts jeweils Elementarwellen erzeugt werden, die in Phase schwingen. Sie verhalten sich so, als würden die Wellen von zwei realen, phasengleichen Sendern erzeugt.

V1 **Ultraschall am Doppelspalt**

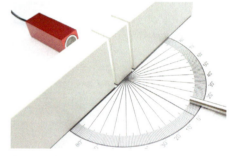

Auch mit Ultraschallsendern lässt sich ein Doppelspalt untersuchen. Mit einem Mikrofon werden die Orte maximaler und minimaler Lautstärke ermittelt. Im Aufbau ist darauf zu achten, dass die Spaltöffnungen schmal genug sind. Eine Winkelscheibe unterstützt die Führung des Mikrofons, das langsam entlang der Winkelskala bewegt wird. Die vom Messgerät registrierte Spannung ist ein Maß für die Intensität der Ultraschallwellen. Es lassen sich verschiedene Minima (blau) und Maxima (rot) identifizieren (Bild unten).

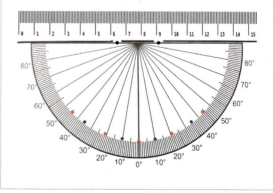

Zeiger für den Doppelspalt. In Versuch **V1** sind eindeutige Minima und Maxima zu erkennen. Zur Erklärung wird das Zeigermodell angewendet. Vorausgesetzt wird, dass die Erreger im Zentrum der Spalte in Phase schwingen und die gleiche Amplitude aufweisen. Die Zeiger haben also identische Winkel und Längen (Bild **B3**). Der Phasenwinkel ändert sich mit der Zeit.

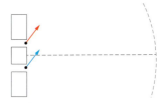

B3 *Phasenlage im Doppelspalt*

Entlang der Ausbreitungsrichtung der Welle beschreiben Zeiger die Schwingungen der Oszillatoren, von denen nur einige betrachtet werden. Für einen Ort mit Maximum muss gelten, dass sich die Zeiger beider Wellen zu einem Zeiger maximaler Länge addieren. Dazu müssen sie in die gleiche Richtung zeigen, also phasengleich liegen. Bei einem Winkel von 0° ist der Wegunterschied Δs für beide Sender stets null, sie liegen phasengleich. Es liegt das 0. Maximum vor.

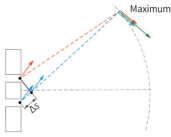

B4 *Konstruktive Interferenz*

Ist der Wegunterschied Δs gerade so groß, dass beide Zeiger erneut in Phase liegen, so liegt ein Maximum vor. Δs muss demnach ein Vielfaches der Wellenlänge λ sein, denn bei einem Abstand von einer Wellenlänge sind zwei Zeiger stets phasengleich (Bild **B4**). Dann addieren sich die Zeiger konstruktiv (grüner Pfeil).

> **❗ Merksatz**
>
> Im Doppelspaltversuch beträgt bei einem Maximum der Wegunterschied ein Vielfaches der Wellenlänge λ.
> Die Zeiger am Ort des Maximums sind in Phase.

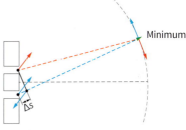

B5 *Destruktive Interferenz*

Für ein Minimum ist die Phasenbeziehung zwischen den beiden Wellen bzw. Zeigern am Ort des Minimums ebenfalls eindeutig festgelegt (Bild **B5**). Die Amplitude muss minimal sein. Im Idealfall müssen sich die Zeiger zur Länge null addieren. Dies liegt vor, wenn beide Zeiger in entgegengesetzte Richtung zeigen. Ihre Phasendifferenz beträgt dann 180° bzw. π. Auch drei halbe Wellenlängen sind möglich, da ein Zeiger dann 1,5 Umläufe mehr geschafft hat, ebenso fünf halbe Wellenlängen, ...

Die Nummerierung wird so festgelegt, dass das 1. Maximum genau einen Wegunterschied von λ aufweist und das 1. Minimum einen Wegunterschied von $\frac{\lambda}{2}$. Für aufsteigende Ordnung nimmt der Wegunterschied jeweils um die Wellenlänge λ zu.

> **❗ Merksatz**
>
> Im Doppelspaltversuch beträgt bei einem Minimum der Wegunterschied ein ungerades Vielfaches der halben Wellenlänge $\frac{\lambda}{2}$.
> Die Zeiger am Ort des Minimums liegen in Gegenphase.

Zeiger am Doppelspalt mit Ultraschall. Die Ausgangspunkte der Elementarwellen sind in Versuch **V1** schwarz markiert. Das Zeigermodell sagt voraus, dass im Maximum die Zeiger beider Wellen in Phase liegen. Der Abstand des rechten Senders vom ersten Maximum beträgt 66 mm, der Abstand vom linken Sender 58 mm. Also ist $\Delta s = (67 - 58)$ mm = 9 mm. Das entspricht etwa der Wellenlänge des Ultraschalls. Beim zweiten Minimum beträgt der Gangunterschied genau $\frac{3}{2}\lambda$. Die Wegdifferenz müsste demnach $\frac{3}{2}\lambda = \frac{3}{2} \cdot 9$ mm = 13,5 mm betragen. Nachmessen führt zu einem Weglängenunterschied von $\Delta s = 67$ mm $- 54$ mm = 13 mm. Das Zeigermodell erlaubt, Vorhersagen bezüglich der Phasenbeziehung zwischen beiden Sendern und der Lage von Maxima und Minima zu treffen.

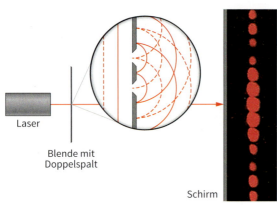

B1 *Aufbau zum Doppelspaltexperiment mit Licht*

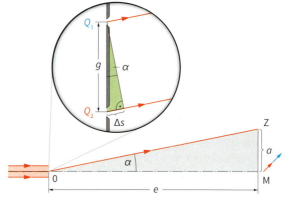

B2 *Geometrische Annahmen zur Interferenz am Doppelspalt*

Doppelspaltexperiment mit Licht. Doppelspaltexperimente lassen sich mit Wasser- und Schallwellen durchführen, aber auch Mikrowellen zeigen Beugung und Interferenz am Doppelspalt. Das Doppelspaltexperiment lässt sich auch mit Licht durchführen. Dieses deutet darauf hin, das Licht Welleneigenschaften hat.

Phasengleiche Sender sind eine Voraussetzung für das Gelingen des Versuchs. Diese Voraussetzung wird nicht einfach durch die Wahl zweier beliebiger Quellen erreicht – sonst müsste man bei zwei auf einem Tisch platzierten LEDs bereits Interferenzerscheinungen beobachten können. Deshalb wird ein Laser als Lichtquelle benutzt. Aufgrund seiner Bauart erzeugt er **kohärentes** Licht, das für Interferenzphänomene geeignet ist. Erst der Doppelspalt und eine geeignete Lichtquelle wie ein Laser sorgen für kohärente Wellen und dafür, dass auf einem Schirm ein Interferenzmuster zu beobachten ist.

Wenn ein Doppelspalt mit dem Laserlicht beleuchtet wird, trifft das kohärente Licht auf den Doppelspalt. Auch hier wird angenommen, dass im Zentrum jedes Spalts nach dem Huygensprinzip eine Elementarwelle entsteht. Beide Elementarwellen überlagern sich. Ein Interferenzbild entsteht. Auf dem Schirm lassen sich Interferenzminima und Interferenzmaxima beobachten. ▶

> ❗ **Merksatz**
>
> Interferenzerscheinungen beim Doppelspaltexperiment können auch bei der Durchführung mit kohärentem Licht beobachtet werden, vorausgesetzt Spaltbreite und Spaltabstand sind klein genug.

Während bei Experimenten mit Ultraschall oder Mikrowellen Wellenlänge und Abstände mit Hilfe eines Lineals ermittelt werden können, wird für Licht eine Messung der Wege sehr schwierig. Der Abstand der beiden Spalte ist mit einem Lineal praktisch nicht zu bestimmen.

Geometrische Überlegungen. Spaltabstand und Wegunterschied der Quellen Q_1 und Q_2 sind kaum messbar. Die Überlegungen beim Ultraschallexperiment können jedoch übertragen werden. Für ein Maximum muss der Wegunterschied Δs ein Vielfaches der Wellenlänge λ betragen. Im Gegensatz zum Ultraschallversuch ist der Abstand e zum Schirm sehr viel größer als der Spaltabstand g. Vereinfachend wird angenommen, dass die Lichtwege von beiden Sendern zum Schirm annähernd parallel verlaufen. Beim Experiment mit Ultraschall ist diese Näherung in der Regel nicht zutreffend.

Betrachtet man den Doppelspalt mit den als parallel angenommenen Lichtwegen, so kann der Wegunterschied mit Hilfe einer Senkrechten eingezeichnet werden. Es entsteht ein rechtwinkliges Dreieck (Bild **B2**). Hier gilt $\sin(\alpha) = \frac{\Delta s}{g}$. Die Bestimmung des Richtungswinkels α, unter dem ein Maximum liegt, erfolgt durch Abmessen der Abstände Quelle–Schirm (e) und Maximum–Mitte (a). Es folgt somit $\tan(\alpha) = \frac{a}{e}$.

Mit diesen Überlegungen lässt sich ein Zusammenhang zwischen der Wellenlänge des Lichts, dem Spaltabstand und der Lage der Maxima herstellen. Für das erste Maximum muss Δs genau λ betragen. Es gilt:

$$\frac{\lambda}{g} = \sin\left[\arctan\left(\frac{a}{e}\right)\right].$$

Verallgemeinerung. Eine Auswertung der weiteren Minima und Maxima lässt sich mit dem gleichen Gedankengang vornehmen. So erfordert das n-te Maximum einen Wegunterschied von $\Delta s = n \cdot \lambda$. Daraus folgt:

$$\frac{\Delta s}{g} = \frac{n \cdot \lambda}{g} = \sin\left[\arctan\left(\frac{a_n}{e}\right)\right].$$

a_n beschreibt hier den Abstand des n-ten Maximums zur Mitte des Interferenzbildes. Aus der Gleichung ergibt sich, dass auf der Mittelachse zwischen beiden Spaltöffnungen ein 0. Maximum vorliegen muss, da $\Delta s = 0 \cdot \lambda$ gilt.

Für die Minima gilt die gleiche Argumentation. Es wird lediglich für den Wegunterschied Δs angenommen, dass er ein ungerades Vielfaches der halben Wellenlänge sein muss, damit die Zeiger gegenphasig angeordnet sind. Ein nulltes Minimum ist somit ausgeschlossen.

> **! Merksatz**
>
> Ist beim Doppelspaltexperiment der Spaltabstand sehr viel kleiner als der Abstand zum Schirm oder Messgerät, so gilt als Beziehung zwischen Wellenlänge, Spaltabstand und Ort ...
> ... des n-ten Maximums:
>
> $$n \cdot \frac{\lambda}{g} = \sin\left[\arctan\left(\frac{a_n}{e}\right)\right], \ n \in \mathbb{N},$$
>
> ... des n-ten Minimums:
>
> $$\frac{2n-1}{2} \cdot \frac{\lambda}{g} = \sin\left[\arctan\left(\frac{a_n}{e}\right)\right], \ n \in \mathbb{N}.$$

Handliche Näherung. Die gerade betrachteten Formeln sind aufgrund der Kombination trigonometrischer Funktionen eher sperrig. Für kleine Winkel unterscheiden sich $\sin(\alpha)$ und $\tan(\alpha)$ jedoch nur geringfügig. Somit lassen sich für kleine Winkel die Terme $\tan(\alpha) = \frac{a_n}{e}$ und $\sin(\alpha) = \frac{\Delta s}{g}$ gleichsetzen:

$$\frac{a_n}{e} = \frac{\Delta s}{g}.$$

Für das n-te Maximum kann man mit dieser Näherung annehmen:

$$n \cdot \lambda = g \cdot \frac{a_n}{e}.$$

Exkurs: Amplitude und Intensität

Die Helligkeit (Intensität) des Interferenzmusters wird mit einem Lichtsensor gemessen. Dabei zeigt sich ein für diese Versuche typischer Verlauf: Der Übergang zwischen Minima und Maxima verläuft „ohne Kanten" (Bild **a**).
Betrachtet man jedoch die Amplitude durch Addition der Zeiger, so hat das Diagramm Kanten (Bild **b**). Amplitude und Intensität entsprechen einander nicht. Wird die Amplitude hingegen quadriert, so ähneln sich Messung und Modell (Bild **c**).

Arbeitsaufträge

1 ⇒ Ein Doppelspalt wird mit Licht der Wellenlänge $\lambda = 640$ nm beleuchtet. Der Schirm befindet sich im Abstand von $e = 60$ cm zum Doppelspalt. Der Abstand der beiden ersten Maxima beträgt 12,2 cm.
Berechnen Sie den Abstand der Spaltöffnungen.

2 ↗ In einem Versuch mit Ultraschall ($\lambda = 3,2$ cm) ist der Spaltabstand eines Doppelspalts $g = 4$ cm. Der Empfänger ist weit entfernt.
a) Berechnen Sie den Winkel, unter dem das erste Maximum zu erwarten ist.
b) Erläutern Sie für dieses Experiment die Bedeutung der angegebenen Nebenbedingung $\frac{n \cdot \lambda}{g} \leq 1$.

5.9 Interferenz am Gitter

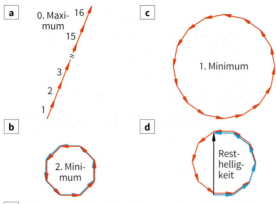

B1 *Zeigermodell für a) das Hauptmaximum, b) das Minimum erster Ordnung, c) das Minimum zweiter Ordnung, d) eine Stelle zwischen beiden Minima*

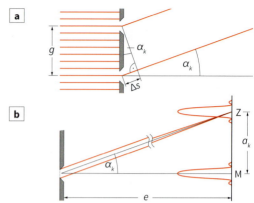

B2 *a) Winkelbeziehungen zwischen Gangunterschied und Gitterkonstante, b) Bestimmung des Winkels α_k aus der Geometrie der Anordnung.*

Nicht heller, aber schärfer. Mit einer größeren Anzahl an Spalten erwartet man im Doppelspaltexperiment auch ein helleres Interferenzbild – die Wellenlänge des Lichts sollte damit besser zu bestimmen sein. Versuch **V1** zeigt jedoch das Gegenteil: Das Interferenzbild wird kaum heller. Es wird aber schärfer, Minima und Maxima sind besser voneinander abzugrenzen. Bei einer großen Zahl von Spalten mit konstantem Abstand g spricht man von einem **optischen Gitter.** Die Größe g wird **Gitterkonstante** genannt. ▶

> **❗ Merksatz**
>
> Ein optisches Gitter besteht aus vielen Spalten, deren Mitten den Abstand g aufweisen. Dieser Abstand wird Gitterkonstante genannt.

Vergleich von Doppelspalt und Gitter. Zur Erklärung des Ergebnisses von Versuch **V1** hilft wieder der Zeigerformalismus. Als Beispiel wird ein Gitter mit 16 einzelnen Spalten verwendet. Es wird davon ausgegangen, dass jeder dieser 16 Spalte als Ausgangspunkt einer Elementarwelle wirkt. Für jeden Ort auf dem Beobachtungsschirm sind demnach 16 Zeiger unter Berücksichtigung der Phasenlage zu addieren.

Analog zum Doppelspalt wird angenommen, dass benachbarte Lichtwege zu einem Maximum einen Wegunterschied von einem Vielfachen der Wellenlänge aufweisen. Alle Zeiger liegen in gleicher Phasenlage und addieren sich zu maximaler Länge. Die markante Helligkeit im Maximum ist anhand der Zeiger erklärbar (Bild **B1a**). In Bild **B1b** sind ebenfalls die 16 Zeiger addiert.

Der resultierende Pfeil hat die Länge null. Es liegt also ein Minimum vor. Der Ort überrascht jedoch: Damit der Vollkreis (Winkel 2π) entsteht, müssen diese 16 Zeiger jeweils einen Phasenunterschied von $\Delta\varphi = \frac{2\pi}{16}$ aufweisen. Der zugehörige Gangunterschied beträgt somit $\frac{\lambda}{16}$, der Ort minimaler Intensität liegt also nahe beim Maximum. Bei 1000 Spalten würde ein Gangunterschied von $\frac{\lambda}{1000}$ genügen. Das 1. Minimum rückt also mit wachsender Spaltanzahl näher an das Maximum, dieses wird immer schlanker und schärfer abgegrenzt. Beim doppelten Gangunterschied von $\frac{2\lambda}{16}$ bilden bereits 8 Zeiger einen kleineren Kreis, weitere 8 Zeiger bilden den zweiten geschlossenen Kreis. Die Summe alle Zeiger ist erneut null (Bild **B1c**). Zwischen beiden Minima existiert eine Resthelligkeit (Bild **B1d**).

Bei einem Gangunterschied von $\frac{3\lambda}{16}$ bilden sich 3 Kreise mit der Zeigersumme null. Erst bei $\Delta\varphi = \frac{16\lambda}{16} = \lambda$ (entspricht 2π) ergibt sich das nächste Maximum, in dem alle Zeiger gleichgerichtet sind. Zwischen diesen zwei Hauptmaxima gibt es also $16 - 1 = 15$ Minima, dazwischen $16 - 2 = 14$ niedere Nebenmaxima. Nach dem 1. Hauptmaximum wiederholt sich dies und damit die Folge von 14 niederen Nebenmaxima. Verallgemeinert man diese Betrachtungen auf n Spalte, so hat man zwischen zwei Hauptmaxima $(n - 2)$ Nebenmaxima und $(n - 1)$ Minima.

Das erste Minimum, welches das Maximum k-ter Ordnung eingrenzt, hat den Gangunterschied $\Delta\varphi = k \cdot \lambda + \frac{\lambda}{n}$, $k = 1, 2, 3, \dots$ Das 1. Minimum rückt also umso näher an das Maximum, je größer die Zahl n der Gitterspalte ist. Das Maximum wird mit zunehmender Zahl an Spalten immer schärfer. Das Gitter ist somit zur Wellenlängenbestimmung besser geeignet als ein Doppelspalt.

> ❗ **Merksatz**
>
> Mit wachsender Spaltanzahl eines optischen Gitters werden die Maxima heller und schärfer. Die Resthelligkeit in den Zwischenräumen nimmt dabei immer mehr ab.

Mathematische Betrachtung des Gitters. Die Einzelspalte des Gitters werden als Ausgangpunkte von Elementarwellen nach dem Huygensprinzip interpretiert. Es wird angenommen, dass die Lichtwege der Elementarwellen parallel verlaufen. Ist der Abstand e von Gitter und Schirm deutlich größer als der Abstand der Gitterspalte, so ist diese Näherung akzeptabel. Zur quantitativen Beschreibung ist der Winkel α erforderlich, der den Zusammenhang zwischen dem Gangunterschied Δs und der Gitterkonstanten g beschreibt:

$$\sin(\alpha) = \frac{\Delta s}{g}.$$

Für das k-te Maximum muss der Wegunterschied Δs gerade ein Vielfaches der Wellenlänge λ sein:

$$\sin(\alpha_k) = \frac{k \cdot \lambda}{g}.$$

Der Winkel α_k ist auch als der Winkel zwischen dem Lichtweg der Elementarwelle und der Mittelachse zu identifizieren (Bild **B2a**). Dies wird ausgenutzt, um den Winkel aus zugänglichen Größen zu ermitteln. Zunächst wird der Schnittpunkt M der optischen Achse mit dem Schirm betrachtet (Bild **B2b**). Das k-te Maximum befindet sich im Abstand a_k zur Mitte. Der Lichtweg der Elementarwellen schließt mit der Mittelachse den Winkel α_k ein. Folglich gilt:

$$\tan(\alpha_k) = \frac{a_k}{e}.$$

> ❗ **Merksatz**
>
> Gelangt paralleles Licht mit der Wellenlägen λ auf ein Gitter mit Gitterkonstante g, so sind scharfe Maxima unter den Winkeln α_k zu beobachten. Für das k-te Maximum gilt:
>
> $$\sin(\alpha_k) = k \cdot \frac{\lambda}{g}, \quad \tan(\alpha_k) = \frac{a_k}{e}.$$

V1 **Vom Doppelspalt zum Gitter**

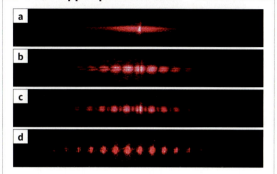

a
b
c
d

Unterschiedliche Mehrfachspalte werden parallel mit einer identischen Lichtquelle beleuchtet und die Interferenzmuster gegenübergestellt.

Durch die beiden Öffnungen des Doppelspalts gelangt etwas weniger Licht als bei den Mehrfachspalten. Die Minima und Maxima können nicht eindeutig abgelesen werden, da sich die Lichtintensität nur allmählich verändert. Mit zunehmender Anzahl der Spalte steigt die Schärfe der Maxima. Trotz einem Vielfachen an Spaltöffnungen sind die Minima deutlicher ausgeprägt. Die Lage der Maxima ist eindeutiger ablesbar. Eine mögliche Wellenlängenbestimmung ist somit weniger fehlerbehaftet.

✳ **Beispielaufgabe: Optisches Gitter**

Licht der Wellenlänge $\lambda = 550$ nm trifft auf ein Gitter mit $g = 2{,}00 \cdot 10^{-6}$ m. Im Abstand von $e = 20{,}0$ cm befindet sich ein Schirm. Berechnen Sie den Abstand a_1 des ersten Maximums zur Mitte.

Lösung:
Zunächst wird der Winkel α_1 mit Hilfe von g und λ ermittelt:

$$\sin(\alpha_1) = 1 \cdot \frac{\lambda}{g} \iff \alpha_1 = \arcsin\left(\frac{\lambda}{g}\right).$$

Zur Abstandsberechnung wird dieses Ergebnis eingesetzt in:

$$\tan(\alpha_1) = \frac{a_1}{e} \iff$$

$$a_1 = e \cdot \tan(\alpha_1) = e \cdot \tan\left(\arcsin\left(\frac{\lambda}{g}\right)\right)$$

$$= 20{,}0 \text{ cm} \cdot \tan\left(\arcsin\left(\frac{550 \cdot 10^{-9} \text{ m}}{2{,}00 \cdot 10^{-6} \text{ m}}\right)\right)$$

$$= 5{,}72 \text{ cm}.$$

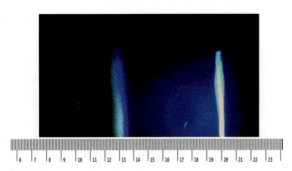

B1 *Spektrum einer blauen LED*

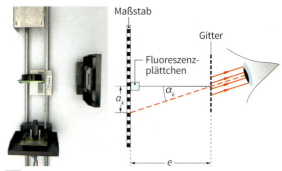

B3 *Interferenzbeobachtung ohne Schirm*

Interferenzbeobachtung mit Schirm. Um den Wellenlängenbereich einer LED zu ermitteln, wird ihr Spektrum mit einem Gitter auf einem Schirm abgebildet und ausgewertet. Mit einer Kombination aus Linsen, Gitter, Spalt und Schirm wird ein scharfes Beugungsbild der LED auf dem Schirm erzeugt (Bild **B1**). Das Gitter weist eine Gitterkonstante von $g = 2 \cdot 10^{-6}$ m auf, der Abstand Gitter-Schirm beträgt $e = 28{,}8$ cm.

In Bild **B1** sind die relevanten Größen ablesbar: Die Mitte des Spektrums liegt bei 20 cm auf dem Lineal. Auf dem Schirm beginnt das Spektrum blau in einem Abstand von 6,3 cm zum 0. Maximum, es endet im Abstand von 7,7 cm zum 0. Maximum im grünen Wellenlängenbereich. Die kleinere Wellenlänge λ wird anhand der blauen Grenze ermittelt:

$$\lambda = g \cdot \sin\left(\arctan\left(\frac{a}{e}\right)\right)$$
$$= 2 \cdot 10^{-6} \text{ m} \cdot \sin\left(\arctan\left(\frac{6{,}3 \text{ cm}}{28{,}8 \text{ cm}}\right)\right)$$
$$= 427 \text{ nm}.$$

Für die grüne Grenze folgt aus $a = 7{,}7$ cm eine Wellenlänge von $\lambda = 517$ nm. Die blaue LED sendet demnach Licht im Wellenlängenbereich $427 \text{ nm} \leq \lambda \leq 522 \text{ nm}$ aus.

Interferenzbeobachtung ohne Schirm. Die Untersuchung von Spektren mit Hilfe eines Gitters erfordert nicht immer einen Schirm. Blickt man durch ein Gitter auf eine begrenzte Lichtquelle, so erscheinen neben der eigentlichen Quelle Helligkeitsmaxima, die mit dem bloßen Auge zu erkennen sind. Mit Hilfe eines angebrachten Maßstabs kann man das Spektrum vermessen (Bild **B3**). Dieses Verfahren, in dem das Spektrum nur für den Beobachter sichtbar ist, wird als **subjektives Verfahren** bezeichnet.

Ein Fluoreszenzplättchen wird mit einer blauen LED beleuchtet. Beim Blick durch das Gitter ($g = 2 \cdot 10^{-6}$ m), das sich im Abstand $e = 14{,}2$ cm vor dem Plättchen befindet, ist ein ausgedehntes Maximum zu erkennen (Bild **B4**). Für die linke und rechte Grenze wird der Winkel α bestimmt, unter dem sie zu sehen sind:

$$\tan(\alpha) = \frac{a}{e} = \frac{3{,}5 \text{ cm}}{14{,}2 \text{ cm}} = 0{,}246 \; \Leftrightarrow \; \alpha = 15{,}4°.$$

Damit ergibt sich:

$$\lambda = \frac{g}{k} \cdot \sin(\alpha) = \frac{2 \cdot 10^{-6} \text{ m}}{1} \cdot \sin(15{,}4°) = 479 \text{ nm}.$$

Für die rechte Grenze erhält man $\lambda = 652$ nm. Die Fluoreszenzplatte sendet also Licht im Wellenlängenbereich $479 \text{ nm} \leq \lambda \leq 652 \text{ nm}$ aus.

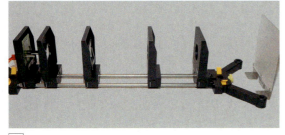

B2 *Aufbau zur Untersuchung des Spektrums einer blauen LED*

B4 *Spektrum des Fluoreszenzplättchens*

Beugung an der CD. CDs und DVDs werden als Datenspeicher für Musik, Videos und Backups genutzt. Ihre Oberflächenstruktur ist mit dem bloßen Auge nicht zu erkennen. Dass sie eventuell geeignet ist, Interferenzmuster zu erzeugen, zeigt sich bei der Betrachtung einer CD im Sonnenlicht: Das weiße Licht wird in seine spektralen Bestandteile zerlegt, ähnlich wie es bei der Untersuchung einer Lichtquelle mit dem Gitter zu beobachten ist (Bild **B5**). Eine CD scheint also ähnliche Eigenschaften wie ein Gitter zu haben. Falls der Vergleich mit dem Gitter zutrifft, sollte die CD einen Parameter besitzen, der der Gitterkonstanten g entspricht.

Im Gegensatz zu den Untersuchungen mit einem Transmissionsgitter müssen sich Schirm und Quelle auf der gleichen Seite der CD befinden. Die CD wird hier als **Reflexionsgitter** betrachtet. Als Lichtquelle eignet sich ein Laser oder eine LED (Versuch **V1**).

Um die Messungenauigkeit zu reduzieren, wird der Abstand des zweiten Maximums verwendet. Der Abstand entspricht hier $a_2 = 110$ mm. Mit einem Abstand $e = 124$ mm zwischen CD und Schirm folgt mit Hilfe der bekannten Formeln die Berechnung der Gitterkonstanten g:

$$g = \frac{2 \cdot 532 \text{ nm}}{\sin\left(\arctan\left(\frac{110 \text{ mm}}{124 \text{ mm}}\right)\right)} \approx 1{,}6 \cdot 10^{-6} \text{ m}.$$

Die Gitterkonstante beträgt somit $g = 1{,}6$ μm.

Ein Blick ins Detail. Ähnlich wie bei einer Schallplatte sind die Daten einer CD in Rillen angeordnet. Der Abstand zweier benachbarter Rillen wird als Spurabstand bezeichnet und ist mit der der Gitterkonstanten vergleichbar. Auf einer Rille wechseln sich Vertiefungen (Pits) und Stege (Lands) ab (Bild **B6a**). Fällt paralleles Licht auf die CD, so gehen von den Stegen in alle Rich-

V1 **Bestimmung der Gitterkonstante einer CD**

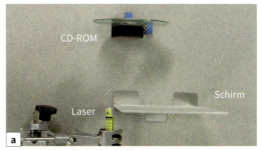

Das Licht des Lasers fällt unter einem kleinen Winkel auf die CD (Bild **a**). Das Interferenzbild lässt sich auf dem Schirm hinter dem Laser erkennen (Bild **b**). Der Abstand CD-Schirm beträgt $e = 12{,}4$ cm, die Wellenlänge des Lasers ist $\lambda = 532$ nm.

tungen Elementarwellen aus. Zwei parallele Lichtwege, die in einer Ebene senkrecht zu den Rillen verlaufen und die mit dem Einfallslot den Winkel α bilden, müssen für konstruktive Interferenz einen Gangunterschied von einem Vielfachen der Wellenlänge λ haben (Bild **B6b**). Wie beim Gitter gilt $k \cdot \frac{\lambda}{g} = \sin(\alpha)$. Der Richtungswinkel wird analog zum Gitter mit $\tan(\alpha) = \frac{a}{e}$ bestimmt.

Auf einer DVD sind mehr Daten gespeichert als auf einer CD. Der Rillenabstand ist hier mit ca. 0,74 μm erheblich kleiner als bei der CD (Rillenabstand ca. 1,6 μm). Dadurch ist die Anzahl der sichtbaren Maxima beschränkt.

B5 Beugung an einer Compact Disc (CD)

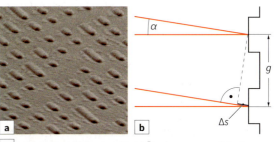

B6 a) Lands und Pits einer CD, b) Überlegungen zur Interferenz

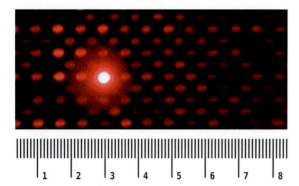

Untersuchung des Handydisplays. Interferenz ist nicht nur bei CDs und DVDs zu beobachten. Auch die Oberflächenstruktur eines Handys kann mit einer geeigneten Lichtquelle untersucht werden. Wird eine rote LED so ausgerichtet, dass das Licht vom Handydisplay ins Auge trifft, so ist ein Interferenzmuster erkennbar, das mit der objektiven Methode näher untersucht wird. Das Handy dient auch hier als Reflexionsgitter.

Im Gegensatz zu den bisher untersuchten Interferenz erzeugenden Objekten umfasst das Handydisplay mehr als eine Dimension: Die Pixel sind sowohl horizontal als auch vertikal verteilt, sodass eine ebene Anordnung von einzelnen Quellen vorliegt. Man kann sich eine solche Struktur als zwei gegeneinander um 90° gedrehte Gitter vorstellen – einem **Kreuzgitter.**

Die regelmäßig angeordneten Maxima in Bild **B1** legen nahe, dass die einzelnen Pixel als Sender von Elementarwellen wirken und konstruktive Interferenz entsteht. Die Gitterkonstante gibt den Abstand der Pixel an. Zur Bestimmung des Pixelabstandes wird ein roter Laser (Wellenlänge $\lambda = 650$ nm) verwendet. Aus dem Beugungsbild (Bild **B1**) werden die Abstände zweier Maxima bestimmt.

Der Abstand zweier benachbarter Maxima entspricht $a = 6{,}5$ mm. Der Abstand zwischen Handy und Schirm beträgt 430 mm. Mit der angegebenen Wellenlänge folgt für die Gitterkonstante $g = 4{,}3 \cdot 10^{-5}$ m.

Der Hersteller gibt für das Display eine Pixeldichte von 575,92 ppi an, das bedeutet, dass jeder Zoll (2,54 cm) 575,92 Pixel enthält. Der Abstand zweier Pixel beträgt also $4{,}41 \cdot 10^{-5}$ m. Die gemessene Größe passt demnach zur Herstellerangabe.

Beugungsobjekte lassen sich kombinieren. Ein ähnliches Interferenzbild lässt sich auch beobachten, wenn zwei optische Gitter gegeneinander verdreht und hintereinander platziert werden. Es entstehen zwei Ebenen, an denen jeweils Interferenz stattfindet. Ein Muster ähnlich wie in Bild **B2** erlaubt Rückschlüsse über die Eigenschaften, etwa dem Abstand der Interferenz erzeugenden Objekte.

Zunächst wird zugeordnet, welcher Abstand zum ersten bzw. zweiten Gitter gehört. Anschließend werden aus den Abständen der Maxima sowie der bekannten Parameter die gesuchten Größen bestimmt. Sind wenige Parameter bekannt, so können Lichtquellen verschiedener Wellenlänge verwendet werden, um fehlende Größen zu ermitteln.

Das Interferenzmuster in Versuch **V1** zeigt verschiedene Abstände. Da die Gitterkonstante und die Wellenlänge der Lichtquelle für beide Gitter gleich sind, kann der größere Abstand der Maxima auf einen größeren Abstand zwischen Gitter und Schirm zurückgeführt werden. Für das erste Gitter wird vertikal gemessen, für das zweite horizontal. Der Abstand e zwischen Gitter und Schirm gibt den Ort der Gitter an. Horizontal beträgt der Abstand zum ersten Maximum $a_1 = 3{,}5$ cm. Es gilt

$$e = \frac{a_1}{\tan\left(\arcsin\left(\frac{\lambda}{g}\right)\right)} = \frac{3{,}5 \text{ cm}}{\tan\left(\arcsin\left(\frac{632 \text{ nm}}{2 \cdot 10^{-6} \text{ m}}\right)\right)}$$

$$= 10{,}5 \text{ cm}.$$

Für das zweite Gitter erhält man als Abstand $e_2 = 13{,}7$ cm. Die Gitter selbst weisen somit einen Abstand von 3,2 cm auf. Das erste Gitter ist vertikal orientiert, das zweite horizontal. Sie sind um 90° gegeneinander verdreht.

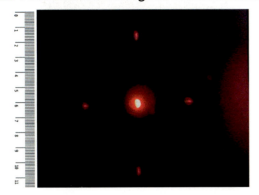

In einer Box befinden sich an unbekannter Stelle zwei Gitter ($g = \frac{1}{500}$ mm). Position und Orientierung sollen anhand des Interferenzbildes ermittelt werden. Als Lichtquelle wird eine rote LED ($\lambda = 632$ nm) gewählt. Zwei um 90° gegeneinander gedrehter Einzelspalte begrenzen das Lichtbündel, sodass das Muster deutlicher erkennbar ist.

✳ Beispielaufgabe: Beugung am Smartphone

Ein Smartphone weist eine Pixeldichte von 458 ppi auf. Ermitteln Sie den Abstand der beiden ersten Beugungsmaxima mit den Angaben zu Bild **B1**.

Lösung:
Die Gitterkonstante g wird anhand der Pixeldichte berechnet. Bei 458 Pixel pro Zoll (2,54 cm) beträgt der Abstand zweier Pixelmitten

$$g = \frac{0{,}0254\ \text{m}}{458} = 5{,}55 \cdot 10^{-5}\ \text{m} = 55{,}5\ \mu\text{m}.$$

Der Winkel α zum ersten Maximum wird mit der bekannten Gitterformel berechnet:

$$\sin(\alpha) = \frac{\lambda}{g} = \frac{650\ \text{nm}}{55{,}5\ \mu\text{m}} \iff$$

$$\alpha = \arcsin\left(\frac{650 \cdot 10^{-9}\ \text{m}}{55{,}5 \cdot 10^{-6}\ \text{m}}\right) = 0{,}67°.$$

Dieser Winkel ist sehr klein. Der Abstand e muss also hinreichend groß gewählt werden.

Hier gilt $e = 430$ mm (Bild **B1**). Der Abstand a wird anhand $\tan(\alpha) = \frac{a}{e}$ bestimmt:

$$a = e \cdot \tan(\alpha) = 430\ \text{mm} \cdot \tan(0{,}67°) = 5{,}04\ \text{mm}.$$

Der Abstand der beiden ersten Maxima beträgt somit $2a = 1{,}01$ cm.

1

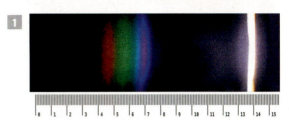

↗ Das Spektrum einer weißen LED ist auf einem Schirm dargestellt. Er befindet sich im Abstand von 29,0 cm zum Gitter ($g = 2 \cdot 10^{-6}$ m).
a) Berechnen Sie anhand der Abbildung den Wellenlängenbereich der LED.
b) Die Gitterkonstante g wird halbiert. Formulieren Sie eine Hypothese bezüglich der zu beobachtenden Veränderungen am Interferenzbild.

2

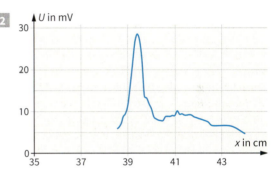

⟹ Der Wellenlängenbereich einer LED wird mit einem Lichtsensor untersucht. Das obige Diagramm zeigt die Spannung an einem Lichtsensor als Maß für die Intensität des Lichtes. Bei der Aufnahme der Messwerte betrug der Abstand zwischen Lichtsensor und Gitter 40,8 cm, das 0. Maximum ist bei $x = 30$ cm zu beobachten.
a) Ermitteln Sie den Wellenlängenbereich der LED.
b) Berechnen Sie den Wellenlängenbereich maximaler Intensität.
c) Formulieren Sie eine Hypothese bezüglich des Farbeindrucks der LED.

3 ↗ Die Pixeldichte eines Smartphones soll experimentell untersucht werden. Mit Hilfe eines Lasers ($\lambda = 570$ nm) wird auf einem Schirm ($e = 50$ cm) ein Interferenzmuster erzeugt. Der Abstand des 3. linken Maximums zum 3. rechten Maximum beträgt 3,6 cm.
Berechnen Sie die Gitterkonstante des Smartphones.

5.10 Interferenz am Einzelspalt

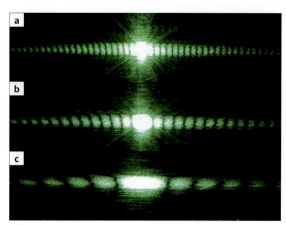

B1 *Beugung am Einzelspalt mit abnehmender Spaltbreite*

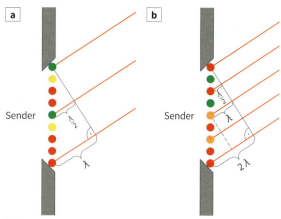

B2 *Entstehung des a) ersten Minimums, b) zweiten Minimums*

Interferenz bei einer Spaltöffnung. Wird eine Lichtquelle durch einen sehr schmalen Spalt beobachtet, so sind dort schmale „Bänder" zu erkennen. Aus der subjektiven Methode in der Betrachtung von Interferenz am Gitter ist bekannt, dass Beugungserscheinungen auf diese Weise beobachtbar sind. Es liegt nahe, dass auch bei einem Einzelspalt Interferenz auftritt. Wird ein Einzelspalt mit einer geeigneten Lichtquelle beleuchtet, so sind auf einem Schirm Interferenzmuster erkennbar (Bild **B1a**). Nimmt die Breite des Spaltes ab, so werden Maxima und Minima deutlicher voneinander unterscheidbar (Bild **B1c**), jedoch auch breiter. ▶

Anpassung des bisherigen Modells. Die Breite des Spaltes ist erheblich größer als die Wellenlänge der eingesetzten Quelle ($\lambda = 572$ nm); in Bild **B1a–c** beträgt die Spaltbreite ca. 0,4 mm–0,1 mm. Die Wellenlänge des sichtbaren Lichts ist also erheblich kleiner. Im Spalt liegt eine Wellenfront vor, die als Aneinanderreihung von Sendern interpretiert werden kann. Dieses ist bereits vom Huygensprinzip bekannt.

Zur Modellierung werden – ähnlich wie bei Doppelspalt und Gitter – (benachbarte) Wege und Phasenlagen betrachtet. Auch hier gilt, dass die Lichtwege bei hinreichend großem Abstand zwischen Beobachter und Spalt nahezu parallel verlaufen.

Während bei Doppelspalt und Gitter zumeist über die Betrachtung der Spaltmitten argumentiert wurde, erfolgt die Strukturierung beim Einzelspalt aus einer anderen Perspektive. Die Spaltöffnung wird in Abschnitte eingeteilt, um zu prüfen, ob es Situationen gibt, in denen sich besondere Phasenlagen ergeben.

Erklärung der Entstehung von Minima. Für das erste Minimum gilt, dass die beiden Lichtwege von den Spalträndern auf dem Schirm einen Gangunterschied von einer Wellenlänge aufweisen. Der Lichtweg vom Sender in der Mitte des Spaltes weist somit einen Unterschied von einer halben Wellenlänge zum Lichtweg vom Sender am unteren Rand auf. Licht auf diesen beiden Wegen ist am Ort des Schirms gegenphasig und löscht sich aus.

Gleiche Annahmen lassen sich für alle weiteren Sender in der oberen Spalthälfte treffen – sie besitzen jeweils in der unteren Hälfte einen Partner, der einen Gangunterschied von $\frac{\lambda}{2}$ aufweist (Bild **B2a**). Es gibt also jeweils zwei Lichtwege, die destruktiv interferieren.

Für das zweite Minimum wird analog argumentiert. Liegt für die Randwege ein Gangunterschied von 2λ vor, so werden obere und untere Hälfte einzeln betrachtet. Auch hier lassen sich jeweils Paare von Lichtwegen bilden, die einen Gangunterschied von $\frac{\lambda}{2}$ aufweisen (Bild **B2b**). In der oberen Hälfte lassen sich also wieder Senderpaare mit destruktiver Interferenz bilden. Es entsteht erneut ein Minimum. Bei einem Gangunterschied der Randwege von 3λ liegt analog das dritte Minimum vor.

> **⚠ Merksatz**
>
> Beim Einzelspalt liegen Minima vor, wenn der Gangunterschied Δs der Randwege einem Vielfachen der Wellenlänge λ entspricht.
>
> $$\Delta s = k \cdot \lambda, \; k = 1, 2, 3, \dots$$

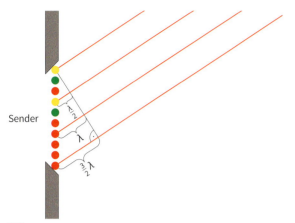

B3 Entstehung des ersten Maximums

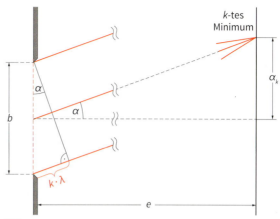

B4 Trigonometrische Betrachtung des k-ten Minimums

Lichtwege bei Maxima. Die Maxima abseits des null-ten Maximums sind erheblich lichtschwächer als dieses. Nach außen nimmt die Helligkeit sehr stark ab. Auch das lässt sich im bisherigen Modell darstellen.

Für das erste Maximum muss es neben dem ersten Minimum zahlreiche Lichtwege geben, die keinen „destruktiven Partner" haben. Der Gangunterschied der Randwege muss ferner größer als λ sein, da hier das erste Minimum vorliegt. Bei einem Gangunterschied der Randwege von $\frac{3}{2}\lambda$ lässt sich das erste Maximum erkennen. Seine Helligkeit ist jedoch erheblich geringer als bei den bekannten Versuchen zu Gitter und Doppelspalt. Für das zweite Maximum ist ein Gangunterschied der Randwege von $\frac{5}{2}\lambda$ erforderlich. Bei der Modellierung wird deutlich, dass außenliegende Maxima stark in der Helligkeit abnehmen. Dieses passt zur Beobachtung in Bild **B1**.

! Merksatz

Beim Einzelspalt liegen Maxima vor, wenn der Gangunterschied Δs der Randwege einem ungeraden Vielfachen der halben Wellenlänge entspricht.

$$\Delta s = (2\,k+1) \cdot \frac{\lambda}{2}, \quad k = 1, 2, 3, \ldots$$

Mathematische Perspektive. Ähnlich wie bei Doppelspalt und Gitter wird auch beim Einzelspalt eine Näherung mittels trigonometrischer Funktionen vorgenommen (Bild **B4**). Es folgt für den Gangunterschied der Randwege Δs somit $\sin(\alpha) = \frac{\Delta s}{b}$. Mit abnehmender Spaltbreite b wird der Winkel α somit größer. Dieses lässt sich im Experiment beobachten (Bild **B1**).

! Merksatz

Beim Einzelspalt der Breite b gilt für den Winkel α, unter dem markante Orte zu beobachten sind:

$$b \cdot \sin(\alpha) = k \cdot \lambda \text{ für Mininma und}$$

$$b \cdot \sin(\alpha) = (2\,k+1) \cdot \frac{\lambda}{2} \text{ für Maxima}$$

mit $k = 1, 2, 3, \ldots$

Arbeitsaufträge

1 ↗ Erläutern Sie anhand einer geeigneten Skizze analog zu Bild **B3** und Bild **B4** das Zustandekommen…
a) … des vierten Minimums.
b) … des zweiten Maximums.

2

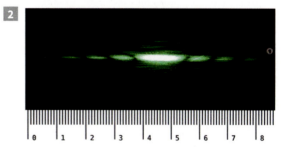

↗ Die Abbildung zeigt das Schirmbild eines Einzelspalts der Breite b, der mit Licht der Wellenlänge $\lambda = 532$ nm beleuchtet wurde. Der Abstand zwischen Spalt und Schirm beträgt 70,0 cm. Der Maßstab zeigt cm.
a) Berechnen Sie anhand des Bildes die Spaltbreite.
b) Erläutern Sie die zu erwartenden Veränderungen am Schirmbild, wenn die Spaltbreite halbiert wird.

5.11 Interferometer

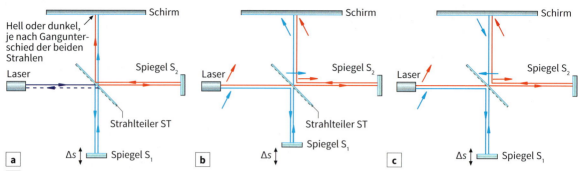

B1 a) Michelson-Interferometer mit Laserlicht, b) Zeigermodell für ein Michelson-Interferometer mit Maximum; die Pfeile zeigen exemplarisch die Phasenbeziehung zwischen den Teilwellen. c) Phasenbeziehungen beim Minimum

Werkzeuge der modernen Physik: Interferometer.

Interferenzbeobachtungen mit Hilfe von Interferometern lassen Rückschlüsse auf physikalische Eigenschaften zu. Man kann mit ihnen nicht nur die Wellenlänge oder die Ausbreitungsgeschwindigkeit von Licht bestimmen, sondern sie auch als „Lineal" für die Messung sehr kleiner Auslenkungen oder Abstände verwenden. Beim experimentellen Nachweis von Gravitationswellen wurden beispielsweise Längenänderungen einer Messstrecke in der Größenordnung 10^{-18} m detektiert!

In einem Interferometer werden mittels Spiegel und Strahlteiler (halbdurchlässiger Spiegel) verschiedene Lichtwege realisiert. Die von einem Sender ausgehende Welle wird dabei am Strahlteiler in zwei Teilwellen zerlegt, die unterschiedliche Wege durchlaufen (Bild **B1a**). Der Aufbau von Interferometern kann stark variieren; in der Schule beschränkt man sich auf Aufbauten nach MICHELSON oder MACH und ZEHNDER.

Michelson-Interferometer. ▶ Die Quelle sendet

eine Welle aus, die auf einen Strahlteiler in Form eines halbdurchlässigen Spiegels trifft. Die eine Hälfte der Welle wird am Strahlteiler reflektiert und gelangt in den ersten Interferometerarm (blauer Weg in Bild **B1**). Die andere Hälfte tritt durch den Strahlteiler hindurch in den zweiten Interferometerarm (roter Weg). Am Ort des Strahlteilers sind beide Teilwellen phasengleich, da sie denselben Weg zurückgelegt haben. Beide Teilwellen durchlaufen dann die jeweiligen Interferometerarme, werden reflektiert und kehren zum Strahlteiler zurück.

Der Anteil der ersten Teilwelle, der am Strahlteiler nicht reflektiert wird, sondern geradeaus weiterläuft, gelangt auf den Schirm. Bei der zweiten Teilwelle verhält es

sich gerade umgekehrt: Der Teil, der vom Strahlteiler reflektiert wird, gelangt zum Schirm.

Auf beiden Wegen erfolgen jeweils eine Reflexion und eine Transmission. Phasensprünge treten somit gleichermaßen in beiden Teilwellen auf und haben keine Auswirkung auf die Phasenbeziehung. Für diese spielt also ausschließlich das Verhältnis der beiden Interferometerarme eine Rolle:

- Sind beide Interferometerarme gleich lang, so liegen beide Teilwellen auf dem Schirm in Phase. Die Zeiger addieren sich, es entsteht konstruktive Interferenz (Bild **B1b**).
- Ändert sich durch Verschiebung die Weglänge in einem Interferometerarm, so ändert sich die Phasenlage der Zeiger auf dem Schirm. Wird der Spiegel S_1 beispielsweise um $\Delta s = \frac{\lambda}{4}$ nach hinten verschoben, so nimmt der Lichtweg um $\frac{\lambda}{2}$ zu, da der Arm zweimal durchlaufen wird. Die Zeiger am Schirm weisen entgegengesetzte Phasen auf (Bild **B1c**). Auf dem Schirm ist ein Minimum („dunkle Stelle") zu beobachten.
- Wird der Spiegel S_1 hingegen um ein Vielfaches von $\frac{\lambda}{2}$ verschoben, so liegen beide Teilwellen auf dem Schirm wieder phasengleich. Ein Maximum ist zu beobachten. Erfolgt die Verschiebung um $\Delta s = k \cdot \frac{\lambda}{2}$, werden also k Maxima durchlaufen. Für Minima gilt die gleiche Betrachtung.

> **! Merksatz**
>
> Im Michelson-Interferometer interferieren Teilwellen. Liegt auf dem Schirm ein Maximum vor, so führt eine Verschiebung eines Spiegels um Vielfache von $\frac{\lambda}{2}$ erneut zu einem Maximum. Für Minima gilt Ähnliches.

V1 Wellenlängenmessung mit Ultraschall

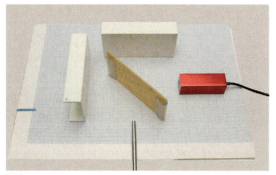

B2 *Interferometer für Ultraschallwellen*

Auf einem Raster (z. B. Millimeterpapier) wird mit Hilfe zweier Metallprofile und einer Lochplatine ein Michelson-Interferometer aufgebaut (Bild **B2**). Die Amplitude am Empfänger (Mikrofon) ist ein Maß für die Intensität bzw. Lautstärke. Durch Verschieben eines Spiegels (Metallstücks) wird die Weglänge in einem Interferometerarm verändert und die am Mikrofon anliegende Spannung beobachtet.

Die Lochplatine wird als Strahlteiler verwendet und im 45°-Winkel auf dem Raster platziert. Sie wirkt als teilweise reflektierendes Objekt und teilt die Ultra-

schallwelle. Das Mikrofon wird ebenfalls am Raster ausgerichtet. Durch Verschieben des Spiegels werden Positionen maximaler bzw. minimaler Amplitude ermittelt.

Auf der Unterlage wird der Spiegel zur Einrichtung auf eine Position geschoben, in der am Mikrofon eine minimale Amplitude vorliegt (Bild **B3a**). Dann werden die Positionen der weiteren Minima markiert (Bild **B3b**) und die zugehörigen Wegänderungen Δs bestimmt. Durch Mehrfachmessung kann die Messunsicherheit reduziert werden. Das Vorgehen kann alternativ auch anhand der Maxima erfolgen.

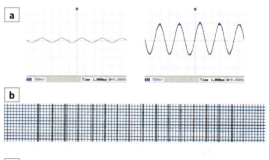

B3 *a) Minimum (links) und Maximum (rechts), b) Markierungen der Minima*

V2 Wellenlängenmessung mit Mikrowellen

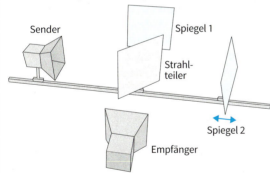

B4 *Interferometer für Mikrowellen*

Auf einer optischen Bank werden ein Mikrowellensender und ein Metallspiegel platziert (Bild **B4**). Ein geeigneter Strahlteiler (hier: beschichtetes Glas), ein zweiter Spiegel und ein Empfänger werden so ausgerichtet, dass am Empfänger eine Spannung als Maß für die Intensität zu messen ist. Die Verschiebung des ersten Spiegels entlang der optischen Bank kann

elektronisch erfasst werden. Dazu können ein Bewegungsmesswandler (BMW) mit geeigneter Auswertungssoftware oder ein Ultraschall-Abstandsmesser (US) mit Taschenrechner (TR) eingesetzt werden (Bild **B5**).

Im Gegensatz zu Versuch **V1** erfolgt die Aufnahme der Spannung in Abhängigkeit des Ortes für beliebige Weglängen. Ein mögliches Diagramm ist in Bild **B1** (Seite 168) dargestellt.

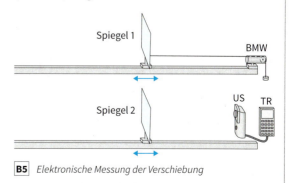

B5 *Elektronische Messung der Verschiebung*

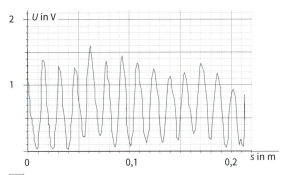

B1 U(s)-Diagramm zum Experiment mit Mikrowellen

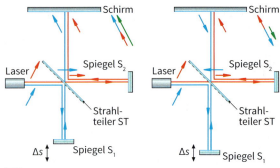

B2 Zeigeraddition bei unterschiedlichen Armlängen

Bestimmung der Wellenlänge. In den beiden Versuchen auf der vorherigen Seite ist die Wellenlänge durch Betrachten der Maxima oder Minima zu bestimmen.

Die im Ultraschall-Versuch **V1** ermittelten Abstände werden ausgewertet: Innerhalb von 6,6 cm erfolgen 15 Wechsel von Minimum zu Minimum. Der Abstand zweier Minima beträgt somit 0,44 cm. Daraus berechnet sich die Wellenlänge des Senders zu

$$\lambda = 2 \cdot d = 2 \cdot 0,44 \text{ cm} = 0,88 \text{ cm} = 8,8 \text{ mm}.$$

Dieses Ergebnis passt sowohl zur analog durchgeführten Auswertung der Maxima als auch zu dem in vorherigen Abschnitten ermittelten Wert der Wellenlänge λ.

In diesem Versuch wird die Verschiebung des Spiegels auf ± 1 mm genau angegeben. Die relative Messunsicherheit für den Abstand beträgt $\frac{1 \text{ mm}}{6,6 \text{ cm}} = \frac{1 \text{ mm}}{66 \text{ mm}} \approx 1,5\,\%$. Daraus folgt $\lambda = 8,8 \text{ mm} \pm 0,1 \text{ mm}$.

In Versuch **V2** wird die Wellenlänge eines Mikrowellensenders mit einem Michelson-Interferometer bestimmt. Gemessen werden die Verschiebung Δs des Spiegels und die Spannung U am Empfänger als Maß für die Intensität.

Eine Wiederholung der Maxima bzw. Minima erfolgt, wenn der Spiegel um $\Delta s = \frac{\lambda}{2}$ verschoben wird. Bei der Auswertung zweier benachbarter Maxima ist die Wellenlänge zügig bestimmbar, die Messungenauigkeit ist jedoch sehr groß: Der Abstand benachbarter Maxima beträgt 1,6 cm, die Messungenauigkeit 0,1 cm. Sie ist durch das Auflösungsvermögen des Messsystems gegeben. Bei der Messung eines Abstands kann die Wellenlänge also nicht besser als $\lambda = 2\Delta s = 3,2 \text{ cm} \pm 0,2 \text{ cm}$ angegeben werden.

In Bild **B1** sind $k = 12$ Übergänge der Maxima zu erkennen, die auf einer Strecke von $\Delta s = 18,7$ cm durchlaufen werden. Die Messungenauigkeit beträgt unverändert 0,1 cm. Als Wellenlänge des Mikrowellensenders ergibt sich

$$\lambda = 2 \cdot \frac{\Delta s}{k} = 2 \cdot \frac{18,7 \text{ cm} \pm 0,2 \text{ cm}}{12} = 3,12 \text{ cm} \pm 0,02 \text{ cm}.$$

Die Auswertung mehrerer Abstände steigert die Genauigkeit erheblich und reduziert die Messunsicherheit.

Extrema im Fokus. Die Amplitude der Maxima variiert leicht. Sie kann auf den ersten Blick auf das beschränkte Auflösungsvermögen des Experiments zurückgeführt werden. Mit zunehmender Verschiebung des Spiegels wird der Weg, den die Mikrowellen im Interferometer durchlaufen müssen, jedoch länger. Die Amplitude nimmt ab. Ebenso geht die Amplitude der Minima nicht auf null zurück, obwohl destruktive Interferenz vorliegt. Zur Erklärung dieses Verhaltens kann das Zeigermodell verwendet werden (Bild **B2**).

Im Zeigerbild nimmt die Länge der Zeiger mit zunehmender Strecke ab. Sind beide Interferometerarme unterschiedlich lang, weisen auch die Zeiger eine unterschiedliche Länge auf. Bei Addition bleibt ein Amplitudenrest. Somit ist bei gleicher Phasenlage im Maximum die Gesamtamplitude kleiner (Bild **B2a**), im Minimum kann sie nicht mehr auf null fallen (Bild **B2b**).

Messgrenzen des Interferometers. Mit der Wahl geeigneter Quellen und Spiegel lassen sich umgekehrt auch kleine Weglängen messen. Die Genauigkeit kann durch Unterscheidung der Maxima und Minima grob abgeschätzt werden. Am Empfänger kann sicher zwischen Maximum und Minimum unterschieden werden. Zwischen beiden liegt eine Weglängenänderung von $\Delta s = \frac{\lambda}{4}$.

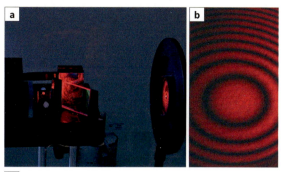

B3 a) Michelson-Interferometer mit Licht, b) Interferenzmuster

Interferometer messen kleine Längen. Auch beim Michelson-Interferometer mit Licht als Quelle wird deutlich Interferenz beobachtet, wenn das Licht eines Lasers vor dem Strahlteiler von einer Linse aufgeweitet wird und die Spiegel justiert sind (Bild **B3**). Mit diesem Aufbau können Interferometer bei bekannter Wellenlänge λ genutzt werden, um eine kleine Verschiebung Δs zu erfassen (Versuch **V1**). Wie in den Experimenten mit Ultraschall- und Mikrowellen kann die Längenänderung des Körpers aus der bekannten Wellenlänge und der Anzahl der Maxima berechnet werden:

$$\Delta s = k \cdot \frac{\lambda}{2} = 22 \cdot \frac{640\,\text{nm}}{2} = 7{,}04\,\mu\text{m}.$$

Beim Anlegen einer Spannung von 1 V ändert der Piezo-Kristall seine Ausdehnung um 7,04 µm.

Exkurs: Kohärenzlänge

Der Laser im Interferometer wird durch eine Quecksilberdampflampe ersetzt. Zur Erzeugung von Interferenz wird mit einer Irisblende das Lichtbündel verkleinert. Der Spiegel des Interferometers wird so justiert, dass der Gangunterschied für die beiden Teilwellen null ist. Auf dem Schirm sind farbige Interferenzstreifen zu beobachten. Wird die Länge des Interferometerarms verändert, sind nach einer bestimmten Strecke jeweils keine Interferenzstreifen mehr zu beobachten. Anhand dieser Beobachtung kann die Kohärenzlänge der Quelle bestimmt werden. Sie entspricht dem Doppelten des Intervalls, in dem noch Interferenz zu beobachten ist.

Dieses Verhalten ist beim Laser nicht zu beobachten. Er sendet kohärente Wellenzüge aus. Im Gegensatz dazu senden die Atome glühender Körper oder von Gasentladungslampen völlig unregelmäßig kurze Wellenzüge aus.

V1 **Messung kleiner Längen**

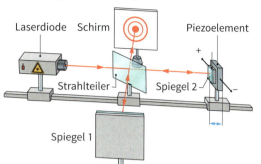

Ein Piezo-Kristall verändert seine Dicke in Abhängigkeit von der angelegten Spannung. Mit einem Michelson-Interferometer wird diese Ausdehnung untersucht. Dazu wird der zweite Spiegel auf diesem Piezo-Kristall befestigt. Wird die Spannung am Piezo-Kristall langsam erhöht, so wechseln sich Minima und Maxima in der Mitte des Schirmes ab. Als Lichtquelle wird eine Laserdiode mit $\lambda = 640$ nm verwendet. Wird die Spannung am Piezo-Kristall langsam auf 1,00 V erhöht, so sind 22 vollständige Übergänge von Maximum zu Maximum zu beobachten.

Arbeitsaufträge

1 ⇒ Für ein Interferometer mit Ultraschall steht eine Quelle mit $f = 38$ kHz zur Verfügung.
Berechnen Sie die Anzahl der beobachtbaren Maxima bei einer Spiegelverschiebung um $\Delta s = 10$ cm.

2 ⬆ Die Längenänderung eines Metallstabes ($l_0 = 0{,}5$ m) bei Temperaturänderung soll mit Hilfe eines Michelson-Interferometers ähnlich zu Versuch **V1** untersucht werden. An einem Ende des Metallstabes wird ein Spiegel platziert und auf einem Schirm die Veränderung des Interferenzbildes beobachtet. Als Lichtquelle dient ein Laser der Wellenlänge $\lambda = 570$ nm.
a) Bei einer Erwärmung von 18 °C auf 45 °C sind 1094 Wechsel von Maximum zu Maximum zu beobachten.
Berechnen Sie die absolute und die relative Längenänderung des Metallstabs.
b) In der Literatur wird als „Messgrenze" eines Interferometers $\Delta s = \frac{\lambda}{4}$ angegeben. Erläutern Sie.

5.12 Röntgenspektren

B1 *RÖNTGEN in seinem Labor in Würzburg*

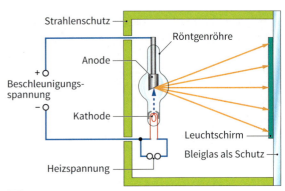

B2 *Schematischer Aufbau des Röntgenapparates*

Entdeckung unbekannter Strahlung. Bei der Untersuchung von Gasentladungen entdeckte WILHELM CONRAD RÖNTGEN (Bild **B1**) 1895 eine neue Art von Strahlung. Sie ist fähig, Objekte zu durchdringen, die für Licht undurchlässig sind. Elektrische und magnetische Felder beeinflussen sie nicht. Die Strahlen, die z. B. mit einer Fotoplatte oder einem Leuchtschirm nachgewiesen werden konnten, nannte er **X-Strahlen.** Heute wird diese Strahlungsart im deutschsprachigen Raum **Röntgenstrahlung** genannt, zu Ehren ihres Entdeckers.

RÖNTGEN vermutete, dass die von ihm entdeckte Strahlung Eigenschaften wie das Licht haben müsse, und suchte deshalb nach Interferenz- und Beugungsphänomenen. Seine experimentellen Ergebnisse fand er nicht überzeugend: „Ich habe keinen Versuch zu verzeichnen, aus dem ich mit einer mir genügenden Sicherheit die Überzeugung von der Existenz einer Beugung der X-Strahlen gewinnen könnte." Seine Vermutung wurde jedoch dadurch unterstützt, dass Röntgenstrahlung genauso wie Licht von elektrischen und magnetischen Feldern nicht beeinflusst wird.

Interferenz benötigt geeignete Strukturen. Verwendet man die Gitter und Doppelspalte, die bei der Untersuchung von Licht eingesetzt werden, so lässt sich in der Tat keine Interferenz beobachten. Die hohe Energie der Strahlung, die in Experimenten zur Durchdringung von Stoffen auffällt, deutet darauf hin, dass die Wellenlänge der Röntgenstrahlung erheblich kleiner ist als die von sichtbarem Licht. Neben einem verlässlichen Verfahren zur Erzeugung der Strahlung werden also Beugungsobjekte benötigt, die für kleine Wellenlängen geeignet sind. MAX VON LAUE, ein theoretischer Physiker, schlug Anfang des 20. Jahrhunderts vor, Kristalle zur Untersuchung der Strahlung zu verwenden.

Erzeugung von Röntgenstrahlung. Röntgenstrahlung und ihre technische Verwertung sind in zahlreichen Alltagsanwendungen zu finden. Sowohl bei der medizinischen Diagnostik als auch in der Materialprüfung oder der Untersuchung von Gepäckstücken am Flughafen wird diese energiereiche Strahlung eingesetzt.

In einer Röntgenröhre (Bild **B2**) befindet sich eine Kathode, die als Elektronenquelle dient. Es liegt eine Heizspannung an, die dafür sorgt, dass Elektronen aus dem Kathodenmaterial freigesetzt werden. Analog zu einer Elektronenkanone werden die Elektronen in einem elektrischen Feld mit großer Spannung beschleunigt. Typische Werte liegen zwischen 12 kV und 35 kV. Im Vergleich mit der Elektronenkanone verfügen die Elektronen über eine sehr viel höhere Energie.

In einer angeschrägten Anode werden die schnellen Elektronen abgebremst. Dabei geben sie ihre Energie an die Atome der Anode ab. Diese senden dann Röntgenstrahlung aus, die auf einem Leuchtschirm sichtbar gemacht werden kann. In modernen Aufbauten werden elektronische Messsysteme eingesetzt, um die auftreffende Strahlung zu erfassen. Aufgrund ihrer hohen Energie kann Röntgenstrahlung verschiedene Materialien durchdringen. Röntgenapparate verfügen daher in der Regel über eine besondere Abschirmung, z. B. aus Bleiglas oder dicken Metallplatten.

> **⚠ Merksatz**
>
> Treffen energiereiche Elektronen auf ein Metall mit hoher Ordnungszahl, geht von diesem Metall energiereiche Strahlung aus. Diese wird Röntgenstrahlung genannt.

Röntgenstrahlung hat Welleneigenschaften. Der Nachweis der Welleneigenschaften durch Interferenz geht auf MAX VON LAUE (1879–1960, Nobelpreis 1914) zurück, der auf die Möglichkeit hinwies, Kristalle als Gitter zu verwenden: In den Kristallen sind die Atome regelmäßig angeordnet, beim Kochsalzkristall z. B. quaderförmig. Wenn Licht an kleinen, regelmäßig angeordneten Hindernissen (Streuzentren) gestreut wird, dann kann man Interferenz beobachten.

Es wird modellhaft angenommen, dass die Streuzentren als Ausgangspunkte für Elementarwellen nach dem Huygensprinzip dienen. Damit Interferenz zu beobachten ist, muss der Abstand benachbarter Zentren in der Größenordnung der Wellenlänge der Quelle liegen. Wenn man annimmt, dass Röntgenstrahlung eine Wellenlänge kleiner als einen Nanometer hat, so muss der Abstand der Atome in den geeigneten Kristallen ebenfalls in dieser Größenordnung liegen. VON LAUE vermutete, dass Röntgenstrahlung eine hinreichend kleine Wellenlänge aufweist, um Interferenzphänomene an Kristallen beobachten zu können.

Interferenz an Streuzentren. In Versuch **V1** wird mit Ultraschallwellen untersucht, ob bei geeignetem

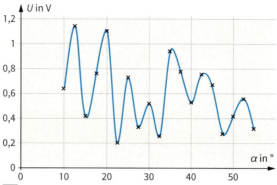

B3 *Amplitude des Ultraschalls in Abhängigkeit vom Winkel*

Abstand zweier Streuzentren Interferenz zu beobachten ist. Der Versuch zeigt deutlich die Existenz von Minima und Maxima (Bild **B3**). Das erste Maximum liegt bei 12,5°. Wird der Wegunterschied zwischen dem Empfänger und den jeweiligen Modellatomen im Experiment vermessen, so ergibt sich eine Differenz von ca. 9 mm. Dies entspricht ungefähr der bekannten Wellenlänge. Es handelt sich demnach um das erste Maximum. Wird in weiteren Versuchen der Abstand der Modellatome verändert, so ändert sich auch die Lage des ersten Maximums (Tabelle **T2**). Winkel und Abstand bedingen einander.

V1 **Interferenz an Streuzentren im Modell**

Zwei Plastikreiter werden im Abstand von 3 cm zur Mittelachse platziert. Sie dienen als Modellatome, von denen die Wellen aus einem Ultraschallsender (unten, rot) reflektiert werden. Lockerer Stoff hinter den Plastikreitern kann ungewollte Reflexionen reduzieren. Ein Mikrofon wird als Empfänger entlang der Winkelskala geführt und dabei die Amplitude der registrierten Spannung beobachtet. Die Winkel maximaler Amplitude werden notiert. Tabelle **T1** zeigt die Lage der Maxima bei einem Abstand $d = 3$ cm. Es

ist eine winkelabhängige Veränderung der Amplitude zu beobachten.
Für die Variation des Abstandes zwischen den Streuzentren wird der Abstand der Plastikreiter zur Mittelachse verändert und jeweils nur das erste Maximum ermittelt (Tabelle **T2**).
Die vom Doppelspalt bekannte Formel kann hier lediglich näherungsweise verwendet werden:

$$n \cdot \lambda = d \cdot \sin(\alpha).$$

Maximum	1	2	3	4
α in °	12,5	21	34	54

T1 *Lage der Maxima bei einem Abstand d = 3 cm*

Abstand d in cm	1	3	4	5
$\alpha_{1.\text{Max}}$ in °	10	12,5	14	20

T2 *Lage des 1. Maximums in Abhängigkeit von d*

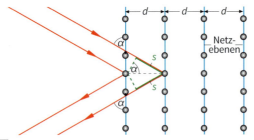

B1 *Darstellung der Interferenz an Streuzentren*

Interferenz an Streuzentren im Raum. Im Modellversuch **V1** mit Mikrowellen befinden sich Metallkugeln als Streuzentren in einem Schaumstoffwürfel. Wird für verschiedene Winkel die Intensität am Detektor gemessen, so sind nur wenige Maxima zu beobachten. Die räumliche Anordnung scheint dafür verantwortlich, dass kaum konstruktive Interferenz auftritt.

Zur Erklärung wird zunächst angenommen, dass die Streuzentren regelmäßig angeordnet sind. Ihr Abstand im Raum wird **Netzebenenabstand** d genannt. Treffen Wellen auf diese Streuzentren, können die reflektierten Teilwellen miteinander interferieren. Insbesondere liegt

konstruktive Interferenz vor, wenn der Gangunterschied der Teilwellen ein Vielfaches der Wellenlänge der Mikrowellen beträgt. In diesem Fall bleibt die Phasenlage zwischen den Teilwellen erhalten.

Der Winkel α, unter dem die Welle auf die räumliche Anordnung trifft, wird gegenüber der Oberfläche gemessen. Die gestrichelten Linien in Bild **B1** markieren den Wegunterschied zwischen zwei Teilwellen. Der Teil, der an der zweiten Ebene reflektiert wird, muss einen um $2s$ längeren Weg zurücklegen. Diese Weglänge ist nicht direkt zugänglich, kann jedoch aus dem Netzebenenabstand d berechnet werden: $s = d \cdot \sin(\alpha)$. Für konstruktive Interferenz muss also gelten (**Bragg-Bedingung**):

$$n \cdot \lambda = 2s = 2d \cdot \sin(\alpha).$$

❗ Merksatz

Erfolgt Interferenz an Streuzentren mit Abstand d, so erfolgt konstruktive Interferenz unter dem Winkel α, wenn die Bragg-Bedingung erfüllt ist:

$$n \cdot \lambda = 2s = 2d \cdot \sin(\alpha), \quad n = 1, 2, \dots$$

V1 **Modellversuch zur Bragg-Reflexion mit Mikrowellen**

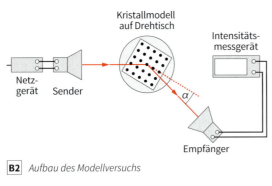

B2 *Aufbau des Modellversuchs*

In einem Schaumstoffwürfel sind Metallkugeln dreidimensional und mit regelmäßigem Abstand d angeordnet (Bild **B2**). Mit Hilfe eines Mikrowellensenders mit $\lambda = 3,3$ cm werden die Abstände der Metallkugeln ermittelt. Mittels einer Winkelscheibe werden Mikrowellensender und -empfänger jeweils mit gleichem Winkel gegenüber der Würfelkante um den Würfel geführt und die Spannung am Empfänger gemessen. Die Messdaten zeigt die Tabelle unten.

Die grafische Darstellung der Daten erfolgt im $U(\alpha)$-Diagramm (Bild **B3**). Es sind eindeutige Maxima zu erkennen. Mit Hilfe der Bragg-Gleichung lässt sich anhand der beiden Maxima der Abstand der Kugeln, also der Netzebenenabstand des Würfels, bestimmen.

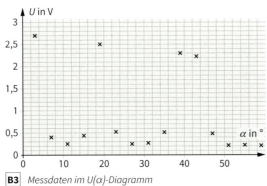

B3 *Messdaten im $U(\alpha)$-Diagramm*

α in °	3	7	11	15	19
U in V	2,70	0,40	0,25	0,43	2,50
α in °	23	27	31	35	39
U in V	0,52	0,25	0,28	0,51	2,30
α in °	43	47	51	55	59
U in V	2,25	0,49	0,22	0,23	0,22

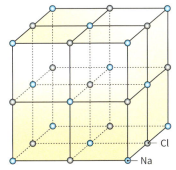

B4 Die regelmäßig angeordneten Atome des NaCl-Kristalls dienen als Streuzentren (d ≈ 0,28 nm).

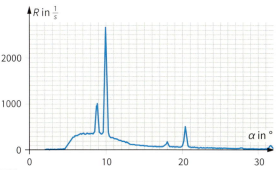

B5 Spektrum der Röntgenstrahlung bei einer Beschleunigungsspannung von $U_B = 35$ kV

Kristalle als Beugungsobjekte.

Die Untersuchungsverfahren mit Kristallen nach VON LAUE werden auch heute noch praktiziert. So weist beispielsweise Natriumchlorid ein regelmäßiges Kristallgitter mit einem Netzebenenabstand $d < 1$ nm auf (Bild **B4**). Die Bestimmung des Netzebenenabstands führt jedoch nicht immer zu eindeutigen Ergebnissen. Je nach Orientierung des Kristalls können verschiedene Netzebenenabstände ermittelt werden. In der Praxis werden für Strukturuntersuchungen daher die Netzebenenabstände des Kristalls und dessen Orientierung angegeben.

Untersuchung des Röntgenspektrums.

In der Analyse des Röntgenspektrums wird häufig auf die Drehkristallmethode zurückgegriffen. Dabei wird zunächst mit Hilfe einer Röntgenröhre Röntgenstrahlung erzeugt, die über eine Blendenanordnung auf den Kristall gelangt. Dieser wird jeweils um einen bestimmten Winkel α gedreht (Bild **B6**). Als Detektor wird ein Zählrohr eingesetzt, das die einfallende Strahlung misst. Da der Kristall pro Schritt um α gedreht wird, ist aus geometrischen Gründen eine Drehung des Zählrohrs um 2α erforderlich. Für jeden Winkel wird eine bestimmte Zeit gemessen und die Anzahl der Impulse ermittelt.

Das markante Maximum in der Messung (Bild **B5**) liegt bei $\alpha \approx 10°$. Mit der Bragg-Bedingung und dem bekannten Netzebenenabstand $d_{LiF} = 201$ pm kann zu jedem Winkel die Wellenlänge λ ermittelt werden:

$$\lambda = 2\,d \cdot \sin(\alpha) = 2 \cdot 201 \text{ pm} \cdot \sin(10°) = 69,8 \text{ pm}.$$

Die Wellenlängen liegen im Bereich $\lambda < 1$ nm. Der kleinste Winkel, bei dem die Zunahme der Impulse zu beobachten ist, wird der Grenzwellenlänge zugeordnet. In Bild **B5** liegt der Winkel ungefähr bei $\alpha = 4,5°$ und entspricht einer Grenzwellenlänge von $\lambda = 31,5$ pm.

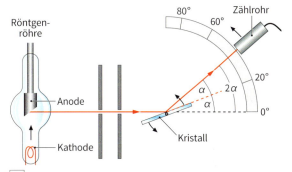

B6 Prinzip der Drehkristallmethode

Arbeitsaufträge

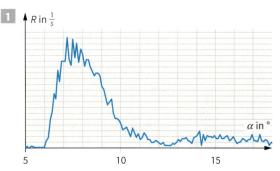

1

Die Abbildung zeigt einen Ausschnitt des Röntgenspektrums, das mit $U_B = 20$ kV und einem NaCl-Kristall ($2\,d = 564$ pm) aufgezeichnet wurde. Die Zählrate wurde über dem Winkel des Kristalls aufgetragen.
a) Ermitteln Sie die Grenzwellenlänge des Spektrums.
b) In einem zweiten Experiment wird der Beugungskristall getauscht. Die anderen Einstellungen bleiben unverändert. Ermitteln Sie den Netzebenenabstand eines KBr-Kristalls, wenn der zur Grenzwellenlänge gehörende Winkel 5,4° beträgt.
c) Erläutern Sie die Auswirkungen auf das Spektrum, wenn die Messdauer verzehnfacht wird.

Zusammenfassung

1. Wellen und ihre Eigenschaften

Wellen transportieren Energie, Impuls und Information. Die Oszillatoren bleiben dabei nahezu ortsfest. Schwingen diese Teilchen senkrecht zur Ausbreitungsrichtung, so spricht man von **Transversalwellen** (z. B. Licht). Bewegen sie sich in Richtung der Ausbreitung, spricht man von **Longitudinalwellen** (z. B. Schall).

Treffen Wellen auf Hindernisse, so beeinflusst das Hindernis Phasenlage und Ausbreitung der Wellen. Am Ende des Trägermediums werden Schnelle und Elongation der Welle bei einem losen Ende ohne Phasensprung reflektiert. Liegt ein festes Ende vor, so erfolgt ein Phasensprung.

Das **Huygensprinzip** ist ein Modell zur Beschreibung der Ausbreitung von Wellen. Dabei wird angenommen, dass jeder Punkt einer Wellenfront Ausgangspunkt einer neuen **Elementarwelle** ist.

2. Beschreibung von Wellen

Periodendauer T, Frequenz f, Wellenlänge λ, Ausbreitungsgeschwindigkeit c und Amplitude A beschreiben eine **harmonische Welle.**

Die Periodendauer beschreibt den zeitlichen Abstand zweier in Phase schwingender Oszillatoren. Die Wellenlänge gibt den räumlichen Abstand zweier in Phase schwingender Oszillatoren an. Für die **Ausbreitungsgeschwindigkeit** c gilt:

$$c = \lambda \cdot f = \frac{\lambda}{T}.$$

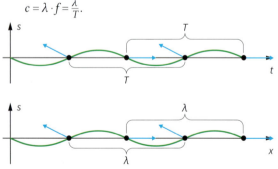

Die **Wellengleichung** $s(x, t)$ beschreibt die Auslenkung eines Oszillators an der Stelle x zum Zeitpunkt t mit der Amplitude A:

$$s(x, t) = A \cdot \sin\left[2\pi \cdot \left(\frac{t}{T} - \frac{x}{\lambda}\right)\right].$$

Im **Zeigermodell** ist jedem Ort, den die Welle durchläuft, ein Zeiger zugeordnet. Durch Vergleich von Phasenlagen können Aussagen über Wellenlänge und Schwingungsdauer getroffen werden.

3. Polarisation

Im Gegensatz zu longitudinalen Wellen lassen sich Transversalwellen polarisieren: Ihre Schwingungsrichtung ist nach diesem Vorgang eindeutig festgelegt. Trifft die polarisierte Welle auf einen weiteren Polarisationsfilter, so hängt die hinter dem Filter gemessene Lichtintensität von der Stellung der Schwingungsrichtung gegenüber dem Polarisationsfilter ab.

4. Stehende Wellen

Unter bestimmten Bedingungen bilden sich in einem geeigneten Medium der Länge l stehende Wellen aus. Dabei überlagern sich gegenläufige Wellen konstruktiv und es entstehen ortsfeste Knoten und Bäuche.

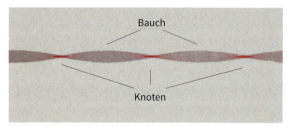

Bei Reflexion am **festen Ende** bilden sich stehende Wellen aus, wenn das Medium ein Vielfaches der halben Wellenlänge aufweist: $l = n \cdot \frac{\lambda}{2}$.
Der Abstand zwischen zwei Knoten entspricht jeweils einer halben Wellenlänge.

Bei Reflexion am **losen Ende** bilden sich stehende Wellen aus, wenn das Medium ein ungerades Vielfaches der viertel Wellenlänge aufweist: $l = (2n + 1) \cdot \frac{\lambda}{4}$.
Der Abstand zwischen zwei Knoten entspricht einer halben Wellenlänge.

5. Elektromagnetische Wellen

Wenn ein **Dipol** durch einen Schwingkreis angeregt wird, werden Ladungen bewegt. Es entstehen dabei elektrische und magnetische Felder, die sich vom Dipol lösen.

Elektromagnetische Wellen werden durch beschleunigte Ladungen erzeugt. Wird ein Dipol durch einen Schwingkreis angeregt, so wird die zugeführte Energie als elektromagnetische Welle abgegeben. Diese Transversalwellen breiten sich mit **Lichtgeschwindigkeit** $c \approx 3 \cdot 10^8 \frac{m}{s}$ aus.

6. Interferenzerscheinungen

Wellen breiten sich aus, ohne einander zu beeinflussen (**Superposition**). Dabei gibt es Orte, an denen sie sich überlagern. Man spricht von Interferenz.

Bei der **Zwei-Sender-Interferenz** legt der Wegunterschied von den beiden Sendern zum Empfänger fest, ob sich die beiden Wellen verstärken oder auslöschen. Man spricht von **konstruktiver** und **destruktiver Interferenz.**

Hinter einem **Doppelspalt** ist Interferenz zu beobachten. Das Interferenzfeld gleicht jenem, das durch zwei einzelne Quellen entstünde, die sich in den Spaltmitten befinden (Huygensprinzip). Für konstruktive Interferenz beträgt der Gangunterschied Δs beider Teilwellen ein Vielfaches der Wellenlänge, beide Teilwellen liegen phasengleich.

Ist beim Doppelspaltexperiment der Spaltabstand g sehr viel kleiner als der Abstand e zum Schirm, so gilt als Beziehung zwischen Wellenlänge, Spaltabstand und Abstand an des n-ten Maximums zum nullten Maximum:

$$\frac{n \cdot \lambda}{g} = \sin\left(\arctan\left(\frac{a_n}{e}\right)\right).$$

Für hinreichend kleine Winkel gilt als Näherung:

$$n \cdot \lambda = \frac{g \cdot a_n}{e}.$$

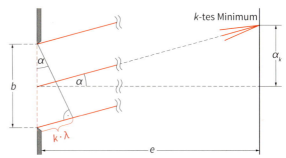

Wird die Spaltanzahl erhöht, so sind die Maxima im Interferenzbild deutlicher zu erkennen. Man spricht von einem **Gitter.** Die Bestimmung der Lage der Maxima erfolgt analog zum Doppelspalt. Das n-te Maximum beim Gitter ist unter dem Winkel α_n zu beobachten.
Es gilt $\sin(\alpha_n) = n \cdot \frac{\lambda}{g}$.
Der Winkel α_n wird aus $\tan(\alpha_n) = \frac{a_n}{e}$ bestimmt.

Ein **Einzelspalt** besteht aus einer Öffnung der Breite b, in der modellhaft eine Anzahl von Oszillatoren angenommen wird. Im Gegensatz zum Gitter lassen sich hier die **Minima** auf den Gangunterschied der Randwege von $\Delta s = k \cdot \lambda$ zurückführen. Unter dem Winkel α sind Minima zu beobachten, wenn gilt:

$$b \cdot \sin(\alpha) = k \cdot \lambda \text{ mit } k = 1, 2, 3, \ldots$$

So lassen sich paarweise alle Oszillatoren zuordnen, deren Wellen auf dem Schirm destruktiv interferieren.

Für die Lage der **Maxima** gilt $b \cdot \sin(\alpha) = (2k+1) \cdot \frac{\lambda}{2}$. Hier interferieren die unterschiedlichen Wellen nur zum Teil destruktiv. Für das erste Maximum weisen die Randstrahlen einen Wegunterschied von $\Delta s = \frac{3}{2}\lambda$ auf.

7. Interferometer

In einem Interferometer wird durch einen geeigneten Strahlteiler eine Welle in zwei Teilwellen zerlegt, die am Empfänger interferieren. Liegt zu Beginn ein Maximum am Empfänger vor und erfolgt eine Verschiebung um $\Delta s = k \cdot \frac{\lambda}{2}$, so werden k Maxima durchlaufen.
Mit Hilfe eines **Michelson-Interferometers** lassen sich auch kleine Längenänderungen bestimmen.

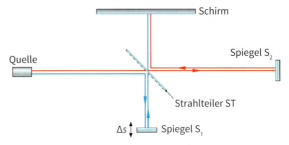

8. Beugung an Streuzentren

Auch an Kristallen kann Interferenz zu beobachten sein. Befinden sich zwei Ebenen von Streuzentren im Abstand d zueinander, so liegt konstruktive Interferenz vor, wenn die **Bragg-Bedingung** gilt:

$$n \cdot \lambda = 2d \cdot \sin(\alpha).$$

1 ↗ Ein Lautsprecher sendet kontinuierlich einen Ton mit einer Frequenz von 500 Hz aus.
a) Berechnen Sie die Schwingungsdauer T und die zu erwartende Wellenlänge bei einer Schallgeschwindigkeit von 340 $\frac{m}{s}$.
b) Ermitteln Sie den kleinsten Abstand zweier Oszillatoren, die gegenphasig schwingen.
c) Skizzieren Sie ein Bild der Welle für $x \le 2\lambda$ und $t = 1{,}5\,T$.
d) Skizzieren Sie ein Bild der Welle für $x = 1{,}5\lambda$ und $t \le 2\,T$.
e) Beschreiben Sie die Veränderungen in der Skizze aus c), wenn die Frequenz des Senders verdoppelt wird.

2
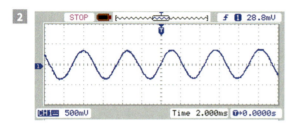

↗ Das Ozilloskopbild zeigt den zeitlichen Verlauf einer Schwingung, die durch eine Schallwelle verursacht wird.
a) Ermitteln Sie Frequenz und Schwingungsdauer.
b) Erläutern Sie die zu erwartenden Veränderungen im Bild, wenn …
… die Frequenz der Schallwelle verdoppelt wird.
… die Lautstärke des Schalls abnimmt.
c) Übernehmen Sie den Verlauf der Schwingung in Ihre Aufzeichnungen und ergänzen Sie in einer anderen Farbe die Schwingung, die ein Mikrofon aufzeichnet, dass 50 cm näher an der Quelle liegt.

3

Plexiglas	α	10°	15°	20°	25°
Luft	β	15°	23°	30°	39°

↗ In einem Brechungsexperiment soll die Lichtgeschwindigkeit in Plexiglas ermittelt werden. Dazu wird die Brechung beim Übergang Plexiglas-Luft untersucht. Die Tabelle zeigt einen Ausschnitt. Berechnen Sie unter Verwendung des Brechungsgesetzes die zu erwartende Lichtgeschwindigkeit in Plexiglas.

4 ⇒ Ein Schüler formuliert die Hypothese, dass in Wasser gelöster Fruchtzucker die Polarisationsrichtung von Licht ändern kann.
a) Skizzieren Sie einen beschrifteten Versuchsaufbau und beschreiben Sie die Durchführung.
b) Erläutern Sie, welchen Einfluss die Konzentration des Zuckers sowie die Länge des Gefäßes auf eine mögliche Drehung haben kann.

5 ↗ Zwei Sender ($\lambda = 1{,}2$ cm) stehen sich im Abstand von 3 cm gegenüber und senden gleichphasig Ultraschall aus.
a) Skizzieren Sie für $t = 5\,T$, $5{,}25\,T$ und $5{,}5\,T$ jeweils „die Wellen" des jeweiligen Senders.
b) Begründen Sie ausgehend von den Skizzen, dass es sich in der Situation um eine stehende Welle handelt.

6 ↗ Auf einer gespannten Feder der Länge $l = 0{,}4$ m können bei verschiedenen Frequenzen stehende Wellen beobachtet werden. Die folgende Tabelle enthält die experimentell ermittelten Werte. Die Knoten an den Rändern sind bei der Anzahl eingeschlossen.

Anz. Knoten	3	4	5	6	7
f in Hz	8,8	13,1	17,5	22,0	26,1

a) Fertigen Sie eine Skizze der stehenden Welle für fünf Knoten an. Berechnen Sie für den konkreten Fall die Schwingungsdauer und die Wellenlänge.
b) Erstellen Sie unter Verwendung der Messdaten ein $\lambda(T)$-Diagramm.
c) Ermitteln Sie mit Hilfe des Graphen aus b) die Ausbreitungsgeschwindigkeit c auf der Feder.

7 ⇒ Ein Mobiltelefon sendet auf einer Frequenz von $f = 1950$ MHz. Zum Empfang soll ein geeigneter Dipol verwendet werden.
a) Begründen Sie unter Verweis auf stehende Wellen, warum die Dipollänge $l = \frac{\lambda}{2}$ entsprechen muss.
b) Berechnen Sie mögliche Maße des Dipols, um das Handysignal zu empfangen.

8 ↗ Zwei harmonische Schwingungen mit derselben Frequenz $f = 50$ Hz und den Amplituden $A_1 = 2$ cm und $A_2 = 5$ cm werden mit dem Phasenunterschied $\varphi_0 = \frac{\pi}{3}$ überlagert.
a) Ermitteln Sie aus dem Zeigerdiagramm die Amplitude und die Phasenlage der resultierenden Schwingung.
b) Modellieren Sie die Überlagerung mit einer Tabellenkalkulation.

9

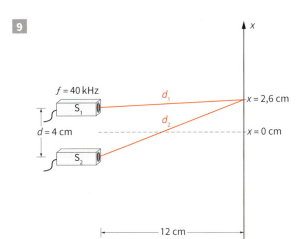

🖋 Zwei Ultraschallsender ($f = 40$ kHz) stehen parallel im Abstand von $d = 4$ cm. Im Abstand von 12 cm zur Senderebene wird ein Mikrofon geführt. Die Position $x = 0$ cm beschreibt den Mittelpunkt zwischen beiden Sendern. Die Schallgeschwindigkeit beträgt $c = 340\ \frac{m}{s}$.
a) Begründen Sie, dass der Abstand Mikrofon-Sender durch $d_{1,2} = \sqrt{(12\text{ cm})^2 + (x \mp 2\text{ cm})^2}$ berechnet werden kann.
b) Berechnen Sie am Ort $x = 2,6$ cm die Abstände zu den beiden Sendern. Beurteilen Sie, ob es sich hier um ein Maximum handeln kann.
c) Untersuchen Sie, wie viele Maxima sich im Bereich $-10\text{ cm} \leq x \leq 10\text{ cm}$ finden lassen.

10 🖋 Licht eines grünen Laserpointers ($\lambda = 570$ nm) trifft auf einen Doppelspalt mit einem Spaltabstand von 2 µm. Auf einem Schirm in 15 cm Entfernung zum Doppelspalt wird das Interferenzmuster beobachtet.
a) Erläutern Sie anhand einer geeigneten Skizze das Zustandekommen des Interferenzmusters.
b) Weisen Sie nach, dass für die Lage der Maxima beim Doppelspalt gilt:

$$n \cdot \frac{\lambda}{g} = \sin\left[\arctan\left(\frac{a_n}{e}\right)\right].$$

Begründen Sie ggf. auch die Identität der Winkel in Ihrer Skizze.
c) Berechnen Sie den zu erwartenden Abstand der beiden 2. Maxima auf dem Schirm.
d) Beschreiben Sie die zu erwartenden Veränderungen im Interferenzbild, wenn …
… der Laser gegen eine LED getauscht wird ($550\text{ nm} \leq \lambda \leq 580\text{ nm}$),
… der Spaltabstand halbiert wird.

11

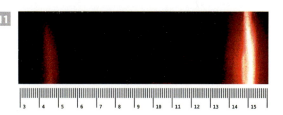

➡ Das Spektrum einer LED wird untersucht und der vorliegende Wellenlängenbereich wird ermittelt. Das Gitter enthält 500 Striche je mm. Sein Abstand zum Schirm beträgt 31,5 cm.
Ermitteln Sie den Wellenlängenbereich der LED und geben Sie die Messungenauigkeit begründet an.

12 ➡ Hinter einem Einzelspalt der Breite b ist bei Verwendung des grünen Laserpointers ($\lambda = 570$ nm) ein Interferenzmuster zu beobachten. Der Schirm hat einen Abstand von 1,25 m zum Einzelspalt.
a) Berechnen Sie die Breite des Spalts, wenn der Abstand der beiden ersten Maxima genau 3,2 cm beträgt.
b) Beurteilen Sie die Aussage: „Wenn die Spaltbreite halbiert wird, dann verdoppelt sich der Abstand der ersten Maxima."

13 🖋 Ein Ultraschallsender weist laut Hersteller eine Frequenz von 25 kHz auf. Mit Hilfe eines Michelson-Interferometers soll die Wellenlänge des Senders ermittelt werden.
a) Fertigen Sie einen geeigneten, beschrifteten Versuchsaufbau an und beschreiben Sie die Vorgehensweise.
b) Ermitteln Sie die erforderliche Verschiebung eines Spiegels, um von einem Minimum zum nächsten zu gelangen.
c) Diskutieren Sie, ob das Experiment hinsichtlich der Bestimmung der Wellenlänge auf Millimeterpapier durchführbar ist.

14 ➡ Die charakteristische Strahlung einer Wolfram-Anode wird mit Hilfe von Bragg-Reflexion untersucht. Unter einem Winkel von $\alpha = 21,5°$ wird bei Verwendung eines LiF-Kristalls ($d = 201$ pm) eine markante Linie nachgewiesen.
a) Berechnen Sie die zugehörige Wellenlänge.
b) Erläutern Sie die zu erwartende Veränderung in der Messung, wenn statt des LiF-Kristalls ein anderer Kristall mit geringerem Netzebenenabstand verwendet wird.

Quantenobjekte

In der Quantenphysik gelten andersartige Gesetzmäßigkeiten als in der gewohnten Welt der klassischen Physik. Elektronen zeigen unter geeigneten Versuchsbedingungen Wellenverhalten, Licht kann Teilchenverhalten zeigen. Elektronen besitzen keinen bestimmten Ort und Katzen sind weder tot noch lebendig. Das Verhalten von Quantenobjekten lässt sich nicht mit anschaulichen Modellen erfassen. Dennoch lassen sich Regeln und Gesetze formulieren, die die Quantenmechanik zur erfolgreichsten Theorie machen, die die Physik kennt.

6

Das können Sie in diesem Kapitel erreichen:

- Sie führen Experimente durch, die das Wellenverhalten von Elektronen zeigen.
- Sie untersuchen die Interferenz einzelner Quantenobjekte.
- Sie erörtern die Anwendbarkeit klassischer Modellvorstellungen in der Quantenphysik.
- Sie diskutieren die Frage von Zufall und Vorhersagbarkeit in der Quantenphysik.
- Sie führen Experimente durch, die teilchenhaftes Verhalten von Licht zeigen.
- Sie erfahren, dass Elektronen und Atome nicht immer einen bestimmten Ort haben.
- Sie wenden die heisenbergsche Unbestimmtheitsrelation an.
- Sie erfahren, worum es beim Paradoxon von Schrödingers Katze geht.
- Sie lernen ein Protokoll aus der Quantenkryptographie kennen.

6.1 Der Fotoeffekt: Licht als Teilchen

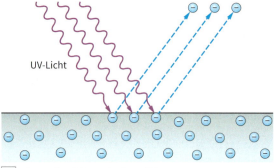

B1 *Veranschaulichung des Fotoeffekts*

Hallwachs-Effekt. Zu Beginn des 20. Jahrhunderts hatten viele Experimente bestätigt, dass sich Licht als Welle beschreiben lässt. Bei der Beugung an Spalten und Gittern zeigte sich Interferenz – das typische Merkmal einer Welle. Die Wellentheorie des Lichts konnte als glänzend bestätigt gelten. Das in Versuch **V1** beschriebene Experiment von Wilhelm Hallwachs entzog sich jedoch einer einfachen Deutung durch die Wellentheorie.

Das Versuchsergebnis lässt sich erklären, wenn man annimmt, dass Elektronen das Metall verlassen, wenn man es mit Licht bestrahlt (Bild **B1**). Licht scheint Elektronen aus der Zinkplatte „herauszuschlagen" zu können. Dies erklärt, warum das Elektroskop entladen wird: Die

V1 Hallwachs-Versuch

Eine frisch geschmirgelte Zinkplatte wird auf ein Elektroskop gesteckt und negativ aufgeladen. Danach wird die Platte mit dem Licht aus einer Quecksilberdampflampe bestrahlt, das einen hohen Anteil an ultraviolettem Licht enthält. Die Platte entlädt sich rasch; der Elektroskopausschlag geht auf null zurück. Dagegen entlädt sich das Elektroskop nicht, wenn man eine Glasplatte in den Strahlengang bringt. War die Platte vorher positiv geladen, geht der Ausschlag ebenfalls nicht zurück.

herausgeschlagenen Elektronen verlassen das Metall, und dadurch verringert sich die negative Ladung auf der Platte. Die Auslösung von Elektronen aus einer Metalloberfläche durch Licht wird als **Fotoeffekt** bezeichnet.

Überraschend ist das Versuchsergebnis, das sich beim Einführen der Glasplatte ergibt. Die Glasplatte absorbiert den UV-Anteil des Lichts, ist aber durchlässig für sichtbares Licht. In Anwesenheit der Glasplatte entlädt sich das Elektroskop nicht. Das bedeutet: Sichtbares Licht kann keine Elektronen aus der Zinkplatte herauslösen. Nur ultraviolettes Licht ist dazu in der Lage.

Lässt sich dieser Effekt mit der Wellentheorie des Lichts erklären? Nach der Wellentheorie werden die Elektronen im Metall von der einfallenden Lichtwelle zu Schwingungen angeregt. Bei größerer Lichtintensität ist auch die elektrische Feldstärke größer. Dann sollten die Elektronen mit größerer Amplitude schwingen, sodass sie leichter aus dem Metall abgelöst würden. Tabelle **T1** zeigt, dass diese Vorhersage der Wellentheorie im Widerspruch zur Beobachtung steht.

Photonen. Albert Einstein (Bild **B2**) konnte im Jahr 1905 eine theoretische Beschreibung des Fotoeffekts geben – allerdings nicht mit Hilfe der Wellentheorie des Lichts, sondern mit einer Teilchenvorstellung. Zwar gesteht er zu, dass die Wellentheorie des Lichts *„sich zur Darstellung der rein optischen Phänomene vortrefflich bewährt [hat] und wohl nie durch eine andere Theorie ersetzt werden [wird]."* Zur Erklärung des Fotoeffekts legt er jedoch eine andere Annahme zugrunde:
„Nach der hier ins Auge zu fassenden Annahme ist bei Ausbreitung eines von einem Punkte ausgehenden Lichtstrahles die Energie nicht kontinuierlich auf größer und größer werdende Räume verteilt, sondern es besteht dieselbe aus einer endlichen Zahl von in Raumpunkten lokalisierten Energiequanten, welche sich bewegen, ohne sich zu teilen und nur als Ganze absorbiert und erzeugt werden können."

Vorhersage der Wellentheorie	Beobachtung
Bei höherer Intensität sollten mehr Elektronen herausgelöst werden.	Sichtbares Licht löst keine Elektronen aus der Platte, unabhängig von der Intensität.
Bei niedriger Intensität sollte UV-Licht keine Elektronen herauslösen.	Auch bei niedriger Intensität kann UV-Licht Elektronen herauslösen.

T1 *Die Beobachtungen entsprechen nicht der Wellentheorie.*

Um den Fotoeffekt zu erklären, verwendet EINSTEIN also eine neue Modellvorstellung zur Beschreibung von Licht. Licht strömt nicht mehr als kontinuierliche elektromagnetische Energie von der Lichtquelle weg, sondern als eine Vielzahl von Energiequanten, vergleichbar einem Strom von Teilchen. Die Energiequanten werden als **Photonen** bezeichnet. EINSTEIN deutet den Fotoeffekt in diesem Modell als „Stoß" zwischen Photonen und Elektronen. Ein Elektron wird aus dem Metall herausgeschlagen, wenn es von einem Photon getroffen wird und dessen Energie übernimmt.

Wie groß ist die Energie eines Photons? Zur Beantwortung dieser Frage konnte EINSTEIN auf Vorarbeiten von MAX PLANCK zurückgreifen, der bei der Beschreibung der Strahlung heißer Körper bereits eine Verknüpfung zwischen Frequenz f und Energie E angegeben hatte:

$$E = h \cdot f.$$

Dabei ist h eine Naturkonstante, die von PLANCK eingeführt wurde: die plancksche Konstante, deren Wert $h = 6,626 \cdot 10^{-34}$ Js beträgt. EINSTEIN übernahm diese Formel und nahm an, dass sich monochromatisches Licht der Frequenz f, das auf eine Metalloberfläche trifft, als ein Strom von Photonen der Energie $E = h \cdot f$ beschreiben lässt. Die Energie von Phontonen ist also proportional zur Frequenz des Lichts. Aus der klassischen Wellentheorie lässt ein solcher Zusammenhang zwischen Energie und Frequenz nicht herleiten.

EINSTEINS Erklärung des Fotoeffekts. Mit der neuen Photonenvorstellung konnte EINSTEIN eine Erklärung für den Fotoeffekt geben. In seiner Originalarbeit von 1905 schreibt er: „*In die oberflächliche Schicht des Körpers dringen Energiequanten ein, und deren Energie verwandelt sich wenigstens zum Teil in kinetische Energie von Elektronen. Die einfachste Vorstellung ist die, dass ein Lichtquant seine Energie an ein einziges Elektron abgibt, wir wollen annehmen, dass dies vorkomme [...] Ein im Innern des Körpers mit kinetischer Energie versehenes Elektron wird, wenn es die Oberfläche erreicht hat, einen Teil seiner kinetischen Energie eingebüßt haben. Außerdem wird anzunehmen sein, dass jedes Elektron beim Verlassen des Körpers eine (für den Körper charakteristische) Arbeit W_A zu leisten hat, wenn es den Körper verlässt [...]. Die kinetische Energie solcher Elektronen ist $hf - W_A$.*"

Beim Fotoeffekt treffen also Photonen auf eine Metalloberfläche. Wenn eines von ihnen auf ein Elektron trifft, wird es absorbiert und seine Energie $E = h \cdot f$ wird auf das Elektron übertragen. Mit der gewonnenen Energie kann das Elektron das Metall verlassen. Dabei verliert es unter Umständen durch Stöße im Metall Energie, und es muss eine vom Material abhängige Austrittsarbeit W_A überwinden. Für die schnellsten Elektronen, die von Licht der Frequenz f aus einer Metalloberfläche herausgelöst werden, gilt demnach:

> **!** **Merksatz**
>
> **Einstein-Gleichung** für die Energiebilanz beim Fotoeffekt:
>
> $$hf = E_{\text{kin}} + W_A.$$

Damit lässt sich erklären, warum nur Photonen mit einer gewissen Mindestfrequenz den Fotoeffekt hervorrufen können: Wenn die Energie eines Photons kleiner als die Austrittsarbeit W_A ist, dann überträgt ein einfallendes Photon zwar Energie auf das getroffene Elektron, aber diese reicht nicht zum Verlassen des Metalls aus. Umgekehrt reicht bei UV-Licht von geringer Intensität (wenige Photonen mit hoher Frequenz) die Energie der Photonen immer noch zum Auslösen von Elektronen aus. Die mit der Wellentheorie nicht erklärbaren Beobachtungen werden also mit EINSTEINS Theorie verständlich. Für sie wurde er dann auch 1921 mit dem Physik-Nobelpreis ausgezeichnet.

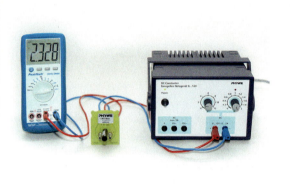

Für den neben gezeigten Versuch stehen drei LEDs in verschiedenen Farben zur Verfügung. Für jede LED wird die Spannung am Netzgerät vorsichtig erhöht, bis ein Aufglimmen gerade zu erkennen ist. Die jetzt anliegende Spannung ist die Schwellenspannung U_S der LED. Sie wird zusammen mit der Wellenlänge der LED in einer Tabelle notiert:

Farbe der LED	λ in nm	U_S in V
blau	463	2,29
grün	516	1,94
rot	632	1,48

Umkehrung des Fotoeffekts in Leuchtdioden.

Leuchtdioden (LEDs) sind Halbleiterbauelemente. Sie beginnen je nach Diodenmaterial bei Spannungen von 1 V bis 3 V zu leuchten. Die dabei im Halbleiter ablaufenden Vorgänge kann man als eine Umkehrung des Fotoeffekts deuten:

Fotoeffekt: Ein Photon überträgt Energie auf ein Elektron im Metall.

Leuchtdiode: Ein Elektron überträgt Energie auf ein Photon (s. **Exkurs**).

In der Leuchtdiode wird ein Photon ausgesandt, wenn ein Elektron in einen Zustand mit niedrigerer Energie übergeht. Die dabei frei werdende elektrische Energie hängt von der Spannung U_S ab, bei der die LED gerade zu leuchten beginnt (Schwellenspannung). Die zugehörige elektrische Energie beträgt:

$$E_{elektr} = e \cdot U_S.$$

Die Energie des ausgesandten Photons hängt nach EINSTEINS Beziehung mit der Frequenz gemäß $E_{Photon} = h \cdot f$ zusammen. Setzt man beide Energien gleich, ergibt sich eine Beziehung zwischen der Schwellenspannung der LED und der Frequenz des von der LED ausgesandten Lichts:

$$e \cdot U_S = h \cdot f. \qquad (1)$$

In Versuch **V1** wird mit dieser Beziehung der Wert der planckschen Konstante h experimentell bestimmt. Mit der Formel $\lambda \cdot f = c$ lassen sich die gemessenen Wellenlängen in Frequenzen umrechnen. In einem Diagramm, in dem f gegen $e \cdot U_S$ aufgetragen wird, liegen die Messwerte offensichtlich auf einer Geraden,

in Übereinstimmung mit Gleichung (1). Eine lineare Regression ergibt für die Steigung den Wert $h = 7,4 \cdot 10^{-34}$ Js. Im Rahmen der Messgenauigkeit stimmt dieser Wert für die plancksche Konstante mit dem auf S. 181 angegebenen Wert $h = 6,626 \cdot 10^{-34}$ Js überein.

Exkurs: Prinzip einer Leuchtdiode

In einer Leuchtdiode (LED) treffen zwei unterschiedliche Halbleiterschichten aufeinander. Bedingt durch das Herstellungsverfahren („Dotierung") herrscht in einer der Schichten Elektronenüberschuss, in der anderen Elektronenmangel. Ähnlich wie in einem Atom haben die Elektronen bestimmte Energieniveaus („Energiebänder").

Beim Anlegen einer Spannung gehen Elektronen von einem Energieniveau in ein anderes mit geringerer Energie über. Dabei geben sie Energie in Form von Photonen ab. Die Frequenz der Photonen und damit auch die Farbe der LED hängt gemäß $E = h \cdot f$ von der beim Übergang frei werdenden Energie ab.

Je kurzwelliger das Licht einer LED ist, desto mehr Energie muss der LED zugeführt werden. Man erwartet also, dass eine blau leuchtende LED eine höhere Spannung benötigt als eine rot leuchtende.

Arbeitsaufträge

1 Die Intensität des auf eine Metallplatte fallenden Lichts wird verdoppelt. Diskutieren Sie, ob sich hierbei auch die kinetische Energie der ausgelösten Fotoelektronen verdoppelt.

☰ Methode: Überprüfung der Einstein-Gleichung

Um die Einstein-Gleichung für den Fotoeffekt experimentell genauer zu prüfen, muss die kinetische Energie der austretenden Elektronen für verschiedene Photonenenergien $h \cdot f$ bestimmt werden. Dies geschieht mit einer **Fotozelle**. In einer evakuierten Röhre befinden sich zwei Elektroden (Bild **B1**). Auf die Kathode ist eine metallische Schicht (z. B. Cäsium) aufgedampft. Bei Cäsium tritt der Fotoeffekt auch bei sichtbarem Licht auf. Die Anode besteht aus einem Metallring und dient als Auffangelektrode für die ausgelösten Elektronen. Wird die Cäsium-Fotoschicht von außen mit Licht bestrahlt, so zeigt das über einen Messverstärker angeschlossene Amperemeter einen Strom, den Fotostrom I_{Ph}, an.

Die Bestimmung der kinetischen Energie der Elektronen gelingt mit der **Gegenfeldmethode**. Dabei wird die Spannung zwischen Kathode und Anode so angelegt, dass die Elektronen auf dem Weg zur Anode abgebremst werden. Der Fotostrom wird null, wenn die Gegenspannung U_g gerade so weit erhöht wird, dass auch die schnellsten Elektronen die Potenzialdifferenz zwischen Katode und Anode nicht mehr überwinden können. Für die Energie der schnellsten Elektronen gilt dann $E_{kin} = e \cdot U_g$. Damit lässt sich die maximale Elektronenenergie über die angelegte Gegenspannung bestimmen. In der Versuchsdurchführung wird die Kathode der Fotozelle von einer Quecksilberdampflampe beleuchtet. Um monochromatisches Licht zu erhalten, werden Interferenzfilter oder ein Geradsichtprisma benutzt. Für die verschiedenen Frequenzen der Quecksilber-Spektrallinien werden die Gegenspannungen U_g bestimmt, bei denen der Fotostrom verschwindet.

Anschließend werden die Messwerte in ein $E_{kin}(f)$-Diagramm übertragen. Man stellt fest, dass die Messwerte auf einer Geraden liegen (Bild **B2**). Damit wird die Einstein-Gleichung $e \cdot U_g = h \cdot f - W_A$ bestätigt. Eine lineare Regression ergibt für die Steigung der Geraden den Wert $h = 6{,}40 \cdot 10^{-34}$ Js, in guter Übereinstimmung mit dem Literaturwert. Die Gerade schneidet die f-Achse bei der **Grenzfrequenz** f_{gr}. Hier ist die kinetische Energie der ausgelösten Elektronen null. Die Photonenenergie reicht dann gerade aus, um die Austrittsarbeit aufzubringen. Licht mit einer Frequenz $f < f_{gr}$ kann keine Elektronen aus dem betreffenden Metall auslösen.

Die Austrittsarbeit W_A erhält man durch Extrapolation der Geraden zum Wert $f = 0$. Der so gefundene Wert für

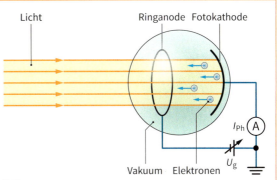

B1 *Untersuchung des Fotoeffekts mit einer Fotozelle*

Farbe	λ in nm	U_g in V	$e \cdot U_g$ in 10^{-19} J
gelb	578	0,13	0,21
grün	546	0,27	0,43
blau	436	0,81	1,30
violett	405	1,02	1,64

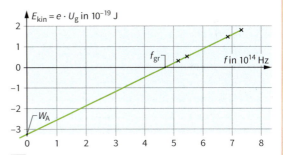

B2 *Messwerte und Ausgleichsgerade für die Gegenspannung bei verschiedenen Lichtfrequenzen*

W_A enthält allerdings auch noch die Kontaktspannung zwischen Kathode und Anode, die sich im Experiment bei der Berührung unterschiedlicher Metalle einstellt und die die Fotoelektronen auf ihrem Weg überwinden müssen.

Arbeitsaufträge

1 ⇒ Zink hat eine Grenzfrequenz von $1{,}03 \cdot 10^{15}$ Hz. Berechnen Sie die Austrittsarbeit.

2 ↗ Auf eine Fotoschicht aus Silber fällt Licht der Frequenz $1{,}66 \cdot 10^{15}$ Hz. Berechnen Sie die Geschwindigkeit, mit der die schnellsten Fotoelektronen das Silber verlassen ($W_A = 4{,}70$ eV).

6.2 Wellenverhalten von Elektronen

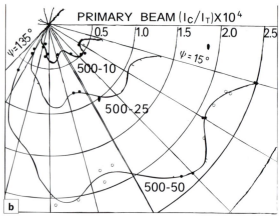

B1 a) *LESTER GERMER* und *CLINTON DAVISSON* mit ihrer Apparatur; b) Messergebnisse für die Winkelverteilung der detektierten Elektronen

Streuexperimente mit Elektronen. Im Jahr 1923 machte der amerikanische Physiker CLINTON DAVISSON mit seinen Mitarbeitern CHARLES KUNSMAN und LESTER GERMER (Bild **B1a**) eine unerwartete und zunächst nicht verständliche Entdeckung. Ihr Ziel war es, das Streuexperiment von RUTHERFORD, in dem dieser eine Goldfolie mit α-Teilchen beschossen und dabei den Atomkern entdeckt hatte, mit Elektronen statt mit α-Teilchen zu wiederholen. Mit dieser veränderten „Sonde" wollten sie neue Erkenntnisse über die Struktur der Elektronenverteilung in Atomen erhalten.

In einer Vakuumröhre ließen sie Elektronen aus einer geheizten Kathode auf eine Platinoberfläche treffen. Die Winkelverteilung der detektierten Elektronen wurde nachgewiesen, und es ergaben sich Resultate wie in Bild **B1b**. Mit den theoretischen Modellen, die zur Interpretation benutzt wurden, ließen sich die experimentellen Daten nur schwer in Einklang bringen. Das Projekt wurde abgebrochen, und KUNSMAN kündigte seine Stelle am Forschungslabor.

Elektronen als Wellen. Nach dieser Enttäuschung war DAVISSONS Überraschung umso größer, als er 1926 an einer Konferenz in Oxford teilnahm. Hier wurden die neuesten wissenschaftlichen Entwicklungen in der Physik diskutiert. Ganz neu war eine spekulative und provozierende Hypothese des jungen französischen Physikers LOUIS DE BROGLIE. In seiner Dissertation deutete er 1923 einen Weg an, den Aufbau der Atome besser zu verstehen, wenn man annahm, dass Elektronen unter bestimmten Umständen Wellenverhalten zeigen. Das Problem dabei war, dass er keinerlei experimentelle Hinweise auf den **Wellencharakter von Elektronen**

vorweisen konnte. DE BROGLIES Hypothese wurde auch auf der Konferenz in Oxford lebhaft diskutiert, und in dieser Situation erlebte es DAVISSON, dass der Göttinger Physiker MAX BORN in seinem Vortrag die in Bild **B2** gezeigten Messergebnisse ganz anders deutete als er selbst: nämlich als Interferenzmuster – als Beleg für DE BROGLIES Hypothese über den Wellencharakter von Elektronen.

V1 Elektronenbeugung

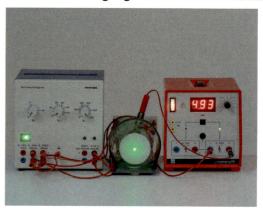

In einer Elektronenröhre (Bild oben) emittiert die geheizte Kathode einen Elektronenstrahl. Dieser durchläuft eine Beschleunigungsspannung von $U_B = 5\ kV$ und durchquert in der durchbohrten Anode eine dünne Folie aus polykristallinem Grafit. Nach Inbetriebnahme der Röhre erscheinen auf dem Leuchtschirm außer einem hellen Punkt in der Mitte mehrere deutlich voneinander getrennte Ringe (Bild **B2**). Eine Vergrößerung von U_B bewirkt eine Verkleinerung der Radien.

Dieser Verlauf einer bedeutenden Entdeckung illustriert beispielhaft EINSTEINS Satz: „Erst die Theorie bestimmt, was gemessen wird." Aus Beobachtungen und Messdaten lässt sich nicht direkt eine Theorie ableiten, sondern die Messungen erhalten erst im Rahmen einer Theorie ihre Bedeutung. Dabei erweist sich eine Theorie als brauchbar, wenn die von ihr vorausgesagten Ergebnisse mit den experimentell bestimmten Daten übereinstimmen. Im Fall von Bild **B1b** zweifelte DAVISSON selbst die Deutung von BORN an – aber sie führte auf die richtige Spur.

Experiment zur Elektronenbeugung. In Versuch **V1** durchqueren beschleunigte Elektronen eine Grafitfolie und werden danach auf einem Leuchtschirm aufgefangen. Es zeigt sich ein Muster aus hellen und dunklen Ringen (Bild **B2**). Die Elektronen treffen an ganz bestimmten Stellen häufiger auf den Schirm (helle Ringe); an anderen Orten werden sie seltener gefunden (dunkle Ringe). Die Ringe erinnern an die Maxima und Minima in einem Interferenzexperiment. Aber dürfen wir die Ringe wirklich als Interferenzmuster deuten? Ein Analogieversuch hilft bei der Interpretation.

Kreuzgitter-Analogieexperiment. Das Auftreten eines ringförmigen Musters in einem Interferenzexperiment lässt sich mit Versuch **V2** erklären. Bei schneller Drehung des Kreuzgitters verwischt sich das regelmäßige Punktmuster der Kreuzgitter-Interferenz zu einer ringförmigen Struktur, die an die Elektronenverteilung auf dem Leuchtschirm in Versuch **V1** erinnert.

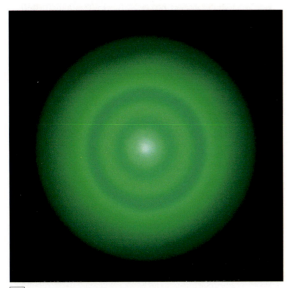

B2 *Elektronenverteilung auf dem Leuchtschirm*

V2 **Analogieversuch zur Elektronenbeugung**

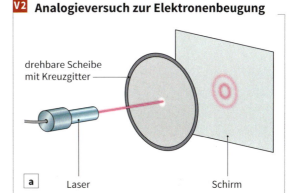

drehbare Scheibe mit Kreuzgitter

a Laser   Schirm

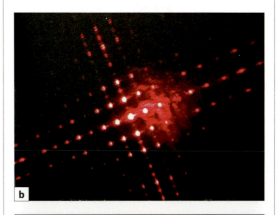

b

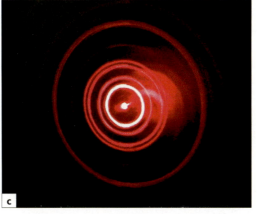

c

Das Licht eines Lasers fällt auf ein drehbar gelagertes Kreuzgitter und wird danach in etwa 3 m Entfernung auf einem Schirm aufgefangen (Bild **a**). Solange das Kreuzgitter sich nicht dreht, erkennen wir ein Interferenzmuster aus regelmäßig angeordneten Punkten (Bild **b**). Versetzt man nun die Scheibe mit dem Kreuzgitter in schnelle Drehung, kann das Auge die sich drehenden Punkte nicht mehr verfolgen. Es sind konzentrisch angeordnete helle Ringe zu sehen (Bild **c**).

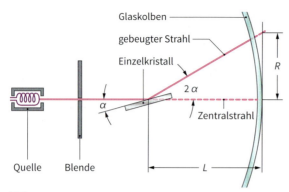

B1 *Geometrie der Elektronenbeugungsröhre*

Analogiebetrachtungen. Eine erste Analogie zwischen Kreuzgitter und Grafitkristall lässt sich sofort herstellen: Das Interferenzmuster lässt sich beim Kreuzgitter auf die regelmäßige Anordnung des Strichmusters zurückführen. Man kann es sich als zwei senkrecht übereinandergelegte Strichgitter vorstellen. Im Grafitkristall ist es die regelmäßige Anordnung der Atome (in sogenannten Netzebenen), die eine periodische Struktur bildet. Elektronen werden am Kristallgitter gebeugt.

Worin aber besteht die Analogie zur Drehbewegung des Kreuzgitters, die aus dem Punktmuster ein Ringmuster macht? Sicherlich rotieren die Netzebenen im Kristall nicht. Die Lösung liegt darin, dass die Grafitfolie aus unzähligen winzigen Einzelkristallen zusammengesetzt ist, die in zufälligen Richtungen zueinander liegen. Verschiedene Elektronen treffen auf unterschiedlich orientierte Kristalle. Der Gesamteffekt für viele Elektronen ist der gleiche wie beim rotierenden Kreuzgitter.

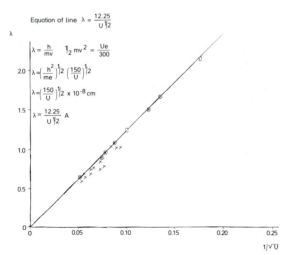

B2 *Experimentelle Ergebnisse von* DAVISSON *und* GERMER

Damit wird der Versuch ähnlich gedeutet wie die Beugung von Röntgenstrahlen an Kristallen (Bragg-Reflexion). Dies berechtigt uns zu der folgenden erstaunlichen Aussage:

> **!** **Merksatz**
>
> Elektronen können Interferenzerscheinungen zeigen.

De-Broglie-Hypothese. Zur quantitativen Untermauerung dieser Interpretation kommen wir noch einmal auf die Hypothese DE BROGLIES zurück. Er hatte eine konkrete Formel für die Wellenlänge angegeben, die man Elektronen mit der Masse m und der Geschwindigkeit v zuordnen kann.

$$\lambda = \frac{h}{m \cdot v}.$$

Dabei ist h die schon bei der Beschreibung des Fotoeffekts aufgetretene **plancksche Konstante**, deren Wert $h = 6{,}626 \cdot 10^{-34}$ Js beträgt.

Der **Impuls** $p = m \cdot v$ eines Elektrons ist das Produkt aus Masse und Geschwindigkeit. Formuliert mit dem Elektronenimpuls p nimmt die **De-Broglie-Beziehung** eine sehr einfache Gestalt an:

$$\lambda = \frac{h}{p}.$$

> **!** **Merksatz**
>
> De-Broglie-Beziehung zwischen Geschwindigkeit und Wellenlänge (De-Broglie-Wellenlänge):
> $$\lambda = \frac{h}{m \cdot v} = \frac{h}{p}.$$

Experimentelle Bestätigung. DAVISSON und GERMER hatten bereits 1925 die zuvor beschriebenen Experimente wieder aufgenommen. Mit der neuen Deutung als Interferenzerscheinung konnten sie die Effekte zielgerichteter untersuchen. Vor allem konnten sie die De-Broglie-Formel experimentell überprüfen. Die Geschwindigkeit der Elektronen lässt sich mit der Beschleunigungsspannung U_B in Beziehung setzen:

$$\frac{1}{2} m \cdot v^2 = e \cdot U_B.$$

Damit gilt:

$$v = \sqrt{\frac{2\,e \cdot U_B}{m}}. \tag{1}$$

Eingesetzt in die De-Broglie-Formel ergibt sich:

$$\lambda = \frac{h}{\sqrt{2\,e \cdot m \cdot U_\mathrm{B}}}.$$

Bild **B2** zeigt ihre experimentellen Ergebnisse. Der aus dem Beugungsmuster erschlossene Wert von λ ist gegen $1/\sqrt{U_\mathrm{B}}$ aufgetragen. Die durchgezogene Linie entspricht der Vorhersage der De-Broglie-Formel. Damit war seine Hypothese glänzend bestätigt.

Elektronenbeugung experimentell. Mit der De-Broglie-Beziehung können wir nun das Experiment mit der Elektronenbeugungsröhre (Versuch **V1**, S. 184) auswerten. Die Elektronen durchlaufen die Beschleunigungsspannung U_B und erhalten dadurch eine bestimmte Geschwindigkeit, die sich aus Gleichung (1) ergibt. Alle Elektronen haben diese Geschwindigkeit. Der helle Punkt in der Mitte stammt von den Elektronen, die die Graphitfolie ungestört durchquert haben. Die hellen Ringe werden durch Elektronenbeugung verursacht.

Zur Auswertung der Beugungserscheinungen muss man wissen, dass der Graphitkristall zwei Netzebenen mit den Abständen $d_1 = 0{,}213$ nm und $d_2 = 0{,}123$ nm besitzt, an denen die Beugung stattfindet (Bild **B3**). Diese Werte lassen sich durch die Beugung von Röntgenstrahlung an Graphitkristallen ermitteln. Der **Kasten** auf der folgenden Seite stellt die geometrischen Verhältnisse bei der Beugung am Gitter und an den Netzebenen im Kristall gegenüber.

Die Bedingung für konstruktive Interferenz (**Bragg-Gleichung**) gibt die Winkel an, unter denen man konstruktive Interferenz findet. Für $n = 1$ (erste Beugungsordnung) lautet sie:

$$\lambda = 2\,d \cdot \sin(\alpha).$$

Aus der Geometrie der Anordnung (Bild **B1**) liest man ab:

$$\tan(2\alpha) = \frac{R}{L},$$

wobei R der Radius der Beugungsringe und L der Abstand des Kristalls vom Schirm ist. Für den hier vorliegenden Fall kleiner Winkel α gilt näherungsweise:

$$2\sin(\alpha) \approx \sin(2\alpha) \approx \tan(2\alpha).$$

Damit lässt sich die Bragg-Gleichung für die Ringe der ersten Beugungsordnung in der folgenden Form schreiben:

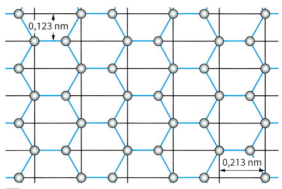

B3 *Netzebenen im Graphitkristall*

$$\lambda = \frac{d \cdot R}{L}. \tag{2}$$

Der Radius R eines Beugungsrings ist also umso größer, je größer die De-Broglie-Wellenlänge ist. Er wird kleiner, wenn der Netzebenenabstand d größer ist.

In der Elektronenbeugungsröhre gehen die beiden beobachteten Beugungsringe auf die Maxima erster Ordnung für die beiden Netzebenen mit $d_1 = 0{,}213$ nm und $d_2 = 0{,}123$ nm zurück. Bei einer Beschleunigungsspannung von $U_\mathrm{B} = 5{,}0$ kV werden mit dem durch die Röhrenkonstruktion fest vorgegebenen Wert $L = 0{,}135$ m die Radien

$$R_1 = 0{,}011 \text{ m}, \quad R_2 = 0{,}019 \text{ m}$$

gemessen. Einsetzen dieser Werte in Gleichung (2) ergibt für λ jeweils den gleichen Wert:

$$\lambda_1 = \frac{0{,}213 \cdot 10^{-9}\ \text{m} \cdot 1{,}1 \cdot 10^{-2}\ \text{m}}{0{,}135\ \text{m}} = 1{,}7 \cdot 10^{-11}\ \text{m},$$

$$\lambda_2 = \frac{0{,}123 \cdot 10^{-9}\ \text{m} \cdot 1{,}9 \cdot 10^{-2}\ \text{m}}{0{,}135\ \text{m}} = 1{,}7 \cdot 10^{-11}\ \text{m}.$$

Zum Vergleich berechnen wir den von der De-Broglie-Beziehung vorhergesagten Wert für die Wellenlänge der Elektronen. Mit $U_\mathrm{B} = 5{,}0$ kV erhalten wir:

$$\lambda = \frac{h}{\sqrt{2\,e \cdot m \cdot U_\mathrm{B}}} = 1{,}7 \cdot 10^{-11}\ \text{m}.$$

Die sehr gute Übereinstimmung dieses Wertes mit den experimentell ermittelten Werten bestätigt die De-Broglie-Formel für die Wellenlänge von Elektronen quantitativ.

☰ Methode: Beugung am Gitter und am Kristall

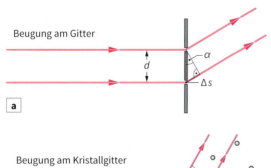

Beugung am Gitter

a

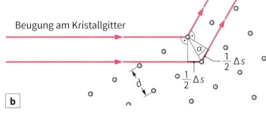

Beugung am Kristallgitter

b

Generell gilt: Damit konstruktive Interferenz auftritt, muss für den Gangunterschied Δs gelten:

$$\Delta s = n \cdot \lambda.$$

Beim Vergleich von Beugungsversuchen an Gitter und Kristall müssen die unterschiedlichen geometrischen Verhältnisse und Bezeichnungen berücksichtigt werden. Beim Gitter (Bild **a**) gilt für den Gangunterschied:

$$\Delta s = d \cdot \sin{(\alpha)}.$$

Aus Bild **b** liest man dagegen ab: $\sin{\alpha} = \frac{1}{2}\frac{\Delta s}{d}$.
Also gilt für den Gangunterschied bei der Beugung am Kristall: $\qquad \Delta s = 2\,d \cdot \sin{(\alpha)}.$
Die Bedingung für konstruktive Interferenz lautet daher: $\qquad n \cdot \lambda = 2\,d \cdot \sin{(\alpha)}.$
Sie gilt auch für die Beugung von Röntgenstrahlung an den Netzebenen von Kristallen und ist unter dem Namen Bragg-Gleichung bekannt.

✳ Beispielaufgabe: De-Broglie-Wellenlänge

Bestätigen Sie die Faustregel, nach der Elektronen bei einer Beschleunigungsspannung von 150 V eine De-Broglie-Wellenlänge von 10^{-10} m haben.

Lösung:
Wir setzen in die Formel

$$\lambda = \sqrt{\frac{h^2}{2\,e \cdot m \cdot U_{\text{B}}}}$$

die Werte der Naturkonstanten $h = 6{,}626 \cdot 10^{-34}$ Js, $e = 1{,}602 \cdot 10^{-19}$ C und $m = 9{,}109 \cdot 10^{-31}$ kg ein. Mit den Einheitenumrechnungen $1\ \text{J} = 1\ \text{kg}\,\frac{\text{m}^2}{\text{s}^2} = 1\ \text{VAs}$ und $1\ \text{C} = 1\ \text{As}$ ergibt sich:

$$\lambda = \sqrt{1{,}50 \cdot 10^{-18}\ \frac{\text{V As}^2\ \text{kg m}^2\ \text{s}}{\text{As kg s}^2} \cdot \frac{1}{U_{\text{B}}}}.$$

Dies lässt sich vereinfachen zu:

$$\lambda = \sqrt{\frac{150\ \text{V}}{U_{\text{B}}}} \cdot 10^{-10}\ \text{m} \quad \text{(vgl. die Formel in Bild } \mathbf{B2}\text{)}.$$

Mit $U_{\text{B}} = 150$ V folgt die Faustregel.

Arbeitsaufträge

1 ⇒ Vergleichen Sie die De-Broglie-Wellenlängen von Protonen und Elektronen, die jeweils mit einer Spannung 1000 V beschleunigt wurden.

2 ⇒ Auf die dünne Grafitfolie im Experiment mit der Beugungsröhre treffen Elektronen, die mit
a) $U_{\text{B}} = 1$ kV, b) $U_{\text{B}} = 2$ kV und c) $U_{\text{B}} = 4$ kV
beschleunigt wurden. Der Schirm steht im Abstand von $L = 0{,}15$ m zur Folie.
Berechnen Sie jeweils die De-Broglie-Wellenlänge der Elektronen und die Radien der beiden Beugungsringe.

3 ↗ In einer Beugungsröhre werden Elektronen auf eine Grafitfolie geschossen. Der Schirm steht im Abstand $L = 0{,}135$ m von der Folie. Für den inneren Beugungsring erster Ordnung misst man den Radius 0,008 m.
a) Bestimmen Sie den Radius des äußeren Rings erster Ordnung.
b) Berechnen Sie, wie groß die die Radien zweiter Ordnung wären.

4 ⇒ Erklären Sie die Beobachtung in Versuch **V1** (S. 184), dass die Vergrößerung der Beschleunigungsspannung eine Verkleinerung der Ringradien bewirkt.

5 ↗ Bestimmen Sie aus den Messdaten aus dem Versuch mit der Elektronenbeugungsröhre mit Hilfe der De-Broglie-Beziehung den Wert der Planck-Konstanten h.

6 ⇒ Geben Sie ein einfaches Experiment an, mit dem man zeigen kann, dass die in Versuch **V1** beobachteten Ringe nicht auf elektromagnetische Wellen, sondern auf Elektronen zurückzuführen sind.

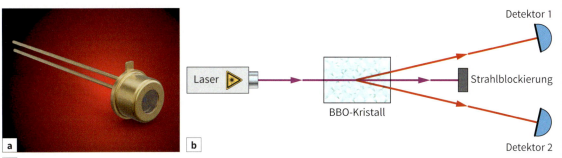

B1 a) Avalanche-Fotodiode, b) Versuchsaufbau zur kontrollierten Erzeugung einzelner Photonen

Detektoren für einzelne Photonen. In bestimmten Experimenten und Anwendungen, zum Beispiel in der Quantenkommunikation, ist es wichtig, kontrolliert mit einzelnen Photonen zu experimentieren. Dazu muss man sie gezielt erzeugen und einzeln nachweisen können. Beides war lange Zeit kaum möglich, und auch heute noch sind Einzelphotonenquellen und Detektoren technisch anspruchsvoll und teuer.

Zum Nachweis einzelner Photonen verwendet man meist **Avalanche-Fotodioden** (APDs) (Bild **B1a**). Das sind spezielle Dioden, bei denen ähnlich wie in einer Solarzelle einfallendes Licht frei bewegliche Elektronen erzeugt und dadurch einen elektrischen Strom hervorruft. Da ein einzelnes Photon nur ein einzelnes bewegliches Elektron produziert, ist der so erzeugte elektrische Strom viel zu klein, um direkt nachgewiesen zu werden. Deshalb wird das Elektron durch eine elektrische Spannung so stark beschleunigt, dass es lawinenartig immer weitere bewegliche Elektronen produziert, bis ein messbarer Strom erzeugt wird (daher der Name: *avalanche*, engl.: Lawine). Das gleiche Prinzip wird beim Geiger-Müller-Zählrohr zum Nachweis ionisierender Teilchen eingesetzt (vgl. S. 248).

Koinzidenzmethode. In den Avalanche-Fotodioden, die zum Nachweis einzelner Photonen eingesetzt werden, wird eine Elektronenlawine nicht nur durch den Nachweis eines einzelnen Photons ausgelöst, sondern auch durch zufällige Ereignisse wie thermisches Rauschen oder ionisierende Strahlung. Aus einem Stromstoß an der APD kann man daher nicht sicher auf den Nachweis eines einzelnen Photons schließen. Um dies zu erreichen, wurde die Koinzidenzmethode entwickelt. Mit ihr lässt sich das Signal (Nachweis eines Photons) vom zufälligen Rauschen trennen.

Der Kern der Idee besteht darin, dass man gezielt nicht nur einzelne Photonen erzeugt, sondern Paare von Photonen, die von jeweils einer APD als Detektor nachgewiesen werden (Bild **B1b**). Wenn beide Detektoren gleichzeitig innerhalb eines kleinen Zeitintervalls ansprechen (*Koinzidenz*: Zusammentreffen zweier Ereignisse), dann ist es sehr unwahrscheinlich, dass es sich um zufällige Rauschereignisse handelt. Zwar kann es immer noch zufällige Koinzidenzen durch Rauschereignisse geben, aber insgesamt wird durch die Koinzidenzmethode das Rauschen gegenüber dem Signal stark unterdrückt.

Erzeugung von Photonenpaaren. Die für die Koinzidenzmethode erforderlichen Photonenpaare werden mit Hilfe bestimmter Kristalle wie β-Bariumborat (BBO) erzeugt. Man bestrahlt den Kristall mit Laserlicht der Wellenlänge $\lambda = 405$ nm, also im UV-Bereich. Mit sehr geringer Wahrscheinlichkeit (etwa 10^{-12}) entstehen aus einem UV-Photon zwei Photonen der doppelten Wellenlänge von 810 nm, also halber Frequenz und Energie (Bild **B1b**). Diese beiden Photonen werden in Koinzidenz von den Detektoren 1 und 2 nachgewiesen. Das nicht umgewandelte UV-Laserlicht durchquert den BBO-Kristall ungestört und wird mit einer Strahlblockierung abgefangen. Der Umwandlungsprozess wird als spontane parametrische Abwärtskonversion bezeichnet.

Anstatt beide Photonen nachzuweisen, kann man einen der Detektoren auch weglassen und mit dem dort entlanglaufenden Photon experimentieren. So kann man kontrolliert Experimente mit einzelnen Photonen durchführen. Das einzelne Experimentier-Photon wird dabei vom Nachweis des anderen Photons „angekündigt".

6.3   Interferenz einzelner Quantenobjekte

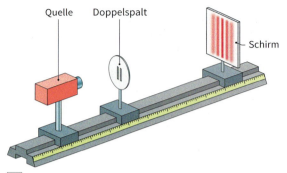

B1 *Prinzip des Doppelspaltexperiments*

V1 Doppelspalt-Simulation

Starten Sie das Simulationsprogramm zum Doppelspaltexperiment. Wählen Sie Elektronen mit einer Energie von 50 keV, eine Spaltbreite von 300 nm und einen Spaltabstand von 1000 nm. Schalten Sie die Quelle ein und beobachten Sie das Schirmbild. Man erkennt einzelne punktförmige Flecke, die sich bei der Detektion der Elektronen auf dem Schirm zeigen (Bild **B2**). Bei längerer Laufzeit baut sich nach und nach ein regelmäßiges Muster auf (Bild **B3**).

Doppelspaltexperimente. Die zuvor beschriebenen Interferenzversuche mit Elektronen weisen darauf hin, dass Elektronen unter bestimmten Umständen Wellenverhalten zeigen können. Allerdings zeigt sich in anderen Experimenten, dass sich Elektronen wie Teilchen verhalten – etwa bei der Beobachtung des Elektronenstrahls im Fadenstrahlrohr. Beide Denkmodelle – das Wellenmodell und das Teilchenmodell – scheinen nicht miteinander vereinbar. Die Vorstellungen von Elektronen als Teilchen und als Welle sind so verschieden, dass man sich nicht vorstellen kann, dass beide gleichzeitig zutreffen.

Um das Verhältnis der beiden Modelle zur physikalischen Realität zu erforschen, kann man Interferenzexperimente mit einzelnen Elektronen durchführen. Dabei untersucht man immer nur ein Elektron auf einmal – dies aber viele Male hintereinander. Eine geeignete Versuchsanordnung ist das **Doppelspaltexperiment**. Bei Licht zeigte sich hier das Wellenverhalten von Licht besonders deutlich. Doppelspaltexperimente mit

einzelnen Elektronen erfordern allerdings einen hohen Aufwand, der nur in Forschungslaboren realisierbar ist. Wir greifen daher auf ein Simulationsprogramm zurück, das auf der Webseite *milq.info* heruntergeladen werden kann.

Das Simulationsprogramm stellt ein interaktives Labor zur Verfügung (Bild **B1**). Es besteht im Wesentlichen aus drei Komponenten:
- einer Quelle, die verschiedene Arten von Quantenobjekten (Elektronen, Photonen, Atome) und klassischen Objekten aussenden kann. Nach Anklicken der Quelle kann man per Menü die Art der ausgesendeten Objekte und ihre Energie einstellen.
- der Blende mit einem Doppel- oder Einfachspalt, deren Breite und Abstand ebenfalls einstellbar sind.
- dem Schirm, auf dem der Nachweis erfolgt.

Beim Programmaufruf ist zusätzlich eine Lichtquelle zwischen Blende und Schirm sichtbar. Sie wird erst später benötigt und kann im Moment unbeachtet bleiben.

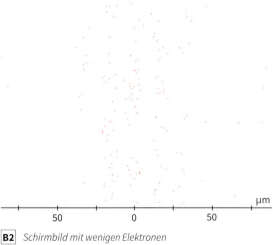

B2 *Schirmbild mit wenigen Elektronen*

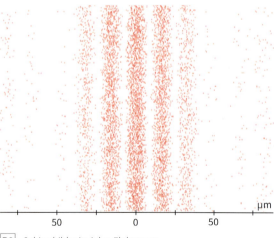

B3 *Schirmbild mit vielen Elektronen*

Betrachten Sie die Muster in Bild **B2** und Bild **B3**.
a) Es soll noch ein einzelnes weiteres Elektron hinzugefügt werden. Versuchen Sie vorherzusagen, an welcher Stelle auf dem Schirm dieses Elektron nachgewiesen wird.
b) Es sollen 100 weitere Elektronen hinzugefügt werden. Versuchen Sie vorherzusagen, an welchen Stellen viele Elektronen landen werden und an welchen Stellen wenige.

In Versuch **V1** hinterlässt jedes Elektron beim Nachweis auf dem Schirm einen einzelnen, nahezu punktförmigen Fleck. Die Flecke erscheinen an zufälligen Stellen auf dem Schirm (Bild **B2**). Je mehr Elektronen nachgewiesen werden, desto deutlicher setzen sich die punktförmigen Flecke zu einem Muster zusammen (Bild **B3**). Das Muster zeigt eine Folge von hellen und dunklen Streifen wie beim Doppelspaltexperiment mit Licht.

Zufall in der Quantenphysik. Bevor wir uns mit der Gestalt des Musters beschäftigen, soll auf einen Aspekt eingegangen werden, der die Quantenphysik grundsätzlich von der klassischen Physik unterscheidet: In der Quantenphysik sind Vorhersagen über Einzelereignisse nur noch eingeschränkt möglich.

In Versuch **V2** soll eine Vorhersage über den Nachweisort der nächsten Elektronen getroffen werden. Der Ort für ein einzelnes Elektron lässt sich nicht vorhersagen. Dagegen gelingt die Vorhersage für die Verteilung vieler nachgewiesener Elektronen recht zuverlässig. Worin liegt der Unterschied zwischen den beiden Versuchsteilen? Im zweiten Experiment haben wir die Fragestellung in entscheidender Hinsicht abgeändert: Wir sind von einer Aussage über ein Einzelereignis zu einer statistischen Aussage übergegangen. In der Quantenphysik sind offenbar nur **statistische Vorhersagen** möglich.

Versuch **V2** zeigt Folgendes:
1. Der Ort, an dem ein einzelnes Quantenobjekt nachgewiesen wird, ist nicht vorhersagbar.
2. Dennoch erscheint ein regelmäßiges Muster, und zwar umso deutlicher, je mehr Spuren von nachgewiesenen Quantenobjekten gesammelt wurden.

Tatsächlich ist es ein allgemeiner Zug der Quantenmechanik, dass im Allgemeinen keine Vorhersagen über

Einzelereignisse möglich sind; man ist gezwungen, zu statistischen Aussagen überzugehen. Dies ist einer der Hauptunterschiede zwischen Quantenphysik und klassischer Physik.

Die Quantenmechanik macht statistische Aussagen über die relative Häufigkeit der Ergebnisse bei oftmaliger Wiederholung des gleichen Experiments. Diese statistischen Aussagen sind reproduzierbar.

! **Merksatz**

Prinzip der statistischen Vorhersagbarkeit:
a) In der Quantenphysik können Einzelereignisse im Allgemeinen nicht vorhergesagt werden.
b) Bei vielen Wiederholungen des gleichen Experiments ergibt sich jedoch eine Verteilung, die – bis auf statistische Schwankungen – reproduzierbar ist.

✱ **Beispielaufgabe: Radioaktiver Zerfall**

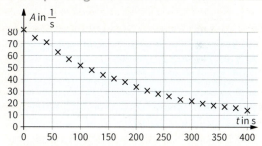

Auch der radioaktive Zerfall von Atomkernen wird von den Gesetzen der Quantenphysik bestimmt. Erläutern Sie das Prinzip der statistischen Vorhersagbarkeit am Beispiel von Ba-137m.

Lösung:
Das im Merksatz unter a) angesprochene Einzelereignis ist der Zerfall eines einzelnen Kerns. Es ist nicht möglich, den Zeitpunkt vorherzusagen, zu dem ein bestimmter Ba-137m-Kern zerfallen wird. Der Zerfall eines einzelnen Kerns unterliegt dem Zufall.
Dagegen ist eine statistische Aussage über den Zerfall *vieler* Kerne möglich. Wenn wir ein Präparat mit Tausenden von Ba-137m-Kernen untersuchen, kann dies als die oftmalige parallele Durchführung des gleichen Experiments angesehen werden. Es ergibt sich eine reproduzierbare statistische Gesetzmäßigkeit – das im Bild oben dargestellte exponentielle Zerfallsgesetz mit der Halbwertszeit T_H.

Wenn es in der klassischen Physik nicht gelingt, zuverlässige Vorhersagen zu machen, liegt das oft daran, dass der Anfangszustand eines Systems nur ungenau bekannt ist (z. B. beim Würfelwurf oder beim Roulette). Bei exakter Kenntnis des Anfangszustands und der Versuchsbedingungen wären genaue Vorhersagen möglich. Dies bezeichnet man als **Determinismus.**

Die Quantenphysik ist dagegen **indeterministisch**. Wenn wir den Nachweisort eines Elektrons im Doppelspaltexperiment nicht vorhersagen können, handelt es sich nicht um eine subjektive Unkenntnis der Anfangsbedingungen, sondern um eine prinzipielle Grenze. Nach der Quantenphysik gibt es kein Merkmal und keine zusätzlichen Parameter, die vorher festlegen, wo ein bestimmtes Elektron auf dem Schirm landet. Auch bei vollständiger Kenntnis des Anfangszustands ist es unmöglich, den Nachweisort eines einzelnen Elektrons vorherzusagen. Es handelt sich um ein zufälliges Ereignis. Nur statistische Aussagen über viele Elektronen sind möglich. Es ist auch nicht möglich, ein Elektron so auszusenden, dass es an einer vorher bestimmten Stelle auf dem Schirm landet.

In einem Brief an MAX BORN schrieb ALBERT EINSTEIN über die Quantenphysik: „*Die Theorie liefert viel, aber dem Geheimnis des Alten bringt sie uns kaum näher. Jedenfalls bin ich überzeugt, dass der nicht würfelt.*" Moderne Experimente zur bellschen Ungleichung zeigen, dass EINSTEIN hier offenbar unrecht hatte. Die Experimente zeigen, dass es keine „verborgenen Parameter" geben kann, die das Messergebnis schon im voraus festlegen. Es ergibt sich erst bei der Messung. In der Quantenphysik gibt es **objektiven Zufall**, also Zufall, der nicht auf subjektiver Unkenntnis beruht.

Wellen oder Teilchen? Das Doppelspaltexperiment mit einzelnen Elektronen (Versuch **V1**, S. 190) wirft die Frage auf, ob sich die experimentell gefundenen Ergebnisse mit einem einfachen Modell beschreiben lassen, etwa dem Wellen- oder dem Teilchenmodell. Beide Modelle erklären die Beobachtungen jedoch nur teilweise:

a) Erklärung im Wellenmodell:
Im Wellenmodell lässt sich das Auftreten der Streifen als Interferenzmuster deuten, ähnlich den Interferenzerscheinungen, die DAVISSON und GERMER in ihren Experimenten beobachtet hatten. Allerdings lassen sich die lokalisierten Flecke der Elektronen beim Nachweis in diesem Modell nicht erklären. Wenn es sich um ein reines Wellenphänomen handelte, müsste das Interferenzmuster von Anfang an auf dem Schirm vollständig erscheinen, wenn auch mit sehr schwacher Intensität.

b) Erklärung im Teilchenmodell:
Das Teilchenmodell kann beschreiben, dass sich jedes einzelne Elektron beim Nachweis „teilchenhaft" verhält. Es überträgt seine gesamte Energie auf eine einzelne Stelle auf dem Schirm. Ein solches Verhalten, bei dem eine Wechselwirkung ganz lokalisiert erfolgt, ist typisch für Teilchen. Mit teilchenhaftem Verhalten allein ist aber wiederum das Auftreten des Streifenmusters nur schwer erklärbar, das sich beim Nachweis vieler Elektronen herausbildet.

Insgesamt machen diese Ergebnisse deutlich: Eine einfache Alternative zwischen Welle und Teilchen gibt es in der Quantenphysik nicht.

❗ Merksatz

Es ist nicht möglich, das physikalische Verhalten von Quantenobjekten in einem reinen Teilchen- oder Wellenmodell zu beschreiben. Eine befriedigende Erklärung muss Kennzeichen beider Modelle in sich vereinigen.

Reale Doppelspaltexperimente. Die technischen Schwierigkeiten bei der Durchführung eines Doppelspaltexperiments mit Elektronen sind so groß, dass sie lange Zeit nur als Gedankenexperimente existierten. Spalte in den dazu nötigen geringen Abmessungen ließen sich technisch nicht herstellen. Die De-Broglie-Wellenlänge $\lambda = h/(m \cdot v)$ nimmt mit zunehmender Masse ab, sodass für schwerere Teilchen immer feinere Spalte erforderlich sind, um Beugungseffekte nachzuweisen. Erst 1961 gelang es JÖNSSON, das Doppelspaltexperiment mit Elektronen durchzuführen.

Inzwischen können Beugungsexperimente auch mit Neutronen, mit ganzen Atomen und sogar mit Molekülen verwirklicht werden. 1991 wurde ein Doppelspaltexperiment durchgeführt, bei dem Heliumatome als Ganzes zur Interferenz gebracht wurden. Dies gelang, indem man sich Techniken aus der Halbleiterherstellung zunutze machte, um aus einer dünnen Goldfolie einen Doppelspalt mit zwei 1 μm breiten Spalten im Abstand von 8 μm herzustellen.

In dem Experiment wurden die Heliumatome vor dem Doppelspalt durch Elektronenstoß in einen angeregten Zustand gebracht. Dahinter trafen sie auf eine Goldfolie, die als Detektorschirm diente. Sie gaben dort ihre Anregungsenergie ab und wurden elektronisch registriert. Das Experiment erstreckte sich über einen Zeitraum von 42 Stunden, sodass trotz der großen Zahl der insgesamt nachgewiesenen Atome jedes von ihnen einzeln registriert werden konnte.

Bild **B1** zeigt den Aufbau des Musters, das vom Detektor im Verlauf des Experiments registriert wurde. Ein Heliumatom, das vom Detektor nachgewiesen wird, gibt seine Energie in einem räumlich fest umrissenen „Fleck" auf der Goldfolie ab. Zunächst verteilen sich die Flecke scheinbar wahllos (Bild **B1a**). Wenn die Zahl der registrierten Atome langsam ansteigt, bildet sich aus den Spuren der einzeln nachgewiesenen Atome langsam das Doppelspalt-Interferenzmuster heraus (Bild **B1b** bis Bild **B1g**).

Heutzutage sind Interferenzexperimente mit großen organischen Molekülen möglich, die aus 2000 Einzelatomen zusammengesetzt sind (vgl. S. 205).

V1 **Doppelspalt mit einzelnen Atomen**

Simulieren Sie das Doppelspaltexperiment mit Heliumatomen am Computer.
Stellen Sie die oben angegebenen experimentellen Parameter (Spaltbreite: 1 μm, Spaltabstand: 8 μm) und eine Energie von 100 meV ein.
Vergleichen sie Ihr Ergebnis mit den Originaldaten aus Bild **B1** (im realen Experiment betrug der Abstand zwischen Doppelspalt und Schirm 1,95 m).

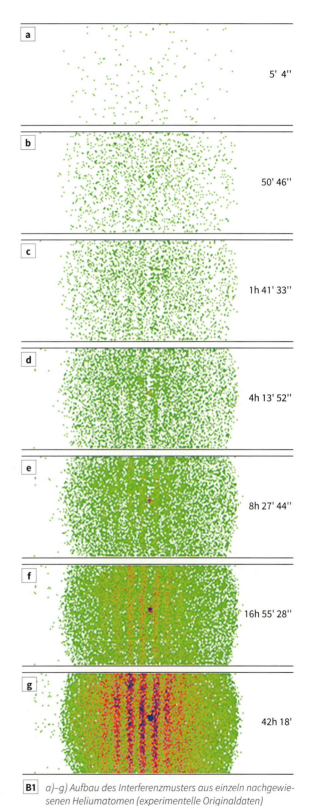

B1 a)–g) Aufbau des Interferenzmusters aus einzeln nachgewiesenen Heliumatomen (experimentelle Originaldaten)

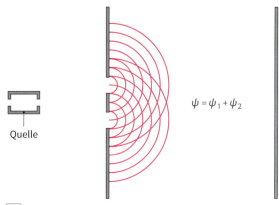

$\psi = \psi_1 + \psi_2$

Quelle

B1 *Die Wellenfunktion breitet sich nach Wellengesetzen aus.*

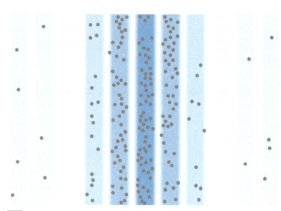

B2 *Wahrscheinlichkeitsverteilung $|\psi|^2$ (blaue Schattierung) und Verteilung nachgewiesener Elektronen*

Anschauliche Vorstellungen. In der Zeit nach der Entdeckung der Welleneigenschaften von Elektronen bereitete die scheinbare Unvereinbarkeit von Wellen- und Teilchenmodell großes Unbehagen. Was bedeutete die rätselhafte Doppelnatur der Quantenobjekte? Man sprach vom „Welle-Teilchen-Dualismus". Aus der klassischen Physik war man anschauliche Modelle gewohnt, und nach dieser Vorstellung konnten Wellen- und Teilchenmodell nicht gleichzeitig richtig sein.

Anschaulichen Vorstellungen widersetzen sich die Quantenobjekte jedoch hartnäckig. Auch wenn es schwer fällt, das Denken in anschaulichen Bildern aufzugeben – erst auf diesem Weg gelangt man zu einer widerspruchsfreien Beschreibung der quantenphysikalischen Phänomene.

Die Wahrscheinlichkeitsinterpretation. Der entscheidende Schritt gelang MAX BORN 1926 mit seiner **Wahrscheinlichkeitsinterpretation.** Ihr zufolge muss man zwischen Ausbreitung und Nachweis der Elektronen unterscheiden. Die *Ausbreitung* der Elektronen erfolgt nach Wellengesetzen. Wie jede andere Welle wird die „Elektronenwelle" durch eine Funktion beschrieben, die ihren Wert zur Zeit t für jeden Ort x angibt. In der Quantenphysik ist dies die **Wellenfunktion** $\psi(x, t)$. Ein Elektron mit der Geschwindigkeit v wird beispielsweise durch eine sinusförmige Wellenfunktion mit der Wellenlänge $\lambda = h/(m \cdot v)$ beschrieben. Mathematisch ist dies analog zum Wellenmodell der klassischen Physik. Interferenzerscheinungen lassen sich auf diese Weise wie bei anderen Wellen erklären, etwa Wasserwellen (Bild **B1**).

Der Schlüssel zur Aufklärung des Welle-Teilchen-Dualismus liegt in der Interpretation der Wellenfunktion beim *Nachweis* der Elektronen. BORN brachte $|\psi|^2$, das Quadrat der Wellenfunktion, in Zusammenhang mit der Wahrscheinlichkeit, bei einer Messung ein Elektron an einem bestimmten Ort nachzuweisen. Anders als eine klassische Welle verhält sich ein Elektron beim Nachweis teilchenhaft, d. h. es hinterlässt einen genau lokalisierten Fleck auf dem Schirm

> **! Merksatz**
>
> Elektronen ordnet man eine Wellenfunktion $\psi(x, t)$ zu, die sich nach Wellengesetzen ausbreitet. $|\psi(x, t)|^2$ beschreibt die Wahrscheinlichkeit, ein Elektron bei einer Messung zum Zeitpunkt t am Ort x zu finden.

Diese Deutung präzisiert das Prinzip der statistischen Vorhersagbarkeit. Durch Berechnung von $|\psi|^2$ werden quantitative statistische Vorhersagen möglich.

Deutung des Doppelspaltexperiments. Im Licht der Wahrscheinlichkeitsinterpretation haftet dem Ergebnis des Doppelspaltexperiments nichts Geheimnisvolles mehr an. Die Elektronen werden durch eine Wellenfunktion $\psi(x)$ beschrieben, die Wellengesetzen gehorcht. Wie in der Wellenoptik bildet sich ein Interferenzmuster. Bild **B2** zeigt seinen Verlauf als blaue Schattierung.

Es lässt sich nicht im Voraus sagen, an welchem Ort das nächste Elektron gefunden wird. Man kann nur die Wahrscheinlichkeit dafür angeben, ein Elektron am Ort x auf dem Schirm zu finden. An Stellen, an denen

$|\psi|^2$ groß ist, besteht eine hohe Wahrscheinlichkeit, ein Elektron nachzuweisen. An den Interferenzminima ist $|\psi|^2 = 0$.

Auf diese Weise erklärt Borns Wahrscheinlichkeitsinterpretation mit ihrer Verbindung von wellenhafter Ausbreitung und teilchenhaftem Nachweis das Ergebnis des Doppelspaltexperiments, nämlich den Aufbau des Interferenzmusters aus einzelnen Flecken. Das Rätsel des Welle-Teilchen-Dualismus ist damit aufgeklärt. Die beiden scheinbar gegensätzlichen Züge – das wellenhafte Verhalten bei der Ausbreitung und das teilchenhafte Verhalten beim Nachweis – werden in einem einheitlichen Bild erfasst.

Arbeitsaufträge

1 ➡ Geben Sie das Prinzip der statistischen Vorhersagbarkeit in eigenen Worten wieder.

2 ➡ Erläutern Sie das Prinzip der statistischen Vorhersagbarkeit am Beispiel des Nulleffekts beim Geiger-Müller-Zählrohr.

3 ➹ Seit einigen Jahren gibt es Geräte zu kaufen, die die Prinzipien der Quantenphysik zur Erzeugung echter Zufallszahlen ausnutzen. Zu den Kunden gehören unter anderem Online-Spielcasinos.
a) Recherchieren Sie, was Pseudo-Zufallszahlen sind und weshalb es mit Computern nicht gelingt, echte Zufallszahlen zu erzeugen.
b) Begründen Sie mit dem Prinzip der statistischen Vorhersagbarkeit, weshalb sich aus quantenmechanischen Prozessen echte Zufallszahlen gewinnen lassen. Geben Sie ein Beispiel für eine prinzipielle Realisierungsmöglichkeit an.
c) Erläutern Sie, warum Online-Casinos ein Interesse an echten Zufallszahlen haben.

4 ⬆ Die Frage des Determinismus wirft ein altes (und bisher ungelöstes) philosophisches Problem auf. Aus der Sichtweise des Determinismus (Exkurs S. 192) läuft die Welt vorherbestimmt ab, wie ein Uhrwerk.
a) Angenommen, der Determinismus wäre die allgemein akzeptierte Sichtweise der Welt: Entwickeln Sie eine Verteidigungsstrategie für den Fall, dass Sie wegen einer Straftat vor Gericht stünden.
b) Entwickeln Sie eine Verteidigungsstrategie, die von der Annahme ausgeht, nicht die klassische Physik, sondern die Quantenphysik würde unsere Handlungen bestimmen.

5 ➹ Erläutern Sie mit Ihrem Wissen über Einzelspalt-Interferenz, weshalb es in Versuch **V1** auf S. 190 auch bei nur einem offenen Spalt eine Abfolge von hellen und dunklen Streifen auf dem Schirm gibt.

6 ➡ Erläutern Sie das Ergebnis des Doppelspaltexperiments mit Heliumatomen mit dem Prinzip der statistischen Vorhersagbarkeit.

7 ➡ Begründen Sie, warum ein Doppelspaltexperiment mit Atomen im Vakuum durchgeführt werden muss.

8
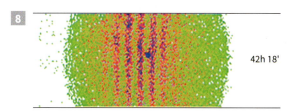
42h 18'

➹ Der Abstand zwischen zwei Beugungsmaxima im Bild oben ist 11 µm. Im Experiment war der Schirm 1,95 m vom Doppelspalt ($d = 8$ µm) entfernt.
Berechnen Sie die De-Broglie-Wellenlänge der Heliumatome. Benutzen Sie dazu die Formel $\lambda = \frac{d \cdot R}{L}$ für die Maxima bei der Beugung am Doppelspalt.
Berechnen Sie auch die Geschwindigkeit der Heliumatome ($m_{He} = 6{,}6 \cdot 10^{-27}$ kg).

9 ➹ In einem Gedankenexperiment betrachtet man eine Serie von Doppelspaltexperimenten mit jeweils nur einem einzelnen Atom. In jedem Einzelexperiment findet man einen einzigen teilchenhaften Fleck an einer vermeintlich zufälligen Stelle. Überträgt man die Ergebnisse der Einzelexperimente auf Folien und legt diese übereinander, zeigt sich das Doppelspalt-Interferenzmuster. Erklären Sie dieses Ergebnis mit Hilfe des Prinzips der statistischen Vorhersagbarkeit.

10 ➹ Erläutern Sie den Zusammenhang zwischen Borns Wahrscheinlichkeitsinterpretation und dem Prinzip der statistischen Vorhersagbarkeit.

11 ➡ Skizzieren Sie mit Hilfe der experimentellen Daten aus dem Doppelspaltexperiment mit Heliumatomen den zugehörigen Graphen von $|\psi(x)|^2$.

6.4 Mach-Zehnder-Interferometer

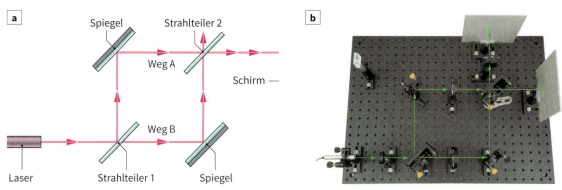

B1 Mach-Zehnder-Interferometer: a) Prinzipieller Aufbau, b) experimentelle Realisierung eines Mach-Zehnder-Interferometers. Auf dem zweiten Schirm im experimentellen Aufbau ist ebenfalls ein Interferenzmuster zu sehen, bei dem hell und dunkel vertauscht sind.

Interferometer mit zwei Wegen. Interferenz kann auftreten, wenn Licht auf zwei unterschiedlichen Wegen von der Quelle zum Nachweisort gelangt. Eine einfach zu überschauende Realisierung findet dieses Prinzip im Mach-Zehnder-Interferometer (Bild **B1**): Das Licht eines Lasers fällt auf einen Strahlteiler (einen halb-durchlässigen Spiegel) und wird von diesem in zwei Anteile aufgespalten, die entlang verschiedener Wege – Weg A und Weg B – laufen. Beide Teilstrahlen werden durch Spiegel um 90° umgelenkt. An ihrem Schnittpunkt steht ein weiterer Strahlteiler, der die beiden Teilstrahlen wieder „mischt". In Versuch **V1** zeigt sich ein ringförmiges Interferenzmuster.

Das Wesentliche an einem Interferometer ist, dass das Licht in zwei Teilstrahlen aufgespalten wird, die auf verschiedenen Wegen laufen, bis sie vom zweiten Strahl-

teiler wieder zusammengeführt werden. Die sich dabei ergebenden Gangunterschiede führen zur Interferenz. Versuch **V1** demonstriert also Wellenverhalten von Licht. Ist ein Mach-Zehnder-Interferometer nicht vorhanden, kann ein Michelson-Interferometer verwendet werden. Alternativ steht ein Simulationsprogramm auf der Webseite *milq.info* zur Verfügung (Bild **B2**)

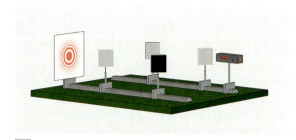

B2 Simulationsprogramm zum Mach-Zehnder-Interferometer

V1 **Interferenz im Mach-Zehnder-Interferometer**

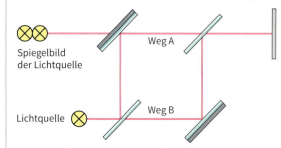

Das Justieren eines Mach-Zehnder-Interferometers ist ein zeitaufwändiger Prozess. Ablenkwinkel und Neigung der vier Spiegel müssen so eingestellt werden, dass die beiden auf dem Schirm sichtbaren Lichtpunkte, die zu Weg A und B gehören, mit hoher Genauigkeit zusammentreffen.

Nach der Justage wird das Lichtbündel des Lasers mit einer Linse aufgeweitet, sodass auf dem Schirm ein breiter Lichtfleck erkennbar ist. Ein ringförmiges Interferenzmuster ergibt sich, wenn die Weglängen von Weg A und Weg B leicht unterschiedlich sind. Dies lässt sich am einfachsten nachvollziehen, wenn man die Spiegelbilder der Lichtquelle für die beiden Wege konstruiert. Bei leicht unterschiedlichen Weglängen scheint es sich vom Schirm aus gesehen um zwei hintereinander liegende Lichtquellen zu handeln (entsprechend einem um 90° gedrehten Doppelspalt).

Falls die Anordnung nicht genau zentriert ist, liegt das Zentrum der Interferenzringe nicht in der Schirmmitte und es erscheinen gebogene Interferenzstreifen.

Interferenz mit einzelnen Photonen. Mit dem Auftreten von Interferenz hat sich in Versuch **V1** das entscheidende Merkmal von Wellen gezeigt. Was geschieht, wenn wir den gleichen Versuch nun mit einzelnen Photonen durchführen, von denen wir aus dem Fotoeffekt eher teilchenhaftes Verhalten kennen?

Versuche mit einzelnen Photonen benötigen spezielle Quellen und empfindliche Detektoren. Versuch **V2** wird daher als Computersimulation ausgeführt. Dabei zeigt sich Wellenverhalten und Teilchenverhalten im gleichen Experiment. Es zeigt sich aber auch, dass weder das Wellenmodell noch das Teilchenmodell ausreichen, um die Phänomene vollständig zu beschreiben. Wie schon im Fall des Doppelspaltexperiments stellen wir fest, dass die anschaulichen Modelle, mit denen die menschliche Vorstellung umzugehen vermag, in der Quantenphysik nicht ausreichen, um die Natur vollständig zu beschreiben.

Dagegen ist das Prinzip der statistischen Vorhersagbarkeit durchaus in der Lage, das Versuchsergebnis korrekt zu beschreiben. Einzelereignisse, wie der Nachweis eines Photons, können im Allgemeinen nicht vorhergesagt werden; bei vielen Wiederholungen ergibt sich jedoch eine reproduzierbare Verteilung.

Auch in Versuch **V2** ist das der Fall: Wie beim Fotoeffekt gibt jedes Photon seine Energie lokalisiert an einem Fleck ab. Wo genau der nächste Fleck nachgewiesen wird, lässt sich nicht vorhersagen. Die Verteilung, die sich beim Nachweis vieler Flecke bildet, ist jedoch reproduzierbar. Es ist das aus Versuch **V1** bekannte Interferenzmuster.

Unzulänglichkeit klassischer Modelle. Ein Experiment, in dem sich die Unzulänglichkeit klassischer Wellen- und Teilchenvorstellungen besonders deutlich zeigt, wurde 1986 von GRANGIER, ROGER und ASPECT in Paris durchgeführt. Der Aufbau ist schematisch vereinfacht in Bild **B3** dargestellt.

Der gestrichelt gezeichnete Strahlteiler 2 kann wahlweise eingesetzt werden oder nicht. Wenn er vorhanden ist, handelt es sich um ein Mach-Zehnder-Interferometer, und im Experiment sind wie in Versuch **V1** und **V2** Interferenzerscheinungen nachweisbar. Wird jedoch Strahlteiler 2 entfernt, findet man Ergebnisse, die dem Wellenmodell grundsätzlich widersprechen. Im Wellenmodell würde man erwarten, dass das einfallende

Licht an Strahlteiler 1 gleichmäßig aufgeteilt wird. Das Gegenteil zeigt sich im Experiment. Führt man es mit einzelnen Photonen durch, sprechen die Detektoren *niemals* gleichzeitig an. Immer nur einer von beiden weist ein Photon nach. Man spricht von **Antikoinzidenz**. Photonen werden also hinter dem Strahlteiler immer nur ungeteilt und als Ganzes nachgewiesen. Das entspricht einer teilchenhaften Vorstellung. So zeigt sich charakteristisches Wellenverhalten und charakteristisches Teilchenverhalten im selben Experiment. Keine der beiden anschaulichen Vorstellungen allein vermag das Versuchsergebnis zu erklären.

V2 **Interferenz mit einzelnen Photonen**

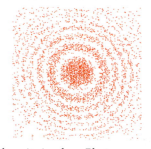

Da Versuche mit einzelnen Photonen zu aufwändig sind, muss das Experiment mit dem Simulationsprogramm (Webseite *milq.info*) durchgeführt werden. Dazu wird die Einstellung „einzelne Photonen" ausgewählt. Jedes nachgewiesene Photon hinterlässt einen lokalisierten Fleck auf dem Schirm. Wenn die Zahl der registrierten Photonen langsam ansteigt, sieht man, wie sich aus den Flecken allmählich ein Muster herausbildet. Es handelt sich um das ringförmige Interferenzmuster aus Versuch **V1**.

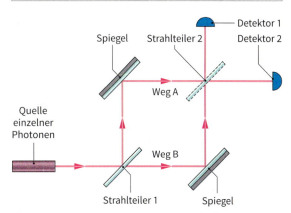

B3 *Mach-Zehnder-Interferometer mit optionalem Strahlteiler. Die Halbkreise stehen für Einzelphotonen-Detektoren.*

Fundamentalprinzip der Quantenphysik. Das Versagen der klassischen Vorstellungen bei der Beschreibung von Quantenphänomenen bedeutet jedoch nicht, dass es nun keine physikalischen Gesetze mehr gibt. Sie sind nur weniger anschaulich als in der klassischen Physik. Mit dem folgenden Merksatz, der auch als **Fundamentalprinzip der Quantenphysik** bezeichnet wird, lässt sich vorhersagen, unter welchen Umständen Interferenz auftritt und wann nicht.

> **❗ Merksatz**
>
> Auch einzelne Quantenobjekte können zu einem Interferenzmuster beitragen. Voraussetzung ist, dass es für das Eintreten des gleichen Versuchsergebnisses mehr als eine klassisch denkbare Möglichkeit gibt.

„Klassisch denkbare Möglichkeiten" bedeutet dabei, dass es nach unseren klassisch-anschaulichen Vorstellungen – die in der Quantenphysik nicht mehr anwendbar sind – mehrere Möglichkeiten für das Eintreten eines Versuchsergebnisses gibt.

> **✳ Beispielaufgabe: Welle oder Teilchen?**
>
> Diskutieren Sie, inwieweit es möglich ist, die Ergebnisse von Versuch **V2** im Wellen- bzw. im Teilchenmodell zu beschreiben.
>
> **Lösung:**
> Das *Teilchenmodell* kann beschreiben, dass jedes Photon seine gesamte Energie auf eine einzige Stelle auf dem Schirm überträgt. Eine derartig lokalisierte Wechselwirkung ist typisch für das klassische Teilchenmodell. Es ist jedoch nicht in der Lage, das Auftreten der hellen und dunklen Streifen zu erklären, die wir als Interferenzmuster interpretieren.
> Im *Wellenmodell* lässt sich das Interferenzmuster erklären. Allerdings ist eine Welle über den ganzen Bereich des Schirms ausgedehnt. Sie würde ihre Energie gleichmäßig verteilen. Im Wellenmodell lässt sich jedoch der fleckhafte Nachweis einzelner Photonen nicht erklären.
>
> Licht kann sowohl Wellen- als auch Teilchenverhalten im gleichen Experiment zeigen. Ein einzelnes Modell reicht zur vollständigen Beschreibung der Phänomene nicht aus.

> **✳ Beispielaufgabe: Fundamentalprinzip**
>
> Erklären Sie mit dem Fundamentalprinzip, unter welchen Umständen im Versuch in Bild **B3** auf S. 321 Interferenz zu erwarten ist.
>
> **Lösung:**
> *Fall 1: Strahlteiler 2 ist eingesetzt.* Dann gibt es für das Ansprechen von Detektor 1 zwei klassisch denkbare Möglichkeiten. Ein Photon kann entweder auf Weg A oder auf Weg B zu Detektor 1 gelangt sein. Interferenz ist zu erwarten.
> *Fall 2: Strahlteiler 2 ist nicht eingesetzt.* Dann gibt es nur eine klassisch denkbare Möglichkeit, wie ein Photon zu Detektor 1 gelangen kann: entlang von Weg B. Ohne den Strahlteiler gibt es keine denkbare Möglichkeit für ein Photon, auf Weg A zu Detektor 1 zu kommen. Es sind keine Interferenzerscheinungen zu erwarten.
> Mit dem Fundamentalprinzip gelingt es somit, das Auftreten bzw. Nichtauftreten von Interferenz im betrachteten Experiment korrekt vorherzusagen.

Interferometer mit Polarisationsfiltern. Wir bringen nun Polarisationsfilter in das Mach-Zehnder-Interferometer ein. Versuch **V1a** zeigt, dass die Interferenz dadurch nicht prinzipiell beeinträchtigt wird. Bei parallel eingestellten Polarisationsfiltern ist der einzige Unterschied, dass die Polarisationsfilter im Mittel die Hälfte der Photonen absorbieren, sodass es länger dauert, bis sich das Interferenzmuster zusammensetzt. Auch für einzelne Photonen gilt also: Licht kann polarisiert werden.

Wir bringen nun an jedem Photon eine Markierung an, die eine Entscheidung zwischen Weg A und Weg B erlaubt. In Versuch **V1b** wird der Weg jedes Photons durch seine Polarisation markiert. Dazu wird das Polarisationsfilter in Weg B waagerecht eingestellt. Alle Photonen, die ihn durchlaufen, sind anschließend waagerecht polarisiert. Das Polarisationsfilter in Weg A bleibt senkrecht eingestellt; alle Photonen sind dahinter senkrecht polarisiert. Auf diese Weise ist der Weg eines Photons (A oder B) an seiner Polarisation ablesbar. In diesem Versuch ergibt sich kein Interferenzmuster.

Die Versuche **V1a** und **V1b** ähneln sich stark. Die Ergebnisse sind aber ganz verschieden. Mit dem Fundamentalprinzip lässt sich erklären, weshalb ein-

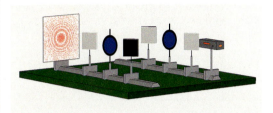 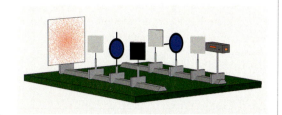

a) Durch Aktivieren der Kontrollkästchen „Polfilter 1" und „Polfilter 2" werden im Simulationsprogramm zwei Polarisationsfilter in die Strahlengänge gebracht. Beide werden zunächst in senkrechte Stellung gebracht. Nach Einschalten der Quelle baut sich wie vorher aus den Flecken vieler einzelner Photonen nach und nach das Interferenzmuster auf.

b) Das Polarisationsfilter in Weg B wird in waagerechte Stellung gebracht, das in Weg A bleibt senkrecht eingestellt. Nach Einschalten der Quelle hinterlässt wieder jedes einzelne Photon nur einen einzelnen Fleck. Aus den Spuren vieler Photonen bildet sich diesmal jedoch kein Interferenzmuster, sondern eine strukturlose Verteilung.

mal Interferenz auftritt und das andere Mal nicht. Dabei macht es für die Anwendung des Fundamentalprinzips nichts aus, dass die Polarisation der Photonen am Schirm gar nicht gemessen wird. Die Photonen tragen die Information über den Weg in sich und hinterlassen sie als Merkmal in der Versuchsanordnung (auf mikroskopischer Ebene beeinflusst ein waagerecht polarisiertes Photon die Atome des Schirms anders als ein senkrecht polarisiertes). Das ist ausreichend, um die Interferenz zu verhindern. Generell gilt: Hinterlässt ein Ereignis an der Versuchsanordnung irgendwelche Spuren, mit deren Hilfe zwischen den klassisch denkbaren Möglichkeiten unterschieden werden kann, tritt keine Interferenz auf.

✳ Beispielaufgabe: Polarisation

Erklären Sie die unterschiedlichen Ergebnisse der Versuche **V1a** und **V1b** mit dem Fundamentalprinzip.

Lösung:
In Versuch **V1a** haben die nachgewiesenen Photonen alle die gleiche Polarisation. Dann gibt es für das Eintreten des Versuchsergebnissses zwei klassisch denkbare Möglichkeiten: Ein nachgewiesenes Photon kann auf Weg A oder auf Weg B zum Schirm gelangt sein. Es ist Interferenz zu erwarten.
In Versuch **V1b** kann ein waagerecht polarisiertes Photon nur auf Weg B zum Schirm gelangt sein, ein senkrecht polarisiertes nur auf Weg A. Es gibt also jeweils nur eine klassisch denkbare Möglichkeit. Interferenz ist nicht zu erwarten.

Arbeitsaufträge

1 ➡ Vollziehen Sie das in Bild **B3** (S. 197) gezeigte Antikoinzidenz Experiment mit dem Interferometer-Simulationsprogramm nach. Nutzen Sie dazu die Möglichkeit, Detektoren in den Strahlengang zu stellen.

2 ➚ Im Jahr 1987 wurde der in Bild **B3** (S. 197) gezeigte Aufbau zu einem „Experiment mit verzögerter Entscheidung" (**Delayed Choice**) erweitert. Die Festlegung, ob ein Photon eine Anordnung mit oder ohne Strahlteiler 2 durchläuft, wurde mit Glasfaser-Verzögerungsschleifen und schnellen Schaltern erst dann getroffen, wenn das Photon den Strahlteiler 1 bereits passiert hatte. Prüfen Sie, ob sich dadurch an der Argumentation in der Beispielaufgabe etwas ändert.

3

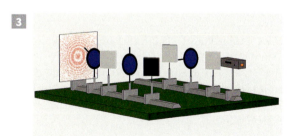

➚ Die im Bild oben gezeigte Anordnung wird als Quantenradierer bezeichnet. Der dritte, auf 45° eingestellte Polarisationsfilter „radiert" die Weginformation der Photonen wieder aus. Erklären Sie das Auftreten des Interferenzmusters mit dem Fundamentalprinzip.

6.5 Nichtlokalisierbarkeit von Quantenobjekten

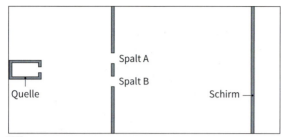

B1 *Skizze des Doppelspaltexperiments*

Klassisches Bild des Doppelspaltexperiments.

Beim Doppelspaltexperiment und am Mach-Zehnder-Interferometer haben wir gesehen, dass sich das Verhalten von Quantenobjekten nicht adäquat durch die klassischen Modellvorstellungen von Wellen oder Teilchen beschreiben lässt. Dass die Quantenphysik unseren anschaulichen Vorstellungen in noch viel stärkerem Ausmaß widerspricht, wird durch die folgenden Überlegungen deutlich.

Die Heliumatome im Doppelspaltexperiment auf S. 193 werden beim Nachweis an einer ganz bestimmten Stelle gefunden. Wir fragen uns, ob sie innerhalb der Apparatur ähnlich gut lokalisiert sind. Lässt sich z. B. sagen, durch welchen der beiden Spalte ein am Schirm nachgewiesenes Atom dorthin gekommen ist?

Nach allen Erfahrungen, die man mit klassischen Gegenständen gemacht hat, würde man das Doppelspaltexperiment folgendermaßen beschreiben (Bild **B1**): Etwa eine Hälfte der Atome geht durch Spalt A, die andere Hälfte durch Spalt B. Aufgrund der mangelnden experimentellen Auflösung lässt sich allerdings nicht angeben, durch welchen der beiden Spalte ein bestimmtes Atom gegangen ist. Das Atom wäre also durch genau einen der beiden Spalte zum Schirm gekommen, man weiß nur nicht, durch welchen.

Diese Darstellung trifft für klassische Teilchen (wie Steine oder Fußbälle) zu. Für Quantenobjekte ist sie aber falsch. Die quantenmechanische Naturbeschreibung weicht so radikal von den gewohnten klassischen Vorstellungen ab, dass selbst ein scheinbar so harmloses Bild mit ihr in Konflikt gerät.

„Sortieren" der Atome.
Man kann dies mit folgender Überlegung zeigen: Wir nehmen an, in Wirklichkeit wäre jedes Atom durch einen bestimmten Spalt gegangen. Wenn diese Annahme zuträfe, müsste das auf dem

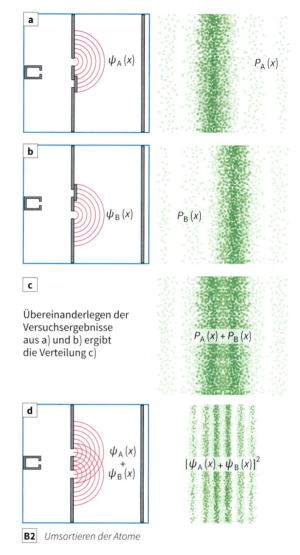

Übereinanderlegen der Versuchsergebnisse aus a) und b) ergibt die Verteilung c)

B2 *Umsortieren der Atome*

V1 Umsortieren der Atome

Der Versuch lässt sich im Doppelspalt-Simulationsprogramm durchführen. Zuerst wird Spalt B abgedeckt, damit alle dort ankommenden Atome absorbiert werden. Nur die bei Spalt A eintreffenden Atome werden durchgelassen. Auf dem Schirm ergibt sich die in Bild **B2a** gezeigte Verteilung, die mit $P_A(x)$ bezeichnet wird. Nun wird Spalt A abgedeckt, damit umgekehrt nur Atome durchgelassen werden, die durch Spalt B gehen. Diese Atome führen zur Verteilung $P_B(x)$ (Bild **B2b**). Beide Atomverteilungen zusammen ergeben die in Bild **B2c** gezeigte Verteilung:

$$P(x) = P_A(x) + P_B(x).$$

Schirm nachgewiesene Muster unverändert bleiben, wenn man die Atome „umsortiert". Dazu lässt man zuerst diejenigen Atome die experimentelle Anordnung passieren, die durch Spalt A gehen, und erst dann diejenigen, die durch Spalt B gehen. Dieses „Umsortieren" lässt sich experimentell durch abwechselndes Verschließen der beiden Spalte realisieren (Versuch **V1**). Die in Bild **B2c** gezeigte Verteilung entspricht jedoch nicht der beim ursprünglichen Doppelspaltexperiment gefundenen Atomverteilung (Bild **B2d**).

Das Versagen der klassischen Vorstellung. Man muss sich klarmachen, was dieses Ergebnis bedeutet: Zu $P(x)$ tragen alle Atome bei, die durch Spalt A gehen und alle, die durch Spalt B gehen. Andere Möglichkeiten scheint es nicht zu geben. Und doch zeigt der Vergleich von Bild **B2c** und **B2d**, dass mit der Annahme, jedes Atom ginge durch einen ganz bestimmten Spalt, das Doppelspalt-Interferenzmuster nicht erklärt werden kann. Es ist deshalb nicht möglich, die Atome im Doppelspaltexperiment in solche einzuteilen, die durch Spalt A gehen und in solche, die durch Spalt B gehen. Die klassische Vorstellung von Atomen als lokalisierbaren Objekten stößt hier an ihre Grenzen. Wollte man an der klassischen Vorstellung festhalten, müsste man eine nichtlokale Fernwirkung annehmen: Das Öffnen oder Schließen eines Spaltes, durch den das Atom *nicht* geht, würde dann das Muster auf dem Schirm beeinflussen.

Beim Doppelspaltexperiment lässt sich somit den Atomen die Eigenschaft „Ort" nicht zuordnen. Sie sind in einem Zustand mit unbestimmtem Ort. Dies ist ein grundlegender Zug der Quantenmechanik, der auch für andere Quantenobjekte (z.B. Elektronen) gilt.

❗ Merksatz

> In der Quantenphysik ist es möglich, dass einem Quantenobjekt klassisch wohldefinierte Eigenschaften (z.B. „Ort") nicht zugeschrieben werden können.

Überlagerungszustände. Man kann den Unterschied zwischen Bild **B2c** und **B2d** erklären, wenn man auf die Beschreibung durch Wellenfunktionen zurückgreift. Zunächst betrachtet man die Anordnung von Bild **B2a**, in der alle Atome Spalt A durchqueren. Man ordnet diesen Atomen eine Wellenfunktion $\psi_A(x)$ zu, die sich wie eine Wasserwelle halbkreisförmig hinter Spalt A

ausbreitet (eingezeichnet in Bild **B2a**). Die Wahrscheinlichkeitsverteilung auf dem Schirm, die sich durch Quadrieren der Wellenfunktion ergibt, ist $P_A(x) = |\psi_A(x)|^2$. Ähnlich erhält man eine Wellenfunktion $\psi_B(x)$, wenn man nur Atome durch Spalt B lässt, mit der zugehörigen Wahrscheinlichkeitsverteilung $P_B(x) = |\psi_B(x)|^2$. Addiert man die Ergebnisse beider Versuche, erhält man das in Versuch **V1** gefundene Ergebnis:

$$P(x) = P_A(x) + P_B(x) = |\psi_A(x)|^2 + |\psi_B(x)|^2.$$

Anders sieht es aus, wenn beide Spalte gleichzeitig geöffnet sind. Jetzt geht von beiden Spalten eine halbkreisförmige Welle aus (Bild **B2d**). Wie im klassischen Doppelspaltexperiment mit Wasserwellen oder Lichtwellen überlagern sich die beiden Wellen und zeigen Interferenz. Mathematisch wird dies durch die Addition beider Wellenfunktionen zum Ausdruck gebracht:

$$\psi(x) = \psi_A(x) + \psi_B(x).$$

Atome, die durch eine solche Wellenfunktion beschrieben werden, befinden sich in einem **Überlagerungszustand** (Superpositionszustand) aus $\psi_A(x)$ und $\psi_B(x)$.

Die Wahrscheinlichkeitsverteilung bei zwei gleichzeitig geöffneten Spalten erhält man wieder durch Quadrieren der Wellenfunktion:

$$P(x) = |\psi(x)|^2 = |\psi_A(x) + \psi_B(x)|^2$$
$$= |\psi_A(x)|^2 + |\psi_B(x)|^2 + 2\,\psi_A(x)\,\psi_B(x).$$

Diese Formel beschreibt die Verteilung der Atome, wenn beide Spalte geöffnet sind (Bild **B2d**). Man erkennt, dass der Unterschied zwischen den beiden Formeln für $P(x)$ in dem Term $2\,\psi_A(x)\,\psi_B(x)$ liegt, der beim Ausmultiplizieren zusätzlich auftritt. Er beschreibt das Auftreten des Doppelspaltinterferenzmusters mathematisch.

Arbeitsaufträge

1. ⟹ Erläutern Sie die Bedeutung von $P(x)$ mit Hilfe der bornschen Wahrscheinlichkeitsinterpretation.

2. ⤳ Übertragen Sie Versuch **V1** auf das Torwandschießen beim Fußball. Prüfen Sie, ob hier ebenfalls Widersprüche zu anschaulichen Vorstellungen auftreten.

3. ⤳ Wenden Sie das Fundamentalprinzip an, um das Auftreten oder Nicht-Auftreten von Doppelspalt-Interferenz in Versuch **V1** zu erklären.

6.6 Heisenbergsche Unbestimmtheitsrelation

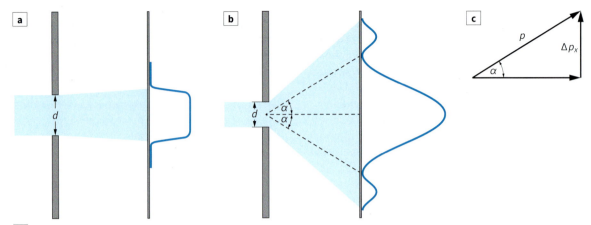

B1 Beugung eines Photonen- oder Elektronenstrahls an einem a) breiten und b) schmalen Spalt

Statistik von Messungen in der Quantenphysik. MAX BORNS Wahrscheinlichkeitsinterpretation (S. 194) zeigt, dass die Quantenphysik ihrem Wesen nach eine statistische Theorie ist. Das Ergebnis von Messungen an Quantenobjekten, zum Beispiel Ortsmessungen am Schirm im Doppelspaltexperiment, können mit den Begriffen der mathematischen Statistik beschrieben werden. Hat man etwa die Nachweisorte von vielen Elektronen am Schirm registriert, lassen sich die gefundenen Messergebnisse durch Säulendiagramme darstellen und der Mittelwert sowie die Standardabweichung Δx bestimmen. Genauso kann man die Geschwindigkeit v bzw. den Impuls $p = m \cdot v$ messen und aus den Messwerten den mittleren Impuls und die Standardabweichung Δp bestimmen.

Unkenntnis und Unbestimmtheit. Zuweilen muss man auch in der klassischen Physik auf statistische Aussagen zurückgreifen, etwa wenn Messfehler auftreten oder wenn bei der Beschreibung von Gasen so viele Moleküle beteiligt sind, dass man sie aus praktischen Gründen nicht alle erfassen kann. Es handelt sich dann um Fälle, wo der „wahre Wert" einer Größe nicht genau bekannt ist.

Das Neuartige an der Quantenphysik ist, dass sich hinter ihren statistischen Gesetzmäßigkeiten keine Unkenntnis über einen „wahren Ort" und einen „wahren Impuls" verbirgt – die Quantenobjekte haben diese Eigenschaften gar nicht. Insbesondere ist es prinzipiell unmöglich, Quantenobjekten gleichzeitig bestimmte Werte von Ort und Impuls zuzuordnen. Dies ist die Aussage der **heisenbergschen Unbestimmtheitsrelation**.

Unbestimmtheitsrelation am Einzelspalt. Ein Lichtbündel der Wellenlänge λ lässt sich durch einen engen Spalt nicht beliebig schmal machen. Fällt es auf einen Spalt der Breite d, dann weitet es sich hinter dem Spalt auf. Elektronen mit der Geschwindigkeit v bzw. dem Impuls p werden in einen Winkelbereich zwischen $+\alpha$ und $-\alpha$ gestreut. Hinter dem Spalt haben die Elektronen also eine Impulsverteilung in Querrichtung. Die statistische Verteilung der Querimpulse wird durch die Streuung (Standardabweichung) Δp_x sehr vieler Impulsmesswerte charakterisiert (Bild **B2**). Δp_x lässt sich durch den Winkel α, d. h. durch die Breite des Hauptmaximums, abschätzen, Δx durch die Spaltbreite d. Aus Bild **B1b** liest man ab:

$$\sin(\alpha) = \frac{\Delta p_x}{p} \tag{1}$$

Die durch Beugung verursachte Aufweitung ist umso stärker, je enger der Spalt ist, d. h. je kleiner Δx ist (Bild **B1**). Die Breite des Hauptmaximums kann man durch die Lage des ersten Beugungsminimums abschätzen. Es lässt sich zeigen, dass dafür gilt:

$$\sin(\alpha) = \frac{\lambda}{d}. \tag{2}$$

Analoges gilt für Elektronen: Ein Elektronenstrahl, der auf einen engen Spalt fällt, wird am Spalt ebenfalls gebeugt. Es ergibt sich eine Intensitätsverteilung, die gleichfalls durch Gleichung (1) beschrieben wird. Setzt man die De-Broglie-Wellenlänge $\lambda = \frac{h}{p}$ der Elektronen in Gleichung (1) ein, ergibt sich:

$$\sin(\alpha) = \frac{h}{p \cdot d}. \tag{3}$$

ab. Aus Gleichung (1) und (3) zusammen erhält man

$$\Delta x \cdot \Delta p_x \approx h.$$

Bild **B2** erläutert diese Aussage: Eine kleine Streuung des Impulses lässt sich nur mit einem breiten Spalt, also einer großen Ortsstreuung, erreichen. Umgekehrt führt ein schmaler Spalt, also eine kleine Ortsstreuung, zwangsläufig zu einer großen Streuung der Querimpulse hinter dem Spalt. Dieser Zusammenhang gilt für alle Quantenobjekte. Genauere Berechnungen liefern die folgende allgemeine Aussage.

> ### ! Merksatz
>
> **Heisenbergsche Unbestimmtheitsrelation:**
>
> $$\Delta x \cdot \Delta p_x \geq \frac{h}{4\pi}. \tag{4}$$
>
> Es ist prinzipiell nicht möglich, Quantenobjekte in einen Zustand zu bringen, in dem die Messwerte von Ort und Impuls kleinere Streuungen aufweisen als durch (4) erlaubt ist.

Bedeutung der Unbestimmtheitsrelation. Die heisenbergsche Unbestimmtheitsrelation erfordert den Abschied vom Begriff der Bahn eines Teilchens, wie er in der klassischen Physik verwendet wird. Der Bahnbegriff ist mit der Notwendigkeit verbunden, Ort und Impuls zum gleichen Zeitpunkt exakt anzugeben. In der klassischen Mechanik ist dies im Prinzip immer möglich; man stößt höchstens an praktische Grenzen. Die Unbestimmtheitsrelation (4) zeigt jedoch, dass dies für Quantenobjekte wie Elektronen niemals möglich ist.

Verteilung der Orts- und Impulsmesswerte

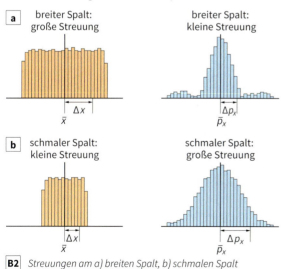

a breiter Spalt: große Streuung
breiter Spalt: kleine Streuung

b schmaler Spalt: kleine Streuung
schmaler Spalt: große Streuung

B2 *Streuungen am a) breiten Spalt, b) schmalen Spalt*

* **Beispielaufgabe: Elektronenstrahlröhre**

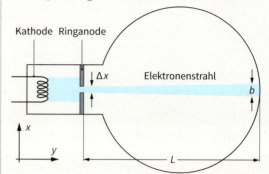

Kathode Ringanode

Δx Elektronenstrahl

b

In einer Elektronenstrahlröhre scheinen die Elektronen auf einer gut bestimmbaren Bahn zu laufen. Erläutern Sie, wie das mit der Unbestimmtheitsrelation vereinbar ist.

Lösung:
An der Anode wird der Elektronenstrahl auf eine Breite $\Delta x \approx 0{,}1$ mm abgeblendet (Bild oben). Die Streuung der Impulse in x-Richtung (also in Querrichtung) ist daher mindestens

$$\Delta p_x = \frac{h}{4\pi \cdot \Delta x} = \frac{6{,}6 \cdot 10^{-34}\, \text{kg} \cdot \text{m}^2}{4\pi \cdot 0{,}1 \cdot 10^{-3}\, \text{m} \cdot \text{s}} = 5{,}3 \cdot 10^{-31}\, \frac{\text{kg} \cdot \text{m}}{\text{s}}.$$

Die Geschwindigkeitsstreuung in x-Richtung folgt, indem man Δp_x durch die Elektronenmasse teilt:

$$\Delta v_x = \frac{\Delta p_x}{m_\text{e}} = 0{,}58\, \frac{\text{m}}{\text{s}}.$$

Zum Vergleich berechnen wir die Geschwindigkeit in y-Richtung (also in Strahlrichtung) bei einer Beschleunigungsspannung von 1 kV:

$$v_y = \sqrt{\frac{2e \cdot U}{m_\text{e}}} = 1{,}9 \cdot 10^7\, \frac{\text{m}}{\text{s}}.$$

Um eine Strecke $L = 20$ cm zu durchqueren, benötigen die Elektronen eine Zeit $t = \frac{L}{v} = 1{,}1 \cdot 10^{-8}$ s. In dieser Zeit weitet sich der Strahl in Querrichtung um $b = \Delta v_x \cdot t = 6 \cdot 10^{-9}$ m auf, was jenseits aller Nachweisbarkeit liegt. Die Erkennbarkeit einer „Bahn" in der Elektronenstrahlröhre widerspricht der Unbestimmtheitsrelation also nicht.

Arbeitsaufträge

1. ⇒ Wählen Sie im Simulationsprogramm zum Doppelspaltversuch Elektronen mit $E = 50$ keV und eine Spaltbreite zwischen 200 und 700 nm. Schließen Sie einen Spalt und überprüfen Sie die Aussage der Unbestimmtheitsrelation.

6.7 Der Messprozess in der Quantenphysik

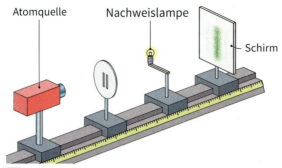

B1 Ortsmessung mit einer Lichtquelle (Prinzip)

Ortsmessungen beim Doppelspaltexperiment. Wir haben festgestellt, dass man beim Doppelspaltexperiment einem Atom in der Spaltebene die Eigenschaft „Ort" nicht zuschreiben kann. Ein naheliegender Einwand darauf ist, dass man den Ort der Atome in der Spaltebene doch messen kann. Eine Ortsmessung lässt sich mit einer Lichtquelle durchführen, die den Raum hinter den Spalten ausleuchtet (Bild **B1**). Die Atome streuen das Licht, und der dadurch erzeugte Lichtblitz kann registriert werden. Versuch **V1** zeigt, dass man jedes Atom bei der Ortsmessung an einem wohldefinierten Ort findet, und zwar mit hoher Wahrscheinlichkeit hinter einem der beiden Spalte.

Hat man damit die Quantenphysik „überlistet" und jedem Atom doch noch einen Spalt zugeordnet, durch den es gegangen ist? Nein, denn es stellt sich heraus,

dass man bei dem so durchgeführten Versuch kein Doppelspalt-Interferenzmuster erhält. Stattdessen erhält man die Summe der beiden Einzelspalt-Verteilungen (Bild **B2c** auf S. 200):

$$P_A(x) + P_B(x).$$

Die Tatsache, dass an den Spalten eine Ortsmessung durchgeführt wird, verhindert das Doppelspalt-Interferenzmuster.

! Merksatz

Ortseigenschaft und Interferenzmuster sind beim Doppelspaltexperiment nicht gleichzeitig realisierbar, sondern schließen sich gegenseitig aus. Dies ist ein Spezialfall eines allgemeinen Prinzips, das man nach NIELS BOHR **Komplementarität** nennt.

Das Konzept der Komplementarität war für BOHR ein zentraler Begriff der Quantenphysik. Gemäß seiner **„Kopenhagener Deutung"** sind Versuchsanordnungen, in denen sich die Interferenz von Quantenobjekten zeigt, komplementär zu solchen, in denen die Quantenobjekte „teilchenhaft", also mit einem bestimmten Ort, auftreten. Komplementäre Versuchsanordnungen sind nicht zugleich realisierbar. Sie geben nur gemeinsam Aufschluss über die Realität. Die Wirklichkeit ist nicht in einem einzigen Bild, einer einzigen anschaulichen Vorstellung oder einem einzigen klassischen Modell erfassbar.

V1 Ortsmessung mit einer Lichtquelle

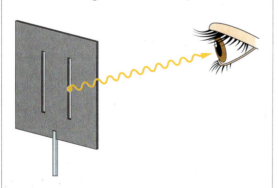

Der Versuch wird mit dem Doppelspalt-Simulationsexperiment durchgeführt. Die Lampe, die zum Nachweis der Atome in der Spaltebene dient, wird eingeschaltet. Für jedes einzelne Atom sieht man einen Lichtblitz an einer ganz bestimmten Stelle, entweder am linken oder am rechten Spalt.

✳ Beispielaufgabe: Ortsmessung

Begründen Sie mit dem Fundamentalprinzip, weshalb beim Experiment mit Ortsmessung kein Interferenzmuster zu beobachten ist.

Lösung:

Es tritt keine Interferenz auf, weil durch die Streuung des Lichts an den Atomen ein Merkmal an der Versuchsanordnung hinterlassen wird, durch das es möglich ist, zwischen den beiden klassisch denkbaren Alternativen „Spalt A" oder „Spalt B" zu unterscheiden. Das Merkmal besteht in dem gestreuten Photon, das seinen Ursprung hinter dem linken oder hinter dem rechten Spalt hat. Das Beobachterauge (oder ein Messgerät) kann aus der Richtung, aus der das Photon kommt, zurückschließen, hinter welchem Spalt es gestreut wurde. Dadurch kann man zwischen den beiden klassisch denkbaren Möglichkeiten unterscheiden.

Problem des klassischen Grenzfalls. In der Alltagswelt nimmt man nichts von dem merkwürdigen Quantenverhalten wahr, wie es z.B. Atome im Doppelspaltexperiment zeigen. Kann man mit der Quantenphysik erklären, wie die Welt ihre „klassische" Erscheinungsform annimmt, wenn man von mikroskopischen zu makroskopischen Systemen übergeht? Besitzt die Quantenmechanik einen klassischen Grenzfall, in dem sie die Aussagen der klassischen Mechanik reproduziert?

Erwin Schrödinger erkannte, dass das Problem dabei in den Überlagerungszuständen liegt. Wenn die Quantenphysik allgemeine Gültigkeit besitzt, müsste es auch Überlagerungszustände von makroskopischen Körpern geben. Er legte das Problem 1935 anhand eines besonders drastischen Beispiels dar, das unter dem Namen **„Schrödingers Katze"** Berühmtheit erlangte (**Exkurs**).

≡ Exkurs: Schrödingers Katze

In seiner Arbeit von 1935 beschreibt Schrödinger sein Gedankenexperiment wie folgt: *„Man kann auch ganz burleske Fälle konstruieren. Eine Katze wird in eine Stahlkammer gesperrt, zusammen mit folgender Höllenmaschine (die man gegen den direkten Zugriff der Katze sichern muss): in einem Geigerschen Zählrohr befindet sich eine winzige Menge radioaktiver Substanz, so wenig, dass im Lauf einer Stunde vielleicht eines von den Atomen zerfällt, ebenso wahrscheinlich aber auch keines; geschieht es, so spricht das Zählrohr an und betätigt über ein Relais ein Hämmerchen, das ein Kölbchen mit Blausäure zertrümmert. Hat man dieses ganze System eine Stunde lang sich selbst überlassen, so wird man sich sagen, dass die Katze noch lebt, wenn inzwischen kein Atom zerfallen ist. Der erste Atomzerfall würde sie vergiftet haben. Die ψ-Funktion des ganzen Systems würde das so zum Ausdruck bringen, dass in ihr die lebende und die tote Katze [...] zu gleichen Teilen gemischt oder verschmiert sind."*

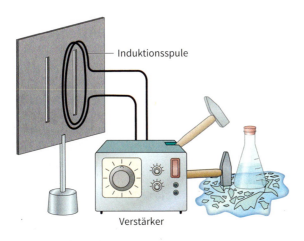

Schrödingers Katze. In einem Kasten, in dem sich eine Vorrichtung zur Freisetzung eines Giftgases befindet, ist eine Katze eingesperrt. Ein Zufallsereignis (radioaktiver Zerfall eines Atoms) bestimmt, ob das Gas freigesetzt wird. Die Apparatur soll gerade so viel radioaktive Substanz enthalten, um in einer Stunde mit 50% Wahrscheinlichkeit einen Zerfall herbeizuführen, der nach Auslösung des Mechanismus die Katze vergiftet.

Um die physikalische Bedeutung des Katzenparadoxons zu diskutieren, betrachten wir die Anordnung in Bild **B3**: Das Doppelspaltexperiment wird mit geladenen Teilchen (z.B. Elektronen) durchgeführt. Hinter einen der beiden Spalte (z.B. Spalt B) wird eine Spule gesetzt, in der ein winziger Strom induziert wird, sofern ein Elektron den Spalt passiert. Wird ein Strom nachgewiesen, wird die giftige Substanz freigesetzt, die die Katze umbringt.

Verschränkte Zustände. Wird das Experiment jeweils mit einem einzelnen Elektron durchgeführt, gibt es die folgenden klassisch denkbaren Möglichkeiten:

- Wenn das Elektron durch Spalt A gegangen ist, spricht die Nachweisspule nicht an, und die Katze überlebt.
- Ist das Elektron durch Spalt B gegangen, wird das Gift freigesetzt und die Katze ist tot.

Das Paradoxon hat seinen Ursprung darin, dass dem Elektron im Doppelspaltexperiment ein einzelner Spalt gar nicht zugeordnet werden kann. Seine Wellenfunktion ist ein Überlagerungszustand, der beide Möglichkeiten zu gleichen Teilen enthält. Durch den Verstärkungsmechanismus wird der Überlagerungszustand auf die Katze ausgedehnt:

$$\psi = \psi(\text{Spalt A}) \cdot \psi(\text{Katze lebt}) + \psi(\text{Spalt B}) \cdot \psi(\text{Katze tot}).$$

Das Gesamtsystem befindet sich nun in einem Zustand, in dem die Katze weder eindeutig tot noch eindeutig lebendig ist. Ein solcher Zustand ist aber für makroskopische Körper wie eine Katze noch nicht beobachtet worden. Hier liegt das Paradoxon, auf das SCHRÖDINGER hinweisen wollte. Es liegt ein Überlagerungszustand vor, in dem der Zustand der Katze an den Zustand des Elektrons gekoppelt ist. SCHRÖDINGER hat hierfür den

Ausdruck „verschränkt" geprägt. Verschränkte Zustände sind heutzutage ein aktuelles Forschungsthema. Auf dem Gebiet der Quanteninformation spielen sie eine zentrale Rolle.

Dekohärenz. Ein Ansatz zur Aufklärung von SCHRÖDINGERS Katzenparadoxon zeichnete sich erst 60 Jahre nach SCHRÖDINGERS Originalarbeit ab. Die Theorie der Dekohärenz vermag zu erklären, weshalb Überlagerungszustände zwar mikroskopisch auftreten, aber in der makroskopischen Welt nicht nachzuweisen sind.

Die zentrale Idee dabei ist, dass man makroskopische Körper (wie die Katze) nicht isoliert betrachten kann. Sie besitzen immer eine natürliche Umgebung, mit der sie auf vielfältige Weise wechselwirken. Die Katze z. B. streut Licht, gibt Wärmestrahlung ab und beeinflusst die Luftmoleküle in der Umgebung (Bild **B1**). Schon beim Doppelspaltexperiment konnte man sehen, dass kein Interferenzmuster auftritt, wenn die Atome Licht streuen. Dieser Verlust der Interferenzfähigkeit ist unabhängig davon, ob das gestreute Photon von einem Beobachter registriert wurde oder nicht.

Ebenso wirkt die Wechselwirkung mit der Umgebung im Fall der Katze: Die Streuung von Licht oder Gasmolekülen zerstört das Kennzeichen eines Überlagerungszustandes, die Interferenzfähigkeit.

Durch die Wechselwirkung mit ihrer Umgebung wird die Katze „effektiv klassisch". Sie ist tot oder lebendig; Überlagerungen oder Interferenzerscheinungen können nicht nachgewiesen werden. SCHRÖDINGERS Frage, warum keine Überlagerungszustände bei makroskopischen Körpern zu beobachten sind, wird somit durch die Theorie der Dekohärenz beantwortet.

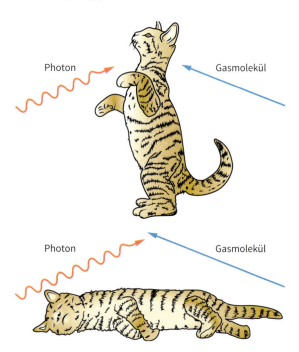

B1 *Lebendige und tote Katze streuen Licht und Gasmoleküle in verschiedener Weise. Interferenz wird dadurch verhindert.*

> **! Merksatz**
>
> Makroskopische Körper erscheinen klassisch, weil man sie nicht von ihrer Umgebung isolieren kann. Die Wechselwirkung mit der Umgebung zerstört die Interferenzfähigkeit.

Interferenz mit großen Molekülen. Es gibt jedoch auch Fälle, wo es experimentell gelingt, ein Objekt von seiner Umgebung abzuschirmen. Dann findet keine Dekohärenz statt und Interferenzphänomene werden auch bei großen Objekten nachweisbar.

An der Universität Wien gelang es im Jahr 2013 zum Beispiel, Interferenz an komplexen organischen Molekülen nachzuweisen (Bild **B2**). Das schwerste davon bestand aus 810 Atomen und war über 10 000-mal so schwer wie ein Wasserstoffatom. Es gelang auch, Interferenz an Vitamin-Molekülen (z. B. α-Tocopherol, also Vitamin E) nachzuweisen. Statt eines Doppelspalts wurde dazu eine Abfolge von materiellen Gittern und stehenden Lichtwellen verwendet. 2020 gelang ein Interferenzexperiment mit Molekülen des natürlichen Antibiotikums Gramidicin.

Wie im Doppelspaltexperiment befinden sich die Moleküle bei diesem Experiment in einem Zustand mit nicht wohldefinierter Ortseigenschaft. Ihre Wellenfunktion erstreckte sich über einen räumlichen Bereich von über 500 nm – das ist etwa das Hundertfache des Moleküldurchmessers. Sofern es also gelingt, Dekohärenz zu verhindern und technische Probleme zu überwinden, kann Interferenz also auch bei großen Quantenobjekten auftreten.

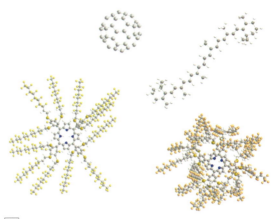

B2 *Einige Moleküle, mit denen Interferenzexperimente durchgeführt wurden*

✳ Beispielaufgabe: **Dekohärenz**

An Schrödingers Katze wird ein Photon gestreut, das es erlaubt, zwischen den beiden klassischen Alternativen „Katze tot" und „Katze lebendig" zu unterscheiden. Infolgedessen sind keine Interferenzerscheinungen zwischen lebendiger und toter Katze zu beobachten.
Begründen Sie dies mit dem Fundamentalprinzip.

Lösung:

Experimentell würde sich eine Überlagerung zwischen lebendiger und toter Katze im Auftreten von Interferenz zeigen – wenn auch bisher noch niemand dargelegt hat, wie ein solches Interferenzexperiment durchzuführen wäre.

Schon die Streuung eines Photons reicht aus, die Interferenz zu verhindern. Die sitzende lebendige Katze und die liegende tote Katze streuen das Licht in unterschiedlicher Weise (Bild **B1**). Das gestreute Licht ist ein an der Versuchsanordnung hinterlassenes Merkmal, mit dem es möglich ist, zwischen den beiden klassisch denkbaren Alternativen „Katze tot" oder „Katze lebendig" zu unterscheiden. Nach dem Fundamentalprinzip ist somit keine Interferenz zu erwarten.

Arbeitsaufträge

1 ✎ Erläutern Sie den Unterschied zwischen den beiden folgenden Situationen: (a) Die Katze befindet sich entweder im Zustand „tot" oder im Zustand „lebendig", man weiß aber nicht in welchem von beiden, (b) die Katze befindet sich in einem Überlagerungszustand aus „tot" und „lebendig".

2 ✎ Im Wiener Molekül-Interferenzexperiment von 2013 betrug die Temperatur der Moleküle 500 K. Aufgrund ihrer komplexen Struktur treten in den Molekülen bei dieser Temperatur Schwingungs- und Rotationsbewegungen auf. Dadurch senden sie thermische Strahlung mit einer Wellenlänge von ca. 6 μm aus. Der Abstand der Spalte in den Gittern betrug 266 nm. Schätzen Sie mit dem Fundamentalprinzip ab, ob die Photonen der thermischen Strahlung das Auftreten des Interferenzmusters verhindern oder nicht – ob sie also Dekohärenz verursachen oder nicht.

3 ➡ Recherchieren Sie nach dem frei zugänglichen wissenschaftlichen Artikel: S. Gerlich et al., *Quantum interference of large organic molecules*. Nature Communications 2, 263 (2011). Geben Sie die dort angegebene Verbindung des Wiener Experiments zu SCHRÖDINGERS Katzenparadoxon wieder.

4 ⬆ Im Simulationsprogramm lässt sich die Wellenlänge der Lampe einstellen. Begründen Sie mit dem Fundamentalprinzip, weshalb Doppelspalt-Interferenz auftritt, wenn die Wellenlänge des gestreuten Lichts den Spaltabstand deutlich übersteigt.

6.8 Quanteninformation

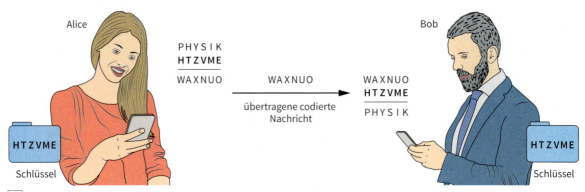

B1 Schema der Verschlüsselung mit einem One-Time-Pad

Kryptographie und Datensicherheit. Die Kunst des Verschlüsselns von Nachrichten wird als Kryptographie bezeichnet. Das Bedürfnis der Menschen, geheime Nachrichten zu übertragen, gab es zu allen Zeiten – etwa im Krieg, wo Botschaften dem Feind nicht in die Hände fallen durften. Im Internet-Zeitalter ist die verschlüsselte Übertragung von Information wichtiger als je zuvor. Fast jede Webseite wird verschlüsselt zum Browser übertragen, um eingegebene Nutzerdaten oder Passwörter zu schützen. In Webbrowsern erkennt man die Verschlüsselung an dem Kürzel „https" in der Adresszeile (s = secure). Durch Klicken auf ein Schlosssymbol erfährt man mehr über die Verschlüsselung. Auch Smartphone-Chats werden verschlüsselt übertragen. Kritiker zweifeln die Sicherheit der Verschlüsselung jedoch immer wieder an und befürchten „Schlupflöcher", durch die zum Beispiel Geheimdienste Zugriff auf die Daten bekommen könnten. Eine wichtige Aufgabe der Kryptographie ist somit der Nachweis, dass das jeweils angewandte Verfahren sicher, also nicht zu „knacken" ist.

Das grundsätzliche Prinzip der verschlüsselten Nachrichtenübertragung ist in Bild **B1** gezeigt. Sender und Empfänger werden immer Alice und Bob genannt. Aus dem Klartext (dem Wort PHYSIK) erzeugt Alice mit Hilfe eines Schlüssels einen Geheimtext (hier: WAXNUO). Der Geheimtext kann öffentlich (z.B. über Funk oder eine unsichere Leitung) übertragen werden. Erst Bob, der ebenfalls im Besitz eines Schlüssels ist, kann aus dem Geheimtext wieder den Klartext erzeugen.

Cäsar-Protokoll. In diesem bereits von JULIUS CÄSAR eingesetzten Verschlüsselungsverfahren werden die Buchstaben des Alphabets um eine Anzahl von Stellen im Alphabet verschoben, etwa A → D, B → E und C → F. Dieses Verschlüsselungsverfahren lässt sich am einfachsten mit einer Chiffrierscheibe durchführen (Bild **B2**). Das Wort PHYSIK wird zum Beispiel in die Buchstabenfolge SKBVLN verschlüsselt (Bild **B3a**). Es lässt sich mit einer auf A → D eingestellten Chiffrierscheibe ebenso leicht wieder entschlüsseln.

B2 Chiffrierscheibe in der Einstellung A → D

a) Verschlüsselung mit dem Cäsar-Verfahren

Klartext	P	H	Y	S	I	K
Schlüssel	D	D	D	D	D	D
Geheimtext	S	K	B	V	L	N

b) Verschlüsselung mit One-Time-Pad

Klartext	P	H	Y	S	I	K
Schlüssel	H	T	Z	V	M	E
Geheimtext	W	A	X	N	U	O

c) Verschlüsselung im Dualsystem (ASCII)

Klartext	01010000 ↔ P	01001000 ↔ H	...
Schlüssel	01001000	01010100	...
Geheimtext	00011000	00011100	...

B3 Verschlüsselung einer Nachricht

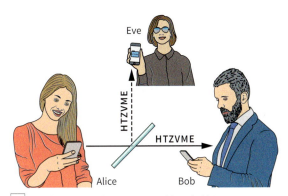

B4 *Eve kann einen übertragenen Schlüssel abhören.*

Das Cäsar-Protokoll ist jedoch nicht sicher. Weiß man, wie das Verschlüsselungsverfahren funktioniert, kann man den Code auf zweierlei Weise leicht knacken:

a) *Durchprobieren.* In einem Alphabet mit 26 Buchstaben gibt es 25 Möglichkeiten, die Chiffrierscheibe einzustellen. Hat man einen Geheimtext abgefangen, lässt sich schnell feststellen, welche Einstellung der Scheibe zu einem sinnvollen Klartext führt.

b) *Häufigkeitsanalyse.* In der deutschen Sprache kommen die Buchstaben E, N, I, S am häufigsten vor. In einem längeren Geheimtext lassen sich diese Buchstaben durch Zählen der Buchstabenhäufigkeit decodieren. Durch Probieren gelingt dann das Entschlüsseln der restlichen Buchstaben. Allgemein lässt sich jedes Verfahren, das einen Buchstaben des Klartextes immer durch denselben Geheimtextbuchstaben codiert, durch eine Häufigkeitsanalyse knacken.

One-Time-Pad.

Das Cäsar-Verfahren lässt sich zu einem sicheren Verschlüsselungsverfahren ausbauen, indem man jeden Klartextbuchstaben mit einer neuen Einstellung der Chiffrierscheibe codiert. Bild **B3b** zeigt ein Beispiel: Der erste Buchstabe wird mit dem Schlüsselbuchstaben H codiert, der zweite mit dem Schlüsselbuchstaben T usw. Jeder Buchstabe des Klartextes wird mit einem anderen Schlüsselbuchstaben codiert. Mit dem Schlüssel HTZVME ergibt sich z. B. der Geheimtext WAXNUO, der nun übertragen wird.

Man spricht von einem One-Time-Pad, wenn jeder Buchstabe des Schlüssels nur einmal verwendet wird. Die Verschlüsselung mit einem One-Time-Pad ist beweisbar sicher, sofern der Schlüssel nach dem Zufallsprinzip erzeugt wird, geheim gehalten wird, niemals wiederverwendet wird und mindestens so lang ist wie die Klartextnachricht.

Damit ist das Problem der sicheren Verschlüsselung auf ein einfacheres Problem reduziert worden: die sichere Schlüsselverteilung. Wenn z. B. ein Schiff aus dem Hafen ausläuft, kann es ein Codebuch mitnehmen, das ein One-Time-Pad enthält. Funksprüche werden im Hafen mit einer Kopie des Codebuches verschlüsselt und können an Bord entschlüsselt werden. Die über Funk übertragene Geheimbotschaft kann gefahrlos abgehört werden, weil sie ohne den Besitz des Codebuchs wertlos ist.

Problem der Schlüsselverteilung.

Falls sich jedoch Sender und Empfänger niemals begegnen, wie etwa zwei Computer in verschiedenen Banken, ist die sichere Schlüsselverteilung fast ebenso schwierig wie das ursprüngliche Problem. Ein Abhörer (genannt *Eve*, von engl. *Eavesdropper* = Lauscher) kann bei der Schlüsselübertragung mithören und damit den später übertragenen Geheimtext entschlüsseln (Bild **B4**). Wird der Schlüssel z. B. durch Licht in einem Glasfaserkabel übertragen, reicht prinzipiell ein halbdurchlässiger Spiegel, um eine Kopie des Schlüssels zu erlangen.

Binäres Codieren.

Computer arbeiten im Dualsystem. Information wird in Bits (0 oder 1) gespeichert. Entsprechend werden auch Buchstaben und Zahlen durch Bitfolgen wiedergegeben. Die Verschlüsselung mit einem One-Time-Pad erfolgt dabei ähnlich wie zuvor beschrieben. Der Schlüssel besteht aus einer zufälligen Folge aus Nullen und Einsen. Die Buchstaben der Botschaft werden binär dargestellt (z. B. im ASCII-System). Bild **B3c** zeigt, wie die Verschlüsselung funktioniert. Der Geheimtext wird nach der folgenden Regel erzeugt: Bei zwei gleichen Bits in Klartext und Schlüssel (0/0 oder 1/1) ergibt sich eine 0, sonst eine 1. In der Informatik wird diese Operation XOR genannt.

Quantenkryptographie.

Die Quantenkryptographie nutzt die Besonderheiten von Quantenobjekten zur sicheren Schlüsselübertragung. Dabei wird insbesondere der spezielle Charakter von Messungen ausgenutzt. In der Quantenphysik sind Messungen immer mit einer Störung des gemessenen Objektes verbunden. Es gibt keine Messung, mit der man den Zustand eines einzelnen Quantenobjekts vollständig bestimmen könnte. Es ist auch nicht möglich, einzelne Quantenobjekte zu „klonen", also eine exakte Kopie herzustellen. Auf diesen Voraussetzungen basieren die Verfahren der Quantenkryptographie.

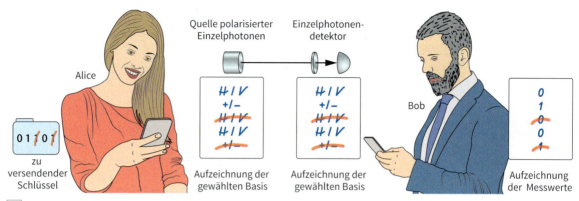

Alice

Quelle polarisierter
Einzelphotonen

Einzelphotonen-
detektor

Bob

zu
versendender
Schlüssel

Aufzeichnung der
gewählten Basis

Aufzeichnung der
gewählten Basis

Aufzeichnung
der Messwerte

B1 *Schema des BB84-Protokolls*

Informationsübertragung mit Polarisation.

Das bekannteste Protokoll der Quantenkryptographie nutzt die Polarisation von Photonen zur Verschlüsselung. Das Verschlüsselungsprotokoll wurde 1984 von C. BENNETT und G. BRASSARD vorgeschlagen und wird deshalb als **BB84-Protokoll** bezeichnet. Die Bits des zu übertragenden Schlüssels werden in die Polarisationseigenschaften einzelner Photonen codiert. Zum Beispiel wird eine 0 mit „horizontal polarisiert" (H) codiert, eine 1 mit „vertikal polarisiert" (V). Das Prinzip dieser Codierung lässt sich – wenn auch nicht mit Einzelphotonen – in Versuch **V1** veranschaulichen.

Alice und Bob wählen ihre Einstellungen unabhängig voneinander. Eine vorherige Absprache könnte abgehört werden und ist daher ausgeschlossen. Trotzdem kann Bob aus seinen Messergebnissen das von Alice gesendete Bit rekonstruieren (s. Beispielaufgabe). Auf diese Weise können mit der Polarisation von einzelnen Photonen Bits von Alice zu Bob übertragen werden.

Das Verfahren ist aber noch nicht abhörsicher. Die Abhörerin Eve könnte das von Alice kommende Photon abfangen, die Information auslesen und ein neues Photon mit gleicher Polarisation zu Bob schicken (Bild **B2**).

V1 Codierung mit Polarisation

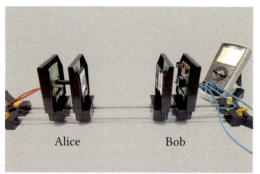

Alice   Bob

Der Aufbau ist der gleiche wie beim Versuch zur Kombination zweier Polarisationsfilter (S. 140). Er besteht aus Lichtquelle, Polarisator, Analysator, Lichtsensor (von links). In diesem Versuch werden an beiden Polfiltern nur die Einstellungen „horizontal" (H) und „vertikal" (V) verwendet. Haben Alice und Bob die gleiche Einstellung gewählt, ergibt sich an Bobs Detektor die maximale Intensität, andernfalls ist die Intensität minimal.

Beispielaufgabe: Bits rekonstruieren

Erläutern Sie, wie Bob aus seinen Messergebnissen ein von Alice gesendetes Bit rekonstruieren kann.

Lösung:
Nehmen wir an, Alice will eine 0 versenden und sendet daher ein horizontal polarisiertes Photon. Versuch **V1** zeigt, dass ein Photon bei Bob immer dann nachgewiesen wird, wenn beide Polarisationsfilter gleich eingestellt sind (maximale Intensität im Versuch). Falls Bob seinen Polarisationsfilter auf H eingestellt hat, spricht der Detektor an. Er weiß nun, dass Alice ein H-Photon gesendet hat. Wenn er dagegen seinen Polarisationsfilter auf V eingestellt hat, kann er aus dem Nicht-Ansprechen des Detektors ebenfalls schließen, dass Alice ein H-Photon gesendet hat.
Das Verfahren funktioniert nur unter idealen Bedingungen (ideale Polarisationsfilter, 100% Detektoreffizienz). Real treten immer Verluste auf, die durch Korrekturverfahren behoben werden müssen.

H/V- und +/--Basis. Um das unbemerkte Abhören zu verhindern, muss das Verfahren noch verfeinert werden. Zu den beiden bisher verwendeten Polarisationsfilter-Einstellungen H und V kommen nun noch zusätzlich die beiden Einstellungen +45° (kurz: +) und −45° (kurz: −) hinzu. Man sagt: Zusätzlich zur H/V-Basis wird nun noch eine weitere Basis verwendet, die +/−-Basis. Um eine 1 zu codieren, verwendet Alice in dieser Basis die Einstellung +45°; eine 0 wird mit −45° codiert.

Was passiert, wenn Alice Photonen mit der Polarisation +45° oder −45° sendet? Es gibt zwei Möglichkeiten:
- Bob führt seine Messung ebenfalls in der +/−-Basis durch, stellt also seinen Polarisationsfilter entsprechend ein. Dann kann er das von Alice gesendete Bit genauso wie vorher rekonstruieren.
- Führt er seine Messung allerdings in der H/V-Basis durch, geschieht etwas Anderes: Sein Detektor spricht in der Hälfte der Fälle an, in der anderen Hälfte nicht. Die Ergebnisse sind zufällig; es kann keine Information entnommen werden.

Das BB84-Protokoll. Das BB84-Protokoll umfasst die folgenden Schritte zum Senden eines Bits (Bild **B1**):
- Alice entscheidet zufällig, ob sie ein Bit in der H/V- oder der +/−-Basis codiert. Sie notiert die Basis und sendet ein entsprechend polarisiertes Photon.
- Bob entscheidet zufällig, in welcher der vier Positionen H, V, + oder − er sein Polarisationsfilter einstellt. Er notiert das Ergebnis und die verwendete Basis.
- Wenn etwas mehr als doppelt so viele Photonen gesendet sind wie der Schlüssel umfassen soll, müssen Alice und Bob in Kontakt treten und ihre Aufzeichnungen über die gewählte Basis austauschen. Das kann über eine unsichere Leitung (z.B. Telefon) erfolgen; das Abhören dieser Information ist unschädlich.
- Alice und Bob streichen alle Bits, bei denen sie unterschiedliche Basen verwendet haben (etwa 50% der Fälle). Die restlichen Bits, bei denen sie die gleiche Basis benutzt haben, wurden von Bob korrekt rekonstruiert. Diese Bits („010" in Bild **B1**) sind nun sowohl bei Alice als auch bei Bob vorhanden und können als Schlüssel für das One-Time-Pad-Verfahren genutzt werden.

Entdeckung eines Abhörers. Das Besondere an quantenkryptographischen Verfahren liegt darin, dass Abhörer zuverlässig entdeckt werden können. Nehmen wir an, dass Eve versucht, wie in Bild **B2** das Photon

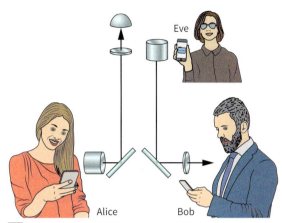

B2 *Wird nur eine Polarisationsbasis verwendet, kann Eve das Photon von Alice abfangen und ein neues Photon zu Bob senden. Bob hat keine Möglichkeit, dies festzustellen.*

von Alice abzufangen und ein neues an Bob zu senden. Da sie nicht weiß, welche Basis Alice zum Senden verwendet hat, kann sie beim Senden ihres eigenen Photons nur raten. In der Hälfte der Fälle rät sie falsch. Diese unvermeidlichen Fehler können Alice und Bob ausnutzen, um die Anwesenheit von Eve aufzudecken. Per Telefon vergleichen sie eine gewisse Anzahl von übertragenen Schlüsselbits. Wegen der Ratefehler von Eve stimmen manche von ihnen nicht überein. Alice und Bob wissen nun, dass sie abgehört werden und können sich entsprechend verhalten.

Unabhängig vom Abhörverfahren lässt sich zeigen: Jedes Eingreifen von Eve, das Information aus dem gesendeten Signal entnimmt, stört das Signal dabei so, dass Eve entlarvt werden kann. Die Quantenkryptographie nutzt aus, dass in der Quantenphysik eine Messung ohne Störung nicht möglich ist.

1 ⇒ Erläutern Sie den Unterschied zwischen Schlüsselverteilung und dem Senden einer Botschaft.

2 ⇒ Erläutern Sie, weshalb für das BB84-Protokoll eine zweite Basis erforderlich ist.

3 ✎ Eve will zum Abhören einen Strahlteiler benutzen (wie in Abb. **B4** auf S. 209). Erläutern Sie mit der Wahrscheinlichkeitsinterpretation, weshalb dies nicht zum Erfolg führt, sofern Alice einzelne Photonen sendet.

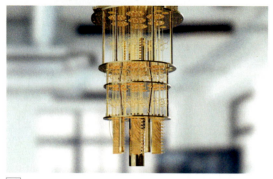

B1 *Auf supraleitenden Qubits basierender Quantencomputer*

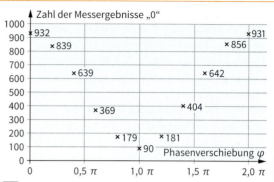

B3 *Zahl der Messergebnisse „0" bei jeweils 1024 Wiederholungen*

Quantencomputer können manche Operationen viel schneller ausführen als jeder klassische Computer. Ein Beispiel ist das Faktorisieren großer Zahlen – ein hochrelevantes Problem der Informatik, auf dem viele Verschlüsselungsalgorithmen beruhen. Reale Quantencomputer sind bislang noch im Versuchsstadium, aber es werden große Erwartungen in ihre Entwicklung gesetzt.

In der klassischen Informatik sind **Bits** die Grundeinheiten jeder Berechnung. Sie können die Werte 0 und 1 annehmen. Jede Berechnung beruht auf Bitoperationen wie NICHT, UND, ODER. Quantencomputer arbeiten mit **Qubits.** Ihre Werte sind nicht auf die klassische Alternative „entweder 0 oder 1" festgelegt, sondern sie können in quantenmechanische Überlagerungszustände aus diesen beiden klassischen Möglichkeiten gebracht werden. Dadurch können Berechnungen parallel durchgeführt werden. Quantencomputer erreichen ihren Vorteil gegenüber klassischen Computern, indem sie typische Merkmale der Quantenphysik wie Superposition und Interferenz ausnutzen.

Die Basiszustände von Qubits sind Energiezustände in einzelnen Ionen oder in Supraleitern (Bild **B1**). Sie werden mit $|0\rangle$ und $|1\rangle$ bezeichnet. Die Qubits können durch genau bemessene Laser- oder Mikrowellenpulse manipuliert und in beliebige Überlagerungszustände von $|0\rangle$ und $|1\rangle$ gebracht werden.

B2 *Programmierung eines Interferenzexperiments*

In der Quanteninformatik kommt es auf die physikalische Realisierung der Qubits nicht an. Beim Programmieren verwendet man standardisierte Operationen **(Quantengatter),** um die Qubits zu beeinflussen. Die Programmierung eines Quantencomputers geschieht durch die Auswahl der Quantengatter, die auf die Qubits wirken sollen. Am Ende steht eine Messung, bei der an jedem Qubit ein eindeutiges Messergebnis, entweder 0 oder 1, gefunden wird.

Bild **B2** zeigt eine Folge von Quantengattern, mit der man das Auftreten von Interferenz zwischen den Zuständen $|0\rangle$ und $|1\rangle$ zeigen kann. Das Qubit wird durch eine waagerechte Linie von links nach rechts dargestellt. Es startet im Zustand $|0\rangle$. Das H erzeugt am Qubit eine gleichmäßige Überlagerung von $|0\rangle$ und $|1\rangle$. In dieser Überlagerung wird nun die Phase des Zustands $|1\rangle$ um den Winkel Φ gegenüber $|0\rangle$ verschoben. Das geschieht mit dem P-Gatter. Damit sich Interferenz zeigt, müssen die beiden Zustände vor der Messung noch einmal überlagert werden, wieder mit dem H-Gatter. Dieses Interferenzexperiment lässt sich mit einem Mach-Zehnder-Interferometer vergleichen: Die beiden H-Gatter entsprechen den Strahlteilern, die Zustände $|0\rangle$ und $|1\rangle$ den beiden Wegen und die Phasenverschiebung einer unterschiedlichen Weglänge.

Einige Hersteller bieten Zugänge zu echten Quantencomputern an. Bild **B3** zeigt das Ergebnis für verschiedene Werte von Φ, mit einem kostenlosen Account berechnet auf einem Quantencomputer mit supraleitenden Qubits. Es zeigen sich Interferenzmaxima und -minima für die Wahrscheinlichkeit, bei der Messung eine „0" zu finden.

Im Experiment mit der Elektronenbeugungsröhre (S. 184) wird die Beschleunigungsspannung U_B variiert und jeweils der Radius R eines bestimmten Rings gemessen. Die Ergebnisse stehen in den beiden linken Spalten von Tabelle **T1**.

a) Berechnen Sie jeweils die Geschwindigkeit der Elektronen, mit der sie nach Durchlaufen der Beschleunigungsspannung auf den Kristall treffen. Für die benutzte Elektronenbeugungsröhre gilt $L = 0{,}11$ m und $d = 123$ pm.

b) Ermitteln Sie unter Verwendung der Gleichung

$$\lambda = \frac{d \cdot R}{L}$$

aus den Messwerten für R einen funktionalen Zusammenhang $\lambda = f(v)$. Überprüfen Sie Ihr Ergebnis mit Hilfe der De-Broglie-Beziehung $\lambda = \frac{h}{m \cdot v}$.

c) Berechnen Sie mit der De-Broglie-Beziehung den Radius des Beugungsmaximums zweiter Ordnung bei $U_B = 4$ kV (Annahme: Kleinwinkelnäherung ist gültig).

Lösung:

a) Die Geschwindigkeit der Elektronen nach Durchlaufen der Beschleunigungsspannung U_B berechnen wir aus der Energiebilanz $\frac{1}{2} m \cdot v^2 = e \cdot U_B$:

$$v = \sqrt{\frac{2 \, e \cdot U_B}{m}}$$

Die Ergebnisse sind in der dritten Spalte von Tabelle **T1** eingetragen.

b) Aus den Messwerten für R wird nach der angegebenen Formel mit den gegebenen Werten für d die Wellenlänge λ berechnet (rechte Spalte in Tabelle **T1**). Die grafische Darstellung des Zusammenhangs von λ und v zeigt einen abfallenden Verlauf, in dem keine klare funktionale Gestalt erkennbar ist.

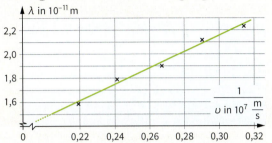

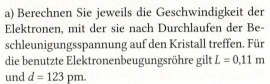

B1 Auftragung der Werte von λ gegen 1/v mit Ausgleichsgerade aus der linearen Regression

Die De-Broglie-Hypothese legt den Zusammenhang $\lambda \sim 1/v$ nahe. Die Punkte in Bild **B1** zeigen die Auftragung der Werte von λ gegen $1/v$. Die Darstellung lässt einen linearen Zusammenhang vermuten. Wir führen nun eine lineare Regression zwischen den beiden Größen durch. Es ergibt sich die Regressionsgleichung

$$y = 7{,}1 \cdot 10^{-4} \, x + 3.5 \cdot 10^{-13},$$

die den Schluss auf einen proportionalen Zusammenhang nahelegt. Wir schreiben daher als physikalische Größengleichung

$$\lambda = 7{,}1 \cdot 10^{-4} \, \frac{m^2}{s} \cdot \frac{1}{v} \, .$$

Dieses Ergebnis vergleichen wir mit dem Zusammenhang aus der De-Broglie-Beziehung:

$$\lambda = \frac{h}{m} \cdot \frac{1}{v} = 7{,}3 \cdot 10^{-4} \, \frac{Js}{kg} \cdot \frac{1}{v}.$$

Die Übereinstimmung zwischen Messwerten und Theorie kann als gut bezeichnet werden.

c) Für das Beugungsmaximum zweiter Ordnung gilt:

$$n \cdot \lambda = \frac{d \cdot R}{L}$$

mit $n = 2$. Nach R aufgelöst ergibt sich unter Benutzung der De-Broglie-Beziehung:

$$R = \frac{2\lambda \cdot L}{d} = \frac{2h \cdot L}{d \cdot m \cdot v} = \frac{2h \cdot L}{d \cdot \sqrt{2m \cdot e \cdot U_B}} \, .$$

Einsetzen von $U_B = 4$ kV, $L = 0{,}11$ m und $d = 123$ pm ergibt:

$$R = 0{,}034 \text{ m},$$

also etwa das Doppelte des für die erste Ordnung gefundenen Wertes.

U_B in V	R in m	v in $10^7 \frac{m}{s}$	λ in 10^{-11} m
2900	0,020	3,19	2,24
3400	0,019	3,46	2,12
4000	0,017	3,75	1,90
4900	0,016	4,15	1,79
5900	0,014	4,56	1,57

T1 Messwerte sowie berechnete Geschwindigkeiten und De-Broglie-Wellenlängen

Zusammenfassung

1. Fotoeffekt

Licht kann Elektronen aus Metalloberflächen heraus-lösen. Dabei gilt die **Einstein-Gleichung**:

$$h \cdot f = E_{kin} + W_A .$$

Hierbei ist f die Frequenz des einfallenden Lichts, W_A die Austrittsarbeit des Metalls und E_{kin} die maximale kinetische Energie der austretenden Elektronen.
Der Fotoeffekt führt zur Modellvorstellung von Licht als Strom von **Photonen** der Energie $E = h \cdot f$.

2. Wellenverhalten von Elektronen

Elektronen können Interferenzerscheinungen zeigen. Das **Wellenverhalten von Elektronen** und anderen massebehafteten Quantenobjekten lässt sich mit der **De-Broglie-Wellenlänge** λ beschreiben:

$$\lambda = \frac{h}{m \cdot v} .$$

Dabei ist $h = 6{,}626 \cdot 10^{-34}$ Js die **plancksche Konstante**. Werden Elektronen durch eine Beschleunigungsspan-nung U_B beschleunigt, ergibt sich speziell:

$$\lambda = \frac{h}{\sqrt{2\,e \cdot m \cdot U_B}} .$$

3. Wellenlänge und Impuls von Elektronen

Als Impuls $p = m\,v$ eines Körpers wird allgemein das Produkt aus Masse und Geschwindigkeit eines Körpers bezeichnet. Damit lautet die **De-Broglie-Beziehung**:

$$\lambda = \frac{h}{p} .$$

4. Beugung von Elektronen am Kristallgitter

Elektronen können an Kristallgittern gebeugt werden. Die **Bragg-Bedingung** für konstruktive Interferenz lautet:

$$n \cdot \lambda = 2\,d \cdot \sin(\alpha)$$

(n ganzzahlig, d = Netzebenenabstand).

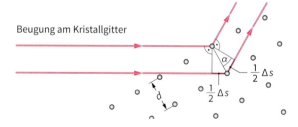

Beugung am Kristallgitter

5. Prinzip der statistischen Vorhersagbarkeit

In der Quantenphysik können Einzelereignisse im Allgemeinen nicht vorhergesagt werden. Bei vielen Wiederholungen des gleichen Experiments ergibt sich jedoch eine Verteilung, die – bis auf statistische Schwan-kungen – reproduzierbar ist.

6. Bornsche Wahrscheinlichkeitsinterpretation

Elektronen wird eine **Wellenfunktion** $\psi(x, t)$ zugeord-net, die sich nach Wellengesetzen ausbreitet.
$|\psi(x)|^2$ beschreibt die Wahrscheinlichkeit, bei einer Messung ein Elektron am Ort x zu finden.

7. Nichtlokalisierbarkeit von Quantenobjekten

In der Quantenmechanik ist es möglich, dass einem Quantenobjekt klassisch wohldefinierte Eigenschaften (z. B. „Ort") nicht zugeschrieben werden können.

8. Fundamentalprinzip

Auch einzelne Quantenobjekte können zu einem Inter-ferenzmuster beitragen. Voraussetzung ist, dass es für das Eintreten des gleichen Versuchsergebnisses mehr als eine klassisch denkbare Möglichkeit gibt.

Lassen sich die klassisch denkbaren Möglichkeiten (z. B. Weg durch verschiedene Spalte) anhand des Versuchser-gebnisses nicht unterscheiden, dann tritt Interferenz der Wellenfunktionen auf. Gibt es zwei klassisch denkbare Möglichkeiten, so gilt:

$$P(x) = |\psi(x)|^2 = |\psi_A(x) + \psi_B(x)|^2 .$$

Kann mit der Versuchsanordnung jedoch entschieden werden, welche der klassisch denkbaren Möglichkeiten realisiert wird, tritt keine Interferenz auf. Es gilt dann:

$$P(x) = P_A(x) + P_B(x) = |\psi_A(x)|^2 + |\psi_B(x)|^2 .$$

9. Komplementarität

Ortseigenschaft und Interferenzmuster sind im **Doppel-spaltexperiment** und **Mach-Zehnder-Interferometer** nicht gleichzeitig realisierbar, sondern schließen sich gegenseitig aus. Dies ist ein Spezialfall eines allgemeinen Prinzips, der Komplementarität (nach NIELS BOHR).

10. Heisenbergsche Unbestimmtheitsrelation

Es ist prinzipiell nicht möglich, Quantenobjekte in einen Zustand zu bringen, in dem die Messwerte von Ort und Impuls kleinere Streuungen aufweisen als:

$$\Delta x \cdot \Delta p_x \geq \frac{h}{4\pi} .$$

Auch die Unbestimmtheitsrelation ist ein Beispiel für das Prinzip der Komplementarität.

1 ➡ Elektronen, die mit $U_B = 50$ kV beschleunigt wurden, treffen auf einen kubischen Einkristall mit Netzebenenabstand 282 pm.
a) Bestimmen Sie die Winkel, unter denen sie reflektiert werden.
b) Zeichnen Sie eine Experimentieranordnung.

2

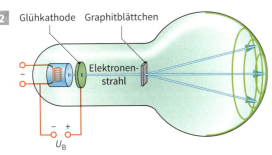
Glühkathode   Graphitblättchen
Elektronen-strahl
U_B

➡ Die Abbildung oben zeigt schematisch eine Elektronenbeugungsröhre. Erläutern Sie die Funktion der eingezeichneten Bauteile.

3 ➡ Menschliche Augen nehmen bei Licht der Wellenlänge $\lambda = 600$ nm Bestrahlungsstärken ab $10^{-10} \frac{W}{m^2}$ wahr. Schätzen Sie ab, wie viele Photonen dabei pro Sekunde die Pupillenöffnung durchqueren ($d = 6$ mm).

4

Schirm
halbdurchlässiger Spiegel
Spiegel
Quelle
Spiegel

➡ a) Die Abbildung oben zeigt den Aufbau eines Michelson-Interferometers. Geben Sie die vier möglichen Wege an, die Licht in diesem Interferometer nehmen kann.
Skizzieren Sie mit verschiedenen Farben die beiden Wege, die auf den Schirm treffen.
b) Erörtern Sie, wo Sie Polarisationsfilter positionieren müssten, um „Welcher-Weg-Information" zu erhalten. Diskutieren Sie mit dem Fundamentalprinzip das Muster auf dem Schirm (i) bei parallel gestellten Filtern, (ii) wenn die Filter senkrecht zueinander stehen.

5

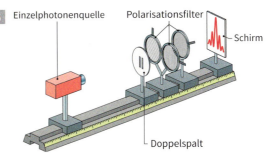
Einzelphotonenquelle   Polarisationsfilter   Schirm
Doppelspalt

➡ Führt man den Doppelspaltversuch mit Licht durch, kann man eine „Markierung" an jedem Photon anbringen, die anzeigen soll, durch welchen Spalt es gegangen ist. Dazu montiert man in den einen Spalt eine senkrecht polarisierende Folie und in den anderen Spalt eine waagerecht polarisierende.
a) Begründen Sie, weshalb in diesem Fall kein Interferenzmuster auf dem Schirm erscheint.
b) Bringt man zusätzlich zwischen Doppelspalt und Schirm eine unter 45° stehende Polarisationsfolie („Quantenradierer"), wird das Interferenzmuster wieder sichtbar. Begründen Sie mit dem Fundamentalprinzip und vergleichen Sie mit dem entsprechenden Versuch am Mach-Zehnder-Interferometer.

6 ➚ Erläutern Sie den Vorgang des „Sortierens" der Heliumatome im Doppelspaltexperiment (S. 193). Begründen Sie, weshalb man nach der klassischen Physik ein unverändertes Muster auf dem Schirm erwartet, und vergleichen Sie mit dem tatsächlichen Ergebnis.

7 ➡ Die Position eines Steins ($m = 1$ kg) soll bis auf 1 mm bestimmt sein. Berechnen Sie die sich daraus ergebende minimale Geschwindigkeitsunbestimmtheit.

8 ➚ In einer Nebelkammer ist die „Bahn" von α-Teilchen ($m = 6{,}6 \cdot 10^{-27}$ kg) deutlich sichtbar. Erörtern Sie, ob dies mit der Unbestimmtheitsrelation verträglich ist. Die Bahn wird durch Kondensation kleiner Wassertröpfchen sichtbar gemacht. Die durch den Durchmesser der Tröpfchen vorgegebene Ortsunbestimmtheit ist $\Delta x = 10^{-4}$ m. Vergleichen Sie die dadurch bedingte minimale Geschwindigkeitsunbestimmtheit mit einer typischen Geschwindigkeit der α-Teilchen von $10^7 \frac{m}{s}$.

9 ➚ Recherchieren Sie unter *www.pro-physik.de* nach dem Artikel „Born to be right?" von M. ASPELMEYER (2010) und erläutern Sie, auf welche Weise hier die bornsche Regel getestet wurde.

Atomphysik

Schon in der Antike dachten die Menschen über die elementaren Bausteine der Materie nach, für die sie den Begriff Atome prägten. Im 20. Jahrhundert wurde die Quantenmechanik entwickelt, die die Basis für unser heutiges Verständnis des Verhaltens der Atome ist. Die Elektronen in Atomen können nur ganz bestimmte Energiewerte einnehmen. Durch Übergänge zwischen den Energieniveaus entstehen die Linienspektren der Atome. Linienspektren sind die Grundlage der Spektralanalyse, mit der man den Aufbau von Sternen untersuchen und neue Elemente finden konnte.

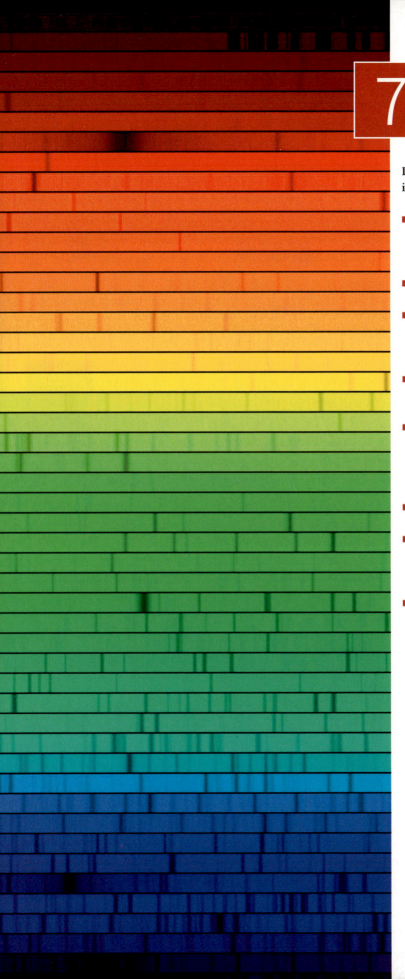

7

**Das können Sie
in diesem Kapitel erreichen:**

- Sie ordnen Radiowellen, Mikro-
  wellen, Licht und Röntgenstrah-
  lung in das elektromagnetische
  Spektrum ein.
- Sie beschreiben den Aufbau von
  Atomen aus Elementarteilchen.
- Sie erklären die Linienspektren
  leuchtender Gase und Fraun-
  hoferlinien mit den Energie-
  niveaus der Atomhülle.
- Sie verwenden die Methode der
  Spektralanalyse, um Elemente in
  Linienspektren zu identifizieren.
- Sie berechnen anhand des
  Modells eines unendlich hohen
  eindimensionalen Potenzialtopfs
  die Energieniveaus von Farbstoff-
  molekülen.
- Sie erläutern verschiedene
  Modelle zum Atomaufbau.
- Sie erklären das Linienspektrum
  des Wasserstoffatoms mit einem
  quantenphysikalischen Atommodell.
- Sie erklären die Entstehung von
  Röntgenstrahlung und die Funk-
  tionsweise von Lasern.

7.1 Das elektromagnetische Spektrum

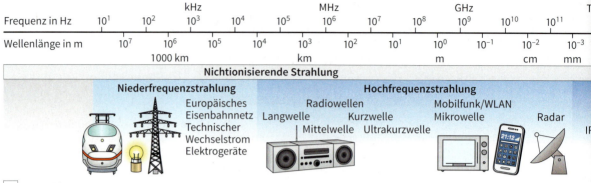

| B1 | *Das elektromagnetische Spektrum* |

Elektromagnetische Wellen. Elektromagnetische Wellen sind Transversalwellen. Sie werden von bewegten Ladungen erzeugt und breiten sich mit Lichtgeschwindigkeit c im Vakuum aus (Kapitel 5.7). Sie benötigen zur Ausbreitung keinen materiellen Träger.

Die uns bisher bekannten elektromagnetischen Wellen stammen zum Beispiel von Stromleitungen, die Wechselstrom von 50 Hz führen (technischer Wechselstrom). Weitere Beispiele sind Radiowellen und Wellen, die von Mobiltelefonen erzeugt oder in einem WLAN-Netz verwendet werden. Die elektromagnetischen Wellen werden in diesen Fällen von einem Hertz-Dipol als Antenne abgestrahlt und können von einer weiteren Antenne empfangen werden. Ihre Frequenzen liegen im Bereich von Megahertz (Ultrakurzwelle, UKW) oder Gigahertz (Mobiltelefon, WLAN). Auch Mikrowellengeräte verwenden zum Erhitzen von Speisen elektromagnetische Wellen mit einer Frequenz in der Größenordnung Gigahertz.

Licht. Lichtwellen lassen sich polarisieren und sind daher ebenfalls Transversalwellen mit der Ausbreitungsgeschwindigkeit c. Dies führte James Clerk Maxwell 1864 im Rahmen seiner Theorie des elektromagnetischen Feldes zu dem Schluss, dass Licht und weitere Strahlungsarten eine Form von elektromagnetischen Wellen sind. Maxwells Theorie wurde 1888 von Heinrich Rudolf Hertz durch den experimentellen Nachweis elektromagnetischer Wellen bestätigt.

In Versuch **V1** wird Sonnenlicht mit Hilfe eines Prismas in seine **Spektralfarben** zerlegt: Man sieht das bekannte **Spektrum des sichtbaren Lichts** der Farben von Rot bis Violett. Die Darstellung der

V1 Das Spektrum von Glühlicht

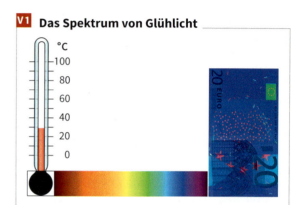

Sonnenlicht wird durch einen Spalt und anschließend durch ein Prisma auf einen Schirm geleitet.
a) Neben das violette Ende des Spektrums wird ein Euroschein gehalten.
b) Neben das rote Ende des Spektrums wird der schwarz eingefärbte Fühler eines Digitalthermometers positioniert.

Intensität elektromagnetischer Strahlung als Funktion der Energie, Frequenz oder Wellenlänge heißt allgemein **Spektrum**.

In den Bereichen links und rechts neben dem Spektrum kann man mit bloßem Auge zwar nichts beobachten, aber bei der Verwendung des Euroscheins als Hilfsmittel sieht man im verdunkelten Raum helle Stellen aufleuchten. Die unsichtbare Strahlung, die das Leuchten verursacht, liegt im Spektrum des Lichts jenseits (lat.: *ultra*) des Violetts, sie wird daher **ultraviolettes Licht** (**UV**-Licht) genannt. Jenseits des roten Lichts wird eine Temperaturerhöhung beobachtet. Die unsichtbare Strahlung, auf die das Thermometer reagiert, heißt **infrarotes Licht** (**IR**-Licht) (lat.: *infra*, unterhalb).

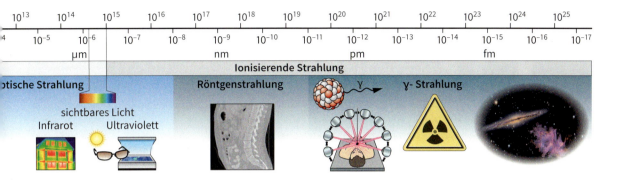

10^{13}	10^{14}	10^{15}	10^{16}	10^{17}	10^{18}	10^{19}	10^{20}	10^{21}	10^{22}	10^{23}	10^{24}	10^{25}
10^{-5}	10^{-6}	10^{-7}	10^{-8}	10^{-9}	10^{-10}	10^{-11}	10^{-12}	10^{-13}	10^{-14}	10^{-15}	10^{-16}	10^{-17}

µm   nm   pm   fm

Ionisierende Strahlung

ptische Strahlung   **Röntgenstrahlung**   γ   **γ- Strahlung**

sichtbares Licht

Infrarot   Ultraviolett

Den Farben im Spektrum können Wellenlängen λ zugeordnet werden: Die Grenze des roten Lichts liegt bei einer Wellenlänge von ungefähr $\lambda = 800$ nm, die des violetten Lichts bei etwa 400 nm. Der Bereich des IR-Lichts liegt oberhalb einer Wellenlänge von 800 nm und der des UV-Lichts unterhalb von 400 nm.

Röntgenstrahlung. Noch kurzwelliger als UV-Strahlung ist Röntgenstrahlung (Kapitel 5.12 und 7.9). Auch sie zeigt Wellencharakter, breitet sich im Vakuum aus und gehört zu den elektromagnetischen Wellen. Röntgenstrahlung kann aus Atomen Elektronen herausschlagen, also Atome ionisieren. Röntgenstrahlung und ein Teil der kurzwelligen UV-Strahlung gehören somit zur **ionisierenden Strahlung** (siehe auch Kapitel 8).

Röntgenstrahlung vermag verschiedene Materialien unterschiedlich stark zu durchdringen. Stärker absorbiert wird sie von Elementen mit höherer Ordnungszahl. Wegen der unterschiedlichen Absorption in verschiedenen Stoffen ist Röntgenstrahlung ein besonders wichtiges Hilfsmittel in der Materialprüfung und in der medizinischen Diagnostik.

γ-Strahlung. Die kurzwelligste Strahlung ist die γ-Strahlung. Sie entsteht zum Beispiel bei Kernprozessen (Kapitel 8) oder ist eine sehr energiereiche Strahlung kosmischen Ursprungs. Auch γ-Strahlung durchdringt Materie.

Das elektromagnetische Spektrum. Die Wellenlängen und Frequenzen der unterschiedlichen Strahlungsarten können über die Beziehung $c = f \cdot \lambda$ ineinander umgerechnet werden. Mit der Einstein-Gleichung $E = h \cdot f$ kann man auch die jeweilige Energie der Strahlung erhalten. Ordnet man die verschiedenen Strah-

lungsarten nach ihrer Energie oder der Frequenz an, so ergibt sich die Darstellung des elektromagnetischen Spektrums in Bild **B1**. Das Spektrum des sichtbaren Lichts ist nur ein sehr kleiner Bereich des gesamten elektromagnetischen Spektrums.

> **! Merksatz**
>
> Ordnet man die verschiedenen Arten der elektromagnetischen Strahlung nach ihrer Energie, Frequenz oder Wellenlänge, so erhält man das Spektrum der elektromagnetischen Wellen. Es umfasst viele Zehnerpotenzen der Energie, Frequenz oder Wellenlänge. Das sichtbare Licht ist davon nur ein kleiner Teil.

Arbeitsaufträge

1 ➡ Laserpointer können unterschiedliche Farben haben. Die Wellenlängen solcher kommerziell erhältlichen Laser sind zum Beispiel: 473 nm, 532 nm und 635 nm.
Berechnen Sie die zugehörigen Frequenzen und Energien (in eV). Ordnen Sie den Wellenlängen der verschiedenen Laser mit Hilfe von Bild **B1a** auf Seite 222 Farben zu.

2 ↗ Recherchieren Sie die möglicherweise auftretenden gesundheitlichen Gefahren, die von elektromagnetischer Strahlung ausgehen können. Stellen Sie Ihre Ergebnisse in einer Präsentation dar.
Erläutern Sie die möglichen unterschiedlichen gesundheitlichen Folgen in Abhängigkeit von der Art der Strahlung. Gehen Sie darauf ein, ob und wie ein Schutz vor der jeweiligen Strahlung möglich ist.

7.2 Linienspektren und Spektralanalyse

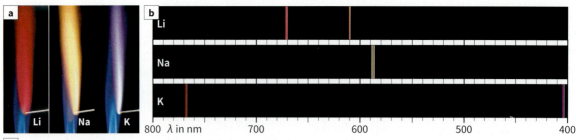

B1 *a) Flammenfärbungen für die Metalle Lithium (Li), Natrium (Na) und Kalium (K)*
b) Schematische Darstellung von Linienspektren im sichtbaren Bereich für Lithium, Natrium und Kalium

V1 Spektrum bei einer Spektralröhre

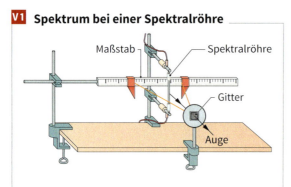

Eine gasgefüllte Spektralröhre steht senkrecht vor einem horizontalen Maßstab. Durch Anlegen einer Spannung wird sie „gezündet". Blickt man durch das optische Gitter auf den dünnen Leuchtfaden in der Spektralröhre, erscheinen links und rechts auf dem Maßstab die jeweiligen Spektrallinien.

Spektren. Genügend heiße Körper, wie zum Beispiel eine Glühlampe, senden Licht aus, das weiß erscheint. Zerlegt man dieses weiße Licht mit einem Prisma oder einem Gitter in seine Anteile in Abhängigkeit von der Wellenlänge, so erhält man ein Spektrum der Farben von Rot bis Violett. Da das Spektrum farbiges Licht aller Wellenlängen im sichtbaren Bereich aufweist und von einer Lichtquelle ausgesendet wird, nennt man ein solches Spektrum **kontinuierliches Emissionsspektrum.**

Flammenfärbung. Werden bestimmte Salze wie Alkali- und Erdalkalichloride in einer rauschenden, nichtleuchtenden Gasbrennerflamme erhitzt, kann man eine zum Teil kräftige Färbung der Flamme beobachten (siehe Bild **B1a** für die Salze der Alkalimetalle Lithium, Natrium und Kalium). Deshalb werden solche Salze für Farberscheinungen bei abbrennenden Feuerwerkskörpern eingesetzt. In den heißen Flammen entstehen aus den Salzen die entsprechenden Metallatome, die bei der schnellen thermischen Bewegung in den heißen Flammengasen Energie durch Stöße mit anderen Gasteilchen aufnehmen und anschließend als Licht wieder abgeben. Die Farbe der Flamme ist spezifisch für das jeweilige Metall und kann zur Identifizierung der Metalle verwendet werden.

Spektren von leuchtenden atomaren Gasen. Lässt man das Licht der farbigen Flammen durch einen Spalt und ein Prisma auf einen Schirm fallen, so wird das farbige Licht in seine Bestandteile zerlegt. Die Spektren sind in diesem Fall jedoch nicht kontinuierlich wie beim Spektrum einer Glühlampe, sondern man beobachtet einzelne, scharf abgegrenzte (diskrete) Linien. In Bild **B1b** sind die Spektren für die Metalle Lithium, Natrium und Kalium schematisch dargestellt. Die Flammenfärbung lässt sich als Überlagerung der in den Spektren vorhandenen Linienfarben erklären. Robert Wilhelm Bunsen und Gustav Robert Kirchhoff veröffentlichten 1860 eine Reihe von so gewonnenen Spektren der Alkali- und Erdalkalimetalle.

Auch das Licht von Gasentladungslampen oder -röhren liefert diese Art Spektren. In Versuch **V1** wird das Spektrum einer Spektralröhre durch ein Gitter beobachtet. Bei den beiden beschriebenen Versuchsanordnungen ist das Licht aufgrund der Abbildung des Spalts oder Lichtfadens bei der Zerlegung in Form von Linien sichtbar. Deshalb nennt man diese **Atomemissionsspektren** auch heute noch **Linienspektren.**

Entstehung von Linienspektren. Das von den Metallatomen abgegebene Licht besteht aus Linien bei jeweils nur einer Wellenlänge. Eine Spektrallinie enthält somit nur Photonen einer Frequenz oder einer bestimmten Energie. Die Gasteilchen, mit denen die Metallatome zusammenstoßen, haben unterschiedliche Bewegungsenergien, die kontinuierlich verteilt sind. Obwohl also die Gasteilchen bei ihren Stößen „beliebige" Energien austauschen können, senden die Metallatome nur Licht mit bestimmten, diskreten Energien aus. Das bedeutet aber auch: Die Energiezustände von Atomen sind diskret („quantisiert") und nicht kontinuierlich.

Ein Teil der Bewegungsenergie kann bei den Stößen dazu dienen, ein Metallatom aus einem niedrigeren Energiezustand E_1 in einen höheren, **angeregten Zustand** der Energie E_2 zu versetzen (Bild **B2**). Ist der Zustand E_1 der niedrigste Zustand, so wird E_1 **Grundzustand** genannt. Der angeregte Zustand ist nicht stabil, er hat nur eine kurze Lebensdauer. Daher „fällt" das Atom nach etwa 10 ns aus dem Zustand E_2 in den tiefer liegenden Zustand E_1 zurück. Die dabei freiwerdende Energie wird als elektromagnetische Strahlung der Energie $\Delta E = E_1 - E_2 = h \cdot f$ ausgesendet. Diesen Vorgang nennt man **Emission** von Licht oder Photonen. Er ist in einem Energieniveauschema in Bild **B2** dargestellt.

Die Ursachen für die Linienspektren waren zur damaligen Zeit um 1860 auf atomarer Ebene noch nicht bekannt. Ein zu entwickelndes Atommodell musste aber in der Lage sein, diese Befunde erklären zu können.

Spektralanalyse. Die Methoden zur Aufnahme von Spektren werden mit dem Begriff **Spektroskopie** zusammengefasst. Die dabei verwendeten Geräte heißen **Spektroskope** oder **Spektrometer,** je nachdem, ob die Spektren nur beobachtet oder auch ausgemessen werden. Versuch **V2** zeigt ein Spektrometer zur Aufnahme von Atomemissionsspektren einer Spektralröhre. Die Anwendung spektroskopischer Methoden zur Analyse von Stoffen bezeichnet man als Spektralanalyse. Bereits KIRCHHOFF und BUNSEN verwendeten Atomemissionsspektren zur chemischen Analyse von Mineralwasser und berichteten 1861 von der Entdeckung der beiden Alkalimetalle Rubidium und Caesium mit Spektralanalyse.

! Merksatz

Atome können Licht in Form von Linienspektren emittieren. Die Linienspektren atomarer Gase zeigen, dass die Energieniveaus von Atomen diskret, also quantisiert sind. Anhand der für die Atomsorten spezifischen Emissionslinien lassen sich Stoffe analysieren.

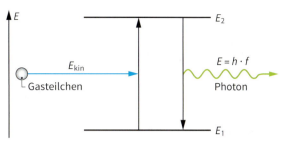

B2 Energieniveauschema für die Anregung von Metallatomen durch Stöße mit anschließender Emission von Licht

V1 Spektrometer

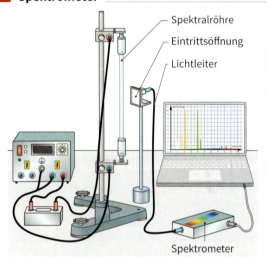

Das Licht einer Spektralröhre trifft auf die Eintrittsöffnung eines Lichtleiters und wird von dort über den Lichtleiter auf das feststehende Gitter im Spektrometer geleitet. Das vom Licht erzeugte Spektrum wird von einem Detektor erfasst, einem lichtempfindlichen elektronischen Bauelement. Er misst gleichzeitig die Intensitäten der einzelnen Spektrallinien. Ein Computer wertet die erzeugten elektrischen Signale aus und stellt die Intensitäten der einzelnen Linien über der Wellenlänge dar. So entsteht auf dem Monitor das Linienspektrum.

Arbeitsaufträge

1. a) Ermitteln Sie aus Bild **B1b** die Wellenlängen der Linien im Natriumspektrum.
b) Recherchieren Sie die Wellenlänge der gelben Emissionslinie im Heliumspektrum.
Begründen Sie, warum es schwierig ist, die Heliumlinie neben den Natriumlinien zu beobachten.

7.3 Sonnenspektrum und Fraunhoferlinien

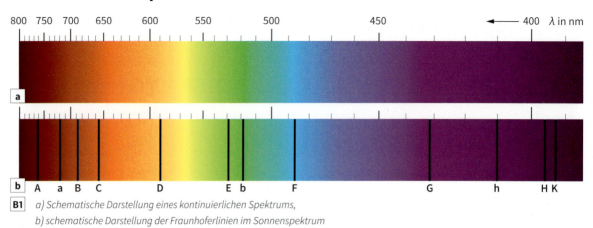

B1 a) Schematische Darstellung eines kontinuierlichen Spektrums,
b) schematische Darstellung der Fraunhoferlinien im Sonnenspektrum

Fraunhoferlinien im Sonnenspektrum. Für ein Spektrum von der Sonne würde man ein Spektrum wie in Bild **B1a** erwarten, da die Sonne als „heißer Körper" ein kontinuierliches Spektrum liefern sollte. Dies ist aber nicht zutreffend. Schon 1802 beobachtete der englische Chemiker WILLIAM HYDE WOLLASTON dunkle Linien im Sonnenspektrum. 1814 entdeckte der deutsche Optiker JOSEPH VON FRAUNHOFER die Linien erneut (Bild **B1b**). Er untersuchte diese Linien daraufhin systematisch und erstellte als Erster ein Verzeichnis. FRAUNHOFER fand mehr als 570 der dunklen Linien im Sonnenspektrum, von denen er einige mit Buchstaben kennzeichnete. Eine Zusammenstellung der Linien im gesamten Sonnenspektrum führt heute über 25 000 Linien mit ihren Wellenlängen und Intensitäten auf. Ursprünglich wurden die Linien nur zur Bestimmung der Güte von optischen Materialien verwendet.

Entstehung der Fraunhoferlinien. Neben der Anregung durch Stöße mit Gasteilchen ist eine weitere Möglichkeit Atome anzuregen, die Anregung durch Licht. Wenn die Photonenenergie $h \cdot f$ genau der Differenz $E_2 - E_1$ zwischen der niedrigeren Energie E_1 und der höheren Energie E_2 im Atom entspricht, kann das Atom angeregt werden (Bild **B2**). Bei einfallendem weißen Licht, das auf ein Gas einer bestimmten Atomsorte trifft, ist das für fast alle Frequenzen nicht der Fall, für einige wenige aber schon. Bei diesen Energien werden Atome angeregt. Sie absorbieren Photonen der Energie $h \cdot f$. Diesen Vorgang nennt man **Absorption** (Bild **B2**). Nach einer sehr kurzen Zeit von etwa 10 ns emittieren die Atome wieder Photonen mit eben dieser Energie, allerdings in *alle* Richtungen. In der ursprünglichen Strahlrichtung fehlen die Frequenzen f dann zu einem großen Teil im kontinuierlichen Spektrum des Lichts, das das Gas durchstrahlt hat. Die meisten der abgestrahlten Photonen bewegen sich nicht in Strahlrichtung. Im Spektrum sieht man deshalb dunkle Linien. Das auf diese Weise gewonnene Spektrum wird als **Absorptionsspektrum** bezeichnet.

In Bild **B3** ist ein Sonnenspektrum gezeigt, das mit einem Spektrometer wie in Versuch **V2** auf Seite 221 aufgenommen wurde. Obwohl man erwarten würde, dass an den Stellen der Fraunhoferlinien keine Lichtintensität zu beobachten ist, fällt die Intensität nicht auf null ab. Die Fraunhoferlinien entsprechen den Minima im Spektrum. Ein Grund dafür ist, dass auch in Strahlrichtung einige Photonen mit den Frequenzen f emittiert werden, sodass lediglich eine niedrigere Intensität festzustellen ist. Außerdem spielt die optische Auflösung des Spektrometers eine Rolle.

Quelle des weißen Sonnenlichts, einschließlich des Infrarot- und Ultraviolettlichts, ist eine der äußeren Schichten der Sonne. Bevor das Sonnenlicht die Erde erreicht, muss es die darüber liegenden Schichten der Sonne durchdringen. Die Atome in diesen Schichten absorbieren in Strahlrichtung einen Großteil der Photonen aus dem kontinuierlichen Spektrum mit den jeweils für die Anregung erforderlichen Energien. Bestimmt man die Wellenlängen der Fraunhoferlinien und vergleicht sie mit den Linienspektren von Atomen, so kann man auf die Zusammensetzung der Schichten schließen.

Bevor das Sonnenlicht die Erdoberfläche erreicht, muss es noch die Erdatmosphäre durchdringen. Auch hier gibt es Gase, deren Atome und Moleküle Licht absorbieren können. Einige der Fraunhoferlinien gehen daher auf die Absorption in der Erdatmosphäre zurück.

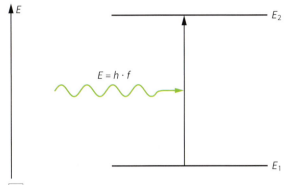

B2 *Energieniveauschema für die Anregung von Atomen durch Absorption von Licht*

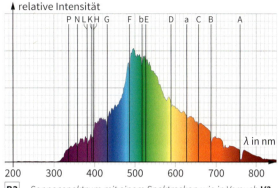

B3 *Sonnenspektrum mit einem Spektroskop wie in Versuch V2 auf Seite 221 aufgenommen*

Spektren von Objekten im Weltall.

KIRCHHOFF und BUNSEN führten schon 1859 spektralanalytische Untersuchungen der Fraunhoferlinien durch und kamen zu dem Schluss, dass ein Teil der Linien von in der Sonne enthaltenen Metallen, ein anderer Teil durch Stoffe in der Erdatmosphäre hervorgerufen wird. Bei weiteren Untersuchungen beobachtete der französische Astronom PIERRE JULES CÉSAR JANSSEN 1868 bei 587,49 nm in der Nähe der gelben Doppellinie (bei D in Bild **B1b**) eine weitere Linie, die von keinem bis dahin bekannten Element hervorgerufen wurde. Die Entdeckung wurde vom englischen Astronomen SIR JOSEPH NORMAN LOCKYER noch im selben Jahr bestätigt. Das unbekannte Element wurde **Helium** genannt (von *hélios*, griechisch: Sonne). Erst einige Jahre später wurde Helium auch auf der Erde gefunden.

Durch Spektralanalyse ist man in der Lage, viele wichtige Informationen über das Weltall zu erhalten. So bestehen die Spektren aller Fixsterne wie das Sonnenspektrum ebenfalls aus einem kontinuierlichen Spektrum mit dunklen Absorptionslinien. Mit Hilfe einer Spektralanalyse dieser Absorptionslinien ist es wie bei der Sonne möglich, die chemische Zusammensetzung der Sterne aufzuklären. Aus der Intensitätsverteilung des kontinuierlichen Sternspektrums in Abhängigkeit von der Wellenlänge lässt sich sehr einfach auch die Oberflächentemperatur von Sternen bestimmen.

Spektroskopische Methoden sind das wichtigste Hilfsmittel bei der Erforschung von Objekten im Weltall, wie zum Beispiel auch Exoplaneten, Galaxien, etc. Die vielleicht bedeutendste Erkenntnis ist dabei, dass die Gesetze der Physik im ganzen Weltraum die gleichen sind wie auf der Erde. Selbst in den entferntesten beobachteten Galaxien findet man die gleichen Spektrallinien, die man auch bei den chemischen Elementen auf der Erde erhält.

! Merksatz

Atome können Licht in Form von Linienspektren absorbieren.

Absorptionslinien im kontinuierlichen Spektrum der Sonne (Fraunhoferlinien) und anderer Sterne erlauben Aussagen über deren chemische Zusammensetzung mit Hilfe der Spektralanalyse.

Arbeitsaufträge

1

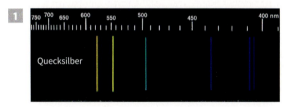

🖊 In die Flamme eines Gasbrenners wird Natriumchlorid (NaCl) gebracht. Die Flamme wird mit dem Licht einer Quecksilberdampflampe beleuchtet. Die Abbildung zeigt das Spektrum. Man sieht keinen Schatten. Wenn man die Flamme mit dem Licht einer Natriumdampflampe beleuchtet, wird der Schatten der Flamme sichtbar. Begründen Sie.

2 🖊 Ermitteln Sie, ob eins der Alkalimetalle (Lithium, Natrium oder Kalium) auf S. 220 bei den mit Buchstaben gekennzeichneten Fraunhoferlinien in Bild **B1b** vorkommt. Begründen Sie Ihre Antwort. Erläutern Sie die Schlussfolgerung.

7.4 Wasserstoffspektrum – Atommodell von BOHR

B1 *Balmer-Serie des Wasserstoffs. Die mit bloßem Auge nicht erkennbaren Linien im UV-Bereich wurden sichtbar gemacht.*

Balmer-Serie des Wasserstoffspektrums. Von einer mit Wasserstoffgas gefüllten Spektralröhre erhält man ein Spektrum wie in Bild **B1**. Die ersten vier Linien liegen noch im sichtbaren Bereich oberhalb 400 nm und bilden mit den weiteren Linien eine Serie, die Balmer-Serie. Tabelle **T1** gibt für die ersten vier Linien die zugehörigen Wellenlängen λ und Frequenzen f an. Die Linien einer Serie rücken zum kurzwelligen Ende des Spektrums immer dichter zusammen.

JOHANN JAKOB BALMER untersuchte, ob die Lage der Spektrallinien von Wasserstoff (also die Wellenlängen bzw. Frequenzen) einer Gesetzmäßigkeit folgen. Er war überzeugt, dass ein solcher Zusammenhang Aufschluss über den Aufbau der Atome geben würde. Neben den vier Linien im sichtbaren Spektrum waren seinerzeit noch fünf weitere im ultravioletten Bereich bekannt, die mit fotografischen Methoden gefunden wurden. BALMER fand 1885 für die beobachteten Frequenzen die nach ihm benannte empirische **Balmer-Formel**:

$$f_{\text{Balmer}} = f_{\text{Ry}} \cdot \left(\frac{1}{2^2} - \frac{1}{n^2} \right).$$

Die Konstante $f_{\text{Ry}} = 3{,}29 \cdot 10^{15}$ Hz heißt **Rydberg-Frequenz**, n ist eine natürliche Zahl größer 2. Setzt man für $n = 3, 4, 5, 6$ ein, so erhält man die Frequenzen in Tabelle **T1**. Mit dem Zusammenhang $\lambda = \frac{c}{f}$ lassen sich auch die Wellenlängen berechnen. Die Wellenlängen für $n > 6$ liegen alle im ultravioletten Bereich.

Farbe	Wellenlänge λ	Frequenz f
Rot	656 nm	$4{,}57 \cdot 10^{14}$ Hz
Türkis	486 nm	$6{,}17 \cdot 10^{14}$ Hz
Violett (1.)	434 nm	$6{,}91 \cdot 10^{14}$ Hz
Violett (2.)	410 nm	$7{,}31 \cdot 10^{14}$ Hz

T1 *Sichtbare Spektrallinien in der Balmerserie des Wasserstoffs*

Weitere Serien im Wasserstoffspektrum. JOHANNES ROBERT RYDBERG ersetzte 1888 die „2" in der Balmer-Formel durch die natürliche Zahl m ($m < n$) und erhielt die allgemeinere, nach ihm benannte **Rydberg-Formel**:

$$f = f_{\text{Ry}} \cdot \left(\frac{1}{m^2} - \frac{1}{n^2} \right).$$

Mit dieser Formel konnten alle Spektrallinien des Wasserstoffs berechnet werden. RYDBERG fand heraus, dass alle Spektrallinien in Serien angeordnet sind. Zu jeder Serie gehört eine bestimmte Zahl m, die festgehalten wird, während n mit $m < n$ variiert wird. Tatsächlich stimmen die Wellenlängen oder Frequenzen mit den entsprechenden Werten der verschiedenen, erst später gefundenen Serien im Wasserstoffspektrum überein:

$m = 1$: Lyman-Serie im ultravioletten,

$m = 2$: Balmer-Serie im sichtbaren und ultravioletten,

$m = 3$: Paschen-Serie im infraroten,

$m = 4$: Brackett-Serie im infraroten und

$m = 5$: Pfund-Serie im infraroten Spektralbereich.

Die Rydberg-Formel gilt nur für das Spektrum von Wasserstoffatomen. Eine ähnliche Gleichung ergibt sich für **wasserstoffähnliche Systeme,** das heißt für Ionen mit einem beliebigen Kern, um den sich aber nur ein Elektron bewegt, wie zum Beispiel He^+, Li^{2+}, Be^{3+} und so weiter. Für diese wird die höhere Kernladung Z durch den Faktor Z^2 berücksichtigt.

Atommodell von BOHR. Die Atommodelle von THOMSON und RUTHERFORD konnten das Auftreten von Spektrallinien in den Atomspektren nicht erklären. NIELS BOHR veröffentlichte 1913 ein Modell, mit dem die Spektrallinien des Wasserstoffs richtig beschrieben wurden (siehe Kapitel 7.8). Außerdem konnte man auch die Spektrallinien von wasserstoffähnlichen Systemen berechnen.

BOHR ging davon aus, dass das Wasserstoffatom aus einem Kern mit einfach positiver Ladung besteht, um den sich ein Elektron mit einfach negativer Ladung auf einer Kreisbahn bewegt. Der Durchmesser des Atomkerns ist im Vergleich zum Durchmesser des Atoms klein, die Masse des Atoms ist im Kern konzentriert. In der klassischen Physik müsste ein solches Atom aufgrund der Bewegung des Elektrons ständig Energie in Form elektromagnetischer Wellen abstrahlen, und das Elektron würde wegen des Energieverlusts letztendlich in den Kern „stürzen". Um diese Schwierigkeiten zu

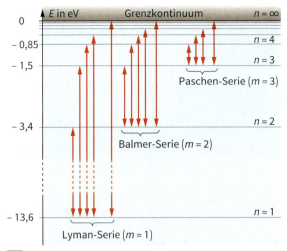

B2　*Energieniveauschema des Wasserstoffatoms*

umgehen, stellte BOHR folgende Annahmen auf, die allerdings nicht aus bekannten physikalischen Gesetzen hergeleitet werden konnten:

- **1. Postulat:** Solange keine Wechselwirkungen mit der Umgebung stattfinden, befinden sich Atome in stationären Zuständen, die sich also nicht mit der Zeit ändern. In diesen Zuständen bewegen sich die Elektronen auf Kreisbahnen mit festem Radius r_n. Es wird keine Energie als elektromagnetische Strahlung abgegeben (oder aufgenommen). Den stationären Zuständen ist eine bestimmte Energie E_n zugeordnet.

- **2. Postulat:** Die Atome können von einem stationären Zustand m in einen anderen stationären Zustand n übergehen, indem sie Energie aufnehmen oder abgeben. Die aufgenommene oder abgegebene Energie entspricht dabei genau der Energiedifferenz ΔE zwischen den Energien der stationären Zustände und wird als elektromagnetische Strahlung der Frequenz f absorbiert oder emittiert: $\Delta E = E_n - E_m = h \cdot f$.

- **Quantisierungsbedingung:** Zusätzlich legte BOHR für das Elektron auf seiner Kreisbahn fest:

$$m_e \cdot v \cdot r_n = n \cdot \frac{h}{2\pi}.$$

- Hier ist m_e die Masse des Elektrons, r_n der Radius der Kreisbahn des Elektrons im Zustand n und v die Geschwindigkeit des Elektrons auf der Kreisbahn. Die natürliche Zahl n wird als **Quantenzahl** bezeichnet. Mit der Quantisierungsbedingung von BOHR fanden zum ersten Mal quantenphysikalische Prinzipien in einem Atommodell Anwendung.

BOHR erhielt für die Energien E_n der stationären Zustände (Bild **B2**):

$$E_n = -\frac{e^4 \cdot m_e}{8 \cdot \varepsilon_0^2 \cdot h^2} \cdot \frac{1}{n^2} \approx -13{,}6 \text{ eV} \cdot \frac{1}{n^2}. \qquad (1)$$

Die Atome können in Folge der Quantisierungsbedingung nur bestimmte, diskrete Energiewerte einnehmen, die Energiezustände sind quantisiert. Für die Energiedifferenz des Übergangs vom Zustand m in den Zustand n gilt:

$$\Delta E = E_n - E_m = h \cdot f \approx -13{,}6 \text{ eV} \cdot \left(\frac{1}{n^2} - \frac{1}{m^2} \right).$$

Aufgrund der diskreten Energien des Wasserstoffatoms ergibt sich anstelle eines kontinuierlichen Spektrums also ein Linienspektrum. Multipliziert man die Rydberg-Formel mit der Planck-Konstante h, so gelangt man ebenfalls zu obiger Gleichung (1). Bei wasserstoffähnlichen Systemen wird die höhere Kernladung Z mit dem Faktor Z^2 in der Energiegleichung berücksichtigt.

> ❗ **Merksatz**
>
> Im Atommodell von BOHR bewegt sich ein Elektron auf einer stabilen Kreisbahn mit einer bestimmten Energie um den Kern mit der Kernladungszahl Z:
>
> $$E_n \approx -13{,}6 \text{ eV} \cdot \frac{Z^2}{n^2}.$$
>
> Bei Übergängen zwischen zwei Energieniveaus wird ein Photon emittiert oder absorbiert. Seine Energie $h \cdot f$ entspricht der Energiedifferenz zwischen den beiden Niveaus:
>
> $$\Delta E = E_n - E_m = h \cdot f.$$

Arbeitsaufträge

1 🖋 a) Werten Sie das Sonnenspektrum in Bild **B1b** (S. 222) aus, indem Sie für die fraunhoferschen Linien A, B, C, D, F, G, a und h die Wellenlängen λ angeben.
b) Untersuchen und begründen Sie, welche der fraunhoferschen Linien A, B, C, D, F, G, a und h zur Balmer-Serie des Wasserstoffspektrums gehören.
c) Wenn das Sonnenspektrum vom Weltraum aus aufgenommen wird, verschwinden die Linien A, B und a. Interpretieren Sie diesen Befund.

7.5 Franck-Hertz-Versuch ▶

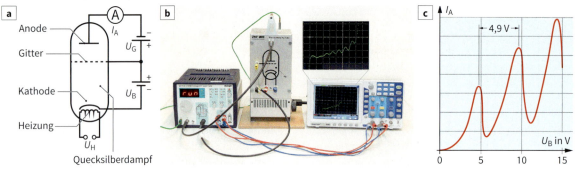

Anregung von Atomen. JAMES FRANCK und GUSTAV HERTZ führten in den Jahren 1911 bis 1914 Versuche zu Stößen von Elektronen mit Atomen durch. Neben den Linienspektren von Atomen waren ihre Versuche ein weiterer experimenteller Beleg für das Vorhandensein von diskreten Energieniveaus in Atomen, wie sie im Modell von BOHR postuliert wurden. Für diesen Nachweis erhielten FRANCK und HERTZ 1925 den Nobelpreis.

Elektronen, die im Versuch **V1** aus der Glühkathode austreten und von der Beschleunigungsspannung U_B beschleunigt werden, haben die Bewegungsenergie

$$E_{kin} = e \cdot U_B.$$

Steigert man also in Versuch **V1** die Beschleunigungsspannung zwischen der Kathode und dem Gitter, dann steigt auch die Bewegungsenergie der Elektronen. Es wäre daher zu erwarten, dass bei wachsender Beschleunigungsspannung der Anodenstrom I_A immer weiter ansteigt. Zunächst ist das auch so (Bild **B1c**). Sobald aber die Beschleunigungsspannung den Wert 4,9 V erreicht, sinkt der Anodenstrom plötzlich ab.

Dies lässt sich folgendermaßen erklären: Die Elektronen durchfliegen das Gas aus Quecksilberatomen und stoßen mit diesen zusammen. Bis zu einer Energie von 4,9 eV sind die Stöße elastisch. Ab 4,9 eV finden auch inelastische Stöße statt, wobei die Elektronen einen Teil ihrer Bewegungsenergie verlieren und die Atome in ein höheres Energieniveau anregen. Dies geschieht nur dann, wenn die den Atomen zugeführte Energie genau der Energiedifferenz von 4,9 eV zwischen Anfangs- und Endzustand des Atoms entspricht. Die Atome können also nur bestimmte Energieniveaus einnehmen. Die Elektronen sind nach der Energieabgabe zunächst nicht mehr in der Lage, die Gegenspannung U_G zwischen

Gitter und Anode zu überwinden, der Anodenstrom sinkt auf ein Minimum ab. Steigert man die Beschleunigungsspannung weiter, steigt der Anodenstrom zunächst wieder an, um bei U_B = 9,8 V auf ein zweites Minimum abzusinken. Die Elektronen haben nun schon nach der Hälfte ihres Weges ein Quecksilberatom angeregt. Nach der Kollision werden sie erneut beschleunigt und können kurz vor dem Gitter ein zweites Quecksilberatom anregen.

> **❗ Merksatz**
>
> Beim Franck-Hertz-Versuch stoßen beschleunigte Elektronen mit Gasatomen zusammen. Beim Zusammenstoß gibt ein Elektron nur dann Energie ab, wenn diese ausreicht, um das Atom auf ein höheres Energieniveau anzuregen.

V1 Franck-Hertz-Versuch

In einer geschlossenen Glasröhre befindet sich Quecksilberdampf, der durch Erhitzen eines Quecksilbertropfens erzeugt wird (Bild **B1**). Eine Glühkathode wird durch eine Heizspannung U_H erhitzt, sodass Elektronen austreten. Die Elektronen werden durch eine Spannung U_B zu einem positiv geladenen Gitter hin beschleunigt. Hinter dem Gitter befindet sich die negativ geladene Anode. Zwischen dem Gitter und der Anode liegt die Bremsspannung U_G = 2 V. Es können also nur solche Elektronen zur Anode gelangen, die beim Passieren des Gitters noch eine Energie von mindestens 2 eV haben.

Zwischen Anode und Spannungsquelle wird die Stromstärke I_A des Anodenstroms gemessen. Es ergibt sich die in Bild **B1c** dargestellte Kurve. Die Maxima der Kurve liegen ΔU_B = 4,9 V auseinander.

Geben Sie die Energie, die ein Elektron beim Anlaufen gegen die Bremsspannung von 2 V verliert, in den Einheiten Joule und eV an.

Lösung:

Die Einheit eV (gesprochen „E-Volt") wurde auf Seite 20 eingeführt. Man stellt sich ein geladenes Teilchen mit $q = 1\,e = 1{,}602 \cdot 10^{-19}$ C vor, das beschleunigt wird, indem es die Spannung $U = 1$ V durchläuft. Dabei gewinnt es die Energie

$$E = q \cdot U = 1\,e \cdot 1\ \text{V} = 1{,}602 \cdot 10^{-19}\ \text{J} \,.$$

Diese Energiemenge bezeichnet man als ein Elektronenvolt oder 1 eV. Um in der Franck-Hertz-Röhre gegen die Bremsspannung von 2 V anlaufen zu können, braucht ein Elektron somit eine Energie von 2,0 eV = $3{,}204 \cdot 10^{-19}$ J. Die Energiebeträge, die in der Atomphysik auftreten, sind so klein, dass eV eine gebräuchlichere Einheit ist.

Erläutern Sie, wie sich das Leuchtmuster in Bild **B3** mit zunehmender Beschleunigungsspannung verändert.

Lösung:

Wenn die Beschleunigungsspannung so klein ist, dass sie zu einer Anregung nicht ausreicht, ist gar keine Leuchtschicht zu sehen. Mit zunehmender Beschleunigungsspannung erreichen die Elektronen die für Neon nötige Anregungsenergie. Das Gas leuchtet nahe der Anode.

Bei höherer Spannung wandert die Leuchtschicht von der Anode zum Gitter hin, weil die Energie der Elektronen schon näher am Gitter zur Anregung der Neonatome ausreicht.

Schließlich wird eine zweite Leuchtschicht an der Anode sichtbar, weil die Elektronen in der Lage sind, zwischen Kathode und Anode zweimal Neonatome anzuregen

Quantisierte Energie im Atom. Das Entscheidende beim Franck-Hertz-Versuch ist, dass das Absinken der Stromstärke immer bei Spannungen erfolgt, die sich um $\Delta U_B = 4{,}9$ V unterscheiden. Nur dann, wenn das Elektron nach Durchlaufen einer Spannung von 4,9 V eine Bewegungsenergie von 4,9 eV erreicht hat, kann ein Quecksilberatom durch Stoß eines Elektrons von E_1 nach E_2 angeregt werden (Bild **B2**). Nach sehr kurzer Zeit fällt das Atom unter Aussendung eines Photons wieder in den Zustand E_1 zurück. Dies bestätigt die Hypothese, dass nur bestimmte Werte der Energie im Atom möglich sind. Bild **B3** zeigt den Franck-Hertz-Versuch mit Neon. Die Atome werden in der Röhre zweimal angeregt, sodass zwei Leuchtschichten beobachtet werden.

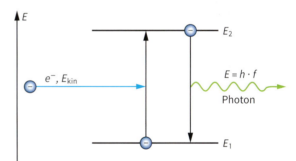

B2 *Energieniveauschema für die Anregung von Atomen durch Elektronenstoß*

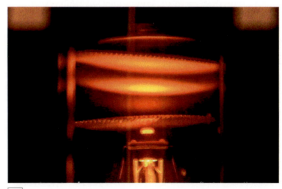

B3 *Leuchtschichten in einer Neonröhre: Die beteiligten Energieniveaus liegen hier so, dass das emittierte Licht sichtbar ist.*

Arbeitsaufträge

1 ✎ Berechnen Sie die Wellenlänge, bei der die angeregten Quecksilberatome im Franck-Hertz-Versuch Photonen ausstrahlen. Beurteilen Sie, ob es sich um sichtbares Licht handelt.

2 ✎ Auch wenn die Energie der Elektronen im Franck-Hertz-Versuch kleiner als 4,9 eV ist, kollidieren sie mit Quecksilberatomen. Begründen Sie, weshalb dabei auf die Atome nur wenig Energie übertragen wird.

7.6 Das Potenzialtopfmodell

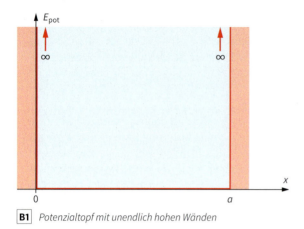

B1 *Potenzialtopf mit unendlich hohen Wänden*

Teilchen in unendlich hohen Potenzialtöpfen.
Zu einer der einfachsten Anwendungen der Quantenphysik gehört das Modell eines Teilchens im Kasten. Dabei ist das Teilchen in einem Kasten „eingesperrt", das heißt, es kann den Kasten nicht verlassen. Dies kann man zum Beispiel dadurch bewirken, dass das Teilchen außerhalb und an den Wänden des Kastens eine unendlich hohe potenzielle Energie hat. Innerhalb des Kastens sollen auf das Teilchen keine Kräfte wirken, hier ist die potenzielle Energie gleich null.

Teilchen in eindimensionalen Potenzialtöpfen.
Um mit einem möglichst einfachen Modell zu beginnen, betrachten wir zunächst die Bewegung des Teilchens entlang nur einer Richtung x. Der Aufenthaltsbereich des Teilchens mit der Masse m wird auf den Bereich $0 < x < a$ eingeschränkt (Bild **B1**). Die Beschränkung des Aufenthalts wird durch unendlich hohe Wände bei $x = 0$ und $x = a$, das heißt durch eine unendlich hohe potenzielle Energie an den Wänden und außerhalb dieses Bereichs erreicht. Innerhalb des Bereichs ist die potenzielle Energie null. Wegen der speziellen Geometrie der potenziellen Energie nennt man eine solche Anordnung auch Teilchen in einem eindimensionalen, unendlich hohen Potenzialtopf.

Um die Werte für die Gesamtenergie E zu berechnen, wird eine Differenzialgleichung aufgestellt, für die die oben angegebenen Randbedingungen gelten sollen. Da die Differenzialgleichung derjenigen für Wellen gleicht, nennt man die zugehörigen Lösungen $\psi(x)$ auch **Wellenfunktionen.** Die Lösungen für das Potenzialtopfmodell im eindimensionalen Fall gleichen den Lösungen der Wellengleichung einer stehenden eindimensionalen Welle, die zwischen zwei Wänden reflektiert wird.

Wenn wir Teilchen auf atomarer oder molekularer Ebene beschreiben, verhalten sie sich wie die von DE BROGLIE postulierten Wahrscheinlichkeitswellen. Das bedeutet: Die Wellenfunktionen außerhalb des Potenzialtopfes müssen null sein. Das Teilchen kann sich also nicht am Ort der Wand oder außerhalb des Topfes aufhalten: $\psi(x \leq 0) = \psi(x \geq a) = 0$. Da $|\psi|^2$ als Aufenthaltswahrscheinlichkeit interpretiert wird, muss die Wellenfunktion im Potenzialtopf an beiden Wänden gegen null gehen. Die Wahrscheinlichkeitswelle im Potenzialtopf kann nur dann eine stehende Welle ausbilden, wenn die Breite a des Topfes gleich einem ganzzahligen Vielfachen einer halben Wellenlänge der De-Broglie-Wellenlänge ist:

$$a = n \cdot \frac{\lambda_n}{2} \quad \text{oder} \quad \lambda_n = \frac{2a}{n} \quad \text{mit} \quad n = 1, 2, 3, \dots \quad (1)$$

Die Teilchen können also nur ganz bestimmte Zustände einnehmen, die durch die **Quantenzahl** n festgelegt werden. Ein möglicher Lösungsansatz für die Wellenfunktionen eines Teilchens in einem Potenzialtopf ist:

$$\psi_n(x) = A \cdot \sin\left(\frac{2\pi}{\lambda_n} \cdot x\right) + B \cdot \cos\left(\frac{2\pi}{\lambda_n} \cdot x\right)$$

oder

$$\psi_n(x) = A \cdot \sin\left(\frac{n\pi}{a} \cdot x\right) + B \cdot \cos\left(\frac{n\pi}{a} \cdot x\right),$$

mit den Konstanten A und B. Für die Randbedingung $\psi_n(x = 0)$ ergibt sich $\psi_n(x = 0) = B$, da $\sin(0) = 0$ und $\cos(0) = 1$. Außerdem muss aber $\psi_n(x = 0) = 0$ und somit auch $B = 0$ gelten. Damit erhält man für $\psi_n(x)$ (Bild **B2a**)

$$\psi_n(x) = A \cdot \sin\left(\frac{n\pi}{a} \cdot x\right).$$

Die Sinusfunktion erfüllt die Bedingungen für die Lösung der Differenzialgleichung mit dem entsprechenden Ausdruck für $|\psi_n(x)|^2$ (Bild **B2b**)

$$|\psi_n(x)|^2 = A^2 \cdot \sin^2\left(\frac{n\pi}{a} \cdot x\right).$$

Bild **B2** zeigt, dass die Wellenfunktion an bestimmten Orten Nullstellen (sogenannte **Knoten**) aufweist. Nach der Wahrscheinlichkeitsinterpretation ist die Wahrscheinlichkeit, an diesen Stellen das betrachtete Teilchen anzutreffen, gleich null.

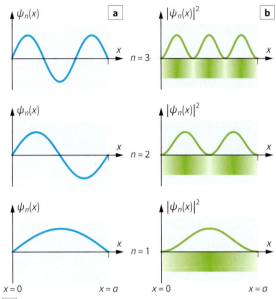

B2 Eindimensionaler Potenzialtopf mit unendlich hohen Wänden: a) Wellenfunktion $\psi_n(x)$, b) $|\psi_n(x)|^2$

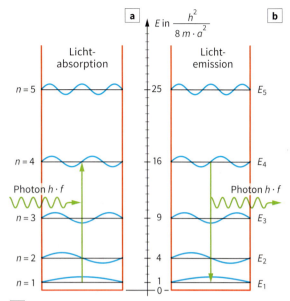

B3 Energieniveaus E_n im unendlich hohen eindimensionalen Potenzialtopf: a) Absorption, b) Emission eines Photons

Diskrete Energiewerte. Die Gesamtenergie E eines Teilchens wird in der klassischen Physik aus der Summe von potenzieller Energie E_{pot} und kinetischer oder Bewegungsenergie E_{kin} gebildet. Dabei gilt für die potenzielle Energie des Teilchens im Potenzialtopf $E_{pot} = 0$:

$$E = E_{pot} + E_{kin} = 0 + \frac{1}{2}\, m \cdot v^2. \tag{2}$$

Um die Gesamtenergie eines Teilchens in einem Potenzialtopf quantenphysikalisch zu bestimmen, kann man in diesem einfachen Fall für v die De-Broglie-Beziehung einsetzen und die Quantenbedingung Gl. (1) für die Wellenlänge der Materiewelle verwenden:

$$\lambda = \frac{h}{m \cdot v} \quad \text{und} \quad \lambda_n = \frac{2a}{n}.$$

Nach Gleichsetzen gilt:

$$\frac{h}{m \cdot v} = \frac{2a}{n} \quad \text{oder} \quad v = \frac{h}{2a \cdot m} \cdot n.$$

Einsetzen in Gl. (2) für die Gesamtenergie führt zu:

$$E_n = \frac{h^2}{8\,m \cdot a^2} \cdot n^2.$$

Für ein Teilchen in einem eindimensionalen unendlich hohen Potenzialtopf sind nur diese Werte der Gesamtenergie möglich; dazwischenliegende Werte kommen nicht vor. Diese Tatsache, dass nur bestimmte, von einer Quantenzahl n abhängige, diskrete Energiewerte zulässig sind, nennt man **Energiequantisierung**.

> **⚠ Merksatz**
>
> Die Energie E_n eines Teilchens der Masse m in einem unendlich hohen, eindimensionalen Potenzialtopf der Breite a ist quantisiert. Sie nimmt, abhängig von der Quantenzahl n, folgende Werte an:
>
> $$E_n = \frac{h^2}{8\,m \cdot a^2} \cdot n^2, \quad \text{mit} \quad n = 1, 2, 3, \dots$$

Um die Linien im Wasserstoffspektrum erklären zu können, musste BOHR in seinem Atommodell *postulieren*, dass **Energieniveaus** E_n vorhanden und nur zwischen diesen Übergänge möglich sind. Mit dem Potenzialtopfmodell kann jedoch mit einer längeren quantenphysikalischen Rechnung *gezeigt* werden, dass nur zwischen den diskreten Energieniveaus E_n Übergänge möglich sind. Dabei wird Licht der Energie $E = h \cdot f$ absorbiert oder emittiert (Bild **B3**). Man erhält so einen Ansatz zur Erklärung, warum man von Atomen Linienspektren erhält. Allerdings ist das Potenzialtopfmodell als Atommodell nur bedingt geeignet, da sich die Elektronen in einem unendlich hohen Potenzialtopf befinden, aus dem sie nicht herausgelangen können. Eine Ionisierung von Atomen wäre also entgegen der physikalischen Realität nicht möglich. Außerdem sind die Frequenzen der Linien in den Atomspektren proportional zu $\frac{1}{n^2}$ und nicht zu n^2 wie im Modell. Das Potenzialtopfmodell beschreibt Atome somit nur eingeschränkt.

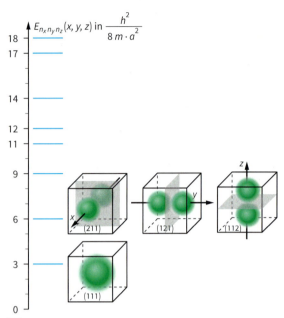

$E_{n_x n_y n_z}(x, y, z)$ in $\dfrac{h^2}{8\,m \cdot a^2}$

(211)   (121)   (112)

(111)

B1 *Energieniveaus und die ersten vier Betragsquadrate der Wellenfunktionen für den dreidimensionalen Potenzialtopf mit unendlich hohen Wänden*

Teilchen in dreidimensionalen Potenzialtöpfen.

Ein großer Nachteil der bisherigen Betrachtung war, dass das Potenzialtopfmodell auf nur eine Dimension beschränkt war. Daher wird die Betrachtung nun auf drei Dimensionen erweitert.

Ist ein Teilchen in einen Würfel mit den Kantenlängen $a_x = a_y = a_z = a$ eingeschlossen, so bilden sich auch hier stehende De-Broglie-Wellen mit den Wellenlängen:

$$\lambda_x = \frac{2a}{n_x}, \ \lambda_y = \frac{2a}{n_y}, \ \lambda_z = \frac{2a}{n_z},$$

wobei die drei Quantenzahlen n_x, n_y und n_z voneinander unabhängige natürliche Zahlen sind. Da die Bewegungen in die drei Raumrichtungen unabhängig voneinander erfolgen, lassen sich die Wellenfunktionen $\psi(x, y, z)$ und die zugehörigen Energiewerte E mit folgendem Ansatz darstellen:

$$\psi(x, y, z) = \psi(x) \cdot \psi(y) \cdot \psi(z).$$

und

$$E = E(n_x) + E(n_y) + E(n_z).$$

Die zu den Quantenzahlen n_x, n_y und n_z gehörenden Energien berechnen sich dann nach der Gleichung

$$E = \frac{h^2}{8\,m \cdot a^2} \cdot \left(n_x^2 + n_y^2 + n_z^2 \right)$$

Bild **B1** zeigt die Energieniveaus für die ersten Quantenzustände $(n_x\,n_y\,n_z)$. Man erkennt, dass die Energiewerte nicht wie im eindimensionalen Fall mit n^2 ansteigen, sondern in unregelmäßigen Abständen. Da die Energiewerte aber diskret und nicht kontinuierlich wie im klassischen Fall sind, resultieren Übergänge auch hier in Linienspektren, wie beim eindimensionalen Potenzialtopf. Außerdem sieht man, dass es Energieniveaus gibt, zu denen mehrere Quantenzustände gehören, so zum Beispiel (211), (121) und (112) zum zweitniedrigsten Niveau. Das Auftreten dieses Phänomens nennt man **Entartung** der Energie. Den niedrigsten Zustand, in dem sich ein Teilchen im Potenzialtopf befinden kann, nennt man **Grundzustand**, die darüber liegenden Energiezustände heißen **angeregte Zustände**.

Für die vier Zustände mit der niedrigsten Energie ist in Bild **B1** das Betragsquadrat der Wellenfunktion $|\psi(x, y, z)|^2$ skizziert. Die zum Quantenzustand (111) gehörende Wahrscheinlichkeitswelle hat im Zentrum des Potenzialtopfs einen Bauch. Er entspricht einer maximalen Aufenthaltswahrscheinlichkeit. Das Betragsquadrat $|\psi(x, y, z)|^2$ der drei entarteten Zustände (211), (121) und (112) enthält Knotenebenen, für die $|\psi(x)|^2 = 0$ gilt. Die Wahrscheinlichkeit, das betrachtete Teilchen auf diesen Knotenflächen zu finden, ist also gleich null.

1 ⬆ In Hexatrien sind 6 Elektronen über eine Kette von 6 Kohlenstoffatomen verteilt. Der Durchmesser der Kohlenstoffatome beträgt $d = 0{,}15$ nm. Die langwelligste Absorption im Anregungsspektrum liegt mit $\lambda_{max} = 260$ nm im ultravioletten Bereich.
a) Berechnen Sie die Länge a der Kohlenstoffatomkette. Ermitteln Sie die ersten fünf Energieniveaus für ein Elektron in einem unendlich hohen, eindimensionalen Potenzialtopf der Breite a und zeichnen Sie die Energieniveaus in ein Diagramm.
b) Skizzieren Sie in dem Diagramm die zugehörigen Wellenfunktionen, die Besetzung mit den Elektronen und den Übergang vom höchsten besetzten zum niedrigsten unbesetzten Niveau.
c) Ermitteln Sie für diesen Übergang die zugehörige Wellenlänge und geben Sie den Spektralbereich an.
d) Beurteilen Sie, ob sich in diesem Fall das Potenzialtopfmodell zur Beschreibung der Absorption eignet.

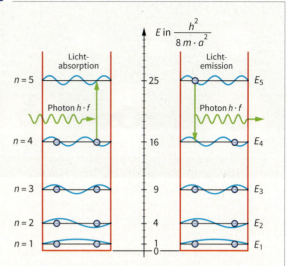

Organische Farbstoffmoleküle enthalten oft Ketten aus Kohlenstoffatomen (obiges Bild). Jedes der acht C-Atome im obigen Beispiel braucht von seinen vier Valenzelektronen zur Bindung an seine drei Nachbarn nur drei. Die jeweils vierten Elektronen werden über die C-Atomkette verteilt (rot getönter Bereich). Das Absorptionsverhalten eines solchen Moleküls kann vereinfachend mit dem Modell des linearen (d. h. eindimensionalen) Potenzialtopfs mit unendlich hohen Wänden beschrieben werden. Seine Breite a ergibt sich aus dem Durchmesser der C-Atome zu $a = 8 \cdot 0{,}15$ nm $= 1{,}2$ nm. Jedes Energieniveau wird von maximal zwei Elektronen besetzt. Daher sind im Grundzustand dieses Acht-Elektronen-Systems die vier niedrigsten Energieniveaus jeweils doppelt besetzt. Die Anregung soll vom obersten besetzten zum untersten unbesetzten Energieniveau erfolgen.

a) Berechnen Sie die Energiewerte. Zeichnen Sie die Energieniveaus in ein Diagramm und skizzieren Sie in dem Diagramm die Wellenfunktionen, Elektronen und Übergänge bei Absorption und Emission von Photonen nach oben beschriebener Anregung.
b) Zeigen Sie, dass eine Lösung dieses Farbstoffs Licht mit der Wellenlänge $\lambda = 528$ nm absorbiert. Geben Sie für diese Wellenlänge einen Spektralbereich an.
c) Erläutern Sie, in welcher Farbe das durchgelassene Licht erscheint, wenn eine Lösung dieses Farbstoffes mit weißem Licht bestrahlt wird.

Lösung:
a) Siehe Bild rechts oben: Energieniveaus, Wellenfunktionen, Besetzung mit Elektronen und Übergänge.
b) Für die Energieniveaus des linearen unendlich hohen Potenzialtopfs gilt die Gleichung:

$$E_n = \frac{h^2}{8\,m \cdot a^2} \cdot n^2 \quad (n = 1, 2, 3, \ldots).$$

Der Übergang vom höchsten besetzten zum niedrigsten unbesetzten Energieniveau erfolgt hier von $n = 4$ nach $n = 5$ (Bild oben rechts). Mit $\frac{h^2}{8\,m \cdot a^2} = 4{,}19 \cdot 10^{-20}$ J

findet man für den Übergang $E_4 \rightarrow E_5$:

$$\Delta E = E_5 - E_4 = \frac{h^2}{8\,m \cdot a^2} \cdot (5^2 - 4^2) = 3{,}77 \cdot 10^{-19} \text{ J}.$$

Die Wellenlänge des Übergangs ist daher:

$$\lambda = \frac{h \cdot c}{\Delta E} = \frac{6{,}63 \cdot 10^{-34} \text{ Js} \cdot 3{,}00 \cdot 10^8 \frac{\text{m}}{\text{s}}}{3{,}77 \cdot 10^{-19} \text{ J}} = 528 \text{ nm}.$$

Beim Übergang von $n = 4$ zu $n = 5$ wird also grünes Licht mit der Wellenlänge 528 nm absorbiert.
c) Weißes Licht enthält alle Frequenzen des sichtbaren Spektrums. Allerdings kann nur grünes Licht mit einer Wellenlänge von 528 nm von den Molekülen des Farbstoffes absorbiert werden. Es wird in alle Richtungen gestreut, wenn die Moleküle anschließend durch Emission wieder in den Grundzustand übergehen (Bild unten). Die nicht absorbierten Photonen laufen weiter. Das Auge nimmt die Komplementärfarbe des absorbierten grünen Lichts wahr; es ist rot.

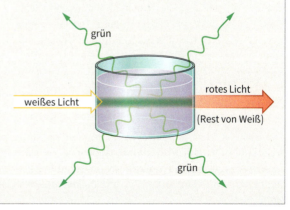

7.7   Das Orbitalmodell

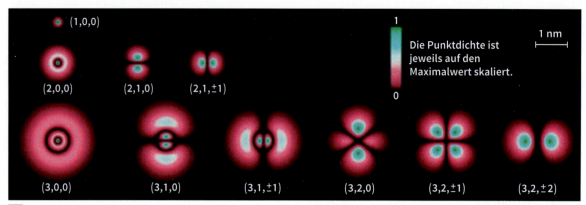

B1 Darstellung von $|\psi|^2$ des Wasserstoffatoms für $n = 1$ bis $n = 3$ als Punktdichtewolken mit den Zuständen (n, l, m_l)

Schrödingergleichung und Wasserstoffatom. Zur Erklärung der Linienspektren des Wasserstoffatoms hat SCHRÖDINGER bereits 1926 die zeitunabhängige dreidimensionale Schrödingergleichung auf das Wasserstoffatom angewendet (siehe Exkurs SCHRÖDINGERS Gleichung). Die potenzielle Energie für die Wechselwirkung zwischen Proton und Elektron ist gleich der Coulombenergie:

$$E_{\text{pot}} = \frac{1}{4\pi \cdot \varepsilon_0} \cdot \frac{q \cdot Q}{r} = -\frac{1}{4\pi \cdot \varepsilon_0} \cdot \frac{e^2}{r}.$$

Hier sind ε_0 die elektrische Feldkonstante, $q = -e$ die Ladung des Elektrons, $Q = e$ die Ladung des Protons, e die Elementarladung und r der Abstand zwischen Proton und Elektron. Den Wellenfunktionen ψ als Lösungen der Differenzialgleichung sind wieder diskrete Energiewerte zugeordnet:

$$E_n = -\frac{m_e \cdot e^4}{8\varepsilon_0^2 \cdot h^2} \cdot \frac{1}{n^2},$$

mit der Masse des Elektrons m_e, der Planck-Konstante h und einer Quantenzahl $n = 1, 2, 3, 4, \ldots$ Bei quantenphysikalischer Rechnung ergibt sich also eine quantisierte Gesamtenergie, die nur von n abhängt. Bei Übergängen zwischen den Energieniveaus erhält man Linienspektren. Die Gleichung ist identisch mit dem Ergebnis für die Energie im Atommodell von BOHR (siehe **Kapitel 7.4**).

Orbitale. Die Wellenfunktionen ψ werden nicht nur durch die Hauptquantenzahl n, sondern noch durch weitere Quantenzahlen festgelegt, nämlich die Bahndrehimpulsquantenzahl (oder auch Nebenquantenzahl) $l = 0, 1, 2, \ldots, n - 1$, die magnetische Bahndrehimpulsquantenzahl $m_l = 0, \ldots, \pm(l-1), \pm l$ und die magnetische Spinquantenzahl $m_s = \pm\frac{1}{2}$. Alle vier Quantenzahlen

bestimmen den Zustand des Elektrons im Wasserstoffatom und damit auch die Wellenfunktion ψ. Die Wellenfunktion wird auch als (Atom-)Orbital bezeichnet. Häufig wird es als der Bereich dargestellt, in dem die Wahrscheinlichkeit, ein Elektron zu finden, 90 % oder 95 % beträgt. $|\psi|^2$ ist für $n = 1$ bis $n = 3$ in Bild **B1** dargestellt.

Bei wasserstoffähnlichen Ionen (siehe **Kapitel 7.4**), mit der Kernladung $Q = Z \cdot e$, der Protonenzahl Z und mit r als Abstand zwischen Kern und Elektron, gilt für die potenzielle Energie und die Gesamtenergie:

$$E_{\text{pot}} = -\frac{1}{4\pi \cdot \varepsilon_0} \cdot \frac{Z \cdot e^2}{r} \text{ und } E_n = -\frac{m_e \cdot e^4}{8\varepsilon_0^2 \cdot h^2} \cdot \frac{Z^2}{n^2}.$$

Die Gleichung für die Gesamtenergie ist dieselbe wie im Atommodell von BOHR für wasserstoffähnliche Ionen.

Orbitalmodell. In Atomen mit mehr als einem Elektron werden beim Orbitalmodell die Orbitale beginnend mit dem energetisch niedrigsten Niveau nacheinander mit je zwei Elektronen entsprechend dem **Pauli-Prinzip** aufgefüllt. Dieses von WOLFGANG PAULI aufgestellte Prinzip besagt, dass zwei Elektronen nicht in allen vier Quantenzahlen übereinstimmen dürfen. Jedes der Orbitale in Bild **B1** wird also von maximal zwei Elektronen mit verschiedenen Werten von $m_s = \pm\frac{1}{2}$ besetzt.

Arbeitsaufträge

1 ✎ Die Reihenfolge der Orbitale bei der Besetzung mit Elektronen für $n = 1, 2, 3$ entspricht der in Bild **B1**. Erstellen Sie eine Tabelle für die Besetzung der Orbitale mit Elektronen für die ersten zwölf Elemente des Periodensystems der Elemente.

Die experimentellen Befunde bei der Untersuchung von Phänomenen auf atomarer oder molekularer Ebene (z. B. Linienspektren der Atome, Strahlung schwarzer Körper, Fotoeffekt, Franck-Hertz-Versuch) hatten seit der Wende zum 20. Jahrhundert ergeben, dass sich diese Phänomene nicht mit den Methoden der klassischen Physik beschreiben lassen. Vielmehr verhalten sich physikalische Größen, die solche Systeme beschreiben, „sprunghaft". Sie nehmen entgegen den Erwartungen der klassischen Physik nicht kontinuierliche, sondern diskrete Werte an. Um eine Beschreibung für solche Systeme zu finden, wurde u. a. die **Wellenmechanik** 1926 von Erwin SCHRÖDINGER (Bild **B2**) entwickelt.

SCHRÖDINGER erarbeitete hierzu aufgrund von mathematischen Überlegungen eine Differenzialgleichung, die zeitabhängige Schrödingergleichung. Die Schrödingergleichung kann nicht aus Gleichungen der klassischen Physik hergeleitet und auch nicht „bewiesen" werden. Sie ist eher als Postulat zur Beschreibung von Quantenphänomenen aufzufassen. Ihre Lösungen $\psi(x, y, z, t)$ sind von den Ortskoordinaten x, y, z und der Zeit t abhängig. Wegen der Ähnlichkeit der Schrödingergleichung mit der Wellengleichung werden die Lösungen ψ auch **Wellenfunktionen** genannt. Aufgrund der Beschreibung von atomaren oder molekularen

Teilchen als Wahrscheinlichkeitswellen ist $|\psi|^2$ nach der Wahrscheinlichkeitsinterpretation von BORN ein Maß für die Wahrscheinlichkeit, das betrachtete Teilchen zu einer bestimmten Zeit an einem bestimmten Ort anzutreffen. Mit der Schrödingergleichung werden solche Systeme vollständig beschrieben, weshalb man die Funktionen ψ auch **Zustandsfunktionen** nennt. Als weiteres Ergebnis erhält man die Werte für die Gesamtenergie E der untersuchten Systeme.

Wenn sich die betrachteten Systeme nicht mit der Zeit t verändern, vereinfacht sich die Schrödingergleichung und wird zeitunabhängig. Die Lösungen hängen nur noch von den Ortskoordinaten x, y, z und nicht mehr von der Zeit t ab: $\psi(x, y, z)$. Beschränkt man sich auf nur eine räumliche Dimension x, so vereinfacht sich die Gleichung weiter zur **eindimensionalen zeitunabhängigen Schrödingergleichung:**

$$\frac{d^2 \psi(x)}{dx^2} + \frac{8 \pi^2 \cdot m}{h^2} \cdot (E - E_{pot}) \cdot \psi(x) = 0.$$

In der Gleichung bedeuten der erste Summand die zweite Ableitung $\psi''(x)$ der Funktionen $\psi(x)$ nach dem Ort x, E die Gesamtenergie, E_{pot} die potenzielle Energie, m die Masse des betrachteten Teilchens und h die Planck-Konstante. Man erkennt, dass in dieser Gleichung sowohl die Funktionen $\psi(x)$ selbst als auch ihre zweiten Ableitungen vorkommen. Die Gleichung ist also eine Differenzialgleichung mit den Lösungen $\psi(x)$.

Durch Umstellen der obigen Schrödingergleichung ergibt sich eine weitere Schreibweise:

$$-\frac{h^2}{8 \pi^2 \cdot m} \cdot \frac{d^2 \psi(x)}{dx^2} + E_{pot} \cdot \psi(x) = E \cdot \psi(x).$$

Der erste Summand entspricht der kinetischen Energie E_{kin}. Für die potenzielle Energie wird gemäß dem jeweiligen physikalischen Problem der entsprechende Ausdruck eingesetzt und dann nach den Lösungen der Differenzialgleichung gesucht. Bei dreidimensionalen Problemen muss allerdings wieder auf die dreidimensionale Schrödingergleichung zurückgegriffen werden. Je nach Problem hat die Schrödingergleichung nur ganz bestimmte Lösungen, nämlich bestimmte Energiewerte mit den zugehörigen Zustandsfunktionen. Dies sind die Werte der Gesamtenergie und der Wellenfunktionen für z. B. ein Teilchen im Kasten oder das Wasserstoffatom.

7.8 Historische Entwicklung der Atommodelle

LEUKIPP DEMOKRIT (ca. 400 v. Chr.)	JOHN DALTON (1803)	JOSEPH JOHN THOMSON (1903)	ERNEST RUTHERFORD (1911)	NIELS BOHR (1913)	ERWIN SCHRÖDINGER (1926)
Atome sind kleinste, feste und unteilbare Teilchen; sie sind unveränderlich; sie haben unterschiedliche Formen, Größen und Massen.	Atome sind kleinste, unveränderliche Teilchen mit einem harten Kern. Die Atome eines chemischen Elements haben gleiche Masse und Größe.	Atome bestehen aus einer Kugel mit gleichmäßig verteilter positiver Ladung, die negative Teilchen (Elektronen) wie Rosinen in einem Kuchen enthält.	Atome haben einen kleinen positiv geladenen Kern, der fast die gesamte Masse des Atoms ausmacht und von negativ geladenen Elektronen umgeben ist.	Das Elektron im Wasserstoffatom oder wasserstoffähnlichen Atom kann sich nur auf ganz bestimmten Kreisbahnen um den Kern bewegen.	Für Elektronen kann nur eine Aufenthaltswahrscheinlichkeit in der Umgebung des Atomkerns angegeben werden.

 Historische Entwicklung der Atommodelle

Modelle und Atommodelle. Um die Realität zu erklären, verwendet man oft Modelle, die Abbilder der Realität sind. Da die Realität nicht in ihrer vollen Komplexität dargestellt werden kann, beschränkt man sich nur auf bestimmte Eigenschaften der Realität, die mit den Modellen abgebildet werden. Wichtig ist es, zu verstehen, dass ein Modell nicht die Realität ist, sondern nur ein (oft ungenaues) Abbild davon. Mit physikalischen Modellen sollen experimentelle Ergebnisse interpretiert werden können, und auch Voraussagen der Modelle sollen mit den Experimenten übereinstimmen. Kann ein Modell das nicht leisten, muss es verworfen oder erweitert werden.

Atommodelle sind eine Vorstellung vom Aufbau der Atome, die bestimmte Eigenschaften von Materie möglichst gut beschreiben. Im Folgenden wird die historische Entwicklung der Atommodelle anhand einiger ihrer wichtigsten Vertreter vorgestellt (Bild **B1**).

Atomhypothese von LEUKIPP und DEMOKRIT. Zu den Ersten, die sich die Materie aus winzigen, festen, unteilbaren und unveränderlichen Teilchen, den **Atomen** (*átomos*, griechisch: unteilbar) zusammengesetzt dachten, gehörten die griechischen Philosophen LEUKIPP und DEMOKRIT (Bild **B2**). Sie stellten sich die Frage, ob Materie unendlich oft zerteilt werden kann, und kamen zu dem Schluss, dass dies nicht möglich ist, sondern dass die gesamte Materie aus Atomen aufgebaut ist.

Die Atome unterscheiden sich hinsichtlich ihrer Größe, Masse und Form. Sie sind in ständiger Bewegung, und zwischen ihnen ist nichts als Leere (Vakuum). LEUKIPPS und DEMOKRITS Aussagen ließen sich lange Zeit nicht streng überprüfen, obwohl es schon früh empirische Ansätze dazu gab. Ihr Atommodell geriet über lange Zeit mehr und mehr in Vergessenheit und wurde durch andere Anschauungen über die Beschaffenheit der Materie verdrängt. Schließlich wurde es im 15. Jahrhundert wiederentdeckt und erneut als mögliches Modell für die Struktur der Materie diskutiert.

Atommodell von DALTON. Der englische Naturforscher und Lehrer JOHN DALTON (Bild **B2**) entwickelte zu Beginn des 19. Jahrhunderts ein Atommodell, das die chemischen Grundgesetze erklären konnte:

- Die Materie besteht aus kleinsten, nicht teilbaren kugelförmigen Teilchen, den Atomen.
- Alle Atome eines bestimmten Elements haben die gleichen Eigenschaften, insbesondere gleiche Masse und Größe.
  Atome unterschiedlicher Elemente unterscheiden sich in Größe und Masse.
- Atome können nicht zerstört werden. Sie werden bei chemischen Reaktionen weder vernichtet noch erzeugt.
- Bei chemischen Reaktionen werden die Atome in chemischen Verbindungen neu angeordnet und in bestimmten Anzahlverhältnissen miteinander verknüpft.

„Rosinenkuchen"-Modell von Thomson. Experimentelle Ergebnisse, wie die Entdeckung der Radioaktivität (1896) und des Elektrons (1897), führten zu der Erkenntnis, dass Atome nicht die kleinsten Teilchen der Materie und unteilbar sind. Die Teilchen aus dem radioaktiven Zerfall und in Elektronenstrahlen (früher Kathodenstrahlen genannt) mussten Bestandteile der Atome des Materials sein, das die Teilchen aussendete. Daher entwarf der englische Physiker Joseph John Thomson (Bild **B2**) 1903 ein Atommodell, bei dem sich die sehr kleinen, negativ geladenen Teilchen der Kathodenstrahlung in einer Kugel aus gleichmäßig verteilter positiver Ladung bewegen („Rosinenkuchen"-Modell). Die entgegengesetzten Ladungen gleichen sich in den Atomen aus, sodass die Atome insgesamt elektrisch neutral sind. Die negativ geladenen Teilchen wurden **Elektronen** genannt.

Kern-Hülle-Modell von Rutherford. In Streuversuchen beschossen die Mitarbeiter von Ernest Rutherford (Bild **B2**), Johannes Wilhelm Geiger und Ernest Marsden, Goldfolie mit α-Teilchen. Sie beobachteten Ablenkwinkel, die sich nicht mit den bisherigen Atommodellen vereinbaren ließen. Rutherford erklärte 1911 die Ergebnisse, indem er Folgendes annahm: Ein sehr kleiner, Z-fach positiv geladener Atomkern, der fast die gesamte Masse des Atoms ausmacht, ist von einer Hülle aus Z Elektronen umgeben. Der größte Teil des Atoms ist leerer Raum. Dieses Kern-Hülle-Modell konnte zwar die Ergebnisse der Streuversuche erklären, aber nicht, warum die Elektronen nicht aufgrund der elektrostatischen Anziehung in den Kern stürzen. Außerdem konnten die Linienspektren der Atome nicht mit diesem Modell erklärt werden. ▶

Atommodell von Bohr. Der dänische Physiker Niels Bohr (Bild **B2**) entwickelte 1913 ein Modell für das Wasserstoffatom, mit dem die Linienspektren von Wasserstoffatomen (und wasserstoffähnlichen Systemen) interpretiert werden konnten (siehe **Kapitel 7.4**). Allerdings musste Bohr Annahmen machen, die sich physikalisch nicht weiter begründen ließen. Systeme mit mehreren Elektronen beschrieb das Modell nicht.

Das Schalenmodell. Bei dieser Erweiterung des Atommodells von Bohr stellt man sich die Atomhülle schalenförmig aufgebaut vor. An die Stelle von Kreisbahnen mit den Quantenzahlen $n = 1, 2, 3, …$ treten nun Schalen K, L, M, …, in denen sich die Elektronen aufhalten. Die Schalen können jeweils maximal $2 \cdot n^2$ Elektronen aufnehmen. Mit Hilfe dieses Modells lassen sich der Aufbau des Periodensystems der Elemente und die chemische Bindung auf einfache Art und Weise erklären.

Das Orbitalmodell. Erwin Schrödinger (Bild **B2**, Seite 233) war der Erste, dem 1926 eine quantenphysikalische Beschreibung des Wasserstoffatoms und wasserstoffähnlicher Systeme gelang (siehe **Kapitel 7.7**). Diese Beschreibung wurde in der Folge auf die quantenphysikalische Behandlung von Atomen auch anderer Elemente und Moleküle mit dem Orbitalmodell erweitert. Der Aufenthalt der Elektronen um die Atomkerne wird mit Wahrscheinlichkeiten durch Orbitale beschrieben.

Arbeitsaufträge

1 ⤤ Recherchieren Sie zu den Atommodellen in Bild **B1**. Erläutern Sie, welche Eigenschaften der Materie vom jeweiligen Modell richtig und welche nicht oder nicht richtig abgebildet werden. Fassen Sie Ihre Ergebnisse in tabellarischer Form zusammen.

| DEMOKRIT (ca. 460–370 v. Chr.) | JOHN DALTON (1766–1844) | JOSEPH THOMSON (1856–1940) | ERNEST RUTHERFORD (1871–1937) | NIELS BOHR (1885–1962) |

B2 *Bedeutende Entwickler von Atommodellen*

7.9 Röntgenstrahlung

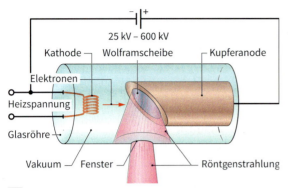

B1 *Aufbau einer Röntgenröhre*

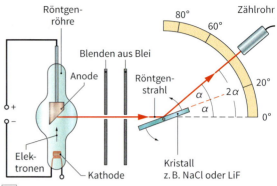

B2 *Braggsche Drehkristallmethode*

Entstehung von Röntgenstrahlung. In einer Röntgenröhre werden Elektronen nach dem Verlassen einer Glühkathode durch eine Hochspannung von mehreren Tausend Volt beschleunigt (Bild **B1**). Beim Aufprall auf die Anode werden sie auf einer kurzen Strecke stark abgebremst. Die Bewegungsenergie der Elektronen wird zum Teil in innere Energie umgewandelt, zum Teil in Form von elektromagnetischer Strahlung abgegeben. Diese Strahlung heißt **Röntgenstrahlung**. Durch die Schrägstellung der Anode wird die Strahlung hauptsächlich in Richtung des Austrittsfensters emittiert.

Messung von Röntgenspektren. Das Spektrum der Röntgenstrahlung lässt sich mit der Drehkristallmethode von Bragg untersuchen (Bild **B2**). Das mit Lochblenden erzeugte dünne Röntgenbündel fällt auf einen Kristall und wird nach der Reflexion von einem Geiger-Müller-Zählrohr registriert. Im Versuch ist die Röntgenquelle unbeweglich, der Kristall und das Zählrohr werden gedreht. Eine mechanische Führung sorgt dafür, dass der Kristall um den Winkel α und das Zählrohr um 2α gedreht wird (Bild **B2**). Damit wird die Bragg-Bedingung für eine bestimmte Wellenlänge erfüllt.

Form von Röntgenspektren. Röntgenspektren bestehen aus zwei verschiedenen Anteilen, die sich überlagern: die **Bremsstrahlung** mit kontinuierlichem Spektrum und die **charakteristische Strahlung** in Form eines Linienspektrums (Bild auf der rechten Seite). Die beiden Anteile entsprechen zwei Mechanismen, die Röntgenstrahlung in der Anode erzeugen: Zum einen werden die Elektronen auf kurzer Strecke abgebremst und emittieren dabei elektromagnetische Strahlung im Röntgenbereich, die Bremsstrahlung. Zum anderen kann ein Elektron auf ein Atom des Anodenmaterials stoßen und dabei so viel Energie übertragen, dass ein Elektron

aus tieferen Energieniveaus die Atomhülle verlässt. Wenn ein Elektron aus einem höheren Energieniveau dann in die freigewordene Lücke wechselt, wird die charakteristische Röntgenstrahlung frei, deren Energie genau der Energiedifferenz ΔE zwischen den beiden beteiligten Energieniveaus entspricht. Ihre Wellenlänge ist charakteristisch für das beschossene Material. Die Linie des Übergangs vom Niveau mit $n = 2$ in das energetisch tiefste Niveau mit $n = 1$ heißt K_α-Linie, die Linie für $n = 3$ nach $n = 1$ K_β-Linie usw. Bei Übergängen von $n > 2$ nach $n = 2$ ergeben sich entsprechend L_α-Linien usw.

Gesetz von Moseley. Die charakteristische Strahlung liegt im Röntgenbereich, weil die Energie von Übergängen in Atomen höherer Ordnungszahl Z mehrere keV betragen kann. Im Vergleich zum Wasserstoffatom (Kernladung e) bewegen sich die innersten Elektronen im viel stärkeren Potenzial des Kerns der Ladung Ze. Sie sind daher stark an ihn gebunden.

Für Übergänge vom Zustand $n > 1$ in den Zustand $n = 1$ fand Henry Moseley 1914 empirisch die Formel

$$f = \frac{c}{\lambda} = f_{\mathrm{Ry}} \cdot (Z - 1)^2 \cdot \left(\frac{1}{1^2} - \frac{1}{n^2} \right).$$

Sie ähnelt der Balmer-Formel für die Spektrallinien des Wasserstoffs. Damit war es möglich, die Ordnungszahl Z eines Elements mit rein physikalischen Methoden zu bestimmen. Er konnte sogar die Existenz von bis dahin unbekannten Elementen vorhersagen.

Arbeitsaufträge

1 ↗ Zwei Elemente emittieren charakteristische Röntgenstrahlung mit $\lambda = 9{,}898 \cdot 10^{-10}$ m bzw. $\lambda = 8{,}347 \cdot 10^{-10}$ m. Bestimmen Sie, an welcher Stelle im Periodensystem diese Elemente stehen.

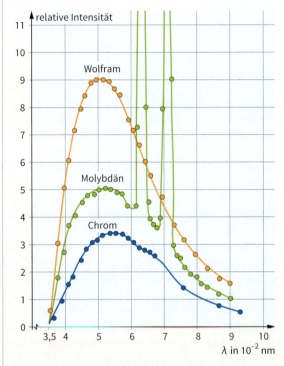

Das Bild zeigt Röntgenspektren, die 1918 von C. T. Ulrey mit verschiedenen Anodenmaterialien (Wolfram, Molybdän und Chrom) gewonnen wurden. Die Spannung zwischen Kathode und Anode betrug dabei 35 kV.

a) Stellen Sie die beiden Entstehungsmechanismen für Röntgenstrahlung dar und erklären Sie damit die Form des Spektrums für Molybdän.

b) Begründen Sie, dass die Röntgenspektren bei einer Beschleunigungsspannung U_B eine zugehörige kurzwellige Grenze besitzen (d. h. links alle auf dem gleichen Wert von λ enden).

c) Geben Sie eine Formel für die Lage der kurzwelligen Grenze an und ermitteln Sie aus den Messwerten einen Wert für die plancksche Konstante h.

d) Beschreiben Sie kurz eine Methode zur Erfassung eines Röntgenspektrums.

Lösung:

a) In einer Röntgenröhre werden Elektronen durch die Spannung U_B zwischen Kathode und Anode beschleunigt. Innerhalb der Anode werden die Elektronen abgebremst. Wie jede beschleunigte Ladung geben sie dabei elektromagnetische Strahlung ab,

die Bremsstrahlung. Sie hat ein kontinuierliches Spektrum. Der Bremsstrahlung überlagert ist das aus scharfen Linien bestehende charakteristische Spektrum. Es entsteht durch das „Herausschlagen" von Elektronen aus den niedrigsten Energieniveaus der Anoden-Atome. In die entstandene Lücke fällt ein Elektron aus einem höheren Energieniveau. Dabei wird ein Photon emittiert. Da der Übergang zwischen zwei diskreten Energieniveaus stattfindet, hat das emittierte Röntgenphoton eine bestimmte Energie und damit auch eine bestimmte Wellenlänge. Sie ist für jedes Anodenmaterial verschieden. Für Chrom und Wolfram liegen die Linien des charakteristischen Spektrums außerhalb des gezeigten Messbereiches.

b) Bei der Entstehung von Bremsstrahlung kann ein Elektron im Extremfall seine gesamte kinetische Energie, die es bei der Beschleunigung durch die Spannung U_B gewonnen hat,

$$E_{kin} = e \cdot U_B,$$

in Form eines einzelnen Photons abgeben. Für die maximal mögliche Frequenz f_{max} eines solchen Photons gilt:

$$h \cdot f_{max} = e \cdot U_B.$$

Höhere Photonenenergien können in der Bremsstrahlung nicht vorkommen, sie würden der Energieerhaltung widersprechen. Der maximalen Frequenz entspricht eine minimale Wellenlänge, die von der jeweiligen Beschleunigungsspannung U_B abhängt.

c) Mit der Beziehung $\lambda \cdot f = c$ ergibt sich eine Beziehung zwischen der Grenzwellenlänge λ_{min}, der Beschleunigungsspannung U_B und der Planck-Konstante h, aus der sich der Wert von h bestimmen lässt:

$$h = \frac{e \cdot U_B \cdot \lambda_{min}}{c}.$$

Aus dem Diagramm lässt sich die Grenzwellenlänge $\lambda_{min} = 3{,}4 \cdot 10^{-11}$ m ablesen. Mit $U_B = 35$ kV ergibt sich $h = 6{,}3 \cdot 10^{-34}$ Js, in guter Übereinstimmung mit dem Literaturwert.

d) Röntgenspektren können gewonnen werden, indem ein Kristall mit Röntgenstrahlung bestrahlt wird. Kristall und Zählrohr werden so gedreht, dass die Bragg-Bedingung für eine Wellenlänge λ erfüllt ist, die sich aus der Bragg-Gleichung $n \cdot \lambda = 2 d \cdot \sin(\alpha)$ ergibt. Die Intensität wird in Abhängigkeit vom Winkel erfasst.

7.10 Laser

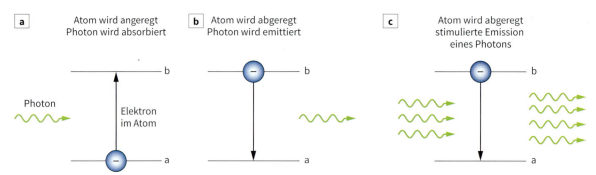

a Atom wird angeregt
Photon wird absorbiert

b Atom wird abgeregt
Photon wird emittiert

c Atom wird abgeregt
stimulierte Emission
eines Photons

B1 *Atomare An- und Abregungsprozesse bei der Erzeugung von Laserlicht*

Eigenschaften von Laserlicht. Laser gehören zum Alltag. Man findet sie in Laserpointern, Supermarktkassen und Laserdruckern; man verwendet sie in der Medizin, der Umwelttechnik und der Materialbearbeitung. Der Grund für die weite Verbreitung liegt in den besonderen Eigenschaften des Laserlichts.

Ein Laser strahlt gewöhnliches Licht, also elektromagnetische Strahlung, ab. Aber dieses Licht unterscheidet sich von dem einer Glühlampe oder LED entscheidend:
- Es ist stark gebündelt.
- Es ist fast monochromatisch.
- Laserlicht besitzt gute Interferenzfähigkeit. Das nennt man kohärent.
- Hohe Intensitäten sind möglich. Es lassen sich Laserpulse mit Intensitäten von $10^{27}\,\frac{\text{W}}{\text{m}^2}$ erzeugen (zum Vergleich: Sonnenlicht erreicht die Erde mit $1350\,\frac{\text{W}}{\text{m}^2}$).
- Ultrakurze Pulse mit Dauern von 10^{-16} s können erzeugt werden – kurz genug, um molekulare Reaktionen (z. B. bei der Fotosynthese) im Detail zu verfolgen.

Atomare Absorptions- und Emissionsprozesse.

Um die Entstehung von Laserlicht zu erklären, muss man die Wechselwirkung von Licht und Materie auf atomarer Ebene betrachten. Vereinfachend greift man sich aus den komplizierten Termschemata der Atome nur die beiden Niveaus heraus, zwischen denen Übergänge stattfinden.

Es gibt drei grundlegende Wechselwirkungsprozesse zwischen Strahlung und Atomen (Bild **B1**):
a) **Absorption**: Ein Atom absorbiert ein Photon und geht dabei in einen Zustand höherer Energie über. Dabei gilt die Energiebilanz $E_b - E_a = h \cdot f$. Je mehr Photonen einfallen, desto häufiger ist dieser Prozess.
b) **Spontane Emission**: Ein Atom emittiert ein Photon und geht in einen Zustand niedrigerer Energie über.

Zu diesen bereits bekannten Prozessen tritt ein dritter, der für den Laserprozess entscheidend ist:
c) **Stimulierte Emission:** Falls sich ein Atom im höheren Energieniveau befindet und von Photonen mit „passender" Energie getroffen wird, kann es in den unteren Zustand gezwungen werden. Dabei emittiert es ein weiteres Photon mit derselben Richtung, Frequenz und Phase wie die einfallenden Photonen. Die einfallende Strahlung wird dadurch verstärkt. Stimulierte Emission findet umso häufiger statt, je mehr passende Photonen sich in der einfallenden Strahlung befinden.

Inversion und Pumpen. Die Grundidee des Lasers lässt sich an seinem Namen ablesen: *Light Amplification by Stimulated Emission of Radiation* (Lichtverstärkung durch stimulierte Emission von Strahlung). Die Verstärkung bei der stimulierten Emission wird ausgenutzt, um einen intensiven, gebündelten Strahl zu erzeugen. Je intensiver der Strahl ist, desto häufiger sind die stimulierten Emissionsprozesse. Umgekehrt wird der Strahl umso intensiver, je mehr stimulierte Emissionsprozesse stattfinden – ein selbstverstärkender Prozess, solange genügend Atome im höheren Energieniveau vorhanden sind.

Der Verstärkungsprozess setzt ein, wenn sich im Lasermedium die Mehrzahl der Atome im höheren Energieniveau befindet. Diesen Zustand bezeichnet man als **Inversion**. Ist dies nicht der Fall, überwiegt die Absorption gegenüber der stimulierten Emission.

Inversion ist nicht ohne weiteres zu erreichen. Die Atome müssen in das höhere Energieniveau angeregt („gepumpt") werden, was durch Einstrahlen von gewöhnlichem Licht oder durch Stöße geschehen kann. Damit das **Pumpen** auch wirklich zur Inversion führt, ist meist der Umweg über ein drittes Energieniveau notwendig.

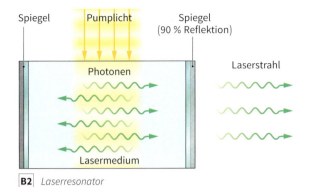

Spiegel Pumplicht Spiegel
(90 % Reflektion)

Photonen Laserstrahl

Lasermedium

B2 *Laserresonator*

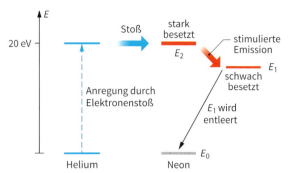

B3 *Übergänge beim Helium-Neon-Laser*

Resonator und Lasermedium. Das Lasermedium wird in einen **Resonator** eingeschlossen, der aus zwei Spiegeln besteht (Bild **B2**). Die Photonen werden zwischen den Spiegeln hin und her reflektiert, sodass der Verstärkungsprozess im Lasermedium immer wieder stattfindet. Einer der Spiegel ist teilweise durchlässig, sodass ein Teil der Photonen als Laserstrahl austreten kann.

Viele Materialien eignen sich als **Lasermedium**. Verbreitet sind Gaslaser (z. B. Helium-Neon-Laser), Festkörperlaser (durchsichtige Kristalle als Lasermedium) und Farbstofflaser. Die aus Halbleitern hergestellten Laserdioden sind klein und kostengünstig. Sie werden z. B. in Laserpointern eingesetzt. Für die verschiedenen Anwendungen benötigt man unterschiedliche Leistungen, Wellenlängen und Größen, nach denen das Lasermedium ausgewählt wird.

Helium-Neon-Laser. Beim Helium-Neon-Laser erfordert die Erzeugung der Inversion einen Umweg. Damit im Edelgas Neon stimulierte Emission stattfindet, muss ein Pumpvorgang dafür sorgen, dass das obere Niveau E_2 der Neonatome stärker besetzt ist als das untere. Dazu lässt man in der Glasröhre des Laserresonators Elektronen auf Heliumatome stoßen, um sie anzuregen.

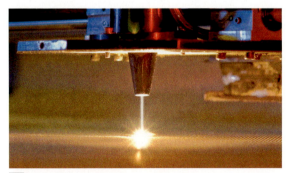

B4 *Materialbearbeitung mit Laserstrahlung*

Die Heliumatome geben die erhaltene Energie durch Stöße an Neonatome weiter, die damit ihr oberes Niveau E_2 stärker besetzen als E_1 (Bild **B3**). Dieses tiefer liegende Zwischenniveau E_1 entleert sich durch spontane Emission schnell in den Grundzustand E_0. Stimulierte Emission mit $\lambda = 633$ nm findet folglich nur von E_2 nach E_1 statt.

Anwendungen des Lasers. In der **Materialbearbeitung** wird Laserstrahlung zum Bohren, zum Schneiden und zur Oberflächenbearbeitung eingesetzt (Bild **B4**). Dazu ist sehr intensive Laserstrahlung erforderlich. In der **Umwelttechnik** wird der Laser zum Nachweis atmosphärischer Spurengase eingesetzt. Beim **Lidar-Verfahren** (*Light Detection and Ranging*) wird ein Laserpuls in die Atmosphäre geschickt. Der von Staub- und Gasmolekülen zurückgestreute Anteil wird aufgefangen und analysiert. Aus den Spektren der Moleküle kann man auf die Art der Schadstoffe und ihre Konzentration schließen. Medizinische Anwendungen findet der Laser zum Beispiel beim Entfernen von Tattoos und in der **Augenheilkunde**. Zur Behandlung der Netzhautablösung wird mit einem kurzen Laserpuls eine lokale Verbrennung auf der Netzhaut hervorgerufen. Die anschließende Vernarbung verschweißt die Netzhaut wieder. Astigmatismus und Kurzsichtigkeit können chirurgisch behandelt werden, indem Teile der Hornhaut mit Laserlicht entfernt werden.

Arbeitsaufträge

1   Ein von einem Rubin-Laser ($\lambda = 604$ nm) emittierter Impuls hat eine mittlere Leistung von 10 MW und dauert 12 ns.
a) Berechnen Sie die Energie, die in dem Laserpuls transportiert wird.
b) Schätzen Sie die Zahl der Photonen im Puls ab.

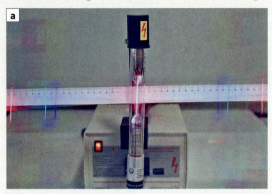

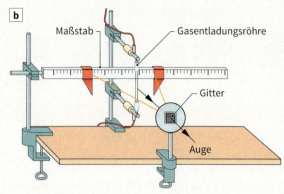

B1 a) Beobachtung einer Gasentladungsröhre durch ein optisches Gitter. b) Prinzip der subjektiven Beobachtungsmethode

Betrachtet man eine wasserstoffgefüllte Gasentladungsröhre durch ein optisches Gitter, so lassen sich die in Bild **B1a** gezeigten Linien beobachten.

1. Erläutern Sie, weshalb das Wasserstoffspektrum so viele Linien enthält, obwohl Wasserstoff doch nur ein Elektron besitzt.

2. Der schematische Versuchsaufbau ist in Bild **B1b** dargestellt.

Für die Maxima eines Interferenzbildes bei Verwendung eines Gitters gilt:

$$n \cdot \lambda = g \cdot \sin\left(\arctan\left(\frac{a_n}{e}\right)\right).$$

λ: Wellenlänge des Lichts
g: Gitterkonstante
n: Beugungsordnung
a_n: Abstand zwischen Maximum n-ter und Maximum 0. Ordnung
e: Abstand zwischen Gitter und Maßstab

Die Bilder **B2a** und **B2b** zeigen einen vergrößerten Ausschnitt aus Bild **B1a**. Der Leuchtfaden der Gasentladungslampe befindet sich an der Position 50,2 cm des Maßstabs. Das Gitter weist 500 Linien pro mm auf. Der Abstand des Gitters zum Maßstab beträgt $e = 60,0 \text{ cm} \pm 0,3 \text{ cm}$.

a) Ermitteln Sie die Wellenlänge für die drei markanten intensiven Linien (in den Farben: rot, blaugrün, blau).

b) Ermitteln Sie jeweils die Unsicherheit in der Bestimmung der Wellenlänge durch geeignete Auswahl minimaler und maximaler Werte für a_n.

3. a) Berechnen Sie die Frequenzen f für die drei in Teilaufgabe 2 untersuchten Linien.
J.J. BALMER stellte 1885 eine empirische Formel auf, um die Frequenzen dieser Linien zu berechnen:

$$f = f_{\text{Ry}} \cdot \left(\frac{1}{4} - \frac{1}{n^2}\right),$$

wobei $n > 2$ und f_{Ry} eine Konstante ist (Rydbergfrequenz).
b) Ermitteln Sie aus den experimentellen Daten für f einen Wert für die Rydbergfrequenz f_{Ry}.

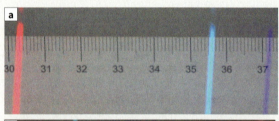

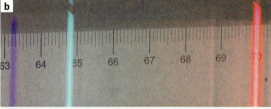

B2 a) Drei markante Linien links vom Leuchtfaden,
b) drei markante Linien rechts vom Leuchtfaden
der Gasentladungsröhre bei 50,2 cm.

4. Mit der Rydbergfrequenz f_{Ry} ist über die Beziehung $\Delta E = h \cdot f_{Ry} = 13{,}6$ eV eine Energie verbunden.

a) Erläutern Sie, welche Bedeutung diese Energie für das Wasserstoffatom besitzt.

Angenommen, ein Wasserstoffatom befindet sich im Grundzustand und absorbiert ein Photon der Energie 12,75 eV.

b) Ermitteln Sie die Wellenlänge des Photons.

c) Ermitteln Sie, in welchem angeregten Zustand sich das Wasserstoffatom nach der Absorption des Photons befindet. Zeichnen Sie den Übergang in ein Energieniveauschema ein.

Lösung:

1. Ein Wasserstoffatom besitzt zwar nur ein Elektron, aber zahlreiche Energieniveaus. Bei jedem Übergang von einem höheren Energieniveau n auf ein tieferes Niveau m wird die Energiedifferenz in Form eines Photons emittiert:

$$\Delta E = h \cdot f = -13{,}6 \text{ eV} \cdot \left(\frac{1}{m^2} - \frac{1}{n^2} \right).$$

2. Aus den Bildern **B2a** und **B2b** ergeben sich mit $e = 60{,}0$ cm $\pm$ 0,3 cm die folgenden Messwerte für λ_{min} bzw. λ_{max}:

Linie	a_1	λ_{min} bzw. λ_{max} in nm
rot	19,9 cm ± 0,1 cm	624…635
blau-grün	14,6 cm ± 0,1 cm	468…478
blau	13,0 cm ± 0,1 cm	418…429

Dabei wurde jeweils der größte Wert von a_1 mit dem kleinsten Wert von e kombiniert, um λ_{max} zu erhalten; und umgekehrt für λ_{min}.

Die Intervalle lassen sich auch durch folgende Mittelwerte und Messunsicherheiten beschreiben:

Linie	$\overline{\lambda}$ in nm
rot	630 ± 6
blau-grün	473 ± 5
blau	424 ± 6

3. Frequenz nach der Beziehung $c = \lambda \cdot f$:

Linie	Frequenz f in 10^{14} Hz
rot	4,76
blau-grün	6,34
blau	7,08

Die Rydbergfrequenz f_{Ry} ergibt sich aus

$$f_{Ry} = \frac{f}{\frac{1}{4} - \frac{1}{n^2}}.$$

Linie	Übergang	f_{Ry} in 10^{15} Hz
rot	$n = 3 \rightarrow m = 2$	3,43
blau-grün	$n = 4 \rightarrow m = 2$	3,38
blau	$n = 5 \rightarrow m = 2$	3,37

Mittelwert: $\quad \overline{f}_{Ry} \approx 3{,}39 \cdot 10^{15}$ Hz
Literaturwert: $\quad f_{Ry} \approx 3{,}28984 \cdot 10^{15}$ Hz

4. Die Energie 13,6 eV ist die Ionisierungsenergie, die erforderlich ist, um das Elektron vom Wasserstoffatom vollständig zu lösen, das Atom also zu ionisieren.
Die Wellenlänge eines Photons der Energie $\Delta E = 12{,}75$ eV $= 2{,}04 \cdot 10^{-18}$ J beträgt:

$$\lambda = \frac{h \cdot c}{\Delta E} \approx 97{,}2 \text{ nm}.$$

Nach Absorption eines Photons der Energie $\Delta E = 12{,}75$ eV befindet sich das Wasserstoffatom im angeregten Zustand $n = 4$, denn

$$E_n = -\frac{13{,}6 \text{ eV}}{n^2} = (-13{,}6 + 12{,}75) \text{ eV} = -0{,}85 \text{ eV für } n = 4.$$

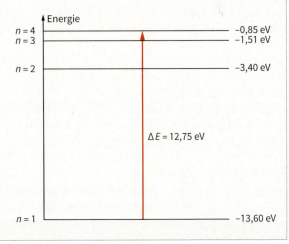

Zusammenfassung

1. Spektren und Spektrallinien

Sichtbares Licht umfasst einen kleinen Bereich der Wellenlängen von etwa 400 nm bis 800 nm im elektromagnetischen Spektrum. Bei kürzeren Wellenlängen schließt sich der ultraviolette, bei längeren der infrarote Spektralbereich an. Viele Strahler senden ein **kontinuierliches Spektrum** aus.

Betrachtet man das Licht leuchtender, atomarer Gase durch ein Spektroskop, zeigt sich kein kontinuierliches Spektrum, sondern ein Linienspektrum. Man erhält für jede Atomsorte charakteristische Spektrallinien, anhand derer man die jeweilige Atomsorte identifizieren kann.

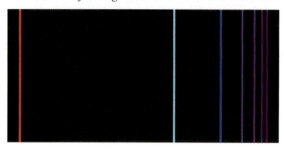

2. Franck-Hertz-Versuch

Der Franck-Hertz-Versuch zeigt die diskrete Natur von Energieniveaus in Atomen. Beim Zusammenstoß von Elektronen mit Gasatomen gibt ein Elektron nur dann Energie ab, wenn diese ausreicht, um das Atom auf ein höheres Energieniveau anzuregen.

3. Spektrum von Wasserstoffatomen

Die Spektrallinien des atomaren Wasserstoffs lassen sich durch die **Rydberg-Formel** beschreiben:

$$f = f_{Ry} \cdot \left(\frac{1}{m^2} - \frac{1}{n^2} \right).$$

Die natürliche Zahl m klassifiziert die verschiedenen Serien:

$m = 1$: Lymanserie im ultravioletten,
$m = 2$: Balmer-Serie, teilweise im sichtbaren,
$m = 3$: Paschen-Serie im infraroten,
$m = 4$: Brackett-Serie im infraroten Spektralbereich.
n ist eine natürliche Zahl (mit $n > m$), die die Linien innerhalb einer Serie kennzeichnet.

4. Übergänge in Atomen

Bei einem Übergang zwischen zwei Energieniveaus eines Atoms wird ein Photon emittiert oder absorbiert. Seine Energie $h \cdot f$ entspricht der Energiedifferenz zwischen den beiden Niveaus: $\Delta E = E_n - E_m = h \cdot f$.

5. Elektronen im unendlich hohen Potenzialtopf

Die Gesamtenergie eines Elektrons in einem Potenzialtopf der Breite a ist quantisiert. Sie nimmt in einem eindimensionalen Potenzialtopf die folgenden Werte an:

$$E_n = \frac{h^2}{8 \, m \cdot a^2} \cdot n^2 \quad \text{mit} \quad n = 1, 2, 3, \dots$$

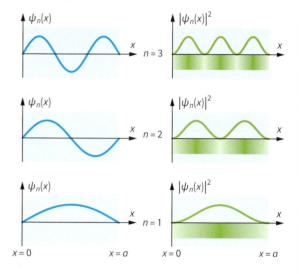

6. Energieniveaus im Wasserstoffatom

Im Wasserstoffatom ist die Gesamtenergie des Elektrons ebenfalls quantisiert:

$$E_n = -\frac{m \cdot e^4}{8 \, h^2 \cdot \varepsilon_0^2} \cdot \frac{1}{n^2} \quad \text{mit} \quad n = 1, 2, 3, \dots$$

7. Röntgenspektren

In Röntgenspektren unterscheidet man zwei Anteile: die **Bremsstrahlung** mit kontinuierlichem Spektrum und die **charakteristische Strahlung** mit Linienspektrum. Die charakteristische Strahlung liegt im Röntgenbereich, weil die Energie von Übergängen in Atomen mit höherer Ordnungszahl Z mehrere keV betragen kann.

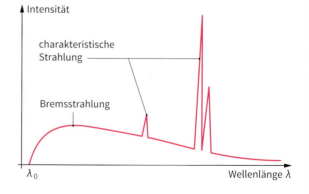

1 ⇒ Berechnen Sie die Differenz der Energieniveaus (in Joule und eV) in Natriumatomen bei Emission von gelbem Licht ($\lambda = 589$ nm).

2 ↗ Begründen Sie, weshalb der Franck-Hertz-Versuch einen Beleg für die Quantisierung der Energie im Atom darstellt.

3 ⇒ Berechnen Sie die Wellenlängen der sechs langwelligsten Spektrallinien in der Balmer-Serie von Wasserstoff.
Geben Sie an, wie viele davon im sichtbaren Bereich (400 bis 800 nm) liegen.

4

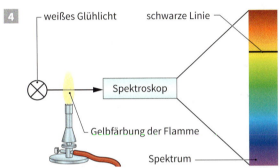

↗ Erläutern Sie das Ergebnis des folgenden Versuchs: Weißes Glühlicht fällt durch die nichtleuchtende Flamme eines Bunsenbrenners auf ein Spektroskop. Es wird ein kontinuierliches Spektrum beobachtet. Anschließend bringt man Kochsalz (Natriumchlorid) in die Flamme, die gelb aufleuchtet. Im Gelb des Spektrums zeigt sich eine schwarze Linie.

5 ⇒ a) Berechnen Sie die Breite eines unendlich hohen Potenzialtopfs, wenn ein Elektron bei der Quantenzahl $n = 5$ die Energie 1,00 eV hat.
b) Berechnen Sie die Energie des Elektrons im Zustand $n = 4$ und die Frequenz von Photonen bei Übergängen zwischen diesen Niveaus.

6 ↗ In einem kettenförmigen Farbstoffmolekül sind zehn Elektronen auf eine Länge von $L = 1,5$ nm verteilt. Beurteilen Sie, ob rotes Licht (600 bis 800 nm) ein Elektron vom obersten besetzten Zustand in den nächsten anheben kann.

7 ↗ Photonen können nur mit passender Energie Atome anregen, Elektronen durch Stoß dagegen auch mit höheren Energien. Geben Sie dafür Beispiele an und begründen Sie den Unterschied.

8 ↗ Ermitteln Sie die Farbe eines kettenförmigen Farbstoffmoleküls mit 18 C-Atomen bei der Bestrahlung mit weißem Licht (Atomabstand: 0,14 nm).

9 ↗ Beurteilen Sie, ob sichtbares Licht ein Elektron im linearen Potenzialtopf der Breite $a = 1,0$ nm vom Grundzustand $n = 1$ nach $n = 5$ anregen kann und ob das beim Rücksprung nach $n = 4$ emittierte Licht sichtbar ist.

10 ↗ Ein Gas ist durchsichtig, wenn es im Grundzustand sichtbares Licht nicht absorbiert. Beurteilen Sie, ob atomarer Wasserstoff farblos ist.

11

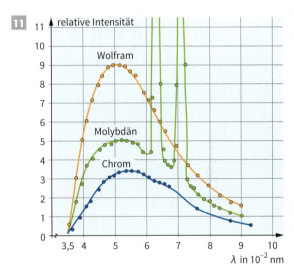

⬆ Im Bild oben sind die Röntgenspektren von Wolfram, Molybdän und Chrom abgebildet. Sie wurden bei einer Anodenspannung von 35 kV aufgenommen.
a) Ermitteln Sie, welche der beiden charakteristischen Linien des Molybdän der K_α- und welche der K_β-Linie entspricht.
b) Ermitteln Sie aus den experimentellen Daten die Wellenlängen der Röntgenlinien und der kurzwelligen Grenze λ_{min} der Bremsstrahlung. Die Ableseungenauigkeit von λ_{min} beträgt etwa 5 %.
c) Berechnen Sie die Wellenlängen der Linien von Molybdän ($Z = 42$) für die Übergänge von $n = 2$ und $n = 3$ nach $n = 1$. Vergleichen Sie sie mit den experimentellen Werten.
d) Ermitteln Sie den theoretisch erwarteten Wert der kurzwelligen Grenze λ_{min} und vergleichen Sie ihn mit dem Messwert.
e) Erklären Sie, warum die kurzwelligen Grenzen der drei Anodenmaterialien übereinstimmen.

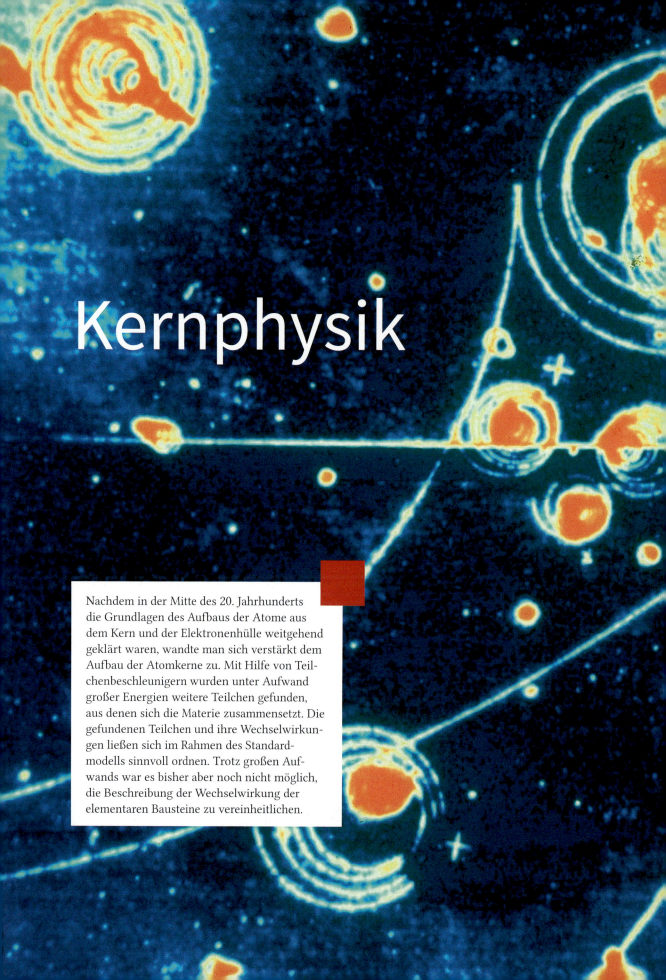

Kernphysik

Nachdem in der Mitte des 20. Jahrhunderts
die Grundlagen des Aufbaus der Atome aus
dem Kern und der Elektronenhülle weitgehend
geklärt waren, wandte man sich verstärkt dem
Aufbau der Atomkerne zu. Mit Hilfe von Teilchenbeschleunigern wurden unter Aufwand
großer Energien weitere Teilchen gefunden,
aus denen sich die Materie zusammensetzt. Die
gefundenen Teilchen und ihre Wechselwirkungen ließen sich im Rahmen des Standardmodells sinnvoll ordnen. Trotz großen Auf-
wands war es bisher aber noch nicht möglich,
die Beschreibung der Wechselwirkung der
elementaren Bausteine zu vereinheitlichen.

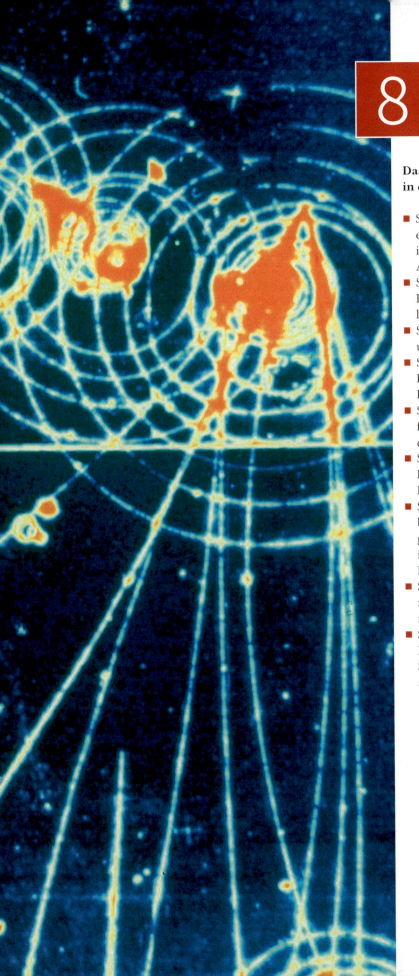

8

**Das können Sie
in diesem Kapitel erreichen:**

- Sie wiederholen und vertiefen
  elementare Kenntnisse über
  ionisierende Strahlung und den
  Aufbau des Atomkerns.
- Sie können den Aufbau und die
  Funktionsweise des Geiger-Mül-
  ler-Zählrohrs erläutern.
- Sie verwenden die Nuklidkarte,
  um Kernprozesse zu erläutern.
- Sie können die energetischen
  Prozesse bei Kernspaltung und
  Kernfusion erklären.
- Sie stellen Zerfallsvorgänge gra-
  fisch dar und werten sie mit Hilfe
  des Zerfallsgesetzes aus.
- Sie können die energetischen
  Prozesse bei Kernspaltung und
  Kernfusion erklären.
- Sie begründen wesentliche
  biologisch-medizinische Wirkun-
  gen ionisierender Strahlung mit
  ihren typischen physikalischen
  Eigenschaften.
- Sie bewerten die Verwendung io-
  nisierender Strahlung zur medizi-
  nischen Diagnose und Therapie.
- Sie erklären den Aufbau von
  Nukleonen und wenden dazu das
  Standardmodell der Teilchenphy-
  sik an.

8.1 Atomkerne und ionisierende Strahlung

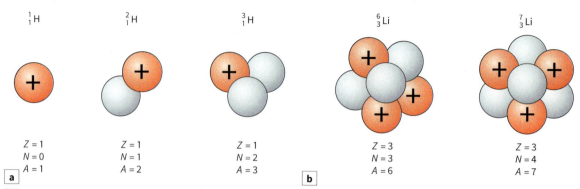

$^{1}_{1}$H $^{2}_{1}$H $^{3}_{1}$H $^{6}_{3}$Li $^{7}_{3}$Li

$Z = 1$	$Z = 1$	$Z = 1$	$Z = 3$	$Z = 3$
$N = 0$	$N = 1$	$N = 2$	$N = 3$	$N = 4$
$A = 1$	$A = 2$	$A = 3$	$A = 6$	$A = 7$

a   **b**

B1   *a) Kerne von Wasserstoffisotopen (H; Z = 1, N = 0, 1 oder 2); b) Kerne von Lithiumisotopen (Li; Z = 3, N = 3 oder 4)*

Atomkern. Aus Ihrem bisherigen Physik- und Chemieunterricht wissen Sie bereits, dass alle Körper aus Atomen zusammengesetzt sind. Die folgenden Aussagen über Atome und Atomkerne haben Sie bereits kennen gelernt: ▶

- Alle Atomkerne bestehen aus Protonen (Anzahl Z) und Neutronen (Anzahl N). Beide sind Kernbausteine (Nukleonen). Kernkräfte halten sie zusammen.
- Ein **Proton** (abgekürzt p) ist etwa 2000-mal so schwer wie ein Elektron e. Es trägt eine positive Ladung. Ihr Betrag stimmt mit dem Betrag der Ladung des Elektrons – der Elementarladung – überein. Das **Neutron** (abgekürzt n) hat etwa die Masse des Protons, ist aber elektrisch neutral.
- Die Summe $Z + N = A$ nennt man **Nukleonenzahl** A. Beispiel: Lithiumkern mit $Z = 3$, $N = 4$, $A = 7$.
- Die Ladung eines Kerns mit Z Protonen ist das Z-fache der Elementarladung. Daher nennt man die **Protonenzahl** Z auch **Kernladungszahl**. Bei einem neutralen Atom muss die Elektronenanzahl in der Hülle mit Z übereinstimmen.
- Im **Periodensystem** (siehe Anhang) sind alle Elemente geordnet zusammengestellt. Alle neutralen Atome eines Elements besitzen die gleiche Elektronenhülle und sind deshalb chemisch nicht zu unterscheiden. Gleiche Elektronenanzahl bedeutet aber auch gleiche Kernladungszahl Z. Diese charakterisiert somit ein Element. Deshalb wird Z im Periodensystem **Ordnungszahl** genannt.
- Den Aufbau eines Atomkerns X – auch **Nuklid** X genannt – verdeutlicht man durch die Schreibweise $^{A}_{Z}$X. Beispiel: $^{7}_{3}$Li ist ein Lithiumkern mit $A = 7$ Nukleonen, $Z = 3$ Protonen und $N = 7 - 3 = 4$ Neutronen. Z geht eindeutig aus dem Symbol Li hervor. Man schreibt oft Li-7.
- Atome, deren Kern die gleiche Protonenzahl Z, aber verschiedene Neutronenzahlen N besitzen, nennt

man **Isotope** desselben Elements. Isotope haben die gleichen chemischen, jedoch verschiedene physikalische Eigenschaften, z. B. unterschiedliche Massen. Bild **B1a** zeigt drei verschiedene Wasserstoffkerne mit $A = 1$ bis $A = 3$. $^{1}_{1}$H nennt man Protium, $^{2}_{1}$H Deuterium und $^{3}_{1}$H Tritium.
- Durch Abspalten von Elektronen entstehen aus neutralen Atomen positiv geladene **Ionen.** Negativ geladene Ionen werden gebildet, wenn sich Elektronen an neutrale Atome anlagern. Die Energie, die erforderlich ist, um ein Elektron gegen die Anziehungskraft des positiv geladenen Atomkerns vollständig aus der Atomhülle eines neutralen Atoms zu entfernen, nennt man **Ionisierungsenergie.**

❗ Merksatz _____

Jeder Atomkern ist aus Z positiv geladenen Protonen und N neutralen Neutronen aufgebaut. Z heißt Kernladungszahl, N Neutronenzahl. Ein Kern $^{A}_{Z}$X wird durch Z und die Nukleonenzahl $A = Z + N$ gekennzeichnet.

Isotope eines Elements sind Atome mit gleicher Kernladungszahl Z, aber unterschiedlicher Neutronenzahl N.

Z ist auch die Ordnungszahl im Periodensystem und gibt zudem die Zahl der Elektronen in der Atomhülle an.

Ionisierende Strahlung. An dem Stoff Radium stellen wir mit unseren Sinnesorganen nichts Besonderes fest. Trotzdem ist er in der Lage, das Elektroskop in Versuch **V1** zu entladen – allerdings nur, wenn Luft vorhanden ist (Versuch **V1b**). Entladen kann sich das z. B. negativ aufgeladene Elektroskop aber nur dann, wenn die negative durch positive Ladung neutralisiert wird.

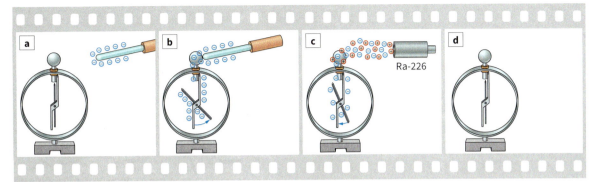

B2 *Schematische Darstellung der Entladung eines Elektroskops durch ionisierende Strahlung*

Die Filmleiste in Bild **B2** verdeutlicht die Vorgänge bei der Entladung schematisch:

Das Elektroskop ist zunächst nicht geladen. Der Zeiger steht in senkrechter Ausgangsstellung (Bild **B2a**). Nun wird ein Kunststoffstab mit Hilfe eines Katzenfells durch Reibung negativ aufgeladen. Der Stab wird an dem Kopf des Elektroskops abgestrichen, der Zeiger des Elektroskops schlägt aus. Auf dem Elektroskop herrscht Elektronenüberschuss (Bild **B2b**).

Von Radium geht eine für unsere Sinnesorgane nicht wahrnehmbare Strahlung aus. Sie wandelt elektrisch neutrale Moleküle der bestrahlten Luft in Ladungsträger beiderlei Vorzeichens, also Ionen um.

Wird nun das Radium-Präparat dem Kopf des geladenen Elektroskops angenähert (ohne dieses zu berühren), rekombinieren die negativen Ladungen auf dem Elektroskop mit den positiven Ionen der Atomrümpfe in der Luft (Bild **B2c**). Der Zeiger des Elektroskops kehrt in die Ausgangslage zurück (Bild **B2d**). Der Versuch lässt sich genauso mit einem positiv geladenen Elektroskop durchführen.

Die zur Ionisation nötige Energie wird durch die Strahlung übertragen. Das Radium sendet diese Strahlung ohne äußeren Einfluss aus. Man nennt ihn **radioaktiv**.

❗ Merksatz

> Die Strahlung radioaktiver Stoffe überträgt Energie und ionisiert Atome und Moleküle. Sie wird ohne äußeren Einfluss ausgesandt und besteht aus einzelnen, energiereichen Teilchen.
>
> Der Mensch hat kein Sinnesorgan für die Strahlung radioaktiver Stoffe.

V1 **Elektroskop**

a) Ein Elektroskop wird positiv oder negativ aufgeladen. Weil es elektrisch isoliert ist, behält es seine Ladung bei.

b) In die Nähe des Kopfes des geladenen Elektroskops wird ein Stift gebracht, dessen Spitze eine winzige Menge ($\approx 10^{-7}$ g) des α-Strahlers Radium enthält. Zum Schutz gegen Berührung ist das Radium mit einer dünnen Metallfolie abgedeckt.

Das Elektroskop entlädt sich rasch, gleichgültig, ob es positiv oder negativ geladen war.

Arbeitsaufträge

1 ⟹ Geben Sie von folgenden Atomen A, Z und N sowie die Elektronenzahl der Hülle an: $^{16}_{7}$N; $^{214}_{84}$Po; Pb-209; Na-22.

2 ⟹ Isotope von Sauerstoff haben 5, 7, 8 oder 11 Neutronen. Geben Sie die Isotope in der Nuklidschreibweise $^{A}_{Z}$X an.

3 ✎ Erstellen Sie eine Skizze analog zu Bild **B2** für den Fall, dass das Elektroskop mit einem Glasstab positiv aufgeladen wird. Bedenken Sie: Positive Ladung entsteht durch das Fehlen von Elektronen.

8.2 Nachweisgeräte für den radioaktiven Zerfall

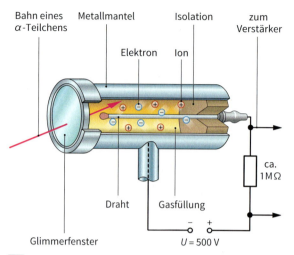

B1 *Aufbau eines Geiger-Müller-Zählrohrs*

V1 **Zählrohr**

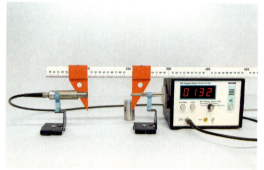

a) Ein radioaktives Präparat mit Radium wird vor ein Zählrohr gehalten. Dieses ist mit einem Zähler verbunden, in den ein Lautsprecher integriert ist.
b) Ein radioaktives Präparat wird in einem solchen Abstand vor einem Zählrohr aufgestellt, dass die Zählrate etwa 70 Impulse pro Sekunde beträgt.
c) Alle radioaktiven Präparate werden aus dem Umfeld des Zählrohrs entfernt.

Geiger-Müller-Zählrohr. Ob ein Gegenstand radioaktiv ist, lässt sich nicht ohne Hilfsmittel erkennen. Zum Nachweis ionisierender Strahlung verwendet man verschiedene Geräte.

Das Geiger-Müller-Zählrohr – kurz **Zählrohr** genannt – hat einen dünnen, zylindrischen Metallmantel, in den ein gegen das Gehäuse isolierter Draht ragt (Bild **B1**). Er wird über einen Widerstand mit dem positiven Pol einer Spannungsquelle verbunden. Der negative Pol der Quelle liegt am Metallmantel. Im Rohr befindet sich ein Edelgas unter geringem Druck.

Durch das extrem dünne Abschlussfenster aus Glimmer (ca. 0,01 mm dick) können schnelle Teilchen hoher Energie ins Innere gelangen und dort Gasatome ionisieren. Dadurch werden Elektronen freigesetzt, deren Zahl allerdings gering ist. Durch die hohe Spannung zwischen Draht und Metallmantel werden die freigesetzten Elektronen zum positiv geladenen Draht stark beschleunigt und schlagen durch Stoßprozesse weitere Elektronen aus Atomen heraus. Diese können ihrerseits wieder ionisieren. So nimmt die Zahl der ionisierenden Teilchen in einer Kettenreaktion lawinenartig zu, das Gas im Zählrohr wird leitend. Dies führt zu einem messbaren kurzzeitigen Strom, wodurch die Spannung am Zählrohr so weit absinkt, dass die Kettenreaktion – und damit der Strom – abbricht.

Die zuvor freigesetzten Elektronen rekombinieren mit den Ionen des Gases. Das Gas wird wieder zum Isolator, und das Zählrohr ist für das nächste Teilchen bereit.

So erzeugt jedes einzelne im Zählrohr ankommende Teilchen einen kurzzeitigen Spannungsimpuls, der über ein Zählgerät z. B. mit integriertem Lautsprecher registriert wird und als „Knack" hörbar ist (Versuch **V1a**).

Der Quotient aus der Zahl k der Ereignisse, auch **Impulse** genannt, und der Zeit Δt heißt **Zählrate** n. Für die Zählrate gilt also:

$$n = \frac{k}{\Delta t}.$$

Die **Totzeit** ist eine wichtige Kenngröße eines Geiger-Müller-Zählrohrs. Sie gibt den Zeitraum an, in dem die Kettenreaktion stattfindet und keine weiteren Teilchen detektiert werden können. Sie beträgt etwa 10^{-4} s. Insbesondere für eine große Zahl an Ereignissen ergibt sich damit eine Zählrate, die von der Anzahl an Ereignissen stark abweicht.

Um die Anzahl an Ereignissen zu erhalten, muss die gemessene Zählrate unter Verwendung der folgenden Gleichung korrigiert werden:

$$n_{\text{korrigiert}} = \frac{n_{\text{gemessen}}}{1 - T \cdot n_{\text{gemessen}}}.$$

Dabei ist T die Totzeit des Zählrohrs.

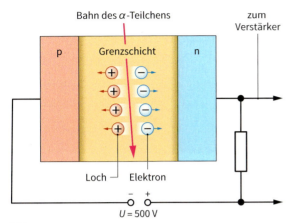

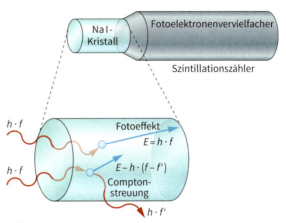

| B2 | Schematischer Aufbau eines Halbleiterdetektors |

| B3 | Schematischer Aufbau eines Szintillationszählers |

Halbleiterdetektor. Der Halbleiterdetektor ist im Prinzip eine in Sperrrichtung gepolte großflächige Halbleiterdiode (Bild **B2**). Ist der Pluspol der Spannungsquelle am n-dotierten Teil und der Minuspol am p-dotierten Teil der Diode angeschlossen, sperrt die Diode den Ladungsfluss. Eine Spannung von ca. 100 V bewirkt, dass sich die Grenzschicht zwischen den beiden unterschiedlich dotierten Bereichen vergrößert, da Löcher und Elektronen abgezogen werden. Die Grenzschicht ist daher nahezu frei von beweglichen Ladungsträgern. Tritt ein ionisierendes Teilchen in diese Schicht ein und erzeugt durch Ionisierung Ladungsträger, so kommt es zu einem Stromstoß ΔI. Dieser erzeugt am Widerstand einen Spannungsimpuls, der wie beim Zählrohr registriert werden kann.

Szintillationszähler. Im Kopf des Szintillationszählers befindet sich ein Szintillatorkristall aus Natriumiodid (NaI), der mit Thallium dotiert ist (Bild **B3**). Wenn γ-Quanten in den Szintillatorkristall eindringen, setzen sie energiereiche Elektronen frei. Diese regen durch Stöße Thalliumatome zum Leuchten an. Die so erzeugten Lichtblitze treffen auf einen Fotomultiplier, in dem sie wiederum Elektronen auslösen. Der Fotostrom wird verstärkt und über einen Spannungsimpuls gemessen.

Nachweisgeräte im Vergleich. Aufgrund der unterschiedlichen Eigenschaften der verschiedenen Strahlungsarten (siehe Abschnitt 8.3), sind die oben angeführten Geräte unterschiedlich gut für ihren Nachweis geeignet. So wird beispielsweise ein Großteil der α-Strahlung bereits vom Glimmerfenster des Geiger-Müller-Zählrohrs absorbiert, wodurch sich dieses hauptsächlich für den Nachweis von β- und γ-Strahlung eignet. Mit Halbleiterdetektoren lassen sich α-Teilchen hingegen nicht nur registrieren, sondern man kann zudem auch ihre Energie messen, da sie in der Sperrschicht vollständig abgebremst werden. Mit einem Szintillationszähler lassen sich Spektren aller Strahlungsarten messen.

Radioaktiver Zerfall als Zufallsprozess. Radioaktive Stoffe zerfallen nicht gleichmäßig. Misst man die Zählrate mehrmals hintereinander, so schwankt sie um einen Mittelwert, beispielsweise 74, 68, 71, 69 Impulse pro Minute (Versuch **V1b**). Die gemessene Zählrate ist dabei zufällig, die Teilchen der Strahlung radioaktiver Stoffe treten also stochastisch auf.

Nulleffekt. Auch wenn sich im Umfeld eines Nachweisgeräts keine radioaktiven Präparate befinden, wird man ionisierende Strahlung detektieren (Versuch **V1c**). Das zeigt, dass überall in der Umgebung ionisierende Strahlung vorhanden ist. Dieses Phänomen nennt man **Nulleffekt**, die dadurch gemessenen Impulse **Nullrate**. Der Nulleffekt entsteht durch radioaktive Stoffe in der Umgebung des Zählrohrs (z. B. terrestrische Strahlung aus dem Boden oder natürliche Strahlung aus Baumaterialien) sowie durch Strahlung aus dem Weltraum.

Arbeitsaufträge

1 ⟶ Informieren Sie sich über die natürlichen und künstlichen Ursachen des Nulleffekts.

2 ⬆ Informieren Sie sich über die Nebelkammer und vergleichen Sie sie mit dem Geiger-Müller-Zählrohr.

8.3 Eigenschaften ionisierender Strahlung ▶

Absorptionsexperiment

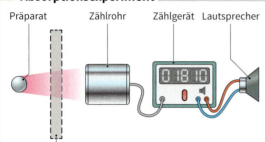

Präparat　　Zählrohr　　Zählgerät　Lautsprecher

Absorptionsmaterial

Verschiedene radioaktive Präparate (Ra-226, Sr-90, Cs-137) werden nacheinander in einigen Zentimetern Abstand vor einem Zählrohr positioniert. Ohne Absorptionsmaterial ist bei allen eine hohe Zählrate zu erkennen – der Lautsprecher des Zählrohrs gibt eine Flut an Knackgeräuschen aus.
a) Ra-226: Bringt man ein Blatt Papier als Absorptionsmaterial zwischen das radioaktive Präparat Ra-226 und das Zählrohr in die Versuchsanordnung ein, geht die Zählrate merklich zurück. Wird zusätzlich ein 5 mm dickes Aluminiumblech verwendet, sinkt die Zählrate wiederum deutlich ab. Auf fast null lässt sich die Zählrate nur durch eine möglichst dicke Bleischicht reduzieren.
b) Sr-90: Hält man Papier zwischen Präparat und Zählrohr, ändert sich die Zählrate kaum. Mit einem 5 mm dicken Aluminiumblech dagegen geht die Zählrate nahezu bis auf die Nullrate zurück.
c) Cs-137: Wird das Cs-137-Präparat mit einem 5 mm dicken Aluminiumblech abgedeckt, lässt sich trotz dieses Absorptionsmaterials eine Strahlung über der Nullrate registrieren. Erst mit einer dicken Bleischicht zwischen Präparat und Zählrohr wird die Zählrate deutlich reduziert.

Ursprung ionisierender Strahlung. Strahlung aus radioaktiven Präparaten ionisiert auf ihrem Weg in Luft bzw. in Materie Atome und Moleküle. Dazu ist weit mehr Energie notwendig als in der Elektronenhülle eines Atoms zur Verfügung steht. Aus energetischen Gründen lässt sich also schlussfolgern, dass die Strahlung aus den Kernen von Atomen stammen muss.

α-Teilchen und α-Zerfall. Versuch V1a zeigt, dass Ra-226 unter anderem Teilchen aussendet, die ein normales Blatt Papier nicht durchdringen können, die α-Teilchen. Folgende Eigenschaften von α-Teilchen sind bekannt:
- α-Teilchen ionisieren Atome und Moleküle.
- Ein α-Teilchen ist zweifach positiv geladen, d. h. es trägt zwei positive Elementarladungen.
- α-Teilchen sind energiereiche Heliumkerne $^4_2$He. In der Nähe von α-Strahlern kann man Helium nachweisen. Das α-Teilchen verbindet sich nach dem Austritt aus dem Atomkern mit zwei Elektronen aus der Umgebung und bildet damit ein Heliumatom.
- Die Reichweite von α-Teilchen in Luft beträgt maximal 10 cm. Ihre Energie ist spätestens nach dieser Strecke durch Ionisationsprozesse aufgebraucht.
- α-Teilchen können Papier nicht durchdringen. Sie werden im Papier absorbiert, da sie in dichter Materie je Millimeter Laufweg viel mehr Ionen als in Luft bilden. Ihre Energie ist somit in Papier auf einer viel kürzeren Strecke aufgebraucht als in Luft.
- Sendet ein Atomkern ein α-Teilchen aus, verringert sich seine Kernladungszahl Z und seine Neutronenzahl N um jeweils 2 und damit seine Nukleonenzahl A um 4. Dabei wird Energie frei.

Ein Beispiel ist der α-Zerfall von Ra-226 (Bild **B1**):

$$^{226}_{88}\text{Ra} \rightarrow \, ^{222}_{86}\text{Rn} + \, ^4_2\text{He} \quad \text{oder} \quad ^{226}_{88}\text{Ra} \xrightarrow{\alpha} \, ^{222}_{86}\text{Rn}.$$

Durch den α-Zerfall wird aus dem Radiumisotop Ra-226 das Radonisotop Rn-222 mit völlig neuen physikalischen und chemischen Eigenschaften, da nach dem Zerfall auch Veränderungen in der Atomhülle auftreten. Aufgrund der Emission des α-Teilchens ist das sogenannte Tochteratom zweifach negativ geladen. Durch Abgabe von zwei Elektronen wandelt sich das Tochterion wieder in das entsprechende neutrale Atom um.

β-Teilchen und β-Zerfall. Versuch V1b zeigt: Ein Sr-90-Präparat sendet Teilchen aus, die zwar Papier, aber nicht ein 5 mm dickes Aluminiumblech durchdringen können. Man nennt sie β⁻-Teilchen.

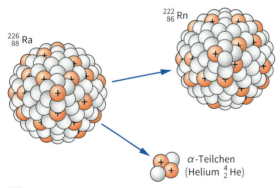

$^{222}_{86}$Rn

$^{226}_{88}$Ra

α-Teilchen
(Helium $^4_2$He)

B1 *α-Zerfall des Radiumisotops Ra-226*

Folgende Eigenschaften sind für β⁻-Teilchen bekannt:

- β⁻-Teilchen ionisieren Atome und Moleküle. Sie ionisieren aber auf derselben Strecke in Materie viel weniger Moleküle als α-Teilchen, u. a. deshalb, weil sie nur einfach geladen sind.
- β⁻-Teilchen sind energiereiche Elektronen.
- β⁻-Teilchen haben in Luft eine mittlere Reichweite von wenigen Metern. Aufgrund der geringeren Ionisationsdichte haben sie damit eine deutlich größere Reichweite als α-Teilchen mit derselben Energie.
- Neben dem β⁻-Zerfall existiert der β⁺-Zerfall, der aus künstlichen Zerfallsquellen stammt. β⁺-Teilchen sind energiereiche Positronen. Sie besitzen dieselben Eigenschaften wie Elektronen, sind jedoch positiv geladen.

Die Energie der β-Teilchen kann ähnlich groß sein wie die der α-Teilchen. Deshalb müssen auch β-Teilchen aus dem Atomkern stammen. Der Atomkern enthält jedoch weder Elektronen noch Positronen. Bei einem β⁻-Zerfall wird im Atomkern ein Neutron in ein Proton und ein Elektron umgewandelt. Dabei wird Energie frei und das Elektron verlässt schnell den Kern. Zusätzlich wird ein weiteres, ungeladenes Teilchen ausgesandt: das **Antineutrino** $\bar{\nu}_e$ (beim β⁺-Zerfall das **Neutrino** ν_e). Nach einem β⁻-Zerfall hat der Kern ein Neutron weniger und ein Proton mehr. Die Nukleonenzahl A bleibt konstant.

Ein Beispiel ist der β⁻-Zerfall von Sr-90 (Bild **B2**). Wie beim α-Zerfall entsteht auch hier aus dem Strontiumisotop Sr-90 ein Isotop eines anderen Elements: das Yttriumisotop Y-90:

$$^{90}_{38}\text{Sr} \rightarrow\ ^{90}_{39}\text{Y} +\ ^{0}_{-1}\text{e} + \bar{\nu}_e \quad \text{oder} \quad ^{90}_{38}\text{Sr} \xrightarrow{\beta^-}\ ^{90}_{39}\text{Y}.$$

γ-Teilchen. Versuch **V1c** zeigt, dass noch eine weitere Art von ionisierender Strahlung aus radioaktiven Nukliden existiert, die erst in dicken Bleischichten absorbiert wird: γ-Strahlung. Sie besteht aus einzelnen γ-Teilchen mit folgenden Eigenschaften:

- γ-Teilchen können Moleküle und Atome ionisieren. Sie bilden jedoch in Materie noch weit weniger Ionen auf derselben Strecke als β⁻-Teilchen.
- γ-Teilchen tragen keine elektrische Ladung.
- γ-Teilchen werden durch Bleischichten abgeschirmt, aber nie vollständig. In Luft verringert sich die Zahl der γ-Teilchen einer bestimmten Energie erst nach mehr als 50 m auf unter 1 %. Den gleichen Effekt erzielt man mit einer 7 cm dicken Bleischicht.
- γ-Strahlung gehört zum Spektrum der elektromagnetischen Strahlung. Es handelt sich um energiereiche Photonen.

Nach einem α- oder β-Zerfall ist der neue Kern oft angeregt und besitzt überschüssige Energie. Diese kann er abgeben, indem er ein γ-Teilchen aussendet. γ-Strahlung tritt deshalb nie allein auf, sondern immer als Folge eines α- oder β-Zerfalls. Beim Aussenden eines γ-Teilchens verändern sich also weder Z noch A noch die Elektronenhülle des Atoms.

Ein Beispiel ist der Zerfall von Cs-137. Nach dem β⁻-Zerfall entsteht der Kern Ba-137m. Das m steht für metastabil und beschreibt, dass der Kern mit dem Nuklid im Grundzustand zwar in Kernladungszahl und Massenzahl übereinstimmt, jedoch vorübergehend einen angeregten Zustand einnimmt. Er verliert die überschüssige Energie durch Aussenden eines γ-Quants:

$$^{137}_{55}\text{Cs} \xrightarrow{\beta^-}\ ^{137m}_{56}\text{Ba} \xrightarrow{\gamma}\ ^{137}_{56}\text{Ba}.$$

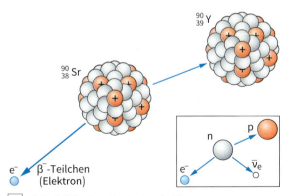

B2 β⁻-Zerfall des Strontiumisotops Sr-90

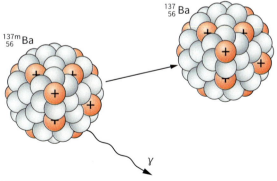

B3 Aussenden eines γ-Teilchens durch Ba-137m

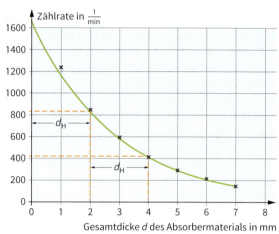

Zählrate in $\frac{1}{\min}$

Gesamtdicke d des Absorbermaterials in mm

Experimente mit radioaktiven Substanzen. Für den Unterricht steht eine Reihe von schwach radioaktiven Substanzen zur Verfügung (Bild **B1**): Kunstdünger ①, Kaliumchlorid ②, ein (zertifizierter) Uranglasknopf ③, ein Glühstrumpf in versiegelter Plastikdose ④ oder uranhaltige Erde. Voraussetzung für die Experimente mit diesen Strahlern ist ein empfindliches Zählrohr mit großem Eintrittsfenster, sodass in relativ kurzen Messzeiten Experimente durchgeführt werden können. ▶

V1 Absorptionsgesetz

Analog zu Versuch **V1** von S. 250 wird der Strahler (z. B. ein Uranglasknopf oder Glühstrumpf) im Abstand von wenigen Zentimetern vor dem Eintrittsfenster des Zählrohrs platziert. Anschließend werden mehrere Exemplare eines Absorptionsmaterials (z. B. Plexiglas oder Holz) gleicher Dicke in aufsteigender Anzahl in den Strahlengang gebracht. Gemessen wird die Zählrate n in Impulsen je Minute.

Da sowohl α- als auch β-Strahlung bereits durch dünne Schichten absorbiert werden und α-Strahlung eine geringe Reichweite in Luft hat, ist deren Einfluss auf die gemessenen Zählraten bei den Experimenten zum Absorptionsgesetz (Versuch **V1**) und zum Abstandsgesetz (Versuch **V2**) eher gering.

Bild **B2** zeigt die um die Nullrate korrigierte Zählrate n in Abhängigkeit von der Gesamtdicke d der Abschirmung. Man erkennt, dass sich die Zählrate von γ-Strahlung beim Durchgang durch Materie exponentiell verringert. Es gilt das **Absorptionsgesetz**:

$$n(d) = n_0 \cdot e^{-\mu \cdot d}.$$

μ wird als Absorptionskoeffizient oder Schwächungskoeffizient bezeichnet, er hat die Einheit cm^{-1} und ist unter anderem abhängig von der Energie der γ-Teilchen und dem Material des Absorbers.

Als **Halbwertsdicke** d_H wird die Schichtdicke eines bestimmten Absorbermaterials benannt, bei der sich die Zählrate gerade halbiert. Setzt man die Halbwertsdicke in das Absorptionsgesetz ein ($d = d_\text{H}$), erhält man:

$$n(d_\text{H}) = n_0 \cdot e^{-\mu \cdot d_\text{H}} = \tfrac{1}{2} n_0, \text{ also}$$

$$e^{-\mu \cdot d_\text{H}} = \tfrac{1}{2}.$$

Aus dem Absorptionsgesetz folgt somit für die Halbwertsdicke d_H:

$$d_\text{H} = \frac{\ln(2)}{\mu}.$$

V2 Abstandsgesetz

Analog zu Versuch **V1** von S. 248 wird der Strahler im Abstand von wenigen Zentimetern vor dem Eintrittsfenster des Zählrohrs platziert. Strahler und Zählrohr werden mit Hilfe einer Schiene so aufgestellt, dass die Oberflächen von Strahler und Eintrittsfenster parallel zueinander sind. Anschließend wird der Abstand r zwischen Zählrohr und Strahler variiert und die Zählrate n in Impulsen je Minute in Abhängigkeit vom Abstand r gemessen.

Abstand in cm	5	10	15	20	25	30
Zählrate in min^{-1}	584	187	102	57	26	19

Bild **B3** zeigt die Zählrate n in Abhängigkeit vom Abstand r zwischen Strahler und Zählrohr. Führt man eine Regression durch, lässt sich zeigen, dass die Zählrate antiproportional zum Quadrat des Abstands abnimmt.

Gehen wir von einer annähernd punktförmigen Strahlungsquelle aus, so verteilt sich die abgegebene Energie bei einer Ausbreitung im Raum auf eine Kugeloberfläche. Beispielsweise führt eine Verdopplung des Abstands von der Strahlungsquelle zu einer Vervierfachung der Fläche (Bild **B4**) und zu einer Abnahme der Energie pro Flächeneinheit auf ein Viertel. Somit ist die Zählrate umgekehrt proportional zum Quadrat des Abstands. Es gilt das **Abstandsgesetz**:

$$n \sim \frac{1}{r^2}.$$

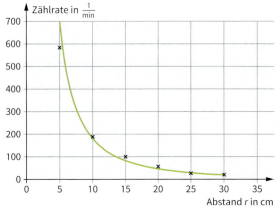

B3 Zählrate in Abhängigkeit vom Abstand zur Strahlenquelle

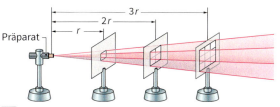
Präparat

B4 Zum Abstandsgesetz

! Merksatz

Beim Durchgang durch Materie verringert sich die Zählrate von γ-Strahlung exponentiell zur Schichtdicke d. Es gilt das Absorptionsgesetz:

$$n(d) = n_0 \cdot e^{-\mu \cdot d},$$

mit μ: Absorptionskoeffizient; $[\mu] = cm^{-1}$.
Die Zählrate von γ-Strahlung verringert sich antiproportional zum Quadrat des Abstands r zur Quelle. Es gilt das Abstandsgesetz:

$$n \sim \frac{1}{r^2}.$$

Ablenkung im Magnetfeld. Auf bewegte Ladungsträger wirkt im Magnetfeld die Lorentzkraft, sofern die Geschwindigkeit der Teilchen nicht parallel zu den magnetischen Feldlinien gerichtet ist. Steht die Geschwindigkeit senkrecht zum Magnetfeld und ist das Magnetfeld in die Bildebene hinein gerichtet (Bild **B5**), lässt sich gemäß der Drei-Finger-Regel der linken Hand ermitteln, dass negativ geladene β⁻-Teilchen in Bewegungsrichtung nach rechts, positiv geladene α-Teilchen in Bewegungsrichtung nach links abgelenkt werden. γ-Strahlung trägt keine elektrische Ladung und lässt sich demnach so weder nachweisen noch ausschließen.

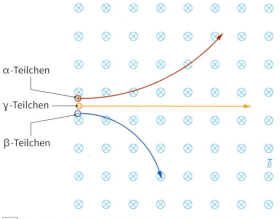

B5 Verhalten ionisierender Strahlung im Magnetfeld

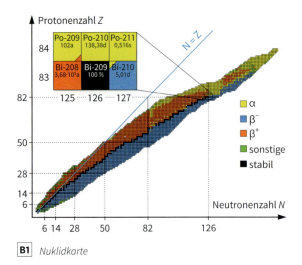

B1 *Nuklidkarte*

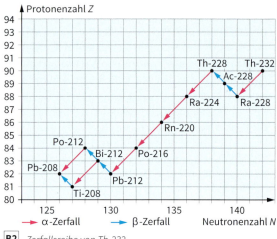

B2 *Zerfallsreihe von Th-232*

Nuklidkarte. In der Chemie ordnet man die Elemente nach der Ordnungszahl (Protonenzahl) bzw. ihren chemischen Eigenschaften im Periodensystem an. In der Physik werden die Nuklide mit Hilfe eines Koordinatensystems, der Nuklidkarte, angeordnet. Auf der horizontalen Achse trägt man die Neutronenzahl N des Nuklids, auf der vertikalen die Protonenzahl Z auf. Auf den Gitterpunkten steht das betreffende Nuklid (Bild **B1**; siehe Anhang).

Alle Isotope eines chemischen Elements liegen auf einer Zeile, an deren linken Rand die Protonenzahl Z steht. Jedes Nuklid wird durch das chemische Symbol des Elements und die Massenzahl $A = N + Z$ gekennzeichnet (z. B. U-235, $Z = 92$, $N = 143$). Die Neutronenzahl N steht am unteren Ende der Spalte.

Die Nuklide sind durch verschiedene Farben gekennzeichnet. Schwarz unterlegt sind die stabilen Nuklide, (z. B. Pb-208). Die Zahl in den schwarzen Kästen gibt an, mit welchem Prozentanteil das betreffende Nuklid in natürlichen Vorkommen auftritt (z. B. C-12 zu 98,93 %, C-13 zu 1,07 %).

Die farbigen Kästen stellen instabile Kerne dar, die Strahlung aussenden. Unter dem Nuklid steht die Halbwertszeit (z. B. Po-210: $T_H = 138,38$ d). Die blau unterlegten Nuklide, die β^--Strahler, liegen am rechten Rand der Protonenzeile. α-Strahler sind gelb unterlegt und finden sich fast nur bei großer Nukleonenzahl A. Kommen bei einem Nuklid mehrere Zerfallsarten nebeneinander vor, gibt die Größe der farbigen Fläche die relative Häufigkeit der jeweiligen Zerfälle an (z. B. Bi-210: α- und β^--Zerfall).

Zerfallsreihen. ▶ Kerne, die durch einen radioaktiven Zerfall entstanden sind, können selbst wieder radioaktiv sein. So entstehen radioaktive Zerfallsreihen. Die Abbildung Bild **B2** zeigt eine dieser Zerfallsreihen, die in der Natur auftreten. Ausgangspunkt ist Th-232.

Th-232 ist in der Nuklidkarte gelb unterlegt und somit ein α-Strahler. Beim Zerfall wird also ein Heliumkern, bestehend aus zwei Protonen und zwei Neutronen, ausgesendet. Das dadurch entstehende Nuklid findet man demnach zwei Gitterpunkte weiter unten und zwei Gitterpunkte weiter links in der Nuklidkarte: Ra-228. Ra-228 ist wiederum blau unterlegt und wandelt bei dem β^--Zerfall ein Neutron in ein Elektron und ein Proton um. Das Folgeprodukt hat nun ein Neutron weniger und ein Proton mehr und lässt sich in der Nuklidkarte einen Gitterpunkt über und einen Gitterpunkt links von dem Ausgangsnuklid finden: Ac-228.

Die gesamte Zerfallsreihe lässt sich auch folgendermaßen darstellen, wobei bei Ac-228 nur der deutlich überwiegende β^--Zerfall berücksichtigt wurde:

$$^{232}_{90}\text{Th} \xrightarrow{\alpha} \, ^{228}_{88}\text{Ra} \xrightarrow{\beta^-} \, ^{228}_{89}\text{Ac} \xrightarrow{\beta^-} \, ^{228}_{90}\text{Th} \xrightarrow{\alpha} \, ^{224}_{88}\text{Ra} \xrightarrow{\alpha} \, ^{220}_{86}\text{Rn}$$

$$\xrightarrow{\alpha} \, ^{216}_{84}\text{Po} \xrightarrow{\alpha} \, ^{212}_{82}\text{Pb} \xrightarrow{\beta^-} \, ^{212}_{83}\text{Bi} \begin{array}{c} \xrightarrow{\alpha} \, ^{208}_{81}\text{Ti} \xrightarrow{\beta^-} \\ \xrightarrow{\beta^-} \, ^{212}_{84}\text{Po} \xrightarrow{\alpha} \end{array} \, ^{208}_{82}\text{Pb} \, .$$

Bei der Thorium-Zerfallsreihe treten mehrere α- und β^--Zerfälle auf, wobei auch γ-Teilchen entstehen. Die Zerfallsreihe endet bei dem stabilen Bleiisotop Pb-208. In der Zerfallsreihe von U-238 (Bild **B3**) tritt u. a. Ra-226 auf. In einem länger gelagerten und gasdicht

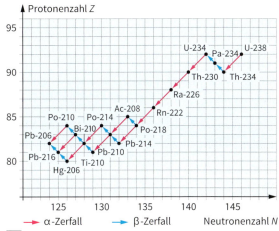

B3 *Zerfallsreihe von U-238*

→ Die obige Abbildung zeigt ein Experiment zur Untersuchung des Einflusses eines homogenen Magnetfelds auf die ionisierende Strahlung. Beschreiben Sie den Aufbau und erläutern Sie die erwartete Beobachtung.

verschlossenen Radiumpräparat finden die Zerfälle von Ra-226 und seiner Folgeprodukte aufgrund der unterschiedlichen Halbwertszeiten (siehe Nuklidkarte im Anhang) parallel zueinander statt. Deshalb sendet das Präparat α-, β⁻- und γ-Strahlung aus, wie in Versuch **V1** auf S. 250 deutlich wird.

> **! Merksatz**
>
> In der Nuklidkarte sind alle bekannten Nuklide sowie ihre Zerfallsarten und ihre Halbwertszeiten aufgeführt, wobei die Rechtsachse die Neutronenzahl N und die Hochachse die Protonenzahl Z zeigt. Mit ihrer Hilfe lassen sich z.B. radioaktive Zerfallsreihen aufstellen.

Arbeitsaufträge

1 → Nennen Sie die Eigenschaften von α-, β– und γ-Strahlung und beschreiben Sie die beim Zerfall im Atomkern stattfindenden Prozesse.

2 ⬈ Hält man Papier zwischen ein Co-60-Präparat und ein Zählrohr, so ändert sich die Zählrate kaum. Hält man dagegen ein 5 mm dickes Aluminiumblech in den Strahlengang, geht die Zählrate deutlich, aber nicht auf null zurück. Beschreiben Sie einen möglichen Zerfall von Co-60.

3 ⬈ Sie haben die Aufgabe festzustellen, welche Arten von Strahlung ein radioaktives Präparat aussendet. Zur Verfügung stehen ein Zählrohr und verschiedene Materialien. Erläutern Sie Ihr Vorgehen.

5 ⬈ Erläutern Sie die Beobachtungen aus Versuch **V1a** auf S. 250 unter Berücksichtigung der Eigenschaften der verschiedenen Strahlungsarten und der Zerfallsreihe von Ra-226.

6 → Formulieren Sie folgende Zerfallsgleichungen mit Hilfe eines Periodensystems oder einer Nuklidkarte (siehe Anhang):

a) $^{235}_{92}U \xrightarrow{\alpha} ?$ $^{232}_{?}Th \xrightarrow{\alpha} ?$ $? \xrightarrow{\alpha} {}^{237}_{?}Np$

b) $^{40}_{19}K \xrightarrow{\beta^-} ?$ $^{210}_{?}Pb \xrightarrow{\beta^-} ?$ $? \xrightarrow{\beta^-} {}^{14}_{?}N$

c) $? \xrightarrow{\beta^-} {}^{60}_{?}Ni^m \xrightarrow{\gamma} ?$ $^{99}_{?}Tc^m \xrightarrow{\gamma} ? \xrightarrow{\beta^-} ?$

7 → In der Nuklidkarte findet man den Kern, der beim Zerfall eines α- oder β⁻-Strahlers entsteht, nach bestimmten Regeln. Nennen Sie diese Regeln und erklären Sie sie.

8 ⬈ U-235 und Np-237 sind Ausgangspunkte von Zerfallsreihen.
a) Stelle Sie die jeweiligen Zerfallsreihen mit Hilfe der Nuklidkarte auf.
b) Stellen Sie die Zerfallsreihen in einem $Z(N)$-Diagramm dar.

9 ⬆ Eine Zerfallsreihe beginnt mit einem α-Zerfall. Dann wird ein β⁻-Teilchen, anschließend ein γ-Teilchen, dann wieder ein α-Teilchen und zum Schluss ein β⁻-Teilchen ausgesendet. Der Endkern ist Bi-209. Ermitteln Sie den Ausgangskern und geben Sie die Zerfallsreihe an.

8.4 Energie der Atomkerne

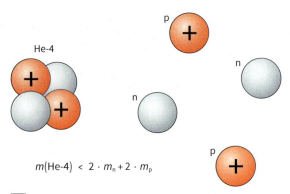

$$m(\text{He-4}) < 2 \cdot m_n + 2 \cdot m_p$$

B1 Die Masse eines Heliumkerns ist kleiner als die Masse von zwei Neutronen und zwei Protonen.

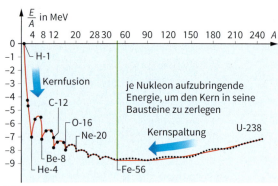

B2 Mittlere Bindungsenergie je Nukleon $\frac{E}{A}$ in Abhängigkeit von der Nukleonenzahl A (Rechtsachse bis A = 30 gedehnt)

Kernkraft. Alle Kerne haben ungefähr die gleiche Dichte und einen relativ scharfen Rand mit einem Kernradius von etwa $R \approx 10^{-14}$ m. Da die Massen von Protonen und Neutronen annähernd gleich sind und die Größe des Atoms mit der Nukleonenzahl zunimmt, muss der Platz, der in einem Kern pro Nukleon zur Verfügung steht, in allen Kernen etwa gleich groß sein.

Zwischen den Protonen besteht aufgrund der Coulombkraft eine elektrische Abstoßung. Deshalb dürfte ein Kern eigentlich nicht stabil sein. Die Nukleonen müssen also durch eine weitere Kraft im Kern zusammengehalten werden. Zwischen den Nukleonen wirkt eine zusätzliche anziehende Kraft, die **Kernkraft,** die unabhängig von der Ladung ist. Ihre Reichweite ist im Gegensatz zur Coulombkraft und zur Gravitationskraft begrenzt. Sie setzt unvermittelt ein, wenn der Abstand der Nukleonen in der Größenordnung von 10^{-15} m liegt. In größerem Abstand ist sie vernachlässigbar klein. Außer in den leichtesten Kernen tritt ein Nukleon nur mit seinen nächsten Nachbarn, nicht aber mit allen Nukleonen des Kerns in Wechselwirkung.

Die Reichweite der Coulombkraft ist dagegen nicht beschränkt. Ein Proton erfährt im Kern die Abstoßung aller anderen Protonen. Die abstoßende Wirkung wächst daher mit zunehmender Nukleonenzahl schneller als die anziehende Wirkung der Kernkraft. Dies wirkt sich unmittelbar auf die Zusammensetzung der Kerne aus. In der Nuklidkarte fällt auf, dass die leichten stabilen Nuklide etwa gleiche viele Neutronen wie Protonen enthalten ($N = Z$), während die schweren Kerne mehr Neutronen als Protonen besitzen. Die Stabilität der schweren Kerne wird offenbar durch den Einbau zusätzlicher Neutronen gewährleistet.

Bindungsenergie und Massendefekt. Vergleicht man die Masse eines He-4-Kerns mit der Masse zweier ungebundener Neutronen sowie zweier ungebundener Protonen, zeigt sich, dass die Summe der Einzelmassen größer ist als die Masse des Heliumkerns (Bild **B1**):

$$2 \cdot m_n + 2 \cdot m_p = 2 \cdot 1{,}008665\,\text{u} + 2 \cdot 1{,}007276\,\text{u}$$
$$= 4{,}031882\,\text{u} > 4{,}001506\,\text{u} = m_{\text{Kern}}.$$

Dieses Phänomen zeigen alle Kerne. Die Differenz der Kernmasse und der Summe der Einzelmassen wird **Massendefekt** Δm genannt. Jeder Kern besitzt einen für ihn charakteristischen negativen Wert. EINSTEIN gelangte zu der Erkenntnis, dass Masse und Energie äquivalent sind. Wendet man seine berühmte Gleichung $E = m \cdot c^2$ auf den Massendefekt an, so findet man für den Heliumkern:

$$E = \Delta m \cdot c^2 = -0{,}030376\,\text{u} \cdot c^2 \approx -28{,}3\,\text{MeV}.$$

Der berechnete Wert entspricht exakt der Energie, die man zuführen muss, um die Nukleonen wieder zu trennen, der Bindungsenergie. Sie wird umgekehrt frei, wenn sich die Nukleonen verbinden und ist ein Maß für die Stabilität der Kerne. Ungebundenen Nukleonen wird die Bindungsenergie null zugeordnet. Die mittlere Bindungsenergie pro Nukleon im Heliumkern beträgt somit $\frac{E}{A} = -7{,}07$ MeV (Bild **B2**).

> **⚠ Merksatz**
>
> Kernkräfte halten Nukleonen gegen die abstoßende Coulombkraft zwischen den Protonen zusammen. Die Masse eines Kerns ist um den Massendefekt kleiner als die Summe der Massen der einzelnen Nukleonen, aus denen er besteht. Beim Verschmelzen von Nukleonen wird Bindungsenergie frei.

Kernmodelle. Den Aufbau der Atomhülle versteht man heute sehr gut. Beim Kern allerdings sind die Verhältnisse komplizierter. Die Kernkräfte können nicht wie die Coulombkräfte durch einfache Gleichungen erfasst werden. Man versucht daher durch vereinfachende Annahmen bestimmte Kerneigenschaften zu erklären.

Tröpfchenmodell. Statt der einzelnen Nukleonen betrachtet man Atomkerne zunächst als Ganzes. Man kann sie mit Flüssigkeitstropfen vergleichen, deren Dichte ebenfalls nicht von ihrer Größe abhängt. Die Analogie reicht noch weiter: Ähnlich wie Kohäsionskräfte die Moleküle einer Flüssigkeit zu einem Tropfen vereinigen, halten die Kernkräfte die Nukleonen zusammen. In Flüssigkeiten wirken die Bindekräfte vorwiegend zwischen direkt benachbarten Teilchen. Entsprechendes trifft für die Nukleonen im Kern zu. Das Tröpfchenmodell beschreibt sehr erfolgreich die Bindungsenergie der Kerne. Weitere Kerneigenschaften kann es nicht erklären. Nach diesem Modell setzt sich die Bindungsenergie aus folgenden Beiträgen zusammen:

- Lagern sich bei der Kondensation von Wasserdampf die Moleküle zu Wassertropfen zusammen, wird Kondensationsenergie frei. Die pro Molekül freiwerdende Energie ist dabei nahezu unabhängig von der Tropfengröße. Die gesamte Kondensationsenergie ist also proportional zum Volumen V des Tropfens und wird daher auch **Volumenenergie** E_V genannt. Beim Atomkern ist wegen $V \sim R^3$ und $R^3 \sim A$ das Volumen proportional zur Nukleonenzahl A und die Volumenenergie pro Nukleon für alle Kerne nahezu konstant:

$$E_V \sim A \quad \text{bzw.} \quad \frac{E_V}{A} = \text{konstant.}$$

- In Flüssigkeitstropfen werden Moleküle an der Oberfläche von weniger Nachbarn angezogen als solche im Inneren. Dies verringert die Volumenenergie der Moleküle an der Oberfläche. Entsprechendes gilt für Nukleonen am Rande des Kerns. Die **Oberflächenenergie** E_O ist proportional zur Oberfläche des Kerns und somit zum Quadrat des Kernradius. Wegen $R \sim A^{\frac{1}{3}}$ gilt:

$$E_O \sim A^{\frac{2}{3}} \quad \text{bzw.} \quad \frac{E_O}{A} \sim A^{-\frac{1}{3}}.$$

- Im Atomkern lockert die Coulombkraft die Bindung umso mehr, je mehr Protonen im Kern eingebaut werden. Massereiche Kerne sind nur deshalb stabil, weil sie mehr Neutronen als Protonen enthalten. Die **Coulombenergie** E_C einer homogen geladenen

Kugel ist proportional zum Quadrat der Gesamtladung dividiert durch den Kugelradius R. Die Ladung des Kerns ist proportional zu Z, daher gilt $E_C \sim Z^2 \cdot A^{-\frac{1}{3}}$. Für massereiche Kerne gilt als brauchbare Näherung $Z \approx 0,45 \cdot A$. Damit ergibt sich:

$$\frac{E_C}{A} \sim A^{\frac{2}{3}}.$$

Die zum quantitativen Vergleich nötigen Proportionalitätsfaktoren lassen sich nicht experimentell gewinnen. Man erhält sie durch Anpassung an die aus dem Massendefekt berechneten Werte. Bild **B3** zeigt den Einfluss der drei Beträge zur Bindungsenergie. Analog zu Bild **B2** zeigt sich, dass sich das Maximum des Betrags der Bindungsenergie pro Nukleon im Bereich von 56 bis 62 Nukleonen (z. B. Ni-62, Fe-58, Fe-56) befindet.

Die Grenzen der Analogie zwischen Atomkern und Flüssigkeitströpfchen zeigen sich, wenn man an die Teilchenbewegung in einem Tropfen denkt. Die Flüssigkeitsteilchen sind in regelloser Bewegung und stoßen häufig gegeneinander. Im Kern kommt es als Folge des **Pauli-Prinzips** so gut wie nie zu Stößen zwischen den Nukleonen. Das Modell kann ebenfalls nicht erklären, wieso gg-Kerne (Kerne mit gerader Protonen- und Neutronenzahl) besonders stabil bzw. stärker gebunden sind.

> **! Merksatz**
>
> Im Tröpfchenmodell wird der Kern als Ganzes betrachtet. In Analogie zu einem Flüssigkeitstropfen setzt sich die Bindungsenergie aus den Anteilen Volumenenergie, Oberflächenenergie und Coulombenergie zusammen.

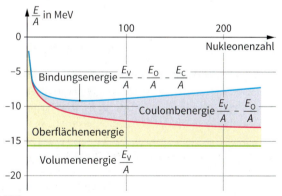

B3 *Beitrag der einzelnen Terme des Tröpfchenmodells zur mittleren Bindungsenergie pro Nukleon*

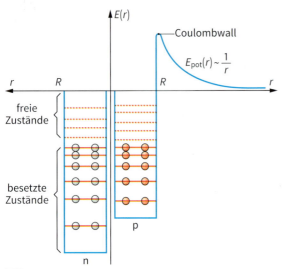

$E(r)$

Coulombwall

$E_{pot}(r) \sim \dfrac{1}{r}$

freie Zustände

besetzte Zustände

p

n

B1 *Eindimensionaler Potenzialtopf als einfaches quantenmechanisches Kernmodell; der Coulombwall zeigt, dass Energie benötigt wird, um dem Kern ein Proton zu nähern.*

Eindimensionales Potenzialtopfmodell.

Will man verstehen, warum die einzelnen Nuklide bestimmte Strahlungsarten aussenden, muss man sich die Energiezustände im Atomkern ansehen:

Nukleonen werden, wie alle Quantenobjekte, durch Wellenfunktionen beschrieben. Die Kernkräfte beschränken den Aufenthaltsbereich der Nukleonen auf den Kern mit einem Durchmesser von ca. 10^{-14} m. Ähnlich wie im Fall der Elektronen in der Atomhülle kann die Situation auch hier durch ein Potenzialtopfmodell beschrieben werden. Im Atomkern allerdings schaffen sich die Nukleonen aufgrund der Kernkräfte ihren Potenzialtopf selbst.

Bild **B1** zeigt einen solchen Potenzialtopf: Er stellt die Abhängigkeit der Energie $E_{pot}(r)$ vom Abstand r zum Mittelpunkt des Atomkerns dar. Auf der horizontalen Achse ist r in beide Richtungen aufgetragen; R ist der Kernradius. Wegen der begrenzten Reichweite der Kernkraft stellt ein rechteckförmiges Potenzial mit einem scharfen Rand eine gute Näherung dar. Da jedoch zwischen Protonen, anders als bei Neutronen, noch die abstoßende elektrische Kraft (**Coulombkraft**) wirkt, muss man für Protonen und Neutronen verschiedene Energieniveaus annehmen. In Bild **B1** sind sie zur besseren Übersicht als getrennte Potenzialtöpfe in einer Abbildung einander gegenübergestellt. Innerhalb des Kerns überwiegt die Kernkraft, außerhalb die Coulomb-

kraft. Daher unterscheidet sich das Energieniveau der Protonen von dem der Neutronen folgendermaßen:

- Der Potenzialtopf der Protonen ist weniger tief als der der Neutronen, da die Coulombkraft die Bindung der Protonen verringert. Neutronen sind fester gebunden als Protonen.
- Das Potenzial der Protonen wirkt innerhalb des Kerns anziehend, außerhalb abstoßend. Der Potenzialtopf ist von einem „Coulombwall" umgeben.

Die Besetzung der Energieniveaus im Kern mit Nukleonen erfolgt nach dem Pauli-Prinzip: Jedes Energieniveau kann daher mit zwei Nukleonen gefüllt werden. In einem stabilen Atomkern müssen die obersten besetzten Energieniveaus bei Protonen und Neutronen etwa gleich hoch liegen. Andernfalls könnte sich nämlich ein Neutron in ein Proton umwandeln (oder umgekehrt) und dabei Energie abgeben. Da der Potenzialtopf der Neutronen tiefer als der der Protonen ist, sind in einem Kern in der Regel mehr Neutronen als Protonen enthalten. Je mehr Protonen in einem Kern sind, desto mehr ist ihr Potenzial gegen das der Neutronen angehoben. Für schwere Kerne ist daher der Neutronenüberschuss besonders groß, wohingegen für stabile leichte Kerne, bei denen die Coulombabstoßung keine wesentliche Rolle spielt und die Potenzialtöpfe nahezu gleich tief sind, also $Z \approx N$ ist.

! **Merksatz**

Im einfachen Kernmodell des eindimensionalen Potenzialtopfs befinden sich Protonen und Neutronen in getrennten Potenzialtöpfen. Der Protonentopf ist gegenüber dem Neutronentopf infolge der Coulombabstoßung angehoben. Nukleonen nehmen im Kern diskrete Energiezustände ein.

Strahlungsarten im Potenzialtopfmodell.

α-Zerfall: Will man ein α-Teilchen mit Hilfe eines Teilchenbeschleunigers in einen Atomkern einbringen, muss es den Coulombwall und damit eine Energie von mehreren zehn MeV überwinden. Anschließend wirken die Kernkräfte, die das Teilchen im Kern binden. Umgekehrt müsste das α-Teilchen bei einem α-Zerfall so viel Energie auf sich vereinigen, dass es bis zur Spitze des Potenzialwalls angehoben wird. Da α-Teilchen jedoch nur (für jeden Kern charakteristische) Bindungsenergien von 2 bis 7 MeV haben, ist dieser Vorgang mit Hilfe der klassischen Physik nicht zu erklären.

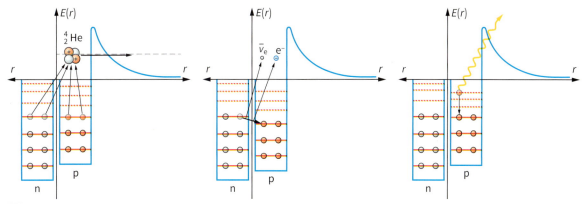

B2 a) α-Zerfall, b) β⁻-Zerfall und c) γ-Strahlung im Potenzialtopfmodell.

α-Teilchen sind Quantenobjekte, ihre Aufenthaltswahrscheinlichkeit $|\psi|^2$ ist auch außerhalb des Potenzialwalls nicht null. Das α-Teilchen ist also auch außerhalb des Walls mit einer gewissen Wahrscheinlichkeit zu finden. Es kann den Coulombwall **„durchtunneln"** (Bild **B2a**). Die Wahrscheinlichkeit für die Emission eines α-Teilchens ist das Produkt aus der Wahrscheinlichkeit, dass im Kern ein α-Teilchen gebildet wird und der Wahrscheinlichkeit für das Durchdringen des Potenzialwalls.

✳ Beispielaufgabe: **Potenzialtopf**

Schätzen Sie die im Atomkern auftretenden Energiewerte mit dem Potenzialtopfmodell der Quantenphysik ab.

Lösung:

Die Formel für die Energiewerte des eindimensionalen Potenzialtopfs für die Atomhülle lässt sich auf den Atomkern übertragen:

$$E_{n,\,\text{Kern}} = \frac{h^2 \cdot n^2}{8 \cdot m_p \cdot L_K^2}.$$

Die Protonenmasse m_p ist etwa 2000-mal so groß wie die Elektronenmasse m_e, das Verhältnis von m_p zu m_e liegt also in der Größenordnung 10^3. Der Kerndurchmesser L_K ist etwa fünf Größenordnungen kleiner als der Atomdurchmesser L_A. Damit folgt als Abschätzung für die Energiewerte E_n, Kern des Atomkerns:

$$E_{n,\,\text{Kern}} = \frac{h^2 \cdot n^2}{8 \cdot 10^3 \cdot m_e \cdot (10^{-5} \cdot L_A)^2} \approx 10^7 \cdot E_{n,\,\text{Atom}}.$$

Statt im Bereich von 1 eV liegen die Energieniveaus im Atomkern somit im Bereich von 10 MeV.

β⁻-Zerfall: Wenn der Neutronentopf höher besetzt ist als der Protonentopf, ist der Atomkern in einem energetisch ungünstigen Zustand. Er kann durch die Umwandlung des Neutrons in ein Proton unter Aussendung eines Elektrons und eines Anitneutrinos in einen energetisch niedrigeren, stabileren Zustand übergehen (Bild **B2b**). β-Teilchen haben Energien zwischen 0 und 1 MeV, wobei sich die insgesamt frei werdende Energie beliebig auf das Elektron und das Antineutrino verteilt. Somit liegt eine kontinuierliche Energieverteilung vor.

γ-Strahlung: Kerne können wie Atome durch Energiezufuhr angeregt werden. Umgekehrt können sie durch Energieabgabe vom angeregten Zustand in den Grundzustand übergehen (Bild **B2c**). Durch die Quantisierung können wie in der Atomhülle Übergänge zwischen den Energiezuständen nur dann erfolgen, wenn die „passenden" Energiedifferenzen aufgenommen bzw. freigesetzt werden. Kernspektren haben daher wie Atomspektren scharfe, für die einzelnen Isotope charakteristische „Spektrallinien". Die Energie der γ-Strahlung liegt in der Größenordnung von 1 MeV.

❗ Merksatz

Der α-Zerfall beruht auf dem Tunneleffekt, bei dem das α-Teilchen aufgrund seines quantenmechanischen Charakters den Potenzialwall durchdringen kann.

Kerne mit zu hoher Neutronenzahl sind β⁻-Strahler, sie befinden sich in der Nuklidkarte rechts von den stabilen Kernen.

γ-Strahlung entsteht, wenn Kerne aus angeregten Zuständen in den Grundzustand übergehen.

Energiemessung von Kernstrahlung. Ionisierende Strahlung ist unsichtbar. Mit einem Geiger-Müller-Zählrohr kann man sie zwar nachweisen, jedoch nicht bestimmen, von welchem Element sie stammt. Aufgrund des Massendefekts erhalten beim α-Zerfall sowohl Tochterkern als auch α-Teilchen eine wohldefinierte Energiemenge, die der Energiedifferenz zwischen Mutter- und Tochterkern entspricht. Energiespektren ermöglichen somit eine weitergehende Analyse der inneren Struktur der radioaktiven Probe. α-Spektroskopie (Versuch **V1**) wird unter anderem genutzt, um die Kontamination von radioaktiven Versandstücken zu überprüfen.

Feinstruktur eines α-Spektrums. Im Folgenden wird der α-Zerfall von Am-241 zu Np-237 genauer betrachtet: Bei der Emission des α-Teilchens wandelt sich der Americium-Mutterkern gemäß folgender Reaktionsgleichung in den Neptunium-Tochterkern um:

$$^{241}_{95}\text{Am} \rightarrow \, ^{237}_{93}\text{Np} + \, ^{4}_{2}\text{He} + 5{,}49 \text{ MeV.}$$

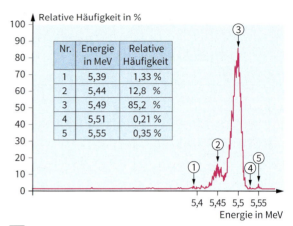

Relative Häufigkeit in %

Nr.	Energie in MeV	Relative Häufigkeit
1	5,39	1,33 %
2	5,44	12,8 %
3	5,49	85,2 %
4	5,51	0,21 %
5	5,55	0,35 %

Energie in MeV

B1   *Feinstruktur des α-Spektrums von Americium-241*

V1   **Aufnahme eines α-Spektrums**

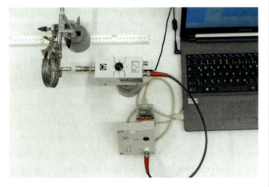

Um das Energiespektrum eines α-Strahlers aufzunehmen, wird ein Halbleiterdektektor über einen Verstärker mit einem Vielkanalanalysator und einem x-y-Schreiber bzw. Computer verbunden. Der Vielkanalanalysator misst jeden im Halbleiterdetektor erzeugten elektrischen Impuls und sortiert diese nach der Höhe ihrer Amplitude unabhängig von deren zeitlichem Auftreffen. Die Software am Computer stellt anschließend die Häufigkeitsverteilung in einem Liniendiagramm dar. Da die Höhe der Amplitude proportional zur Energie der α-Teilchen ist, erhält man ein Energiespektrum des verwendeten Strahlers.

Die Kerne befinden sich vor bzw. nach der Emission in wohldefinierten Energiezuständen. Da der Tochterkern Np-237 eine Halbwertszeit von $T_\text{H} = 2{,}1 \cdot 10^6$ a hat und somit Folgeprodukte seines Zerfalls keinen Einfluss haben, sollte das Spektrum von Am-241 demnach einen scharfen Peak bei der Energie 5,49 MeV zeigen. Betrachtet man jedoch die Feinstruktur des α-Spektrums von Am-241, erkennt man vier weitere Peaks (Bild **B1**). Befindet sich der Tochterkern im Grundzustand, so hat das emittierte α-Teilchen die maximale Energie, also 5,55 MeV (5). In allen anderen Fällen befindet sich der Neptuniumkern in einem angeregten Zustand und die α-Teilchen besitzen eine entsprechend geringere Energie (1–4). Anschließend fällt der Np-Kern aus dem angeregten Zustand, z. B. E_3, unter Aussendung des γ-Quants in einen energetisch günstigeren Zustand, z. B. den Grundzustand E_5 mit $\Delta E = E_\gamma = E_5 - E_3 = 0{,}06$ MeV.

Die Höhe der Peaks im Spektrum ist ein Maß dafür, mit welcher Häufigkeit die verschiedenen angeregten Zustände vorkommen. So sendet das Americium-Nuklid in 85,2 % der Fälle Heliumkerne mit einer Energie von 5,49 MeV aus. In der Nuklidkarte ist nur die Energie des am häufigsten vorkommenden Zerfalls angegeben. Reale Spektren enthalten alle α-Strahler der Zerfallsreihe und zeigen in der Feinstruktur die verschiedenen Anregungszustände der Tochterkerne.

Energieniveauschema. Die Zerfälle und zugehörigen Energien lassen sich in einem Energieniveauschema (Zerfallsschema) darstellen. Bild **B2** zeigt das Energieniveauschema für den Zerfall von Radium-226 zu Radon-222. Der Tochterkern ist wegen seiner kleineren Kernladung nach links versetzt gezeichnet.

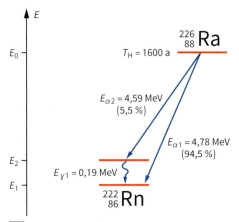

B2 *Energieniveauschema von Ra-226*

Experimentell hat man festgestellt, dass reines Ra-226 α-Teilchen mit den Energien $E_{α1} = 4,78$ MeV, $E_{α2} = 4,59$ MeV sowie γ-Strahlung der Energie $E_γ = 0,19$ MeV emittiert. $E_γ$ ist genau die Differenz $ΔE = E_{α1} − E_{α2}$. Ra-226-Atome zerfallen durch Aussenden eines α-Teilchens nicht nur in den Grundzustand E_1 von Rn-222, sondern mit einer Wahrscheinlichkeit von 5,5 % auch in einen angeregten Zustand E_2 von Rn-222. Dabei führt das α-Teilchen nur die Energie $E_{α2} = 4,59$ MeV ab. Anschließend fällt der Rn-Kern aus dem angeregten Zustand E_2 in den Grundzustand E_1 und sendet dabei ein γ-Quant der Energie $ΔE = E_γ = 0,19$ MeV aus.

❗ Merksatz

Beim α-Zerfall erhält das α-Teilchen eine wohldefinierte Energiemenge. Das zugehörige ideale Energiespektrum zeigt einen scharfen Peak, die Feinstruktur zeigt die verschiedenen Anregungszustände des Tochterkerns. Diese lassen sich in einem Energieniveauschema darstellen.

Arbeitsaufträge

1 ➡ Beschreiben Sie, in welchen Eigenschaften sich Atomkerne und Flüssigkeitstropfen ähneln.

2 🖋 Pb-212 sendet α-Teilchen der Energie 6,05 MeV, 6,09 MeV und 8,78 MeV aus, und zwar im Verhältnis 25 : 10 : 100 der Teilchenzahlen.
Skizzieren Sie qualitativ das Energiespektrum von Pb-212.

✳ Beispielaufgabe: Energie der Kernstrahlung

Ra-226 zerfällt durch einen α-Zerfall in den Grundzustand von Rn-222. Bestimmen Sie die Reaktionsenergie E_{ges} und die kinetische Energie $E_α$ der α-Teilchen.

Lösung:
Der Zerfall lautet:

$$^{226}_{88}\text{Ra} → {}^{222}_{86}\text{Rn} + {}^{4}_{2}\text{He} + E_{ges}.$$

E_{ges} ist hierbei die gesamte frei gewordene Energie. Das Atom Ra-226 ist elektrisch neutral, das Tochternuklid Rn-222 dagegen zweifach negativ geladen, da der Atomkern zwei Protonen verloren hat. Die zwei überzähligen Elektronen der Hülle ergeben zusammen mit dem α-Teilchen ein neutrales Heliumatom. Bis auf sehr kleine Unterschiede in den Bindungsenergien der Elektronen in den Atomhüllen lässt sich deshalb E_{ges} aus der Massendifferenz $Δm$ der Atommassen bestimmen:

$$Δm = m_{\text{Ra-226}} − m_{\text{Rn-222}} − m_α$$

$$= (226,025410 − 222,017578 − 4,002603)\ \text{u}$$

$$= 0,005229\ \text{u}.$$

Mit $1\ \text{u} = 931,49\ \frac{\text{MeV}}{c^2}$; c: Lichtgeschwindigkeit gilt:

$$E_{ges} = Δm · c^2 = 4,87\ \text{MeV}.$$

Beim Zerfall erhält der Kern einen Rückstoß und nimmt Energie mit. $E_α$ ist also kleiner als E_{ges}. Man findet $E_α$ mithilfe des Impuls- und des Energieerhaltungssatzes. Sind $v_α$ bzw. v_k die Geschwindigkeiten des α-Teilchens bzw. des Tochterkerns, so folgt aus den beiden Erhaltungssätzen:

$$m_α · v_α = m_k · v_k \tag{1}$$

$$E_{ges} = \tfrac{1}{2}\,m_α · v_α^2 + \tfrac{1}{2}\,m_k · v_k^2 \tag{2}$$

Einsetzen von v_k in Gleichung (2) ergibt:

$$E_{ges} = \tfrac{1}{2}\,m_α · v_α^2 + \tfrac{1}{2}\,m_α · v_α^2 · \frac{m_α}{m_k}$$

$$E_{ges} = E_α · \left(1 + \frac{m_α}{m_k}\right) = E_α · \frac{m_k + m_α}{m_k}$$

oder

$$E_α = \frac{m_k}{m_k + m_α} · E_{ges} = 0,982 · E_{ges} = 4,78\ \text{MeV}.$$

8.5 Energiegewinnung

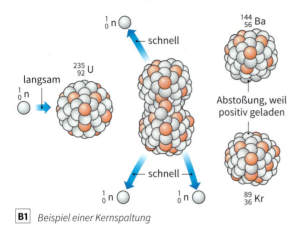

B1 *Beispiel einer Kernspaltung*

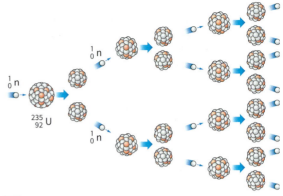

B2 *Kettenreaktion*

Kernspaltung. Natürliches Uran besteht zu 99,3 % aus dem Isotop U-238 und zu 0,7 % aus U-235. Beschießt man einen U-235-Kern mit einem langsamen, das h. energiearmen Neutron, kann eine Kernspaltung auftreten (Bild **B1**).

Das Neutron wird dabei vom Kern eingefangen und regt den kugelförmigen Kern zu einer Änderung seiner Form an. Er erreicht kurzzeitig eine hantelförmige Gestalt. Durch den Neutronenbeschuss wird dem Kern Energie zugeführt, die gemäß dem Tröpfchenmodell zu einem Anstieg des Betrags der Oberflächenenergie führt. Die Nukleonen sind an der engen Einschnürung mit ihren Kernkräften kurzer Reichweite nicht mehr in der Lage, die Hantel zusammenzuhalten. Die weiter reichende elektrische Abstoßung der Protonen überwiegt. Sie trennt die Hantel und treibt die Bruchstücke – Spaltprodukte genannt – mit hoher Geschwindigkeit auseinander. Dabei werden einige energiereiche (man sagt: schnelle) Neutronen freigesetzt. Die Energie, die im Atomkern steckte, wird so in Bewegungsenergie der Bruchstücke und der Neutronen umgesetzt. Dabei wird viel mehr Energie frei, als das langsame Neutron eingebracht hat. Diese freigesetzte Energie kommt aus dem Kern. Man bezeichnet sie als Kernenergie. Im Beispiel in Bild **B1** gilt: ▶

$$^{235}_{92}\text{U} + ^{1}_{0}\text{n} \rightarrow ^{89}_{36}\text{Kr} + ^{144}_{56}\text{Ba} + 3 \cdot ^{1}_{0}\text{n} + \text{Energie} \qquad (1)$$

Um die Kernspaltung in Gang zu setzen, muss die zugeführte Energie eine bestimmte Schwelle überschreiten. Die bei einer Kernspaltung freigesetzten Neutronen können weitere Kernspaltungen auslösen. Im obigen Beispiel entstehen bei einer Kernspaltung drei Neutronen. Deshalb kann die gesamte Kernenergie einer größeren Menge U-235 fast momentan umgesetzt werden.

Kettenreaktion. ▶ Ist eine ausreichende Menge an reinem U-235 angehäuft, erzeugt diese wiederum Spaltungen, bei denen weitere Neutronen freigesetzt werden, die erneut spalten können (Bild **B2**). Die Zahl der Spaltungen nimmt in kurzer Zeit lawinenartig zu, da jeder Spaltprozess unmittelbar abläuft und die Neutronen sofort nach ihrer Freisetzung einen anderen Kern treffen. Im Bruchteil einer Sekunde können so alle Kerne gespalten werden. Bei 1 kg reinem U-235 sind das $2{,}6 \cdot 10^{24}$ Kerne. Es wird so viel Energie frei wie bei der Verbrennung von ca. 2800 t Kohle. Man nennt diesen Prozess eine ungeregelte Kettenreaktion. Eine solche Kettenreaktion wird beispielsweise in einer Atombombe ausgelöst. Dabei werden große Energiemengen in kürzester Zeit umgesetzt. In Kernkraftwerken lässt sich die Geschwindigkeit der Kettenreaktion steuern, indem Neutronen durch variable Regelstäbe aus Bor oder Cadmium absorbiert werden (Bild **B3**).

Energiebilanz der Kernspaltung. Die Abschätzung der Energie kann unter Verwendung von Bild **B2** (S. 256) erfolgen. Hier ist die mittlere Bindungsenergie je Nukleon dargestellt. Auf der Rechtsachse ist die Anzahl der Nukleonen dargestellt, auf der Hochachse die mittlere Energie je Nukleon in MeV. Während U-235 näherungsweise eine mittlere Bindungsenergie von 7,5 MeV je Nukleon aufweist, verfügen Ba-144 und Kr-89 über ungefähr 8,5 MeV je Nukleon. Die Energiedifferenz beträgt ungefähr

$$235 \cdot (8{,}5 \text{ MeV} - 7{,}5 \text{ MeV}) = 235 \text{ MeV.}$$

Für eine detaillierte Berechnung der Energie in Gleichung (1) wird der Massendefekt ermittelt (siehe S. 256). Dazu werden die Massen der beteiligten Teilchen vor und nach der Kernspaltung verglichen.

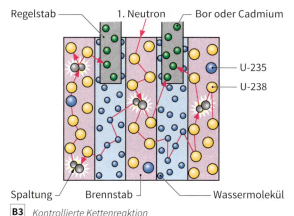

Regelstab — 1. Neutron — Bor oder Cadmium

U-235
U-238

Spaltung — Brennstab — Wassermolekül

B3 *Kontrollierte Kettenreaktion*

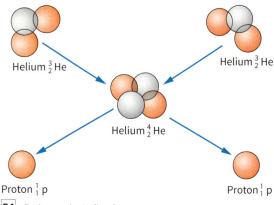

Helium $\frac{3}{2}$ He   Helium $\frac{3}{2}$ He

Helium $\frac{4}{2}$ He

Proton $\frac{1}{1}$ p   Proton $\frac{1}{1}$ p

B4 *Fusion zweier Heliumkerne*

Die Massen der einzelnen Teilchen werden recherchiert. Vor der Spaltung beträgt die Gesamtmasse:

$$m_U + m_n = 235{,}043\,92\ u + 1{,}008\,66\ u = 236{,}052\,58\ u.$$

Nach der Spaltung ergibt sich entsprechend:

$$m_{Kr} + m_{Ba} + 3 \cdot m_n =$$
$$= 88{,}917\,63\ u + 143{,}922\,95\ u + 3 \cdot 1{,}008\,66\ u$$
$$= 235{,}866\,56\ u$$

Als Massendifferenz folgt $\Delta m = 0{,}186\,02\ u$. Diese entspricht ungefähr einer freigesetzten Energie von $\Delta E = 173\ MeV$ pro gespaltenem U-235-Atom.

Kernfusion. Beim Verschmelzen (Fusion) zweier leichter Atomkerne zu einem schwereren Kern kann aufgrund der Kernkräfte und der damit verbundenen Bindungsenergie Energie freigesetzt werden. Damit zwei Kerne fusionieren, müssen sie sich gegen die abstoßende Coulombkraft so weit nähern, dass die anziehenden starken Kernkräfte wirksam werden. Zur Überwindung der Coulombkraft sind Energien im MeV-Bereich nötig. Da die leichten Atomkerne bei einer Temperatur von 300 K eine mittlere Bewegungsenergie von 0,04 eV haben, kommt es unter alltäglichen Umständen nie zu einer Fusion. Selbst im Sonneninneren bei einer Temperatur von $1{,}5 \cdot 10^7$ K beträgt die mittlere Energie nur 1,9 keV.

Dennoch liefern Fusionsprozesse die gewaltigen Energien der Sonne und Fixsterne und stellen damit die Energiequelle für alles Leben auf der Erde dar. Die Fusionsreaktionen in der Sonne können entstehen, da die schnellsten Teilchen sehr viel höhere Energien haben und Kerne mit geringeren Energien ähnlich wie beim α-Zerfall die Abstoßung der Coulombkraft überwinden.

Bei der Fusion in Sternen gibt es verschiedene Reaktionsketten. In der Sonne dominiert die Proton-Proton-Kette. Dabei verschmelzen vier Protonen über verschiedene Zwischenstufen zu einem Heliumkern. Die überschüssigen Protonen werden unter Aussenden eines Positrons sowie Neutrinos zu Neutronen umgewandelt: Zunächst fusionieren zwei Protonen zu einem Deuteriumkern $\frac{2}{1}H$, einem Positron (e^+) und einem Neutrino (ν):

$$\tfrac{1}{1}H + \tfrac{1}{1}H \ \rightarrow \ \tfrac{2}{1}H + e^+ + \nu.$$

Das Deuterium fusioniert mit einem weiteren Proton zu Helium-3 (He-3) und einem Gamma-Photon (γ).

$$\tfrac{2}{1}H + \tfrac{1}{1}H \ \rightarrow \ \tfrac{3}{2}He + \gamma.$$

Zwei Helium-3-Kerne fusionieren zu Helium-4 (He-4) und zwei Protonen (Bild **B4**).

$$\tfrac{3}{2}He + \tfrac{3}{2}He \rightarrow \tfrac{4}{2}He + 2 \cdot \tfrac{1}{1}p.$$

Insgesamt wird bei diesem, seit Milliarden von Jahren andauernden Prozess in der Sonne bei jeder Reaktion eine Energie von 26,7 MeV frei. Mit einer gesamten Strahlungsleistung von $P_S = 3{,}85 \cdot 10^{26}\ \frac{J}{s}$ ergibt sich für die Sonne somit für die Anzahl der pro Sekunde stattfindenden Prozesse:

$$\frac{3{,}85 \cdot 10^{26}\ \frac{J}{s}}{26{,}7 \cdot 10^6 \cdot 1{,}6022 \cdot 10^{-19}\ \frac{J}{s}} \approx 9 \cdot 10^{37}.$$

> **! Merksatz**
>
> Durch Kernspaltung und Kernfusion wird im Vergleich zu chemischen Prozessen viel Energie frei. Geregelte Kernspaltungen werden in Kernkraftwerken zur Energiegewinnung genutzt. In einer größeren Menge spaltbarer Isotope besteht die Möglichkeit einer Kettenreaktion.

B1 *Entwicklung des Experimentalreaktors ITER*

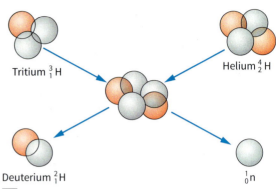

Tritium $_1^3$H

Helium $_2^4$H

Deuterium $_1^2$H

$_0^1$n

B2 *Fusionsreaktion Deuterium mit Tritium*

Fusionsreaktoren. Ein kontinuierlicher Fusionsprozess lässt sich nur unter extremen Bedingungen aufrechterhalten: Eine hinreichende Wahrscheinlichkeit für das Überwinden der Abstoßung durch die Coulombkraft ist erst bei Temperaturen über 10^7 K gegeben. Hier sind leichte Atome völlig ionisiert, sie bilden ein sogenanntes **Plasma** aus freien Elektronen und Ionen. In dem Plasma wirken auf die Ionen starke, abstoßende Coulombkräfte. Dennoch müssen sie genügend dicht zusammengehalten werden, um die Fusion zu ermöglichen.

Im internationalen Experimentalreaktor ITER (Bild **B1**) wird zukünftig an der Fusion von Deuterium $_1^2$H und Tritium $_1^3$H geforscht. Diese beiden Isotope des Wasserstoffs lassen sich aufgrund ihrer geringen Ladung vergleichsweise leicht zum Verschmelzen bringen und setzen bei der Fusion unter Aussenden eines Heliumkerns und eines energiereichen Neutrons eine Energie von etwa 18 MeV frei (Bild **B2**).

Dazu muss das Deuterium-Tritium-Gemisch durch starke Magnetfelder komprimiert und auf etwa 10^8 K aufgeheizt werden. Man verspricht sich von der Forschung an Fusionsreaktoren eine klimaschonende Form der Energiegewinnung, bei der weder CO_2-Emissionen noch schwerwiegende Sicherheitsbedenken wie bei einem Unfall in Kernkraftwerken auftreten. Gelingt die technische Umsetzung der Fusion in der Zukunft, so lässt sich die globale Energieversorgung sicherstellen. Aktuell sind jedoch noch zahlreiche Hindernisse zu überwinden.

Jedoch entsteht bei Fusionsreaktoren ebenfalls **radioaktiver Abfall**, da sowohl die Strahlung des radioaktiven Tritiums als auch die ausgesendeten Neutronen Bauteile des Reaktors aktivieren, die dementsprechend entsorgt werden müssen.

Radioaktiver Abfall. Unabhängig vom sicheren Betrieb eines Kernkraftwerks stellt auch der radioaktive Abfall ein großes Problem dar. Besonders die „abgebrannten", hochradioaktiven Brennelemente müssen sicher abtransportiert und eingelagert werden. Die Brennelemente bestehen aus einem Gemisch von verschiedenen Elementen mit sehr unterschiedlichen Halbwertszeiten: acht Tage für das Iod-Isotop I-131 und 15,7 Millionen Jahre für I-129. Ein Lagerplatz für radioaktiven Abfall muss daher für einen unvorstellbar langen Zeitraum sicher sein. Man spricht deshalb auch von einem Endlager. In Deutschland sucht man nach einer Möglichkeit, die Umwelt für eine Million Jahre vor der Radioaktivität des Abfalls zu schützen. Das soll durch Einlagerung in Bergwerken gelingen (Bild **B3**).

Endlagersuche. Es gibt in der Natur Beispiele dafür, dass geologische Formationen unter bestimmten Bedingungen sogar über Milliarden Jahre nahezu unverändert bleiben. Natürliche Mineralschichten bilden dann eine Barriere für die radioaktiven Stoffe (Bild **B3**). Allerdings lassen sich über solch lange Zeiträume nur sehr schwer Vorhersagen treffen. Daher wird schon seit mehr als 50 Jahren über ein mögliches Endlager diskutiert.

In der Asse nahe Wolfenbüttel wurden Mitte bis Ende des letzten Jahrhunderts bereits schwach- und mittelradioaktive Abfälle in einem Salzstock eingelagert. Dabei sollte das umgebende Salz den radioaktiven Abfall „umkapseln". Es hat sich aber herausgestellt, dass die Stabilität des Lagers, insbesondere bezüglich des häufiger vorkommenden Wassereinbruchs, nicht gegeben ist. In der Folge müssen die eingelagerten Abfälle unter sehr großem Aufwand geborgen werden. Wegen der aufwändigen Vorbereitungen kann nach Schätzungen mit der Bergung frühestens im Jahre 2033 begonnen werden.

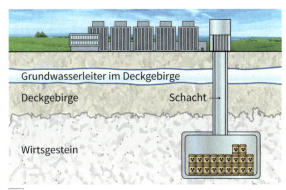

B3 Aufbau eines Endlagers

B4 Einlagerung von Abfällen in Morsleben

Anforderungen an Lagerstätten. Die Suche nach geeigneten Lagerstätten hatte in Europa bisher nur in Finnland Erfolg. Im Endlager Olkiluoto an der Westküste Finnlands sollen die Brennstäbe der benachbarten Kraftwerke langfristig verwahrt werden können, da nach aktuellem Stand die Anforderungen erfüllt sind:

- Langzeitstabilität: Endlagerstätten müssen über geologische und bauliche Merkmale verfügen, die eine langfristige Isolation der radioaktiven Abfälle sicherstellen. Dazu gehören stabile geologische Formationen, die über Millionen von Jahren unverändert bleiben können.
- Mehrfachbarrierenprinzip: Dieses Prinzip verwendet mehrere Schutzschichten, um die Freisetzung von Radioaktivität zu verhindern. Dazu gehören Behälter, die die Abfälle einschließen (Bild **B4**), sowie geologische Barrieren wie Ton, Salz oder Granit, die zusätzlich schützen.
- Überwachung und Wartung: Während der Betriebsphase und nach der Schließung des Endlagers sind regelmäßige Überwachungen notwendig, um sicherzustellen, dass keine Radioaktivität austritt und dass die Integrität der Barrieren erhalten bleibt.

Neben wissenschaftlichen Argumenten spielt das Risikoempfinden der Menschen eine große Rolle: Niemand möchte in der Nähe eines Endlagers wohnen. Daher wird durch politischen Druck versucht, ganze Regionen von vornherein aus der Endlagersuche auszuschließen. Um dem entgegenzuwirken, wurde eine Kommission zur Lagerung hoch radioaktiver Abfallstoffe gegründet, die im Jahr 2016 Grundsätze für ein Verfahren zur Endlagersuche verabschiedet hat. Mit „weißer Landkarte" wird ein Standort für ein Bergwerk gesucht, das die größtmögliche Sicherheit für eine Million Jahre bieten soll. Ein Ende der Suche wird für das Jahr 2075 erwartet.

✱ **Beispielaufgabe: Energiebilanz der Fusion**

Berechnen Sie die Energie, die bei der Fusion von zwei Wasserstoffkernen und zwei Neutronen zu Heliumkernen freigesetzt und somit nutzbar wird.

Lösung:

Die jeweiligen Massen sind Tabellenwerken entnommen. He-4 hat eine Masse von $m_{He} = 4,0026033$ u (1 u $= 1,660539 \cdot 10^{-27}$ kg).

Die Summe der Massen aus zwei Wasserstoffkernen H und zwei Neutronen n beträgt:

$$m = 2\, m_H + 2\,n$$
$$= 2 \cdot 1,0078250 \text{ u} + 2 \cdot 1,0086649 \text{ u}$$
$$= 4,0329798 \text{ u}.$$

Der Massendefekt beträgt somit

$$\Delta m = m_{He} - m = -0,0303765 \text{ u}.$$

Er ist der Bindungsenergie des Heliumatoms äquivalent, d.h. der Energie $E_B = \Delta m \cdot c^2 = -28,3$ MeV. Diese Energie wird bei der Fusion freigesetzt und kann zur Stromerzeugung genutzt werden.

Arbeitsaufträge

1 ⇒ Berechnen Sie unter Verwendung von $\Delta E = \Delta m \cdot c^2$ die im zweiten Schritt der Proton-Proton-Kette freigesetzte Energie.

2 ⬈ Weisen Sie nach, dass eine Massendifferenz von 1 u einer Energie von ca. 931 MeV entspricht.

3 ⬈ Bewerten Sie Nutzen und Risiken von Kernspaltung und Kernfusion hinsichtlich der Energieversorgung der Zukunft.

8.6 Zerfallsgesetz

Beschreibung von Zerfallsprozessen. Die Anzahl der Kerne in einem Stoff lässt sich nicht direkt bestimmen. Zur Beschreibung eines Zerfalls kann man jedoch messen, wie viele Kerne in einer bestimmten Zeit zerfallen, beispielsweise mit dem Geiger-Müller-Zählrohr (Versuch **V1**). Die gemessene Zählrate ist ein Maß für die Anzahl der zerfallenen Kerne.

Aktivität. In Versuch **V1** weist man mit dem Zählrohr die γ-Strahlung nach, die von Ba-137m ausgeht. Mit jedem durch den Generator gepressten Lösungstropfen steigt die Zählrate weiter an (Versuch **V1a**) – sowohl die Gesamtanzahl der Ba-137m-Atomkerne in der Lösung als auch die Anzahl der γ-Teilchen, die von ihnen ausgesendet wurden, haben demnach zugenommen. Also müssen mehr Kerne Ba-137m in der Zeit Δt zerfallen sein. Ist N_1 die Anzahl der radioaktiven Ba-137m-Kerne zu Beginn des Zeitintervalls Δt und N_2 die Anzahl am Ende von Δt, dann sind $|\Delta N| = |N_2 - N_1|$ Kerne in der Zeit Δt zerfallen.

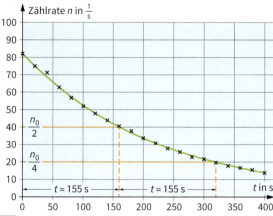

B1 *Zeitliche Abnahme der Zählrate. Die Zeitintervalle, in denen sich die Zählrate halbiert, sind konstant.*

Je größer also die Änderungsrate $\frac{|\Delta N|}{\Delta t}$ ist, desto größer ist die Zählrate n. Es gilt:

$$n \sim \frac{|\Delta N|}{\Delta t}.$$

Je größer der Betrag von $\frac{|\Delta N|}{\Delta t}$ ist, desto mehr Kerne zerfallen also in der Zeit Δt und desto mehr Strahlung tritt in dieser Zeit auf. Die radioaktive Substanz ist aktiver. Man nennt deshalb

$$A(t) = \frac{|\Delta N|}{\Delta t}$$

auch die **Aktivität** A der radioaktiven Substanz. Da ΔN negativ ist, werden Betragsstriche gesetzt. Die Aktivität ist ein Maß für die Zerfallsgeschwindigkeit. Ihre Einheit ist $\frac{1}{s}$ oder **1 Becquerel (1 Bq)**. Für hinreichend kurze Zeitspannen $\Delta t \to 0$ gilt für die Aktivität

$$A(t) = -\dot{N}(t).$$

Beispiel: In einer Substanz mit $N = 10^{18}$ Kernen zerfallen 10^6 Kerne in $\Delta t = 10$ s. Damit berechnet sich die Aktivität zu:

$$A(t) = \frac{|\Delta N|}{\Delta t} = \frac{10^6}{10\text{ s}} = 10^5 \text{ Bq}.$$

> **! Merksatz**
>
> Zerfallen in einer radioaktiven Substanz ΔN Kerne in der Zeit Δt, so ist deren Aktivität
> $$A = \frac{|\Delta N|}{\Delta t}$$
> mit der Einheit $[A] = 1$ Becquerel $= 1$ Bq $= 1\,\frac{1}{s}$.

V1 **Zerfälle im Cäsium-Isotopen-Generator**

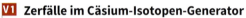

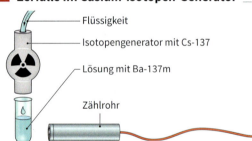

- Flüssigkeit
- Isotopengenerator mit Cs-137
- Lösung mit Ba-137m
- Zählrohr

In einem Cäsium-Isotopen-Generator ist Cs-137 chemisch fest gebunden, nicht aber das Zerfallsprodukt Ba-137m, das γ-Strahlung aussendet. Ba-137m lässt sich mit einer geeigneten Lösung aus dem Generator „auswaschen". Fängt man die Lösung mit einem Reagenzglas auf und hält sie vor ein Zählrohr, tickt es infolge des Zerfalls der Ba-137m-Kerne im angeschlossenen Zählgerät.
a) Mit jedem durch den Generator gepressten Lösungstropfen steigt die Zählrate n weiter an.
b) Wird kein Ba-137m mehr ausgewaschen und bleibt die Lösungsmenge im Reagenzglas konstant, so sinkt die Zählrate n mit der Zeit. Die folgende Tabelle zeigt einen Auszug der Messdaten.

t in s	0	60	120	180	240	300	360
n in s⁻¹	82	63	48	38	28	22	17

Exponentieller Verlauf des Zerfallsprozesses.

Drückt man keine weiteren Tropfen Lösung durch den Generator (Versuch **V1b**), so sinkt die Zählrate über die Zeit hinweg. Folglich sinken sowohl die Aktivität A der radioaktiven Substanz als auch die Zahl N der radioaktiven Kerne. Trägt man die Zählrate n über der Zeit t auf (Bild **B1**), fällt auf, dass der Abnahmeprozess nicht linear verläuft. Selbst wenn man den stochastischen Charakter der Strahlung zugrunde legt, gehen die Abweichungen über mögliche Messfehler hinaus. Vergleicht man die Zeiträume, die zur Halbierung der Aktivität benötigt werden, so fällt auf, dass sie nahezu konstant sind. In Versuch **V1** erfolgt eine Halbierung der Aktivität – und somit auch der Stoffmenge sowie der Zählrate – ungefähr alle 155 Sekunden (Bild **B1**). Dieses Verhalten entspricht einem exponentiellen Verlauf.

Das Zeitintervall, in dem sich Stoffmenge und Aktivität halbieren, nennt man die **Halbwertszeit** T_H. Nach zwei Halbwertszeiten haben sich Stoffmenge und Aktivität auf $\frac{1}{4}$ reduziert, nach einer weiteren auf $\frac{1}{8}$. Nach zehn Halbwertszeiten sind Stoffmenge und Aktivität ungefähr auf 0,1 % der ursprünglichen Größe gesunken. Für Ba-137m wäre also nach ca. 25,5 min nur noch eine Aktivität von $A = 0,08\ \text{s}^{-1}$ zu erwarten. Diese ist aufgrund der Nullrate nur schwer nachzuweisen.

Die Halbwertszeit ist für jedes radioaktive Nuklid und seine Zerfallsarten charakteristisch und lässt sich aus der Nuklidkarte ablesen. Sie bezieht sich sowohl auf die Zahl der Kerne als auch auf die Aktivität. Die tatsächliche Halbwertszeit von Ba-137m beträgt $T_H = 2,55\ \text{min} = 153\ \text{s}$ (Tabelle **T1**) und liegt damit knapp unterhalb der experimentell bestimmten Zeit.

Nuklid	T_H	Nuklid	T_H
Th-232	$1,40 \cdot 10^{10}$ a	H-3	12,3 a
U-238	$4,47 \cdot 10^9$ a	Po-210	138 d
K-40	$1,25 \cdot 10^9$ a	I-131	8,03 d
U-235	$7,04 \cdot 10^8$ a	Tc-99m	6,01 h
C-14	5730 a	Ba-137m	2,55 min
Ra-226	1600 a	Rn-220	55,6 s
Cs-137	30,1 a	Po-212	$2,99 \cdot 10^{-7}$ s

T1 *Halbwertszeiten einiger Nuklide (a: Jahre, d: Tage, h: Stunden, s: Sekunden)*

❗ Merksatz

Die Zeit, in der jeweils die Hälfte einer radioaktiven Substanz zerfällt und damit auch deren Aktivität auf die Hälfte abnimmt, heißt Halbwertszeit T_H. Sie hängt von der Kernart ab.

Zerfallsgesetz. Die exponentielle Abnahme aller radioaktiven Stoffe lässt sich durch das Zerfallsgesetz mathematisch beschreiben:

$$N(t) = N_0 \cdot e^{-\lambda \cdot t}.$$

Dabei ist N_0 die Anzahl der Kerne zum Zeitpunkt $t = 0$. λ nennt man **Zerfallskonstante**. Setzt man die Halbwertszeit in das Zerfallsgesetz ein ($t = T_H$), erhält man:

$$N(T_H) = N_0 \cdot e^{-\lambda \cdot T_H} = \tfrac{1}{2} N_0 \text{ oder } e^{-\lambda \cdot T_H} = \tfrac{1}{2}.$$

Aus dieser Gleichung folgt für die Zerfallskonstante

$$\lambda = \frac{\ln 2}{T_H} \approx \frac{0,693}{T_H}$$

sowie für die Aktivität

$$A(t) = -\dot{N}(t) = \lambda \cdot N_0 \cdot e^{-\lambda \cdot t} = A_0 \cdot e^{-\lambda \cdot t}.$$

❗ Merksatz

Beim radioaktiven Zerfall sind von der ursprünglich vorhandenen Zahl N_0 von Kernen nach der Zeit t etwa $N(t) = N_0 \cdot e^{-\lambda \cdot t}$ Kerne noch nicht zerfallen. Es gilt für die Zerfallskonstante λ bzw. die Halbwertszeit T_H:

$$\lambda = \frac{\ln 2}{T_H} \quad \text{bzw.} \quad T_H = \frac{\ln 2}{\lambda} \quad \text{mit} \quad [\lambda] = \frac{1}{s}.$$

✳ Beispielaufgabe: Zerfallsgesetz

Von einer radioaktiven Substanz sind $2,3 \cdot 10^8$ Kerne vorhanden. Die Zerfallskonstante beträgt $\lambda = 0,1\ \text{min}^{-1}$.

a) Berechnen Sie, wie viele Kerne nach einer Stunde noch vorhanden sind.

b) Berechnen Sie die Halbwertszeit.

Lösung:

a) $N(t) = N_0 \cdot e^{-\lambda \cdot t}$, also

$N(60\ \text{min}) = 2,3 \cdot 10^8 \cdot e^{-0,1\ \text{min}^{-1} \cdot 60\ \text{min}} \approx 5,7 \cdot 10^5$.

b) $T_H = \frac{\ln 2}{\lambda} = \frac{\ln 2}{0,1\ \frac{1}{\text{min}}} \approx 6,93\ \text{min}$.

Altersbestimmung mit radioaktiven Nukliden.

Versuch **V1** von Seite 266 zeigt das Prinzip der Altersbestimmung. Im Versuch kann man die Auswaschlösung so durch den Isotopengenerator hindurchpressen, dass die Zählrate praktisch konstant bleibt. Die zerfallenen Atome werden durch die radioaktiven Atome in der Lösung dann gerade ersetzt. Zerfall und Nachlieferung radioaktiver Kerne halten sich so das Gleichgewicht. Erst wenn die Nachlieferung beendet ist, fällt die Zählrate *n* mit der Halbwertzeit von 153 s ab.

C-14-Methode. ▶

Die Altersbestimmung geschieht hier mit Hilfe des langlebigen radioaktiven Kohlenstoffisotops C-14. Dieses Isotop ist in der Atmosphäre, z.B. in Kohlenstoffdioxid CO_2, immer in einem sehr kleinen, konstanten Prozentsatz vorhanden. Solange eine Pflanze lebt, steht ihr Kohlenstoffgehalt durch die Aufnahme von Kohlenstoff und Sauerstoff aus dem CO_2 der

Atmosphäre mit dieser in Verbindung. Die lebenden Teile der Pflanze haben deshalb ebenfalls einen konstanten C-14-Anteil. Gleiches gilt für Tiere und Menschen, da sie über die Nahrungskette laufend C-14 aufnehmen.

Stirbt ein Organismus ab, so erfolgt keine Aufnahme von C-14 mehr. Die Menge des im Organismus verbliebenen C-14 verringert sich mit einer Halbwertzeit von 5730 Jahren. Anhand des im Organismus messbaren C-14-Anteils kann das Alter ungefähr rekonstruiert werden. Bestimmt wird dabei das Verhältnis zwischen dem radioaktiven Kohlenstoffisotop C-14 und der stabilen Isotope C-12 und C-13. Eine genaue Datierung ist nur möglich, sofern das Alter der Probe ca. unter dem Zehnfachen der Halbwertzeit, also unter 57 300 Jahren liegt. Nach dieser Zeit sinkt der C-14-Anteil unter $\frac{1}{1000}$ des ursprünglich vorhandenen und liegt damit unterhalb der Nachweisgrenze der Messgeräte.

Ungenau wird die C-14-Methode, wenn der C-14-Anteil in der Atmosphäre nicht konstant ist. Seit Beginn der industriellen Revolution im 18. Jahrhundert ist aufgrund des erhöhten CO_2-Ausstoßes durch fossile Energieträger ein Rückgang des C-14-Anteils in der Atmosphäre zu verzeichnen. Öl und Kohle sind älter als 60 000 Jahre und enthalten somit keine nennenswerten Mengen C-14. Als Folge dieses sogenannten Suess-Effekts nehmen die Organismen weniger vom radioaktiven Kohlenstoffisotop auf und die Messung wird zu einem höheren Alter hin verzerrt. In den 1940er- bis 1960er-Jahren jedoch wurde der Suess-Effekt überlagert: Aufgrund von oberirdischen Atomwaffentests stieg der C-14-Anteil in der Atmosphäre kurzzeitig wieder an (Bild **B2**).

Uran-Blei-Methode.

Bei der Suche nach den ältesten Überresten der Erdkruste nutzt man das natürliche Vorkommen von U-238 oder U-235 in Mineralien aus. U-238 zerfällt über zahlreiche Zwischenprodukte in das stabile Bleiisotop Pb-206 (siehe S. 255, Bild **B3**).

Unter der Voraussetzung, dass die untersuchte Probe bei der Entstehung noch kein Blei enthielt, lässt sich aus dem aktuellen Verhältnis der Anzahl der Bleiisotope $N_{Pb}(t)$ zur Anzahl der Uranisotope $N_U(t)$ auf das Alter der Probe schließen. Aufgrund der im Vergleich zu den Folgeprodukten mit etwa $4{,}5 \cdot 10^9$ a sehr langen Halbwertzeit von U-238 kann man in guter Näherung einen direkten Übergang von U-238 zu Pb-206 annehmen.

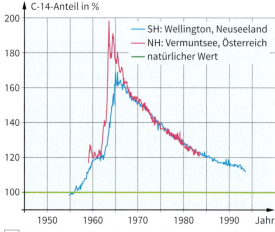

B2 *C-14-Konzentration in der Atmosphäre, gemessen auf der Nord- bzw. Südhalbkugel (NH, SH) im Vergleich zum natürlichen Wert (100 %)*

Somit ergibt sich für die ursprüngliche Anzahl der Uranisotope $N_U(0)$:

$$N_U(0) = N_U(t) + N_{Pb}(t).$$

Mit dem Zerfallsgesetz lässt sich das Alter t der Probe bestimmen:

$$N_U(t) = N_U(0) \cdot e^{-\lambda \cdot t} = (N_U(t) + N_{Pb}(t)) \cdot e^{-\lambda \cdot t}$$

$$e^{\lambda \cdot t} = \frac{N_U(t) + N_{Pb}(t)}{N_U(t)}$$

$$t = \frac{1}{\lambda} \cdot \left(\ln\left(\frac{N_U(t) + N_{Pb}(t)}{N_U(t)} \right) \right)$$

Durch die bestimmten Häufigkeitsverhältnisse gewinnt man eine „geologische Uhr", die bis in die Erdanfänge zurück reicht. Die ältesten mit dieser Methode bestimmten Gesteine fand man in Australien. Sie sind rund 4,2 Milliarden Jahre alt.

! Merksatz

Durch Analyse radioaktiver Isotope lässt sich das Alter verschiedener Proben untersuchen. Gängige Verfahren sind die C-14- sowie die Uran-Blei-Methode.

✳ Beispielaufgabe: C-14-Methode

1988 wurde der C-14-Anteil einer Probe des Turiner Grabtuchs (Bild **B1**) zu ca. 91,7 % des bei lebendigen Organismen vorliegenden Anteils bestimmt. Berechnen Sie das Alter der Probe.

Lösung:

$$\frac{N(t)}{N_0} = 0{,}917$$

$$N(t) = N_0 \cdot 0{,}917 = N_0 \cdot e^{-\lambda \cdot t}.$$

Nach Division durch N_0 ergibt sich

$$0{,}917 = e^{-\lambda \cdot t}.$$

Daraus folgt

$$\ln(0{,}917) = -\lambda \cdot t \quad \text{mit} \quad \lambda = \frac{\ln(2)}{T_H},$$

$$t = -\frac{\ln(0{,}917)}{\ln(2)} \cdot 5730\,\text{a} \approx 716{,}29\,\text{a}.$$

Aufgrund von Messungenauigkeiten wird das Alter des Grabtuchs auf 700 bis 800 Jahre geschätzt.

Arbeitsaufträge

1 ➡ Bestimmen Sie die Anzahl von Halbwertszeiten, zu der die Zahl der jetzt gerade vorhandenen Kerne einer radioaktiven Substanz auf 90 %, 50 %, 1 % und 0,1 % gesunken ist.

2 ➡ Y-90 zerfällt mit der Halbwertszeit $T_H = 64$ h.
a) Nennen Sie den Endkern.
b) Zur Zeit $t = 0$ seien 10^6 Kerne vorhanden. Berechnen Sie die Zahl der Kerne, die in 8 Tagen zerfallen sind.

3 ➚ Eine radioaktive Probe emittiert 1490 α-Teilchen pro Sekunde. Acht Stunden später sind es nur noch 117 Teilchen pro Sekunde. Berechnen Sie die Halbwertzeit.

4
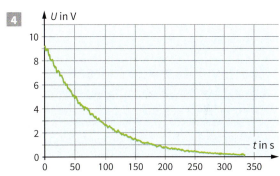

➡ In einer Ionisationskammer wird der Zerfall eines Radonisotops untersucht. Die Aktivität ist dabei proportional zur Spannung, die am Messverstärker angezeigt wird. Ermitteln Sie die Halbwertszeit anhand obiger Abbildung.

5 ➚ Ein Po-210-Strahler hat die Aktivität 3000 Bq.
a) Bestimmen Sie die Aktivität, die das Präparat zwei Jahre zuvor hatte.
b) Bestimmen Sie die Zeit, nach der die Aktivität noch 3 Bq beträgt.

6 ➚ Zu Beginn einer Messung liegen $5 \cdot 10^5$ I-131-Kerne vor.
a) Ermitteln Sie die Zahl der Kerne, die nach drei Halbwertszeiten zerfallen sind.
b) Eine andere I-131-Quelle hat die Aktivität 105 Bq. Berechnen Sie die Aktivität, die nach 48 Tagen zu erwarten ist.

7 ⬆ Berechnen Sie das Alter einer uranhaltigen Probe, bei der das Verhältnis von Pb-206 zu U-238 1 : 3 ist.

Runde	Würfel zu Beginn (Mutter-nuklide)	Verhält-nis	pro Runde aussortier-te Würfel (Tochter-nuklide)	Verhältnis
0	600		114	
1	486	· 0,81	94	· 0,82
2	392	· 0,81	67	· 0,71
3	325	· 0,83	49	· 0,73
4	276	· 0,85	39	· 0,80
5	237	· 0,86	34	· 0,87
6	203	· 0,86	37	· 1,09
7	166	· 0,82	24	· 0,65
8	142	· 0,86		
	Mittelwert: 0,84		Mittelwert: 0,81	

T1 *Anzahl der Würfel, die noch enthalten bzw. aussortiert sind*

Kernzerfall	Würfelexperiment
einzelner Kern	einzelner Würfel
noch nicht zerfallene Kerne (Mutternuklide)	Würfel, die noch keine „6" gezeigt haben
zerfallene Kerne (Tochternuklide)	Würfel mit „6"
Zerfälle in einer Messperiode	aussortierte Würfel in einer Runde
Halbwertszeit	Rundenzahl, bei der die Hälfte der Würfel aussortiert ist
Zerfallswahrscheinlichkeit	Aussortierungswahrschein-lichkeit $\frac{1}{6}$

T2 *Zuordnung Realexperiment und Simulation*

Halbwertszeit in einem Simulationsexperiment.

Der Zerfall einer radioaktiven Substanz kann mit Würfeln simuliert werden. Dabei entspricht ein Würfel einem einzelnen Nuklid, dem Mutternuklid, das zerfallen kann. Ebenso wenig, wie man vorhersagen kann, wann eine „6" kommt, kann man vorhersagen, wann ein Atom zerfällt.

Unter Verwendung einer Zufallsgenerator-App werden 600 Würfel ausgeworfen. Alle Würfel, die eine 6 zeigen, werden ausgezählt. Sie sind „zerfallen" und die Anzahl der Würfel in der App wird dementsprechend reduziert.

Mit den verbleibenden Würfeln wird das Experiment erneut durchgeführt und das Verfahren so lange wiederholt, bis nur noch wenige Würfel übrig bleiben. Tabelle **T1** zeigt eine Übersicht über verbleibende und „zerfallene" Würfel. Wird deren Anzahl grafisch dargestellt, ergibt sich ein ähnlicher Verlauf wie im Bild **B1** auf S. 266, das beim Zerfall von Ba-137m entstanden ist: Bis auf stochastische Schwankungen nehmen die Werte monoton ab (Bild **B1**). Da beim Würfeln alle sechs Zahlen mit gleicher Wahrscheinlichkeit fallen, erwartet man, dass im Mittel in jeder Runde $\frac{1}{6}$ der noch vorhandenen Würfel aussortiert werden und nur noch $\frac{5}{6} \approx 83\,\%$ der Würfel in der Kiste verbleiben. Die Verhältnisse der Werte aufeinanderfolgender Runden werden in der 3. Spalte von Tabelle **T1** berechnet. Es fällt auf, dass das erwürfelte Verhältnis in etwa gleich bleibt und $\frac{5}{6}$ ist. Gegen Ende des Versuchs werden die Schwankungen aber größer.

Vergleich Simulation und Realexperiment.
Tabelle **T1** zeigt, dass in der 4. Runde nur noch weniger als die Hälfte der Würfel vorhanden sind. Dies entspricht einer „Halbwertszeit" zwischen 3 und 4 Runden. Auch die Anzahl der aussortierten Würfel halbiert sich etwa in dieser Zeit von anfangs 114 auf 49 Würfel. Das Würfelexperiment hilft, die Zerfallskurve der Isotope eines radioaktiven Präparats wie Ba-137m zu verstehen. In Tabelle **T2** sind die Entsprechungen zwischen den beiden Experimenten dargestellt. Beim radioaktiven Zerfall und im Würfelexperiment ergeben sich exponentielle Abnahmen mit statistischen Schwankungen. Entscheidend für den Verlauf des Zerfalls ist, dass die aussortierten Würfel bzw. die Anzahl der zerfallenen Kerne in einer Messperiode etwa proportional zum aktuellen Bestand sind. Ob ein bestimmter Würfel eine „6" zeigt bzw. ein bestimmter Kern zerfällt, ist rein zufällig und nicht von anderen Würfeln bzw. Kernen abhängig.

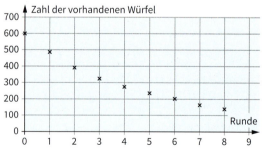

B1 *Anzahl der Würfel, die nach einer Würfelrunde noch enthalten sind*

Zeit	Bestand A	Aktivität A	Bestand B	Aktivität B	Gesamtaktivität
0	10000	$= 10000 \cdot 0,1 = 1000$	0	$= 0 \cdot 0,3 = 0$	$= 1000 + 0 = 1000$
1	9000	$= 9000 \cdot 0,1 = 900$	1000	$= 1000 \cdot 0,3 = 300$	$= 900 + 300 = 1200$
2	8100	$= 8100 \cdot 0,1 = 810$	$1000 - 300 + 900 = 1600$	$= 1600 \cdot 0,3 = 480$	$= 810 + 480 = 1290$
3	7290	$= 7290 \cdot 0,1 = 729$	$1600 - 480 + 810 = 1930$	$= 1930 \cdot 0,3 = 579$	$= 729 + 579 = 1308$
4	6561	$= 6561 \cdot 0,1 = 656$	$1930 - 579 + 729 = 2080$	$= 2080 \cdot 0,3 = 624$	$= 656 + 624 = 1280$
⋮	⋮	⋮	⋮	⋮	⋮
24	798	79,8	398	119,5	199,3
25	718	71,8	359	107,6	179,4

T3 *Modellierung eines Mutter-Tochter-Zerfalls*

Mutter-Tochter-Zerfall. In der bisherigen Simulation wurde davon ausgegangen, dass das Tochternuklid stabil, also nicht mehr radioaktiv ist. In vielen Fällen ergeben sich allerdings lange Zerfallsreihen mit Mutter-, Tochter-, Enkel-, Urenkel-, ...-Nukliden.

Bei Messreihen in Norddeutschland nach dem Tschernobyl-Unfall im Jahr 1986 traten auffällige Ergebnisse auf: Wie erwartet kam es vor allem aufgrund heftiger Regengüsse um den 1. Mai 1986 herum zu radioaktivem Fallout, der sich auf der Erdoberfläche ablagerte. Dementsprechend konnte man einen plötzlichen Anstieg der Zählrate messen. Allerdings konnte an den darauffolgenden Tagen kein Rückgang der Zählrate beobachtet werden, wie es zu erwarten gewesen wäre. Stattdessen stieg die Zählrate weiter an. Um diese Beobachtung zu erklären, wird im Folgenden die Modellierung eines Mutter-Tochter-Zerfalls durchgeführt.

Modellierung. Von einer radioaktiven Substanz A sind zum Zeitpunkt $t = 0$, also zu Beginn der Untersuchung, $N_{0,A} = 10000$ Nuklide vorhanden. In jeder Sekunde zerfallen $\frac{1}{10}$ aller vorhandenen Kerne. Damit ist die Zerfallskonstante $\lambda_A = -\ln(0,9) \approx 0,1$. Vom Tochternuklid B sind zu Beginn $N_{0,B} = 0$ Nuklide vorhanden, die Zerfallskonstante beträgt $\lambda_B = 0,3$. Für die Aktivität des Mutternuklids ergibt sich also $A(t) = 0,1\, N(t)$ (Tabelle **T4**). Die Anzahl der Nuklide wird dabei ganzzahlig gerundet, sodass Kerne als zerfallen gelten, wenn die erste Nachkommastelle größer oder gleich 5 ist. Ermittelt man die Halbwertszeiten des modellierten Zerfalls aus dem zeitlichen Verlauf der Aktivitäten sowie des Bestands, so stellt man fest, dass diese übereinstimmen. Da die Gesamtaktivität die Summe beider Teilaktivitäten

ist, ergibt sich die Messwerttabelle **T3** für den Bestand und die Aktivität von Mutter- und Tochterkern. Die Gesamtaktivität entspricht der Summe beider Teilaktivitäten. Bild **B2** zeigt den zeitlichen Verlauf der Gesamtaktivität. Es ist ein Maximum zum Zeitpunkt $t = 3$ s zu erkennen. Erst im späteren Verlauf sinkt die Aktivität exponentiell – wie bei den Messungen nach dem Tschernobyl-Unfall..

t in s	Bestand N	Aktivität A in Bq
0	10 000	$= 10000 \cdot 0,1 = 1000$
1	9 000	$= 9000 \cdot 0,1 = 900$
2	8100	$= 8100 \cdot 0,1 = 810$
3	7290	$= 7290 \cdot 0,1 = 729$
4	6561	$= 6561 \cdot 0,1 = 656,1$
...	...	...
24	798	$= 798 \cdot 0,1 = 79,8$
25	718	$= 718 \cdot 0,1 = 71,8$

T4 *Modellierung für den Anfangsbestand $N_0 = 10000$ mit der Zerfallskonstante $\lambda = 0,1$*

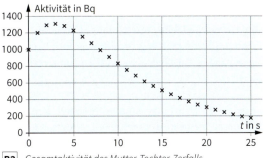

B2 *Gesamtaktivität des Mutter-Tochter-Zerfalls*

8.7 Biologische Strahlenwirkung

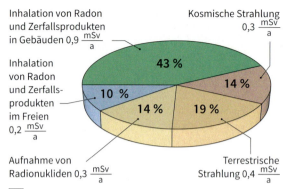

Inhalation von Radon und Zerfallsprodukten in Gebäuden 0,9 $\frac{mSv}{a}$

Kosmische Strahlung 0,3 $\frac{mSv}{a}$

Inhalation von Radon und Zerfallsprodukten im Freien 0,2 $\frac{mSv}{a}$

43 %

14 %

10 %

14 %

19 %

Aufnahme von Radionukliden 0,3 $\frac{mSv}{a}$

Terrestrische Strahlung 0,4 $\frac{mSv}{a}$

B1 *Anteile und mittlere effektive Dosis pro Person verschiedener Komponenten an der natürlichen Strahlenexposition in der BRD*

Natürliche und künstliche Strahlenexposition.

Aus Versuch **V1** von S. 248 wurde deutlich, dass überall in der Umgebung ionisierende Strahlung vorhanden ist. Sie stammt aus verschiedenen natürlichen sowie künstlichen Strahlungsquellen.

Zu den natürlichen Strahlungsquellen zählt beispielsweise das radioaktive Gas Radon (Rn-220; Rn-222), das durch den Zerfall der radioaktiven Nuklide U-238 sowie Th-232 entsteht. U-238 und Th-232 sind natürlicherweise in unterschiedlichen Konzentrationen in Böden und Gesteinen vorhanden und finden somit Verwendung in Baumaterialien. Von da aus wird das Radon freigesetzt und vom Menschen inhaliert. Weiterhin führen natürlich vorkommende radioaktive Nuklide (z. B. Kalium-40) über die Nahrungskette des Menschen zu einer **körperinneren Strahlenexposition,** welche insgesamt etwa $\frac{2}{3}$ der natürlichen Strahlenexposition ausmacht (Bild **B1**).

Äußere Strahlenexposition wird etwa zu gleichen Teilen durch terrestrische sowie kosmische Strahlung verursacht. Als terrestrische Strahlung wird die von außen auf den Körper wirkende Strahlung von Folgeprodukten von U-238 sowie Th-232 bezeichnet. Die kosmische Strahlung aus dem Weltraum enthält sehr energiereiche Teilchen, von denen ein Teil die Atmosphäre durchdringt. Diese Strahlung nimmt mit der Höhe zu und ist deshalb u. a. im Flugzeug verstärkt wirksam.

Zu den künstlichen Strahlenquellen zählen beispielsweise medizinische Anwendungen, freigesetzte Radionuklide bei Reaktorkatastrophen und Kernwaffenversuchen sowie Hinterlassenschaften aus Industrie und Bergbau.

Strahlenwirkung auf Organismen. ▶ Ionisierende Strahlung kann den lebenden Organismus schädigen. Der Schaden ist dabei die Folge einer komplexen Reaktionskette aus physikalischen, chemischen und biologischen Prozessen. Dabei tritt ein Strahlenschaden umso häufiger auf, je mehr Moleküle ionisiert oder angeregt werden. Neben der Ionisation oder Anregung der Moleküle bewirken auch die durch die Strahlung erzeugten chemisch aktiven Radikale Zellschäden. Die DNA im Zellkern ist besonders sensibel für Strahlung. Biologische Effekte stellt man deshalb vor allem an Zellen fest, die sich beim Bestrahlen teilen, z. B. beim Embryo im Mutterleib. Organismen verfügen über wirksame Abwehrmechanismen, mit denen sie Schäden an der DNA reparieren oder durch das Immunsystem erkennen und eliminieren können. Erst wenn diese Abwehrsysteme versagen, kommt es zu Strahlenschäden.

Man unterscheidet zwei Gruppen von biologischen Strahlenwirkungen:

- Die **stochastischen Strahlenwirkungen** (z. B. Leukämie, Krebs) treten oft erst Jahre nach der Strahlenexposition auf. Ihre Eintrittswahrscheinlichkeit hängt von der Energiedosis (siehe nächste Seite) ab. Die Höhe der Dosis hat jedoch keinen Einfluss auf die Schwere der Erkrankung.
- Die **deterministischen Strahlenwirkungen** treten in absehbarer Zeit auf. Ihr Schweregrad steigt mit der Energiedosis. Bei vielen deterministischen Wirkungen gibt es eine Dosisschwelle, unterhalb der keine Krankheitssymptome auftreten (Tabelle **T1**).

Menschen werden oft einer Strahlung geringer Dosis weit unterhalb der Dosisschwelle für deterministische Strahlenwirkungen ausgesetzt. Dabei kann eine Strahlenwirkung eintreten, muss aber nicht. Deshalb interessiert man sich im Strahlenschutz besonders für das Strahlenrisiko für stochastische Wirkungen bei niedrigen Dosen unter 0,2 Sv (siehe S. 276). Unter dem Strahlenrisiko versteht man dabei die Wahrscheinlichkeit für das Eintreten einer durch eine Strahlenexposition bewirkten nachteiligen Wirkung bei einem Individuum.

> **! Merksatz**
>
> Ursache von Strahlenschäden sind die Anregung und Ionisation von Molekülen sowie die durch die Strahlung gebildeten Radikale. Nicht jede Strahlenexposition führt zu einem Strahlenschaden.

D in $\frac{J}{kg}$	mögliche Erkrankungen
0,25–1	vorübergehende Veränderung des Blutbildes
1–3	Übelkeit, Erbrechen, Durchfall, Halsschmerzen; Erholung nach 3 Monaten wahrscheinlich
3–8	Schwere Schäden im Blutbild, Fieber, Haarausfall, innere Blutungen; gehäuft Todesfälle
8–15	Erbrechen nach 5 Minuten, qualvolle Kopfschmerzen; Tod in wenigen Tagen

T1 *Erkrankung durch kurzzeitige Bestrahlung des ganzen Körpers eines Menschen*

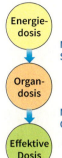

Die Energiedosis gibt die durch Strahlung auf das Gewebe übertragene Energie an.

Multiplikation mit dem Strahlungswichtungsfaktor w_R

Die Organdosis wichtet die Energiedosis unter Berücksichtigung der biologischen Wirksamkeit der Strahlenarten.

Multiplikation mit dem Gewebewichtungsfaktor w_T

Die effektive Dosis wichtet die Organdosis unter Berücksichtigung der Strahlenempfindlichkeit der Organe und Gewebe.

B2 *Berechnung der effektiven Dosis aus der Energiedosis mithilfe der Wichtungsfaktoren*

Dosimetrie. Um die Wahrscheinlichkeit für das Eintreten eines stochastischen Strahlenschadens quantitativ abschätzen zu können, wird die Methode der Dosimetrie angewandt. Trifft ionisierende Strahlung auf Gewebe, so gibt sie dort Energie ab. Je mehr Energie ΔW von Körpergewebe der Masse m absorbiert wird, desto größer ist die Wahrscheinlichkeit für einen Schaden. Die **Energiedosis** D berücksichtigt dies:

$$D = \frac{\Delta W}{m} \quad \text{mit} \quad [D] = 1\,\frac{J}{kg} = 1\,\text{Gy} = 1\,\text{Gray}.$$

Effektive Dosis. Das Strahlenrisiko erfasst man durch die effektive Dosis E, welche aus der Energiedosis durch Multiplikation mit sogenannten **Wichtungsfaktoren** berechnet wird (Bild **B2**). Die effektive Dosis ermöglicht somit eine einheitliche Beurteilung des Risikos für Strahlenwirkungen, unabhängig davon, welcher Strahlenart der Mensch ausgesetzt war und welche seiner Organe z. B. im Rahmen einer medizinischen Therapie bestrahlt wurden. Die Einheit der effektiven Dosis ist ebenfalls $1\,\frac{J}{kg}$; man nennt sie 1 Sievert = 1 Sv, um sie von der Energiedosis abzugrenzen.

Bei der Bestimmung der effektiven Dosis ist zum einen zu beachten, dass verschiedene Strahlenarten bei gleicher Energiedosis unterschiedliche biologische Wirkungen haben. Wir wissen z. B., dass α-Teilchen pro Zentimeter Strecke besonders viele Ionen bilden. Also wird durch ein α-Teilchen besonders viel Energie an die einzelne Zelle abgegeben. Der Schaden ist somit viel größer als z. B. durch γ-Strahlung gleicher Energiedosis. Zum anderen ist die Strahlenempfindlichkeit einzelner Gewebe und Organe unterschiedlich. Tabelle **T2** zeigt eine Übersicht über die Strahlungs- sowie Gewebewichtungsfaktoren, die eben dieses berücksichtigen.

Aus der Energiedosis D_T, die ein Organ oder Gewebe T erhält, wird mit dem Strahlungswichtungsfaktor w_R (Tabelle **T2**) zunächst die Organ-(Äquivalent-)dosis $H_T = w_R \cdot D_T$ bestimmt. Daraus wird mit Hilfe des Gewebewichtungsfaktors w_T die effektive Dosis $E = w_T \cdot H_T$ berechnet. Wenn mehrere Organe getroffen werden, wird über alle bestrahlten Organe aufsummiert:

$$E = w_{T1} \cdot H_1 + w_{T2} \cdot H_2 + \dots$$

> **❗ Merksatz**
>
> Die effektive Dosis E erfasst das stochastische Strahlenrisiko des Menschen bei geringer Strahlenexposition. Ihre Einheit ist
>
> $$[E] = 1\,\text{Sievert} = 1\,\text{Sv} = 1\,\frac{J}{kg}.$$

a) Strahlungswichtungsfaktoren		b) Gewebewichtungsfaktoren	
Strahlenart	w_R	Gewebe / Organ	w_T
Röntgen- und γ-Strahlung	1	Keimdrüsen	0,08
Elektronen	1	Haut, Knochenoberfläche je	0,01
α-Teilchen, Spaltfragmente, schwere Kerne	20	Brust, Knochenmark, Dickdarm, Lunge, Magen je	0,12
Neutronen je nach Energie	5–20	Blase, Leber, Speiseröhre, Schilddrüse je	0,04
Protonen, Energie > 2 MeV	5	übrige Organe / Gewebe	0,14

T2 *a) Strahlungswichtungsfaktoren, b) Gewebewichtungsfaktoren*

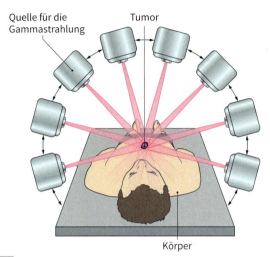

B1 *Krebsbehandlung mit Röntgenstrahlung*

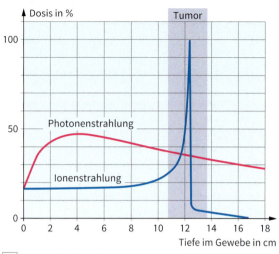

B2 *Dosisverlauf für Photonen- und Ionenstrahlen in biologischem Gewebe*

Medizinische Anwendungen. Radionuklide und ihre ionisierende Strahlung sind ein oft unersetzbares Hilfsmittel sowohl bei der Diagnose als auch bei der Therapie von Krankheiten.

■ **Medizinische Diagnostik:** Dabei wird ausgenutzt, dass im menschlichen Körper bestimmte Substanzen in Organen und Geweben unterschiedlich gut aufgenommen und ausgeschieden werden. Bei einer Untersuchung werden entsprechende Substanzen verabreicht, an die auch ein Gammastrahlung aussendendes Radionuklid mit nicht zu großer Halbwertszeit (zu über 60 % Tc-99m mit T_H = 6 h) chemisch gebunden ist. Die so radioaktiv markierte Verbindung verhält sich bei allen Vorgängen im Körper wie die entsprechenden nicht aktiven Substanzen. Anhand der Gammastrahlung lässt sich dann von außen die Geschwindigkeit der Aufnahme und der Ausscheidung sowie die Anreicherung in verschiedenen Organen verfolgen.

■ **Medizinische Therapie mit Radionukliden:** Bei der Radioiodtherapie zur Behandlung von Krebserkrankungen der Schilddrüse wird dem Patienten das Isotop I-131 verabreicht, das Beta- und Gammastrahlung aussendet. Iod reichert sich fast ausschließlich in der Schilddrüse an, sodass nur dort die Betastrahlung mit einer sehr hohen Dosis wirkt und die Krebszelle zerstört. Die Gammastrahlung führt zwar zu einer unerwünschten Strahlenexposition, ermöglicht aber von außen die Überwachung der I-131-Speicherung mit einer Gammakamera.

■ **Medizinische Therapie mit Photonenstrahlung:** Da die sich schnell teilenden Krebszellen auf energiereiche, ionisierende Strahlung besonders empfindlich reagieren, ist die Behandlung der Tumore mit Röntgenstrahlung eine wesentliche Komponente. Um bei der Bestrahlung das benachbarte Gewebe eines Tumors zu schonen, wird die Krebsgeschwulst gezielt aus verschiedenen Richtungen bestrahlt. Man pendelt dazu die Strahlenquelle auf einem Kreisbogen um den Krankheitsherd. Gesundes Gewebe in der Umgebung des Krankheitsherdes wird somit deutlich weniger bestrahlt als der Krankheitsherd (Bild **B1**). Operativ gut erreichbare Tumore können auch durch das Einbringen von γ-Strahlern direkt ins Tumorgewebe behandelt werden.

■ **Medizinische Therapie mit Ionenstrahlen:** In der Ionentherapie werden sowohl Protonen als auch schwere Kohlenstoffionen verwendet. Diese Therapie gilt aufgrund der physikalischen Eigenschaften der verwendeten Strahlung als besonders schonend und wirksam. Denn die zunächst schnellen Ionen werden erst am Ort des Tumors so weit abgebremst, dass sie die Ionisierungsdichte erreichen, die zur Zerstörung des Tumors nötig ist (Bild **B2**). Dadurch wird das umliegende Gewebe wenig belastet und so die Verwendung höherer Bestrahlungsdosen ermöglicht. Selbst Tumore im Augeninneren werden so fast punktgenau zerstört. Allerdings muss man die schnellen Ionen vor Ort in großen und teuren Teilchenbeschleunigern erzeugen, sodass es nur wenige Therapiezentren gibt.

- **Medizinische Therapie mit Neutronenstrahlen:** Bei der Bor-Neutroneneinfangtherapie werden Tumorzellen mit B-10-Verbindungen angereichert und anschließend mit Neutronen geringer Energie bestrahlt. Wird ein Neutron von einem B-10-Kern eingefangen, was mit relativ großer Wahrscheinlichkeit passiert, tritt eine Kernreaktion auf. Dabei entstehen energiereiche α-Teilchen und Li-7-Kerne, die Zellgewebe in ihrer Reichweite von ca. 5 bis 10 μm schädigen (Bild **B3**). Dies entspricht etwa dem Durchmesser einer Zelle. So können Tumorzellen gezielt vernichtet werden, ohne dass umliegende Zellen in Mitleidenschaft gezogen werden. Allerdings besteht bei dieser Methode noch großer Forschungsbedarf.

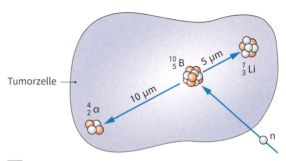

B3 Die bei der Kernreaktion von einem B-10-Kern und einem Neutron entstehenden energiereichen Teilchen werden in der Zelle abgebremst und zerstören diese.

Biologische und technische Anwendungen.

- Schadinsekten reduzieren die Weltnahrungsproduktion jährlich um etwa ein Drittel und der massive Einsatz von Insektiziden verursacht Umweltschäden mit hohen Folgekosten. Hier hilft das Verfahren der **Sterilen-Insekten-Technik (SIT).** Dabei werden die Männchen eines Schadinsekts, die in eigenen Zentren gezüchtet werden, einer kurzzeitigen intensiven Bestrahlung durch die Gammastrahlung einer Co-60- oder Cs-137-Quelle ausgesetzt. Die Strahlung ist so dosiert, dass die Fliegen zwar sterilisiert, aber sonst nicht beeinträchtigt werden. Sie sind nach der Bestrahlung nicht radioaktiv. Mit Flugzeugen werden sie dann über dem landwirtschaftlichen Zielgebiet freigesetzt. Nach Begattung von freilebenden Weibchen bleiben diese ohne Nachkommen, die Population der Schadinsekten wird reduziert oder sogar regional ausgerottet. Dieses Verfahren ist im Vergleich zu Insektiziden sehr umweltschonend. Andere Insekten wie die Biene sind nicht betroffen und die Artenvielfalt des lokalen Ökosystems bleibt erhalten.
In Mexiko und Chile konnte mit dem SIT-Verfahren die Mittelmeer-Fruchtfliege ausgerottet werden.

- Durchsetzt Röntgen- oder Gammastrahlung Materie, so wird sie teilweise absorbiert. Dies nutzt man z. B. in der Gammaradiografie aus. Mit ihr gelingt eine **zerstörungsfreie Materialprüfung,** etwa die Überprüfung einer Schweißnaht (Bild **B4**). Zwischen der Strahlungsquelle und einem Film befindet sich das Prüfgut. Enthält es einen Materialfehler, etwa einen Lufteinschluss, so wird an dieser Stelle die Strahlung weniger geschwächt und der Film somit stärker geschwärzt.

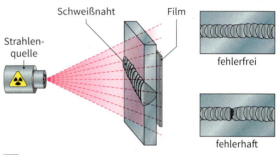

B4 Zerstörungsfreie Materialprüfung

- Viele chemische, technologische und biologische Prozesse lassen sich verfolgen, wenn man die beteiligten Stoffe mit radioaktiven Nukliden „markiert". Diese Radionuklide werden zur Spurensuche verwendet, man spricht deshalb auch von **Tracermethoden.**

Während bei der Isotopenmarkierung radioaktive Isotope des bereits vorhandenen Stoffes in die Moleküle eingebaut werden, verwendet man bei der Fremdatommarkierung Radioisotope, die nicht mit der zu untersuchenden Substanz identisch sind.

Ein Beispiel aus der Technik ist die Verschleißkontrolle. Die Untersuchung des Verschleißes bewegter Maschinenteile liefert volkswirtschaftlich wichtige Aussagen über die optimale Werkstoffauswahl. So wird dem Stahl eines Achslagers Eisen Fe-52 als Markierung zugegeben und dessen Menge im Abrieb gemessen. Ähnlich wird der Abrieb von Fahrzeugreifen durch Zugabe von Phosphor P-32 in die Gummimasse kontrolliert. Mit der radioaktiven Markierung der Verschleißteile kann man Abriebmengen von 10^{-14} kg nachweisen. Mit einer Wägung der Verschleißteile sind dagegen erst Abriebmengen größer als 10^{-8} kg festzustellen.

medizinische Anwendung		effektive Strahlendosis
Röntgenaufnahme		
Knochen (Extremitäten)		< 0,01 mSv
Zahn (Einzelbild)		0,01 mSv
CT-Untersuchungen		
Wirbelsäule		6 mSv
Magen		6–12 mSv
Nuklearmedizinische Untersuchung		
Schilddrüsenszintigrafie		0,5–1 mSv
Lungenszintigrafie		0,3 mSv
Strahlentherapie mit γ-Strahlung		
Hirn	Tumorgewebe	30 Gy
	restlicher Körper	142 mSv
Brust	Tumorgewebe	50 Gy
	restlicher Körper	60 mSv

T1 *Effektive Dosis medizinischer Anwendungen mit ionisierender Strahlung*

Strahlenschutz. Im Strahlenschutz gilt weltweit das **ALARA-Prinzip**: „**A**s **l**ow **a**s **r**easonably **a**chievable". Wichtigster Grundsatz des Strahlenschutzes ist es, jede unnötige Exposition zu vermeiden. Für unvermeidbare Expositionen bei externer Bestrahlung gibt es die vier Grundregeln (4 A's) des Strahlenschutzes: ▶
1. Möglichst geringe Aktivität der Quelle,
2. beschränkte Aufenthaltsdauer in einem Strahlenfeld,
3. sicheren Abstand zur Strahlenquelle einhalten,
4. Abschirmung durch geeignete Materialien.

Im Strahlenschutzgesetz sind verschiedene Grenzwerte für die Strahlenexposition festgelegt: Beruflich strahlenexponierte Personen wie z. B. Flugpersonal oder Mitarbeiter in kerntechnischen Anlagen dürfen einer effektiven Dosis von maximal 20 mSv pro Jahr ausgesetzt sein, wobei sich dieser Grenzwert bei Personen unter 18 Jahren und Schwangeren auf 1 mSv reduziert. Die Messung erfolgt z. B. mit Dosimetern oder mittels einer Berechnung aus den Flugdaten. Für die Bevölkerung gilt eine zusätzliche effektive Dosis von maximal 1 mSv durch Expositionen (z. B. aus der Lagerung radioaktiver Abfälle, aus dem Betrieb kerntechnischer Anlagen).

Die effektive Dosis der Bevölkerung durch natürliche Strahlungsquellen wie z. B. Radon beträgt durchschnittlich 2,1 mSv pro Jahr. Durch medizinische Anwendungen kommen im Mittel 2,0 mSv hinzu, wobei die individuelle effektive Dosis aufgrund der verschiedenen Verfahren sehr unterschiedlich ist (Tabelle **T1**).

> **❗ Merksatz**
>
> Bei einer äußeren Strahlenexposition gelten die vier Grundregeln des Strahlenschutzes: Aktivität reduzieren, Aufenthaltsdauer beschränken, Abstand halten, Abschirmung.

Arbeitsaufträge

1

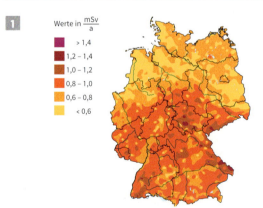

Werte in $\frac{mSv}{a}$
- ▮ > 1,4
- ▮ 1,2 – 1,4
- ▮ 1,0 – 1,2
- ▮ 0,8 – 1,0
- ▮ 0,6 – 0,8
- ▮ < 0,6

🖊 Das Bild zeigt die Umweltradioaktivität in der Bundesrepublik Deutschland.
a) Interpretieren Sie das Bild.
b) Recherchieren Sie (z. B. über www.bfs.de), wie groß die Umweltradioaktivität an Ihrem Heimatort ist.

2 🖊 Nimmt ein Mensch mit der Nahrung Cs-137 zu sich, so erhält er eine Dosis von $1{,}4 \cdot 10^{-8}$ Sv je Becquerel. Er isst 200 g Rehfleisch und 100 g Pilze, belastet mit 4200 $\frac{Bq}{kg}$ bzw. 12 500 $\frac{Bq}{kg}$. Berechnen Sie die effektive Dosis, die der Mensch erhält.

3

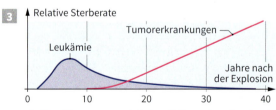

➡ Das Diagramm zeigt das Zeitmuster der durch Strahlenexposition hervorgerufenen Leukämie- und Krebserkrankungen unter den Überlebenden der Atombombenexplosionen 1945 in Japan. Interpretieren Sie das Bild.

Anhand verschiedener Beispiele soll der Einsatz der Strahlung radioaktiver Stoffe im Alltag bewertet werden, d. h. Risiko und Nutzen sollen begründet gegeneinander abgewogen werden.

Anhand untenstehender Leitfragen und Hinweise informieren Sie sich zunächst über die fachlichen Grundlagen. Danach bringen Sie sowohl Nutzen als auch Risiken in Erfahrung. Achten Sie bei Ihrer Recherche auf die Vertrauenswürdigkeit Ihrer Quellen und die Relevanz der Informationen. Abschließend bilden Sie sich auf Grundlage Ihres Wissens ein eigenes Urteil (Bild **B1**).

B1 *Vorgehensweise bei der Bewertung von Sachverhalten*

1) Radioiodtherapie

■ Fachliche Grundlagen: Wie wird die Radioiodtherapie durchgeführt? Welches Radionuklid wird eingesetzt und welche Strahlenexposition tritt durch dessen Strahlung auf?

■ Nutzen: Mit welcher Wahrscheinlichkeit wird die Schilddrüse geheilt? Gibt es neben der Strahlenexposition noch andere Nebenwirkungen?

■ Risiken: Vergleichen Sie die Strahlendosis (ohne Schilddrüsendosis) mit der von anderen Untersuchungsmethoden wie z. B. Röntgenuntersuchungen. Mit welcher Wahrscheinlichkeit sind gesundheitliche Schäden zu erwarten?

■ Hinweise zu möglichen Quellen: Homepages der Universitätskliniken für Nuklearmedizin.

2) Strahlungsinduzierte Mutation

■ Fachliche Grundlagen: Wie wird die Bestrahlung von Pflanzen zur Beschleunigung der Mutation durchgeführt? Welche Strahlung wird eingesetzt und welche Strahlenexposition tritt durch die Strahlung auf?

■ Nutzen: Welche Vorteile gibt es gegenüber herkömmlichen Methoden? Gibt es eine Strahlenexposition für den Endverbraucher?

■ Risiken: Vergleichen Sie die verwendete Strahlendosis mit der von gängigen Untersuchungsmethoden wie z. B. Röntgenuntersuchungen. Mit welcher Wahrscheinlichkeit sind gesundheitliche Schäden zu erwarten?

■ Hinweise zu möglichen Quellen: Bundesministerium für Ernährung und Landwirtschaft

3) Radon-Heilkuren

■ Fachliche Grundlagen: Welche Arten von Radon-Heilkuren gibt es? Wie funktioniert die Radontherapie? Welche Krankheitsbilder werden behandelt?

■ Nutzen: Mit welcher Wahrscheinlichkeit tritt eine Besserung der Beschwerden ein? Gibt es neben der Strahlenexposition noch andere Nebenwirkungen?

■ Risiken: Vergleichen Sie die Strahlendosis mit der von gängigen Untersuchungsmethoden wie z. B. Röntgenuntersuchungen. Mit welcher Wahrscheinlichkeit sind gesundheitliche Schäden durch die Heilkur zu erwarten?

■ Hinweise zu möglichen Quellen: Bundesamt für Strahlenschutz

4) Energiegewinnung

■ Fachliche Grundlagen: Wie funktionieren Kernkraftwerke und Kernfusionsreaktoren? Welche Radionuklide werden eingesetzt und welche Strahlenexposition tritt durch dessen Strahlung auf?

■ Nutzen: Welche Vorteile gibt es gegenüber herkömmlichen Methoden zur Energiegewinnung? Gibt es eine Strahlenexposition für den Endverbraucher?

■ Risiken: Vergleichen Sie die Strahlendosis in der Umgebung mit der natürlichen Strahlenbelastung durch Radon. Mit welcher Wahrscheinlichkeit sind gesundheitliche Schäden zu erwarten? Beziehen Sie die Entsorgung radioaktiver Abfälle mit ein.

■ Hinweise zu möglichen Quellen: Bundesamt für Strahlenschutz

8.8   Standardmodell der Physik

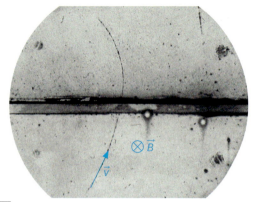

B1 *Nebelkammerbahn eines Teilchens im Magnetfeld*

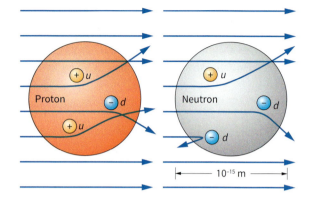

B2 *Elektronen werden im Proton und Neutron an Quarks gestreut*

Bausteine der Materie. Lange Zeit nahmen Wissenschaftlerinnen und Wissenschaftler an, dass Atome die kleinsten Bausteine der Materie seien. Im Jahr 1911 folgerte ERNEST RUTHERFORD anhand seiner Streuexperimente, dass ein Atom einen Kern besitzt, der mehrfach positiv geladen ist. Er begründete damit das **Kern-Hülle-Modell** zur Beschreibung der Atome. Im weiteren Verlauf des 20. Jahrhunderts wurden Protonen, Neutronen und Elektronen in Experimenten nachgewiesen. Der vermeintlich kleinste Baustein der Materie bestand nun aus noch kleineren Bausteinen.

Bereits 1932 führte man den Aufbau aller Atome auf die drei erstgenannten Teilchenarten zurück, nachdem JAMES CHADWICK das Neutron entdeckt hatte. Damit schien die Suche nach dem Aufbau der Materie vorerst abgeschlossen. Doch ab 1932 fand man in der Höhenstrahlung und später in Teilchenbeschleunigern über 300 schnell zerfallende Teilchen: Pionen, Kaonen, Hyperonen usw. Man betrachtete all diese Teilchen als eigenständig, nicht weiter zerlegbar, als elementar und sprach scherzhaft vom „Zoo" der Elementarteilchen.

Antiteilchen. In einer von einem Magnetfeld durchsetzen Nebelkammer untersuchte CARL ANDERSON 1932 kosmische Strahlung. In der Auswertung der Aufnahmen waren Spuren enthalten, die mit dem Verhalten von Protonen oder Elektronen allein nicht zu erklären waren (Bild **B1**). Die im Magnetfeld beobachtbaren Bahnkurven erforderten die Masse eines Elektrons, jedoch die exakt entgegengesetzte Ladung. Nach Ausschluss aller möglichen Fehlerquellen folgerte ANDERSON, dass es sich um ein „positives Elektron" handeln müsse. Das Positron war experimentell nachgewiesen. Dessen Existenz hatte PAUL DIRAC bereits 1928 vorhergesagt.

Heute weiß man, dass es zu jedem Elementarteilchen ein Antiteilchen gibt. Vereinfacht unterscheiden sich Teilchen und Antiteilchen im Vorzeichen ihrer Ladung.

Entdeckung der Quarks. Der Teilchenzoo lichtete sich, als man das Innere von Protonen und Neutronen erforschte. In Streuexperimenten analog zu den Versuchen von RUTHERFORD schoss ROBERT HOFSTADTER in den 1950er-Jahren Elektronen auf Wasserstoffgas, um herauszufinden, ob Protonen punktförmige Teilchen sind. Einige Elektronen wurden erheblich zur Seite abgelenkt (Bild **B2**). 1964 folgerten MURRAY GELL-MANN und unabhängig davon GEORGE ZWEIG aus diesen Experimenten: Das Proton p ist nicht massiv und nicht gleichmäßig mit der Ladung $+e$ erfüllt. Vielmehr finden sich dort drei **Quarks**, nämlich zwei up-Quarks, kurz u-Quark, je mit der Ladung $q_u = +\frac{2}{3}e$, und ein down-Quark, kurz d-Quark, mit der Ladung $q_d = -\frac{1}{3}e$. Für die Protonenladung gilt also:

$$q_P = 2 \cdot \frac{2}{3}\,e - \frac{1}{3}\,e = +1\,e = 1{,}6 \cdot 10^{-19}\ \text{C}.$$

Das Neutron n enthält nur ein u-, aber zwei d-Quarks. Seine Ladung ist folglich:

$$q_n = \frac{2}{3}\,e - 2 \cdot \frac{1}{3}\,e = 0\ \text{C}.$$

Neutronen sind zwar nach außen hin elektrisch neutral, zeigen aber trotzdem magnetische Eigenschaften, ähnlich den Protonen. Die Ladungen der Quarks neutralisieren sich nach außen hin. Überraschend ist das Auftreten von $\frac{1}{3}e$, also von Bruchteilen der Elementarladung. Solche Bruchteile findet man im freien Zustand nicht. Man kann einzelne Quarks prinzipiell nicht für sich untersuchen. sondern nur in Kombinationen mit den Ladungen $q = -2\,e, -1\,e, 0, +1\,e, +2\,e$, also ganzzahligen Vielfachen der Elementarladung.

Die Eigenschaft, dass Quarks niemals isoliert auftreten, wird als **Confinement** (engl.: „Gebundensein") bezeichnet. Insgesamt fand man sechs Quark-Arten und ihre Antiquarks, aufgeteilt in drei Quark-Familien:

- 1. Quark-Familie: u-Quark („up", $q_u = +\frac{2}{3}\,e$) und d-Quark („down", $q_d = -\frac{1}{3}e$)
- 2. Quark-Familie: s-Quark („strange", $q_s = -\frac{1}{3}e$ und c-Quark („charm", $q_c = +\frac{2}{3}e$
- 3. Quark-Familie: b-Quark („bottom", $q_b = -\frac{1}{3}e$ und t-Quark („top", $q_t = +\frac{2}{3}e$

Neutronen und Protonen gehören zu den etwa 120 Baryonen, den schweren Teilchen, die jeweils aus drei Quarks oder Antiquarks bestehen (Tabelle **T1**). Das Antiproton $\bar{p}$ besteht aus den drei Antiquarks $\bar{u}$, $\bar{u}$ und $\bar{d}$ mit der Gesamtladung $-e$; das Antineutron $\bar{n}$ besteht aus $\bar{u}$, $\bar{d}$ und $\bar{d}$ mit der Ladung 0.

Hadronen. Die aus Quarks zusammengesetzten Baryonen können in energetisch angeregten Zuständen kurzzeitig existieren. So besteht etwa das Delta-Teilchen Δ^+, ein angeregtes Proton mit kurzer mittlerer Lebensdauer, aus denselben Quarks (u, u, d) wie das Proton. Es hat jedoch mehr Energie. Nach der Entdeckung der Quarks sah man Δ^+ nicht mehr als eigenständiges Teilchen an, sondern als angeregtes Proton mit kurzer Lebensdauer. Die mittlere Lebensdauer gibt an, nach welcher Zeit nur noch der Anteil $\frac{1}{e}$ der ursprünglichen Teilchen vorhanden ist.

Die mittelschweren Teilchen nennt man Mesonen. Das π-Meson hatte man bereits in der kosmischen Höhenstrahlung entdeckt. Mesonen bestehen aus einem Quark und einem Antiquark. Zusammen mit den Baryonen werden sie als Hadronen bezeichnet.

> **❗ Merksatz**
>
> u-, c- und t-Quarks haben die Ladung $q = +\frac{2}{3}e$; d-, s- und b-Quarks haben die Ladung $q = -\frac{1}{3}e$.
> Baryonen wie das Proton und das Neutron sind aus jeweils drei Quarks, ihre Antiteilchen sind aus drei Antiquarks zusammengesetzt. Mesonen bestehen aus einem Quark und einem Antiquark.
> Alle freien Teilchen tragen ganzzahlige Vielfache der Elementarladung mit $q = n \cdot e$ mit $n = 0, \pm 1, \pm 2$.

Entdeckung des Myons. Myonen entstehen in der oberen Atmosphäre bei Reaktionen zwischen der kosmischen Strahlung und Atomkernen. Sie wurden 1936 von Carl Anderson und Seth Neddermeyer in der kosmischen Strahlung entdeckt. Das Myon μ^- zeigt ähnliche Eigenschaften wie ein Elektron: Die Ladung ist identisch, seine Masse jedoch ca. 200-mal größer. Während freie Elektronen stabil sind, weist das Myon jedoch nur eine mittlere Lebensdauer von 2,2 µs auf.

Teilchen		Ladung	E in GeV	T_m in s
Baryonen aus u- und d-Quarks				
p	(u, u, d)	$2 \cdot \frac{2e}{3} - \frac{e}{3} = +e$	0,9383	∞
n	(u, d, d)	$\frac{2e}{3} - 2 \cdot \frac{e}{3} = 0$	0,9396	878
Δ^+	(u, u, d)	$2 \cdot \frac{2e}{3} - \frac{e}{3} = +e$	1,232	$\approx 10^{-23}$
Δ^{++}	(u, u, u)	$3 \cdot \frac{2e}{3} = +2\,e$	1,232	$\approx 10^{-23}$
Δ^-	(d, d, d)	$3 \cdot \left(-\frac{e}{3}\right) = -e$	1,232	$\approx 10^{-23}$
Mesonen aus u- und d-Quarks				
π^+	$(u, \bar{d})$	$\frac{2e}{3} + \frac{e}{3} = +e$	0,140	$\approx 10^{-8}$
π^-	$(\bar{u}, d)$	$-\frac{2e}{3} - \frac{e}{3} = -e$	0,140	$\approx 10^{-8}$
π^0	$(u, \bar{u}), (d, \bar{d})$	$\frac{2e}{3} - \frac{2e}{3} = 0$	0,135	$\approx 10^{-16}$

T1 *Quarks einiger der ca. 120 Baryonen und 100 Mesonen mit ihrer Energie E und ihrer mittleren Lebensdauer T_m*

> **☰ Exkurs: Zeitdilatation**
>
> Der Nachweis von Myonen auf der Erdoberfläche widerspricht scheinbar ihrer mittleren Lebensdauer von 2,2 µs. Obwohl sie nahezu mit Lichtgeschwindigkeit unterwegs sind, könnten sie in dieser Zeit nur maximal $s = 3 \cdot 10^8\,\frac{m}{s} \cdot 2,2 \cdot 10^{-6}\,s = 660\,m$ zurücklegen. Der Anteil der nachweisbaren Myonen müsste demnach sehr gering sein. Der Großteil erreicht jedoch die Erdoberfläche.
>
> Die Erklärung liefert die spezielle Relativitätstheorie. Die Zeit eines mit der Geschwindigkeit v bewegten Systems erscheint für den Beobachter verlangsamt:
>
> $$t_v = \frac{1}{\sqrt{1 - \frac{v^2}{c^2}}} \cdot t.$$
>
> Bewegen sich Myonen mit 99,5 % der Lichtgeschwindigkeit, vergehen für einen Beobachter
>
> $$t_v = \frac{1}{\sqrt{1 - 0,995^2}} \cdot 2,2\,\mu s \approx 22\,\mu s.$$

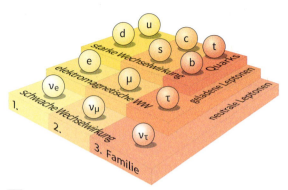

B1 Standardmodell der Physik

	Quarks		Leptonen	
Ladung	$+\frac{2}{3}e$	$-\frac{1}{3}e$	$-e$	0
1. Familie	u up	d down	e^-	ν_e
2. Familie	c charm	s strange	μ^-	ν_μ
3. Familie	t top	b bottom	τ^-	ν_τ

T1 Die heute als elementar anerkannten Bausteine der Materie

Entdeckung der Neutrinos. Bei der Untersuchung des β-Zerfalls fiel zu Beginn des 20. Jahrhunderts auf, dass der Energieerhaltungssatz scheinbar nicht erfüllt wurde: Es schien Energie zu verschwinden. WOLFGANG PAULI postulierte daraufhin die Existenz von ungeladenen Teilchen geringer Masse, die die Energiedifferenz abführten. Diese (zunächst) hypothetischen Teilchen wurden aufgrund ihrer fehlenden Ladung **Neutrinos** genannt, abgeleitet von Neutron.

Aufgrund ihrer geringen Masse und der fehlenden elektrischen Ladung wechselwirken Neutrinos nur sehr selten mit Materie. Der Nachweis im Experiment gelang CLYDE COWAN und FREDERICK REINES 1956. Sie nutzten einen Detektor in der Nähe eines Atomreaktors, der als Quelle der Neutrinos diente. Auf das nachgewiesene Elektron-Neutrino ν_e folgten 1962 noch das Myon-Neutrino ν_μ sowie erst im Jahr 2000 das Tau-Neutrino ν_τ. Sie unterscheiden sich stark in ihrer Masse: Während das Elektron-Neutrino nur wenige eV aufweist, besitzt das Tau-Neutrino einige MeV.

Leptonen. Die leichten Teilchen, zu dessen bekanntesten Vertretern das Elektron e^- und das (Elektron-) Neutrino ν_e gehören, nennt man **Leptonen**. Sowohl das Myon μ^- als auch das Tauon τ^- tragen die Ladung $-e$. Insgesamt gehören mit dem (Elektron-)Neutrino ν_e drei Neutrinos zu den Leptonen.

> **⚠ Merksatz**
>
> Elektron, Myon und Tauon sowie die zugehörigen Neutrinos bilden die Leptonen. Zu jedem dieser 12 fundamentalen Bausteine des Standardmodells der Elementarteilchen gibt es jeweils ein Antiteilchen mit entgegengesetzter Ladung.

Nur Elektronen, (Elektron-) Neutrinos und u-Quarks sowie ihre Antiteilchen sind stabil. Das Myon zerfällt beispielsweise mit einer mittleren Lebensdauer von etwa 2 μs in ein Elektron, ein Neutrino und ein Antineutrino:

$$\mu^- \rightarrow e^- + \nu_\mu + \bar{\nu}_e.$$

Sämtliche Materie im Universum zählt also zu den Leptonen oder setzt sich aus Quarks zusammen. Demnach bilden zwölf Teilchen die Bausteine des **Standardmodells** der Elementarteilchen (Bild **B1**, Tabelle **T1**).

Eichbosonen. Mit den Hadronen und Leptonen (Bild **B2**) sind die Teilchen des Standardmodells vollständig erfasst. Um Wechselwirkungen zwischen Teilchen zu beschreiben, sind jedoch noch Boten erforderlich, die beispielsweise Impuls oder Energie übertragen. Diese **Austauschteilchen** werden als **Eichbosonen** bezeichnet. Während das Photon als Austauschteilchen der elektromagnetischen Wechselwirkung bereits bekannt ist, werden noch W- und Z-Bosonen, Gluonen und das Higgs-Teilchen für andere Wechselwirkungen benötigt.

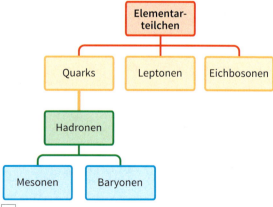

B2 Übersicht im „Teilchenzoo" – Struktur des Standardmodells

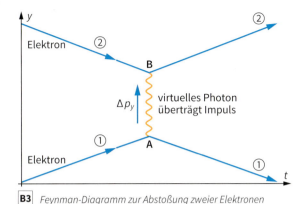

B3 *Feynman-Diagramm zur Abstoßung zweier Elektronen*

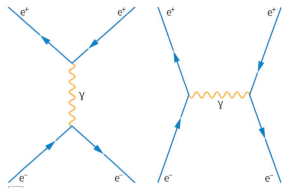

B4 *Streuung von Elektron und Positron im Feynman-Diagramm*

Austauschteilchen. Das Standardmodell beschreibt auch die Kräfte, die zwischen den Materieteilchen wirken. Man nennt sie Wechselwirkungen. Einige sind bereits bekannt, beispielsweise die elektrische und die magnetische Wechselwirkung. Ihre Übertragung wird durch den Begriff des Feldes veranschaulicht, symbolisiert durch Feldlinien. Zwei gleichnamig elektrisch geladene Teilchen stoßen sich beispielsweise ab, weil jedes eine Kraft in einem von den Ladungen hervorgerufenen Feld erfährt. Das Feld vermittelt also die Wechselwirkung. In der Quantentheorie werden die Feldkräfte durch Teilchen übermittelt, den Austauschteilchen (auch Feldquanten genannt). Zwei Teilchen stoßen sich also ab, weil sie ein Teilchen, das die Wechselwirkung vermittelt, austauschen. Man sagt: Die Felder sind quantisiert.

Elektromagnetische Wechselwirkung. Im Falle der elektrischen und magnetischen Wechselwirkung (zusammengefasst: elektromagnetische Wechselwirkung) sind die Austauschteilchen Photonen. Die Abstoßung zweier Elektronen – ein Prozess der elektromagnetischen Wechselwirkung – lässt sich also durch den Austausch eines Photons beschreiben (Bild **B3**). Der Physiker RICHARD FEYMAN hat für diese Austauschprozesse eine Bildsprache entwickelt. Die **Feynman-Diagramme** enthalten genaue Rechenvorschriften, die sich aus den grundlegenden mathematischen Formeln der Quantenfeldtheorien ergeben.

Alle Feynman-Diagramme bestehen aus zwei Grundelementen: Die Bewegung der Teilchen wird durch Linien dargestellt. In den Punkten, in denen die Teilchen wechselwirken, knicken die Linien ab. Verschiedene Teilchenarten werden durch verschiedene Linienformen dargestellt: Elektronen beispielsweise durch einen Pfeil, Photonen durch eine Wellenlinie.

Bei den Teilchenlinien stehen die äußeren Linien für reelle ein- oder auslaufende Teilchen und die inneren entsprechen virtuellen Teilchen, wie den Austauschteilchen. Die Zeit läuft dabei in der Regel von links nach rechts, wobei Antiteilchen mit umgekehrter Pfeilrichtung gezeichnet werden. Die Hochachse zeigt den Ort.

Bild **B3** zeigt das Feynman-Diagramm für den Photonenaustausch zwischen zwei Elektronen. Das Photon überträgt Impuls zwischen den elektrischen Ladungen, im Experiment erkennbar an der Richtungsänderung der beteiligten Teilchen – die Elektronen stoßen sich ab. Man sagt: Das Photon koppelt an die elektrische Ladung des Elektrons.

Auch die Wechselwirkung zwischen zwei ungleichnamigen elektrischen Ladungen wird durch Photonenaustausch beschrieben. Ein solcher typischer Prozess der elektromagnetischen Wechselwirkung ist die Streuung von Elektronen an Positronen, auch Bhabha-Streuung genannt: $e^+ + e^- \rightarrow e^+ + e^-$. Zu dieser Streuung tragen zwei Feynman-Diagramme bei (Bild **B4**), das rechte ist aus einer sogenannten Annihilation (Vernichtung) und einem Erzeugungsprozess zusammengesetzt: Das Elektron und das Positron vernichten sich gegenseitig und erzeugen dadurch ein Photon, das ein Elektron-Positron-Paar erzeugt.

> ❗ **Merksatz**
>
> Austauschteilchen vermitteln Wechselwirkungen zwischen Teilchen. Die Austauschteilchen der elektromagnetischen Wechselwirkung sind virtuelle Photonen. Sie übertragen Energie und Impuls zwischen elektrischen Ladungen.

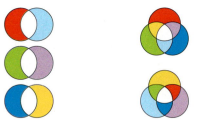

B1 Farbneutrale Quark-Kombinationen für a) Mesonen und b) Baryonen

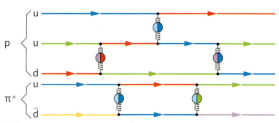

B2 Die Quarks eines Protons ändern ihre Farbladung durch den Austausch von Gluonen (mit Federn dargestellt).

Fundamentale Kräfte. Insgesamt gibt es vier fundamentale Wechselwirkungen zwischen Elementarteilchen: die starke Wechselwirkung, die elektromagnetische Wechselwirkung, die schwache Wechselwirkung und die Gravitation. Elektrisch geladene Leptonen wie beispielsweise das Elektron und das Positron unterliegen der elektromagnetischen sowie der schwachen Wechselwirkung. Die elektrisch neutralen Leptonen, die Neutrinos, wechselwirken nur schwach. Lediglich die sechs Quarks und ihre Antiquarks unterliegen zusätzlich der starken Wechselwirkung.

Kräfte zwischen Quarks. Damit drei Quarks trotz ihrer elektrischen Ladung zusammen beispielsweise das Proton bilden können, muss es eine Wechselwirkung geben, die stärker ist als die elektromagnetische. Die starke Wechselwirkung wirkt auch zwischen solchen Quarks anziehend, die elektrisch gleichnamig geladen sind. Sie koppelt nicht an die elektrische Ladung der Quarks, sondern an ihre sogenannte **Farbladung**.

Die drei Arten von Farbladungen sind keine echten Farben, sondern Quanteneigenschaften, die modellhaft mit Rot (R), Grün (G) und Blau (B) bezeichnet werden. Jedes Quark kann diese drei Farbladungen tragen, jedes Antiquark entsprechend die Komplementärfarben Antirot/Cyan ($\overline{R}$), Antiblau/Gelb ($\overline{B}$) und Antigrün/Magenta ($\overline{G}$).

Die Farben wurden so gewählt, weil ihre Mischung weiß, also „unfarbig" ergibt. Proton, Neutron und alle Baryonen sind nach außen hin farbneutral (Bild **B1**). Damit kann man das Verhalten von realen Quarks in einem einfachen Modell beschreiben: Die drei Quarks tragen immer verschiedene Farbladungen und neutralisieren sich zu weiß. Durch die Farbneutralität kann dieses Modell das Confinement der Quarks erklären. Auch Mesonen sind farbneutral: Farbe und Antifarbe ergeben ebenfalls weiß (Bild **B1a**).

Starke Wechselwirkung. Als Austauschteilchen der starken Wechselwirkung wirken virtuelle **Gluonen** (*glue*, engl.: Leim). Sie „leimen" in Baryonen und Mesonen die Quarks zusammen. Während Photonen elektrisch neutral sind, tragen Gluonen selbst Farbe und Antifarbe. Insgesamt gibt es somit acht verschiedene Gluonen mit unterschiedlichen Farbkombinationen. Wird ein Gluon ausgetauscht, ändern sich deshalb auch die Farben der beteiligten Quarks (Bild **B2**).

Die von Gluonen zwischen zwei einzelnen Quarks vermittelte Farbkraft hängt kaum vom Abstand ab. Je weiter man zwei Quarks voneinander trennen will, desto mehr Energie muss man aufwenden – wie bei einem Gummiband, einem „Gluonenband". Dieses verhindert, dass man Quarks trennen kann. Bei einem Abstand von 10^{-15} m ist die in das Gluonenband gesteckte Energie so groß, dass es reißt und aus der Energie ein weiteres Quarkpaar erzeugt wird und zwei nach außen farbneutrale Mesonen entstehen.

> ⚠ **Merksatz**
>
> Die starke Wechselwirkung zwischen Quarks wird von Gluonen als Austauschteilchen vermittelt. Sie koppelt an Farbladungen. Die Farbladungen von Baryonen und Mesonen neutralisieren sich nach außen hin.

Schwache Wechselwirkung. Die elektromagnetische und die starke Wechselwirkung reichen nicht aus, um alle Prozesse zwischen Elementarteilchen zu beschreiben. So ist beim radioaktiven β^--Zerfall zu beobachten, dass sich im Atomkern ein Neutron n in ein Proton p umwandelt. Zudem entstehen ein Elektron e^- und sein Antineutrino $\overline{\nu}_e$. Dieses ist in Bild **B3** nicht falsch dargestellt: Antiteilchen werden in der Zeit zurücklaufend gezeichnet. Der β^--Zerfall ist ein Beispiel für die schwache Wechselwirkung.

Das Feynman-Diagramm in Bild **B3** zeigt, was beim β^--Zerfall auf Quarkebene vorgeht: Während ein u- und ein d-Quark des Neutrons „durchlaufen", geht das andere d-Quark des Neutrons spontan in ein u-Quark des Protons über. Das d-Quark hat die Ladung $-\frac{1}{3}e$, das u-Quark jedoch $+\frac{2}{3}e$, das heißt zwischen Anfangs- und Endzustand besteht eine Ladungsdifferenz von $-e$, die abgegeben wird.

Dieses Feldquant fand man 1983 beim CERN in Genf und nannte es W⁻-Boson. Es entsteht spontan und zerfällt nach der von der Unschärferelation erlaubten Zeit in das Elektron e⁻ und das ungeladene Antineutrino $\bar{\nu}_e$. Neben dem W⁻-Boson gibt es noch zwei weitere Feldquanten der schwachen Wechselwirkung: das positiv geladene W⁺-Boson und das neutrale Z-Boson. Die W-Bosonen haben die 80-fache und das Z-Boson die 90-fache Protonenmasse. Ihr spontanes Entstehen erfordert viel Energie, die ihre Lebensdauer gemäß $\Delta E \cdot \Delta t \approx h$ auf $\Delta t \approx 3 \cdot 10^{-25}$ s einschränkt. Ihr Wirkungsbereich ist viel kleiner als 10^{-15} m. Dies erklärt das Wort schwache Wechselwirkung – die elektromagnetische Wechselwirkung ist etwa 10^{11}-mal, die starke Wechselwirkung etwa 10^{13}-mal stärker.

In erster Linie tritt die schwache Wechselwirkung bei Zerfällen oder Umwandlungen der beteiligten Teilchen auf. Sie kann Teilchen mit unterschiedlicher elektrischer Ladung ineinander umwandeln (mit Hilfe der W-Bosonen), und zwar sowohl Quarks (z. B. d in u wie in Bild **B3**) als auch Elektronen und Neutrinos bzw. die anderen Leptonen. W- und Z-Bosonen sind also gewissermaßen universelle Teilchen, da sie als Feldquanten mit allen elementaren Teilchen wechselwirken können. So vermitteln sie viele Umwandlungen, die sonst nicht möglich wären. Virtuelle Photonen wechselwirken dagegen nur mit elektrisch geladenen Teilchen, Gluonen nur mit den farbtragenden Quarks.

Die schwache Wechselwirkung spielt eine zentrale Rolle bei der Kernfusion in der Sonne. Dabei wandeln sich Protonen des Wasserstoffs in Neutronen um, die mit anderen Protonen Heliumkerne bilden. Es entstehen Neutrinos, von denen ein Teil zur Erde gelangt. Da Neutrinos weder elektrische noch Farbladung tragen, nehmen sie nur an der schwachen Wechselwirkung teil. Sie ist so schwach, dass Neutrinos Materie fast ungehindert durchdringen.

> **❗ Merksatz**
>
> Bei der schwachen Wechselwirkung treten kurzzeitig W- und Z-Bosonen als Feldquanten auf.
> An der schwachen Wechselwirkung können sich alle elementaren Teilchen (Quarks, Elektronen und Neutrinos) beteiligen.

Das Higgs-Teilchen. Das Higgs-Boson wurde 1964 von PETER HIGGS, FRANCOIS ENGLERT und ROBERT BROUT vorgeschlagen und 2012 im ATLAS-Experiment am CERN (Bild **B4**) gefunden. Die vollständige Auswertung des Experiments läuft heute noch. Das sogenannte Higgs-Feld durchdringt das gesamte Universum. Alle Teilchen erhalten ihre Masse durch Wechselwirkung mit diesem Feld. Das zugehörige Austauschteilchen ist das Higgs-Boson. Seine Entdeckung bestätigt das Standardmodell.

Arbeitsaufträge

1 ➡ Erläutern Sie, was Quarks und Leptonen voneinander unterscheidet.

2 ➡ Benennen Sie die Quark-Zusammensetzung und die Eigenschaften des Anti-Delta-Teilchens $\overline{\Delta^+}$.

3 ➚ Berechnen Sie die Masse des Myon-Neutrinos, das etwa 0,2 MeV Energie trägt.

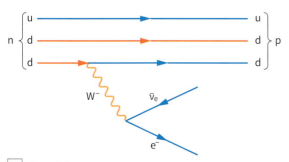

B3 β^--Zerfall im Feynman-Diagramm

B4 ATLAS-Experiment am CERN

⚠ Zusammenfassung

1. Strahlung radioaktiver Stoffe

Die Strahlung radioaktiver Stoffe führt Energie mit sich und kann Atome und Moleküle ionisieren. Radioaktive Stoffe senden α-, β- oder γ-Strahlung aus. Diese besteht aus energiereichen, einzelnen Teilchen, die aus Atomkernen stammen.

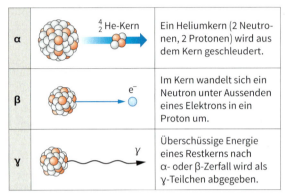

α	$^4_2$He-Kern	Ein Heliumkern (2 Neutronen, 2 Protonen) wird aus dem Kern geschleudert.
β	e⁻	Im Kern wandelt sich ein Neutron unter Aussenden eines Elektrons in ein Proton um.
γ	γ	Überschüssige Energie eines Restkerns nach α- oder β-Zerfall wird als γ-Teilchen abgegeben.

Absorptionsverhalten: α-Strahlung durchdringt Papier nicht, β-Strahlung kann 5 mm dickes Aluminium nicht durchdringen und γ-Strahlung wird in Materie abgeschwächt – insbesondere in Blei.

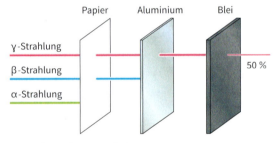

2. Radioaktiver Zerfall

Zerfallen in einer radioaktiven Substanz ΔN Kerne in der Zeitspanne Δt, so ist deren Aktivität

$$A = \frac{|\Delta N|}{\Delta t}$$

mit der Einheit 1 Becquerel (1 Bq); 1 Bq = 1 s⁻¹.
Die Zeitspanne, in der die Hälfte der jeweils vorhandenen radioaktiven Substanz, also die Hälfte der Atomkerne, zerfällt, heißt **Halbwertszeit.**

Die Zerfallsarten und die dazugehörigen Halbwertszeiten jedes Nuklids lassen sich aus der Nuklidkarte ablesen. Mit ihrer Hilfe lassen sich Zerfallsreihen radioaktiver Stoffe aufstellen:

$$^{214}_{84}\text{Po} \xrightarrow{\alpha} {}^{210}_{82}\text{Pb} \xrightarrow{\beta^-} {}^{210}_{83}\text{Bi} \xrightarrow{\beta^-} {}^{210}_{84}\text{Po} \xrightarrow{\alpha} {}^{207}_{82}\text{Pb}.$$

Zerfallsgesetz: Beim radioaktiven Zerfall sind von der ursprünglich vorhandenen Zahl N_0 von Kernen nach der Zeit t etwa

$$N(t) = N_0 \cdot e^{-\lambda \cdot t}$$

Kerne noch nicht zerfallen. Für die Zerfallskonstante bzw. für die Halbwertszeit gilt:

$$\lambda = \frac{\ln 2}{T_H} \quad \text{bzw.} \quad T_H = \frac{\ln 2}{\lambda}.$$

3. Energie

Nukleonen werden gegen die abstoßende Coulombkraft zwischen den Protonen durch Kernkräfte kurzer Reichweite zusammengehalten. Die Masse eines Kerns ist kleiner als die Summe der Massen der einzelnen Nukleonen, aus denen er zusammengesetzt ist. Beim Verschmelzen von Nukleonen wird **Bindungsenergie** frei.

4. Strahlenschutz

Die effektive Dosis erfasst das Strahlenrisiko des Menschen bei geringer Strahlenexposition. Sie wird in Sievert (Sv) gemessen; $1\ \text{Sv} = 1\ \frac{\text{J}}{\text{kg}}$.

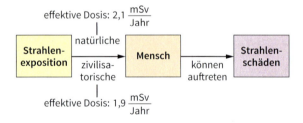

5. Standardmodell

Elektron, Myon und Tauon sowie die zugehörigen Neutrinos werden **Leptonen** genannt. Zusammen mit den sechs Quark-Arten bilden sie die 12 elementaren Bausteine des **Standardmodells.**

u-, c- und t-Quarks haben die Ladung $q = +\frac{2}{3}e$; d-, s- und b-Quarks $q = -\frac{1}{3}e$. **Baryonen** wie das Proton und das Neutron sind aus jeweils drei Quarks oder drei Antiquarks zusammengesetzt. Mesonen bestehen aus einem Quark und einem Antiquark.

1 ↗ Der größte Teil der von Am-241 ausgehenden Strahlung kann Papier nicht durchdringen. Der Rest wird kaum von einer 5 mm dicken Aluminiumplatte absorbiert, dagegen fast vollständig durch eine Bleiplatte.
a) Erläutern Sie den Zerfall von Am-241.
b) Geben Sie mit Hilfe der Nuklidkarte die Zerfallsgleichung an.
c) Am-241 ist in die natürliche Zerfallsreihe von Np-237 einzuordnen, trotzdem kann man Am-241 in der Umgebung nicht nachweisen. Begründen Sie dies.

2 ↗ β-Teilchen, die von demselben Präparat, z. B. Sr-90, austreten, beschreiben im Vakuum in einem homogenen Magnetfeld, das senkrecht zu ihrer Bahn gerichtet ist, Kreise mit verschiedenen Radien. Werten Sie diese Beobachtung im Hinblick auf die Eigenschaften der β-Teilchen aus.

3 ⇒ Bei lebendem organischem Gewebe verursacht C-14 eine Aktivität von 12,5 Zerfällen pro Minute je Gramm Kohlenstoff. Im Grab eines ägyptischen Pharaos wurde ein Zedernholzbalken mit der Aktivität 8,25 Zerfälle pro Minute gefunden. Berechnen Sie das Alter des Balkens.

4 ↗ Ein Nuklid zerfällt mit der Halbwertszeit $T_H(1)$ und der Tochterkern mit $T_H(2)$. Es gilt: $T_H(1) \gg T_H(2)$. Begründen Sie, dass die Aktivitäten beider Nuklide, die in einem Präparat lange nebeneinander existieren, gleich groß sind.

5 ⇒ Eine Lösung mit Ba-137m wird vor ein Zählrohr gehalten. Man misst alle 20 s die Zahl k der Impulse in 5 s und erhält folgende Messwerte (Nullrate abgezogen):

t in s	0	20	40	60	80	100	120
k	285	255	240	210	195	186	170
t in s	140	160	180	200	220	240	260
k	145	140	123	110	108	98	85

a) Bestimmen Sie die Halbwertszeit von Ba-137m graphisch.
b) Bestimmen Sie die Halbwertszeit unter Verwendung eines GTR bzw. CAS.
c) Vergleichen Sie die Ergebnisse aus a) und b) und geben Sie Gründe für Abweichungen an.

6 ↗ Schadet Fliegen der Gesundheit? Die folgende Tabelle gibt die zusätzliche effektive Dosis durch die kosmische Strahlung an, die man bei Flügen ab Frankfurt/Main erhält:

Reiseziel	Dosis in µSv
Rom	3–6
Gran Canaria	10–18
New York	32–75
San Francisco	45–110

a) Vergleichen Sie diese Strahlenexpositionen mit denen der natürlichen Strahlenexposition.
b) Sollte man wegen dieser Strahlenexposition vom Fliegen abraten? Begründen Sie.

7

1)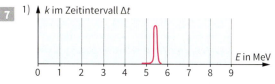

2)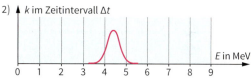

3)

⬆ Die oben stehenden Abbildungen zeigen Energiespektren von verschiedenen α-Strahlern, die mit einem Halbleiterdetektor aufgenommen wurden:
(1) Am-241, ein offenes nicht abgedecktes Präparat; (2) ein mit einer dünnen Folie abgedecktes Am-241-Präparat; (3) ein mit einer dünnen Folie abgedecktes Ra-226-Präparat.
a) Schlagen Sie die Zerfallsreihen in der Nuklidkarte nach und notieren Sie die beteiligten Energiebeträge.
b) Erläutern Sie die Unterschiede der Abbildungen (1) und (2).
c) Untersuchen Sie, ob sich im Ra-Spektrum alle Folgeprodukte der Zerfallsreihe identifizieren lassen.

8 ↗ Po-212 zerfällt durch einen α-Zerfall. Berechnen Sie die Energie E_α des α-Teilchens.

Anhang   Experiment – Messung – Messunsicherheit

Messungen in der Physik. Genaue Messungen sind ein wichtiger und elementarer Teil der Physik. Die Wahl der Messmethode ist dabei abhängig von dem zu erwartenden Wertebereich und den Anforderungen an die Genauigkeit der Messung. Messen heißt immer: zwei Größen miteinander vergleichen. Wir messen jede physikalische Größe in ihren eigenen Einheiten, indem wir sie mit einem Normal (oder „Standard") vergleichen. Aber wie werden diese „Normale" festgelegt?

Naturkonstanten als Maß aller Dinge. Alle Maßeinheiten beziehen sich seit 2019 auf die festgelegten Werte von sieben ausgewählten **Naturkonstanten.** Bild **B1** zeigt die sieben definierenden Konstanten für die sieben Einheiten, wobei zum Teil mehrere Konstanten für eine Einheit gebraucht werden. Bisher basierten nur die Definitionen von Meter und Sekunde auf unveränderlichen Naturkonstanten.

B2 *Hochreine Siliziumkugel*

1 Meter: Der Meter hat eine Reihe unterschiedlicher Definitionen durchlaufen. Ursprünglich vom Erdumfang abgeleitet, dann über die Eigenschaften von Kryptonatomen definiert, wurde er 1983 (über die Lichtgeschwindigkeit) auf die Zeiteinheit zurückgeführt: Ein Meter ist die Länge der Strecke, die Licht im Vakuum während der Dauer von $\frac{1}{299\,792\,458}$ Sekunden durchläuft. Dieser krumme Wert kommt deshalb zustande, weil man sich möglichst genau an die davor definierte Meterlänge anpassen wollte. Er wurde mit den besten verfügbaren Methoden gemessen und danach festgelegt, sodass die Lichtgeschwindigkeit seitdem genau $c = 299\,792\,458\,\frac{m}{s}$ beträgt und nicht mehr gemessen wird.

1 Sekunde: Auch die Sekunde hat verschiedene Definitionen durchlaufen. Nach wie vor entspricht ihre Dauer ungefähr dem Bruchteil $\frac{1}{86\,400}$ der Tageslänge. Heute ist die Sekunde aber genauer mit Hilfe von Eigenschaften von Cäsiumatomen definiert, die den Charakter von Naturkonstanten haben: Eine Sekunde ist die Dauer von $9\,192\,631\,770$ Schwingungen von (Mikrowellen-) Strahlung, die einen Übergang zwischen zwei Hyperfeinstrukturniveaus im Cäsiumatom bewirkt.

1 Kilogramm: Ein Zylinder aus Platin und Iridium definierte mehr als ein Jahrhundert lang die Einheit der Masse: der Internationale Prototyp des Kilogramms. Die Masse des „Urkilogramms" war per Definition exakt ein Kilogramm. Es wurde 1879 gegossen und poliert und wird seitdem unter drei Glasglocken in einem dreifach gesicherten Tresor in Sèvres bei Paris aufbewahrt.

Die Abhängigkeit von einem Referenzmaß, das nur an einer Stelle vorhanden ist, hat allerdings Nachteile. Dagegen ist eine Definition mit Bezug auf Naturkonstanten überall anwendbar und kann jederzeit realisiert werden. Daher wird das Kilogramm seit 2019 auf Basis der Planck-Konstanten h definiert. An der Physikalisch-Technischen Bundesanstalt verwendet man zur messtechnischen Umsetzung eine hochreine Siliziumkugel (Bild **B2**), deren Anzahl an Atomen man genauestmöglich bestimmt. Aus der Anzahl und Masse der Atome ergibt sich dann die Masse der Siliziumkugel. Ein zweiter Ansatz für die Definition und Weitergabe der Einheit Kilogramm erfordert ebenfalls größte Messkunst: die Watt- oder Kibble-Waage, bei der eine Gewichtskraft durch eine elektromagnetische Kraft kompensiert wird.

1 Ampere: Das Ampere ist die elektrische Basiseinheit und gibt die Stärke des elektrischen Stromes an. Ein Ampere kann als Anzahl der Elektronen pro Zeiteinheit gemessen werden, genauer:
6 241 509 125 883 260 000 Elektronen pro Sekunde. Experimentell stellt sich somit die Aufgabe, die Elektronen zu zählen, die pro Zeiteinheit durch den Leiter fließen und damit den Strom tragen. Das lässt sich prinzipiell mit Hilfe nanoelektronischer Schaltungen, sogenannter Einzelelektronenpumpen, realisieren.

Das Internationale Einheitensystem. Meter, Kilogramm, Sekunde und Ampere sind zusammen mit dem **Kelvin** (für die Temperatur), dem **Mol** (für die Stoffmenge) und der **Candela** (für die Lichtstärke) die sieben Basiseinheiten im Internationalen Einheitensystem (**Système International d'Unités**, im deutschen Sprachgebrauch meist als **SI** abgekürzt). Seit 2019 sind sie allerdings nicht mehr die Basis für alle anderen Einheiten, sondern beruhen wie jede andere Einheit auf den sieben definierenden Konstanten: Frequenz Δv des Hyperfeinstrukturübergangs des Grundzustands im Cs-133-Atom, Lichtgeschwindigkeit c im Vakuum, Planck-Konstante h, Elementarladung e, Boltzmann-Konstante k, Avogadro-Konstante N_A und photometrisches Strahlungsäquivalent K_{cd}.

Signifikante Stellen. Die Anzahl der sicheren Stellen einer Zahl wird die Anzahl **signifikanter Stellen** genannt. Alle Ziffern (außer der Null) sind signifikante Stellen. Die Zahl 2 besitzt eine signifikante Stelle, 251 hat drei signifikante Stellen, 25,001 besitzt fünf signifikante Stellen, 0,2 hat eine signifikante Stelle, 2,50 besitzt drei signifikante Stellen, 0,025 dagegen nur zwei, da die ersten zwei Nullen lediglich die Lage des Kommas zeigen. $0{,}00250 = 2{,}50 \cdot 10^{-3}$ besitzt drei signifikante Stellen, die führenden Nullen sind nicht signifikant, die angehängte Null ist signifikant.

✱ Beispielaufgabe: Signifikante Stellen

Wie zuverlässig – also auf wie viele Stellen genau – sind die folgenden Angaben?

5238 μm	1,999 kg	4800 kg
0,087 65 s	30,00 mm	0,000 655 2 s

Lösung:
Alle sind auf vier Stellen genau. Dies gilt auch für die letzte, denn: 0,000 655 2 s = 655,2 μs.

Messunsicherheiten. Will man die Masse eines Körpers bestimmen, kann man eine Analogwaage benutzen. Sie zeigt z.B. folgenden Wert:

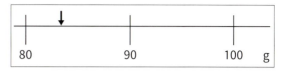

Daraus lässt sich für die Masse lediglich ein Bereich von ca. 83 g bis ca. 84 g angeben. Verwendet man für denselben Körper eine Waage mit Digitalanzeige, so erhält man z.B. folgende Angabe:

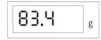

Aus dieser Messung kann man aber nicht schlussfolgern, dass die Masse *exakt* $m = 83{,}4$ g beträgt – eventuell sind es auch nur *ungefähr* 83,4 g. Um dies herauszufinden, muss man eine feinere Einstellung des Messinstruments wählen, die eine weitere signifikante Stelle anzeigt. Bei einem genaueren Messinstrument wäre als weitere Nachkommastelle eine der zehn Ziffern möglich, sodass man bei der Anzeige 83,4 g zumindest angeben könnte, dass die Masse zwischen 83,35 g und 83,45 g (einem Intervall der Länge $\Delta m = 0{,}1$ g) liegen wird.

Die Messgenauigkeit der analogen und der digitalen Waage wird nun jeweils erhöht. Sie zeigen nun Folgendes an:

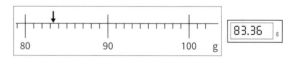

Auch hier ist nicht klar, ob die Masse exakt 83,36 g beträgt. Die Genauigkeit wird weiter erhöht und man erhält nun die Anzeigen:

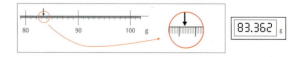

Dieser Prozess ließe sich im Prinzip immer weiter fortsetzen. Die Tabellen **T1** und **T2** auf der Folgeseite fassen zusammen, welche Schlüsse man aus der jeweiligen Anzeige über die Masse ziehen kann.

Anzeige	Genauigkeit
83.4 g	Die Masse des Körpers liegt zwischen 83,35 g und 83,45 g
83.36 g	Die Masse des Körpers liegt zwischen 83,355 g und 83,365 g
83.362 g	Die Masse des Körpers liegt zwischen 83,3615 g und 83,3625 g

T1 *Schlussfolgerung über die Masse*

digitale Anzeige	Schreibweise
83.4 g	83,40 g ± 0,05 g
83.36 g	83,360 g ± 0,005 g
83.362 g	83,3620 g ± 0,0005 g

T2 *Angabe der Messungenauigkeit*

Begrenzte Genauigkeit von Messinstrumenten.
Jede Messung einer Größe ist also prinzipiell mit einer Messunsicherheit behaftet, selbst bei idealen Messbedingungen. Dies ist offensichtlich, wenn man z. B. den Stand eines analogen Zeigers bezüglich einer Messskala abliest; dies gilt aber auch für Messgeräte mit Digitalanzeige. Zu der oben angegebenen Ableseungenauigkeit kommt noch die begrenzte Genauigkeit eines jeden Messinstruments hinzu. So sind für elektrische Messinstrumente in der Regel Güteklassen angegeben, die der Gebrauchsanweisung zu entnehmen sind. Die Messunsicherheit erhöht sich dadurch noch.

Eine einfache, grobe Regel ist somit zusammenfassend: Wird ein nicht diskreter Messwert über eine digitale Anzeige aufgenommen, so entspricht die letzte angezeigte Stelle (digit) der Messunsicherheit:

Messwert ± 1 digit.

Misst man eine Größe mehrmals, so weichen die Ergebnisse im Allgemeinen sowohl voneinander als auch vom zu bestimmenden „wahren" Wert ab. Ziel einer jeden Messung ist es nicht nur, den wahren Wert möglichst exakt zu ermitteln, sondern auch die Messunsicherheit angeben zu können und zu minimieren.

Angabe von Messwerten und Unsicherheiten.
Ein Messwert oder Ergebnis a wird immer zusammen mit seiner Unsicherheit Δa und mit der dazugehörenden Einheit angegeben, also allgemein in der Form

„Ergebnis ± Messunsicherheit".

Messwert und Messfehler werden dabei immer mit der gleichen Anzahl an Nachkommastellen angegeben.

Die **relative Messunsicherheit** in Prozent ist das Verhältnis der absoluten Messunsicherheit zum gemessenen Wert. Lautet das Messergebnis beispielsweise 5,4 cm und beträgt die Messunsicherheit etwa 0,1 cm, so ist die relative Messunsicherheit $\frac{0,1\,cm}{5,4\,cm} \approx 1,9\,\%$. Für ein kleineres Messergebnis, etwa 2,3 cm, steigt die relative Messunsicherheit: $\frac{0,1\,cm}{2,3\,cm} \approx 4,3\,\%$.

Als Konsequenz aus der begrenzten Genauigkeit physikalischer Größen ist es notwendig, Zahlenangaben bei Messungen oder Berechnungen auf signifikante Stellen zu beschränken. Dies bedeutet, dass keiner der angegebenen Messwerte genauer sein darf als die zugehörige Messunsicherheit. Beispielsweise errechnet sich der Flächeninhalt eines Rechtecks mit den Seitenlängen 5,4 cm und 2,3 cm zu 12,42 cm². Hat dieses Ergebnis bei einer Messunsicherheit der Seitenlängen von 0,1 cm eine Genauigkeit von 0,01 cm²?

Das Resultat kann sicherlich in einem Bereich zwischen 5,3 cm · 2,2 cm = 11,66 cm² und 5,5 cm · 2,4 cm = 13,20 cm² liegen. Durch eine Genauigkeitsangabe auf 0,01 cm² wird also lediglich eine Scheingenauigkeit vorgetäuscht, die experimentell nicht vorliegt, somit nutzlos und sogar unseriös wäre. Behält man für das Ergebnis die Anzahl an signifikanten Stellen der Ausgangswerte bei, so müsste man für den Flächeninhalt 12 cm² angeben, wobei man die Seitenlängen deutlich genauer gemessen hat. Die Angabe von 12,4 cm² für den Flächeninhalt stellt ein sinnvolles und praktikables Vorgehen dar, wobei man eine zusätzliche signifikante Stelle angibt:

1. Faustregel: Ergebnisse werden mit einer um eins höheren Anzahl signifikanter Stellen angegeben als die Messgröße mit der geringsten Anzahl signifikanter Stellen aufweist.

Man sieht an dem obigen Beispiel auch, wie hier die relativen Messunsicherheiten eingehen: Man kann den Flächeninhalt bestenfalls mit 12,4 cm² angeben, was mit einer Messunsicherheit von 1,9 % + 4,3 % = 6,2 % einhergeht:

12,4 cm² · (1 ± 6,2 %) = 12,4 cm² ± 0,8 cm².

! Merksatz

Bei Multiplikation und Division addieren sich die relativen Messunsicherheiten.

Manchmal reicht es aber auch aus, Messunsicherheiten lediglich abzuschätzen: Aus dem obigen Zusammenhang ergibt sich eine weitere, allerdings nur recht grob abschätzende Faustregel:

2. Faustregel: Die relative Messunsicherheit eines zusammengesetzten Ergebnisses kann niemals kleiner sein als die größte relative Messunsicherheit aller Eingangsgrößen.

Berechnet man für das obige Rechteck den Umfang, so ergibt sich eine Messunsicherheit von

$$U = 2 \cdot ((5{,}4 \text{ cm} \pm 0{,}1 \text{ cm}) + (2{,}3 \text{ cm} \pm 0{,}1 \text{ cm}))$$
$$= 2 \cdot (7{,}7 \text{ cm} \pm 0{,}2 \text{ cm}) = 15{,}4 \text{ cm} \pm 0{,}4 \text{ cm}.$$

Berechnet man den Längenunterschied, so ist zu beachten, dass sich auch hier die Messunsicherheiten addieren:

$$(5{,}4 \text{ cm} \pm 0{,}1 \text{ cm}) - (2{,}3 \text{ cm} \pm 0{,}1 \text{ cm}) = 3{,}1 \text{ cm} \pm 0{,}2 \text{ cm}.$$

! Merksatz

Bei Addition und Subtraktion von Messwerten addieren sich die absoluten Messunsicherheiten.

Unterscheidet sich die Messgenauigkeit der Ausgangswerte, so dominiert die Größe mit der größten Messunsicherheit das Ergebnis, z. B.:

$$3{,}9 \cdot 10^3 \text{ m} + 0{,}7931 \text{ m} \approx 3{,}9 \text{ km}.$$

☰ Exkurs: Begrenzte Genauigkeit eines Messinstruments

Eine Digitalisierung liefert eine diskrete Anzahl möglicher Messwerte, d. h. eine begrenzte Auflösung. Verwendet ein digitales Multimeter beispielsweise einen 12 bit analog-digital-Wandler, so erhält man maximal $2^{12} = 4096$ mögliche Werte. Bei einem Messbereich von 0–1000 V ergibt sich somit eine Genauigkeit von $\frac{1000 \text{ V}}{4096} \approx 0{,}25$ V. Spannungsänderungen im mV-Bereich bleiben somit verborgen!

✳ Beispielaufgabe: Messunsicherheiten

Sie messen für einen Zylinder einen Radius von $r = 2{,}5 \text{ cm} \pm 0{,}1$ cm und eine Höhe $h = 10{,}0 \text{ cm} \pm 0{,}1$ cm. Geben Sie das Volumen an.

Lösung:
Der Radius ist mit 2 signifikanten Stellen angegeben, die Höhe mit 3 signifikanten Stellen.
Nach der 1. Faustregel ergibt sich für das Volumen

$$V = \pi \cdot r^2 \cdot h \approx 196 \text{ cm}^3.$$

Nach der 2. Faustregel beträgt die größte relative Messunsicherheit $\frac{0{,}1 \text{ cm}}{2{,}5 \text{ cm}} = 4\%$, sodass sich für das Volumen als erste grobe Abschätzung ergibt:

$$V = 196 \text{ cm}^3 \cdot (1 \pm 4\%) = 196 \text{ cm}^3 \pm 8 \text{ cm}^3.$$

Für ein genaueres Ergebnis für V müsste man also in erster Linie versuchen, den Radius r genauer zu messen.
Da der Radius quadratisch eingeht, ist die Messunsicherheit tatsächlich größer:

$$V = 196 \text{ cm}^3 \cdot (1 \pm 9\%) = 196 \text{ cm}^3 \pm 18 \text{ cm}^3$$

in Übereinstimmung mit einer $V_{\min}$-$V_{\max}$-Abschätzung:

$$V_{\min} \approx \pi \cdot (2{,}4 \text{ cm})^2 \cdot 9{,}9 \text{ cm} \approx 179 \text{ cm}^3,$$
$$V_{\max} \approx \pi \cdot (2{,}6 \text{ cm})^2 \cdot 10{,}1 \text{ cm} \approx 214 \text{ cm}^3$$

und einem Mittelwert $\overline{V} \approx 197 \text{ cm}^3 \pm 18 \text{ cm}^3.$

Arbeitsaufträge

1 ➡ Bei einer Mondlandung wurde von den Apollo-Astronauten ein Spiegel aufgebaut. Mit einer Laufzeitmessung von Laserpulsen kann man die Entfernung von der Erde zum Spiegel mit einer relativen Genauigkeit von $3 \cdot 10^{-8}$ % bestimmen. Bestimmen Sie die absolute Genauigkeit der Messung, wenn der Abstand Erde-Mond 384 400 km beträgt.

2 ↗ Bestimmen Sie die Dicke eines Blatts Papier aus diesem Buch. Schätzen Sie dabei auch die Messunsicherheit Ihres Messverfahrens ab.

3 ↗ Ein Physikraum von 12,58 m Länge und 8,72 m Breite soll einen neuen Bodenbelag erhalten. Geben Sie den Flächenbedarf
a) physikalisch sinnvoll, b) handwerkergerecht an.

Anhang   Lösungen

1. $m = 0,01$ g; $q = -0,1$ nC;
Gleichgewicht: $F_G = m \cdot g = |q \cdot E|$.

$$E = \frac{m \cdot g}{|q|} = \frac{1 \cdot 10^{-5}\,\text{kg} \cdot 10\,\frac{\text{N}}{\text{kg}}}{0,1 \cdot 10^{-9}\,\text{C}} = 1 \cdot 10^6\,\frac{\text{N}}{\text{C}}.$$

Die elektrische Kraft muss nach oben gerichtet sein. Da die Ladung negativ ist, muss die Richtung der Feldlinien senkrecht nach unten zeigen.

2. a) Der Abstand r zwischen Proton und Elektron beträgt:

$r = 5 \cdot 10^{-10}$ m.

Für die Anziehungskraft gilt:

$$F = \frac{k \cdot q^2}{r^2} = 9 \cdot 10^9\,\frac{\text{Nm}^2}{\text{C}^2} \cdot \frac{(1,6 \cdot 10^{-19}\,\text{C})^2}{(5 \cdot 10^{-10}\,\text{m})^2} = 9,2 \cdot 10^{-10}\,\text{N}.$$

b) Mit $r = 3 \cdot 10^{-15}$ m ergibt sich für die Abstoßungskraft nach obiger Formel $F = 25,6$ N. Neben diesen großen Abstoßungskräften muss es noch viel größere Anziehungskräfte im Kern geben (s. Kapitel 8).

3. a) Die elektrische Feldkraft ist gegeben durch

$$F_{el} = e \cdot E = e \cdot \frac{U_y}{d} = 1,6 \cdot 10^{-19}\,\text{C} \cdot \frac{100\,\text{V}}{0,01\,\text{m}}$$
$$= 1,6 \cdot 10^{-15}\,\text{N}.$$

Damit folgt

$$a = \frac{F_{el}}{m} = \frac{1,6 \cdot 10^{-15}\,\text{N}}{9,11 \cdot 10^{-31}\,\text{kg}} = 1,76 \cdot 10^{15}\,\frac{\text{m}}{\text{s}^2}. \tag{1}$$

Die Eintrittsgeschwindigkeit der Elektronen ist

$$v_x = \sqrt{\frac{2 \cdot e \cdot U}{m}} = \sqrt{2 \cdot 1,76 \cdot 10^{11}\,\frac{\text{C}}{\text{kg}} \cdot 1000\,\text{V}}$$
$$= 1,88 \cdot 10^7\,\frac{\text{m}}{\text{s}}. \tag{2}$$

b) Die Zeit zum Durchfliegen des Kondensators ist

$$t_F = \frac{l}{v_x} = \frac{0,04\,\text{m}}{1,88 \cdot 10^7\,\frac{\text{m}}{\text{s}}} = 2,13\,\text{ns}. \tag{3}$$

c) Es gilt mit (1), (2) und (3)

$$y(t_F) = \frac{1}{2} \cdot a \cdot t_F^2 = \frac{l^2 \cdot U_y}{4 \cdot d \cdot U} = \frac{100\,\text{V} \cdot (0,04\,\text{m})^2}{4 \cdot 0,01\,\text{m} \cdot 1000\,\text{V}} = 4\,\text{mm}.$$

Die Elektronen verlassen den Kondensator mit v_x und $v_y(t_F) = a \cdot t_F$. Die Gesamtablenkung y_g ist die Summe der Bewegung in y-Richtung y_s nach dem Verlassen des Kondensators und $y(t_F)$. Mit

$$\tan(\alpha) = \frac{v_y(t_F)}{v_x} = \frac{y_s}{s}$$

folgt:

$$y_g = \left(s + \frac{l}{2}\right) \cdot \frac{l}{2d} \cdot \frac{U_y}{U}$$
$$= \left(\frac{0,04\,\text{m}}{2} + 0,2\,\text{m}\right) \cdot \frac{0,04\,\text{m}}{2 \cdot 0,01\text{m}} \cdot \frac{100\,\text{V}}{1000\,\text{V}} = 4,4\,\text{cm}.$$

4. a) $C = 1$ F, $U = 4$ V, $I = 70$ mA.
Damit gilt für den Widerstand R:

$$R = \frac{3,8\,\text{V}}{0,07\,\text{A}} = 54\,\Omega$$

Wir nehmen an, dass R konstant bleibt und dass das Lämpchen leuchtet, bis die Spannung auf die Hälfte abgesunken ist. Dann gilt:

$$T_H = R \cdot C \cdot \ln(2) = 37\,\text{s}.$$

b) Die mittlere Leistung der Diode ist $P = 20$ mW. Die Energieabgabe des Kondensators zwischen 4 V und 2 V ist:

$$W_{el} = \frac{1}{2} \cdot C \cdot U^2 = \frac{1}{2} \cdot 1\,\text{F} \cdot \left((4\,\text{V})^2 - (2\,\text{V})^2\right)$$
$$= 6\,\text{J} = P \cdot t,$$
$$t = \frac{6\,\text{J}}{0,02\,\text{W}} = 300\,\text{s}.$$

5. Die Aufgabe lässt sich mit einem Energieansatz oder über die Bewegungsgleichungen lösen. Im Folgenden wird der Energieansatz ausgeführt:
Das Elektron hat vor dem Eintritt in das Feld die Bewegungsenergie $\frac{1}{2} \cdot m \cdot v_1^2$ und gewinnt beim Durchlaufen der Spannung U die Energie $e \cdot U$ hinzu. Für die Bewegungsenergie nach dem Verlassen des elektrischen Feldes gilt daher:

$$\tfrac{1}{2}\,m \cdot v_1^2 + e \cdot U = \tfrac{1}{2}\,m \cdot v_2^2 \tag{1}$$

mit der gesuchten Endgeschwindigkeit v_2.
Einsetzen der Zahlenwerte in Gl. (1) führt auf:

$$E_{kin} = \tfrac{1}{2} \cdot m \cdot v_2^2 = \tfrac{1}{2} \cdot m \cdot v_1^2 + e \cdot U \approx 6,2 \cdot 10^{-17}\,\text{J}.$$

6. a) Im Kondensator erfahren die Elektronen eine bremsende Kraft F und damit die Bremsverzögerung

$$a = \frac{F}{m} = \frac{e \cdot E}{m} = \frac{e}{m} \cdot \frac{U_1}{d} = 1,23 \cdot 10^{14}\,\frac{\text{m}}{\text{s}^2}.$$

Für die Bewegung längs d gilt $v_1 = v_0 - a \cdot t$. Dabei ist v_0 die Geschwindigkeit der in den Kondensator eintretenden und v_1 die der herausfliegenden Elektronen. Man berechnet also v_0 nach $v_0 = \sqrt{2\,\frac{e}{m} \cdot U_0}$ zu $v_0 = 5,93 \cdot 10^6\,\frac{\text{m}}{\text{s}}$ und v_1 nach $v_1 = \sqrt{2\,\frac{e}{m} \cdot (U_0 - U_1)}$ zu $v_1 = 3,25 \cdot 10^6\,\frac{\text{m}}{\text{s}}$ und erhält für die Zeit: $t = 2,2 \cdot 10^{-8}$ s.

b) Die Elektronen können nur gegen die Spannung $U_0 = 100$ V anlaufen. Weil E konstant ist, legen sie nur $\frac{1}{4}$ von d, das sind 2,5 cm, zurück. Dann kehren sie um und haben beim Austritt aus dem Kondensator wieder die Energie 100 eV, fliegen aber in umgekehrter Richtung.

7. In $\frac{1}{20}$ s fließt die Ladung $Q = 2{,}0 \cdot 10^{-3}$ A $\cdot \frac{1}{20}$ s $= 0{,}1$ mC und somit ist $C = \frac{Q}{U} = 2{,}5$ µF.

8. Die Eintrittsgeschwindigkeit v wird zerlegt in eine Komponente parallel zu den Kondensatorflächen und eine Komponente senkrecht dazu:

$$v_{p,0} = v \cdot \cos(\alpha) \text{ und } v_{s,0} = v \cdot \sin(\alpha).$$

Parallel zu den Platten handelt es sich um eine gleichförmige Bewegung, da keine Kräfte in dieser Richtung wirken. Senkrecht zur Platte wirkt eine elektrische Kraft $F = q \cdot E$. Dies führt zu einer Beschleunigung a in vertikaler Richtung von:

$$a = \frac{F}{m} = \frac{q \cdot E}{m} = \frac{q \cdot U}{m \cdot d}$$

mit $E = \frac{U}{d}$ im Plattenkondensator. Die Beschleunigung ist konstant, die Situation ist daher vergleichbar mit einem schrägen Wurf im Schwerefeld der Erde.

Treten die Elektronen an der Position $x_0 = 0$ m und $y_0 = 0$ m in den Kondensator ein, so sind die Bewegungsgleichungen gegeben durch:

$$x(t) = v_{p,0} \cdot t = v \cdot \cos(\alpha) \cdot t, \; v(t) = v_{p,0},$$

$$y(t) = v_{s,0} \cdot t - \frac{1}{2} \cdot a \cdot t^2 = v \cdot \sin(\alpha) \cdot t - \frac{1}{2} \cdot \frac{q \cdot U}{m \cdot d} \cdot t^2.$$

Sollen die Elektronen nach einer Flugzeit t_F durch den zweiten Schlitz treten, muss gelten:

$$x(t_F) = v \cdot \cos(\alpha) \cdot t_F = b, \quad (1)$$

$$y(t_F) = v \cdot \sin(\alpha) \cdot t_F - \frac{1}{2} \cdot \frac{q \cdot U}{m \cdot d} \cdot t_F^2 = 0 \text{ m}. \quad (2)$$

Auflösen von Gleichung (1) nach t_F und Einsetzen in Gleichung (2) führt auf:

$$\frac{\sin(\alpha)}{\cos(\alpha)} \cdot b - \frac{1}{2} \cdot \frac{q \cdot U \cdot b^2}{m \cdot d \cdot v^2 \cdot \cos^2(\alpha)} = 0 \text{ m}.$$

Auflösen nach U führt auf:

$$U = 2 \cdot \sin(\alpha) \cdot \cos(\alpha) \cdot v^2 \cdot \frac{m \cdot d}{q \cdot b}.$$

Mit $E_{kin} = \frac{1}{2} \cdot m \cdot v^2$ gilt somit:

$$U = E_{kin} \cdot 4 \cdot \sin(\alpha) \cdot \cos(\alpha) \cdot \frac{d}{q \cdot b}.$$

Die Bewegungsenergie ist somit der Spannung proportional.

1. Aus $U_H = R_H \cdot \dfrac{I \cdot B}{d}$ folgt:

$$B = \frac{U_H \cdot d}{I \cdot R_H} = \frac{7{,}1 \cdot 10^{-3} \text{ V} \cdot 10^{-3} \text{ m}}{2{,}5 \cdot 10^{-2} \text{ A} \cdot 0{,}014 \, \frac{m^3}{C}} = 0{,}02 \text{ T}.$$

2. a) $[a] = \left[\dfrac{B_H \cdot R}{N \cdot I}\right] = \dfrac{T \cdot m}{A} = \dfrac{kg \cdot m}{A^2 \cdot s^2}.$

b) $\dfrac{B_H}{a} = \dfrac{N \cdot I}{R} = \dfrac{154 \cdot 3{,}28 \text{ A}}{0{,}2 \text{ m}} = 2525{,}6 \, \dfrac{A}{m},$

$$a = \frac{2{,}38 \text{ mT} \cdot m}{2525{,}6 \text{ A}} = 0{,}94 \cdot 10^{-6} \, \frac{T \cdot m}{A}.$$

c) In einer Helmholtzanordnung ist der Abstand d zwischen den beiden Spulen gleich dem Radius r, also $d = r$. Spule 1 stehe an der Position $x = 0$ m entlang der Symmetrieachse, Spule 2 an der Position $x = r$. Also ist:

$$B_{\text{Spule 1}} = \frac{k \cdot r^2}{(r^2 + x^2)^{\frac{3}{2}}} \text{ und } B_{\text{Spule 2}} = \frac{k \cdot r^2}{(r^2 + (x-r)^2)^{\frac{3}{2}}}.$$

In der Tabellenkalkulation wird der Einfachheit halber $r = 1$ m und $k = 1$ gesetzt. Es ergibt sich für $B_H = B_{\text{Spule 1}} + B_{\text{Spule 2}}$:

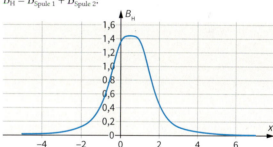

Verdoppelt oder halbiert sich d, gilt $d = 2 \cdot r$ bzw. $d = 0{,}5 \cdot r$. Der Term für $B_{\text{Spule 1}}$ ändert sich nicht. Für $B_{\text{Spule 2}}$ wird dann

$$B_{\text{Spule 2}} = \frac{k \cdot r^2}{(r^2 + (x - 2 \cdot r)^2)^{\frac{3}{2}}} \text{ bzw.}$$

$$B_{\text{Spule 2}} = \frac{k \cdot r^2}{(r^2 + (x - 0{,}5 \cdot r)^2)^{\frac{3}{2}}}.$$

In der Tabellenkalkulation wird der Einfachheit halber $r = 1$ m und $k = 1$ gesetzt. Es ergibt sich für $B_H = B_{\text{Spule 1}} + B_{\text{Spule 2}}$:

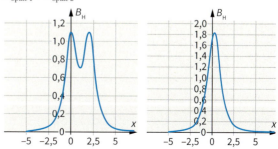

3. Skizze:

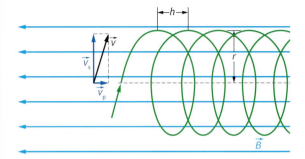

Die Einschussgeschwindigkeit $\vec{v}$ der Elektronen kann zerlegt werden in einen Geschwindigkeitsvektor $\vec{v}_s$ senkrecht zum B-Feld und einen Geschwindigkeitsvektor $\vec{v}_p$ parallel zum B-Feld. Die Elektronen erfahren eine Lorentzkraft mit Betrag $F_L = e \cdot v_s \cdot B$.
$\vec{v}_s$ allein würde eine Kreisbahn vom Radius $r = \frac{m \cdot v_s}{e \cdot B}$ hervorrufen. Die Umlaufzeit ist $T = \frac{2 \cdot \pi \cdot r}{v_s}$. Die Geschwindigkeit $\vec{v}_p$ führt zum Auseinanderziehen des Kreises zu einer Schraubenbahn mit Ganghöhe $h = v_p \cdot T$. Der Kreismittelpunkt läuft sozusagen mit $\vec{v}_p$ nach rechts. Wer sich mitbewegt, sieht eine Kreisbahn der Elektronen, alle anderen eine Schraubenbahn.

4. a) Es gilt:

$$\frac{q}{m} = \frac{2 \cdot U}{B^2 \cdot r^2} \approx 4,8 \cdot 10^7 \ \frac{C}{kg}$$

mit $U = 100$ V, $r = 0,04$ m, $B = 0,051$ T.

b) Angenommen, es gilt $q = e$, dann beträgt die Masse $m \approx 3,3 \cdot 10^{-27}$ kg. Elektronen können es daher nicht sein, da die Masse zu groß ist. Die Masse entspricht jedoch ungefähr der eines Kerns aus einem Proton und einem Neutron. Es könnte sich daher um einen Deuteriumkern handeln.
Angenommen, es gilt $q = 2e$, dann beträgt die Masse $m \approx 6,6 \cdot 10^{-27}$ kg. Dies entspricht ungefähr der Masse eines Kerns aus zwei Protonen und zwei Neutronen. Es könnte sich daher um ein α-Teilchen handeln.

5. Skizze:

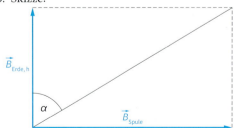

Aus den Angaben zur Geometrie (Ost-West-Richtung der Spule, Auslenkung $\alpha = 60°$) folgt

$$\tan(\alpha) = \frac{B_{Spule}}{B_{Erde,h}}.$$

Damit gilt:

$$B_{Erde,h} = \frac{B_{Spule}}{\tan(\alpha)} = \mu_0 \cdot \frac{N}{l} \cdot \frac{I}{\tan(\alpha)}$$

$$= 1,257 \cdot 10^{-6} \ \frac{Vs}{Am} \cdot \frac{100}{0,5 \ m} \cdot \frac{0,13 \ A}{\tan(60°)}$$

$$= 19 \ \mu T.$$

6. a) Aus $r = \frac{v}{\frac{q}{m} \cdot B}$ folgt:

$$v = \frac{q}{m} \cdot B \cdot r = \frac{1,6 \cdot 10^{-19} \ C}{1,67 \cdot 10^{-27} \ kg} \cdot 0,04 \ T \cdot 0,5 \ m$$

$$= 1,92 \cdot 10^6 \ \frac{m}{s}.$$

b) Beim Eintritt in das B-Feld gilt für die Geschwindigkeit der Protonen

$$v_x = v \cdot \cos(45°) = 1,35 \cdot 10^6 \ \frac{m}{s},$$

$$v_y = v \cdot \sin(45°) = 1,35 \cdot 10^6 \ \frac{m}{s} = v_x.$$

Da das Kondensatorfeld v_x nicht ändert, ist dies auch die gesuchte Eintrittsgeschwindigkeit.
Die Beschleunigungsspannung der Protonen ergibt sich aus $E_{el} = E_{kin}$ zu

$$U = \frac{m \cdot v_x^2}{2q} = \frac{1,67 \cdot 10^{-27} \ kg \cdot (1,35 \cdot 10^6 \ \frac{m}{s})^2}{2 \cdot 1,6 \cdot 10^{-19} \ C} = 9,58 \ kV.$$

c) Zum Durchfliegen des Kondensators benötigen die Protonen die Zeit

$$t = \frac{l}{v_x} = \frac{0,1 \ m}{1,35 \cdot 10^6 \ \frac{m}{s}} = 7,38 \cdot 10^{-8} \ s.$$

Da die Protonen im Kondensator gleichmäßig in y-Richtung beschleunigt werden, gilt mit $v_x = v_y$ aus a):

$$a_y = \frac{v_y}{t} = \frac{v_x}{t} = 1,84 \cdot 10^{13} \ \frac{m}{s^2}.$$

Die Beschleunigung der Protonen im Kondensatorfeld hat seine Ursache in der elektrischen Kraft. Es gilt:

$$a_y = \frac{F_{el}}{m} = \frac{q \cdot E}{m} = \frac{q \cdot U_y}{m \cdot d}.$$

Damit folgt für die Kondensatorspannung:

$$U_y = \frac{m \cdot d \cdot a_y}{q}$$

$$= \frac{1,67 \cdot 10^{-27} \ kg \cdot 0,2 \ m \cdot 1,84 \cdot 10^{13} \ \frac{m}{s^2}}{1,6 \cdot 10^{-19} \ C} = 38 \ kV.$$

d) Obige Berechnungen wurden allgemein für Ladungen q durchgeführt. Es gilt daher:

$$v_x = v_y = a_y \cdot t = \frac{q \cdot U_y}{m \cdot d} \cdot \frac{l}{v_x} \ .$$

Auflösen nach v_x ergibt:

$$v_x = \sqrt{\frac{q \cdot U_y \cdot l}{m \cdot d}} \ .$$

1. a) Solange der Rahmen in das Magnetfeld eintritt, wird eine Spannung induziert. Befindet er sich vollständig im Magnetfeld, ändert sich der magnetische Fluss nicht mehr und es wird keine Spannung induziert. Erst beim Austritt kann man wieder eine Spannung messen, deren Vorzeichen umgekehrt ist. Hat der Rahmen das Feld vollständig verlassen, misst man keine Spannung mehr.

b) Während die Spule der Breite d in das Magnetfeld eintritt, gilt:

$$U_{\text{ind}} = -N \cdot v \cdot B \cdot d \quad \text{bzw.}$$

$$d = -\frac{U_{\text{ind}}}{N \cdot v \cdot B} = -\frac{-0{,}02 \text{ V}}{50 \cdot 0{,}1 \frac{\text{m}}{\text{s}} \cdot 0{,}1 \text{ T}} = 4 \text{ cm}.$$

Die Spule benötigt 0,4 Sekunden, um vollständig im Magnetfeld zu sein. Daher ergibt sich für die Länge l:

$$l = v \cdot \Delta t = 0{,}1 \frac{\text{m}}{\text{s}} \cdot 0{,}4 \text{ s} = 4 \text{ cm}.$$

Die Spule ist quadratisch mit der Seitenlänge 4 cm.

2. Die Flussdichte der langen Spule beträgt

$$B = \mu_0 \cdot \frac{N}{l} \cdot I_{\text{err}} = 1{,}257 \cdot 10^{-6} \frac{\text{T} \cdot \text{m}}{\text{A}} \cdot \frac{10^4}{0{,}50 \text{ m}} \cdot 2{,}0 \text{ A}$$

$$\approx 0{,}050 \text{ T}.$$

a) Nach dem Induktionsgesetz gilt für die induzierte Spannung $U(t)$ bei konstanter Flussdichte B mit $\tilde{N} = 10^3$:

$$U(t) = -\tilde{N} \cdot \dot{\Phi}(t) = -\tilde{N} \cdot \frac{\text{d}}{\text{d}t}[B \cdot A_{\text{w}}(t)] = -\tilde{N} \cdot B \cdot \dot{A}_{\text{w}}(t).$$

Damit ist:

$$U(t) = -\tilde{N} \cdot B \cdot A \cdot \omega \cdot \cos(\omega \cdot t) = -\hat{U} \cdot \cos(\omega \cdot t)$$

mit der Scheitelspannung

$$\hat{U} = n \cdot B \cdot A \cdot \omega = 10^3 \cdot 0{,}050 \text{ T} \cdot 0{,}010 \text{ m}^2 \cdot 2 \cdot \pi \cdot 20 \frac{1}{\text{s}}$$

$$\approx 63 \text{ V}$$

und $\omega = 2 \cdot \pi \cdot f = 2 \cdot \pi \cdot 20 \frac{1}{\text{s}} \approx 126 \text{ Hz}$.
Insgesamt ergibt sich $U(t) = -63 \text{ V} \cdot \cos\left(126 \cdot \frac{t}{\text{s}}\right)$.

b) Nach dem Induktionsgesetz gilt für die induzierte Spannung $U(t)$ bei konstanter Fläche A_{w}:

$$U(t) = -\tilde{N} \cdot \dot{\Phi}(t) = -\tilde{N} \cdot \frac{\text{d}}{\text{d}t}[B \cdot A_{\text{w}}(t)] = -\tilde{N} \cdot A_{\text{w}} \cdot \dot{B}(t).$$

Mit $I_{\text{err}}(t) = \left(0{,}10 \frac{\text{A}}{\text{s}}\right) \cdot t$ folgt für die Änderungsrate der Flussdichte der langen Spule

$$\dot{B}(t) = \mu_0 \cdot \frac{N}{l} \cdot \dot{I}_{\text{err}}(t) = 1{,}257 \cdot 10^{-6} \frac{\text{T m}}{\text{A}} \cdot \frac{10^4}{0{,}50 \text{ m}} \cdot 0{,}10 \frac{\text{A}}{\text{s}}$$

$$\approx 2{,}51 \cdot 10^{-3} \frac{\text{T}}{\text{s}}.$$

Damit ist die induzierte Spannung:

$$U(t) = -\tilde{N} \cdot A_w \cdot \dot{B}(t) = -10^3 \cdot 0{,}010 \text{ m}^2 \cdot 2{,}51 \cdot 10^{-3} \frac{\text{T}}{\text{s}}$$

$$\approx -25 \text{ mV}.$$

c) Die Winkelgeschwindigkeit steigt linear mit der Zeit t an:

$$\omega = 2 \cdot \pi \cdot f = 2 \cdot \pi \cdot 0{,}10 \text{ s}^{-2} \cdot t = 0{,}20 \cdot \pi \cdot \frac{t}{\text{s}^2}.$$

Für konstante Winkelgeschwindigkeit ω und damit konstante Periodendauer T gilt $\omega = \frac{2\pi}{T} = \frac{\varphi(t)}{t}$. Ist die Winkelgeschwindigkeit nicht konstant, so gilt $\omega = \dot{\varphi}(t)$ (analog wie bei $v = \frac{x}{t}$ und $v(t) = \dot{x}(t)$).
Daraus folgt für den Drehwinkel

$$\varphi(t) = \int \omega(t)\, \mathrm{d}t = \int \left(0{,}20\, \pi \cdot \frac{t}{\text{s}^2}\right) \mathrm{d}t$$

$$= 0{,}20 \cdot \frac{\pi}{\text{s}^2} \cdot \frac{t^2}{2} = 0{,}10 \cdot \pi \cdot \frac{t^2}{\text{s}^2}.$$

Für die felddurchsetzte Fläche des Drahtrahmens gilt $A_w(t) = A \cdot \cos(\varphi(t)) = 0{,}010 \text{ m}^2 \cdot \cos\left(0{,}10\, \pi \cdot \frac{t^2}{\text{s}^2}\right)$, damit für die Änderungsrate der Fläche:

$$\dot{A}_w(t) = 0{,}010 \text{ m}^2 \cdot (0{,}10\, \pi \text{ s}^{-2} \cdot 2\, t) \cdot \left[-\sin\left(0{,}10\, \pi \cdot \frac{t^2}{\text{s}^2}\right)\right]$$

$$= -6{,}28 \cdot 10^{-3} \frac{\text{m}^2}{\text{s}^2} \cdot t \cdot \left(\sin 0{,}10\, \pi \cdot \frac{t^2}{\text{s}^2}\right).$$

Hiermit folgt für die induzierte Spannung

$$U(t) = -\tilde{N} \cdot \dot{\Phi}(t) = -\tilde{N} \cdot \frac{\mathrm{d}}{\mathrm{d}t}[B\, A_s(t)] = -\tilde{N} \cdot B \cdot \dot{A}_w(t)$$

$$= 0{,}316 \text{ V} \cdot \frac{t}{\text{s}} \cdot \sin\left(0{,}314 \cdot \frac{t^2}{\text{s}^2}\right).$$

3. a) Skizze:

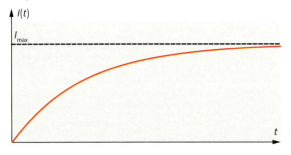

Dadurch, dass plötzlich ein Strom durch die Spule fließt, ändert sich der magnetische Fluss in der Spule und es entsteht eine Induktionsspannung, die der angelegten Spannung entgegenwirkt und somit den Anstieg der Stromstärke hemmt.
b) Die Induktivität L einer langgestreckten Spule mit Eisenkern ist gegeben durch:

$$L = \mu_r \cdot \mu_0 \cdot \frac{N^2 \cdot A}{l}$$

$$= 1200 \cdot 1{,}257 \cdot 10^{-6} \frac{\text{V s}}{\text{A m}} \cdot \frac{5000^2 \cdot 20 \cdot 10^{-4} \text{ m}^2}{0{,}3 \text{ m}}$$

$$\approx 251 \frac{\text{V s}}{\text{A}} = 251 \text{ H}.$$

c) Die im Magnetfeld der Spule gespeicherte Energie ist gegeben durch:

$$E_{mag} = \frac{1}{2} \cdot L \cdot I^2.$$

Nach Einsetzen der Werte für L und I ergibt sich:

$$E_{mag} = \frac{1}{2} \cdot 251 \frac{\text{V s}}{\text{A}} \cdot 0{,}25 \text{ A}^2 \approx 31 \text{ V A s} = 31 \text{ J}.$$

d) Die Energie ist proportional zu Induktivität L, $E_{mag} \sim L$. L wiederum ist proportional zum Quadrat der Windungszahl N: $L \sim N^2$ und umgekehrt proportional zur Länge l der Spule. Folglich ist auch $E_{mag} \sim N^2$ bzw. $E_{mag} \sim \frac{1}{l}$. Verdoppelt man etwa die Anzahl der Windungen, so verdoppelt sich die Länge der Spule, wodurch sich die Induktivität halbiert. Gleichzeitig vervierfacht sich die Induktivität und somit ist die Energie erhöht.

4. Fällt der Magnet durch das Kupferrohr, so ändert sich das Magnetfeld in dem Rohr und es entsteht ein Wirbelfeld im Rohr. Das Wirbelfeld erzeugt einen Elektronenfluss im Kupferrohr. Dieser Elektronenfluss erzeugt wiederum ein Magnetfeld, das dem Magnetfeld des Stabmagneten nach dem lenzschen Gesetz entgegengerichtet ist. Dadurch wirkt auf den Stabmagneten eine Kraft entgegen seiner Fallrichtung und er wird gebremst. Da das Kunststoffrohr nicht leitend ist, können in diesem keine Wirbelströme entstehen und der Magnet fällt ungebremst.

5. a) Zunächst wird der Widerstand der Aluminiumleitung berechnet:

$$R = \varrho \cdot \frac{l}{A} = 2{,}8 \cdot 10^{-8} \frac{\Omega \cdot \text{m}^2}{\text{m}} \cdot \frac{2 \cdot 10^5 \text{m}}{3 \cdot 10^{-4} \text{m}^2}$$

$$\approx 19 \ \Omega;$$

Der relative Leistungsverlust der Fernleitung ist gegeben durch den Quotienten:

$$\frac{P_V}{P} = \frac{P \cdot R}{U^2}.$$

Mit den gegeben Werten für P, R und $U = 85$ kV erhält man:

$$\frac{P_V}{P} = \frac{3{,}5 \cdot 10^8 \text{ W} \cdot 19\ \Omega}{(85 \cdot 10^3 \text{ V})^2} = 0{,}92.$$

Bei dieser Spannung ist eine Übertragung fast unmöglich, weil über 90% als Leitungsverluste verloren gehen.

Für die anderen angegebenen Spannungen rechnet man analog und erhält:

$$U = 110\ kV: \frac{P_V}{P} = 0,55,$$

$$U = 230\ kV: \frac{P_V}{P} = 0,13,$$

$$U = 380\ kV: \frac{P_V}{P} = 0,05.$$

b) Durch die Wahl hoher Übertragungsspannungen können die Leistungsverluste in den Leitungen stark verringert werden.

Kapitel 4   Schwingungen

1. a) Die Auswertung über die maximale Anzahl der Perioden führt zu $6\,T = 9$ s, also $T = 1,5$ s. Die Frequenz ist dann $f = \frac{1}{T} = \frac{2}{3}$ Hz.

b) Aus $T = 2\pi \cdot \sqrt{\frac{m}{D}}$ mit $T = 1,5$ s und $m = 0,150$ kg folgt $D \approx 2,6\ \frac{N}{m}$.

c) $T' = 2\pi \cdot \sqrt{\frac{0,5\,m}{2D}} = 2\pi \cdot \sqrt{\frac{1}{4} \cdot \frac{m}{D}} = \frac{1}{2}\,T.$

Die Periodendauer halbiert sich, die maximale Auslenkung bleibt erhalten. Somit verdoppelt sich die Frequenz und es liegen doppelt so viele Durchläufe vor.

2. a) $s(t)$-Diagramm:

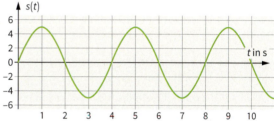

b) Die Winkelgeschwindigkeit beträgt $\omega = 2\pi \cdot f = 2\pi \cdot \frac{1}{4\,s}$ $= 0,5\pi \cdot \frac{1}{s}$. Der Phasenwinkel beträgt somit:

$$\varphi_1 = \frac{0,5\pi}{s} \cdot 1\ s = 0,5\pi\ (= 90°),$$

$$\varphi_2 = \frac{0,5\pi}{s} \cdot 5,5\ s = 2,75\ \pi\ (= 495°).$$

φ_2 entspricht somit einem Winkel von $0,75\pi$ (= 135°). Die Zeiger weisen die Länge 5 cm und den Winkel 90° bzw. 135° gegenüber der Horizontalen auf.

c) Ablesen im Graphen zu a) führt in der ersten Periode zu $t_1 = 0,33$ s und $t_2 = 1,67$ s. Dieses wiederholt sich in jeder Periode.

$$t_1 = 0,33\ s + n \cdot 4\ s \ \text{ und } \ t_2 = 1,67\ s + n \cdot 4\ s.$$

3. a) Aus

$$T = \frac{1}{f} = 2\pi \cdot \sqrt{\frac{l}{g}} \ \text{ folgt}$$

$$l = \frac{g}{4\pi^2 \cdot f^2} \approx 2,76\ m.$$

b) Hinweis auf Kleinwinkelnäherung, also kleine Auslenkungen der Schaukel ($\alpha < 10°$).

4. a) $s(0\ s) = 6,0\ cm \cdot \sin(2\pi \cdot 10\ Hz \cdot 0\ s) = 0\ cm;$
$s(0,12\ s) = 6,0\ cm \cdot \sin(2\pi \cdot 10\ Hz \cdot 0,12\ s)$
$= 6,0\ cm \cdot \sin(2,4\pi) \approx 5,7\ cm$

b) Die Geschwindigkeit des Pendels wird durch die Ableitung von $s(t)$ beschrieben:

$$v(t) = \dot{s}(t) = 6{,}0 \text{ cm} \cdot 2\pi \cdot 10 \text{ Hz} \cdot \cos\left(20\pi \tfrac{1}{s} \cdot t\right).$$

Mit $t = 1$ s folgt der angegebene Term.

c) Die maximale Geschwindigkeit kann grafisch bestimmt oder berechnet werden. Gesucht ist das Maximum von $v(t)$. Dieses liegt ferner vor, wenn der Durchlauf durch die Gleichgewichtslage erfolgt, also $s(t) = 0$ gilt. Aus a) ist somit bekannt, dass

$$v(0 \text{ s}) = 6{,}0 \text{ cm} \cdot 2\pi \cdot 10 \text{ Hz} \cdot \cos(0)$$

$$= 120\pi \tfrac{\text{cm}}{\text{s}} \approx 377 \tfrac{\text{cm}}{\text{s}} = 3{,}77 \tfrac{\text{m}}{\text{s}}$$

die maximale Geschwindigkeit angibt. Bei Berücksichtigung von zwei signifikanten Stellen gilt $v = 3{,}8 \tfrac{\text{m}}{\text{s}}$. Alternativ kann mit einem Taschenrechner der Hochpunkt von $v(t)$ bestimmt werden. Es gilt:

$$\dot{v}(t) = 120\pi \tfrac{\text{cm}}{\text{s}} \cdot 20\pi \tfrac{1}{s} \cdot \left(-\sin\left(20\pi \tfrac{1}{s} \cdot t\right)\right),$$

Somit gilt für den Zeitpunkte der maximalen Geschwindigkeit $\sin\left(20\pi \tfrac{1}{s} \cdot t\right) = 0$. Aufgrund der Periodizität reicht es aus, eine Lösung zu betrachten. Es folgt mit $t = 0$ s somit $v(0 \text{ s}) \approx 3{,}8 \tfrac{\text{m}}{\text{s}}$.

d)

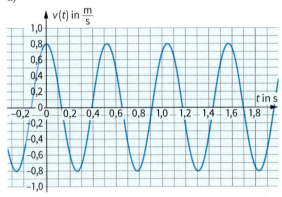

Die grafische Darstellung zeigt, dass von $t = 0{,}0$ s bis $t = 1{,}57$ s genau drei vollständige Durchläufe erfolgen. Für die Periodendauer gilt somit:

$$T = \frac{(1{,}57 - 0) \text{ s}}{3} \approx 0{,}52 \text{ s}.$$

Für die maximale Auslenkung wird die Amplitude A berechnet.
Durch Vergleich von $\dot{s}(t) = \omega \cdot A \cdot \cos(\omega \cdot t)$ mit $v(t)$ folgt $\omega = 12 \tfrac{1}{s}$. Es ergibt sich somit

$$A = \frac{0{,}8 \tfrac{\text{m}}{\text{s}}}{12 \tfrac{1}{s}} \approx 0{,}07 \text{ m} = 7 \text{ cm}.$$

5. Wird die Wassersäule im Rohr von der linken zur rechten Seite verschoben, so fällt der Wasserspiegel auf der linken Seite im selben Maß, wie er rechts zunimmt. Als Rückstellkraft F_R wirkt hier die Gewichtskraft der überstehenden Flüssigkeitssäule. Die wirkende Rückstellkraft wächst proportional zur Länge $2s$ dieser Flüssigkeitssäule. Damit liegt eine harmonische Schwingung vor. Befindet sich im U-Rohr eine Flüssigkeit der Dichte ρ_{Fl}, so wirkt die Rückstellkraft

$$F_R = -m \cdot g = -\rho_{Fl} \cdot V \cdot g,$$

wobei sich das Volumen aus „Grundfläche mal Höhe" $V = A \cdot 2s$ ergibt:

$$F_R = -2 \cdot \rho_{Fl} \cdot A \cdot g \cdot s = -D \cdot s.$$

Es liegt also ein lineares Kraftgesetz mit der Richtgröße $D = 2 \cdot \rho_{Fl} \cdot A \cdot g$ vor.
Für die Periodendauer der Schwingung gilt somit:

$$T = 2\pi \cdot \sqrt{\frac{m}{D}} = 2\pi \cdot \sqrt{\frac{\rho_{Fl} \cdot A \cdot l}{2 \cdot \rho_{Fl} \cdot A \cdot g}} = 2\pi \cdot \sqrt{\frac{l}{2g}}.$$

Die Periodendauer T hängt nur von der Länge l der Flüssigkeitssäule ab, nicht aber von der Dichte der Flüssigkeit.

6. a) Lösung durch Ausprobieren, z. B. mit Vorgabe eines bekannten Kondensators zu $C = 1$ mF führt mit $T = 2\pi \cdot \sqrt{L \cdot C}$ zu $L = 25{,}33$ H.
b) Schaltplan:

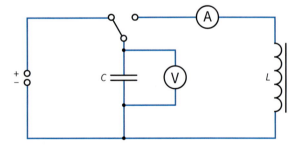

7. a) Skizze zum Versuchsaufbau:

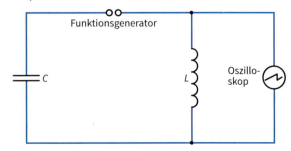

b) Der Funktionsgenerator wird mit einer Rechteckspannung variabler Frequenz f betrieben. Dabei wird die maximale Spannung an der Spule gemessen. Mit Veränderung der Frequenz ändert sich auch die maximale Spannung. Nähert sich die Anregungsfrequenz f des Funktionsgenerators der Eigenfrequenz f_0 des Schwingkreises, so nimmt die Spannung stark zu. Es liegt Resonanz vor.

c) $U(f)$-Diagramm:

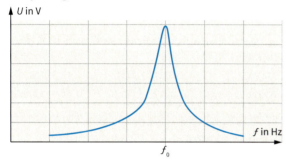

1. a) Periodendauer $T = \frac{1}{f} = \frac{1}{500\ \text{Hz}} = 0{,}002\ \text{s}$.

Wellenlänge $\lambda = \frac{c}{f} = \frac{340\ \frac{\text{m}}{\text{s}}}{500\ \text{Hz}} = 0{,}68\ \text{m}$.

b) Damit zwei Oszillatoren gegenphasig schwingen, muss der Wegunterschied ein ungerades Vielfaches der halben Wellenlänge betragen. Somit weisen zwei gegenphasig schwingende Oszillatoren einen Abstand von $\frac{\lambda}{2} = 0{,}34\ \text{m}$ auf.

c) Welle für $x \leq 2\lambda$ und $t = 1{,}5\,T$:

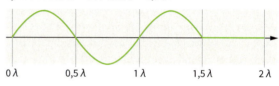

d) Welle für $x = 1{,}5\lambda$ und $t \leq 2\,T$:

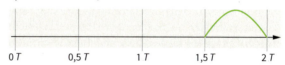

e) Die Skizzen in beiden Teilaufgaben bleiben unverändert, da Wellenlänge und Periodendauer nicht eindeutig festgelegt sind. Ist die Rechtsachse mit z.B. 0,5 T oder 0,5 λ beschriftet, so hat dieses keinen Einfluss. Sind jedoch konkrete Werte angegeben ($T = 0{,}002$ s), so halbiert sich die Periodendauer aufgrund der doppelten Frequenz auf $T = 0{,}001$ s.

2. a) Als markante Punkte sind die Maxima zum Ablesen geeignet. Für fünf Durchläufe benötigt die Schwingung ca. 22 ms. Die Periodendauer beträgt somit 4,4 ms, die Frequenz entsprechend $f = \frac{1}{T} = \frac{1}{4{,}4\ \text{ms}} = 227$ Hz.
Die Ableseungenauigkeit beträgt aufgrund des Rasters ca. 0,4 ms. Der relative Fehler liegt somit bei $\frac{0{,}4\ \text{ms}}{22\ \text{ms}} = 1{,}8\%$. Beide Größen können anhand der Abbildung somit nicht besser als mit 1,8 % Ungenauigkeit ermittelt werden.
b) Bei der Verdopplung der Frequenz halbiert sich die Periodendauer. Ein Durchlauf benötigt somit nur noch 2,2 ms. Das Diagramm zeigt somit die doppelte Anzahl an Minima und Maxima.
Bei Abnahme der Lautstärke nimmt die am Mikrofon registrierte Spannung ab. Die Amplitude der Messung wird kleiner.
c) Zur Einordnung wird zunächst die Phasenlage bestimmt. Dieses erfolgt anhand der Wellenlänge:

$$\lambda = \frac{c}{f} = \frac{340 \frac{m}{s}}{227\,\text{Hz}} = 1{,}50\ \text{m}.$$

Bei einer Verschiebung des Mikrofons um 0,5 m Richtung Sender entsteht eine Phasendifferenz: Der Graph muss um $\frac{0{,}50\ \text{m}}{1{,}50\ \text{m}} \cdot 4{,}4\ \text{ms} = 1{,}5\ \text{ms}$ nach links verschoben sein.

3.

Plexiglas	α	10°	15°	20°	25°
Luft	β	15°	23°	30°	39°
	$\dfrac{\sin(\alpha)}{\sin(\beta)}$	0,671	0,662	0,684	0,672

Als Mittelwert des Quotienten folgt $\frac{c_1}{c_2} = 0{,}672$.
Die Lichtgeschwindigkeit in Plexiglas beträgt ca. 67 % der Lichtgeschwindigkeit in Luft.

4. a) Skizze und Durchführung werden analog zu Bild **B3** (S. 140) beschrieben.
b) Da ein proportionaler Zusammenhang zwischen Konzentration und Drehwinkel im Experiment festgestellt wurde, kann dieses auf den Zusammenhang übertragen werden. Die Drehung sollte auch hier proportional zur Konzentration und der Gefäßlange sein, da bei (i) doppelter Konzentration bzw. (ii) doppelter Weglänge auch jeweils die doppelte Anzahl an Zuckermolekülen vom Licht passiert wird.

5. a) Skizze:

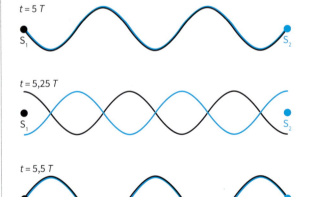

b) Es handelt sich um sich gegenläufig überlagernde Wellen. An den Orten $x = 0$ cm, 0,6 cm, 1,2 cm, ... ist die Summe der Auslenkungen der beiden Wellen von Sender S_1 und Sender S_2 jeweils null. Es lassen sich somit sechs Knoten erkennen. Folglich liegt eine stehende Welle vor.

6. a) Skizze.

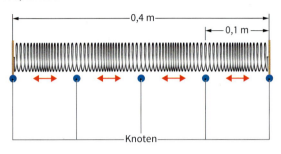

Anzahl Knoten	3	4	5	6	7
f in Hz	8,8	13,1	17,5	22	26,1
λ in m	0,40	0,27	0,20	0,16	0,13
T in s	0,11	0,08	0,06	0,05	0,04

b) $\lambda(T)$-Diagramm:

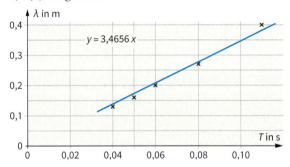

c) Die Steigung im $\lambda(T)$-Diagramm entspricht der Ausbreitungsgeschwindigkeit. Sie beträgt ca. $c = 3{,}5\ \frac{m}{s}$.

7. a) Damit der Resonanzfall vorliegt, muss der Empfangsdipol eine geeignete Länge aufweisen, sodass sich eine stehende Welle ausbreiten kann. Dieser Fall liegt vor, wenn die Länge genau der halben Wellenlänge der Strahlung entspricht.
b) Die Wellenlänge beträgt $\lambda = \frac{c}{f} \approx 0{,}154\ \text{m}$.
Der Dipol muss somit eine Länge von 0,077 m aufweisen.

8. a) Zeigerdiagramm

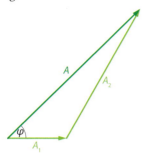

$\frac{\pi}{3} \triangleq 60°$; $A = 6{,}2$ cm; $\varphi = 0{,}77 \triangleq 44°$

b) $s_1(t)$ und $s_2(t)$ werden als Sinusfunktionen mit t (erste Spalte mit $\Delta t = 0{,}001$ s) als Variable in zwei weiteren Spalten berechnet, also

$s_1(t) = \sin(2\pi \cdot f \cdot t)$ und

$s_2(t) = \sin(2\pi \cdot f \cdot t - \frac{\pi}{3})$.

In der vierten Spalte wird die Summe $s_1(t) + s_2(t)$ gebildet. Das Resultat sieht z. B. so aus:

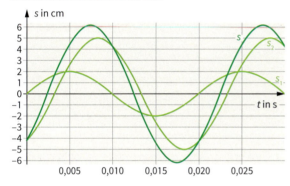

9. a) Aufgrund der Geometrie ergibt sich pro Sender ein rechtwinkliges Dreieck, die Hypotenuse gibt dabei den Weg d_1 bzw. d_2 an, die Katheten unterscheiden sich aufgrund der unterschiedlichen Position.
Beispielhaft gilt für den Sender S_2:

$d_2^2 = (12 \text{ cm})^2 + (x - 2 \text{ cm})^2$,

für S_1 entsprechend.

b) Mit $x = 2{,}6$ cm ergeben sich $d_1 \approx 12{,}01$ cm und $d_2 \approx 12{,}85$ cm. Der Wegunterschied beträgt somit 8,4 mm, was fast der Wellenlänge $\lambda \approx 8{,}5$ mm entspricht. Ein Maximum liegt also in unmittelbarer Nähe.

c) Bei $x = \pm 0{,}1$ m beträgt die Wegdifferenz jeweils ca. 2,54 cm. Dieses entspricht ungefähr 3λ. Aufgrund der stetigen Weglängenänderung sowie der Symmetrie sind somit sieben Maxima (0. Maximum berücksichtigt) zu identifizieren.

10. a) Skizze analog zu S. 155 (Zeiger beschreiben Schallfeld).
Es tritt konstruktive Interferenz auf, wenn die Wellen der beiden Sender phasengleich am Empfänger liegen. Dazu muss der Gangunterschied ein Vielfaches der Wellenlänge betragen.
Bei destruktiver Interferenz liegt ein Minimum vor. Hier liegt der Gangunterschied bei einem ungeraden Vielfachen der halben Wellenlänge.

b) Herleitung der Gleichung über eine Skizze analog zu S. 155.
Im kleinen Dreieck am Gitter bildet der Spaltabstand g die Hypotenuse, der Gangunterschied die Gegenkathete. Es gilt

$$\sin(\alpha) = \frac{\Delta s}{g}. \tag{1}$$

Im Dreieck, das aus Lichtweg, Mittelachse und Schirm gebildet wird, entspricht der Abstand a_n der Gegen-, der Abstand zwischen Gitter und Schirm der Ankathete. Der Winkel lässt sich somit mittels Tangens bestimmen:

$$\tan(\alpha) = \frac{a_n}{e}.$$

Nach α umgeformt folgt

$$\alpha = \arctan\left(\frac{a_n}{e}\right). \tag{2}$$

Bei einem Maximum muss der Gangunterschied ein Vielfaches der Wellenlänge sein.
Setzt man Gleichung (2) für α in Gleichung (1) ein, so folgt die geforderte Gleichung.

c) Der Abstand d der zweiten Maxima zueinander entspricht dem doppelten Abstand a_2. Mit den gegebenen Größen folgt

$$d = 2a_2 = 2e \cdot \tan\left[\arcsin\left(\frac{2\lambda}{g}\right)\right]$$

$$= 2 \cdot 0{,}15 \text{ m} \cdot \tan\left[\arcsin\left(\frac{2 \cdot 570 \text{ nm}}{2000 \text{ nm}}\right)\right] = 0{,}208 \text{ m}.$$

d) Wird der Laser gegen eine Quelle mit Wellenlängenbereich getauscht, so zeigt das Spektrum statt einer Linie einen grün gefärbten Bereich. Im Vergleich zu c) würde das zweite Maximum den Bereich 19,7 cm $\le a_2 \le$ 21,4 cm umfassen.
Wird der Spaltabstand g halbiert, so wird das Spektrum breiter und der Winkel, unter dem das erste Maximum zu beobachten ist, nimmt zu. Das zweite Maximum wäre sogar nicht mehr zu erkennen, denn $\sin(\alpha) = \frac{2 \cdot 550 \text{ nm}}{1000 \text{ nm}} > 1$ hat keine Lösung. Nur die Grenze des ersten Maximums wäre unter einem Winkel von $\alpha = \arcsin\left(\frac{550 \text{ nm}}{1000 \text{ nm}}\right) = 33{,}4°$

noch erkennbar. Im Gegensatz zum gegebenen Doppelspalt wäre im Spektrum somit kein zweites oder höheres Maximum mehr erkennbar.

11. Das erste Maximum erstreckt sich im Bereich 4,2 cm < x < 4,9 cm. Für die linke Grenze gilt a_1 = 15,1 cm − 4,2 cm = 10,9 cm. Für die rechte Grenze gilt a_1 = 10,2 cm.
Die Wellenlänge λ erhält man durch Umstellen der Gitterformel mit n = 1 zu

$$\lambda = g \cdot \sin(\alpha) = g \cdot \sin\left[\arctan\left(\frac{a_1}{e}\right)\right]$$

$$= 2 \cdot 10^{-6}\ \text{m} \cdot \sin\left[\arctan\left(\frac{10,9\ \text{cm}}{31,5\ \text{cm}}\right)\right] = 654\ \text{nm}$$

für die linke Grenze. Rechts folgt mit a_1 = 10,2 cm eine Wellenlänge von λ = 616 nm.
Die größte Messungenauigkeit weist mit $\frac{1\ \text{mm}}{10,2\ \text{cm}}$ = 1% die rechte Grenze auf. Unter der Annahme, dass die Längen und Abstände auf 1 mm genau gemessen werden können, kann die Wellenlänge nicht besser als mit einer relativen Ungenauigkeit von 1% ermittelt werden. Alternativ kann auch eine Minimum-Maximum-Abschätzung erfolgen.

12. a) Für das erste Maximum gilt hier

$$b \cdot \sin(\alpha) = \frac{3}{2}\lambda.$$

Der Winkel α wird durch Auswerten der Maxima berechnet:

$$\tan(\alpha) = \frac{0,5 \cdot 3,2\ \text{cm}}{125\ \text{cm}}.$$

Eingesetzt und nach b aufgelöst ergibt $b \approx 66{,}8\ \mu\text{m}$.
b) Für kleine Winkel gilt $\sin(\alpha) \approx \tan(\alpha)$. Mit Gleichsetzen folgt als Näherung

$$b \cdot \frac{a_1}{e} = \frac{3}{2}\lambda.$$

Wird also die Spaltbreite b halbiert, muss aufgrund des Produkts der Abstand vom 0. Maximum zum 1. Maximum verdoppelt werden. Die Aussage ist somit für kleine Winkel wahr.

13. a) Skizze und Durchführung werden analog zu Versuch **V1** auf S. 167 beschrieben. Dabei sind Spiegel, Strahlteiler, Sender und Empfänger eindeutig benannt. In der Durchführung ist die Wahl eines markanten Punktes (z. B. Minimum) erforderlich. Eine Mehrfachmessung erlaubt eine genauere Angabe aufgrund der kleinen Wellenlänge.

b) Zunächst wird die Wellenlänge anhand einer Schallgeschwindigkeit von c = 340 $\frac{\text{m}}{\text{s}}$ und der Frequenz f = 25 kHz ermittelt:

$$\lambda = \frac{c}{f} = \frac{342\ \frac{\text{m}}{\text{s}}}{25\,000\ \text{Hz}} \approx 0{,}014\ \text{m}.$$

Der Spiegel muss zwischen zwei Minima um $\frac{\lambda}{2}$ verschoben werden, die erforderliche Weglänge beträgt somit ca. 7 mm.
c) Die Durchführung auf Millimeterpapier gelingt einfacher als in Versuch **V1**. Eine Verschiebung von 7 mm ist einfacher umzusetzen und somit kann der Versuch als durchführbar eingeordnet werden.

14. a) Mit Hilfe der Bragg-Gleichung folgt:

$$\lambda = 2 \cdot 201\ \text{pm} \cdot \sin(21{,}5°) = 147{,}3\ \text{pm}.$$

b) Verkleinert sich der Netzebenenabstand d, so muss bei gleicher Wellenlänge der Wert von $\sin(\alpha)$ und somit der Winkel α zunehmen. Die markante Linie ist also unter einem größeren Winkel zu messen.

1. a) Elektronen ($m = 9,1 \cdot 10^{-31}$ kg) haben nach Durchlaufen von $U = 50$ kV die kinetische Energie:

$$E_{kin} = e \cdot U = 1,6 \cdot 10^{-19}\,\text{C} \cdot 50 \cdot 10^3\,\tfrac{\text{J}}{\text{C}} = 8,0 \cdot 10^{-15}\,\text{J},$$

die Geschwindigkeit:

$$v = \sqrt{\frac{2\,E_{kin}}{m}} = 1,3 \cdot 10^8\,\tfrac{\text{m}}{\text{s}},$$

den Impuls:

$$p = m \cdot v = 1,2 \cdot 10^{-22}\,\text{N s},$$

die De-Broglie-Wellenlänge:

$$\lambda_B = \frac{h}{p} = 5,5 \cdot 10^{-12}\,\text{m} = 5,5\,\text{pm (Röntgenbereich).}$$

Bei Bragg-Reflexion im Einkristall mit Netzebenenabstand $d = 282$ pm gilt die Bragg-Gleichung $2\,d \cdot \sin(\varphi) = k \cdot \lambda$ (vgl. S. 187). Man erhält für $k = 1, 2, 3$: $\varphi_1 = 0,56°$, $\varphi_2 = 1,12°$, $\varphi_3 = 1,68°$.
b) siehe Bild **B1** auf Seite 186

2. Die Glühkathode wird durch die Heizspannung erhitzt, bis Elektronen austreten. Diese werden durch die Beschleunigungsspannung U_B beschleunigt und treffen auf das Grafitblättchen, wo die Beugung an den Netzebenen der vielen ungeordneten Grafitkristalle stattfindet. Es ergibt sich ein ringförmiges Muster.

3. Die Pupillenfläche beträgt $A = \pi \cdot (3 \cdot 10^{-3}\,\text{m})^2$ $= 2,8 \cdot 10^{-5}\,\text{m}^2$. Da 1 Photon die Energie $E_{Ph} = h \cdot f$ $= \frac{h \cdot c}{\lambda} = 3,3 \cdot 10^{-19}$ J hat, wird die Pupillenöffnung in 1 s von der Lichtenergie
$E_L = 10^{-10}\,\text{J s}^{-1}\,\text{m}^{-2} \cdot A \cdot 1\,\text{s} = 2,8 \cdot 10^{-15}\,\text{J}$,
also von $n_{Ph} = \frac{E_L}{E_{Ph}} = 8500$ Photonen durchsetzt.

4. a) Skizze:

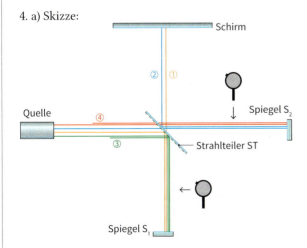

Die Wege 1 und 2 führen vom Laser zum Schirm und tragen zum Interferenzmuster bei.
b) Um Welcher-Weg-Information zu erhalten, müssen die Polarisationsfilter jeweils zwischen dem Strahlteiler und den Spiegeln positioniert werden (an den eingezeichneten Positionen in der Skizze). Die Situation ist dann analog zum Mach-Zehnder-Interferometer mit Polarisationsfiltern. Bei parallel gestellten Filtern ist Interferenz zu erwarten. Bei senkrecht gestellten Filtern sind die beiden Alternativen unterscheidbar, und es ist keine Interferenz zu erwarten.

5. a) Die Polarisationsfolien markieren, durch welchen Spalt ein bestimmtes Photon gegangen ist. Man kann jedem Photon eine der beiden Möglichkeiten (Spalt A oder Spalt B) und damit eine Wellenfunktion ψ_A oder ψ_B zuschreiben. Die Wahrscheinlichkeitsverteilung auf dem Schirm ist daher:

$$P(x) = |\psi_A|^2 + |\psi_B|^2.$$

In Übereinstimmung mit dem Fundamentalprinzip tritt keine Interferenz auf.
b) Die durchgelassenen Photonen bilden ein Interferenzmuster, da sie alle die Polarisation 45° haben. Die vorher vorhandene Weginformation wurde gewissermaßen „ausradiert“. Wie beim Mach-Zehnder-Interferometer werden hier mehr als eine klassisch denkbare Möglichkeit überlagert.

6. Die Aufgabe bezieht sich auf den Text auf S. 200 f. Das zentrale Argument ist: Wenn tatsächlich jedes Atom durch einen ganz bestimmten Spalt gegangen ist, dann darf es für den Auftreffort auf dem Schirm keine Rolle spielen, ob der andere Spalt (durch den es nicht geht) offen oder geschlossen ist. Die Verteilung mit zwei geöffneten Spalten müsste also die gleiche sein, die sich ergibt, wenn man zuerst diejenigen Atome passieren lässt, die durch Spalt A gehen, und danach diejenigen, die durch Spalt B gehen. Dieses „Umsortieren“ lässt sich experimentell durch abwechselndes Verschließen der beiden Spalte realisieren. Das Experiment zeigt, dass sich in diesem Fall *nicht* die gleiche Verteilung ergibt. Eine der Ausgangsannahmen des Arguments muss also falsch sein. Nach der Quantenmechanik ist es die Annahme, dass jedes Atom durch einen ganz bestimmten Spalt gegangen ist.

7. Nach der heisenbergschen Unbestimmtheitsrelation gilt:

$$\Delta v_x = \frac{\Delta p_x}{m} \geq \frac{h}{4\pi \cdot m \cdot \Delta x} \geq 5{,}3 \cdot 10^{-32} \, \frac{m}{s} \, .$$

8. Bei der Erzeugung eines Wassertröpfchens wird der Ort des α-Teilchens bis auf 10^{-4} m festgelegt. Die dadurch bestimmte Geschwindigkeitsunbestimmtheit ist

$$\Delta v_x \geq \frac{h}{4\pi \cdot \Delta x} = 8 \cdot 10^{-5} \, m.$$

Dieser Wert ist zu vergleichen mit der Geschwindigkeit der α-Teilchen von $10^7 \, \frac{m}{s}$ in y-Richtung (also in Strahlrichtung). Der Strahl wird demnach kaum aufgeweitet.

9. Im Artikel wird über ein Experiment zur Dreifachspaltinterferenz berichtet. Bei drei Spalten lautet die Wellenfunktion $\psi = \psi_1 + \psi_2 + \psi_3$ (im Artikel a, b und c statt ψ_1, ψ_2 und ψ_3). Quadriert man, um die Wahrscheinlichkeit zu berechnen, ergeben sich Mischterme zwischen jeweils zwei der Teilwellenfunktionen ψ_1, ψ_2 und ψ_3, aber niemals kommen alle drei vor. Diese Aussage wurde durch abwechselndes Abdecken der Spalte getestet.

1. Photonen gelben Lichts (589 nm) haben die Energie

$$E = h \cdot f = \frac{h \cdot c}{\lambda} = 3{,}38 \cdot 10^{-19} \, J = \frac{3{,}38 \cdot 10^{-19} \, J}{1{,}60 \cdot 10^{-19} \, \frac{J}{eV}} = 2{,}11 \, eV.$$

Dies ist die Differenz der zugehörigen Energieniveaus.

2. Der Franck-Hertz-Versuch zeigt: Beim Stoß eines Elektrons mit einem Atom kann das Atom eine zugeführte Energie nur dann aufnehmen, wenn sie der Differenz zwischen zwei Energieniveaus genau entspricht. Andernfalls ist eine Anregung nicht möglich. Dieses Ergebnis spricht für die Quantisierung der Energie im Atom.

3. Balmer-Serie ($m = 2$):

$$\lambda = \frac{c}{f_{Ry}} \cdot \left(\frac{1}{4} - \frac{1}{n^2} \right)^{-1}, \, n \geq 3.$$

$n = 3$: $\lambda = 657$ nm
$n = 4$: $\lambda = 486$ nm
$n = 5$: $\lambda = 434$ nm
$n = 6$: $\lambda = 410$ nm
$n = 7$: $\lambda = 397$ nm
$n = 8$: $\lambda = 389$ nm

Die letzten beiden Linien liegen schon im ultravioletten Bereich; die Balmer-Serie hat also vier Linien im Sichtbaren.

4. Bringt man Kochsalz (NaCl) in die Flamme, so bilden sich aufgrund der hohen Temperatur in der Flamme Natriumatome. Das weiße Licht einer Glühlampe hat ein kontinuierliches Spektrum, in dem alle Wellenlängen des sichtbaren Lichts vertreten sind. Es durchstrahlt die gelbe Flamme, die Natriumatome enthält. Die Natriumatome absorbieren aus dem weißen Licht nur Photonen, deren Wellenlänge derjenigen der gelben Natriumlinie entspricht, denn nur sie können Übergänge zwischen den Energieniveaus im Natrium anregen.

5. a) Nach $E_n = \frac{n^2 \cdot h^2}{8 \cdot m_e \cdot a^2}$ ist die Topfbreite

$$a = \frac{n \cdot h}{\sqrt{8 \cdot m_e \cdot E_n}}.$$

Bei $n = 5$ und $E_5 = 1{,}00$ eV $= 1{,}60 \cdot 10^{-19}$ J ist $a = 3{,}07$ nm.
b) Bei $n = 4$ hat das Elektron im Topf die Energie $E_4 = 1{,}02 \cdot 10^{-19}$ J $= 0{,}64$ eV.
Energiedifferenz = Quantenenergie:

$$\Delta E = E_5 - E_4 = 0{,}58 \cdot 10^{-19} \, J = h \cdot f,$$

$f = \dfrac{\Delta E}{h} = 8{,}75 \cdot 10^{13}$ Hz

($\lambda = 3{,}43 \; \mu m = 3{,}43 \cdot 10^3$ nm, im IR-Bereich).

6. 10 Elektronen besetzen bei einem eindimensionalen Potenzialtopf im Grundzustand die Niveaus bis $n = 5$. Um ein Elektron nach $n = 6$ anzuheben, braucht man bei $L = 1{,}5$ nm die Energie

$$\Delta E = \dfrac{(6^2 - 5^2) \cdot h^2}{8 \cdot m_e \cdot L^2} = 2{,}9 \cdot 10^{-19} \; J.$$

Photonen roten Lichts haben höchstens die Frequenz $f = \dfrac{c}{600 \; nm} = 5{,}0 \cdot 10^{14}$ Hz, also die Energie

$$E_{rot} = h \cdot f = 3{,}3 \cdot 10^{-19} \; J.$$

Rotes Licht kann dieses Farbstoffmolekül anregen.

7. Z.B. werden die Gasteilchen in der Röhre zur $\frac{e}{m}$-Messung auch bei Elektronen, die mit $U > 100$ V auf $E > 100$ eV beschleunigt wurden, zum Leuchten angeregt. Analoges gilt auch in Leuchtstoffröhren. Die Energie dieser Elektronen steigt mit der Spannung U stetig; sie ist also nicht quantisiert, im Gegensatz zur Energie in Atomen und im Licht. Regt z.B. ein Elektron der Energie $E_1 = 100$ eV ein Quecksilberatom mit $E_A = 4{,}9$ eV durch Stoß an, so verliert es 4,9 eV und fliegt mit $E_2 = 95{,}1$ eV weiter. Es kann dann weitere Atome durch Stöße anregen, bis es alle Energie verloren hat. Dagegen ist die Energie der im Potenzialtopf eingeschlossenen Elektronen wegen der Randbedingung „Knoten an den Rändern" quantisiert. Solches gilt für Elektronen, die in den freien Raum geschossen werden, nicht.

8. Wenn man Bindungslänge = Atomdurchmesser setzt, ist die Länge der Atomkette $L \approx 18 \cdot 0{,}14$ nm $= 2{,}5 \cdot 10^{-9}$ m. Die Energieniveaus sind

$$E_n = \dfrac{n^2 \cdot h^2}{8 \cdot m_e \cdot L^2} = n^2 \cdot 9{,}7 \cdot 10^{-21} \; J.$$

Die 18 Elektronen besetzen im Grundzustand Niveaus bis $n = 9$ mit der Energie $E_9 = 9^2 \cdot 9{,}7 \cdot 10^{-21}$ J $= 7{,}8 \cdot 10^{-19}$ J. Wird ein Elektron aus diesem Niveau nach $n = 10$ mit $E_{10} = 10^2 \cdot 9{,}7 \cdot 10^{-21}$ J $= 9{,}7 \cdot 10^{-19}$ J angehoben, ist die Energiedifferenz $\Delta E = E_{10} - E_9 = 1{,}86 \cdot 10^{-19}$ J. Wird das Elektron in das Niveau mit $n = 11$, mit Energie $E_{11} = 11{,}7 \cdot 10^{-19}$ J angehoben, so ist die benötigte Energie $\Delta E = E_{11} - E_9 = 3{,}9 \cdot 10^{-19}$ J. Bei Anregung nach $n = 12$ (mit $E_{12} = 14 \cdot 10^{-19}$ J) wäre $\Delta E = E_{12} - E_9 = 6{,}2 \cdot 10^{-19}$ J nötig. Die Energie der Photonen weißen Lichts liegt mit $E = \frac{h \cdot c}{\lambda}$ zwischen $2{,}5 \cdot 10^{-19}$ J (rot) und $5 \cdot 10^{-19}$ J (blau). Nur die Anregung von $n = 9$ nach $n = 11$ liegt in diesem Bereich.

Also können nur Elektronen von $n = 9$ nach $n = 11$ mit der Energie $3{,}9 \cdot 10^{-19}$ J, also der Frequenz $f = 3{,}9 \cdot 10^{-19} \frac{J}{h}$ $= 5{,}9 \cdot 10^{14}$ Hz und $\lambda = 510$ nm (gelb) angehoben werden. Folglich wird Gelb absorbiert; der Farbstoff erscheint in der Komplementärfarbe Blau.

9. Um ein Elektron im eindimensionalen Potenzialtopf mit der Breite $a = 1{,}0$ nm vom Grundzustand $n = 1$ nach $n = 5$ anzuheben, braucht man die Energie

$$\Delta E = \dfrac{(5^2 - 1^2) \cdot h^2}{8 \cdot m_e \cdot a^2} = 14{,}5 \cdot 10^{-19} \; J.$$

Photonen blauen Lichts haben die Energie

$$E_b = \dfrac{h \cdot c}{400 \; nm} = 5{,}0 \cdot 10^{-19} \; J,$$

können also das Elektron nicht nach $n = 5$ anheben. Beim Rücksprung von $n = 5$ nach $n = 4$ wird die Energie

$$\dfrac{(5^2 - 4^2) \cdot h^2}{8 \cdot m_e \cdot a^2} = 5{,}4 \cdot 10^{-19} \; J$$

frei. Die Wellenlänge liegt noch im UV-Bereich, knapp an der Grenze zum sichtbaren Licht.

10. Die Photonenenergie sichtbaren Lichts ist höchstens $E = \frac{h \cdot c}{\lambda_{violett}} = 3{,}1$ eV. Zum Anregen des Wasserstoffatoms im Grundzustand braucht man aber

$$E_{1 \rightarrow 2} = -3{,}41 \; eV - (-13{,}6) \; eV = 10{,}2 \; eV.$$

Sichtbares Licht wird nicht absorbiert, durchsetzt also atomaren Wasserstoff ungehindert. (Dies gilt auch für H_2, N_2, O_2; die dreiatomigen Treibhausgase CO_2, CH_4 und H_2O absorbieren aber im IR bei 0,1 eV, während sie auf sichtbares Licht kaum ansprechen, also auch durchsichtig sind.)

11. a) K_α-Linien ergeben sich bei Übergängen von $n = 2$ nach $n = 1$, K_β-Linien bei Übergängen von $n = 3$ nach $n = 1$. Im Spektrum entspricht die Linie mit der größeren Wellenlänge der kleineren Photonenenergie. Da der Übergang nach $n = 1$ aus dem Niveau mit $n = 2$ energieärmer ist als der mit $n = 3$, ist die langwelligere (rechte) Linie die K_α-Linie, die kurzwelligere (linke) die K_β-Linie.
b) λ(Mo K_β) = 63 pm, λ(Mo K_α) = 71 pm, λ_{min} = 35 pm.
c) Es gilt die Gleichung von MOSELEY:

$$f = f_{Ry} \cdot (Z - 1)^2 \cdot \left(\dfrac{1}{1^2} - \dfrac{1}{n^2} \right).$$

Damit gilt für die Frequenzen:

$$f(\text{Mo } K_\alpha) = 3{,}29 \cdot 10^{15} \; Hz \cdot 41^2 \cdot \left(\dfrac{1}{1^2} - \dfrac{1}{2^2} \right)$$

$$= 4{,}15 \cdot 10^{18} \; Hz$$

$$f(\text{Mo } K_\beta) = 4{,}92 \cdot 10^{18} \; Hz$$

Mit $\lambda = \frac{c}{f}$: λ (Mo K$_\alpha$) = 72,3 pm und λ (Mo K$_\beta$) = 61,0 pm. Obige Messwerte stimmen gut mit den berechneten Werten überein.

d) Bremsstrahlung entsteht durch Abbremsen der Elektronen im Anodenmaterial. Wird dabei die gesamte Bewegungsenergie eines Elektrons in Strahlungsenergie umgewandelt, wird die Röntgenstrahlung mit der höchsten Energie, der kürzesten Wellenlänge (λ_{min}), gebildet. Es gilt mit dem Energieerhaltungssatz

$$E = h \cdot f = \frac{h \cdot c}{\lambda_{min}} = e \cdot U.$$

Also

$$\lambda_{min} = \frac{h \cdot c}{e \cdot U} = \frac{6{,}63 \cdot 10^{-34}\,\text{Js} \cdot 3{,}00 \cdot 10^{8}\,\frac{m}{s}}{1{,}60 \cdot 10^{-19}\,\text{C} \cdot 35{,}0 \cdot 10^{3}\,\text{V}} = 36 \text{ pm}.$$

Dies entspricht einer Abweichung von etwa 3 % des Messwertes, die Messung stimmt also gut mit dem theoretisch erwarteten Wert überein.

e) In obiger Gleichung für λ_{min} ist kein Parameter für das spezielle Anodenmaterial enthalten. λ_{min} hängt also nicht vom Anodenmaterial ab und ist somit für alle drei Materialien gleich.

Kapitel 8 Kernphysik

1. a) Da der größte Teil von Am-241 durch Papier absorbiert wird, sendet das Präparat α-Strahlung aus. Darüber hinaus wird γ-Strahlung ausgesendet, die die Aluminiumplatte durchdringt, von der Bleiplatte jedoch absorbiert wird. Am-241 sendet keine β-Strahlung aus, die Zählrate wird von einer Aluminiumplatte kaum beeinflusst.

b) $^{241}_{95}\text{Am} \xrightarrow{\alpha} {}^{237m}_{93}\text{Np} \xrightarrow{\gamma} {}^{237}_{93}\text{Np}$

c) Americium ist ein künstlich hergestelltes Nuklid, es entsteht unter anderem bei der Verbrennung von Brennelementen in einem Atomkraftwerk. Auch das Nuklid Pu-241 entsteht als Nebenprodukt in Kernreaktoren. Es zerfällt über einen β-Zerfall in Am-241. Am-241 hat im Vergleich zu Np-237 mit 432,2 a eine verhältnismäßig kurze Halbwertszeit.

2. β-Teilchen sind energiereiche Elektronen, die aus dem Atomkern durch Umwandlung eines Neutrons in ein Proton und ein Elektron stammen. Bei dieser Umwandlung entsteht ein Neutrino. Die Energie verteilt sich beliebig zwischen Elektron und Antineutrino auf. So existiert ein kontinuierliches Energiespektrum zwischen 0 und 1 MeV der β-Teilchen. Je nach Geschwindigkeit werden die Elektronen unter Einfluss eines äußeren Magnetfelds gemäß der Linke-Hand-Regel unterschiedlich stark abgelenkt.

3. $\dfrac{A(t)}{A_0} = \dfrac{8{,}25\,\frac{1}{min}}{12{,}5\,\frac{1}{min}} = 0{,}66 \Leftrightarrow A(t) = A_0 \cdot 0{,}66 = A_0 \cdot e^{-\lambda \cdot t}$

$$0{,}66 = e^{-\lambda \cdot t}$$

$$\ln(0{,}66) = -\lambda \cdot t \text{ mit } \lambda = \frac{\ln 2}{T_H}$$

$$\Leftrightarrow t = -\frac{\ln(0{,}66)}{\ln(2)} \cdot 5730 \text{ a}$$

$$t \approx 3434{,}92 \text{ a}.$$

Der Balken ist etwa 3400 bis 3500 Jahre alt.

4. Laut Aufgabe existieren die Nuklide in dem Präparat lange nebeneinander. Man betrachtet also die Situation für Zeiten t, die größer sind als mehrere Halbwertszeiten T_H (2). Nimmt man zusätzlich noch an, dass für diese Zeiten t auch gilt: $t \ll T_H$ (1), so ist in diesen Zeiten die Aktivität der Muttersubstanz (1) praktisch konstant. Damit ist auch die Nachbildungsrate der Tochtersubstanz

konstant. Wäre die Aktivität der Tochtersubstanz (2) nun größer als die der Muttersubstanz (1), müssten mehr Tochterkerne pro Sekunde zerfallen als nachgebildet werden. Die Tochtersubstanz würde also rasch verschwinden, was aber nicht der Fall ist, da durch den Zerfall der Muttersubstanz immer neue Tochterkerne nachgebildet werden. Umgekehrt kann aber die Aktivität der Tochtersubstanz wegen deren sehr viel kleineren Halbwertszeit auch nicht kleiner sein. Tochter- und Muttersubstanz haben dieselbe Aktivität. Für größere Zeiten t sinkt diese Aktivität dann mit der größeren Halbwertszeit T_H (1) ab.

5. a) Es ergibt sich folgendes Diagramm:

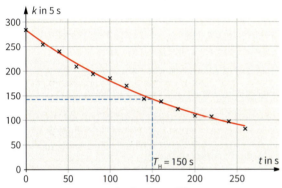

Der Literaturwert ist 2,55 min = 153 s.

b) Ein Tabellenkalkulationsprogramm liefert:

$$N(t) = 283 \cdot \mathrm{e}^{-0,005 \cdot t}$$

und somit

$$\lambda = \frac{\ln 2}{T_\mathrm{H}} = 0,005 \,\frac{1}{\mathrm{s}}.$$

Daraus folgt:

$$T_\mathrm{H} = \frac{\ln 2}{0,005 \,\frac{1}{\mathrm{s}}} \approx 138 \text{ s.}$$

Die Regression mit dem GTR liefert:

$$N(t) = 283 \cdot 0,996^t = 283 \cdot \mathrm{e}^{-0,004 \cdot t}$$

und somit $\lambda = 0,004$.
Daraus folgt:

$$T_\mathrm{H} = \frac{\ln 2}{0,004 \,\frac{1}{\mathrm{s}}} \approx 173 \text{ s.}$$

c) Unterschiedliche Regressionsverfahren führen zu leicht unterschiedlichen Zerfallskonstanten. Bei der grafischen Darstellung gelingt ein Näherungswert, in der analytischen Darstellung sorgen insbesondere Rundungsunterschiede für die Abweichungen in der Angabe der Halbwertszeit T_H.

6. a) Die natürliche Strahlenexposition beträgt im Mittel 2,1 $\frac{\mathrm{mSv}}{\mathrm{a}}$ oder $2100 \,\frac{\mu\mathrm{Sv}}{365 \,\mathrm{d}} \approx 6 \,\frac{\mu\mathrm{Sv}}{\mathrm{d}}$.
Eine Flugreise nach Rom belastet also den menschlichen Körper mit einer Dosis, die so groß wie eine Tagesdosis der natürlichen Strahlung ist, während sie bei einem Flug nach San Francisco 7- bis 18-mal so groß ist. Blickt man auf alle angeführten Flüge, so findet man: Die zusätzliche Strahlenexposition durch die kosmische Strahlung bewegt sich bei den angeführten Flugreisen in der Größenordnung vom Einfachen bis fast zum Zwanzigfachen einer Tagesdosis der natürlichen Strahlung.
b) Die natürliche Strahlenexposition in der Bundesrepublik hat eine Schwankungsbreite von 1–6 $\frac{\mathrm{mSv}}{\mathrm{a}}$ (je nachdem an welchem Ort man wohnt; nachzulesen z.B. im Internet unter *www.bfs.de*). Diese ist deutlich größer als die zusätzliche Strahlenexposition durch die kosmische Strahlung bei den angeführten Flügen (3–110 µSv). Man braucht deshalb von einzelnen Flügen nicht abzuraten.
7. a) Am-241: 5,48 MeV; Np-237: 4,79 MeV
Ra-226: 4,78 MeV; Rn-222: 5,49 MeV; Po-218: 6,00 MeV; Po-214: 7,69 MeV
b) Das Spektrum des offenen Am-241-Präparats zeigt die in der Nuklidkarte aufgeführte Energie von 5,48 MeV. Beim Durchgang durch eine dünne Folie ionisieren die α-Teilchen unterschiedlich viele Moleküle in der Folie. Dadurch verlieren sie auch verschieden große Anteile an Energie – das Spektrum wird breiter und verschiebt sich zu niedrigeren Energien.
c) Die Peaks können von links nach rechts der unter a) angegebenen Auflistung zugeordnet werden. Durch die Abdeckung mit der Folie sind alle Peaks zwischen 0,5 MeV und 1 MeV zu niedrigeren Energien verschoben.

8. $^{212}_{84}\mathrm{Po} \rightarrow {}^{208}_{82}\mathrm{Pb} + {}^{4}_{2}\mathrm{He} + E_\mathrm{ges}$

E_ges ist hierbei die gesamte frei gewordene Energie.

$$\begin{aligned}
\Delta m &= m_{\mathrm{Po\text{-}212}} - m_{\mathrm{Pb\text{-}208}} - m_\alpha \\
&= (211{,}988868 - 207{,}976653 - 4{,}002603) \cdot \mathrm{u} \\
&= 0{,}009612 \cdot \mathrm{u}
\end{aligned}$$

$1\,\mathrm{u} = 931{,}49 \,\frac{\mathrm{MeV}}{c^2}$; c: Lichtgeschwindigkeit
Es gilt:

$$E_\mathrm{ges} = \Delta m \cdot c^2 = 8{,}95 \text{ MeV.}$$

unter der Annahme, dass die Energie vollständig auf das Alpha-Teilchen übertragen wird, entspricht diese Energie E_α.

Anhang   Tabellen

Vorsilben zu Grundeinheiten

Vorsilbe	Abkürzung	Bedeutung
Tera	T	· 1 000 000 000 000
Giga	G	· 1 000 000 000
Mega	M	· 1 000 000
Kilo	k	· 1 000
Hekto	h	· 100
Zenti	c	· 0,01
Milli	m	· 0,001
Mikro	μ	· 0,000 001
Nano	n	· 0,000 000 001
Piko	p	· 0,000 000 000 001

Physikalische Größen und Einheiten (SI-konform)

Größe	Symbol	Einheit	Abkürzung
Ort	s	1 Meter	1 m
Streckenlänge	Δs	1 Meter	1 m
Zeitpunkt	t	1 Sekunde 1 Minute 1 Stunde	1 s 1 min = 60 s 1 h = 60 min
Zeitspanne	Δt	1 Sekunde	1 s
Frequenz	f	1 Hertz	1 Hz
Geschwindig-keit	v	1 Meter pro Sekunde	$1 \frac{m}{s}$
Kraft	F	1 Newton	1 N
Masse	m	1 Kilogramm	1 kg
Temperatur	T	1 Kelvin	1 K
Energie	E	1 Joule 1 Kilowattstunde	1 J = 1 Nm 1 kWh = 3,6 MJ
Leistung	P	1 Watt	1 W = 1 J/s = 1 V · A
Spannung	U	1 Volt	1 V
Widerstand	R	1 Ohm	1 Ω
Stromstärke	I	1 Ampere	1 A

Ortsfaktoren

Ort	g in $\frac{N}{kg}$	Ort	g in $\frac{N}{kg}$
Mitteleuropa (Mittelwert)	9,81	Mond	1,62
Äquator	9,78	Merkur	3,70
Nord-/Südpol	9,83	Venus	8,87
Mt. Everest	9,763	Mars	3,71
Berlin	9,8127	Jupiter	24,79
München	9,8072	Saturn	10,44
Madrid	9,8000	Uranus	8,69
Bogota	9,7739	Neptun	11,15

Physikalische Konstanten

Vakuumlichtgeschwindigkeit	$c_0 = 2{,}997\,924\,58 \cdot 10^8$ m · s^{-1}
Coulomb-Konstante	$k = 8{,}9877 \cdot 10^9$ Nm^{2}C^{-2}
elektrische Feldkonstante	$\varepsilon_0 = 8{,}8542 \cdot 10^{-12}$ C^{2}Nm^{-2}
magnetische Feldkonstante	$\mu_0 = 1{,}2566 \cdot 10^{-6}$ Vs A^{-1} m^{-1}
Gravitationskonstante	$G = 6{,}674 \cdot 10^{-11}$ m^3 · kg^{-1} · s^{-2}
Normalfallbeschleunigung	$g_n = 9{,}806\,65$ m · s^{-2}
absoluter Nullpunkt	−273,15 °C
Gaskonstante	$R = 8{,}3145$ J · mol^{-1} · K^{-1}
avogadrosche Konstante	$N_A = 6{,}022\,14 \cdot 10^{23}$ mol^{-1}
Elektronenmasse	$m_e = 9{,}109\,382 \cdot 10^{-31}$ kg
Neutronenmasse	$m_n = 1{,}674\,927 \cdot 10^{-27}$ kg
Protonenmasse	$m_p = 1{,}672\,622 \cdot 10^{-27}$ kg
atomare Masseneinheit	1 u = $1{,}660\,539 \cdot 10^{-27}$ kg
Elementarladung	$e = 1{,}602\,176 \cdot 10^{-19}$ C
spezifische Ladung (Elektron)	$\frac{e}{m_e} = -1{,}7588 \cdot 10^{11}$ C kg^{-1}
Rydberg-Frequenz	$f_{Ry} = 3{,}2898 \cdot 10^{15}$ Hz
plancksche Konstante	$h = 6{,}6261 \cdot 10^{-34}$ Js $= 4{,}1357 \cdot 10^{-15}$ eV s

Relative Permittivitäten ε_r

Luft (1 bar = 10^5 Pa)	1,00058
Glas	5 bis 16
Wasser	81
Keramik mit Ba, Sr	104

Permeabilitätszahlen μ_r

Luft	≈ 1
Eisen	≈ 500 bis 15 000
μ-Metall	≈ 12 000 bis 45 000

Schallgeschwindigkeiten

Medium	v in $\frac{m}{s}$
Luft (20°C)	344
Helium (0°C)	971
Wasser (20 °C)	1484
Beton (20 °C)	3800
Eisen (20°)	5170
Glas	5000
Gold	2030
Kupfer (20 °C)	3900
Stahl (20 °C)	5100

Energieeinheiten

	J	kWh	cal*	eV*
1 J	1	$2{,}7777 \cdot 10^{-7}$	0,23884	$0{,}6242 \cdot 10^{19}$
1 kWh	$3{,}6 \cdot 10^{6}$	1	$0{,}8598 \cdot 10^{6}$	$2{,}247 \cdot 10^{25}$
1 cal*	4,1868	$1{,}163 \cdot 10^{-6}$	1	$2{,}613 \cdot 10^{19}$
1 eV*	$1{,}602 \cdot 10^{-19}$	$4{,}45 \cdot 10^{-26}$	$3{,}826 \cdot 10^{-20}$	1

* 1 cal ist die Energie, die benötigt wird, um 1 g luftfreies Wasser bei einem konstanten Druck von 1013,25 hPa (dem Druck der Standardatmosphäre auf Meereshöhe) von 14,5 °C auf 15,5 °C zu erwärmen.
* 1 eV (Elektronenvolt) ist die Energie, die ein Teilchen mit der Elementarladung $e = 1{,}6 \cdot 10^{-19}$ C beim Durchlaufen der Spannung 1 V aufnimmt.

Astronomische Daten

Körper	mittlere Entfernung zur Sonne	Äquatorradius	Masse	Umlaufzeit um die Sonne	Ortsfaktor
Sonne	–	696 342 km $= 109{,}2\,R_E$	$1{,}988 \cdot 10^{30}$ kg $= 3{,}3 \cdot 10^{5}\,m_E$	–	$274\,\frac{N}{kg}$
Merkur	60,4 Mio. km $= 0{,}40\,r_E$	2440 km $= 0{,}38\,R_E$	$3{,}301 \cdot 10^{23}$ kg $= 0{,}055\,m_E$	88 Tage	$3{,}70\,\frac{N}{kg}$
Venus	108,2 Mio. km $= 0{,}72\,r_E$	6052 km $= 0{,}95\,R_E$	$4{,}869 \cdot 10^{24}$ kg $= 0{,}82\,m_E$	225 Tage	$8{,}87\,\frac{N}{kg}$
Erde	149,6 Mio. km $= 1\,r_E$	6378 km $= 1\,R_E$	$5{,}972 \cdot 10^{24}$ kg $= 1\,m_E$	365 Tage	$9{,}81\,\frac{N}{kg}$
Mars	228,0 Mio. km $= 1{,}52\,r_E$	3396 km $= 0{,}53\,R_E$	$6{,}419 \cdot 10^{23}$ kg $= 0{,}11\,m_E$	687 Tage	$3{,}69\,\frac{N}{kg}$
Jupiter	778,4 Mio. km $= 5{,}20\,r_E$	71 492 km $= 11{,}2\,R_E$	$1{,}899 \cdot 10^{27}$ kg $= 318\,m_E$	11,9 Jahre	$24{,}70\,\frac{N}{kg}$
Saturn	1 433,5 Mio. km $= 9{,}58\,r_E$	60 268 km $= 9{,}4\,R_E$	$5{,}685 \cdot 10^{26}$ kg $= 95\,m_E$	29,5 Jahre	$10{,}44\,\frac{N}{kg}$
Uranus	2 872,4 Mio. km $= 19{,}20\,r_E$	25 559 km $= 4{,}0\,R_E$	$8{,}683 \cdot 10^{25}$ kg $= 14{,}5\,m_E$	84,0 Jahre	$8{,}87\,\frac{N}{kg}$
Neptun	4 498,4 Mio. km $= 30{,}07\,r_E$	24 764 km $= 3{,}9\,R_E$	$1{,}024 \cdot 10^{26}$ kg $= 17\,m_E$	164,8 Jahre	$11{,}15\,\frac{N}{kg}$

Änhang   Übersicht über die Operatoren

Im Folgenden werden Operatoren erläutert, die in Abituraufgaben für das Fach Physik häufig vorkommen. Die genannten Operatoren werden in den Abituraufgaben der jeweiligen Erläuterung entsprechend verwendet. Grundsätzlich können sich alle Operatoren auf alle drei Anforderungsbereiche beziehen

Operator	Erläuterung
ableiten	auf der Grundlage von Erkenntnissen oder Daten sachgerechte Schlüsse ziehen
abschätzen	durch begründete Überlegungen Größenwerte angeben
analysieren	wichtige Bestandteile, Eigenschaften oder Zusammenhänge auf eine bestimmte Fragestellung hin herausarbeiten
aufstellen, formulieren	chemische Formeln, Gleichungen, Reaktionsgleichungen (Wort- oder Formelgleichungen) oder Reaktionsmechanismen entwickeln
Hypothesen aufstellen	eine Vermutung über einen unbekannten Sachverhalt formulieren, die fachlich fundiert begründet wird
angeben, nennen	Formeln, Regeln, Sachverhalte, Begriffe oder Daten ohne Erläuterung aufzählen bzw. wiedergeben
auswerten	Beobachtungen, Daten, Einzelergebnisse oder Informationen in einen Zusammenhang stellen und daraus Schlussfolgerungen ziehen
begründen	Gründe oder Argumente für eine Vorgehensweise oder einen Sachverhalt nachvollziehbar darstellen
berechnen	Die Berechnung ist ausgehend von einem Ansatz darzustellen.
beschreiben	Beobachtungen, Strukturen, Sachverhalte, Methoden, Verfahren oder Zusammenhänge strukturiert und unter Verwendung der Fachsprache formulieren
beurteilen	Das zu fällende Sachurteil ist mithilfe fachlicher Kriterien zu begründen.
bewerten	Das zu fällende Werturteil ist unter Berücksichtigung gesellschaftlicher Werte und Normen zu begründen.
darstellen	Strukturen, Sachverhalte oder Zusammenhänge strukturiert und unter Verwendung der Fachsprache formulieren, auch mithilfe von Zeichnungen und Tabellen
diskutieren	Argumente zu einer Aussage oder These einander gegenüberstellen und abwägen
erklären	einen Sachverhalt nachvollziehbar und verständlich machen, indem man ihn auf Regeln und Gesetzmäßigkeiten zurückführt
erläutern	einen Sachverhalt veranschaulichend darstellen und durch zusätzliche Informationen verständlich machen
ermitteln	ein Ergebnis oder einen Zusammenhang rechnerisch, grafisch oder experimentell bestimmen
herleiten	mithilfe bekannter Gesetzmäßigkeiten einen Zusammenhang zwischen chemischen bzw. physikalischen Größen herstellen
interpretieren, deuten	naturwissenschaftliche Ergebnisse, Beschreibungen und Annahmen vor dem Hintergrund einer Fragestellung oder Hypothese in einen nachvollziehbaren Zusammenhang bringen
ordnen	Begriffe oder Gegenstände auf der Grundlage bestimmter Merkmale systematisch einteilen
planen	zu einem vorgegebenen Problem (auch experimentelle) Lösungswege entwickeln und dokumentieren
skizzieren	Sachverhalte, Prozesse, Strukturen oder Ergebnisse übersichtlich grafisch darstellen
untersuchen	Sachverhalte oder Phänomene mithilfe fachspezifischer Arbeitsweisen erschließen
vergleichen	Gemeinsamkeiten und Unterschiede kriteriengeleitet herausarbeiten
zeichnen	Objekte grafisch exakt darstellen

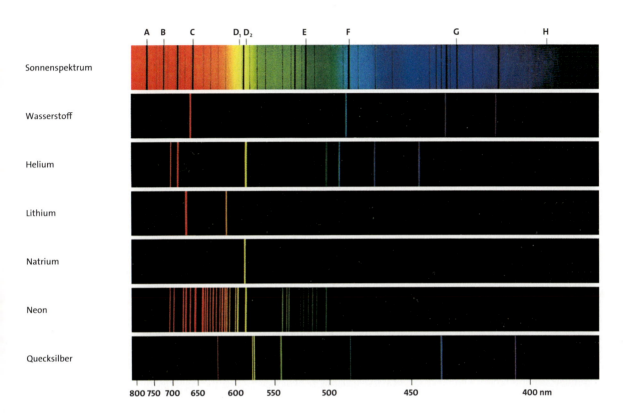

Die Spektraltafel zeigt einige einfach aufgebaute Spektren einiger Elemente. Die Spektren sind mit einem Prisma aufgenommen, sodass sich zum blauen Ende des Spektrums ein gedehnter Maßstab ergibt.

Das Spektrum der Sonne zeigt viele dunkle Linien, die sogenannten fraunhoferschen Linien, die zum einen durch Absorption des aus der Photosphäre stammenden Sonnenlichts in der Chromosphäre der Sonne, zum anderen durch Absorption des Sonnenlichts in der Erdatmosphäre entstehen. Es ist ein sogenanntes Absorptionsspektrum. Die anderen Spektren sind Emissionsspektren. Die unterschiedliche Helligkeit der Linien beruht auf der verschiedenen Häufigkeit der Übergänge zwischen den einzelnen Energieniveaus der Atome, die dieses Licht emittieren.

Anhang   Stichwortverzeichnis

Auszug aus der Nuklidkarte (vereinfacht)

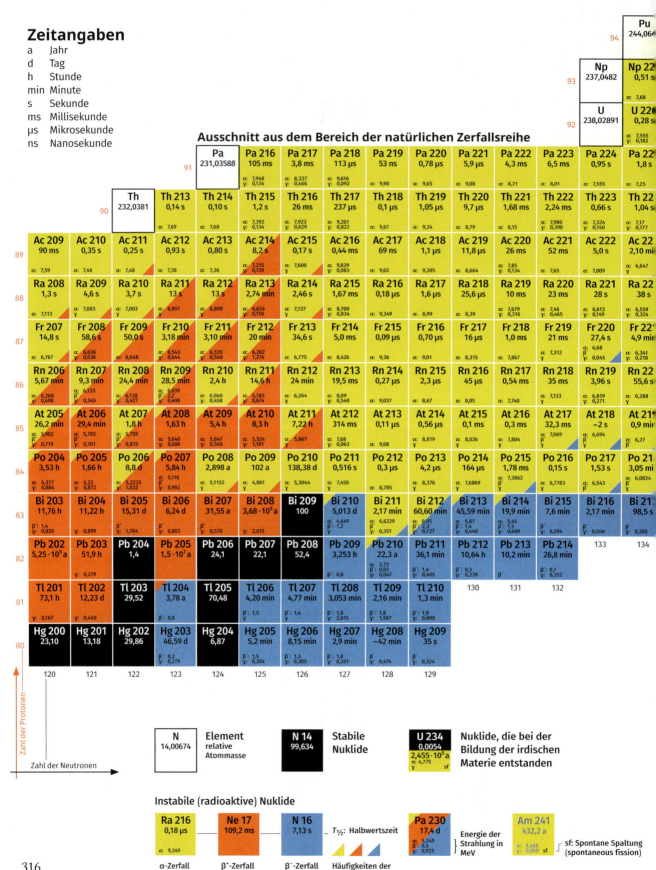

Nuklidkarte (Ausschnitt)

Schwere Elemente

Am (95) — 243,0614

Nuklid	Halbwertszeit	Zerfall
Am 232	1,31 min	α / sf
Am 233	3,2 min	α: 6,780
Am 234	2,32 min	α: 6,46 / sf
Am 235	10,3 min	α: 6,457 / γ: 0,291
Am 236	3,6 min	6,15? / γ: 0,719
Am 237	73,0 min	α: 6,042 / γ: 0,280 / sf
Am 238	1,63 h	α: 5,94 / γ: 0,963 / sf
Am 239	11,9 h	α: 5,774 / γ: 0,278 / sf
Am 240	50,8 h	α: 5,378 / γ: 0,988 / sf
Am 241	432,2 a	α: 5,486 / γ: 0,060 / sf
Am 242	16 h	β⁻: 0,7 / sf

Pu (94)

Nuklid	Halbwertszeit	Zerfall
Pu 229	90 s	7,465
Pu 230	1,7 min	α: 7,057 / γ: 0,096
Pu 231	8,6 min	α: 6,72
Pu 232	34,1 min	α: 6,60
Pu 233	20,9 min	α: 6,31 / γ: 0,235
Pu 234	8,8 h	α: 6,202
Pu 235	25,3 min	α: 5,85 / γ: 0,049 / sf
Pu 236	2,858 a	α: 5,768
Pu 237	45,2 d	α: 5,334 / γ: 0,06 / sf
Pu 238	87,74 a	α: 5,499
Pu 239	2,411·10⁴ a	α: 5,157 / sf
Pu 240	6563 a	α: 5,168 / sf
Pu 241	14,35 a	4,896 / β⁻: 0,02 / sf

Np (93)

Nuklid	Halbwertszeit	Zerfall
Np 228	51,4 s	7,15 / sf
Np 229	4,0 min	α: 6,89
Np 230	4,6 min	α: 6,66
Np 231	48,8 min	α: 6,28 / γ: 0,371
Np 232	14,7 min	γ: 0,327
Np 233	36,2 min	α: 5,54
Np 234	4,4 d	β⁺: 1,559
Np 235	396,1 d	α: 5,025
Np 236	1,54·10⁵ a	γ: 0,160
Np 237	2,144·10⁶ a	α: 4,790 / γ: 0,029 / sf
Np 238	2,117 d	β⁻: 1,2 / γ: 0,984
Np 239	2,355 d	β⁻: 0,4 / γ: 0,106
Np 240	65 min	β⁻: 0,9 / γ: 0,566

U (92)

Nuklid	Halbwertszeit	Zerfall
U 227	.1 min	6,86 / 0,247
U 228	9,1 min	α: 6,68
U 229	58 min	α: 6,362 / γ: 0,123
U 230	20,8 d	α: 5,888
U 231	4,2 d	α: 5,456 / γ: 0,026
U 232	68,9 a	α: 5,320
U 233	1,592·10⁵ a	α: 4,824
U 234	0,0054 / 2,455·10⁵ a	α: 4,775
U 235	0,7204 / 7,038·10⁸ a	α: 4,398 / γ: 0,186
U 236	2,342·10⁷ a	α: 4,494
U 237	6,75 d	β⁻: 0,2 / γ: 0,060
U 238	99,2742 / 4,468·10⁹ a	α: 4,1987 / sf
U 239	23,5 min	β⁻: 1,2 / γ: 0,075

Pa (91)

Nuklid	Halbwertszeit	Zerfall
Pa 226	.8 min	6,86
Pa 227	38,3 min	α: 6,456 / γ: 0,065
Pa 228	22 h	α: 6,078 / γ: 0,911
Pa 229	1,50 d	α: 5,580
Pa 230	17,4 d	β⁺: 0,5 / γ: 0,952
Pa 231	3,276·10⁴ a	α: 5,014 / γ: 0,027
Pa 232	1,31 d	β⁻: 0,3 / γ: 0,969
Pa 233	27,0 d	β⁻: 0,3 / γ: 0,312
Pa 234	6,70 h	β⁻: 0,5 / γ: 0,131
Pa 235	24,2 min	β⁻: 1,4 / γ: 0,128
Pa 236	9,1 min	β⁻: 2,0 / γ: 0,642
Pa 237	8,7 min	β⁻: 1,4 / γ: 0,854
Pa 238	2,3 min	β⁻: 1,7 / γ: 1,015

Th (90)

Nuklid	Halbwertszeit	Zerfall
Th 225	72 min	6,482 / 0,321
Th 226	31 min	α: 6,336 / γ: 0,111
Th 227	18,72 d	α: 6,038 / γ: 0,236
Th 228	1,913 a	α: 5,432 / γ: 0,084
Th 229	7880 a	α: 4,845 / γ: 0,194
Th 230	7,54·10⁴ a	α: 4,687
Th 231	25,5 h	β⁻: 0,3 / γ: 0,026
Th 232	100 / 1,405·10¹⁰ a	α: 4,013
Th 233	22,3 min	β⁻: 1,2 / γ: 0,087
Th 234	24,10 d	β⁻: 0,2 / γ: 0,063
Th 235	7,1 min	β⁻: 1,4 / γ: 0,111
Th 236	37,5 min	β⁻: 1,0
Th 237	5,0 min	

Ac (89)

Nuklid	Halbwertszeit	Zerfall
Ac 224	2,9 h	6,142 / 0,216
Ac 225	10,0 d	α: 5,830 / γ: 0,100
Ac 226	29 h	α: 5,34 / β⁻: 0,9 / γ: 0,04
Ac 227	21,773 a	α: 4,953 / β⁻: 0,04
Ac 228	6,13 h	β⁻: 1,2 / γ: 0,911
Ac 229	62,7 min	β⁻: 1,1 / γ: 0,165
Ac 230	122 s	β⁻: 2,7 / γ: 0,455
Ac 231	7,5 min	β⁻: / γ: 0,282
Ac 232	119 s	β⁻: / γ: 0,665
Ac 233	145 s	β⁻: / γ: 0,523
Ac 234	44 s	β⁻: 1,847

Ra (88)

Nuklid	Halbwertszeit	Zerfall
Ra 223	1,43 d	5,7162 / 0,269
Ra 224	3,66 d	α: 5,6854 / γ: 0,241
Ra 225	14,8 d	β⁻: 0,3 / γ: 0,040
Ra 226	1600 a	α: 4,7843 / γ: 0,186
Ra 227	42,2 min	β⁻: 1,3 / γ: 0,027
Ra 228	5,75 a	β⁻: 0,04
Ra 229	4,0 min	β⁻: 1,8
Ra 230	93 min	β⁻: 0,8 / γ: 0,027
Ra 231	103 s	β⁻: / γ: 0,410
Ra 232	4,2 min	β⁻: / γ: 0,471
Ra 233	30 s	β⁻:
Ra 234	30 s	β⁻:

Fr (87)

Nuklid	Halbwertszeit	Zerfall
Fr 222	4,2 min	1,8 / 0,206
Fr 223	21,8 min	α: 5,34 / β⁻: 1,1 / γ: 0,05
Fr 224	3,3 min	β⁻: 2,6 / γ: 0,216
Fr 225	4,0 min	β⁻: 1,6 / γ: 0,182
Fr 226	48 s	β⁻: 3,2 / γ: 0,254
Fr 227	2,47 min	β⁻: 1,8 / γ: 0,090
Fr 228	39 s	β⁻: / γ: 0,474
Fr 229	50,2 s	β⁻: / γ: 0,310
Fr 230	19,1 s	β⁻: / γ: 0,711
Fr 231	17,5 s	β⁻: / γ: 0,433
Fr 232	5 s	β⁻: / γ: 0,125

Rn (86)

Nuklid	Halbwertszeit	Zerfall
Rn 221	.5 min	6,037 / 0,186
Rn 222	3,825 d	α: 5,48948 / γ
Rn 223	23,2 min	γ: 0,593
Rn 224	1,78 h	γ: 0,261
Rn 225	4,5 min	β⁻:
Rn 226	7,4 min	β⁻: / γ: 0,162
Rn 227	22,5 s	β⁻: / γ: 0,125
Rn 228	65 s	β⁻:

At (85)

Nuklid	Halbwertszeit	Zerfall
At 220	71 min	5,493 / 0,241
At 221	2,3 min	β⁻:
At 222	54 s	β⁻:
At 223	50 s	β⁻:

Bi (83)

Nuklid	Halbwertszeit	Zerfall
Bi 218	33 s	3,5 / 0,510

Neutronenzahlen (unten): 135, 136, 137, 138, 139, 140, 141, 142, 143, 144, 145, 146, 147

Ausschnitt aus dem Bereich der leichten Elemente

Ne (10) — 20,1797

Nuklid	Halbwertszeit	Zerfall
Ne 17	109,2 ms	β⁺: 8,0 / γ: 0,495
Ne 18	1,67 s	β⁺: 3,4 / γ: 1,042
Ne 19	17,22 s	β⁺: 2,2
Ne 20	90,48	
Ne 21	0,27	
Ne 22	9,25	

F (9) — 18,998403

Nuklid	Halbwertszeit	Zerfall
F 17	64,8 s	β⁺: 1,7
F 18	109,7 min	β⁺: 0,6
F 19	100	
F 20	11,0 s	β⁻: 5,4 / γ: 1,634
F 21	4,16 s	β⁻: 5,3 / γ: 0,351

O (8) — 15,9994

Nuklid	Halbwertszeit	Zerfall
O 13	8,58 ms	β⁺: 16,7 / γ
O 14	70,59 s	β⁺: 1,8 / γ: 2,313
O 15	2,03 min	β⁺: 1,7
O 16	99,762	
O 17	0,038	
O 18	0,200	
O 19	27,1 s	β⁻: 3,3 / γ: 0,197
O 20	13,5 s	β⁻: 2,8 / γ: 1,057

N (7) — 14,00674

Nuklid	Halbwertszeit	Zerfall
N 12	11,0 ms	β⁺: 16,4 / γ: 4,439
N 13	9,96 min	β⁺: 1,2
N 14	99,634	
N 15	0,366	
N 16	7,13 s	β⁻: 4,3 / γ: 6,129
N 17	4,17 s	β⁻: 3,2 / γ: 0,871
N 18	0,63 s	β⁻: 9,4 / γ: 1,982

C (6) — 12,011

Nuklid	Halbwertszeit	Zerfall
C 9	126,5 ms	β⁺: 15,5
C 10	19,3 s	β⁺: 1,9 / γ: 0,718
C 11	20,38 min	β⁺: 1,0
C 12	98,90	
C 13	1,10	
C 14	5730 a	β⁻: 0,2
C 15	2,45 s	β⁻: 4,5 / γ: 5,298
C 16	0,747 s	β⁻: 4,7
C 17	193 ms	β⁻: / γ: 1,375

B (5) — 10,811

Nuklid	Halbwertszeit	Zerfall
B 8	770 ms	β⁺: 14,1
B 10	19,9	
B 11	80,1	
B 12	20,20 ms	β⁻: 13,4 / γ: 4,439
B 13	17,33 ms	β⁻: 13,4 / γ: 3,684
B 14	13,8 ms	β⁻: 14,0 / γ: 6,09
B 15	10,4 ms	

Be (4) — 9,012182

Nuklid	Halbwertszeit	Zerfall
Be 7	53,29 d	γ: 0,478
Be 9	100	
Be 10	1,6·10⁶ a	β⁻: 0,6
Be 11	13,8 s	β⁻: 11,5 / γ: 2,125
Be 12	23,6 s	β⁻: 11,7

Li (3) — 6,941

Nuklid	Halbwertszeit	Zerfall
Li 6	7,5	
Li 7	92,5	
Li 8	840,3 ms	β⁻: 12,5
Li 9	178,3 ms	β⁻: 13,6
Li 11	8,5 ms	β⁻: ~18,5

He (2) — 4,002602

Nuklid	Halbwertszeit	Zerfall
He 3	0,000137	
He 4	99,999863	
He 6	806,7 ms	β⁻: 3,5
He 8	119 ms	β⁻: 9,7 / γ: 0,981

H (1) — 1,00794

Nuklid	Halbwertszeit	Zerfall
H 1	99,985	
H 2	0,015	
H 3	12,323 a	β⁻: 0,02

n

Nuklid	Halbwertszeit	Zerfall
n 1	10,25 min	β⁻: 0,8

Neutronenzahlen (unten): 1, 2, 3, 4, 5, 6, 7, 8, 9, 10, 11, 12

Das Periodensystem der Elemente

Legende:

- Atommasse in u
- Eine eingeklammerte Atommasse gibt die Masse eines wichtigen Isotops des Elements an
- Element-symbol
- Ordnungszahl (Protonenzahl)
- Element-name

Beispiel: 26,98 / Al / 13 / Aluminium

- Metalle
- Halbmetalle
- Nichtmetalle
- nicht bekannt

- schwarz = feste Elemente
- rot = gasförmige Elemente
- blau = flüssige Elemente
- weiß = künstliche Elemente
- grün = natürliche radioaktive Elemente

Hauptgruppen / Nebengruppen

Periode	HG I	HG II	NG III	NG IV	NG V	NG VI	NG VII	NG VIII	NG VIII	NG VIII	NG I	NG II	HG III	HG IV	HG V	HG VI	HG VII	HG VIII
1 (K-Schale)	1,01 H 1 Wasserstoff																	4,00 He 2 Helium
2 (L-Schale)	6,94 Li 3 Lithium	9,01 Be 4 Beryllium											10,81 B 5 Bor	12,01 C 6 Kohlenstoff	14,01 N 7 Stickstoff	16,00 O 8 Sauerstoff	19,00 F 9 Fluor	20,18 Ne 10 Neon
3 (M-Schale)	22,99 Na 11 Natrium	24,31 Mg 12 Magnesium											26,98 Al 13 Aluminium	28,09 Si 14 Silicium	30,97 P 15 Phosphor	32,07 S 16 Schwefel	35,45 Cl 17 Chlor	39,95 Ar 18 Argon
4 (N-Schale)	39,10 K 19 Kalium	40,08 Ca 20 Calcium	44,96 Sc 21 Scandium	47,88 Ti 22 Titan	50,94 V 23 Vanadium	51,99 Cr 24 Chrom	54,94 Mn 25 Mangan	55,85 Fe 26 Eisen	58,93 Co 27 Cobalt	58,69 Ni 28 Nickel	63,55 Cu 29 Kupfer	65,39 Zn 30 Zink	69,72 Ga 31 Gallium	72,61 Ge 32 Germanium	74,92 As 33 Arsen	78,96 Se 34 Selen	79,90 Br 35 Brom	83,80 Kr 36 Krypton
5 (O-Schale)	85,47 Rb 37 Rubidium	87,62 Sr 38 Strontium	88,91 Y 39 Yttrium	91,22 Zr 40 Zirconium	92,91 Nb 41 Niob	95,94 Mo 42 Molybdän	(99) Tc 43 Technetium	101,07 Ru 44 Ruthenium	102,91 Rh 45 Rhodium	106,42 Pd 46 Palladium	107,87 Ag 47 Silber	112,41 Cd 48 Cadmium	114,82 In 49 Indium	118,71 Sn 50 Zinn	121,75 Sb 51 Antimon	127,60 Te 52 Tellur	126,90 I 53 Iod	131,29 Xe 54 Xenon
6 (P-Schale)	132,91 Cs 55 Caesium	137,33 Ba 56 Barium	La–Lu 57–71	178,49 Hf 72 Hafnium	180,95 Ta 73 Tantal	183,84 W 74 Wolfram	186,21 Re 75 Rhenium	190,23 Os 76 Osmium	192,22 Ir 77 Iridium	195,08 Pt 78 Platin	196,97 Au 79 Gold	200,59 Hg 80 Quecksilber	204,38 Tl 81 Thallium	207,20 Pb 82 Blei	208,98 Bi 83 Bismut	(209) Po 84 Polonium	(210) At 85 Astat	(222) Rn 86 Radon
7 (Q-Schale)	(223) Fr 87 Francium	(226) Ra 88 Radium	Ac–Lr 89–103	(267) Rf 104 Rutherfordium	(268) Db 105 Dubnium	(271) Sg 106 Seaborgium	(270) Bh 107 Bohrium	(269) Hs 108 Hassium	(278) Mt 109 Meitnerium	(281) Ds 110 Darmstadtium	(282) Rg 111 Roentgenium	(285) Cn 112 Copernicium	(286) Nh 113 Nihonium	(289) Fl 114 Flerovium	(289) Mc 115 Moscovium	(293) Lv 116 Livermorium	(294) Ts 117 Tenness	(294) Og 118 Oganesson

Elemente der Lanthan-Reihe

138,91 La 57 Lanthan	140,12 Ce 58 Cer	140,91 Pr 59 Praseodym	144,24 Nd 60 Neodym	(147) Pm 61 Promethium	150,36 Sm 62 Samarium	151,96 Eu 63 Europium	157,25 Gd 64 Gadolinium	158,93 Tb 65 Terbium	162,50 Dy 66 Dysprosium	164,93 Ho 67 Holmium	167,26 Er 68 Erbium	168,93 Tm 69 Thulium	173,04 Yb 70 Ytterbium	174,97 Lu 71 Lutetium

Elemente der Actinium-Reihe

(227) Ac 89 Actinium	(232) Th 90 Thorium	(231) Pa 91 Protactinium	(238) U 92 Uran	(237) Np 93 Neptunium	(244) Pu 94 Plutonium	(243) Am 95 Americium	(247) Cm 96 Curium	(247) Bk 97 Berkelium	(251) Cf 98 Californium	(252) Es 99 Einsteinium	(257) Fm 100 Fermium	(258) Md 101 Mendelevium	(259) No 102 Nobelium	(266) Lr 103 Lawrencium

Anhang   Textquellen

Albert Einstein, Annalen der Physik 4, 132-148 (1905): „sich zur Darstellung ... ersetzt werden [wird].": 180;

Albert Einstein, Annalen der Physik 4, 132-148 (1905): „Nach der hier ins Auge ... erzeugt werden können.": 180;

Albert Einstein, Annalen der Physik 4, 132-148 (1905): „In die oberflächliche Schicht ... h f – WA" [...]: 181;

Albert Einstein in Wilfried Kuhn, Ideengeschichte der Physik, Braunschweig; Wiesbaden: Vieweg Verlag (2001): „Erst die Theorie bestimmt, was gemessen wird.": 185;

Erwin Schrödinger, Die gegenwärtige Situation in der Quantenmechanik, Die Naturwissenschaften, Jg. 23, Heft 458, 807-849; Heidelberg; Springer (1935): „Man kann auch burleske Fälle ... verschmiert sind.": 205